साहित्यिक अभिरुचि और समीक्षा

वाणी प्रकाशन

21-ए, दरियागंज, नयी दिल्ली-110002

फ़ोन : 91-11-23273167, 23275710

फ़ैक्स : 91-11-23275710

E-mail : vaniprakashan@gmail.com

Website : vaniprakashan.com

साहित्यिक अभिरुचि और समीक्षा

डॉ. एस.टी. नरसिंहाचारी

वाणी प्रकाशन का लोगो
विख्यात चित्रकार मक़बूल फ़िदा हुसेन
की कूची से

ISBN : 978-81-8143-646-7

वाणी प्रकाशन
21-ए, दरियागंज, नयी दिल्ली-110002
द्वारा प्रकाशित

प्रथम संस्करण : 2008

मूल्य : 495.00

आवरण : वाणी चित्रांकन

नागरी प्रिंटर्स, शाहदरा, दिल्ली-110032
द्वारा मुद्रित

SAHITYIK ABHIRUCHI AUR SAMEEKSHA (Criticism)
by : Dr. S.T. Narsimhachari

अनुक्रम

1. ग्राहक साहित्यिक अभिरुचि : प्रस्तावना

1.1 कथ्य की परिधि

रुचि किसी पदार्थ या ग्राह्य-वस्तु (आब्जक्ट) के प्रति आकर्षण एवं उसके आस्वादन को व्यक्त करनेवाला शब्द है। यह प्रायः ऐंद्रिय होता है। अभिरुचि पदार्थ या कथ्य में मनोनिवेश है जो ऐंद्रिय धरातल से ऊपर उठकर मानसिक और आत्मिक स्तर पर पहुँचा देनेवाला है। साहित्यिक अभिरुचि ग्राहक को साहित्य की ओर उन्मुख कर उसमें तन्मय कर देती है। साहित्य में अभिरुचि को दो भाँगों में बाँट सकते हैं—ग्राहक की और रचयिता की। राजशेखर ने उन्हें भावयित्री और कारयित्री की संज्ञा दी। साहित्यकार भी पहले जीवन-जगत की अनुभूति, भावना और भावन (कांटप्लेशन) के बाद ही रचना में लग जाता है। लेखक की अभिरुचि, साहित्य-साधना में उसकी जीवन-दृष्टि और रूप-कल्पना को निर्धारित करनेवाली मानसिक सर्जनात्मक शक्ति है। ग्राहक अभिरुचि का तीन अर्थों में प्रयोग किया जाता है। साधारण अर्थ में वह साहित्य की ओर झुकाव और आकर्षण को प्रकट करती है। जीवन के अन्य अनेक विषयों की तरह कुछ लोगों की साहित्य में विशेष अभिरुचि देखी जाती है। ईस्थटिक अर्थ में वह साहित्य के कलात्मक सौंदर्य और रस के आस्वादन का व्यंजक है। तीसरे अर्थ में वह व्यक्ति के विशिष्ट साहित्यिक, सामाजिक, सांस्कृतिक आदि अनेक पहलुओं के संस्कारों की संश्लिष्ट समष्टि है।

ग्राहक और रचनात्मक साहित्यिक अभिरुचि में साम्य केवल आरम्भिक भावनाशीलता को लेकर है। दोनों मानव जीवन एवं शेष सृष्टि के सौन्दर्य, भाव-विचार, सुख-दुःख, गतिविधि आदि से प्रभावित होते हैं तथा उनके स्पन्दनशील हृदय में अनेक प्रकार की प्रतिक्रियाएँ उत्पन्न होती हैं। इनसे साहित्यकार की कल्पना जाग्रत होकर जीवन-जगत को अभीष्ट साहित्यिक रूपों में ढालती है। उन रूपों में वस्तु-जगत का विभाव पक्ष उससे उत्पन्न भावनाओं, संवेदनों, विचारों और क्रिया-कर्मों के कल्पनाशील परिवर्तनों के साथ (भावपक्ष) सामंजस्य होकर मूर्त अभिव्यंजना होती है। ग्राहक अभिरुचि की भावनाशीलता रूपगत मूर्त अभिव्यक्ति से स्पंदित होने तक सीमित है। कर्ता और ग्राहक अभिरुचि में समता होने पर ही रचना के साथ भावयोग सम्भव है। क्रोचे आदि कुछ दार्शनिक सौन्दर्यशास्त्रियों का अभिमत है कि ग्राहक के लिए

काव्य या रचना केवल माध्यम है जिसके द्वारा वह साहित्यकार के हृदय या मूलभूत कल्पना और भावना तक पहुँचता है। भारतीय आलंकारिकों में भट्टतौत का कहना है कि कवि, नायक (धार्मिक होने के कारण) और श्रोता की अनुभूति समान होती है। अभिनवगुप्त ने कवि के मन में रचना के बीज भाव, काव्य में उसके वृक्ष के समान विस्तार तथा फलवत् पाठक की रसानुभूति की चर्चा की। आधुनिककाल में आचार्य रामचंद्र शुक्ल जी ने भी रचना के बीज भाव की ओर रस-मीमांसा में संकेत किया है। समानता में कर्ता और ग्राहक की कलात्मक अभिरुचियाँ एक-दूसरे को प्रभावित करती रहती हैं। साहित्यकार ग्राहक समाज की अभिरुचि को ध्यान में रखकर रचना करता है। बदलते युगों में वह नई-नई दिशाओं में रूप-सृष्टि के द्वारा ग्राहक अनुभूति को नए मोड़ देने का प्रयत्न करता है। दूसरी ओर ग्राहक अभिरुचि की उपेक्षा कर या उससे किसी न किसी रूप में प्रभावित हुए बिना रचना करने पर साहित्य के क्षेत्र में मान्यता प्राप्त करने में कठिनाई होती है।

सर्जक और ग्राहक साहित्यिक अभिरुचि, कलात्मक चेतना का पर्यायवाची समानार्थक शब्द नहीं है। कुछ पाश्चात्य सौन्दर्यशास्त्रियों ने कलात्मक और साहित्यिक अभिरुचि को 'सौन्दर्य की भावना' (फ़ीलिंग फ़र ब्यूटी) कहकर दोनों के बीच अविभाज्य सम्बन्ध स्थापित किया। लेकिन साहित्यिक अभिरुचि सौन्दर्य के अतिरिक्त अनेक अन्य भाव-विचारों और संस्कारों का संश्लिष्ट रूप है। उसमें जीवन के अनेक पहलुओं के धर्मों का संयोग है। अंग-अंगी भाव से साहित्यिक अभिरुचि से वे सब सम्बद्ध हैं। संश्लिष्ट साहित्यिक अभिरुचि के अनेकानेक पहलुओं में सभी का, कथ्य की परिधि में निरूपण एवं विवेचन सम्भव नहीं है। इसलिए अगले अध्यायों में मुख्य पहलुओं और अंशों का प्रतिपादन किया गया है। इस सन्दर्भ में पहला प्रश्न अभिरुचि की देश और काल की सापेक्षता है। प्रत्येक देश की साहित्यिक अभिरुचि अपने ढंग की निराली है। मानवीय संवेदना ही सब में समान धर्म होती है। साहित्य-रचना के आरम्भ से आज तक अभिरुचि में अनेक परिवर्तन हुए। कालक्रम में साहित्यिक अभिरुचि के इन परिवर्तनों को प्राचीन, मध्यकालीन और आधुनिक तीन भागों में विभाजित कर सकते हैं। फिर इन परिवर्तनों के कारणों का अनुसन्धान करना है। प्रत्येक कालखण्ड में ग्राहक अभिरुचि का विशिष्ट रूप है। प्रत्येक काल को युगों में बाँटने पर न्यूनाधिक अन्तर भी लक्षित होता है। सभी कालों और युगों में अभिरुचि की विभिन्न दिशाएँ और प्रवृत्तियाँ भी सामने आती हैं।

अभिरुचि की विभिन्नता में सार्वभौमिकता और सार्वजनीनता के ईस्थटिक प्रश्न उठते हैं। क्या किसी कलाकृति या साहित्य-रचना को लेकर सभी देशों के पाठक-समाजों की अभिरुचि एक-सी होती है। क्या प्रत्येक देश के समाज के विभिन्न वर्गों की अभिरुचि में समानता सम्भव है। भारतीय काव्यशास्त्र में रसानुभूति की चर्चा में तथा पाश्चात्य सौन्दर्यशास्त्र के विवेचन में रस और सौन्दर्य की अनुभूति

एवं उसके आनन्दात्मक पर्यवसान में एकरूपता ले आने के लिए आवश्यक मानसिक चेतना की समीक्षा हुई। इस सिलसिले में अभिरुचि, सौन्दर्य और रस का सम्बन्ध तथा तीनों की भिन्नता भी विचारणीय है। तीनों का व्यापक अर्थ में सार्वभौमिकता और सार्वजनीनता स्वीकार करते हुए भी उनकी सीमाएँ भी उपेक्षणीय नहीं हैं। इन सीमाओं में सबसे अधिक महत्त्व की बात सिद्धान्तों और वादों के आधार पर रचित साहित्य-रचना में पाठक की अभिरुचि की समस्या है। क्या पाठक सहृदय एवं उदारचेता होकर वैसी रचना के साथ भावयोग में सफल हो सकता है। वादीय साहित्य के साथ उठनेवाला दूसरा ईस्थटिक प्रश्न सम्प्रेषण का है। रसानुभूति में साधारणीकरण की प्रक्रिया पाठक की अभिरुचि के संस्कारों से पूर्ण रूप से मुक्त कर सकती है। साहित्यकार वादीय परिधि में रचना को संवेद्य बनाने का प्रयत्न अवश्य करता है। उस प्रयत्न में सफलता पर रचना का ग्राह्य होना निर्भर करता है।

साहित्यिक अभिरुचि के निर्धारक तत्त्वों में सबसे अधिक महत्त्वपूर्ण योगदान सामाजिक परिस्थितियों, चेतना और संस्कारों का है। मानव जीवन में व्यक्ति और उसका व्यक्तित्व एवं चरित्र जितना ही विकसित, प्रौढ़ तथा सुस्थिर क्यों न हो, वे समाज से प्रभावित हुए बिना नहीं रह सकते। व्यक्ति सामाजिक प्राणी होने के नाते उसके जीवन और मन में सामाजिक संस्कार प्रत्यक्ष या अप्रत्यक्ष बद्धमूल होते जाते हैं। जिन पारिवारिक और सामाजिक परिस्थितियों में व्यक्ति का जीवन प्रगतिशील होता है, उससे उसके मानसिक संस्कार बनते और बदलते जाते हैं तथा उसकी साहित्यिक अभिरुचि निर्धारित होती है। व्यक्ति के व्यक्तित्व और सामाजिक जीवन में संघर्ष की तरह वैयक्तिक साहित्यिक अभिरुचि में साहित्य-सर्जना तथा ग्राहक अभिरुचि द्वन्द्वात्मक स्थिति उत्पन्न करती है। जिससे दोनों का स्तर गिर जाता है। तब ग्राहक अभिरुचि का उन्नयन भी सम्भव नहीं है। ग्राहक साहित्यिक अभिरुचि के सामाजिक पहलू पर विचार करते समय तीन बातों पर विशेष ध्यान देना आवश्यक है। (1) स्थूल रूप से समाज को उच्चवर्ग, मध्यवर्ग और निम्नवर्ग, तीन भागों में विभाजित किया जाता है। तीनों के सामाजिक संस्कार और उनके आधार पर विकसित ग्राहक अभिरुचि भिन्न-भिन्न प्रकार की होती है। साहित्यकार को अपनी रचना से तीनों वर्गों को समान रूप में सन्तुष्ट करना कठिन हो जाता है। कालिदास ने अवश्य कहा है कि "नाटकम् भिन्नरुचेर्जनस्य बहुधाप्येकं समाराधनम्।" लेकिन भिन्न वर्गों और व्यक्तियों की अभिरुचि, रचना के विभिन्न पहलुओं से आकर्षित और प्रभावित होकर आनन्द प्राप्त करती है। इलियट ने इस बात को और स्पष्ट किया है कि साधारण प्रेक्षक की अभिरुचि कथानक एवं संवादों का रस लेती है तो उच्चशिक्षित की अभिरुचि, चरित्र एवं भावनाओं की गहराइयों को पहचानते हुए सर्जक के मूल भाव से अवगत होती है। रिचर्ड्स ने भी पाठकों के भावबोध के अनुसार किसी कविता के विभिन्न स्तरों पर ग्राह्य होने की चर्चा की। इन सब बातों से ग्राहक अभिरुचि

में, सामाजिक संस्कारों की भूमिका अवगत होती है। (2) प्राचीनकाल से आधुनिककाल तक साहित्यकार प्रायः मध्यवर्ग के हैं। उनकी रचना में अपने वर्गीय संस्कारों का कुछ न कुछ प्रतिफलन अवश्य होता आया है। लेकिन उनकी एक शाखा आश्रयदाता के उच्चवर्गीय संस्कारों के परितोष का प्रयत्न करती थी, दूसरी शाखा आम जनता के धार्मिक एवं सामाजिक भाव-विचारों पर ध्यान रखती थी और तीसरी शाखा अपनी व्यक्तिगत मानसिक चेतना एवं रुचि के अनुसार स्वच्छन्द रचना करती थी। मध्यकाल तक की यह स्थिति आधुनिककाल में पूरी बदल गई। उपर्युक्त प्रथम दोनों शाखाओं में इतना अन्तर है कि ग्राहक अभिरुचि के सामने एक समस्या खड़ी हो गई है जो सहृदयता और उदार चेतना के बिना आस्वादन सम्भव नहीं है। तीसरी शाखा की रचना सब के लिए ग्रहणीय है। आधुनिककाल में आकर समाज के सभी वर्ग एवं उपवर्ग अपने संस्कारों के अनुरूप रचना करने लगते हैं तो अनेक पाठकों के लिए वह दुर्बोध होकर, ग्राहक अभिरुचि जटिल हो जाती है। (3) आधुनिककाल में मुद्रणकला के विकास और शिक्षा के प्रसार के कारण साहित्य की श्रीवृद्धि और पाठक समाज के बढ़ जाने से साहित्यकारों और ग्राहक अभिरुचि की गुणात्मक एवं मात्रात्मक में अपूर्व विकास हुआ है लेकिन साहित्य-रचना तथा ग्राहक आस्वादन में अनेक नई समस्याएँ भी उत्पन्न हुई हैं और वे बढ़ती जा रही हैं। साहित्य के प्रति मनोरंजन की दृष्टि से ग्राहक अभिरुचि का स्तर गिर गया है और सस्ती रचनाएँ बढ़ती जा रही हैं। कविता के क्षेत्र में रूपात्मक नए प्रयोगों के फैशन केवल चमत्कारी हो सकते हैं। कथा-साहित्य में सैक्स, बलात्कार, हिंसा, अत्याचार, अपराध (क्राइम) का अनैतिक सजीव चित्रण ग्राहक अभिरुचि के लिए ही घातक नहीं है, बल्कि समाज के स्वस्थ विकास के लिए भी हानिकारक है। सामाजिक और सांस्कृतिक चेतना के विकास पर ही श्रेष्ठ कलात्मक सृष्टि हो सकती है। उसमें सर्जक और पाठक का सहयोग तथा दोनों की अभिरुचि का स्तरीय होना आवश्यक है।

साहित्यिक अभिरुचि देश और काल सापेक्ष ही नहीं, व्यक्ति सापेक्ष भी है। व्यक्ति का दृष्टिकोण, बुद्धि एवं संवेगात्मकता में किसी ओर झुकाव, प्रवणता या प्रवृत्ति, मनोनिवेश (आप्टिट्यूड) मानसिक प्रकृति एवं धारणाएँ, व्यक्तित्व, चरित्र आदि मनोवैज्ञानिक विशेषताएँ ग्राहक अभिरुचि के ही, सर्जक की अभिरुचि के स्वरूप को निर्धारित करती हैं। मनोविज्ञान एक महत्त्वपूर्ण पहलू है जो आधुनिक काल में साहित्य-जगत को प्रभावित कर रहा है। केवल मनोवैज्ञानिक सिद्धान्तों से प्रभावित रचनाएँ नहीं, रचनात्मक प्रक्रिया तथा सामान्य साहित्य-रचना के मूल में भी मनोवैज्ञानिक धारणाएँ क्रियाशील हैं। ग्राहक अभिरुचि के बाह्य स्वरूप का व्यंजक तत्त्व मनोविज्ञान ही है। साहित्य-सर्जना की प्रधान प्रेरणा सामाजिक चेतना की गतिविधि से है तो उसका भाव-ग्रहण करानेवाली अभिरुचि का आधार मनोविज्ञान है। केवल वैयक्तिक मनोविज्ञान के सिद्धान्तों से साहित्य-सृष्टि और ग्राहक अभिरुचि

का पूर्ण बोध नहीं होता। उसके लिए व्यक्त मन से अव्यक्त अचेतन के प्रेरणासूत्रों का अनुसन्धान करना भी होगा। फ्रायड, जुंग, एडलर आदि मनोविश्लेषणात्मक अवधारणाएँ (सैकोएनालसिस) इस कार्य में सहायक होंगी। इस तरह ग्राहक अभिरुचि के अन्तरंग और बहिरंग का प्रकाशन होगा।

भारत के इतिहास के प्राचीनकाल में धार्मिक दृष्टि की प्रबलता थी, जिसमें सभ्यता और संस्कृति का उत्तरोत्तर विकास होता गया। धर्म में आध्यात्मिक साधना और दार्शनिक चिन्तन केन्द्र था। हवन, संस्कार, परम्पराएँ, रस्म-रिवाज, बहिर्मुखी व्यवहार एवं आचरण केवल साधन थे। मध्यकाल में आकर सभ्यता एवं संस्कृति दिखावे के आडम्बर मात्र रह गईं तथा सच्चे धर्म की आत्मा ह्रासोन्मुख हो गई। आधुनिककाल में अर्थ की प्रधानता हो जाने से भौतिक सुख-समृद्धि, सभ्यता एवं फैशनों को ही महत्त्व मिल रहा है। सांस्कृतिक चेतना सीमित वर्ग की वस्तु रह गई है। ऐसी स्थिति में साहित्य-रचना और अनुभूति का विपथगा हो जाना स्वाभाविक है। सांस्कृतिक चेतना जीवन की साधना का चरम लक्ष्य है। जीवन के हर एक पहलू में परिष्कार या संस्कार, मानवीय महानता को प्रकट करता है। संस्कृति का शब्दार्थ ही संस्कारिता है। साहित्य के क्षेत्र में ग्राहक अभिरुचि का अर्थ भी कलात्मक चेतना का संस्कार है। उस संस्कार के बिना श्रेष्ठ रचना की पहचान और गहराई में अनुभूति सम्भव नहीं है। संस्कृति और साहित्यिक अभिरुचि के सम्बन्ध पर विचार करते हैं तो दो बातें स्पष्ट हो जाती हैं। (1) उदात्त सांस्कृतिक वातावरण में ही श्रेष्ठ साहित्यिक अभिरुचि पनप सकती है। संस्कृति अभिरुचि को ऊँचे धरातल पर ले जाती है। (2) समाज की गतिविधि की तरह सांस्कृतिक उत्थान-पतन, साहित्यिक अभिरुचि की प्रकृति एवं स्वरूप का निर्धारक तत्त्व है। संस्कृति भी सर्जक और ग्राहक अभिरुचि के आधारभूत पहलुओं में है।

पाश्चात्य देशों की तरह विकासशील भारत में मनोवैज्ञानिकों और साहित्य के आचार्यों ने श्रोता एवं पाठक की ग्राहक अभिरुचि की प्रकृति और स्तर के विश्लेषण तथा अनुशीलन का प्रयत्न नहीं किया है। मनोवैज्ञानिकों ने देश की बढ़ती समस्याओं से जूझते हुए साहित्य पर ध्यान नहीं दिया है। साहित्य के अध्यापकों ने काव्य या गद्य-रचना की व्याख्या और उन पर भाषणों तक ही अपने कार्य को सीमित रखा है। कुछ सहृदय आचार्यों ने साहित्यिक विवेक, सौन्दर्य तथा रसज्ञता की अभिरुचि के आख्यान से छात्रों के विकास का प्रयत्न अवश्य किया है। ऐसी स्थिति में हिन्दी के व्यापक पाठक समाज की अभिरुचि के समग्र रूप का पता कैसे चलेगा? प्रस्तुत प्रबन्ध में समीक्षकों को ही पाठक-समाज का प्रतिनिधि मानकर विचार किया गया है। प्रायोगिक अभिरुचि-विश्लेषण की सुविधा के अभाव में और कोई रास्ता नहीं है। हिन्दी में समीक्षा के समृद्ध विकास तथा उसकी विभिन्न दिशाओं को देखते हुए इस मार्ग को अपनाना अनुचित नहीं लगा। हिन्दी में प्रचलित विभिन्न समीक्षा पद्धतियों

ने ग्राहक अभिरुचि के विकास को किन दिशाओं में ले जाने का प्रयत्न किया है? इस पर भी विचार होना चाहिए। समीक्षा के अनेक लक्ष्यों में अभिरुचि का परिष्कार और स्तरीय विकास भी एक है। केवल इसी दृष्टि से हिन्दी आलोचना का विकास तथा उसमें प्रमुख समीक्षात्मक प्रवृत्तियों और कुछ प्रतिनिधि समीक्षकों की उपलब्धियों एवं सीमाओं का उल्लेख किया गया है। इस सन्दर्भ में कुछ प्रश्न उठते हैं जिनका आगे 'ग्राहक साहित्यिक अभिरुचि और समीक्षा' शीर्षक अध्याय में विवेचन करना है। युग की साहित्यिक प्रवृत्ति के साथ समीक्षा का क्या रूपान्तर हुआ है? वह नए साहित्य को प्रोत्साहन देती हुई ग्राहक अभिरुचि के विकास में कहाँ तक सहायक हुई है? उसने नए साहित्य के सम्बन्ध में ग्राहक अभिरुचि का क्या परिष्कार किया है? प्रमुख प्रवृत्तियों और वादों के समीक्षक पाठकों की साहित्यिक अभिरुचि, सौन्दर्य-चेतना और रसज्ञता को बढ़ाने में कितने सफल हुए हैं? इस सफलता या असफलता के मूल में समीक्षकों के सामाजिक एवं साहित्यिक संस्कार कैसे हैं? अर्थात् समीक्षक स्वयं साहित्य के कैसे ग्राहक हैं तथा उनकी साहित्यिक चेतना एवं अभिरुचि का उत्कर्ष किस धरातल पर पहुँचा हुआ है? दूसरी ओर उनकी अभिरुचि की क्या सीमाएँ और दुर्बलताएँ हैं? इन सब प्रश्नों के आधार पर ही हम समीक्षक और साहित्य के अध्येता पाठक की अभिरुचि का मूल्यांकन कर सकेंगे।

1.2 अभिरुचि के विवेचन का इतिहास

लौकिक जीवन में रुचि शब्द का प्रचलन अत्यन्त प्राचीन है। कला और काव्य के क्षेत्र में (आचार्य शुक्ल जी और उनके अनुयायी दोनों को अलग मानते हैं—ललित कलाओं में सौन्दर्य की अनुभूति तथा काव्य में रसानुभूति प्रधान है।) अभिरुचि या टेस्ट शब्द का प्रयोग पहली बार सौन्दर्य शास्त्र में हुआ। सोलहवीं और सत्रहवीं शताब्दियों में अच्छी अभिरुचि का अर्थ प्राचीन क्लासिकल रूप-विधान का अनुकरण था। बाद को रोमांटिक स्वच्छन्दतावादी प्रवृत्ति ने उसे प्राचीन का नियोक्लासिकल रचना विधान और अभिरुचि मानकर निकृष्ट माना। क्लासिकल रूप के आकर्षण और शोभा को रचना की आत्मा माननेवाले शफ्टसबरी, हचूसन, ह्यूम आदि थे। लेकिन बाद को काण्ट ने टेस्ट को बोधात्मक न मानकर आनन्दानुभूति देनेवाली सौन्दर्य के प्रति भावना का आधार कहा। अभिरुचि और सौन्दर्य, रचना को हेतुवादी भाव-विचारों, नियमों, अवधारणों या वैज्ञानिक सिद्धान्तों से बाँध नहीं सकते। आजकल के रूपवादी और रूपवादी न होने पर भी 'ग्रानी' टेस्ट को रूपात्मक सौन्दर्य की प्रतिक्रिया कहते हैं। रोमाण्टिक साहित्यकार रूप से कथ्य को तथा उसकी तीव्र अनुभूति, संवेगों एवं कल्पना की क्रियाशीलता को अभिरुचि के विषय मानते हैं। साहित्यिक अभिरुचि के वस्तुनिष्ठ सर्जक पक्ष में तथा व्यक्तिनिष्ठ ग्राहक पक्ष में दार्शनिक सौन्दर्यशास्त्रियों की वैचारिक उलझन में न फँसकर कलाकृति के रूपगत

एवं भावगत समष्टि से सम्बद्ध सामंजस्य से उसे सम्बन्ध जोड़ना ही उचित है। हमें यह भी नहीं भूलना है कि आधुनिक काल में आकर अनेक सामाजिक, सांस्कृतिक और मनोवैज्ञानिक पहलू भी अभिरुचि की प्रतिक्रिया एवं अनुभूति के निर्धारक हो गए हैं। इन पर साहित्य-समीक्षक तथा मनोवैज्ञानिक विचार कर रहे हैं। समग्र दृष्टि से ग्राहक अभिरुचि को रचना के प्रति आकर्षण तथा उसके मर्म तक ले जाकर उसमें तन्मय करनेवाला कह सकते हैं।

भारतीय दर्शन और काव्यशास्त्र की अनेक शाखाओं एवं उपशाखाओं में कहीं भी प्रत्यक्ष अभिरुचि की व्याख्या नहीं मिलती। दर्शनों ने परब्रह्म की सोलह कलाओं की चर्चा करते हुए उनकी चेतन आलोकमयता और उज्ज्वल सौन्दर्य चेतना की ओर संकेत किया। ये वस्तुनिष्ठ धर्म उनके अनन्त स्वरूप के दो पहलुओं की ओर संकेत करते हैं। लेकिन द्रष्टा या चिन्तक के द्वारा उनकी अनुभूति और उनमें अभिरुचि का निरूपण नहीं किया। शायद लक्ष्य पर ही उनकी दृष्टि है, साधक की चेतना पर नहीं। भारतीय काव्यशास्त्र भी अत्यन्त सूक्ष्म, व्यापक और समग्र है। उसमें से कुछ मुद्दों को लेकर साहित्यिक अभिरुचि के आधारभूत तत्त्वों का विश्लेषण करेंगे। रस सिद्धान्त में व्यवस्था एवं धर्म का औचित्य विधायक लक्षण हैं तो रस-विरोध एवं रसाभास अनुभूति में विघातक है। अलंकार-योजना में सौन्दर्य से उत्कर्ष होता है तो नीच एवं असंगत उपमान, रचना के अपकर्ष का कारण है। औचित्य-सिद्धान्त कथ्य एवं रूप दोनों की ग्राह्यता का निरूपक है तो अनौचित्य से रचना के सभी पहलुओं में 'काव्यदोष' दर्शनीय हैं। यह साहित्यिक अभिरुचि पर विचार नहीं है, लेकिन सच्ची अभिरुचि के लिए आधारभूमि की ओर संकेत करने वाले बिन्दु हैं।

1.3 ग्राहक अभिरुचि की प्रतिक्रिया के ईस्थटिक निर्देश और आवश्यक मनोभूमि

काव्य-साहित्य और नाटक उच्च स्तरीय कलात्मक सृष्टि होने के कारण ग्राहक की प्रतिक्रिया सदा अभिलषणीय रूप में नहीं होती। इसलिए साधारण नाटकीय प्रेक्षक तथा काव्य के श्रोता या पाठक का पथ-प्रदर्शन आवश्यक हो जाता है। साथ ही उचित अभिरुचि के साथ कलाकृति की अनुभूति के लिए प्रेक्षक, श्रोता या पाठक की मनोभूमि के कुछ धर्मों की अवस्थिति अनिवार्य है। यह बात साधारण ग्राहकों पर ही नहीं शिक्षित ग्राहकों पर भी लागू हो जाती है। पाश्चात्य चिन्तकों ने ग्राहक अभिरुचि की उचित प्रतिक्रिया के लिए अनुकूल वातावरण की सृष्टि तथा दिशा-निर्देशों की ओर संकेत किया है। इस कार्य में साहित्यकारों एवं समीक्षकों दोनों का योगदान है। इससे भिन्न भारतीय अलंकारशास्त्र के आचार्यों ने नाटक के प्रेक्षकों और काव्य-साहित्य के सभी पाठकों के लिए आवश्यक मनोभूमि के धर्मों पर ध्यान दिया है। यह प्राचीन एवं मध्यकालीन स्थिति है। आधुनिककाल में आकर सर्जक और

ग्राहक साहित्यिक अभिरुचि का अनेक कोणों से विचार-विमर्श किया जा रहा है।

पाश्चात्य साहित्य के क्षेत्र में ग्राहक प्रतिक्रिया के सम्बन्ध में कुछ दिशा-निर्देशों के उदाहरण प्रस्तुत करेंगे। ग्रीक नाटक के आरम्भ में वृन्दगान के द्वारा वस्तु की सूचना ही नहीं दी जाती थी। उससे नाटककार का अभीष्ट लक्ष्य का संकेत होकर इसका बोध भी कराया जाता था कि प्रेक्षक की प्रतिक्रिया किस रूप में होनी चाहिए। एडिसन ने नाटकों के अभिनय में साधारण प्रेक्षकों की अनुचित प्रतिक्रिया से रुष्ट होकर लिखा कि नाटकशाला में एक दण्डधारी होना चाहिए जो बीच-बीच में घंटा बजाकर प्रेक्षकों को सन्निवेश के अनुसार भाव-प्रकाशन तथा हास-रुदन का द्योतन करे। वर्ड्सवर्थ का कहना है कि परम्परा से भिन्न नई प्रवृत्ति का प्रचलन होने पर कवि को अपने लेखों द्वारा ऐसे वातावरण की सृष्टि करनी चाहिए जिससे नई रचना पाठकों के लिए बोधगम्य हो। प्राचीन और अर्वाचीन अनेक साहित्यकारों ने रचना के प्राक्कथनों एवं काव्यारम्भ में या कभी-कभी बीच में किसी पात्र के कथन के द्वारा कलाकृति की केन्द्रबिन्दु को व्यक्त करते हुए पाठक की प्रतिक्रिया में सहायता दी है। इलियट ने 'साहित्य और धर्म' (लिटरेचर एण्ड रेलिजियन) शीर्षक अपने लेख में नवीनतम कथा-साहित्य में अनैतिकता और यौन-विकृतियों के चित्रण पर आक्षेप करते हुए उनके अनुचित प्रभाव से पाठकों को सावधान रहने की चेतावनी दी है।[1] साहित्यिक अभिरुचि पर उल्लेखनीय एकमात्र पुस्तक शुकिंग का 'साहित्यिक अभिरुचि का समाजशास्त्रीय अनुशीलन' (दी सोशियालजी ऑफ़ लिटररी टेस्ट) है। लेकिन यह विवेचन कर्तृपक्ष से विविध प्रवृत्तियों के मूल में साहित्यिक अभिरुचि के केवल सामाजिक पहलुओं पर है। ग्राहक अभिरुचि की दृष्टि से छात्रों की प्रतिक्रियाओं का विश्लेषण रिचर्ड्स की पुस्तक 'प्रायोगिक आलोचना' (प्रैक्टिकल क्रिटिसिजम) में हुआ है। अभिरुचि की समस्या पर प्रत्यक्ष विचार न होने पर भी समीक्षक ने काव्यशास्त्रीय मुद्दों के आधार पर कुछ चुनी कविताओं के सम्बन्ध में छात्रों के बोध के मानसिक स्तर तथा अनुभूति की गहराई एवं सीमाओं को स्पष्ट किया है। रिचर्ड्स की ही दूसरी पुस्तक 'साहित्य की आलोचना के सिद्धान्त' (प्रिन्सपुल्स ऑफ़ लिटररी क्रिटिसिजम) में कर्ता और पाठक के बीच सम्प्रेषण की समस्याओं पर विचार करते हुए दूसरे के संस्कारों एवं विश्वासों के कारण उत्पन्न होनेवाली भावयोग की कठिनाइयों का निरूपण किया गया है। इसके विपरीत कालिंगवुड 'कला के सिद्धान्त' (दी प्रिन्सपुल्स ऑफ़ आर्ट) ग्रन्थ में कला एवं काव्य को सम्प्रेषण नहीं, आत्माभिव्यक्ति मानते हैं। सम्प्रेषण (कम्युनिकेशन) पर प्रत्यक्ष ध्यान होने पर श्रेष्ठ कलाकृति की रचना नहीं हो सकती तथा रचना प्रचारात्मक होने की सम्भावना है। ग्राहक अभिरुचि के सन्दर्भ में सम्प्रेषण और आत्मभिव्यक्ति की परस्पर विरोधी धारणाओं की उलझन पर आगे यथास्थान आलोचना होगी।

भारतीय साहित्यशास्त्र में रसानुभूति पर विचार-विमर्श के सन्दर्भ में प्रेक्षक,

श्रोता या पाठक की मानसिकता का सूक्ष्म अनुशीलन हुआ जो ग्राहक अभिरुचि के धर्मों पर भी प्रकाश डालता है। इस अनुशीलन में प्रयुक्त कुछ शब्दों का ही यहाँ आख्यान करेंगे। भरतमुनि ने नाट्यशास्त्र में 'सुमनस' और 'सामाजिक' दो शब्दों का प्रयोग किया। सुमनस का अर्थ बुद्धिप्रधान मन न होकर सुष्ठु या स्पन्दनशील मन है। रसानुभूति की तरह ग्राहक साहित्यिक अभिरुचि में भी मन की स्पन्दनशीलता अनिवार्य है। यह स्पन्दनशीलता जीवन के पारिवारिक एवं सामाजिक अनुभवों के आधार पर विकसित होती है तथा मन में संस्कारों के रूप में विद्यमान रहती है। सामाजिक चेतना अभिरुचि और रसानुभूति दोनों की आधारभूमि है। इसीलिए भरतमुनि ने नाटक के प्रेक्षक को सामाजिक होने पर बल दिया। सामाजिक वर्गों के संस्कारों की भिन्नता या निम्न कुसंस्कारों के कारण साहित्यिक अभिरुचि का स्तर गिर सकता है और रसानुभूति में बाधा हो सकती है।

काव्यशास्त्र में प्रयुक्त सबसे महत्त्वपूर्ण शब्द 'सहृदय' है जिसका उल्लेख आनन्दवर्धन के ध्वन्यालोक में मिलता है। पूर्वग्रहों और रूढ़ विश्वासों से मुक्त उदारचेता व्यक्ति ही सहृदय हो सकता है। उसकी अभिरुचि और अनुभूति ही काव्य के अनुरूप सच्ची और परिपूर्ण हो सकती है। सहृदय का सामान्य अर्थ भावनाशील हृदय है। 'स' उपसर्ग का 'सह' के स्थान पर 'समान' अर्थ करते हैं तो सहृदय कवि के समान भावनाशील हृदय का होकर काव्य के साथ श्रोता या पाठक का सही भावयोग होता है। अभिनवगुप्त ने 'ध्वन्यालोक' पर अपनी टीका 'लोचन' में सहृदय शब्द का व्यापक आख्यान किया।[2] उनके अनुसार वही सहृदय है जिसका हृदय काव्यानुशीलन से विकसित हुआ हो और वर्ण्य विषय में तन्मय होने की संवेदनशीलता रखता हो। वही सहृदय काव्य के भावों में तन्मय हो सकता है जिसके हृदय के भावों में स्वच्छता और निर्मलता आई हो, जिसके हृदय में जीवन के अनुभवों से संस्कार हुआ हो तथा जो अपने हृदय की भावनाओं के निरीक्षण-परीक्षण से संस्कृत हो। वे स्वीकार करते हैं कि वासनाओं की प्रबलता, शिक्षा और संस्कारों के विकास में अन्तर के कारण पाठकों की रसानुभूति में कुछ अन्तर अवश्य पड़ता है। यह व्याख्या प्रेक्षक और पाठक की स्पन्दनशीलता एवं सामाजिकता से ग्राहक अभिरुचि और रसानुभूति में अन्तर्मुखी भावप्रवणता की ओर प्रस्थान है। अगला प्रस्थान रस-तन्मयता एवं उसमें आत्मविस्मृति का है। धनंजय ने 'दशरूपक' में प्रेक्षक को 'रसिक' की संज्ञा दी। रसिक रसज्ञ और रसतन्मय व्यक्ति है जो बाह्य जगत को भूल जाता है। शास्त्रीय कर्नाटक संगीत की परम्परा में तन्मय श्रोताओं को रसिक कहते हैं। आगे ग्राहक साहित्यिक अभिरुचि के ईस्थटिक पहलू के विवेचन में इस सम्बन्ध में और विस्तृत आख्यान होगा।

1.4 ग्राहक अभिरुचि का प्रशिक्षण

कला और काव्य के क्षेत्र में (पाश्चात्य सौन्दर्यशास्त्र में साहित्यिक विधाओं के अन्तर्गत केवल रूप-प्रधान कविता को शुद्ध ललित कला मानते हैं।) ग्राहक अभिरुचि के द्वारा कवि-हृदय और काव्य के मर्म से अवगत होना तथा तलस्पर्शी तन्मय अनुभूति आसान काम नहीं है। पाठक प्रायः काव्य के अर्थबोध के बाद जिस सौन्दर्य या रस की अनुभूति पाते हैं, वह निगूढ़ एवं अगम्य काव्य की कलात्मक चेतना की नहीं होती। कला और काव्य अन्ततः एक रहस्यमय भावसृष्टि है जिसके स्तर पर पहुँचने के लिए आवश्यक है कि ग्राहक विशिष्ट व्यक्तित्व का हो तथा निरन्तर साधना करे। सौन्दर्य की तरह अभिरुचि भी बोध का न होकर भावना का विषय है। फ्रायड का कहना है कि "कुछ सर्वश्रेष्ठ और अभिभूत करनेवाली कलाकृतियाँ हमारी बुद्धि के बोध के लिए आज भी अनबूझ पहेलियाँ हैं।....हम उनकी प्रशंसा करते हैं, उनसे भाव-विवश हो जाते हैं। लेकिन हम कह नहीं सकते कि वे हमारे लिए किस बात का प्रतिनिधित्व करते हैं। (क्या सुझाते हैं?) कुछ अपने कथन में इस सीमा तक चले जाते हैं कि इस बौद्धिक विभ्रम की स्थिति एक आवश्यक शर्त है जिससे एक कलाकृति सर्वाधिक प्रभावशीलता प्राप्त करे।"[3] इस रहस्यमयता के कारण अभिरुचि की पराकाष्ठा में सौन्दर्य और रस की अनुभूति की गहनतम स्थिति पर पहुँचते हैं।

ग्राहक अभिरुचि के प्रशिक्षण की अन्तर्मुखी और बहिर्मुखी दो पहलू हैं। पहले में अनुभूति की सूक्ष्म छायाओं, उसकी समष्टि चेतना एवं गहराई को पहचान कर अभिरुचि के संस्कारों को उच्चतम शिखर पर ले जाने की साधना होती है। यह अभिरुचि के प्रशिक्षण का ईस्थटिक पहलू है। कलात्मक या साहित्यिक अभिरुचि को मस्तिष्क के बौद्धिक धरातल पर हेतुवादी धारणाओं एवं विचारों के आधार पर निर्धारित या निश्चित नहीं मान सकते। साहित्यिक कृति के अध्ययन में हम जो अनुभव करते हैं और हमारी पहले की अनुभूति एवं संस्कार, कलाकृति के अनुभव को किस दिशा में ले जाते हैं—दोनों के योग को अभिरुचि कह सकते हैं। पहला व्यक्तिनिष्ठ है और दूसरा उसका वस्तुनिष्ठ आधार है। इस प्रक्रिया में ग्राहक अभिरुचि आलोकित होकर उसकी कलात्मक चेतना का विकास होता है। पाठक काव्य के विविध अंगों से अभिज्ञ ही नहीं होता, बल्कि उनके सामंजस्य से काव्य की समष्टि में कवि की कलात्मक चेतना की अनुभूति की ओर अग्रसर होता है। सामाजिक भाव-विनिमय के माध्यम भाषा में कवि और काव्य की आत्मा की पहचान अपेक्षाकृत आसान है। अन्य ललित कलाओं में स्वर-लय, रंग-रेखा, आकार-अनुपात के द्वारा कलात्मक चेतना की अनुभूति में अभिरुचि का ईस्थटिक प्रशिक्षण अधिक अपेक्षित है। ग्राहक अभिरुचि के ईस्थटिक विश्लेषण में दो अतिवादी दृष्टियों से बचना आवश्यक है। एक ओर कवि के जीवन तथा देश-काल की परिस्थितियों से जोड़कर देखने पर कलाकृति की अन्तरंग चेतना की विशिष्टता स्पष्ट नहीं होती। दूसरी ओर देश-काल की उपेक्षा कर केवल कल्पना और संवेगात्मकता के आधार पर रचना

की अन्तरंग चेतना पर ध्यान केन्द्रित करने पर रचना असम्बद्ध शिथिल एवं अर्थवत्ता से रहित प्रतीत होती है। ग्राहक अभिरुचि के प्रशिक्षण में दोनों के संश्लिष्ट रूप का विकसित होना चाहिए। तब उसमें ऐतिहासिक विद्वत्ता और ईस्थटिक कल्पना एवं शक्तिमत्ता का समन्वय होकर दार्शनिक अन्तर्दृष्टि से कलाकृति के सम्बन्ध में अभिरुचि का पथ-प्रदर्शन होगा। यह कहा जा सकता है कि अभिरुचि के प्रशिक्षण से अभिरुचि और उसकी प्रतिक्रिया की अनेक दिशाएँ व्यापक हो सकती हैं, लेकिन व्यक्ति के जन्मजात संवेगात्मक झुकाव, संस्कार अभिरुचि आदि बदलते नहीं हैं। पर प्रशिक्षण न्यूनाधिक मात्रा में अभिरुचि की अन्तर्दृष्टि, गहराई और व्यापकता को प्रभावित करता है। यदि ग्राहक अभिरुचि को कलात्मक सभी मूल्यों की समष्टि की प्रतिक्रिया कहें तो वह वस्तुनिष्ठ और व्यक्तिनिष्ठ दोनों है। रचना के गुण-धर्म व्यक्ति की अभिरुचि को प्रभावित करते हैं। ये गुण-धर्म स्थूल तकनीकी (टेक्निकल) तथा सूक्ष्म कलात्मक चेतना के हैं जो ईस्थटिक अनुभूति में प्रधान हैं। रचना के इस वस्तुनिष्ठ पहलू के साथ पाठक की अभिरुचि के संस्कारों के योग से जो अनुभूति होती है, वह सार्वभौमिक होने के साथ गुणात्मक रूप में व्यक्तिगत भी है। इसलिए अभिरुचि कला या काव्य की अनुभूति में सार्वजनीन समानता नहीं ला सकता। सारांश के रूप में कह सकते हैं कि ग्राहक अभिरुचि के प्रशिक्षण से (1) पाठक ईस्थटिक मूल्यों से अवगत होकर उनके साधक तत्त्वों को पहचानता है जिससे वह कवि हृदय और काव्य के मर्म तक पहुँच सके। (2) रचना के तलस्पर्शी अवगाहन के लिए आवश्यक साधनों को प्राप्त करता है। (3) रचना के आस्वादन में बाधक ग्राहक अभिरुचि के सामाजिक संस्कारों को यथासम्भव उदार बनाने का प्रयत्नशील होता है।[4]

ग्राहक अभिरुचि की प्रतिक्रिया को प्रभावित करनेवाले बहिर्मुखी संस्कारों का प्रशिक्षण भी होना चाहिए। साहित्यिक अभिरुचि की उचित प्रतिक्रिया के लिए केवल ईस्थटिक अन्तर्मुखी पहलू का प्रशिक्षण पर्याप्त नहीं है। अभिरुचि के अनेक बहिर्मुखी घटक हैं जो उसके स्वरूप को ही नहीं, उसकी आन्तरिक अनुभूति के भी निर्धारक हैं। मानव-जीवन के सभी पहलुओं का कुछ न कुछ प्रभाव सर्जक और ग्राहक अभिरुचियों पर पड़ता है—विशेषतः कालक्रम में देश-काल सापेक्ष ऐतिहासिक परिवर्तनशीलता, धार्मिक भावना, सांस्कृतिक चेतना, पारिवारिक एवं सामाजिक गतिविधि तथा व्यक्ति का मनोवैज्ञानिक अभिनिवेश। जीवन के इन पहलुओं में प्राप्त संस्कार, ग्राहक अभिरुचि के उत्थान-पतन के कारण हो सकते हैं। इसलिए इन संस्कारों और अभिरुचि के प्रशिक्षण और परिष्कार की आवश्यकता है।

ऐतिहासिक परिवर्तनशीलता में प्रत्येक देश और काल की अपनी विशिष्ट साहित्यिक अभिरुचि होती है। वह प्राचीन, मध्य तथा आधुनिक कालों में आमूल परिवर्तित हो गई है। उसके स्वरूप और कारणों पर अगले अध्याय में विचार होगा।

धार्मिक भावना से प्रभावित संस्कारों एवं अभिरुचि पर दो तात्विक प्रश्न उठते हैं। क्या किसी नास्तिक की अभिरुचि धार्मिक परिधि में रचना की ओर उन्मुख होकर उसमें पूर्ण रूप से तन्मय हो सकती है? तो उस समय मन के बौद्धिक विचारों की क्या स्थिति होगी? दूसरा प्रश्न है कि एक धर्म की चेतना से प्रभावित रचना को दूसरे धर्म के बद्धमूल संस्कारों का व्यक्ति भिन्न अभिरुचि के साथ स्वीकार कर पहले के पाठक के समान अनुभूति प्राप्त करेगा? यह मनःस्थिति और सम्प्रेषण का एक पहलू है। संस्कृति की संस्कारिता के बिना अभिरुचि का उन्नयन सम्भव नहीं है। संस्कृति की भावना देश की भौगोलिक स्थिति, सामाजिक जीवन की गतिविधि, आचार-व्यवहार, नैतिक अवधारणा और आदर्शों के अनुसार बदलती है। पारिवारिक और सामाजिक जीवन में प्राप्त संस्कार साहित्यिक अभिरुचि के प्रधान अंग हैं। उनमें वर्ग, वर्ण, जाति आदि के आधार पर काफी अन्तर होता है। साहित्यिक अभिरुचि और उसके आधार पर मूल्यांकन केवल सामाजिक संस्कारों और चेतना के आधार पर नहीं हो सकता। उसके मूल में सार्वजनीन मानवीय संवेदना होनी चाहिए। तभी साहित्यिक अभिरुचि का रचना की ओर आकर्षण तथा उसकी स्वीकृति या अस्वीकृति होगी। सामाजिक दृष्टि से साहित्यिक अभिरुचि के अध्ययन की अनेक दिशाएँ हैं जिनका विश्लेषण आगे होगा। अभिरुचि का मनोवैज्ञानिक पहलू व्यक्ति-सापेक्ष है। अचेतन और चेतन मन की विशेषताएँ अभिरुचि को एक निश्चित ढाँचे में ढालकर पाठक तथा समीक्षक की प्रतिक्रियाओं एवं रस या सौन्दर्य-संवेदना के अभिव्यंजक बनती हैं।

1.5 ग्राहक अभिरुचि के प्रशिक्षण का लक्ष्य तथा उसकी उपलब्धियाँ एवं सीमाएँ

साहित्यिक अभिरुचि के प्रशिक्षण का तात्पर्य पाठक की ग्राहकता, मर्मज्ञता और सहृदयता का विकास करने से है। यद्यपि व्यक्ति की साहित्यिक अभिरुचि उसके सामाजिक एवं साहित्यिक संस्कारों से निर्णीत होती है, फिर भी अनुभव और प्रशिक्षण के द्वारा उसे व्यापक और उदार बनाया जा सकता है। आधुनिक युग में साधारण पाठकों की साहित्यिक अभिरुचि की संकीर्णता के कारण आज साहित्यिक सहृदयता की नई समस्याएँ सामने आई हैं। उन्होंने अभिरुचि के प्रशिक्षण की आवश्यकता को और भी बढ़ा दिया है।

अच्छी साहित्यिक अभिरुचि के लिए अनुभवों की तुलना, विचारों का सन्तुलन और उचित धारणाओं का बना लेना आवश्यक है। अभिरुचि अच्छे-बुरे को पहचानने की शक्ति है। वह साहित्य के क्षेत्र में अनुभव प्राप्त पाठक का विवेक है। अभिरुचि का विकास दीर्घकालीन साधना का परिणाम है। पाठकों में साहित्यिक की प्रवणता (आप्टिट्यूड) में न्यूनाधिक अन्तर होता है। प्रशिक्षण साधारण पाठक की साहित्यिक

रसज्ञता को बढ़ाता है तथा अधिक भावनाशील पाठक की रस-संवेदना को चेतन व्यापार बनाता है। सर्जक प्रतिभा एवं कल्पना को साधना और अभ्यास की जैसी आवश्यकता है, पाठक की भावयित्री को प्रशिक्षण की वैसी ही जरूरत है। प्रशिक्षण के बिना किसी कलाकृति की सब पाठकों को समान या मिलती-जुलती अनुभूति सम्भव नहीं है।

अभिरुचि का प्रशिक्षण रचना की उचित प्रतिक्रिया प्राप्त करने की शिक्षा है। वह वैयक्तिक पसन्द-नापसन्द को महत्त्व नहीं देता, बल्कि रचना के अच्छे-बुरे के विवेक पर बल देता है। इस तरह की वस्तुनिष्ठ दृष्टि से ही उचित अनुभूति प्राप्त की जा सकती है। साहित्य के क्षेत्र में हम चाहते हैं कि भिन्न व्यक्तियों की अनुभूतियों के साथ तुलना के द्वारा हम अपनी अनुभूति की परीक्षा कर लें और आवश्यकता पड़ने पर उसे सुधार लें। हम अपनी अनुभूति दूसरों से भिन्न होने पर अपना दृष्टिकोण स्पष्ट करते हैं तथा दूसरों की अनुभूति का आधार जानना चाहते हैं। इस प्रक्रिया में दूसरों की अनुभूति को सुधार लेने का प्रयत्न भी कभी-कभी करते हैं।

इस सन्दर्भ में प्रश्न उठता है कि मनोवैज्ञानिक दृष्टि से अभिरुचि का प्रशिक्षण कहाँ तक सम्भव है? इसमें कोई सन्देह नहीं है कि प्रशिक्षण के द्वारा मनुष्य के संस्कारों और उसकी प्रकृति को बदलकर उसे रचना के सम्बन्ध में संवेदनशील नहीं बना सकते, पर अनुभूति को तीव्र बनाने में या प्रतिकूल परिस्थितियों में प्रशिक्षण के द्वारा प्रतिबन्धों को दूर कर संवेदनशीलता की रक्षा में सफल हो सकते हैं। प्रशिक्षण के द्वारा अनुभूति में बाधक गलत धारणाओं और अन्धविश्वासों को दूर कर उसे सही दिशा दे सकते हैं। रचना की संवेदनशीलता में बाधक तत्त्वों के कारण साहित्यिक अभिरुचि का सही विकास नहीं हो पाता। दूसरी ओर विद्वान और विशेषज्ञ अपनी सैद्धान्तिक एवं बौद्धिक दृष्टि के अतिरेक में प्रायः रसज्ञ नहीं होते। प्रशिक्षण इनमें सहृदयता का विकास कर सकता है। साहित्यशास्त्र का ज्ञान सभी पाठकों को एक हद तक साहित्यिक व्यंजना समझने के लिए आवश्यक भावनाशक्ति का सहायक बनता है। इससे स्वाभाविक अभिरुचि संस्कृत होकर साहित्य की सूक्ष्म विशेषताओं की अभिज्ञता बढ़ती है।

प्रशिक्षण से किसी पाठक की अभिरुचि उच्चस्तरीय नहीं बनाई जा सकती। पर रचना की अनुभूति के आख्यान के द्वारा मनुष्य के ज्ञानक्षेत्र को बढ़ाते हुए अभिरुचि के विकास में अप्रत्यक्ष सहायता दी जा सकती है। इस तरह के आख्यान के द्वारा पाठक को मनुष्य के भावक्षेत्र का गहरा ज्ञान मिलता है तो उसकी अभिरुचि व्यापक अवश्य बनती है। पाठक की मानसिक प्रवृत्तियों को पूरा बदलने में असफल होने पर भी प्रशिक्षण से मानसिक झुकाव और धारणाओं में थोड़ा बहुत परिवर्तन लाया जा सकता है। उससे यदि जन्मजात संस्कारों का लोप नहीं होता तो आन्तरिक भावनाओं का परिष्कार अवश्य होता है। उसके द्वारा पाठक की अनुभूति, भावना

और उसके भाव-विचार व्यापक, सूक्ष्म और तलस्पर्शी बनाए जा सकते हैं। इस तरह प्रशिक्षण के द्वारा पाठकों के संस्कारों, आन्तरिक शक्तियों (केपासिटीस) और मानसिक झुकावों का न्यूनाधिक विस्तार और विकास करना असम्भव नहीं है।

प्रशिक्षण के द्वारा सामाजिक संस्कारों को ही नहीं, साहित्यिक संस्कारों को भी प्रभावित करते हुए अभिरुचि का परिष्कार किया जा सकता है। रचना की वस्तु और उसके कथ्य के अतिरिक्त रूप एवं टेकनिक की चर्चा से उसे पाठक के लिए बोधगम्य बनाया जा सकता है। कवि की कल्पना में रचना के भिन्न-भिन्न तत्त्वों के आन्तरिक सामंजस्य की व्याख्या, उसकी सच्ची अनुभूति का मार्ग प्रशस्त करेगी। इस अनुभूति से पाठक की अभिरुचि सम्बन्धी रूप के कलात्मक संस्कारों का विकास होगा। रूप के प्रभाव के इस विचार में पाठक को जानना चाहिए कि लेखक के द्वारा निर्दिष्ट प्रभाव के लिए उसने किन-किन और कैसे साधनों का सफल या असफल प्रयोग किया है? रचना-विधान भाव-विचारों का अभिव्यंजक है या नहीं? वह रचना को कहाँ तक निर्दोष एवं परिपूर्ण बना सका है? रचना की सर्जनात्मक इन सम्भावनाओं के ज्ञान से साहित्यिक अभिरुचि को स्तरीय रूप मिलेगा।

ऊपर ग्राहक साहित्यिक अभिरुचि के विकास, उसमें बाधक तत्त्वों तथा प्रशिक्षण की ओर कुछ संकेत किए गए हैं। विधायक रूप में साहित्यिक अभिरुचि पर दो बातों पर ध्यान देना भी आवश्यक है। (1) क्लासिकल रचनाओं के सूक्ष्म अध्ययन से ही अभिरुचि प्रौढ़ रूप लेती है। क्लासिकल साहित्य में समग्रता, व्यापकता, गहराई, मूल्य-सन्तुलन तथा सौष्ठव की पूर्णता आदि अभिरुचि को उदारता और उच्च स्तरीय चेतना प्रदान करते हैं। रोमांटिक और यथार्थवादी प्रवृत्तियाँ (श्रेष्ठ रचनाओं के बावजूद) जीवन की एकपक्षीय प्रवृत्तियाँ हैं। अभिरुचि की पूर्णता में तीनों प्रवृत्तियों को ग्रहण करते हैं। पर तुलना के तरतम भेद को ध्यान में रखकर। (2) भारतीय और विदेशी एकाधिक भाषा-साहित्यों के (अनुवाद के रूप में ही सही) परिचय और श्रेष्ठ रचनाओं के अध्ययन से अभिरुचि का उत्कर्ष होता है। अपने भाषा-साहित्य के अनुशीलन तक सीमित अभिरुचि को संकीर्ण तो नहीं कह सकते, पर उसकी परिमिति की सम्भावना है।

ग्राहक साहित्यिक अभिरुचि की सीमाएँ पाठक की मानसिकता और उसके स्वभाव एवं व्यक्तित्व के कारण हैं जो मनोवैज्ञानिक अध्ययन के विषय हैं। यदि किसी व्यक्ति विशेष की अभिरुचि संकीर्ण है तो वह उसकी स्वाभाविक सीमा की बात है जिसके विरोध या खण्डन की आवश्यकता नहीं है। अभिरुचि का विकास व्यक्तित्व की छाया में होने के कारण कुछ विशेष दिशाओं में ही उसका प्रसार होता है। प्रशिक्षण के नाम पर अभिरुचि को व्यापक बनाने के प्रयत्न में उसे कृत्रिम नहीं बना देना चाहिए। प्रशिक्षण के द्वारा अभिरुचि को व्यापक बना देने का यह तात्पर्य नहीं है कि अनुभूति न होने पर भी पाठकों के मन या मस्तिष्क को दूसरे विचारों

और अभिमतों से भर दिया जाए। इस प्रकार की कृत्रिम अभिरुचि का विकास करना प्रशिक्षण का लक्ष्य नहीं है। उसका कार्य पाठक की अनुभूति के क्षेत्र को व्यापक बनाते हुए, मानसिक चेतना का विकास करते हुए अभिरुचि को संवेदनशील, उदार और रस या सौन्दर्य का ग्रहणक्षम बना दे। लेकिन इस कार्य की सीमाएँ हैं जिन्हें स्वीकार करना पड़ता है। प्रशिक्षण के द्वारा भी पाठक के व्यक्तित्व और उसकी संस्कृति के विरुद्ध व्यापक अनुभूति सम्भव नहीं है। पाठक की धार्मिक, सांस्कृतिक, सामाजिक और मनोवैज्ञानिक परिधि में पाठक की प्रकृति तथा उसके व्यक्तित्व के स्वाभाविक विकास के रूप में ही प्रशिक्षण का लक्ष्य सफल हो सकता है। इस परिधि को छोड़कर पाठक की अभिरुचि और अनुभूति की अतिउदारता निर्वैयक्तिक हो जाती है। ऐसी स्थिति में अभिरुचि और अनुभूति दोनों में सच्चाई और ईमानदारी का लोप हो जाता है। दूसरों के साथ रचना की सामान्य अनुभूति, पाठक की सच्ची साहित्यिक अभिरुचि का प्रमाण है तो अनुभूति में अपनापन, अभिरुचि की व्यक्ति-सापेक्षता एवं निजता का द्योतक है। साहित्य में अभिरुचि और अनुभूति का एक सामान्य आधार अवश्य होता है, साथ ही उन पर व्यक्ति के व्यक्तित्व के अनुसार विशिष्टता की छाप भी होती है। अभिरुचि का प्रशिक्षण सामान्य भावभूमि का ही विकास कर सकता है, वह उसके व्यक्ति-सापेक्ष विशिष्ट स्वरूप का निर्धारक या निर्णायक नहीं हो सकता।

सन्दर्भ-संकेत

1. T. S. ELIOT : SELECTED PROSE, LITERATURE AND RELIGION (ESSAY)
2. अभिनवगुप्त : ध्वन्यालोक की टीका 'लोचन', सहृदय की व्याख्या, पृ. 280, 284 और 286
3. FRUED : Collected papers, Volume IV, The Moses of Michaclangelo, Translated by Alex Strechey, p. 257-258

   "Some of the greatest and most overwhelming creations of art are still unsolved riddles to our understanding ...We admire them, We feel overwhelmed, but we are not able to say what they represent to us. Some go to the extent of saying that this state of intellectual bewitherment is a necessary condition when a work of art has to achieve its greatest effects."
4. ENCYCLOPEDIA OF THE ARTS : edited by DAGOBERT. D. RUNES and HARRY. G. SCHRICKEL; Taste & Its Education, p. 996-999.

2. ग्राहक साहित्यिक अभिरुचि : ईस्थटिक पहलू

2.1 ईस्थटिक्स का शब्दार्थ

प्रत्येक देश में ललित कलाओं और काव्य-साहित्य की समृद्ध परम्परा के विकास के बाद उनके मर्म को समझने के अनेक शास्त्रीय एवं आलोचनात्मक प्रयत्न हुए तथा हो रहे हैं। इस विषय में भारतीय परम्परा ने अपने जीवन-विधान और दार्शनिक चिन्तन के अनुरूप बड़ा स्पष्ट तथा तलस्पर्शी विवेचन किया है। दूसरी ओर पाश्चात्य विचारधारा ने भिन्न जीवन-पद्धति और दृष्टिकोण के अनुसार नई मान्यताओं एवं दृष्टिकोण का प्रतिपादन सामने रखा है। इन सब प्रयत्नों के बावजूद साहित्य एवं कला की अभिव्यक्ति तथा अनुभूति जटिल समस्या बनी रही है।

भारतीय काव्यशास्त्र में प्रधान सिद्धान्त–रस, अलंकार, रीति, ध्वनि, वक्रोक्ति और औचित्य हैं। काव्य की आत्मा के प्रतिपादक इन वस्तुनिष्ठ सम्प्रदायों में काव्य-सर्जना सम्बन्धी अनेक कोणों का विचार-विमर्श हुआ है। जैसा मराठी दार्शनिक एवं समीक्षक डॉ. बार्लिंगे ने स्पष्ट किया है, "विभावानुभाव संचारी भावसंयोग (भरतमुनि : नाट्यशास्त्र) काव्यगत वस्तुनिष्ठ धर्म ही है। उस धर्म के साथ प्रेक्षक या श्रोता के वासनारूप स्थायी भावों (संस्कारों) के योग से रसनिष्पत्ति होती है। (अभिनवगुप्त : ध्वन्यालोक की टीका 'लोचन') इस प्रक्रिया का दूसरा अंश व्यक्तिनिष्ठ है। अलंकार केवल कथ्य की आलंकारिक शोभा बढ़ाने वाला धर्म नहीं है। सौन्दर्य ही अलंकार है। (वामन : काव्यालंकार-सूत्र-सौन्दर्यमलंकारः) रस और सौन्दर्य की अनुभूति की आधारभूमि औचित्य-निर्वाह है। काव्य की अनुभूति की प्रक्रिया में सबसे महत्त्वपूर्ण पहलू साधारणीकरण है जिसका प्राचीन एवं अर्वाचीन आचार्यों ने अनेक रूपों में आख्यान किया है। इस सन्दर्भ में अभिनवगुप्त का नाम चिरस्मरणीय है।

पाश्चात्य चिन्तन में प्रधान साहित्यिक बिन्दु–अनुकृति, रूप-सौष्ठव, कल्पना, सौन्दर्य और अभिव्यंजना हैं। प्रथम दो साहित्य-समीक्षा में विकसित हैं और अन्तिम दो पाश्चात्य दर्शन की शाखा–सौन्दर्यशास्त्र की देन हैं। पाश्चात्य साहित्य की मुख्य तीन प्रवृत्तियों से–क्लासिकल, रोमांटिक और यथार्थवादी सिद्धान्तों से अनेक कला

एवं काव्य सम्बन्धी नई मान्यताओं का प्रचार हुआ है। कलाकारों एवं कवियों ने अपनी रचना को प्रेक्षकों और पाठकों के लिए संवेद्य बनाने पर विशेष जोर दिया है; ग्राहक अनुभूति के विश्लेषण तथा उसके आख्यान का प्रयत्न कम किया है।

भारतीय और पाश्चात्य काव्यशास्त्र की उपर्युक्त संक्षिप्त रूपरेखा ईस्थटिक चिन्तन की कुछ प्रमुख दिशाओं की ओर संकेत मात्र के लिए है। ग्राहक अभिरुचि के ईस्थटिक पहलू पर विचार करने के लिए दोनों काव्यशास्त्रों की विशेषताओं का समष्टि रूप में आकलन करना आवश्यक है। (अन्य देशों के ईस्थटिक्स की मेरी कोई जानकारी नहीं है।) पाश्चात्य दर्शन में ईस्थटिक्स का जो मर्मज्ञ निरूपण किया गया है, उसकी समृद्ध लम्बी परम्परा है। स्थूल रूप से उसके चार विभाग हैं– (क) मानवजीवन और प्रकृति जो कला एवं काव्य की सृष्टि के मूल स्रोत हैं; (ख) कलाकृतियों और काव्यों की सर्जना की प्रक्रिया तथा उसके आधारभूत कलाकारों एवं कवियों की कल्पना या प्रतिभा है; (ग) कलाओं एवं काव्य को अपने-अपने माध्यमों में अभिव्यंजना पद्धतियाँ तथा उस कार्य में सम्पन्न उपलब्धियाँ और सीमाएँ हैं; (घ) कलाकृति और काव्य की ग्राहक अनुभूति, उसका स्वरूप तथा उस अनुभूति में उत्पन्न होनेवाले अवरोध हैं। इसी चौथे अंश से ग्राहक साहित्यिक अभिरुचि का प्रत्यक्ष सम्बन्ध है। प्रथम तीनों की चर्चा चौथे की केवल भूमिका न होकर उसे प्रभावित करनेवाले तथा उसकी प्रकृति, स्वरूप और आस्वादन के निर्धारक भी हैं।

ईस्थटिक्स मानवीय ज्ञान की एक विशिष्ट शाखा है। लेकिन अन्य ज्ञान-विज्ञानों का उसके विकास और अनुशीलन में योगदान उपेक्षणीय नहीं है, विशेषतः ग्राहक साहित्यिक अभिरुचि के सन्दर्भ में। दर्शन ईस्थटिक्स को तात्विक आधार देते हुए उसकी व्यापकता और गहराई समझने में सहायक है। वैयक्तिक मनोविज्ञान, फ्रायड का मनोविश्लेषण और प्रायोगिक मनोविज्ञान के द्वारा सर्जक प्रवृत्ति तथा ग्राहक अभिरुचि का विश्लेषण एवं मूल्यांकन किया जा सकता है। इतिहास और सामाजिक चेतना की गतिविधि से ईस्थटिक्स की जीवन-सापेक्षता तथा परिवर्तनशीलता द्योतित होती हैं। संस्कृति ईस्थटिक भावना और ग्राहक अभिरुचि के उत्थान-पतन का कारण है। अन्ततः विज्ञान भी ईस्थटिक्स को व्यवस्थापन, विश्लेषण तथा सत्यता-निरूपण की प्रक्रिया में सहायक हो सकता है।

संक्षेप में ईस्थटिक्स कला एवं काव्य के सर्जक और ग्राहक अभिरुचि के सभी पहलुओं का निरूपक शब्द है। उसकी वस्तुनिष्ठ और व्यक्तिनिष्ठ दोनों दृष्टियों से आख्यान किया गया है। उस शब्द के अर्थ की व्याप्ति में सभी देशों और कालों का काव्यशास्त्र समाहित हो जाता है। साहित्यिक अभिरुचि कर्ता और ग्राहक दोनों की विशिष्ट मनोवृत्ति है जो रचनात्मक कार्य तथा उसकी अनुभूति दोनों में क्रियाशील रहती है। प्रस्तुत अनुशीलन दूसरे तक सीमित है।

2.2 कला, काव्य और अनुभूति पाश्चात्य ईस्थटिक्स में

पाश्चात्य दार्शनिकों और विद्वानों ने भारतियों से अधिक विस्तार के साथ कलाओं का विवेचन किया है। कलाएँ दो वर्गों में विभाजित हैं—उपयोगी और ललित। उपयोगी कलाएँ वे हैं जिनसे मानव की किसी भौतिक आवश्यकता की पूर्ति होती है। लेकिन मानवीय सभ्यता एवं संस्कृति के विकास ने उपयोगी वस्तु के बनाने में सौन्दर्यदृष्टि का ध्यान भी बढ़ता गया है। उदाहरण के लिए पत्तों एवं चर्मों से शरीर का आच्छादन करनेवाले मनुष्य ने वस्त्रों के आविष्कार के साथ उसमें इन्द्रधनुषी रंगीन छटा भी भर दी है। इस कार्य में उपयोगिता के साथ ललित कलाओं के सौन्दर्य का योग है। यह मानव की अभिरुचि का प्रमाण और अतिरिक्त लय है। मनुष्य की सौन्दर्यदृष्टि उपयोगी वस्तु को भी आकर्षक सुन्दर रूप देने का प्रयत्न करती है। क्रोचे के अनुसार उपयोगिता की सफल पूर्ति में एक आकर्षण है, जो मानव को तृप्ति और आनन्द प्रदान करता है। दूसरे शब्दों में उपयोगिता के अनुपात में सौन्दर्य की अनुभूति होती है। कोई वस्त्र केवल इसलिए सुन्दर है कि वह विद्यमान परिस्थिति में व्यक्ति विशेष के लिए उचित और उपयुक्त है।[1]

ईस्थटिक्स में ललित कलाओं पर विचार करते हुए उन सब के आधारभूत तत्त्व को सौन्दर्य की संज्ञा दी गई है। सौन्दर्य को रूपाश्रित और वस्तुनिष्ठ माननेवाले कुछ प्रधान आचार्य हैं—प्लेटो, अरिस्टाटिल, बर्क, हीगल, लेस्सिंग, क्रोचे आदि। सौन्दर्य को व्यक्तिनिष्ठ माननेवाले आचार्य कांट, रस्किन आदि हैं जो एक प्रकार की अनुभूति देनेवाली कलाकृति को सुन्दर कहते हैं। ये अनुभूति में व्यक्तिमन के भावन-व्यापार और कल्पना को महत्त्व देते हैं। सौन्दर्य को रूप पर आधारित मानने पर भी कल्पना और भावना के बिना रूप के मर्म तक पहुँच नहीं सकते। वास्तव में किसी कलाकृति के रूप और उसकी अनुभूति को विभाजित नहीं कर सकते' वे एक दूसरे को प्रभावित करते हैं। तीसरा दृष्टिकोण अलग्जांडर का सापेक्षतावादी है। सौन्दर्य कलाकृति और ग्राहक मन के बीच सम्बन्ध स्थापन में है, जिसके बिना सौन्दर्य की अनुभूति ही नहीं होती। ईस्थटिक्स के दार्शनिकों के अनुसार ललित कलाओं का सौन्दर्य, स्थूल भौतिक उपयोगिता से एक विशिष्ट अलौकिक अनुभूति का विषय है। उसका बोध न धार्मिक या नैतिक मान्यताओं से होता है और न हेतुवादी तार्किक ज्ञान से। शिव और सत्य के साथ सौन्दर्य का आन्तरिक सम्बन्ध अवश्य है। वे मानवीय विवेक और बुद्धि के विषय हैं। जबकि सौन्दर्य मानव-मन की भावना एवं कल्पना से निःसृत है। पहले सौन्दर्य के आकर्षण में ही सत्य और शिव अन्तर्निहित रहते हैं। सौन्दर्य की अनुभूति के बिना सत्य और शिव, ज्ञान के अन्य शास्त्रों से सम्बद्ध है। सौन्दर्य और सत्य को या सौन्दर्य और शिव को अभिन्न माननेवाले आचार्य एवं कवि सौन्दर्य की आध्यात्मिक ईश्वरीय परिपूर्णता को व्यक्त कर रहे हैं। प्लेटो का कहना है कि "यदि कोई वस्तु सुन्दर है तो वह सम्पूर्ण सौन्दर्य (अलौकिक) के अंश को अन्तर्भुक्त

कर लेने के अतिरिक्त और किसी कारण से नहीं है।"[2]

पाश्चात्य ईस्थटिक्स में वास्तु, मूर्ति, चित्र, संगीत और कविता को ललित कलाएँ माना गया है। उनकी दृष्टि में ये रूप प्रधान हैं और सौन्दर्य रूप का धर्म है। हार्दिक अभिरुचि रूप-सौन्दर्य की अनुभूति का आधार है। लेकिन माध्यम और ग्रहणेन्द्रिय की भिन्नता के कारण इन पाँच ललित कलाओं की प्रकृति तथा अनुभूति में कुछ अन्तर भी दिखाई देता है। वास्तुकला उपयोगी और ललित कलाओं की मध्यवर्ती है। तरह-तरह के पत्थर उसके माध्यम हैं। वास्तुकला में निर्माण-कौशल और सामंजस्य का रूप-सौन्दर्य ही साध्य नहीं है। किला, भवन आदि के निर्माण में लौकिक आवास-योग्यता, प्रार्थना, समावेश आदि का भी ध्यान रखना पड़ता है। मूर्तिकला के माध्यम पत्थर, मोम आदि काँट-छाँट का कोई पदार्थ हो सकता है। जीवन-जगत की सभी वस्तुओं का रूप मूल सामग्री है तथा मूर्तिकार केवल अनुकरण न कर अपनी कल्पना में वस्तु या व्यक्ति के मर्म को आकार-प्रकार के प्रभाव तथा अभीष्ट लक्ष्य के अनुसार अंगों के अनुपात एवं सामंजस्य से व्यक्त करता है। चित्रकला के माध्यम रंग, रेखा और सूक्ष्म छायाएँ हैं जिससे व्यक्ति, दृश्य या घटना का भावात्मक प्रकाशन होता है। पहले चित्रकला जीवन-जगत का अनुकृतिमूलक थी। बाद को उसने स्थूल अनुकृति को छोड़कर भाव या प्रभाव व्यंजक रूप धारण किया। ये तीनों कलाएँ रूप-निरूपक और उसमें सौन्दर्य का उद्‌घाटन करने वाली हैं। उनकी विशेषताओं का ग्राहक नेत्रेन्द्रिय है।

संगीतकला के माध्यम स्वर हैं। रागालाप, ताल, लय, स्वर-व्यवस्था, ध्वनियों के आरोह-अवरोह आदि उसके अनेक साधन हैं। इनके द्वारा जो संगीतकला की सृष्टि होती है उसकी अनुभूति गोचर रूप-सौन्दर्य की न होकर श्रवणेन्द्रिय द्वारा प्राप्त मानसिक या आत्मिक माधुर्यानुभूति है। आधुनिक काल के नए संगीत की अनुभूति अंग-संचालन के साथ तन-मन-आत्मा को झकझोर देनेवाली है। संगीतकला में रूप-सौन्दर्य की अनुभूति की कुछ चर्चा हो सकती है तो वह स्वर या ध्वनि की व्यवस्था में अन्तर्निहित रूप-संकेत के आधार पर ही। संगीत को ललित कलाओं में शुद्ध या निरपेक्ष कला कहते हैं। उसमें पहले की तीन कलाओं के भौतिक पदार्थों का और साधनों का आधार नहीं लिया जाता। कविता का माध्यम सामाजिक विचार-विनिमय की भाषा है। इसी की तरह संगीतकला में शुद्ध रूप-सौन्दर्य के अतिरिक्त शब्दों के अर्थ के द्वारा लौकिक भावानुभूति की गुंजाइश भी है। संगीतकला का प्रभाव मनुष्यों एवं इतर प्राणियों पर ही नहीं, चराचर समस्त सृष्टि पर पड़ता है। जैसा कि श्रीकृष्ण के वेणुवादन से विदित होता है। संगीत को शुद्ध कला मानने पर भी उसके साथ कविता की उपविधा 'कीर्तन' के योग से माधुर्य की अनुभूति बढ़ जाती है। इसे कविता का 'भावयोग' कहकर सौन्दर्येतर मूल्य कहकर उपेक्षा नहीं कर सकते जब कि आनन्दानुभूति तीव्रतर होती है।

पाश्चात्य विद्वानों ने संश्लिष्ट रूप में अभिव्यंजना के कारण केवल कविता को ललित कलाओं के अन्तर्गत माना है। साहित्य की अन्य विधाओं में टेकनिक के आकर्षण और महत्त्व के बावजूद कथ्य के द्वारा जीवन-मूल्यों का प्रतिपादन ही रचना का लक्ष्य होता है। साहित्य के माध्यम सामाजिक भाषा में, कविता का रूप शब्द पर और विधाओं में कथ्य शब्द के अर्थ पर आधारित है। कॉलरिज ने कविता को 'सार्थक रूप' (सिग्निफिकेण्ट फ़ॉर्म) कहा। 'सार्थक' शब्द का प्रयोग इसलिए है कि भाषा में 'वाक् और अर्थ' अविच्छिन्न संपृक्त रहते हैं। (कालिदास के शब्दों में ''वागर्थाविव सम्पृक्तौ'') काण्ट कविता के रूप में ही शुद्ध सौन्दर्यानुभूति मानते हैं। लेकिन उनकी दृष्टि में कविता एवं अन्य विधाओं में शब्द के अर्थ के द्वारा सामाजिक सार्थकता तथा जीवन-मूल्यों की अनुभूति अवश्य होती है। जिसे वे सौन्दर्यानुभूति के अतिरिक्त 'आनुषंगिक अनुभूति' कहते हैं।[3]

ललित कलाओं के इस विवेचन में दो और मिश्रित कलाओं का उल्लेख अप्रासंगिक नहीं होगा। (1) नृत्य कला है जिसमें प्रेक्षक नृत्य, साहित्य (गीत-कीर्तन) और संगीत के अपूर्व संयोग से तन्मयकारी अनुभूति प्राप्त करते हैं। (2) नाटकीय मंचन से आहार्य (वेशभूषा) सात्विक अनुभाव, अभिनय, रंगमंच की दृश्य-योजना तथा कभी-कभी कथ्य की आवश्यकता के अनुसार संगीत एवं नृत्य आदि अनेक विभिन्न कलाओं का समष्टि रूप दर्शनीय अनुभव प्रदान करता है।

इन सब ललित कलाओं की विशेषताओं का विवेचन, ग्राहक अभिरुचि की क्रियाशीलता से उत्पन्न होनेवाली ईस्थटिक अनुभूति की ओर संकेत करने के लिए है। रस्किन के शब्दों में ''वह पूर्ण परिष्कृत अभिरुचि है जो हमारी नैतिक प्रकृति के अनुकूल वस्तु के स्रोतों की शुद्धता और परिपूर्णता में सर्वाधिक आकर्षक है।''[4] रस्किन नैतिक मर्यादावादी है, लेकिन इस कथन में नैतिकता को रूढ़ सामाजिक अर्थ में न लेकर मानव-स्वभाव की सहज प्रकृति के अर्थ में लेना चाहिए। अन्यथा ईस्थटिक्स, सौन्दर्य, अभिरुचि और रस पर नीतिशास्त्र का नियन्त्रण हो जाएगा।

2.3 कला, काव्य और अनुभूति : भारतीय दृष्टिकोण

भारतीय आचार्यों ने कलाओं और काव्य-साहित्य को भिन्न वर्गों में रखा है। कलाओं का लक्ष्य अलंकरण, शोभा या सौन्दर्य वर्धन, नागरिक मनोरंजन आदि हैं जो सांस्कृतिक संस्कारिता को प्रकट करते हैं। कामशास्त्र में 64 कलाओं का उल्लेख है। इनमें चित्रकला और संगीत भी समाविष्ट हैं। अर्थात् कलाओं का उपयोगी या मनोरंजक और ललित कलाओं के रूप में विभाजन नहीं हुआ। लेकिन भारत में वास्तु, मूर्ति, चित्र और संगीत कलाओं का ईसा के पूर्व अत्यन्त प्राचीन काल से ही अपूर्व तथा समृद्ध विकास हुआ था। हमारे किले, मन्दिर, मूर्तियाँ, अजन्ता, एलोरा के चित्र, सामवेद से ही संगीत का विकास आदि इसके प्रमाण हैं। इन कलाओं के प्रेरक बिन्दु

सौन्दर्य के अतिरिक्त धर्म, भक्ति और शृंगार थे। इन ललित कलाओं पर समष्टि रूप में विचार न करने पर भी प्रत्येक कला की सृष्टि में माध्यम एवं साधनों पर शास्त्रीय ग्रन्थ लिखे गए। उनमें कथ्य के अनुसार परिवर्तनों तथा कलात्मक उत्कर्ष पर भी विचार-विमर्श हुआ। यह सब कलाकार और उसके रचनात्मक धर्म की दृष्टि से है। ग्राहक अभिरुचि और अनुभूति की चर्चा प्रायः नहीं हुई तथा वह प्रेक्षक या श्रोता की सहृदयता पर छोड़ दी गई लेकिन इन ललित कलाओं में अभिव्यक्ति के माध्यम भाषा की तरह सामाजिक न होने के कारण भाव-ग्रहण एवं अनुभूति में अनेक कठिनाइयाँ होती हैं। कलाकृति में तन्मय होने के लिए कला-विशेष के शास्त्रज्ञान की न्यूनाधिक आवश्यकता होती है। रचना करने में कलाकार और अनुभूति में ग्राहक दोनों को शास्त्र में निहित अभिव्यंजना की प्रक्रिया से अवगत होना आवश्यक है। यह सही नहीं है कि साहित्येतर ललित कलाओं में केवल रूप के सौन्दर्य का चित्रण होता है। वे कलाकार भी माध्यम की सीमाओं का अतिक्रमण करते हुए अनेक प्रविधियों से भावाभिव्यंजक रूप का अंकन करते हैं। साहित्यकार सामाजिक भाव-विनिमय की भाषा में सृष्टि के अनन्त रूपों तथा उनसे उत्पन्न असंख्य प्रतिक्रियाओं को, उनके सूक्ष्मतम छाया-भेदों को आसानी से व्यक्त करते हैं। सामाजिक अनुभवों से प्राप्त संस्कारों, अभिरुचि से रूप-सौन्दर्य तथा भाव-रस-ग्रहण ग्राहक के लिए कोई समस्या नहीं होती। इस सन्दर्भ में दो बातों पर ध्यान देने की आवश्यकता है। (1) ललित कलाओं के माध्यमों की सीमाओं के कारण उनमें विशेषतः चित्रकला में, कलावाद, प्रतीकवाद, बिम्बवाद, प्रभाववाद, अभिव्यंजनावाद, स्वच्छन्दतावाद, अतियथार्थवाद आदि अनेक विशेष धर्मों और प्रवृत्तियों का विकास हुआ जो कालक्रम में काव्य-साहित्य के भी अंग बन गए। (2) वास्तुकला के निर्माण-कौशल, मूर्तिकला के अंग-सौष्ठव और सामंजस्य, चित्रकला की मूर्तता एवं सांकेतिकता तथा संगीतकला के लय-माधुर्य से भी साहित्य-सर्जना प्रभावित हुई। ये दोनों बातें ग्राहक अभिरुचि के लिए उत्कर्षकारी हुईं।

भारतीय दृष्टि में कलाएँ उपविद्या या अल्पज्ञान को व्यक्त करनेवाली हैं। जब कि साहित्य सृष्टि के अनन्त ज्ञान का व्यंजक है। इसीलिए राजशेखर ने अपनी 'काव्यमीमांसा' में यायावीर मुनि (जरत्कारु) को उद्धृत करते हुए कहा कि "पंचमी विद्या साहित्य विद्या इति यायावरीयः।"[5] प्राचीन और मध्यकालों में काव्यशास्त्र के अन्तर्गत ललित कलाओं का उल्लेख नहीं मिलता (केवल काव्य की छन्दोबद्धता तथा पद एवं गीतों में संगीत के लय और राग-रागनियों को छोड़कर) ललित कलाओं पर अलग शास्त्रग्रन्थ लिखे गए। आधुनिककाल में छायावादी युग में कलावाद की चर्चा आरम्भ हुई है तथा उसके साथ चित्रकला सम्बन्धी अनेक वादों से कविता न्यूनाधिक प्रभावित हुई है। भारतीय दृष्टि से आचार्य शुक्ल जी ने अपने साहित्य के विकास और काव्य में अभिव्यंजनावाद शीर्षक निबन्ध में तथा उनके अनुयायी

आचार्य विश्वनाथ प्रसाद मिश्रजी ने 'वाङ्मय-विमर्श' ग्रन्थ में काव्य और कला को मिलाने का तीव्र विरोध किया है। ललित कलाओं को बाह्य रूप-सौन्दर्य सम्बन्धी तथा काव्य-साहित्य को आन्तरिक भाव-रस का व्यंजक मानकर यह विरोध किया गया है।[6] लेकिन अन्ततः सौन्दर्यानुभूति और भाव या रसानुभूति मानसिक (कभी-कभी आत्मिक) आनन्दानुभूति में परिणत हो जाती हैं। सौन्दर्य और रस की धारणाएँ भिन्न अवश्य हैं। लेकिन ललित कलाओं की अभिव्यंजना बहिर्मुखी तथा कविता की अन्तर्मुखी कहना असंगत और अनुचित है। दोनों में स्थूलता और सूक्ष्मता का ताना-बाना है। आचार्य मिश्रजी यह भी कहते हैं कि ललित कलाओं की सर्जना के लिए कौशल, शास्त्रज्ञान की जानकारी और अभ्यास पर्याप्त हैं। उनके बाह्य सौन्दर्य से विस्मय और अद्भुतपन की अनुभूति होती है। कविता प्रतिभाजन्य है और भाव-व्यंजना से रस-तन्मय कर देती है।[7] जैसा पहले संकेत किया गया है, प्रतिभा और कल्पना के बिना न श्रेष्ठ कला की सृष्टि होती है और न कविता की। दोनों में शास्त्रज्ञान से कलाकार और कवि न बने और न बन सकते हैं। कला और कविता की सर्जना में अन्तर केवल माध्यम के कारण है। सामाजिक भाषा से भिन्न माध्यमों में अभिव्यंजना के लिए कुछ शास्त्रज्ञान आवश्यक हो जाता है। काव्यशास्त्र के ज्ञान के बिना सहज कवि हो गए हैं और संगीतज्ञान के बिना श्रेष्ठ गायक।

इस तरह के कुछ आरम्भिक विरोध के प्रयत्नों के बावजूद आधुनिक कविता ही नहीं, गद्य-साहित्य भी कलात्मक मान्यताओं, सिद्धान्तों तथा वादों से प्रभावित होते जा रहे हैं। इन विषयों पर अनेक लेख प्रकाशित हुए हैं। अभिव्यंजनावाद (सुधांशु), सौन्दर्य के तत्त्व (कुमार विमल) आदि ग्रन्थों में कलात्मक पहलुओं का विस्तृत विवेचन हुआ है। ललित कलाओं और काव्य-साहित्य की अनुभूति में ग्राहक अभिरुचि का कोई गुणात्मक और मात्रात्मक अन्तर नहीं होता। दोनों में अन्तिम आस्वादन एक ही है।

2.4 ग्राहक अनुभूति : सम्प्रेषण और साधारणीकरण

साहित्य के क्षेत्र में ग्राहक अनुभूति को स्थूल रूप से सौन्दर्यानुभूति और रसानुभूति कह सकते हैं। यह कहा जा चुका है कि पहली रूप की शुद्ध अनुभूति है तथा दूसरी रूप की। प्रतिक्रिया में भाव की निरपेक्ष अलौकिक अनुभूति दोनों एक मानें या न मानें अन्ततः आनन्दात्मक मानसिक और कभी-कभी आध्यात्मिक स्तर पर एक ही रूप में अनुभूत होती हैं। सौन्दर्य और रस की अनुभूति के लिए ग्राहक अभिरुचि का साहित्य की ओर उन्मुख होना तथा अनुभूति में क्रियाशील होना आवश्यक है। तभी कविकर्म के साथ पाठक का भावयोग सम्भव है।

साहित्य की समस्या केवल उच्च शिक्षित और सहृदयों की समस्या नहीं है। उच्च स्तर पर कलात्मक अभिव्यक्ति साधारण पाठकों के लिए बोधगम्य नहीं होती

और वे सरल अभिव्यंजना का आग्रह करते हैं। कथ्य के अनुसार रूप-संरचना होती है और दोनों अविभाज्य हैं। क्या सरलता के आग्रह में श्रेष्ठ साहित्य की सृष्टि हो सकती है तथा सहृदय पाठक स्तरीय कलात्मक चेतना के बिना रचना को स्वीकार करेगा? साहित्य में कलाकार और सहृदय ग्राहक का भावयोग एक ओर पहले की स्तरीय रचनाधर्मिता पर आधारित है तो दूसरी ओर श्रेष्ठ ग्राहक अभिरुचि पर।

ललित कलाओं और कविता की ईस्थटिक आलोचना में पाश्चात्य दार्शनिकों और साहित्य के विद्वानों ने अधिक विस्तार के साथ विवेचन नहीं किया। दार्शनिकों का प्राथमिक सूत्र अभिरुचि की अनिवार्यता है जो सौन्दर्य के प्रति आकर्षक भावना (फीलिंग) है। इस भावना के बाद सौन्दर्य की अनुभूति की विशेषताओं का निरूपण करनेवाले व्यक्तिनिष्ठ दार्शनिकों में प्रथम स्थान कांट का है। उनके अनुसार सौन्दर्यानुभूति लौकिक सुखदुखात्मक अनुभूति से भिन्न एक विशिष्ट अनुभूति है जो तटस्थ या निर्लिप्त है, वह उद्देश्यरहित सार्थक है (पर्पसिक्नेस विथ आउट पर्पस) (उपयोगी कलाओं की तरह भौतिक प्रयोजन से परे होने पर भी सार्थक), इन्द्रियों और मन की स्वच्छ क्रियाशीलता तथा सामंजस्य से उत्पन्न अनुभूति की एकोन्मुखता, चेतनता और पूर्णता से युक्त है और व्यक्ति-सापेक्षता कुछ भिन्नता के बावजूद सार्वजनीन अनुभूति का विषय है।[8] रस्किन और टालस्टाय सौन्दर्यानुभूति को क्रमशः व्यापक एवं उदार नैतिक तथा धार्मिक परिधि में उदात्त अनुभव मानते हैं। सौन्दर्य और सौन्दर्यानुभूति को वस्तुनिष्ठ तथा व्यक्तिनिष्ठ दृष्टियों से देखनेवाले दोनों प्रकार के दार्शनिकों ने उन्हें अलौकिक और रहस्यमय कहा। के. नैट के अनुसार "रहस्यमयता के बिना कोई सौन्दर्य नहीं है। हर एक भौतिक वस्तु की तरह हर एक कलाकृति जो सुन्दर है, उसमें कुछ ऐसी बात है जिसे महसूस करते हैं, पर जानते नहीं हैं; कुछ अनुभव करते हैं, पर उसका बोध नहीं होता।"[9]

2.4.1 सम्प्रेषण

काव्य-साहित्य में सम्प्रेषण का आख्यान करते समय उठनेवाले मुख्य मुद्दे हैं—(अ) क्या वह आत्माभिव्यक्ति है या सम्प्रेषण है? यदि आत्माभिव्यक्ति है तो उसका प्रकाशन क्यों होता है? यदि वह प्रत्यक्ष पाठकों की दृष्टि में सम्प्रेषण है तो क्या रचना की कलात्मकता कुण्ठित होकर उसके प्रचारात्मक होने की सम्भावना नहीं है? (आ) काव्यसाहित्य को रचनाकार ग्राहक के लिए कैसे संवेद्य बनाता है? इस कार्य में साधक और बाधक तत्त्व कौन हैं? साहित्यकार के द्वारा रचना को संवेद्य बनाना किस हद तक सम्भव है? (इ) कलावाद से प्रभावित काव्य-साहित्य की अनुभूति में सच्चाई और ईमानदारी की रक्षा कहाँ तक हो सकती है? कला और काव्य क्या जीवन से पूरा निरपेक्ष हो सकती हैं? अर्थात् कलावाद की सभी मान्यताओं को क्या काव्य-साहित्य पर लागू कर सकते हैं? (ई) क्या अभिरुचि का लक्ष्य काव्य-साहित्य

में अभिव्यक्त सौन्दर्य और भावविचारों का अनुभूतिमूलक ग्रहण एवं तन्मयता तक सीमित है या उससे आगे बढ़कर रचना के मर्म तक पहुँचकर मूलभूत भावना के साथ भावयोग है? क्या कवि या साहित्यकार की कलात्मक मानसिक चेतना ही रचना में रूप लेती है। (उ) आजकल हम पाश्चात्य सभ्यता, चिन्तन और ज्ञान-विज्ञान के अभूतपूर्व विकास से इतना प्रभावित हो रहे हैं कि वह उच्च एवं मध्यवर्ग तक सीमित न होकर निम्नवर्ग में भी व्याप्त हो रहा है। इसका प्रभाव साहित्य-सर्जना तथा ग्राहक अभिरुचि पर भी पड़ना स्वाभाविक है। इस प्रभाव से जीवन और साहित्य दोनों में परम्परा तथा नवीनता का संघर्ष हो रहा है। साहित्य और अभिरुचि में यह संक्रान्ति का युग है। प्रेषणीयता और अभिरुचि के सन्दर्भ में इन मुद्दों पर आगे विस्तार के साथ विचार किया जाएगा।

लेखक जिन भाव-विचारों का प्रेषण कर रहा है और जैसा कर रहा है, इस पर पाठक की अनुभूति निर्भर है। इस भाव-प्रेषण में उसकी अभिरुचि की अनुकूल एवं प्रतिकूल दोनों प्रकार की प्रतिक्रियाएँ हो सकती हैं। पाश्चात्य साहित्य में कर्ता की दृष्टि से प्रेषणीयता की समस्या का विस्तृत अध्ययन हुआ है। पाश्चात्य समीक्षक सफल भाव-प्रेषण के लिए पाठक की अभिरुचि के अनुकूल साहित्य सर्जना पर जोर देते हैं। हमारे यहाँ ग्राहक दृष्टि से सहृदयता और साधारणीकरण पर अधिक बल देने के कारण ग्राहक अभिरुचि से उत्पन्न भाव-प्रेषण की समस्या पर विस्तृत विचार नहीं हुआ है।

प्रेषणीयता साहित्य की प्रधान समस्या है। आज आर्थिक एवं यान्त्रिक सभ्यता से उत्पन्न सांस्कृतिक विषमता और बौद्धिक विकास के नाम पर हार्दिकता का नाश करनेवाली शिक्षा, साहित्य की प्रेषणीयता की समस्या को बहुत जटिल बना रही है। जीवन की बढ़ती विषमता के कारण कलाकार अपनी अनुभूति को समष्टि तक पहुँचाने के लिए रूप-कल्पना के नए-नए प्रयोग कर रहे हैं। नवीन व्यक्तिवाद के कारण भी लोगों के भाव-विचारों और जीवन-पद्धतियों में काफी अन्तर हो गया है। फलतः आज के कलाकार को अपनी रचना के द्वारा विभिन्न मानसिक व्यवस्थाओं के पाठकों को समान रूप से अपील करना पड़ रहा है। आधुनिक युग में साहित्य की प्रेषणीयता की कठिनाई का एक कारण यह भी है कि आज साहित्य का पठन-पाठन एवं अध्ययन वर्ग-विशेष की सम्पत्ति नहीं रही। शिक्षा के प्रसार के साथ व्यापक रूप में विभिन्न वर्गों के लोग साहित्य की ओर आकृष्ट हो रहे हैं। इन परिस्थितियों में आज के कलाकार के सामने प्रेषणीयता की जटिल समस्या उपस्थित हुई है जो प्राचीनकाल के साहित्यकारों के सामने इस विषम रूप में नहीं थी। उस समय साहित्य समान सांस्कृतिक परिस्थितियों में पले हुए वर्ग-विशेष की थाती था। इसलिए कवि अपनी बात को आसानी से पाठक तक पहुँचा देता था। आज सामाजिक भाव-विनिमय का साधन, भाषा का प्रयोग करते हुए भी कलाकार प्रेषणीयता में विवश है। सांस्कृतिक

एवं मानसिक व्यवस्थाओं की विषमता में लेखक अपने शब्दों के द्वारा पाठकों को समान अनुभूति दे सके, इसकी कोई गारंटी नहीं रह गई है।

कलावादी प्रेषणीयता को साहित्य-सर्जना की समस्या स्वीकार नहीं करते। उनके अनुसार अपने भावों की अभिव्यक्ति में कवि कर्म समाप्त हो जाता है। रचना की अनुभूति प्राप्त करने का उत्तरदायित्व पाठकों का है और वह उनकी भावनाशक्ति पर निर्भर है। अपनी अनुभूति की रूप कल्पना में लेखक पाठक पर दृष्टि नहीं रखता। साहित्य-रचना का लक्ष्य भाव-संक्रमण नहीं, आत्माभिव्यक्ति है। अपने व्यक्तित्व की चरितार्थता के लिए, 'स्वान्तः सुखाय' साहित्य-सर्जना होती है। कलावादी कहते हैं कि कला का लक्ष्य प्रेषणीयता मानने पर उसमें कलात्मक मूल्यों के स्थान पर वस्तु और उद्देश्य के सामाजिक मूल्यों का अधिक महत्त्व हो जाता है। लेखक अपनी अनुभूति को व्यक्त करना चाहता है, सामाजिक मूल्यों का प्रतिपादन नहीं। किन्तु आखिर अभिव्यक्ति किसी विषय को लेकर किसी के लिए नहीं होती तो उसकी अभिव्यक्ति न होकर वह अनुभूति ही रह जाती है। अनुभूति की अभिव्यक्ति के लिए भाषा माध्यम है तो उसकी माध्यमिकता किसी के लिए बोधगम्य होने में ही है। साहित्य और कलाएँ भावयोग के सामाजिक साधन हैं। सामाजिक वातावरण में कवि की नई अनुभूति पाठकों तक पहुँचने के लिए नई रूप-कल्पना की प्रेरणा देती है। अधिकांश लेखक दूसरों तक अपनी अनुभूतियों को पहुँचाने के लिए ही कला सृष्टि करते हैं। अज्ञात रूप से कवि के मन में पाठक पर दृष्टि अवश्य रहती है। प्रत्येक लेखक जानता है कि पाठकों के लिए बोधगम्य न होने का परिणाम, उनकी उपेक्षा है। लेखक के द्वारा पाठकों के अनुमोदन और उनकी प्रशंसा की अवहेलना करने का दावा, साहित्य-रचना की वास्तविकताओं को अस्वीकार करना है।

इस विषय में क्रोचे के विचार और साहित्य-समीक्षकों से भिन्न हैं। विल्डन कार का कहना है कि क्रोचे के अनुसार "सौन्दर्य भौतिक तथ्य नहीं है, वह वस्तु का धर्म नहीं है, वह मानवीय सौन्दर्यात्मक क्रियाशीलता है और यह एक मानसिक या आत्मिक तथ्य है।"[10] स्वयं क्रोचे के शब्दों में "सौन्दर्य प्रकृतिगत न होकर कलाकार की सृष्टि है। मन के सहजज्ञान की बिम्बात्मक अभिव्यक्ति उसका कारण है। जो सहजज्ञान की बिम्बात्मक अभिव्यंजना नहीं है, वह केवल एन्द्रिय संवेदन या प्राकृतिक धारणा है। सहजज्ञान का बिम्ब मानसिक है और कलाकार उसे अपने माध्यम में प्रकटीकरण का प्रयत्न करता है।"[11] क्रोचे के अनुसार कलात्मक अभिव्यंजना मानसिक है और किसी माध्यम में उसकी अभिव्यक्ति, पाठक का कलाकार की मानसिक चेतना तक पहुँचकर उसके साथ भावयोग का साधन है। भाषिक व्यक्त रूप कला न होकर साधन मात्र है। व्यक्त रूप को भावयोग का साधन कहकर यह विवाद समाप्त कर दिया है कि कला आत्माभिव्यक्ति है या सम्प्रेषण है।

कला की वस्तु और उसके माध्यम का सामाजिक होना, उसकी सार्वजनीनता

या सर्वजन ग्राह्यता का प्रमाण है। कलाकार अभिव्यक्ति के लिए ऐसे उपकरणों को चुनता है कि उनके प्रभाव में पाठक की अनुभूति अपनी अनुभूति से मिलती-जुलती हो। इस तरह के भाव-संक्रमण के लिए यह आवश्यक है कि लेखक और पाठक के भाव और संस्कार समान हों, अर्थात् दोनों की समान मनोवैज्ञानिक एवं सांस्कृतिक पृष्ठभूमि हो, लेखक में अपनी अनुभूति के सजीव प्रत्यक्षीकरण की शक्ति हो और पाठक में ग्रहणक्षम संवेदनशीलता तथा अपनी भावना को सक्रिय बना लेने की शक्ति हो। साहित्य की प्रेषणीयता की समस्या जीवन में साधारण भाव-व्यंजना से कठिन है। क्योंकि कलाकार परिस्थितियों की योजना में ग्राहक की भावना को नियन्त्रित कर उसमें अभीष्ट अनुभूति उत्पन्न करने का प्रयत्न करता है। इसके लिए रचना का रूप सजीव, भाव-नियन्त्रक होना चाहिए। कविता में रूप-कल्पना और गद्य में कथ्य प्रधान होने के कारण, दूसरे में प्रेषणीयता, पहले के समान सजीव नहीं होती। कलाकार अपनी रचना के द्वारा पाठकों को अभीष्ट अनुभूति तभी दे पाता है जब ग्राहक के संस्कारों को सक्रिय होने से रोकता है। साहित्यिक प्रेषणीयता की इस कठिनाई को पार करने के लिए कलाकार की अनुभूति सजीव, विशिष्ट और मूल्यवान ही नहीं, बल्कि अभिव्यक्ति के माध्यम पर उसका पूर्ण अधिकार भी होना चाहिए। टालस्टाय भाव संक्रमण के लिए अनुभूति की विशिष्टता, स्पष्टता और सच्चाई आवश्यक मानते हैं।[12]

साहित्यिक प्रेषणीयता की कठिनाई को स्पष्ट करते हुए इलियट लिखते हैं कि आज कवि सरस भावाभिव्यक्ति से आगे बढ़कर अपने से प्रश्न कर लेने पर विवश हो गया है कि "कविता किस लिए है?" उसके सामने केवल यह प्रश्न नहीं है कि मुझे क्या कहना है, बल्कि यह प्रश्न है कि कैसे और किसके लिए कहना है? उसे एक अनुभूति को पाठकों तक पहुँचाना है जो सामान्य व्यावहारिक अर्थ में अनुभूति नहीं है। कवि की लौकिक वैयक्तिक अनुभूति, अभिव्यक्ति के समय उसकी भावना में रूपान्तरित होकर एक विशिष्ट कलात्मक अनुभूति हो जाती है और उस अनुभूति का व्यावहारिक जीवन की दृष्टि से मूल्यांकन नहीं हो सकता। उसे अपने विशिष्ट कलात्मक रूप में काव्य का प्रेषण करना है, उसके रूप लेने में आधारभूत अपनी अनुभूति और अपने विचारों की सामग्री को नहीं। इनका संक्रमण आनुषंगिक है। कवि जो अभिव्यक्ति करना चाहता है, लिखने में जो अनुभव करता है या पाठक जैसा कविता का अनुभव करता है, वही उसकी प्रेष्य वस्तु नहीं है। फलतः 'कविता क्या है?' यह कहना बहुत कठिन हो जाता है। वह लेखक की आरम्भिक योजना नहीं है और पाठक का भावित रूप भी नहीं है। कविता की परिभाषा ही नहीं उसकी 'उपयोगिता' भी किसी एक दृष्टि से निश्चित नहीं की जा सकती। लेखक जिस उद्देश्य से रचना करता है, पाठक उससे भिन्न लाभ उठा सकते हैं या पाठक जो लाभ उठाते हैं, रचना की सार्थकता वही नहीं है। इस तरह कविता की

भिन्न-भिन्न अनुभूतियाँ और उसके भिन्न-भिन्न उपयोग हो सकते हैं। लेकिन इतना निश्चित है कि लेखक अपनी रचना से अधिक से अधिक लोगों की आनन्दानुभूति चाहता है। जब वह अपने कथ्य और शैली के द्वारा प्रयत्नपूर्वक अपने पाठकों की संख्या सीमित कर लेता है तब उसके लिए उसे जवाब देना पड़ता है। लेकिन ऐसा शायद ही होता है। लोकप्रियता के लिए प्रचलित शैली में लिखना एक बात है और अपनी रचनाओं की लोकप्रियता की आशा करना दूसरी बात है। प्रचलित अभिरुचि के अनुसार अपनी पद्धतियों को बदलने में असमर्थ लेखक वैसी सामाजिक परिस्थितियों को चाहता है जिनमें उसकी रचनाओं का आदर होगा और जिनमें उसकी प्रतिभा सार्थक एवं उपयोगी होगी।[13]

रिचर्ड्स ने साहित्यिक प्रेषणीयता की समस्या का समग्र मनोवैज्ञानिक अध्ययन किया है। लेखक के विचार, विश्वास आदि रचना की अनुभूति में कहाँ तक बाधक होते हैं और उनके प्रति पाठक की अभिरुचि की प्रतिकूल प्रतिक्रिया न होने देने में लेखक और रचना का क्या उत्तरदायित्व है? इसका सुलझा हुआ समाधान प्रस्तुत करनेवाले वे प्रथम समीक्षक हैं। वे कहते हैं कि साहित्य के क्षेत्र में लेखक की अनुभूति का जो रूप बनता है वह प्रायः उस अनुभूति को दूसरों तक पहुँचाने के लक्ष्य को दृष्टि में रखकर ही। लेकिन साहित्य सर्जना में लेखक की दृष्टि प्रत्यक्ष इस बात पर नहीं रहती। वह प्रयत्नपूर्वक अपनी अनुभूतियों को दूसरों तक पहुँचाने के काम में नहीं लगता। लेखक की दृष्टि में रचना अपने में आकर्षक है, अपने भाव-विचारों का अभिव्यंजक है, 'स्वान्तः सुखाय' लिखी गई है। पाठक की अनुभूति का प्रश्न उसके लिए आनुषंगिक है। अपनी अनुभूतियों के मूल्य से ही लेखक का मतलब रहता है। अपनी सूक्ष्म मानसिक अनुभूतियों की अभिव्यक्ति में यदि उसका ध्यान प्रेषणीयता के प्रश्न पर रहेगा तो अपनी रचना में असफल हो जाने की बहुत सम्भावना है। व्यक्त रूप में लेखक की दृष्टि प्रेषणीयता पर न रहने पर भी हम कैसे कह सकते हैं कि वह कला का धर्म है, रचना की प्रक्रिया में वह समाविष्ट है? क्योंकि लेखक वैयक्तिकता से ऊपर उठकर सार्वजनीन और निरपेक्ष बनने का प्रयत्न करता है, रचना में दूसरों को अपील न करनेवाली व्यक्तिगत विलक्षणताओं से अपने को बचा लेता है और उन्हीं सामान्य धर्मों का अनुसरण करता है जिनका प्रभाव मानव मात्र की मानसिक प्रवृत्तियों पर समान रूप से पड़ता है। जब हम देखते हैं कि लेखक को आत्मतोष देनेवाली और साथ ही पाठक के लिए दुर्बोध रचनाएँ साहित्य-संसार में बहुत कम दिखाई देती हैं तथा लेखक की लोकप्रियता के साथ उसके आत्मसन्तोष का घनिष्ठ सम्बन्ध रहता है तो हमें मानना पड़ता है कि प्रेषणीयता का प्रश्न लेखक की स्वाभाविक आत्माभिव्यक्ति से असम्बद्ध नहीं है। यह दूसरी बात है कि अपने भावों की अभिव्यक्ति में प्रेषणीयता पर लेखकों की दृष्टि न्यूनाधिक हो सकती है। स्पष्ट ही रिचर्ड्स का यह मत नहीं है कि रचना का सौन्दर्य प्रेषणीयता

की शक्ति के अनुसार होता है। उनका केवल इतना ही कहना है कि लेखक की स्वाभाविक अभिव्यक्ति में अपने आप भाव-प्रेषण हो जाता है।[14]

रिचर्ड्स कहते हैं कि कलाकार की सहज प्राकृतिक मनोवृत्ति के कारण रचना प्रेषणीय होती है।[15] मनुष्य की प्रवृत्तियाँ प्रायः एक सी होने से कवि समान भावों की जागृति में सफल हो जाता है। जहाँ कवि की अनुभूति पाठक की अनुभूति के साथ नहीं मिलती वहाँ उसे पूर्ण सफलता नहीं मिल सकती। केवल थोड़ी-सी विषमता होने पर पाठक अपनी कल्पना के बल पर उसे पार कर सकता है। कवि और पाठक की भावनाएँ भिन्न होकर प्रेषणीयता में कठिनाई न हो, इसके लिए कलाकार को यथासम्भव विलक्षण मनोवृत्ति का नहीं होना चाहिए। लेकिन कवि जन-साधारण से असामान्य रूप में संवेदनशील होता है जिससे उसकी रचना में अमूल्य और गहन मानसिक प्रवृत्तियों की अभिव्यक्ति होती है। इसलिए कभी-कभी कवि की रचना साधारण पाठकों को दुर्बोध एवं विलक्षण लग सकती है। ऐसी स्थिति में प्रेषणीयता एक समस्या बन जाती है। 'कामायनी' जैसे काव्य को अपनाने में जन-साधारण की कठिनाई इसी प्रकार की है। ऐसी स्थिति में कवि और काव्य धीरे-धीरे ही जनता के हृदय में स्थान पाते हैं। जनता की मनोवृत्ति बदलती अवश्य है पर कालक्रम में। छायावाद को मान्यता इस तरह कालक्रम में ही मिली है। इस काम में समय इसलिए लगता है कि हम अपनी अभिरुचि को प्रयत्नपूर्वक बदलते नहीं बल्कि कालक्रम में अनजाने उसे बदली हुई पाते हैं। निरन्तर सान्निध्य से यह परिवर्तन सम्भव होता है। तब हम पहले की अपनी अभिरुचि पर स्वयं आश्चर्य करने लगते हैं। इस असाधारण स्थिति को स्वीकार करते हुए भी साधारणतः हम कह सकते हैं कि साहित्य की प्रेषणीयता के लिए कवि और पाठक में अभिरुचि-योग की आवश्यकता है।

लेखक और पाठक के विश्वास साहित्य की प्रेषणीयता में कहाँ तक बाधक होते हैं यह विचारणीय है। इस सन्दर्भ में रिचर्ड्स का कहना है कि साहित्य की अमूल्य भावात्मक अनुभूति के लिए पाठक लेखक के विश्वासों को तत्काल अपना लेता है और इसलिए साहित्य की प्रेषणीयता में कोई कठिनाई नहीं होती। यह बात नहीं है कि पाठक उन विश्वासों को जीवन में ग्रहण कर लेता है। वह जीवन में उन्हीं विश्वासों को अपनाता है या अपना सकता है जो तथ्यों पर आश्रित हैं अर्थात जो सत्य या वैज्ञानिक विश्वास हैं, लेखक के द्वारा साहित्य में प्रतिपादित भावात्मक विश्वास नहीं हैं।[16] लेकिन इस तरह तत्काल रचना की अनुभूति के लिए परम्परागत विश्वासों और मूल्यों को छोड़कर लेखक के विश्वासों को अपनाना भी कभी-कभी पाठक के लिए कठिन हो जाता है। रचना, ग्राहक अभिरुचि से सम्बद्ध परम्परागत सांस्कृतिक मान्यताओं के विरुद्ध होने पर अधिकांश पाठकों की प्रतिक्रियाएँ अनुकूल नहीं होतीं। उदाहरण के लिए यदि कोई लेखक राम के चरित्र की कुछ दुर्बलताओं

को दिखाना चाहता है या विरोधी दल की विशेषताओं की ओर हमारा ध्यान आकृष्ट करना चाहता है तो कोई आपत्ति नहीं होगी। पर यदि वह राम के चरित्र को बहुत गिरा पर पाठकों के विश्वासों में आमूल परिवर्तन करना चाहता है तो ग्राहक अभिरुचि के कारण भाव प्रेषण में कठिनाई होगी। पाठक का मन संस्कारवश उससे विद्रोह करेगा। 'मेघनाद वध' में लेखक की सावधानी के बावजूद ऐसे अनेक प्रसंग आ ही गए हैं। जीवन विश्वासों के सम्बन्ध में क्रान्तिकारी विचार रखकर वही लेखक सफल हो सकता है जिसका कबीर का सा सशक्त व्यक्तित्व हो और जिसकी रचना में पाठकों को कवि की प्रबल अनुभूति का प्रमाण मिले। साधारणतः लेखक के विचार ग्राहक अभिरुचि की सांस्कृतिक एवं नैतिक मान्यताओं के विरुद्ध होने पर पाठक को रसानुभूति होने के पहले ही उसकी व्यावहारिक दृष्टि रचना के प्रभाव का विरोध करती है।

जब लेखक के विश्वास संकीर्ण और उसकी मान्यताएँ असामाजिक होती हैं तब पाठक की प्रतिक्रिया अनुकूल न होकर साहित्य की प्रेषणीयता में कठिनाई होती है। लेखक के विश्वासों के प्रति पाठक का दृष्टिकोण उसकी अपनी मान्यताओं के अनुसार होता है। दूसरी ओर पाठक के अपने विश्वासों और मान्यताओं के कारण भी रचना के भावसंक्रमण में बाधा हो सकती है। उसके विश्वासों की संकीर्णता में रचना की अनुभूति सम्भव नहीं होती। इसीलिए साहित्य के क्षेत्र में पाठक की सहृदयता और उसके संस्कारों की उदारता पर इतना जोर दिया जाता है। व्यापक सामाजिक धारणाओं के विरुद्ध होने पर रचना की उपेक्षा होना स्वाभाविक ही है, लेकिन रसानुभूति के लिए वैयक्तिक विश्वासों से ऊपर उठना पाठक का कर्तव्य है। फिर भी उसके बद्धमूल गहरे विश्वासों के कारण रचना का प्रभाव फ़ीका पड़ सकता है। उदाहरण के लिए धार्मिक साहित्य की सार्थकता की पूरी अनुभूति नास्तिकों को नहीं हो सकती। यह सच है कि नास्तिक पाठक धार्मिक मूल्यों के मूल में जीवन की कुछ गहरी अनुभूतियों को प्राप्त कर सकता है। जहाँ लेखक और पाठक के विश्वास नहीं मिलते, पर पाठक रचना का मूल्य अनुभव करता है तो समझना चाहिए कि पाठक प्रतिपादित विषय के मूल में कुछ सामान्य मूल्यों को देख सका है जो उसके लिए मान्य हैं। तभी रचना और पाठक में भावात्मक सम्बन्ध स्थापित होगा। अन्यथा उसके लिए रचना की कोई सार्थकता नहीं रह जाएगी। पाठक के विश्वास उसकी साहित्यिक अभिरुचि और अनुभूति को निर्धारित करते हुए साहित्य की प्रेषणीयता में कठिनाई के प्रधान कारण होते हैं।

लेखक की रचना में पाठक की प्रतिक्रिया के दो रूप होते हैं—पहला रचना के प्रभाव का निष्क्रिय ग्रहण एवं आनन्दानुभूति और दूसरा उसकी सक्रिय प्रतिक्रिया। पहले रचना अपने दृष्टिकोण के अनुसार पाठक को प्रभावित करती है। इस प्रक्रिया में जिस उद्देश्य से लेखक प्रभावोत्पादक रचना करता है, वह पूरा हो जाता है। इसके

बाद की प्रक्रिया पाठक की भावात्मक प्रतिक्रिया होती है। जब रचना की भाव धारा पाठक को प्रभावित करती हुई, उसकी मानसिक व्यवस्था का अंग बनती है, तब उसके मन में स्वाभाविक प्रतिक्रिया उत्पन्न करती है। पाठक रचना की भावानुभूति के साथ अपनी मानसिक व्यवस्था के सामंजस्य का प्रयत्न करता है। इस प्रयत्न में उसके विश्वासों की प्रतिक्रिया अनुकूल एवं प्रतिकूल दोनों रूप ले सकती है। अनुकूल होने पर रचना के प्रभाव से पाठक में एक नए भावात्मक दृष्टिकोण का विकास होता है और वह इस नए व्यापक दृष्टिकोण से जीवन की सार्थकता को समझने का प्रयत्न करता है। प्रतिक्रिया प्रतिकूल होने पर पाठक का व्यक्तित्व रचना के अनुचित प्रभाव से अपने विश्वासों को सँभालने का प्रयत्न करता है। क्योंकि ये विश्वास उसकी अपनी बद्धमूल मानसिक धारणाएँ हैं जिनमें वह अधिक परिवर्तन नहीं चाहता। पाठक जब अपनी मानसिक व्यवस्था की तुलना में रचना की भावधारा को हल्का पाता है तो वह रचना की उपेक्षा करता है। इस तरह रचना की भावधारा के प्रति पाठक की अनुकूल, प्रतिकूल और उदासीन तीन प्रकार की प्रतिक्रियाएँ हो सकती हैं। ये प्रतिक्रियाएँ पाठक की मानसिक व्यवस्था के लिए रचना के मूल्य को प्रकट करती हैं। रचना की प्रेषणीयता या उसके भाव संक्रमण की सम्भावना, रचना के मूल्य को निर्धारित करनेवाली व्यक्ति-मन की इन प्रतिक्रियाओं पर निर्भर रहती है।

हमारे यहाँ प्रेषणीयता की समस्या को सुलझाने के लिए सहृदयता पर जोर दिया गया है। इस भारतीय आदर्श की व्याख्या करते हुए डॉ. हजारी प्रसाद द्विवेदी कहते हैं कि साहित्य का यथार्थ रूप से हृदयंगम करने के लिए देशगत, जातिगत और कालगत संस्कारों से परे उठने की शिक्षा मिलनी चाहिए। ये रूढ़ संस्कार साहित्य को समझने में, उसकी रसानुभूति में बाधक होते हैं। इन संस्कारों को रसोपलब्धि के मार्ग में बाधक न होने देने का अर्थ है, साहित्य को बृहत्तर मानव समाज से अविच्छिन्न समझना। द्विवेदीजी कहते हैं कि इन संस्कारों को चरम सत्य मान लेने के कारण ही आजकल साहित्य के क्षेत्र में इतने मतभेद व्यक्त किए जा रहे हैं।[17] लेकिन अन्यत्र हम देख चुके हैं कि सहृदयता का विकास कर लेना साहित्य के विद्यार्थी का चरम आदर्श होते हुए भी, व्यवहार में उसकी अनेक सीमाएँ होती हैं। इस सन्दर्भ में यह भी संकेत किया जा चुका है कि सहृदयता की शिक्षा का तात्पर्य अपने सामाजिक संस्कारों से परे उठने से नहीं, बल्कि उन्हें भरसक व्यापक और उदार बना लेने से है। इसके अलावा रचना की रसानुभूति के लिए अपने संस्कारों से ऊपर उठकर पूर्ण सहृदय बन जाना उतना आसान काम भी नहीं है। स्वयं द्विवेदी जी मानते हैं कि "संस्कार बड़े प्रबल होते हैं, वे विवेक को बराबर दबोचते रहते हैं। भारतीय सहृदय एक प्रकार के संस्कारों को पालता है और दूसरे देश के सहृदय दूसरे प्रकार के। ...कभी-कभी अच्छे सहृदय भी अपने बद्धमूल संस्कारों से काव्य सौन्दर्य को

परखने का प्रयत्न करते हैं और द्रष्टव्य को छोटा करके देखने में रस पाते हैं।"[18]

प्रेषणीयता की समस्या उतनी सरल नहीं है जितनी प्रायः समझी जाती है। पाठक का अपने संस्कारों को व्यापक बनाना और अध्ययन में वैयक्तिकता को भूलना, कभी-कभी लेखक और पाठक की जीवन दृष्टि में मूल्यों के तात्विक अन्तर के कारण असम्भव हो जाता है। प्रत्येक व्यक्ति की साहित्यिक अनुभूतियों में अनेक ऐसे अवसर आते हैं जब उसके अपने व्यक्तित्व के कारण जैसी अभिरुचि बनी हुई है उसके साथ रचना की अनुभूति का मेल न हो। इस समस्या को मनोवैज्ञानिक दृष्टि से सुलझाने का प्रयत्न करते हुए रिचर्ड्स रचना की अमूल्य अनुभूति पाने के लिए तत्काल कवि के विश्वासों को अपनाने और अपने विश्वासों को भूलने की सलाह देते हैं। लेकिन विश्वासों के प्रश्न से इस तरह छुटकारा नहीं मिल सकता। क्योंकि कोई भी पाठक अपने सामाजिक एवं नैतिक मान्यताओं को किनारे रखकर साहित्य का अध्ययन करने नहीं बैठता। सहृदयता का यह तात्पर्य नहीं है कि हम अपने को भूल जाएँ। वह सम्भव भी नहीं है। थोड़ी देर के लिए यह मान लें कि पाठक अपने विश्वासों को भुलाकर रचना का अध्ययन करने लगता है तो भी इसकी कोई गारंटी नहीं है कि उसकी इस मानसिक निष्क्रियता से लाभ उठाकर लेखक अपनी रचना के द्वारा उसके विश्वासों को अनुचित रूप में प्रभावित करने का प्रयत्न न करे। आधुनिक कथा साहित्य के अस्वस्थ प्रभाव को देखते हुए यह आशंका और भी बढ़ जाती है। ऐसी स्थिति में रचना की अनुभूति के मूल्य को, उसके भाव-विचारों के स्वस्थ प्रभाव को समझना भी पाठक के लिए आवश्यक हो जाता है। रचना की अनुभूति में पाठक अपने विश्वासों को भुलाकर कवि के विश्वासों को कहाँ तक अपना सकता है और कवि के विश्वास पाठक की रसानुभूति में कहाँ तक बाधक होते हैं, इस पर इलियट ने अमूल्य विचार व्यक्त किए हैं। वे कहते हैं कि कालरिज रचना को पढ़ते समय उस पर अविश्वासों को स्वेच्छा से दूर रखने (विलिंग सस्पेन्सन आफ़ डिसबिलीफ़) की बात करते हैं। रचना को पढ़ते समय पाठक उस पर बौद्धिक अर्थ में विश्वास करे या न करे यह प्रश्न ही नहीं उठता। जब हम रचना में तन्मय रहते हैं, उसे काल्पनिक समझने का अविश्वास ही उत्पन्न नहीं होता, इसलिए अविश्वास को दूर रखने के प्रयत्न की आवश्यकता भी नहीं पड़ती। अविश्वास की भावना यदि किसी कारण उठती है तो पाठक साहित्य का अध्येता न रहकर सांस्कृतिक, दार्शनिक, नैतिक या मनोवैज्ञानिक दृष्टि से रचना का पाठक हो जाता है। लेकिन भिन्न अर्थ में कवि के विश्वासों पर पाठक का अविश्वास हो सकता है जो रचना की कलात्मक अनुभूति को प्रभावित करता है। शैली की आलोचना करते हुए इलियट लिखते हैं कि किसी कविता में प्रतिपादित सिद्धान्त, नियम, विश्वास या जीवन दृष्टि को यदि पाठक का मन संगत, प्रौढ़ और अनुभूति के तथ्यों पर आश्रित मान सकता है तो वह पाठक की आनन्दानुभूति में बाधा उपस्थित नहीं करता, चाहे उस विश्वास को

पाठक स्वीकार करे या न करे, उसका अनुमोदन करे या विरोध करे। लेकिन जब लेखक के विचार या विश्वास पाठक के विकसित मन को बच्चों के से लगते हैं तब वे पाठक की अनुभूति में बाधा पहुँचाते हैं। रचना की अनुभूति बहुत कुछ इस बात पर निर्भर करती है कि कवि अपने मन-भावन भावनाओं को लेकर कल्पनाशील है या जीवन के सम्बन्ध में अपने निश्चित दृढ़ भाव-विचारों को लेकर रचना कर रहा है।[19] इलियट चाहते हैं कि रचना में लेखक के भाव-विचार पाठक की दृष्टि में सम्भाव्य (टेनेबुल) हों, तभी उसे रचना की अनुभूति हो सकती है। विश्वासों का प्रश्न इतना ही नहीं है। आगे वे लिखते हैं कि संस्कारों की उदारता का यह आशय नहीं है कि जब हम कविता को पढ़ने लगते हैं, जीवन सम्बन्धी अपनी सब धारणाओं और विश्वासों को प्रयत्नपूर्वक दूर रखें। रचना में कवि-रूप और उपदेशक-रूप को अलग करके अनुभूति और विश्वास के विषयों को पहचानने का प्रयत्न भी सफल नहीं हो सकता।[20] क्योंकि रचना में दोनों का तानाबाना बुना रहता है और पाठक को वे समष्टि रूप में ही प्रभावित करते हैं। ग्राहक अनुभूति में पाठक की प्रतिक्रिया भी सम्मिलित रूप में ही होती है। शुद्ध उपदेशात्मक रचना को छोड़कर कबीर की भाव-मूलक रचना में भी अनुभूति और विचार का अन्तर करना इतना कठिन हो जाता है कि दोनों के बीच की रेखा मिटी हुई सी लगती है।

ग्राहक-मन कवि के विश्वासों के सम्बन्ध में उदार और संयमी (लिबरल एण्ड कन्सरवेटिव) दोनों रूपों में अपनी प्रतिक्रिया दिखाता है। मन की उदारता लेखक की स्वच्छन्द भावानुभूति को ग्रहण कर अपनी मानसिक व्यवस्था का अंग बना लेती है। साथ ही संयमी रूप में वह उसे अपनी व्यवस्था में ढालना चाहती है और ऐसा सम्भव न होने पर अनुभूति की उपेक्षा भी करती है। पाठक का मन जब अधिक संयमी होता है, उसके विचार और विश्वास निश्चित या रूढ़ होते हैं तो वह लेखक के विश्वासों के साथ समझौता नहीं कर पाता। ऐसी स्थिति में रचना की अनुभूति को ग्रहण करने में उसका संयमी मन निग्रही हो जाता है। इसलिए साहित्य की प्रेषणीयता के लिए मन को उदार होना चाहिए। लेकिन लेखक के भाव-विचार अग्राह्य होने पर अपने व्यक्तित्व और विश्वासों की रक्षा में उदार मन को संयमी बनना भी पड़ता है। उदारता और संयम एक ही मन के दो पहलू हैं जो आवश्यकता के अनुसार रचना की अनुभूति में क्रियाशील होते हैं।

आज शिक्षा के प्रसार और सांस्कृतिक असमानताओं के कारण साहित्य की प्रेषणीयता की समस्या बड़ी जटिल हो गई है। परम्परागत उच्चवर्गीय साहित्य जनसाधारण की अभिरुचि के अनुकूल नहीं है। शिक्षा प्रसार में वे पढ़-लिखकर साहित्य पढ़ना तो चाहते हैं लेकिन अपने परम्परागत संस्कारों के कारण उनकी अभिरुचि उच्चवर्गीय अभिरुचि से भिन्न है। इसलिए वर्तमान उच्चवर्गीय साहित्य से उनको पूरा सन्तोष नहीं होता। आधुनिक युग की इस वर्गीय विषमता में लेखक भी अपने

भाव-विचारों को व्यापक समाज तक पहुँचाने में कठिनाई का अनुभव कर रहा है। उच्चवर्गीय लेखक की इस कठिनाई को दूर करने के लिए अज्ञेय चाहते हैं कि जनता स्वयं शिक्षित होकर अपनी अभिरुचि के अनुकूल साहित्य की रचना कर ले।[21] लेकिन इससे सांस्कृतिक विषमता की समस्या हल नहीं होती। वर्गीय दृष्टि से रचना करने का समाधान नए साहित्य की प्रेषणीयता की समस्या को तभी हल करेगा जब वर्ग के भाव-विचार एक हद तक सामान्य एवं निश्चित होंगे। लेकिन आज शिक्षित और अशिक्षित दोनों वर्गों में इतने उपवर्ग हो गए हैं और उन उपवर्गों के सामाजिक संस्कारों में भी ऐसी आन्तरिक विषमता उत्पन्न हो गई है कि वर्गीय दृष्टि से रचना करते हुए वर्ग-विशेष को अपील करना भी उतना आसान काम नहीं है। आज वर्ग-भेद के कारण जीवन के प्रति दृष्टिकोण में जो विषमता आ गई है वह आधुनिक उच्च साहित्य में स्पष्ट झलक रही है। ऐसी स्थिति में जीवन दृष्टि की उस विषमता के प्रति अपनी-अपनी सामाजिक मान्यताओं के अनुसार पाठकों की ओर से प्रतिक्रियाएँ होना अनिवार्य है। आज पग-पग पर लेखक और पाठक के विश्वासों का संघर्ष, रचना की अनुभूति में बाधक हो रहा है। लेखक की विलक्षणताओं के प्रति पाठकों के मन में विद्रोह की भावना उठ रही है। इस तरह की प्रतिकूल प्रतिक्रिया में भाव-प्रेषण नहीं हो सकता। विशेषकर आधुनिक कथा-साहित्य में उसकी नग्न यथार्थवादी प्रवृत्ति के कारण लेखक और पाठक के भाव विचारों में प्रबल संघर्ष हो रहा है। रचना में पात्रों के जीवन के साथ पाठक की सहानुभूति ही नहीं हो पाती तो भावानुभूति का प्रश्न ही नहीं उठता। इलाचन्द्र जोशी अन्तश्चेतना का पर्दाफाश करते हुए रोमांचकारी अनुभूतियों की सृष्टि करते हैं तो मानसिक विकारों के नग्न प्रदर्शन के कारण आतंकित पाठक का मन रचना से दूर भागने लगता है। जैनेन्द्र जी के उपन्यासों में प्रेषणीयता की कठिनाई रचना के लक्ष्य की अस्पष्टता के कारण है। उनके उपन्यासों में पाठकों को पात्रों की जीवन-गति के संचालक सूत्रों का स्पष्ट बोध नहीं होता। आदर्श के आवरण में जैनेन्द्र, पात्रों का जैसा नैतिक आचरण दिखाते हैं वह साधारण पाठक की सामाजिक धारणाओं की पकड़ में नहीं आता। पात्रों का व्यक्तित्व, व्यवहार और उनकी समस्या गोप्य रहकर पाठक की अनुभूति को उलझन में डाल देती हैं। पाठक की प्रतिकूल प्रतिक्रिया और मानसिक उलझन के ये दो उदाहरण नवीन कथा-साहित्य में लेखक और पाठक के भावयोग की कठिनाई को स्पष्ट करने के लिए पर्याप्त हैं।

आधुनिक कविता के सम्बन्ध में भी प्रेषणीयता का प्रश्न उठता है पर कथा-साहित्य की तरह लेखक और पाठक के भाव-संघर्ष के कारण नहीं, बल्कि कवि के द्वारा भावों की अभिव्यक्ति पाठकों के लिए दुर्बोध होने के कारण। आज के अधिकांश पाठक आधुनिक कविता अस्पष्ट होने की शिकायत कर रहे हैं। उनका कहना है कि कविता को समझने में अधिक मानसिक श्रम करना पड़ रहा है जिससे

भावानुभूति में कठिनाई हो रही है। कविता की भावधारा के सम्बन्ध में उनकी कोई खास आपत्ति नहीं है। पहले कुछ परम्परावादियों ने उसे विदेशी होने का आरोप अवश्य किया पर आज की व्यापक मानवीय दृष्टि विदेशी होने से ही किसी वस्तु को अग्राह्य नहीं मानती। लेकिन छायावादी युग से लेकर यूरोपीय कविता के प्रभाव में भावाभिव्यक्ति के नए-नए प्रयोग होने लगे हैं जिनसे अभ्यस्त न होने के कारण पाठकों को स्वाभाविक कठिनाई हो रही है। इसके अतिरिक्त नए प्रयोगों के नाम पर कवियों के द्वारा भाव-प्रकाशन की कम गड़बड़ी भी नहीं हुई है। छायावाद में भाव-विचारों के स्थान पर प्रतीकात्मक अभिव्यक्ति की प्रधानता हो जाने से भावों की स्पष्ट अनुभूति पर कवियों की दृष्टि नहीं रही। साधारण कवियों ने तो अस्पष्टता के द्वारा अपनी श्रेष्ठता सिद्ध कर लेने का भी प्रयत्न किया है। इन सब कारणों से छायावादी कला साधारण पाठकों को अस्पष्ट एवं दुर्बोध लगती है तो कोई आश्चर्य नहीं है। छायावादी युग के बाद की नवीन कविताओं से पाठकों के काव्यबोध की समस्या और भी जटिल हो गई है। उन्हें देखकर ऐसा लगता है कि कवि पाठक से अपने मन का कुछ भी नहीं कह रहा है। कविता में अपनी अभिव्यक्ति चाहते हुए भी वह मौन है, अपने हृदय को नहीं खोलता। इससे सन्देह होता है कि या तो कवि स्वयं अपनी बात को स्पष्ट रूप से नहीं जानता या वह उसे अभिव्यक्त नहीं कर पा रहा है। पहले छायावादी कवि दावा करते थे कि कभी-कभी मन की सूक्ष्म, जटिल एवं रहस्यमय अनुभूतियों की अभिव्यक्ति सहज ही अस्पष्ट हो जाती है। परवर्ती नई कविता असावधानी, उपेक्षा और भाषा की अभिव्यंजना शक्ति की सीमाओं को पार कर जाने के प्रयत्न में दुर्बोध लग रही है। छायावादी कवि ने द्विवेदी युग की नपी-तुली स्पष्ट अभिव्यक्ति की प्रतिक्रिया में जान बूझकर कुछ अस्पष्टता का रंग चढ़ा दिया है तो नवीन कवि नए-नए प्रयोगों के पीछे सुबोधता को भुला रहे हैं। भाषा भाव-विनिमय का सामाजिक साधन है और वह पाठकों के लिए अव्यक्त, मौन (अनकम्यूनिकेटिव) रहने का कोई कारण नहीं है। आधुनिक कविता की यह अस्पष्टता, सामाजिकता से दूर होकर कवियों के अन्तर्मुखी होने का ही परिणाम है। आज केवल सीमित वर्गों के लिए कविता हो रही है और उन्हीं की समझ में आ रही है। कविता की भावना अनिर्धारित है और उसका थोड़ा सा ही अंश पाठकों तक पहुँच रहा है। भावों की अस्पष्टता के साथ भाषा विषयक स्वतन्त्रता और शैली की स्वच्छन्दता, रचना को और भी दुर्बोध बना रही है। उसे समझने का बौद्धिक श्रम पाठक के द्वारा कविता की भावात्मक अनुभूति में बाधा दे रहा है। आधुनिक कविता के नए प्रयोगों में जीवन के कुछ क्षणों की निरपेक्ष अनुभूति देने के प्रयत्न भी हो रहे हैं। जीवन में उन क्षणों के अनुभव की सार्थकता, चाहे वह अकिंचन ही क्यों न हो, जब तक स्पष्ट नहीं होती कविता की अनुभूति नहीं हो सकती। नवीन अतियथार्थवादी कविताओं में भी भाव-साहचर्य के द्वारा मानसिक प्रवृत्ति का स्वच्छन्द प्रसार किसी विशेष सार्थकता

या दृष्टिकोण के अनुसार नहीं होता। इसलिए वहाँ भी भाव-प्रेषण अनिश्चित और दुर्बल ही होता है। जब रचना की सार्थकता स्पष्ट नहीं होती, पाठक उसकी अनुभूति के सम्बन्ध में भ्रान्त भी हो सकता है।

आधुनिक कविता की इन दुर्बलताओं का उल्लेख करने में हमारा यह आशय नहीं है कि आधुनिक काल में ऐसे प्रतिभाशाली कवि ही नहीं हुए हैं जो साहित्यिक प्रेषणीयता की समस्या को सफलतापूर्वक सुलझा सकें। वास्तव में प्रतिभा और समृद्धि की दृष्टि से आधुनिककाल को 'गद्य काल' नहीं 'काव्य काल' कहना ही अधिक उपयुक्त लगता है। लेकिन आधुनिक कविता के साथ साहित्य की प्रेषणीयता एक जटिल समस्या भी हो गई है। उसका एक कारण असफल या असमर्थ अभिव्यक्ति है तो दूसरा कारण कविता का नया रूपान्तर है। आधुनिक काल में साहित्य का लक्ष्य और स्वरूप इतना बदल गया है कि इस नए रूप में साहित्य की प्रेषणीयता के लिए कलाकारों को प्राचीन से भिन्न नए साधनों का प्रयोग करने की आवश्यकता हुई है।[22] इस परिवर्तन में सबसे अधिक उल्लेखनीय साहित्य की विशिष्टता की ओर प्रवृत्ति है। कथा-साहित्य के विकास के साथ मानव-मन की सामान्य प्रवृत्ति के निरूपण स्थान पर व्यक्तिनिष्ठ स्वरूप की ओर झुकाव का प्रभाव कविता पर अधिक पड़ा है। यूरोपीय साहित्य की प्रवृत्ति आरम्भ से ही जीवन के विशिष्टोन्मुख स्वरूप की ओर थी। कालक्रम में विशिष्टता का आकर्षण बढ़ा—इस हद तक कि बीसवीं शताब्दी में विलक्षणता ही व्यक्तिनिष्ठ भावों की विशिष्टता समझी जाने लगी। किन्तु भारतीय साहित्यिक परम्परा निर्वैयक्तिकता की सीमा तक सामान्योन्मुख रही। पाश्चात्य प्रभाव में नवीन गद्य-साहित्य के साथ कविता भी विशिष्टोन्मुख हो गई है। उसमें यूरोपीय साहित्य की नवीनतम व्यक्तिवादी विलक्षणताओं के भी दर्शन होने लगे हैं जिनसे क्षुब्ध होकर शुक्ल जी ने व्यक्ति-वैचित्र्य का विरोध भी किया है। सिद्धान्तः साहित्य में विशिष्ट का ही प्रतिपादन मानते हुए भी वे भारतीय साहित्यिक परम्परा के प्रभाव के कारण व्यवहार में विशिष्टता का आकर्षण अनुभव नहीं कर सके और परिणामतः विशिष्टोन्मुख आधुनिक कविता की ही नहीं, गद्य-साहित्य की भी उत्कृष्टता पर उनकी दृष्टि नहीं गई है।

नई कविता अधिकांश प्रगीतात्मक मुक्तक रचनाओं के रूप में है। उनकी प्रधान विशेषताएँ वैयक्तिकता और विशिष्टता हैं। इनके कारण वह प्राचीन काव्य प्रवृत्ति से बिलकुल भिन्न हो गई है। मानव मन की सामान्य भावनाओं की ओर उन्मुख होकर सार्वजनीन अनुभूतियों की सृष्टि प्राचीन साहित्य का लक्ष्य है। सूर के बाल-लीला सम्बन्धी पद इसके प्रतिनिधि उदाहरण हैं। विशेष को सामान्य बनाने की इस प्रक्रिया में कवि की कल्पना और पाठक की सहृदयता दोनों का योग रहता था। किन्तु आज का कवि सामान्य का नहीं, विशिष्ट का चित्रण करता है। पाठक भी विशिष्ट की ही अनुभूति चाहता है। आज के साहित्य में भाव से स्वभाव की प्रधानता इस बात

की सत्यता को प्रकट करती है। आधुनिक कवि या तो मानव-मन की विशिष्ट अनुभूतियों को व्यक्त करता है या सामान्य मानवीय भावनाओं के व्यक्तिनिष्ठ विशिष्ट रूप को। आज प्रजातन्त्र के कारण वैयक्तिक स्वतन्त्रता की भावना को बहुत बल मिला है, व्यक्ति का मूल्य बढ़ गया है। व्यक्ति का यह मूल्य या महत्त्व, उसके व्यक्तित्व की ओर आधुनिक साहित्य के आकर्षण का प्रधान कारण है। इस तरह वैयक्तिक विशिष्टता की ओर प्रवृत्ति के कारण आज साहित्य के सामने प्रेषणीयता की नई समस्या उपस्थित हो गई है। आज के कलाकार कलात्मक अभिव्यक्ति के नए प्रयोगों से वैयक्तिक विशिष्टता को पाठकों तक पहुँचाने की इस समस्या को सुलझाने का प्रयत्न कर रहे हैं। आधुनिक कविता की नई प्रतीकात्मक अभिव्यक्ति इसी दृष्टि से है। उसमें बिम्बों और प्रतीकों के साधन से कवि के विशिष्ट कथ्य को पाठक के लिए ग्राह्य बनाया जा रहा है। कवि ऐसा मूर्तविधान कर रहा है कि रचना पाठक की संवेदना का विषय बन रही है। प्राचीन काल में पाठक को सामान्य भावनाओं की अनुभूति देने के लिए कवि के द्वारा अपने हृद्गत भावों की प्रत्यक्ष अभिव्यक्ति काफी थी। लेकिन उसे विशिष्टता की अनुभूति कराने के लिए आज के कवि को बिम्बात्मक प्रतीक शैली को अपनाना अनिवार्य हो गया है। विशिष्ट अनुभूति की पहले की तरह प्रत्यक्ष अभिव्यक्ति सम्भव भी नहीं है। क्योंकि विशिष्टता अनुभूति की बात है, कहने में वह सामान्य रूप धारण करती है। साहित्य में विशिष्ट अनुभूति का विश्लेषण सामान्य तत्त्वों का ही निर्देश करता है, उन तत्त्वों की और उनके सामंजस्य की विशिष्टता को स्पष्ट नहीं कर सकता। लेकिन अभिव्यक्ति में बिम्बों और प्रतीकों के प्रयोग द्वारा उस विशिष्टता की ओर संकेत किया जा सकता है। इन बिम्बों और प्रतीकों के साथ व्यक्ति मन की भावना और अनुभूति संलग्न रहती है और उस कारण विशिष्ट भाव धारा का संकेत रूप में प्रेषण सम्भव हो जाता है। अर्थात् बिम्बों और प्रतीकों की सांकेतिकता कवि और पाठक के बीच विशिष्ट अनुभूतियों के प्रेषण का काम करती है, प्रतिपाद्य को संवेद्य बनाती है। आधुनिक कवि बिम्बों और प्रतीकों की सांकेतिकता का पूरा लाभ उठाने में सफल हुए हैं और इस साधन के द्वारा पाठक की अनुभूति के लिए भावों को सामान्योन्मुख बनाने की आवश्यकता को पार कर गए हैं। नए बिम्बविधान और नवीन प्रतीकों के प्रयोग में, पाठकों के अभ्यस्त होने तक पहले संकेत ग्रहण की कुछ कठिनाई अवश्य रहती है। इसी कारण आरम्भ में छायावाद की प्रतीक शैली दुर्बोध होने की शिकायतें हुई हैं। किन्तु काल क्रम में लोग उससे अभ्यस्त हो गए हैं और प्राचीन शैली से उसकी मार्मिकता को भी स्वीकार किया है। भाव-प्रेषण की दृष्टि से उसकी अधिक सम्भावनाओं के कारण आज हिन्दी साहित्य में उस शैली की बहुत कुछ प्रतिष्ठा भी हो गई है। आजकल प्रबन्धों में विशिष्टता सूचक बिम्ब-विधान के थोड़े से मिश्रण के साथ सामान्योन्मुख भाव-व्यंजना की भारतीय शैली का ही प्रयोग हो रहा है।

किन्तु मुक्तक प्रगीतों में पाश्चात्य पद्धति के अनुसार बिम्बों और प्रतीकों के द्वारा ही प्रभाव-सृष्टि के प्रयत्न हो रहे हैं। भाव की विशिष्टता को बिम्ब-विधान की नई शैली में प्रेष्य बनाने से पाठकों में एक नवीन साहित्यिक अभिरुचि का विकास भी हो गया है। छायावाद ने पाठकों की सौन्दर्य-चेतना का परम्परा से भिन्न नई दिशाओं में प्रसार करते हुए उनकी साहित्यिक अभिरुचि का प्रौढ़ विकास किया है। स्वयं शुक्ल जी ने प्राचीन आलंकारिक शैली के रूप-साम्य और गुण-साम्य की अपेक्षा नवीन बिम्ब-विधान के प्रभाव-साम्य की मार्मिकता को स्वीकार किया है।[23] छायावाद के बाद प्रयोगवाद, प्रगतिवाद आदि प्रवृत्तियों में भी नए-नए रूप-विधान और विशिष्ट शैलियों के प्रयोग से ग्राहक अभिरुचि के परिवर्तनों को देख सकते हैं। कवि कर्म नवीन सौन्दर्य सृष्टि के साथ उसे सम्प्रेष्य बनाने की साधना करता रहता है।

संक्षेप में सम्प्रेषण की समस्या को जटिल बनाने वाले तीन प्रधान तत्त्व हैं—सामाजिक परिस्थितियों की विषमता, साहित्यिक रचना की विशिष्टोन्मुखता और ग्राहक अभिरुचि के भेदभाव। प्रेषणीयता का प्रश्न साहित्यकार के द्वारा अपनी रचना को पाठक के लिए संवेद्य बनाने का है। यह विवादास्पद है कि साहित्यकार के मन में पाठक पर दृष्टि प्रत्यक्ष रहती है या सृजन-प्रक्रिया में अप्रत्यक्ष अन्तर्लीन होती है। आधुनिक काल में साहित्यकारों और ग्राहक-वर्गों के संस्कारों की भिन्नता के कारण प्रेषणीयता की समस्या बड़ी जटिल हो गई है।

2.4.2 साधारणीकरण

प्राचीन भारतीय आचार्यों ने काव्य-साहित्य की रसानुभूति की प्रक्रिया को स्पष्ट करने के प्रयत्न में साधारणीकरण के सिद्धान्त का प्रतिपादन किया। उसकी अनेक रूपों में व्याख्या की गई है। पाश्चात्य कवि-कर्म निर्देशक और सम्प्रेषण के विचारों से भिन्न भारतीय चिन्तन में सहृदय की रसानुभूति के लिए साधारणीकरण का आख्यान है। इस सन्दर्भ में उठनेवाला पहला प्रश्न है कि आठ-नौ स्थायी भावों की अभिव्यक्ति में ही साधारणीकरण के द्वारा रसानुभूति होती है। स्थायी भावों को छोड़कर अन्य भावों की व्यंजना में क्या केवल भावानुभूति होती है? साधारणीकरण के बिना विकर्षणात्मक मनोभावों का ग्रहण कैसे होगा? स्थायी भाव अवश्य ही अधिक व्यापक, गहरे और सार्वजनीन हैं। उनकी ये विशेषताएँ देश-काल-सापेक्ष हैं तथा धर्म, दर्शन, संस्कृति, सामाजिक जीवन पर निर्भर करती हैं। उदाहरण के लिए वात्सल्य और भक्ति में तन्मयता भारतीय जीवन में पाश्चात्य देशों से अधिक दिखाई देती है। पाश्चात्य ईर्ष्या-द्वेष, व्यक्तिवादी अर्हता आदि भाव भारतीय संस्कृति में अतिवादी सीमा पर पहुँचे नहीं हैं। साधारणीकरण काव्य की अनुभूति में सारे भाव-जगत का ही नहीं, रचना के सभी पहलुओं का धर्म है।

प्राचीन भारतीय आचार्यों ने रसानुभूति की चर्चा में कहीं अप्रत्यक्ष संकेत रूप

में और कहीं प्रत्यक्ष व्याख्या के द्वारा साधारणीकरण सम्बन्धी जो मुद्दे व्यक्त किए, वे इस प्रकार हैं—(1) रस सिद्धान्त के प्रथम प्रतिपादक भरतमुनि ने 'सुमनस' 'सामाजिक' की अनुभूति को न यथार्थ मानते हैं और न काल्पनिक। यथार्थ मानने पर प्रेक्षक के मन में अनुकूल या प्रतिकूल क्रियाशीलता उत्पन्न होती है। कल्पित मानने पर रस की अनुभूति ही नहीं होती। नाटकीय मंचन में दृश्य का मानसिक प्रत्यक्षीकरण होकर आनन्द की अनुभूति की ओर नाट्यशास्त्र में संकेत मिलते हैं। प्रत्यक्षीकरण साधारणीकरण की आधारभूमि है। कुछ इसी तरह का विचार कालरिज ने व्यक्त किया कि काव्य पढ़ते समय पाठक विश्वास और अविश्वास से परे की मनःस्थिति में रहता है। (2) गोविन्द, ठक्कुर, वामन झलकीकर आदि कुछ आचार्यों ने साधारणीकरण का अर्थ सामान्यीकरण माना। सीता के प्रति राम के प्रेम को अपना मानकर ग्रहण करने से रसाभास हो जाता है। इसलिए राम-सीता आदि पात्रों को सामान्य नर-नारी मानने से ही रस की अनुभूति सम्भव है। लेकिन विज्ञान सामान्य तत्त्वों का अनुसन्धान करता है जबकि साहित्य में विशिष्ट का प्रतिपादन होता है। मनोविज्ञान में प्रेम के सामान्य गुणधर्मों के विश्लेषण से भिन्न काव्य-साहित्य में प्रेम के विशिष्ट रूपों, उनके राग-रंग एवं छायाओं की व्यंजना होती है। उसी में उसका आकर्षण सौन्दर्य, और रस है। (3) भट्टनायक ने रसनिष्पत्ति के विवेचन में भावना-व्यापार के महत्त्व का प्रतिपादन किया। भावना से ही काव्यगत भावों का साधारणीकरण होता है। मानसिक भावन में भाव ग्राह्य रूप धारण करते हैं। भट्टनायक के अनुसार भावना के बाद की स्थिति भोज्य है जो रस के आस्वादन का द्योतक है। (4) साधारणीकरण की प्रत्यक्ष और अन्तिम व्याख्या करनेवाले प्राचीन आचार्य अभिनवगुप्त थे। उनकी दृष्टि में साधारणीकरण सम्बन्ध-विच्छेद है। काव्यगत भाव मेरे हैं, मेरे नहीं हैं, पराये और किसी के हैं—इस तरह के सभी लौकिक सम्बन्धों से मुक्त होकर मन की एक विलक्षण स्थिति में पहुँच जाना साधारणीकरण है। उस स्थिति में मन पर लौकिक चेतना का कोई प्रभाव नहीं होता। तब काव्य के विभाव, अनुभाव और संचारी भावों के साथ ग्राहक के मन के स्थायी भावों या संस्कारों के साथ संयोग होकर रसानुभूति होती है। अभिनवगुप्त का चिन्तन शैवागमों के प्रत्यभिज्ञा दर्शन से निःसृत है। रस अभिज्ञा का विषय है और साधारणीकरण उसकी प्रतीति करानेवाला है।

साधारणीकरण का विवेचन करनेवाले आधुनिक आचार्यों ने प्राचीन आचार्यों की मान्यताओं को स्वीकार करते हुए पाश्चात्य सृजन-प्रक्रिया, कविकर्म और सम्प्रेषण के सिद्धान्तों को भी उनसे मिलाकर अपने विचारों को प्रकट किया है। पाश्चात्य साहित्यिक प्रवृत्तियों, वादों, आलोचना और सौन्दर्यशास्त्र से प्रभावित आधुनिक काल के काव्य-साहित्य को दृष्टि में रखकर विचार-विमर्श करने में यह स्वाभाविक है। आधुनिक साहित्य कालक्रम में परम्परा से नए प्रयोगों की ओर उन्मुख होता जा

रहा है। 1. साधारणीकरण के सम्बन्ध में डॉ. श्यामसुन्दरदास का अभिमत है कि काव्य के कथ्य और ग्राहक की भावना दोनों का साधारणीकृत होना आवश्यक है। यह समन्वयवादी दृष्टि है। 2. बाबू गुलाबराय के अनुसार "जो जनता के मन में भी परम्परागत संस्कारों से एक सामान्य भावना बनी रहती है, वही आलम्बन का विषयगत अस्तित्व है।"[24] समीक्षक ने काव्य के वस्तुनिष्ठ धर्म को ग्राहक की सामान्य भावना के साथ जोड़कर उस संयोग में साधारणीकरण माना है। 3. आचार्य केशवप्रसाद मिश्र के साधारणीकरण और रसानुभूति के सम्बन्ध में समीक्षकों के विचारों में एकरूपता नहीं है। मेघदूत की भूमिका में जो लिखा गया है, उसके अतिरिक्त 'मधुमती भूमिका' की व्याख्या में उन्होंने जो मौखिक अभिमत व्यक्त किया है वह विशेष द्रष्टव्य है। कामायनी के श्रद्धासर्ग में जो 'मधु' शब्द प्रयुक्त किया गया है, वह वैदिक शब्द है। जब मन सात्विक स्थिति में द्वन्द्वातीय धरातल पर पहुँच जाता है, सृष्टि के कण-कण से माधुर्य झलकता है। उस स्थिति में न कोई प्रचण्ड तेजोमय है और न कोमल शीतल है। वह मन की साधारणीकृत स्थिति है जिसमें सृष्टि और कलात्मक सर्जना रसात्मक आनन्द की अनुभूति होती है। उस धरातल पर पहुँचने के लिए अनन्य साधना आवश्यक है। 4. आचार्य रामचन्द्र शुक्ल ने साधारणीकरण के सम्बन्ध में भारतीय आचार्यों के चिन्तन की परिधि में ही पाश्चात्य कविकर्म एवं सम्प्रेषण की मान्यताओं को ग्रहण ही नहीं किया है, उन्हें इस तरह आत्मसात कर लिया है कि वे विदेशी नहीं लगते। उनका कथन है कि "जब तक किसी भाव का कोई विषय इस रूप में नहीं लाया जाता कि वह सामान्यतः सब के उसी भाव का आलम्बन हो सके, तब तक उसमें रसोद्‌बोधन की पूर्ण शक्ति नहीं आती। इसी रूप में लाया जाना हमारे यहाँ साधारणीकरण कहलाता है। यह सिद्धान्त घोषित करता है कि सच्चा कवि वही है जिसे लोक-हृदय की पहचान हो, जो अनेक विशेषताओं और विचित्रताओं के बीच मनुष्य जाति के सामान्य हृदय को देख सके।"[25] "कल्पना में मूर्ति तो विशेष की ही होगी, पर वह मूर्ति ऐसी होगी जो प्रस्तुत भाव का आलम्बन हो सके, जो उसी भाव को पाठक या श्रोता के मन में भी जगाए, जिसकी व्यंजना आश्रय अथवा कवि करता है। इससे सिद्ध हुआ कि साधारणीकरण आलम्बनत्व का होता है।"[26] इन उद्धरणों में कवि की सर्जनात्मक प्रक्रिया और प्रेषणीयता भारतीय रूप-रंग में प्रस्तुत हैं। शुक्ल जी ने साधारणीकरण में भावना-व्यापार पर बहुत बल दिया है। लेकिन वह कवि या कथ्य के विशिष्ट बिम्बात्मक रूप-चित्रण के सन्दर्भ में है। उसे भट्ट नायक के द्वारा प्रतिपादित भावना-व्यापार मानना उचित नहीं है जो ग्राहक की रसानुभूति के लिए आवश्यक तत्त्व है। 5. साधारणीकरण की चर्चा में डॉ. नगेन्द्र ने भारतीय और पाश्चात्य मान्यताओं का समन्वय किया है। वे एक ओर ग्राहक की भावना का महत्त्व स्वीकार करते हैं तो दूसरी ओर कवि के द्वारा भावों को संवेद्य बनाने की आवश्यकता भी अनिवार्य मानते हैं। वे पहले भारतीय परम्परा

के अनुसार काव्य के भावन के द्वारा पाठक या श्रोता का भाव की सामान्य भूमि पर पहुँच जाने को साधारणीकरण कहते हैं। फिर उसकी व्याख्या करते हुए लिखते हैं कि जब कवि अपनी अनुभूति को इस प्रकार अभिव्यक्त कर सकता है कि वह सभी के हृदयों में समान अनुभूति जगा सके, उसमें साधारणीकरण की शक्ति होती है। लोक हृदय की पहचान रखनेवाला कवि ही अपनी अनुभूति का साधारणीकरण कर सकता है। सामाजिक भाषा और मानव सुलभ सहानुभूति, साधारणीकरण के कारण है।[27] आचार्य नन्ददुलारे वाजपेयी के अनुसार साधारणीकरण कवि कल्पित समस्त व्यापार का होता है, वह रचयिता और उपभोक्ता के बीच भावना का तादात्म्य है।[28] साधारणीकरण की इस व्यापक व्याख्या में वाजपेयी जी ने पाश्चात्य और भारतीय चिन्तन के सभी व्यापारों एवं मान्यताओं को समन्वित किया है।

संक्षेप में भारतीय व्याख्याताओं ने साधारणीकरण को चार प्रधान मुद्दों पर आधारित माना है। प्राचीन आचार्यों के अनुसार पाठक या श्रोता के भावना-व्यापार और लौकिक सम्बन्धों से विच्छिन्नता में काव्य-साहित्य में अभिव्यक्त भावों का साधारणीकरण होकर रसानुभूति होती है। आधुनिक समीक्षकों ने उन दो विचारों के साथ पाश्चात्य और दो तत्त्वों को भी जोड़ा है कि साहित्यकार को पाठक को ध्यान में रखकर अपने भावों को संवेद्य बनाना तथा भाषिक अभिव्यंजना में सम्प्रेषण का ध्यान रखना चाहिए। अब हमें देखना है कि साधारणीकरण में ग्राहक अभिरुचि कहाँ तक साधक या बाधक होती है। 1. अभिरुचि ईस्थटिक अर्थ में रूप और भाव के आकर्षण और उनके सौन्दर्य की अनुभूति को बढ़ानेवाली है। इस प्रक्रिया में वह साधारणीकरण के द्वारा रस-संवेदना में काव्यानुभूति को गहरी बनाती है। 2. साधारणीकरण का अर्थ सामान्यीकरण नहीं है। अभिरुचि काव्य के विशिष्ट स्वरूप की रमणीयता को भाषिक अनेक साधनों के द्वारा काव्य के कथ्य और रूप की रमणीयता को यथावत् साधारणीकरण में सुरक्षित रखकर काव्य के विशिष्ट स्वरूप के आस्वादन में योग देती है। 3. कवि और पाठक की समान मानसिकता सहृदयता और उदारचेता में ही साधारणीकरण सम्भव है। अभिरुचि की भावनाशीलता में भी ये धर्म विद्यमान हैं तथा भावनाशीलता साधारणीकरण का प्रधान आधार है। 4. दोनों में रूढ़ व्यक्तिगत संस्कारों और भाव-विचारों के लिए कोई स्थान नहीं है। लौकिक भावों से निरपेक्ष होने पर ही साधारणीकरण तथा वस्तुगत भाव में तल्लीन होने पर सौन्दर्याभिरुचि के विकास की गुंजाइश है। काव्य-साहित्य का जीवन के साथ घनिष्ठ सम्बन्ध होने पर भी साहित्यिक अभिरुचि और साधारणीकरण के लिए एक विशेष दृष्टिकोण से जीवन के आर्द्र बिन्दुओं का चयन करना होगा। 5. प्राचीन भारतीय काव्य साहित्य मानवीय भावनाओं की अभिव्यक्ति में सहृदय के लिए स्वयं संवेद्य ही था। इसलिए काव्य को संवेद्य बनने की, अर्थात् कवि के द्वारा भाव-प्रेषण की समस्या पर आचार्यों का ध्यान जाने की आवश्यकता ही नहीं हुई। अभिरुचि का

प्रश्न भी स्तरीय मानवीय संवेदना की अभिव्यंजना में नहीं उठा। सहृदय सामाजिक में ग्राहक अभिरुचि अन्तर्भुक्त मानी गई। आवश्यकता के अनुसार काव्यात्मा के विविध सम्प्रदायों में कविकर्म के वस्तुनिष्ठ निर्देश भी हुए। रस-सिद्धान्त में विभाव, अनुभाव और संचारी भावों की व्यवस्था रसानुभूति की दृष्टि से ही नहीं, उस अनुभूति के लिए वस्तुनिष्ठ योजना की ओर भी संकेत करती है। इसके अतिरिक्त सामाजिक दृष्टि से कथ्य और भाव के औचित्य पर विस्तृत विचार हुआ। शब्दार्थों की रमणीयता से कवि काव्यगत भावों को किस तरह ग्राहक अभिरुचि के अनुरूप ग्राह्य बनाता है या बना सकता है, इस सम्बन्ध में भी अनेक मार्मिक तथ्यों का उद्घाटन हुआ।

स्तरीय ग्राहक अभिरुचि साहित्य-सर्जना में प्रेरणादायी ही नहीं, काव्यगत भावों को संवेद्य बनाने, सम्प्रेषण और साधारणीकरण में सक्रिय सहकारी भी है। अभिरुचि के बिना काव्य-साहित्य की सृजन-प्रक्रिया और अनुभूति एवं आनन्द की कल्पना ही नहीं की जा सकती।

2.5 ग्राहक साहित्यिक अभिरुचि और काव्यानुभूति

साहित्यिक अभिरुचि के बिना काव्यानुभूति की कोई सम्भावना नहीं है। जिसमें अभिरुचि नहीं है, उसकी ओर ग्राहक का मन आकृष्ट नहीं होता। भावनाशील अभिरुचि के स्थान पर बुद्धि की क्रियाशीलता होने पर तो मानव-मन काव्य-साहित्य से विमुख हो सकता है। उसकी दृष्टि में काव्य और काव्यगत मानव-जीवन यथार्थ एवं सत्य न होकर कल्पित है। इसीलिए अभिरुचि काव्यानुभूति का आधारभूत तत्त्व कहा गया है।

इस काव्यानुभूति और उसे प्राप्त करने के सम्बन्ध में आचार्यों एवं समीक्षकों के विचारों का बहुत मतभेद है। उनका प्रतिपादन इस ग्रन्थ का लक्ष्य नहीं है। लेकिन इस अनुभूति को लेकर पाश्चात्य तथा भारतीय दृष्टियों में जो अन्तर है, वह मौलिक और ध्यान देने योग्य है। पाश्चात्य विद्वान काव्यानुभूति को सौन्दर्यानुभूति कहते हैं जो अभिरुचि की क्रियाशीलता में अनुभूत होती है। सौन्दर्य रूपाश्रित है। काव्य में विभाव ही नहीं, भाव और कर्म भी बिम्बात्मक सम्मूलन से रूप-सौन्दर्य की अनुभूति देते हैं। सौन्दर्यशास्त्रियों के अनुसार रूप की अनुभूति के अतिरिक्त काव्यवस्तु और कथ्य से व्यंजित जीवनमूल्यों तथा सामाजिक सत्य की जो अनुभूति होती है, वह शुद्ध सौन्दर्याभूति नहीं है। लेकिन काव्य-साहित्य में सामाजिक भाषा के माध्यम के कारण इस तरह की आनुषंगिक अनुभूति भी अवश्य हो जाती है। ग्राहक अनुभूति की अनुकूलता में प्राप्त सौन्दर्यानुभूति लौकिक अनुभूति से बिल्कुल भिन्न, निर्लिप्त या तटस्थ, मानसिक शक्तियों या व्यापारों के सन्तुलित एवं समरसतापूर्ण समन्वय से शान्त आनन्द प्रदान करनेवाला, अपूर्व एवं अद्भुत विशिष्ट अनुभूति लगती है। कुछ सौन्दर्यशास्त्री इस अनुभूति को मानसिक से परे आत्मा की आध्यात्मिक अनुभूति

भी मानते हैं। ग्राहक अभिरुचि की क्रियाशीलता तथा उससे उत्पन्न सौन्दर्यानुभूति को, चाहे वह कितना ही अद्भुत लगे, मानसिक मानना ही उचित होगा। क्योंकि अभिरुचि के ईस्थटिक के अतिरिक्त अन्य सामाजिक, मनोवैज्ञानिक, सांस्कृतिक आदि पहलू भी हैं जिनपर आगे विचार होगा।

अन्य पाश्चात्य विद्वानों ने काव्यानुभूति को मानसिक धरातल पर प्राप्त अनुभूति मानकर जो विवेचन किया है वह लौकिक लगता है। 1. अरिस्टाटिल ने त्रासदी को विरेचन-सिद्धान्त के द्वारा दुख के भावातिरेक को दूर करनेवाला माना है। इस तरह भाव-सन्तुलन होकर मन काव्यानुभूति में व्यवस्थित हो जाता है। 2. रिचर्ड्स के अनुसार काव्यानुभूति में भाव-विचारों और जीवन-मूल्यों में समरसता स्थापित होकर आनन्द मिलता है। 3. इलियट ने और एफ.आर.लीविस ने लौकिक व्यक्तिवादिता से निरपेक्ष 'निर्वैयक्तिकता' के सिद्धान्त का प्रतिपादन किया है जो कविकर्म और काव्यानुभूति दोनों पर लागू होती है। लेकिन निजी व्यक्तित्व से असंपृक्त रचना करना तथा पाठक के द्वारा अपने व्यक्तित्व, संस्कारों अभिरुचि को भूलकर रचना में तन्मय होना कहाँ तक सम्भव है तथा वह क्या अभिलषणीय है—यह विवादास्पद है। नाटकीय तटस्थता संसार के इने-गिने नाटककारों की ही विशेषता है। 4. कुछ मनोवैज्ञानिकों ने काव्यानुभूति के सन्दर्भ में समानुभूति (एम्फ़थी) के सिद्धान्त का प्रतिपादन किया है। लेकिन समान अनुभूति काव्य की प्रकृति और प्रवृत्ति पर निर्भर करती है। 5. सब से विलक्षण दार्शनिक क्रोचे के विचार हैं। उनका कहना है कि सहज ज्ञान एवं कल्पना के द्वारा कलाकृति या कविता की अभिव्यक्ति कवि के मानस में होती है। उसकी अभिव्यंजना भाषा के माध्यम से बहिर्गत होती है। इस तरह मानसिक कलाकृति पाठक के लिए प्रेषणीय बनती है। सच्ची काव्यानुभूति भाषा-माध्यम में बहिर्गत काव्यरूप के साथ नहीं, कवि-मानस में रूपायित रचना के साथ भावयोग में है। सरल शब्दों में कला की अनुभूति कवि के मानसिक धरातल पर पाठक के सम्बन्ध स्थापन में है।

काव्यानुभूति का पाश्चात्य विश्लेषण उनकी यथार्थवादी दृष्टि और जीवन-विधान के अनुरूप है। ग्राहक अभिरुचि का कार्य उनकी काव्यानुभूति को प्रेरणा देकर आनन्द देने में है। सौन्दर्यशास्त्री काव्य के सौन्दर्य में अद्भुतपन की अनुभूति देखते हैं तो वह आध्यात्मिकता के कारण नहीं, लौकिक अनुभूति से भिन्न विलक्षणता एवं मानसिक चेतना की समरसता के अनुभव से है।

काव्यानुभूति पर विचार करनेवाले भारतीय आचार्यों ने उसका अत्यन्त व्यापक एवं गम्भीर अध्ययन अनेक सिद्धान्तों और सूक्ष्म तथ्यों का प्रतिपादन किया। भारतीय काव्याशास्त्रों की लम्बी समृद्ध परम्परा में अनेक अनुभूति के सूत्र कालगर्भ में विस्मृत होकर आज उनकी ओर संकेत मात्र मिलते हैं। रस-सिद्धान्त की विस्तृत चर्चा में अन्य सिद्धान्तों का निरूपण संक्षिप्त रूप में ही हो सका। काव्यानुभूति में पाश्चात्य

विद्वानों ने सौन्दर्यानुभूति को सर्वोपरि स्थान दिया तो भारतीय आचार्यों ने रसानुभूति को। रस-सिद्धान्त के सम्बन्ध में कुछ विशेषताएँ ध्यातव्य हैं। पहले कहा जा चुका है कि काव्य में विभाव, अनुभाव और संचारी भावों की योजना व्यक्तिनिष्ठ ही नहीं, वस्तुनिष्ठ भी है। यह वस्तुनिष्ठता और व्यक्तिनिष्ठता एक दूसरे के अनुरूप तथा अन्योन्याश्रित अपूर्व संयोग है। काव्य में रस के अवयवों का सुगठित और सुव्यवस्थित मनोवैज्ञानिक रूप रसानुभूति को गहरा बनाता है। विभावपक्ष से भावपक्ष उदित होता है तथा आश्रय के भाव में रंगकर आलम्बन और उज्ज्वल भासित होकर भाव की अनुभूति को बढ़ाता भी है। इस तरह का अन्योन्य सम्बन्ध में काव्यानुभूति उजागर होती है। काव्य में रसानुभूति के अंग ऐन्द्रिय और लौकिक होने पर भी ग्राहक की अनुभूति में साधारणीकरण के द्वारा सौन्दर्य और भाव का सम्मिलित रूप, मानसिक एवं आत्मिक रूप धारण करता है। भारतीय आध्यात्मिक दृष्टि ने ''रसो वै सः' कहकर ईश्वर को रस रूप घोषित किया है।

अभिनवगुप्त ने काव्यात्मा सम्बन्धी सभी सम्प्रदायों को रस-सिद्धान्त के अंग बनाकर काव्य-चिन्तन के विविध पहलुओं के स्वतन्त्र अस्तित्व और उनकी मान्यताओं को समाप्त-सा कर दिया। यह अवश्य स्वीकार करना पड़ता है कि उन्होंने रस के वस्तुनिष्ठ और व्यक्तिनिष्ठ अनेक नई मान्यताओं का उल्लेख करते हुए रस की व्यवस्था और अनुभूति को चरम उत्कर्ष पर पहुँचा दिया। काव्य-सम्प्रदायों को रस की पुष्टि करनेवाले रूप में समन्वित करने में अपनी प्रतिभा ही नहीं दिखाई, काव्यशास्त्र के अनेक विवादों को भी समाप्त कर दिया। अलंकार अपनी शोभा से रस की पुष्टि करते हैं। गुण और रीति अभिव्यक्ति या शैली के धर्म ही नहीं रस को पारदर्शी बनानेवाले हैं। वक्रोक्ति की 'विदग्ध भङ्गी भणिति' रस की अपूर्व विलक्षणता को द्योतित करती है। आनन्दवर्धन के 'ध्वन्यालोक' पर अपनी टीका 'लोचन' में रस को ध्वनि सिद्ध करते हुए वस्तुध्वनि और अलंकार-ध्वनि को अन्ततः रस ध्वनि में उनका पर्यवसान सिद्ध किया। औचित्य रस को जीवन प्रदान कराने वाला है। सब मिलकर रसानुभूति को अलौकिक बना देते हैं। लेकिन इस समन्वय की प्रक्रिया में काव्य और काव्यानुभूति के अनेक सिद्धान्तों को उचित महत्त्व नहीं मिला। अलंकार का मूल तत्त्व सौन्दर्य है (वामन) रीति संरचनात्मक अभिव्यंजना है। जीवन में सामान्य कथन 'वार्ता' है तो कल्पना के द्वारा उसके विदग्धमयी कथन में एक अद्‌भुतपन है। वाच्य से भिन्न ध्वनि-रूप में कथन अधिक ग्राह्य और प्रभावशाली है, यद्यपि ध्वनि का ग्रहण बुद्धि के द्वारा होता है। रस भावना का विषय है; रसध्वनि के रूप में बुद्धि से ग्रहण नहीं किया जाता। औचित्य जीवन के सभी पहलुओं के उत्कर्ष का कारण है और काव्यकला में मूल्यवत्ता को प्रकट करता है। रचना में इन गुण-धर्मों की अभिव्यंजना से काव्यानुभूति के अनेक नए पहलू खुल जाते हैं।

भारतीय आचार्यों ने भावों में आठ को सार्वजनीन स्थायी भाव मानकर उनकी ही रसानुभूति पर बल दिया। बाद को मध्यकाल में परिस्थितियों और कवियों की 'नव नव उन्मेष शालिनी' प्रतिभा को देखते हुए भक्ति और वात्सल्य की भी रसों में गणना की गई। भावों और स्थायी भावों के विवाद में न फँसकर भावों की मूलभूत चेतना का अन्वेषण, काव्यानुभूति की दृष्टि से अधिक महत्त्वपूर्ण है। आचार्यों ने शृंगार, करुणा और अद्‌भुत रसों को प्रधान तथा सभी रसों के मूल में अवस्थित माना। भारतीय पुरुषार्थ धर्म, अर्थ, काम और मोक्ष हैं। इस दृष्टि से कामाश्रित शृंगार का स्थान सब रसों में प्रथम है तथा काम सार्वजनीन भाव है। इसके बाद की महत्त्वपूर्ण भावना करुणा है। दुःख और करुणा की अनुभूति भी कम सार्वजनीन नहीं है तथा करुणा मानवीय भावना का महोन्नत रूप है। लेकिन पहला भाव आनन्दात्मक है जब कि दूसरा मानव-मन की चेतन स्पन्दनशीलता का व्यंजक है। अद्‌भुतपन मानव जीवन का आकर्षक धर्म है। कला और काव्य के मूल में उसकी स्थिति रचना और उसकी अनुभूति के आकर्षण को बढ़ाता है। वैसे सभी भावों और रसों की संवेदना अपने अद्‌भुतपन से मन को चमत्कृत करने की शक्ति है। इन सिद्धान्तों के प्रतिपादक भानुदत्त, भवभूति और विश्वनाथ हैं।

सौन्दर्यानुभूति की तरह रसानुभूति के साथ भी ग्राहक की ईस्थटिक अभिरुचि का घनिष्ठ सम्बन्ध है। काव्य परम्परा के अनुशीलन तथा व्यक्ति की भावनाओं एवं कल्पना से विकसित अभिरुचि के आधार पर काव्य-साहित्य की रसानुभूति सब लोगों के लिए बहुत कुछ समान ही होती है। जब व्यक्तिगत आग्रहों के कारण अभिरुचि में न्यूनाधिक विकृति आ जाती है तो रसानुभूति में अन्तर होकर सब की अनुभूति समान नहीं होती। इसलिए ईस्थटिक दृष्टि से अभिरुचि का उच्चस्तरीय होना आवश्यक है। काव्य साहित्य का लक्ष्य मानवीय भावनाओं और संवेगों की अभिव्यक्ति के द्वारा रस-संवेदना का विकास करना है। अतः पाठकों पर रचना के प्रभाव में तात्विक अन्तर नहीं रहता। मनुष्य होने के नाते सब पाठकों की प्राकृतिक वृत्तियाँ और मनोदशाएँ समान होती हैं। अविकसित रूप में ये वृत्तियाँ पशु-पक्षियों में भी पाई जाती हैं। इस आधार पर सब पाठकों को समान रसानुभूति प्राप्त होती है। रस और साहित्यिक अभिरुचि दोनों समान मानवीय भावात्मक धर्मों पर आधारित हैं। ग्राहक अभिरुचि भावनाओं को जाग्रत कर पाठक को रसानुभूति की ओर अग्रसर करती है। यहाँ यह भी स्मरण रखना है कि रसानुभूति के पहले साधारणीकरण की प्रक्रिया में भी भावना और मानवीय संवेदना की क्रियाशीलता होती है। ग्राहक अभिरुचि का ईस्थटिक पहलू में भी उन दोनों की क्रियाशीलता चाहिए। अर्थात् अभिरुचि साधारणीकरण और रसानुभूति का प्रेरक और सहयोगी तत्त्व है।

ग्राहक अभिरुचि अपने ईस्थटिक संस्कारों से रसानुभूति का साधक बनती है तो अभिरुचि और संस्कारों की सीमाएँ उसमें बाधक भी हो सकती हैं। संस्कारों की

सीमाएँ हैं—काव्य-परम्परा से अनभिज्ञ एवं अविकसित मानसिकता, रूढ़ एवं संकीर्ण भावनाशीलता, वैचारिक चेतना की सूक्ष्म पकड़ का अभाव, अन्तर्मुखी गहरी कल्पना की क्रियाशीलता में प्रतिबन्ध, व्यंजना एवं उसके साधक तत्त्वों से अवगत न होना, सृजन-प्रक्रिया एवं कविकर्म से अनजान होना आदि। ग्राहक अभिरुचि के प्रधान अवरोधक वाद और सिद्धान्त तथा एक हद तक संकीर्ण एवं एकोन्मुखी काव्य-प्रवृत्तियाँ हैं जिन पर आगे विचार होगा।

2.6 साहित्यिक अभिरुचि की सार्वजनीनता

पाठकों के अभिरुचि भेद को स्वीकार करते हुए भी साहित्य के प्रभाव को सार्वजनीन कहा जा सकता है क्योंकि साहित्य की रचना प्रत्यक्ष-अप्रत्यक्ष रूप से व्यापक पाठक समाज को दृष्टि में रखकर ही होती है। कोई भी लेखक समाज के सीमित वर्गों के लिए साहित्य की रचना नहीं करता। वह रचना की सार्वजनीन लोकप्रियता में ही अपने श्रम को सफल मानता है। यद्यपि पाठक समाज की अभिरुचि में थोड़ी बहुत विषमता अवश्य रहती है, उसमें समता भी कम नहीं रहती और इसलिए अभिरुचि भेद के बावजूद भी रचना पूरे समाज को अपील करती है। इस तरह सिद्धान्तः साहित्य की अपील को सार्वजनीन मानते हुए भी हम व्यवहार में देखते हैं कि साहित्य की कम रचनाएँ इस प्रकार की सार्वजनीन लोकप्रियता प्राप्त करती हैं। इसके लिए पाठक और साहित्य दोनों समान रूप से उत्तरदायी हैं। साधारण पाठकों की अभिरुचि देश-काल की सीमाओं में बँधे रहने के कारण अनेक सन्दर्भों में साहित्य की अपील सीमित होती है। पाठकों के संस्कारों की ये सीमाएँ वैयक्तिक, वर्गीय, सामाजिक, सांस्कृतिक आदि अनेक प्रकार की हो सकती हैं। देश काल के संस्कारों से मुक्त होकर विदेशीय और विभाषीय साहित्यों का भी रसास्वादन करनेवाले सहृदय कम ही होते हैं। देश-काल की ये सीमाएँ रचनागत भी हो सकती हैं। साहित्य भी सामयिक-सामाजिक सृष्टि होने के नाते अपना सामाजिक घेरा बना लेता है। उस घेरे में सामाजिक अनुभूति और साहित्यिक अभिव्यक्ति की संकीर्णता के कारण रचना सार्वजनीन अनुभूति की वस्तु नहीं हो पाती। इसलिए साहित्य की अपील सार्वजनीन होने के लिए पाठकों का सहृदय होना ही पर्याप्त नहीं है, उसके लिए रचना की भावानुभूति और रूप-कल्पना का वर्गीय न होना भी आवश्यक है। 'मानस' इसका सुन्दर उदाहरण है। उसकी भी कुछ वर्गीय सीमाएँ हैं, लेकिन वे काव्यानुभूति की अभिव्यक्ति सम्बन्धी नहीं, काव्य के क्षेत्र से बाहर जाकर जिन सामाजिक आदर्शों की सैद्धान्तिक चर्चाएँ हुई हैं, उनकी हैं। जहाँ रचना की अनुभूति सार्वजनीन नहीं है, वहाँ निश्चित ही कवि की भावना या उसकी अभिव्यक्ति कहीं न कहीं वर्गीय परिधि में बँधी होती है। प्रायः कवि की रूप-कल्पना में प्रेषणीयता के अभाव के कारण ही साहित्य की अधिकांश रचनाएँ व्यापक समाज की अनुभूति का विषय नहीं

होतीं। आधुनिक युग की छायावादी कविताएँ, विशेषकर कामायनी लोकप्रिय न होने का यही कारण है।

व्यक्ति की अभिरुचि वैयक्तिक विलक्षणताओं से नहीं, मानवीय भावनाओं, अनुभूतियों और संवेदनों से बनने के कारण साहित्य की सार्वजनीन अनुभूति असम्भव नहीं है। ऐसी मानवीय अभिरुचि के आधार पर साहित्य की अनुभूति सब लोगों के लिए बहुत कुछ समान भी होती है। जब अज्ञान या वैयक्तिक आग्रहों के कारण लोगों की अभिरुचि में विकृति आ जाती है, तभी साहित्य की अनुभूति सार्वजनीन और समान नहीं होती। आर्थरचैल्ड लिखते हैं कि देशों, युगों और व्यक्तियों के अनुसार साहित्यिक मूल्यानुभूति की पूर्ण सापेक्षता सत्य नहीं हो सकती। मतभेद में मतैक्य भी सम्मिलित है जैसा कि "साहित्य की अपील सबसे होनी चाहिए" में 'चाहिए' से स्पष्ट है। इसीलिए मूल्यांकन और निर्णय के सम्बन्ध में मतभेद होने पर भी लोग साहित्यिक उत्कृष्टता की चर्चा में एक-दूसरे को समझते हैं।[29]

साहित्य का लक्ष्य हमारी भावनाओं और संवेगों को प्रभावित करता है। ये भावनाएँ प्राकृतिक और सार्वजनीन होती हैं। अतः व्यक्तियों पर रचना के प्रभाव में तात्विक अन्तर नहीं रहता। मनुष्य होने के नाते और सामाजिक प्राणी के रूप में सब लोगों की प्राकृतिक वृत्तियाँ और मनोदशाएँ समान होती हैं। अविकसित रूप में ये वृत्तियाँ पशु-पक्षियों में भी पाई जाती हैं। इस आधार पर रचना के द्वारा पाठक समाज पर एक ही प्रकार का प्रभाव डाला जा सकता है। उदाहरण के लिए श्रृंगार, करुणा सामाजिक योगक्षेम की भावनाएँ आदि सबमें होती हैं। इन विषयों पर साहित्य की रचना सब वर्गों के लोगों में समान भावनाएँ जाग्रत कर सकती हैं।

सार्वजनीन अनुभूति की दृष्टि से ही साहित्य के क्षेत्र में उचित वर्ण्य-विषय का आग्रह किया जाता है। लेखक को ऐसे भावों की अभिव्यक्ति करनी चाहिए जो वैयक्तिक अनुभूति का विषय न होकर सबकी अनुभूति का विषय हो सके। उसका रचना विधान इस तरह हो कि किसी व्यक्ति की विशिष्ट अनुभूति भी संक्रामक बन सके। भाव-विचारों की सामाजिक सीमाएँ होना स्वाभाविक ही है, किन्तु उन्हें दलीय, सामूहिक या वर्गीय रूप में और भी संकीर्ण कर देना उचित नहीं है। मानवता की सामान्य भावभूमि जब साहित्य को सार्वभौमिक बनाती है, उसकी अपील सरलता से मनुष्य मात्र के हृदय को स्पर्श करनेवाली हो सकती है। सार्वभौमिकता रचना की वह विशेषता है जिससे उसकी सार्थकता, घटना, परिस्थिति, स्थान, काल और व्यक्ति सम्बन्धी विशिष्टता की सीमाओं को पार कर सारे संसार के लिए मान्य हो जाती है। इसी विशेषता के कारण रचना चिरकाल तक सभी मनुष्यों के हृदयों को प्रभावित करती रहती है।[30]

हमारे यहाँ साधारणीकरण, रसानुभूति की प्रक्रिया को स्पष्ट करता ही है, उसमें साहित्यिक अनुभूति की सार्वजनीनता की ओर भी संकेत है। विशिष्ट से सबका

अनुमोदक होने की प्रक्रिया में साहित्य सबकी अनुभूति का विषय हो सकता है। लेकिन इस तरह सार्वजनीन अनुभूति के लिए रचना में विधायक गुण भी होना चाहिए। इसी दृष्टि से शुक्ल जी ने साधारणीकरण की व्याख्या में आलम्बन के सार्वजनीन होने पर ज़ोर दिया है। "व्यक्ति तो विशेष ही रहता है, पर उसमें प्रतिष्ठा ऐसे सामान्य धर्म की रहती है जिसके साक्षात्कार से सब श्रोताओं या पाठकों के मन में एक ही भाव का उदय थोड़ा या बहुत होता है।"[31] (विस्तार के लिए देखिए—साधारणीकरण।)

रचना में कवि की वैयक्तिक अनुभूति प्रेषणीय होती है। लेखक पाठकों की अनुभूति के लिए ही रचना का प्रणयन करता है। उसकी रचना का मूल्य किसी एक को प्रभावित करने की उसकी शक्ति से नहीं, बल्कि व्यापक पाठक-समाज को प्रभावित कर सकने के आधार पर ही निर्धारित किया जाता है। दूसरे शब्दों में रचनागत कवि की अनुभूति को पाठक वर्ग समानरूप से ग्रहण कर सकते हैं। उसकी यह सामाजिक प्रेषणीयता अभिव्यक्ति के भौतिक साधनों से सिद्ध होती है। भाषा समाज में विचार विनिमय का काम देती है। रचना में भाषा के माध्यम से अभिव्यक्ति का संकेत ग्रहण, उस भाषा पर अधिकार रखनेवाले सब कर सकते हैं। रसास्वादन की मानसिक प्रक्रिया वैयक्तिक अवश्य है, पर अनुभूति सार्वजनीन ही है। हम दूसरों की अनुभूति के भागी नहीं हो सकते, पर अपनी अनुभूति में दूसरों की अनुभूति के साथ गुण-साम्य पहचान सकते हैं। साहित्य का माध्यम उसकी अनुभूति को सार्वजनीन बनाता है।

रचना के माध्यम में लेखक और पाठक के सम्बन्ध भी साहित्य की अनुभूति को सार्वजनीन बनाते हैं। ग्राहक का संवेदनशील मन वर्ण्य की रूप-कल्पना में लेखक के दृष्टिकोण को समझने का प्रयत्न करते हुए तदनुसार रचना की अनुभूति पाने का प्रयत्न करता है। स्वयं लेखक वर्ण्य की रूप-कल्पना में अनजाने ही उसे वैसा रूप देता है जो पाठकों के लिए ग्राह्य हो सके। अर्थात् रूप-कल्पना में लेखक और पाठक का सम्बन्ध निर्धारित होकर रचना की सार्वजनीन मूल्यानुभूति को सम्भव बनाता है।

साहित्य की रचना सामाजिक भावना के अनुसार बनने की प्रक्रिया से भी उसकी सार्वजनीनता सिद्ध होती है। सत्य, शिव और सुन्दर की धारणाएँ सामाजिक हैं। जीवन के इन उच्च सांस्कृतिक मूल्यों के प्रतिमान समाज द्वारा ही निर्धारित होते हैं। सामाजिक जीवन से सम्बन्ध न रखनेवाले साधारण मूल्य ही वैयक्तिक होते हैं। सर्जना में लेखक और अनुभूति में ग्राहक मूल्य सम्बन्धी सामाजिक धारणाओं से प्रभावित होते हैं। अनुभूतियों और भावनाओं की प्रेषणीयता सामाजिकता की सामान्य भूमि पर ही सम्भव है। यदि लेखक सामाजिक वस्तु में अपने भाव-विचारों को मूर्त रूप नहीं देता तो वह सामाजिक पाठकों को ग्राह्य नहीं हो सकता। कला की अनुभूति को सामाजिक भावनाओं से निरपेक्ष शुद्ध सौन्दर्यानुभूति माननेवाले काण्ट भी स्वीकार

करते हैं कि सामाजिकता ही कलाओं की अपील का मूल कारण है।[32]

रचना की अनुभूति पाठकों की विविध अनुभूतियों की औसत भावना है। किसी-किसी को इससे भिन्न अनुभूति हो सकती है। ऐसी स्थिति में यदि दूसरी रचनाओं के सम्बन्ध में उसकी अनुभूति को देखते हुए उसकी अभिरुचि पर हमारी श्रद्धा है तो उसकी इस विशिष्ट अनुभूति से हम सादर अपना मतभेद प्रकट करते हैं। अन्यथा उसकी अनुभूति रचना से असम्बद्ध विलक्षण अनुभूति ही समझी जाएगी। रचना का मूल्यांकन व्यापक पाठक समाज की सामान्य अनुभूति के आधार पर ही होता है, व्यक्ति-विशेष की विशिष्ट अनुभूति के अनुसार नहीं। किसी रचना के सम्बन्ध में विशिष्ट अनुभूति का मूल्य, रचना के विशेष अध्ययन की दृष्टि से होता है, उससे रचना को भिन्न पहलू से देखने का अवसर मिलता है। इससे अधिक वह रचना की श्रेष्ठता का निर्णायक नहीं हो सकता।

काण्ट आदि के द्वारा सौन्दर्यशास्त्र में भी कलानुभूति की सार्वजनीनता पर विस्तार के साथ विचार हुआ है। यद्यपि कुछ साहित्य की अनुभूति को शुद्ध सौन्दर्यानुभूति नहीं मानते, फिर भी उनके विचारों से इतना अवश्य स्पष्ट हो जाता है कि साहित्य की रूप-कल्पना की अपील सार्वजनीन होती है। इस सन्दर्भ में काण्ट का कहना है कि साहित्य में वर्ण्य की अनुभूति लौकिक होती है और इसलिए वह पाठक के वैयक्तिक मनोनिवेश पर निर्भर रहती है। लेकिन साहित्य के रूप-सौन्दर्य की अनुभूति लौकिक सम्बन्धों से निरपेक्ष और निरुद्देश्य होती है। इस कारण कोई रचना जिस तरह हमारी अनुभूति का विषय बनती है, उसी तरह दूसरों की भी। इस अनुभूति का कारण मनुष्य का सामान्य विवेक (कॉमनसेन्स) होने के आधार पर भी साहित्य की अनुभूति सबके लिए समान होती है। काण्ट कहते हैं कि रचना की प्रेषणीयता भी उसकी अनुभूति को सार्वजनीन बनाने में सहायक होती है। यदि रचना की अनुभूति लेखक द्वारा रूप-कल्पना में संवेद्य नहीं बनाई जाती तो पूरे समाज को उसके सौन्दर्य की अनुभूति नहीं हो सकती और फलतः साहित्य की अपील सीमित या वैयक्तिक हो जाती है। साहित्यिक सौन्दर्यानुभूति की इस सार्वजनीनता के कारण ही हम चाहते हैं कि दूसरों को भी रचना की समान अनुभूति हो। जहाँ ऐसा नहीं होता, हम उन्हें दोष देते हैं, कि साहित्य में उनकी अभिरुचि अच्छी नहीं है और उसे अच्छा बना लेने का प्रयत्न करना चाहिए। यदि साहित्य की अपील सार्वजनीन नहीं है तो इस तरह कहने का कोई मतलब ही नहीं होता।

मनोवैज्ञानिक प्रयोगों के आधारर पर भी साहित्यिक अपील की सार्वजनीनता सिद्ध की गई है। इस सम्बन्ध में विलियम्स, वुड और विण्टर ने 1938 में किए गए अपने प्रयोगों से यह निष्कर्ष निकाला है कि साहित्य लोगों को समान रूप से आकृष्ट करता है। यद्यपि इस आकर्षण में क्लासिकल, रोमांटिक आदि रचनात्मक प्रवृत्तियों के अनुसार थोड़ा-बहुत अन्तर हो जाता है। साहित्य के सम्बन्ध में और

भी अनेक प्रयोगों ने प्रमाणित किया है कि हर एक व्यक्ति में साहित्य से प्रभावित होने के संस्कार पाए जाते हैं और अभिरुचि की शिक्षा से उनका विकास किया जा सकता है।

संक्षेप में हम कह सकते हैं कि निम्नलिखित कारणों से साहित्य की अपील सार्वजनीन होती है। साहित्य में कथ्य की सार्वभौमिकता या सामान्य मानवीय भावनाओं की अभिव्यक्ति, सब पाठकों को अपनी ओर आकृष्ट कर लेती है। कथ्य की प्रेषणीय रूप-कल्पना पाठकों की अनुभूति को नियन्त्रित करते हुए अभिरुचि-भेद के कारण साहित्य की अपील को सीमित नहीं होने देती। ग्राहक भी रचना की अमूल्य अनुभूति पाने के लिए वैयक्तिक संस्कारों पर नियंत्रण करते हुए अपनी मानसिक व्यवस्था को स्वेच्छा से रचना के अनुकूल बना लेने का प्रयत्न करते हैं। इस तरह रचना की सामाजिक एवं सांस्कृतिक भाव-व्यवस्था के अनुरूप उचित दृष्टिकोण ग्रहण करने में सब लोगों को साहित्य की अनुभूति हो सकती है। वास्तव में पाठकों की अभिरुचि मानवीय भावनाओं की समता के आधार पर बहुत कुछ मिलती-जुलती भी है। उनके सामाजिक संस्कारों में जो थोड़ा-बहुत अन्तर होता है, शिक्षा के द्वारा समान सामाजिक एवं सांस्कृतिक दृष्टिकोणों का विकास करते हुए उसे दूर करने पर साहित्य की अपील व्यापक हो सकती है।

उपर्युक्त कारणों से जब हम कहते हैं कि साहित्य की अपील (सौन्दर्यानुभूति या रसानुभूति) सार्वजनीन होती है तो उसका यह तात्पर्य नहीं है कि सब पाठकों को सब रचनाएँ अवश्य अपील करती हैं। विभिन्न समाजों और व्यक्तियों के व्यापक अभिरुचि-भेद में यह कमी सम्भव नहीं है। साहित्य की सार्वजनीन अनुभूति एक निरपेक्ष आदर्श ही है। इसीलिए हम कहते हैं कि साहित्य की अपील या अनुभूति सार्वजनीन होनी चाहिए। 'चाहिए' शब्द आदर्श या सिद्धान्त का ही प्रतिपादन करता है, उसके द्वारा अभिरुचि-भेद के कारण अपील की सीमाओं का निराकरण नहीं होता। जब संसार में अनेक भिन्न-भिन्न सांस्कृतिक समाज हैं और प्रत्येक समाज के वर्गीय संस्कारों में अन्तर है और जब ये संस्कार पाठकों की साहित्यिक अभिरुचि को प्रभावित एवं निर्धारित करनेवाले हैं, तब साहित्य सभी पाठकों को समान रूप से अपील करे, यह कभी सम्भव नहीं है। इसलिए साहित्यिक अनुभूति की सार्वजनीनता के सिद्धान्त को इस सीमित अर्थ में ही स्वीकार किया जा सकता है कि साहित्य, एक ही प्रकार की सामाजिक एवं सांस्कृतिक व्यवस्था में पाले जाने के कारण समान साहित्यिक अभिरुचि रखनेवाले लोगों को ही अपील कर सकता है।

केवल थोड़े से सहृदय ही सामाजिक, सांस्कृतिक एवं भाषा सम्बन्धी बन्धनों से मुक्त होकर भिन्न-भिन्न भाषा-साहित्यों का समान रूप से आस्वादन कर पाते हैं। इसीलिए साहित्य की अनुभूति को सिद्धान्ततः सार्वजनीन मानते हुए भी व्यवहार में उसकी सीमाओं को स्वीकार करना ही पड़ता है। सामाजिक एवं सांस्कृतिक संस्कारों

के आधार पर विकसित पाठकों की साहित्यिक अभिरुचि, साहित्य की व्यापक अनुभूति में बाधक होती है। साहित्यिक अनुभूति की सार्वजनीनता जितनी सत्य है, उतनी ही सत्य पाठकों की साहित्यिक अभिरुचि के कारण उसकी सीमाएँ भी।

ग्राहक साहित्यिक अभिरुचि देश, काल और व्यक्ति सापेक्ष जीवन के विविध पहलुओं में अनुभवों से प्राप्त अनुभूति के संस्कारों का समन्वित रूप है। उसके कारण कोई पाठक किसी रचना को पसन्द करता है, कोई नापसन्द। लेकिन अभिरुचि, सौन्दर्यानुभूति और रसानुभूति सम्पन्न होने की प्रेरणा देकर उनकी अनुभूति को व्यापक और गहरा बनाती है। अभिरुचि के मूल में जब मानवीय संवेदना की क्रियाशीलता और मूल्यवत्ता है, वह अवश्य सार्वजनीन होती है। अभिरुचि के आधार पर अनुभूति में गुणात्मक नहीं, केवल मात्रात्मक अन्तर हो सकता है।

2.7 साहित्यिक अभिरुचि और अनुभूति की सापेक्षता

साहित्य अपने ग्राहक समाज को प्रभावित करता है। यद्यपि समाज के सभी पाठक उसके आकर्षण को अनुभव करते हैं और उसकी अनुभूति पाते हैं फिर भी पाठकों की साहित्यिक अभिरुचि के अनुसार उस अनुभूति में अन्तर होता है। इस अनुभूति की सापेक्षता को समझने के लिए पहले अभिरुचि भेद या अभिरुचि की सापेक्षता के विविध पहलुओं का संक्षेप में परिचय हो जाना चाहिए। ये ही पहलू साहित्य की अनुभूति को निर्धारित करते हुए उसे सापेक्ष बनाते हैं।

व्यक्ति की साहित्यिक अभिरुचि, जीवन और साहित्य के अनुभवों से प्राप्त उसकी सौन्दर्य-भावना पर निर्भर रहती है। इसीलिए दो पाठकों की साहित्यिक अभिरुचि एक-सी नहीं होती। कभी-कभी एक ही पाठक रचना को दुबारा पढ़कर पहले की अपनी अभिरुचि पर आश्चर्य करने लगता है। क्योंकि व्यक्तियों की सौन्दर्य-भावना एक-दूसरे से भिन्न ही नहीं होती, बल्कि नई अनुभूतियों के साथ बदलती रहती भी है। वैयक्तिक दृष्टि से ही नहीं, सामाजिक और ऐतिहासिक दृष्टियों से भी साहित्यिक अभिरुचि की सापेक्षता को स्वीकार करना ही पड़ता है। जिस प्रकार एक व्यक्ति की सौन्दर्य भावना दूसरे की भावना से कुछ न कुछ भिन्न अवश्य होती है, उसी तरह समाजों की सौन्दर्य-भावना भी। इसी कारण संसार के विभिन्न सांस्कृतिक समाजों की अभिरुचि में अन्तर पाया जाता है। कालक्रम में समाज की सौन्दर्य-भावना बदल जाने से भी उसकी अभिरुचि में परिवर्तन हो जाता है। प्राचीन काल से लेकर अब तक हमारी सौन्दर्य-भावना युग-युग में बदलती आई है। इससे साहित्यिक प्रवृत्तियों में भी परिवर्तन हो गए हैं। जो ताजमहल पहले दिव्य प्रेम और सौन्दर्य का प्रतीक था, वह आज समाजवादी दृष्टि से दरिद्र जनता के धन का दुरुपयोग और राजाओं की विलासिता का चिह्न समझा जा रहा है। सामाजिक सौन्दर्य की भावना में इस परिवर्तन का प्रभाव, हर युग के साहित्य की कल्पना पर भी स्पष्ट

देख सकते हैं। साहित्यिक अभिरुचि की सापेक्षता के ये तीन पहलू साहित्यिक अनुभूति को भी प्रभावित करते हैं।

वैयक्तिक अभिरुचि या व्यक्ति की अभिरुचि सम्बन्धी भावात्मक संस्कारों के आधार पर साहित्यिक अनुभूति की सापेक्षता के सम्बन्ध में लूकास कहते हैं कि हर एक पाठक के लिए रचना भिन्न रूप धारण करती है। क्योंकि साहित्य की अनुभूति होने के लिए लेखक की रचना के साथ पाठक की मानसिक शक्तियों और भावनाओं का साहचर्य होना आवश्यक है। यह साहचर्य पाठक की रचना सम्बन्धी अनुभूति को निर्धारित करता है।[33]

भारतीय साहित्य-शास्त्र में साहित्य की रसानुभूति के लिए पाठकों की सहृदयता या भावात्मक संवेदनशीलता पर जोर दिया गया है। क्योंकि साहित्य भावात्मक अनुभूति या भावना का विषय है, तथ्य-बोध का नहीं। साहित्य में पाठक की संवेदनशीलता उसके व्यक्तित्व, मानसिक व्यवस्था, मनोनिवेश, भाव की प्रकृति, भाषा की व्यंजना और प्रतीकों के संकेतों को समझने की शक्ति आदि से निश्चित होती है। इसीलिए विविध पाठकों की संवेदनशीलता में अन्तर हो जाता है। फलतः रचना की अनुभूति भी सब पाठकों के लिए समान नहीं होती। किसी रचना के सम्बन्ध में दो शिक्षित सहृदयों की अनुभूतियों का अन्तर इस बात का प्रमाण है। अनुभव और प्रशिक्षण पाठकों की संवेदनशीलता को अवश्य बढ़ाते हैं लेकिन उससे साहित्यिक अनुभूति में वैयक्तिक अन्तरों का बिल्कुल लोप नहीं हो जाता।

यद्यपि रचना की रूप-कल्पना में लेखक की अनुभूति एक निश्चित रूप धारण करती है, फिर भी पाठकों द्वारा उसका ग्रहण समान नहीं होता। क्योंकि साहित्य के क्षेत्र में कवि के भावों का ग्रहण अनुभूति के द्वारा होता है, बौद्धिक स्तर पर नहीं। यह अनुभूति पाठक की भावना शक्ति पर निर्भर रहती है। इसीलिए यद्यपि सभी पाठक रचना की ही अनुभूति प्राप्त कर रहे हैं तो भी उनकी अनुभूति की तीव्रता और व्यापकता में अन्तर हो जाता है। वस्तून्मुख दृष्टि से इस पर आक्षेप किया जाता है कि अनुभूतियों के ये अन्तर रचना की विशेषताओं पर सर्वथा निर्भर नहीं रहते। कुछ पाठक बहुत जल्दी भावावेश में आ जाते हैं जबकि गम्भीर प्रकृति के लोग अनुभूति में निग्रह बनाए रखते हैं। भावुक और करुण प्रसंगों का, कुछ लोगों पर ज्यादा गहरा असर पड़ता है। हम स्वीकार करते हैं कि अयोग्य पाठकों के साथ अनुभूतियों का अन्तर, रचना से असम्बद्ध बिल्कुल वैयक्तिक कारणों से हो सकता है। लेकिन दो योग्य सहृदयों की अनुभूति में भी अन्तर होता है और ऐसी स्थिति में किसी एक की अनुभूति को अनुचित कहने का साहस नहीं कर सकते। हम अनुभूति को व्यक्ति-सापेक्ष कहते हैं तो उचित अनुभूतियों में अन्तर होने के आधार पर ही। इस सन्दर्भ में कहा जा सकता है कि रचना के वस्तून्मुख अनुसन्धान से इस प्रकार का मतभेद नहीं रहेगा। लेकिन रचना का बौद्धिक मूल्यांकन पाठक के लिए तब

तक मान्य नहीं होता जब तक उसकी वैसी अनुभूति न हो। बौद्धिक दृष्टि से हम किसी रचना के सौन्दर्य को स्वीकार कर सकते हैं, पर उससे अनुभूति की समस्या हल नहीं होगी। क्योंकि अनुभूति में व्यक्ति की बौद्धिक दृष्टि नहीं, उसकी भावात्मक दृष्टि सक्रिय रहती है।

कुछ विशेष प्रकार की रचनाओं में अनुभूति अधिक व्यक्ति-सापेक्ष होती है। उदाहरण के लिए स्वच्छन्दतावादी या रहस्यवादी रचनाओं की रसानुभूति पाठक की भावना-शक्ति पर अधिक निर्भर रहती है। इस प्रकार की रचनाओं में प्रतीकात्मक एवं सांकेतिक अभिव्यक्ति के कारण अनेक प्रकार की अनुभूतियों की सम्भावना भी अधिक रहती है। क्लासिकल साहित्य की तरह जहाँ रूप विधान निर्दिष्ट होता है, पाठक की अनुभूति पर रचना का अधिक नियन्त्रण रहता है और इसलिए पाठकों की साहित्यिक अनुभूति में अन्तर भी कम होता है। लेकिन यहाँ भी अनुभूति का अन्तर बिलकुल न होता हो, यह बात नहीं है।

उपर्युक्त चर्चा के आधार पर संक्षेप में हम कह सकते हैं कि पाठक की अभिरुचि में उसके वैयक्तिक भावात्मक संस्कार, अनुभूति की मात्रा को निर्धारित करते हैं।

ग्राहक अभिरुचि के अनुसार साहित्यिक अनुभूति की सापेक्षता का दूसरा पहलू सामाजिक है। संसार के विभिन्न समाजों की सामाजिक एवं सांस्कृतिक भावनाओं में बहुत अन्तर होता है। देश, जाति, इतिहास, परम्परा आदि की भिन्नता इसका कारण है। प्रत्येक समाज के भाव-विचार उस समाज के लेखक की कल्पना और पाठक की भावना दोनों को समान रूप से प्रभावित करते हैं। इसलिए विभिन्न समाजों की साहित्यिक प्रवृत्ति और ग्राहक अभिरुचि में अन्तर हो जाता है। यही कारण है कि हम अपने सामाजिक संस्कारों के साथ यूरोपीय साहित्य का पूर्ण रसास्वादन नहीं कर पाते और वे हमारे साहित्य को अलंकृत और अतिशयोक्ति समझते हैं। यह सही है कि साहित्य में मानवीय अनुभूतियों की अभिव्यक्ति होती है और वह पाठकों की मानवीय संवेदना को ही अपील करती है। लेकिन लेखक की मानवीय अनुभूति सामाजिक वर्ण्य में ही मूर्तरूप धारण करती है, इसलिए अनुरूप सामाजिक भाव-विचारों के बिना रचना की सार्थकता की अनुभूति नहीं होती। इस तरह भिन्न देशों के व्यापक सांस्कृतिक समाजों की भावनाओं के आधार पर ही नहीं, किसी समाज में विचित्र सांस्कृतिक वर्गों के सामाजिक संस्कारों की भिन्नता के कारण भी पाठकों की साहित्यिक अभिरुचि और उसके आधार पर साहित्य की अनुभूति, दोनों सापेक्ष हो जाती हैं। अभिरुचि की पहली सापेक्षता स्वाभाविक समझी जाती है जबकि दूसरी संस्कारों की संकीर्णता। इसीलिए अभिरुचि के प्रशिक्षण के द्वारा वर्गीय संस्कारों को व्यापक बनाने का प्रयत्न किया जाता है। फिर भी सामाजिक जीवन में वैयक्तिक अनुभूतियों की भिन्नता के कारण समाज के विविध व्यक्तियों के सामाजिक एवं

सांस्कृतिक संस्कारों में थोड़ा-बहुत अन्तर अवश्य रहता है। वास्तव में साहित्यिक अभिरुचि और अनुभूति की सापेक्षता वर्गीय एवं वैयक्तिक सामाजिक संस्कारों को लेकर ही है, जातीय सामाजिक संस्कारों को लेकर नहीं। क्योंकि साधारणतः पाठक की साहित्यिक अनुभूति का क्षेत्र अपने साहित्य तक ही सीमित रहता है। अभिरुचि भेद के कारण उत्पन्न अनुभूति की समस्या प्रधानतः अपने साहित्य के सम्बन्ध में ही उठती है। दूसरे देशों के साहित्य के सम्बन्ध में पाठकों की अभिरुचि और अनुभूति के अन्तर को लेकर न कोई विवाद ही चलता है और न उसका कोई महत्त्व ही है।

साहित्य की अनुभूति में पाठकों के सामाजिक संस्कारों की सक्रियता अनिवार्य है। पाठक अपने व्यक्तित्व और सामाजिक संस्कारों को किनारे रखकर साहित्य की अनुभूति पाने का प्रयत्न नहीं करता। इसलिए किसी रचना के अनुशीलन में उसके सामाजिक संस्कारों की अनुकूल या प्रतिकूल प्रतिक्रिया अवश्य हो जाती है। जैसा कि भारतीय आलंकारिकों ने कहा है, साहित्य का पाठक सहृदय ही नहीं, सामाजिक भी है। उसकी साहित्यिक अभिरुचि के विकास में उसके भावात्मक संस्कारों का ही नहीं, उसके सामाजिक संस्कारों का भी योग रहता है। ये सामाजिक संस्कार उसकी भावात्मक संवेदनशीलता को नियन्त्रित करते हुए रचना में उसकी प्रतिक्रिया को निर्धारित करते हैं। इसलिए साहित्य की अनुभूति के लिए उसका पाठक के सामाजिक संस्कारों के अनुरूप होना आवश्यक है। विशेषकर जब साहित्य पाठकों के अपने समाज का होता है, उनके सामाजिक संस्कारों के अनुरूप न होने पर उसके प्रति प्रतिकूल प्रतिक्रिया हो जाती है। दूसरे सांस्कृतिक समाजों के विदेशी साहित्य के सम्बन्ध में इस प्रकार की प्रतिकूल प्रतिक्रिया न होने पर भी अनुभूति में बाधा अवश्य पहुँचती है।

पाठक के सामाजिक संस्कार, साहित्य की अनुभूति में उसकी प्रतिक्रिया को ही नहीं, उसकी अनुभूति की सम्भावना को भी निर्धारित करते हैं। क्योंकि साहित्य की अनुभूति शुद्ध भावात्मक अनुभूति न होकर सामाजिक अनुभूति है। यद्यपि साहित्य में मानवीय भावनाओं और अनुभूतियों की ही अभिव्यक्ति होती है, फिर भी किसी रचना में उसका मूर्त रूप सामाजिक ही होता है। दूसरे शब्दों में लेखक अपनी मानवीय भावनाओं और अनुभूतियों को सामाजिक वर्ण्य में ही विशिष्ट रूप देता है। रचना की अनुभूति इस विशिष्ट रूप की सार्थकता की अनुभूति है। पाठक अपने सामाजिक संस्कारों के आधार पर ही इस सार्थकता की अनुभूति प्राप्त कर सकता है। जब रचना का सामाजिक रूप पाठक के लिए कोई सार्थकता नहीं रखता तो उसकी अनुभूति प्रभावशाली नहीं होती। विदेशी साहित्य की उपेक्षा का यही कारण है। उसका सामाजिक रूप मानवीय भावनाओं की समानता के आधार पर जहाँ तक हमारे लिए सार्थक होता है, वहीं तक हमें उसकी अनुभूति होती है। इसलिए हम कह सकते

हैं कि पाठक की साहित्यिक अभिरुचि में व्यवस्थित सामाजिक संस्कार उसकी साहित्यिक अनुभूति को सीमित एवं संकीर्ण बनाते हैं।

ग्राहक अभिरुचि के अनुसार साहित्यिक अनुभूति की सापेक्षता का तीसरा पहलू ऐतिहासिक है। हम कह चुके हैं कि काल क्रम में समाज की सौन्दर्य-भावना बदल जाती है। ऐसी स्थिति में पाठक समाज साहित्य में परिवर्तन चाहता है और युगानुरूप नए साहित्य की रचना के द्वारा उनकी इच्छा पूरी हो जाती है। जब जीवन की परिस्थितियाँ बदल जाती हैं तब नये-नये अनुभवों के साथ समाज की अभिरुचि भी बदल जाती है। परिवर्तनशील जीवन में लोगों की अभिरुचि का इस तरह परिवर्तन न हो जाना अस्वाभाविक लग सकता है। लेकिन जीवन और साहित्यिक अभिरुचि दोनों में यह परिवर्तन विकास के रूप में अविच्छिन्न रहता है, इसलिए हम उसे पहचान नहीं पाते। इस प्रकार ग्राहक समाज की साहित्यिक अभिरुचि में परिवर्तन हो जाने पर प्राचीन साहित्य की अनुभूति और उसके मूल्य में भी न्यूनाधिक परिवर्तन अवश्य हो जाता है। यद्यपि साहित्य के शब्द नहीं बदल गए हैं फिर भी हमारे नए संस्कारों के कारण शब्दों के द्वारा रचना की अनुभूति में थोड़ा-सा अन्तर अवश्य आ जाता है। इस सम्बन्ध में क्रोचे का कहना है कि कालक्रम में ध्वनि और उच्चारण सम्बन्धी शब्दों की सार्थकता में अन्तर पड़ता है।[34] इसीलिए सूर और तुलसी के शब्द हमें जिस तरह प्रभावित कर रहे हैं, अपने समय के पाठकों को भी उन्होंने उसी तरह प्रभावित किया हो, यह सम्भव नहीं है। भाषा सामाजिक भाव-विनिमय का साधन है। किसी समाज में शब्दों के साथ लगी हुई उसकी सार्थकता, दूसरे समय की दूसरी सामाजिक व्यवस्था में नहीं होगी। कालान्तर में ध्वनियों की सार्थकता, शब्दों की अर्थ-व्यंजना और उनसे सम्बद्ध भावनाएँ या अनुभूतियाँ कुछ बदल जाने के कारण एक युग की कविता दूसरे युग के लिए कुछ भिन्न हो जाती है। शब्दों के अर्थ में अधिक परिवर्तन स्वीकार न करने पर भी यह मानना ही पड़ता है कि शब्दों के अर्थों का नए युग के पाठक की नई मानसिक व्यवस्था के साथ साहचर्य में रचना की अनुभूति कुछ न कुछ भिन्न अवश्य हो जाती है। जिस तरह ऐतिहासिक परिवर्तनों में समाज की अभिरुचि बदल जाती है उसी तरह व्यक्ति के दीर्घकालीन जीवन में नए-नए अनुभवों के कारण उसकी साहित्यिक अभिरुचि में परिवर्तन हो जाता है। ऐसी स्थिति में उसकी साहित्यिक अनुभूति भी पहले से भिन्न हो जाती है।

कालक्रम में पाठकों के लिए साहित्य का मूल्य भी बदल जाता है। रूपवादी कहते हैं कि युग परिवर्तन में साहित्य का सामाजिक महत्त्व बदल सकता है, उसका साहित्यिक मूल्य नहीं। वर्ण्य के सामाजिक महत्त्व और रूप-कल्पना के कलात्मक मूल्य में अन्तर करते हुए वे साहित्य के सच्चे कलात्मक मूल्य को अपरिवर्तनशील मानते हैं। लेकिन पाठक के लिए कला का मूल्य केवल रूप-कल्पना का नहीं, जीवन की रूप-कल्पना का है। इसलिए जीवन-मूल्यों में परिवर्तन हो जाने पर साहित्य के

मूल्य में भी परिवर्तन अवश्य हो जाता है। जब समाज की अभिरुचि बदल जाती है तो साहित्य की मूल्यानुभूति में भी परिवर्तन हो जाना अनिवार्य है। ग्राहक अभिरुचि की ऐतिहासिक सापेक्षता समाज की दृष्टि से ही नहीं, व्यक्ति की दृष्टि से भी उतना ही सत्य है। पाठक की साहित्यिक अभिरुचि अपने युग के संस्कारों से विशेष प्रभावित होती है, इसीलिए साधारण पाठक समसामयिक साहित्य की ओर अधिक उन्मुख रहता है। यह उसकी असंस्कृत अभिरुचि समझी जाती है लेकिन वह अस्वाभाविक नहीं है। साहित्य का शिक्षित सहृदय भी उसी हद तक प्राचीन साहित्य का आस्वादन करता है जिस हद तक उसका सामाजिक रूप उसके लिए सार्थक है। साहित्य के सामाजिक रूप में कुछ सामाजिक सम्बन्धों की कम परिवर्तनशीलता के कारण या भिन्न समाज के प्रति मानवीय सहानुभूति के कारण वह प्राचीन साहित्य की अनुभूति पाता है। मनुष्य की ऐतिहासिक दृष्टि जितनी व्यापक होती है या मनुष्य की अभिरुचि में सामयिक संस्कारों की प्रबलता जितनी कम होती है, उतनी ही वह प्राचीन साहित्य की रसानुभूति पा सकता है।

मनोवैज्ञानिक प्रयोगों के आधार पर भी साहित्यिक अभिरुचि और अनुभूति की सापेक्षता सिद्ध की गई है। इन प्रयोगों से स्पष्ट हुआ है कि पाठकों की भावना-शक्ति, मनोनिवेश और अनुभव के कारण, साहित्य की अनुभूति में अन्तर हो जाता है। उनसे इस बात का भी पता चला है कि मनोवैज्ञानिक दृष्टि से ही नहीं, सामाजिक, सांस्कृतिक और सैक्स सम्बन्धी दृष्टियों से भी लोगों की साहित्यिक अभिरुचि में भेद होता है और फलतः किसी रचना के सम्बन्ध में उनकी अनुभूति भी भिन्न हो जाती है। इन प्रयोगों में पाठकों की सच्ची अभिरुचि और अनुभूति को जानने के लिए साधारण और अच्छी रचनाओं को मिलाकर पाठकों की परीक्षा ली गई है। पाठक समीक्षकों की आलोचना से प्रभावित न हो, इसलिए उन्हें यह नहीं बताया गया है कि रचना का लेखक कौन है और वह किस युग या प्रवृत्ति की रचना है। इसीलिए प्रसिद्ध लेखकों की प्रसिद्ध रचनाओं को भी नहीं चुना गया है। इन प्रयोगों के द्वारा एक ओर साहित्यिक अभिरुचि और अनुभूति की सापेक्षता का पता चला है तो दूसरी ओर भ्रान्त धारणाओं के कारण लोगों की अनुभूति में अन्तर का अनुसन्धान भी हुआ है। रिचर्ड्स ने प्रैक्टिकल क्रिटिसिज्म में विद्यार्थियों की प्रतिक्रियाओं का विश्लेषण करते हुए उनकी गलत धारणाओं को स्पष्ट किया है। मानसिक परिपक्वता के अभाव में रचना से असम्बद्ध प्रतिक्रियाओं के कारण जो अनुभूति-भेद होता है, उसे साहित्यिक अभिरुचि में अन्तर के कारण साहित्यिक अनुभूति की सापेक्षता नहीं समझनी चाहिए।

जब हम पाठकों के संस्कारों के कारण या उन संस्कारों के आधार पर विकसित साहित्यिक अभिरुचि के कारण साहित्य की अनुभूति को सापेक्ष कहते हैं तो प्रश्न उठता है कि क्या रचना पाठकों के संस्कारों को नियन्त्रित करते हुए उन्हें समान

अनुभूति नहीं देती? इस तरह पाठकों की अभिरुचि के कारण साहित्य की अनुभूति को सापेक्ष या सीमित मानते हुए क्या हम साहित्य की प्रभावोत्पादक शक्ति के प्रति अविश्वास व्यक्त नहीं कर रहे हैं? इन प्रश्नों के समाधान में हमें स्वीकार करना ही पड़ता है कि साहित्य में पाठक-समाज को प्रभावित करने की अपूर्व क्षमता है और लेखक के द्वारा भाव-प्रेषण की दृष्टि से रूप-कल्पना, रचना में निबद्ध उसकी अनुभूति के समान रूप से सब पाठकों की अनुभूति बनती भी है। हम रचना की जो अनुभूति पाते हैं वह रचना की प्रकृति या उसमें निबद्ध अनुभूति से मिलती-जुलती होती है और होनी भी चाहिए। साहित्य में पाठक को वही अनुभूति मिलती है जो लेखक को अभीष्ट है। यह या तो लेखक की अपनी अनुभूति होती है या जीवन की रूप-कल्पना में लेखक के द्वारा निर्दिष्ट। वस्तून्मुख साहित्य में रचनागत अनुभूति प्रत्यक्ष उसकी अपनी अनुभूति न होने पर भी, वह एक विशेष प्रकार की सार्थकता की अनुभूति के लिए ही जीवन की रूप कल्पना करता है। ग्राहक भी रचना की अमूल्य अनुभूति पाने के लिए वैयक्तिक संस्कारों पर निग्रह करते हुए अपनी मानसिक व्यवस्था को स्वेच्छा से रचना के अनुकूल बना लेने का प्रयत्न करता है।

पाठक की अनुभूति पर रचना के इस नियन्त्रण के सम्बन्ध में रूपवादी रचना की रूप-कल्पना को महत्त्व देते हैं तो साहित्य की अनुभूति को शुद्ध सौन्दर्यानुभूति न माननेवाले मनोवैज्ञानिक समीक्षक भावों की व्यवस्था (पैटर्न) को। रूपवादी वारन और वेलक कहते हैं कि रचना पाठक की कलात्मक अनुभूति का एक जबरदस्त कारण ही नहीं, उसे सुव्यवस्थित विशिष्ट रूप में नियन्त्रित करनेवाली भी है। इसीलिए हम पाठकों की अनुभूति को रचना की अनुभूति कहते हैं।[35] साहित्य का मूल्य भावानुभूति के कारण माननेवाले रिचर्ड्स आदि का कहना है कि रचना की अभिव्यक्ति या उसका निर्माण इस तरह होता है जिससे पाठक को एक निर्दिष्ट अनुभूति हो। कलावादी भाव-प्रेषण के इस सिद्धान्त को स्वीकार नहीं करते। वे कला को आत्माभिव्यक्ति मानते हैं, इसलिए उनका कहना है कि अभिव्यक्ति के समय कलाकार को पाठकों का ध्यान नहीं रहता। इस सन्दर्भ में कलिंगवुड भावप्रेषण के सिद्धान्त का विरोध करते हुए कहते हैं कि इस प्रकार के टेकनिकल सिद्धान्त, कला को कारीगरी बना देते हैं।[36] जो हो, कलावादियों को भी इतना अवश्य मानना पड़ता है कि पाठक, रचना की व्यंजना या लेखक के संकेतों को समझने का प्रयत्न करते हुए उसे अभीष्ट अनुभूति को ही प्राप्त करता है। यदि इस तरह पाठक की अनुभूति पर रचना का नियन्त्रण नहीं रहता तो पाठकों की अनुभूति बिल्कुल वैयक्तिक हो जाती, सामाजिक संस्कारों के कारण उसकी साहित्यिक अनुभूति का क्षेत्र विशेष सीमित हो जाता है और वह प्राचीन साहित्य या भिन्न नए संस्कारों के साथ रसास्वादन ही नहीं कर पाता। लेकिन प्रायः ऐसा नहीं होता। साहित्य की अनुभूति प्रत्येक पाठक के लिए बिल्कुल भिन्न नहीं होती और न सामाजिक एवं ऐतिहासिक दृष्टियों से उसकी अनुभूति

ही सीमित हो जाती है। इस तरह संस्कारों के कारण अनुभूति की प्रकृति में अन्तर न मानने पर भी अनुभूति की मात्रा में अन्तर अवश्य स्वीकार करना पड़ता है। इसी दृष्टि से साहित्यिक अनुभूति को व्यक्ति सापेक्ष या उसकी अभिरुचि से नियन्त्रित कहा गया है।

हम साहित्यिक अभिरुचि के कारण अनुभूति में अन्तर को स्वीकार करते हैं तो इसका यह तात्पर्य नहीं है कि साहित्य की सौन्दर्यानुभूति या रसानुभूति बिल्कुल वैयक्तिक अनुभूति है। प्रायः साहित्यिक अभिरुचि को व्यक्तिगत रुचि से गड़बड़ाकर यह आक्षेप किया जाता है कि उसी के कारण साहित्य की अनुभूति और मूल्यांकन में इतना मतभेद उपस्थित हो गया है। लेकिन साहित्यिक अभिरुचि के कारण थोड़ा-सा मतभेद दिखाई देता है तो उससे कहीं अधिक मतैक्य भी। अनुभूति की मात्रा में अन्तर होने पर भी किसी रचना की साहित्यिक उत्कृष्टता के सम्बन्ध में अधिकांश सहृदय पाठक सहमत होते हैं। अनुभूति की मात्रा के आधार पर उत्कृष्टता की मात्रा के सम्बन्ध में कुछ मतभेद हो सकता है, लेकिन सहृदय पाठक रचना की सौन्दर्यानुभूति या रस-संवेदना और उसके मूल्य को बिल्कुल अस्वीकार नहीं करते। अच्छी रचना के सम्बन्ध में होनेवाला यह थोड़ा-सा मतभेद भी इस विषय में बिलकुल नहीं होता कि कोई रचना साहित्य की परिधि में आती है या नहीं और साहित्य की रचना है तो अच्छी रचना है या नहीं। इसलिए हमें सावधान होकर विचार करना चाहिए कि साहित्य की अनुभूति और उसके मूल्यांकन के सम्बन्ध में मतभेद होने के वास्तविक कारण क्या हैं? अपनी साहित्यिक अभिरुचि के अनुसार अनुभूति में अन्तर हो जाने के कारण ये मतभेद व्यक्त किए जा रहे हैं या अपनी व्यक्तिगत रुचि और सामाजिक मान्यताओं के कारण? जैसा कि हम पहले कह आए हैं, साहित्य की अनुभूति और उसके मूल्यांकन के सम्बन्ध में अधिकांश मतभेदों का कारण, लोगों के द्वारा अपनी व्यक्तिगत रुचि के आधार पर जीवन और साहित्य सम्बन्धी कुछ मूल्यों का विशेष आग्रह करना ही है। इस तरह व्यक्तिगत आग्रहों के कारण साहित्य के क्षेत्र में जो मतभेद हो जाते हैं उन्हें साहित्यिक अभिरुचि के अनुसार अनुभूति की सापेक्षता के रूप में स्वीकार नहीं किया जा सकता।

2.8 सैद्धान्तिक अभिरुचि और अनुभूति की सीमाएँ

हिन्दी में सैद्धान्तिक समीक्षा बहुत प्रचलित ही नहीं, श्रेष्ठ भी समझी जा रही है। पाश्चात्य देशों में भी नियोक्लासिकल युगों की समीक्षा साहित्य के नियमों एवं सिद्धान्तों के आधार पर ही हुई। इस सन्दर्भ में प्रायः समझा जाता है कि सिद्धान्तों के आधार पर बनी हुई अभिरुचि अच्छी होती है क्योंकि साहित्य के सिद्धान्त सार्वकालीन होते हैं और उनपर निर्भर होकर पाठक रचना की अनुभूति एवं उसके मूल्यांकन में धोखा नहीं खा सकता जबकि वैयक्तिक रुचि से प्रभावित पाठक की

अनुभूति और रचना का मूल्यांकन दोनों अनुचित हो सकते हैं। सिद्धान्तों पर साहित्य-संसार की इस श्रद्धा को देखते हुए सहज ही इस प्रकार के अनेक प्रश्न उठते हैं कि साहित्य की श्रेष्ठता, उसके नियमों और सिद्धान्तों के अनुसार होने पर कहाँ तक निर्भर है? क्या भावात्मक अनुभूति के लिए रचना का नियमों के अनुसार होना आवश्यक है? और साहित्य के ये नियम और सिद्धान्त पाठक की अभिरुचि और फलतः उसकी अनुभूति को किस रूप में ढालते हैं? समीक्षा के क्षेत्र में इन नियमों और सिद्धान्तों की सक्रियता और उसके परिणाम को देखते हुए हम उपर्युक्त प्रश्नों का समाधान पाने का प्रयत्न करेंगे।

हम आलोचना के इतिहास को तीन युगों में बाँट सकते हैं—प्राचीन शास्त्रीय, मध्ययुगीन रोमांटिक और नवीन वैचारिक। प्राचीन आचार्य सिद्धान्तों और नियमों के आधार पर समीक्षा करते समय रचना की दृष्टि से प्रयुक्त सिद्धान्तों के औचित्य पर विशेष ध्यान रखते थे। इस प्रकार नियमों और सिद्धान्तों का उदार ग्रहण, पाठकों की अभिरुचि को संकीर्ण नहीं बनाता। लेकिन बाद को शास्त्रीय परम्परा के कट्टर नियोक्लासिकल समर्थकों ने साहित्य में नियमों के अक्षरशः पालन का आग्रह किया और इस तरह साहित्य सर्जना की प्रकृति को ही भुला दिया। यूरोप की सोलहवीं-सत्रहवीं शताब्दियों की नियोक्लासिकल समीक्षा और हिन्दी की आरम्भकालीन समीक्षा इसके उदाहरण हैं। इस प्रकार की कट्टरता में पाठकों की अभिरुचि संकीर्ण बन जाती है और स्वच्छन्द रूप से विकसित साहित्य की अनुभूति में बाधा पहुँचती है। नियोक्लासिकल समीक्षकों की अनुभूति की सीमाएँ इस बात का प्रमाण हैं। इस तरह यूरोप के समीक्षकों को शेक्सपीयर के नाटकों में भी दोष दिखाई दिए तो हिन्दी के समीक्षकों को आधुनिक साहित्य में कोई रस नहीं मिला। प्राचीनकाल में सिद्धान्तों के बनने के बाद सामाजिक परिस्थितियों के साथ साहित्य की प्रवृत्तियाँ और उसके रूप भी बदल गए हैं। लेकिन परम्परा के मोह में समीक्षक प्राचीन साहित्यिक नियमों और सिद्धान्तों को न युगानुरूप व्यापक बना लेने का प्रयत्न करते हैं और न उनकी सच्ची सार्थकता को समझते हुए साहित्य की रचनाओं पर उनका अन्वय करने का ही प्रयत्न करते हैं। इसीलिए नियोक्लासिकल अभिरुचि को लेकर पाठक परवर्ती नए साहित्य के आस्वादन में ही असमर्थ नहीं रह जाते बल्कि उन नियमों के अनुसार बने हुए साहित्य की मार्मिकता का भी अनुभव नहीं कर पाते। एडिसन के द्वारा पैराडैज लास्ट की जो आलोचना हुई या द्विवेदी युग के सैद्धान्तिक समीक्षकों के द्वारा रीति काव्य की जो समीक्षा हुई, वह इस बात की सत्यता को प्रकट करती है। इस दुर्बलता के कारण द्विवेदी युग के बाद सैद्धान्तिक समीक्षा को व्याख्यात्मक पद्धति का सहारा लेना पड़ा। तभी सैद्धान्तिक अभिरुचि आधुनिक साहित्य के सम्बन्ध में नहीं तो कम से कम प्राचीन साहित्य के सम्बन्ध में अपनी रसज्ञता का परिचय देने में समर्थ हुई। वास्तव में नियोक्लासिकल अभिरुचि की सीमाओं के कारण ही यूरोप में

स्वच्छन्दतावादी और वैज्ञानिक समीक्षा-पद्धतियों का विकास हुआ है। आधुनिक काल में हिन्दी समीक्षा के इतिहास की भी यही कहानी है।

नियोक्लासिकल या सैद्धान्तिक अभिरुचि ने साहित्य-संसार को इस बात पर सोचने के लिए विवश किया है कि साहित्य रचना में नियमों और सिद्धान्तों का पालन करना कहाँ तक आवश्यक है और ऐसा न होने पर क्या रचना की भावानुभूति में कोई बाधा होती है? इस सन्दर्भ में वर्सफोल्ड कहते हैं कि नियम-पालन से ही रचना आनन्द नहीं देती। रचना की उत्कृष्टता नियमों का पालन करने में नहीं, मानव-प्रकृति के अनुरूप होने में है। शास्त्रीय परिपाटी का पालन केवल शास्त्रज्ञों को ही अपील करता है। शिक्षित और संस्कृत व्यापक समाज रचना की सफलता को शास्त्रज्ञों के मानदंड से भिन्न, मानवीय अपील के मानदंड से मापता है। वर्सफोल्ड प्रश्न करते हैं कि क्या यह मानवीय अभिरुचि ही रचना की श्रेष्ठता की सच्ची कसौटी नहीं है? यह सही है कि नैतिक प्रतिमानों की तरह मानवीय अभिरुचि भी सामाजिक भिन्नताओं और युग-परिवर्तनों में बदलती रहती है। लेकिन अभिरुचि का यह परिवर्तन प्रायः बाह्य सामाजिक संस्कारों में होता है, मूल मानवीय प्रकृति कम बदलती है।[37] उनका कहना है कि साहित्य के सिद्धान्तों का सम्बन्ध इस अपरिवर्तनशील मानवीय प्रकृति से है और इसलिए वे कम बदलते हैं जब कि साहित्य के नियम प्राचीन रचनाओं के आधार पर बनी हुई कथ्य और शैली सम्बन्धी धारणाएँ हैं जिनका महत्त्व सार्वकालीन नहीं होता।[38] लेकिन यदि साहित्य के सिद्धान्तों को मानव प्रकृति सम्बन्धी व्यापक धारणाओं के रूप में ग्रहण करें तो वे अति सामान्य होकर रचना की विशिष्ट अनुभूति को समझने में विशेष उपयोगी नहीं रह जाते। वास्तव में नियम रचना के बाह्य स्वरूप सम्बन्धी निश्चित धारणाएँ होती हैं और सिद्धान्त उसके आन्तरिक स्वरूप सम्बन्धी। कालक्रम में नई सामाजिक परिस्थितियों की नई अनुभूतियों के साथ साहित्य का बाह्य स्वरूप ही नहीं, उसकी आन्तरिक प्रकृति भी बदल जाती है। उदाहरण के लिए शृंगार भावना मानव प्रकृति का चिरंतन सत्य समझा जाता है। लेकिन कालक्रम में उसके आलम्बन ही नहीं बदल गए हैं बल्कि उसकी अनुभूति भी बहुत कुछ बदल गई है। इसीलिए साहित्य के नियम और सिद्धान्त दोनों को सार्वकालीन नहीं माना जा सकता। साहित्य की अनुभूति के लिए, रचना में पहले के सामाजिक जीवन और साहित्य के आधार पर बने हुए नियमों और सिद्धान्तों का पालन करना आवश्यक नहीं है। इतना ही नहीं, उनके प्रभाव से साहित्य की प्रवृत्ति और ग्राहक अभिरुचि दोनों रीतिबद्ध हो जाती हैं। पाठकों की अभिरुचि इस तरह रीतिबद्ध हो जाने पर वे एक संकीर्ण दायरे में ही साहित्य की अनुभूति प्राप्त कर सकते हैं। यूरोपीय एवं भारतीय साहित्य-समीक्षा के इतिहास में इसके पुष्कल उदाहरण मिल जाते हैं।

प्रायः लोग प्राचीन कलाकृतियों पर मुग्ध होकर, उनको आदर्श मानकर परवर्ती साहित्य में उनके आधार पर बने हुए सिद्धान्तों और नियमों का पालन करने का

आग्रह करते हैं। जब लेखक उन नियमों के अनुसार रचना करता है और पाठक उस प्रकार की रचनाओं की प्रशंसा करते हैं तभी उनकी अभिरुचि अच्छी समझी जाती है। जो रचनाएँ सैद्धान्तिक कसौटी पर खरी नहीं उतरतीं, दूसरी विशेषताओं के कारण स्वतन्त्र रूप से उनकी प्रशंसा करना अच्छी अभिरुचि का अभाव माना जाता है। नियोक्लासिकल फ्रेंच समीक्षक शेक्सपीयर के नियम-स्वच्छन्द नाटकों की प्रशंसा करनेवाले अंग्रेजी समीक्षकों की अभिरुचि पर आश्चर्य करते थे। छायावाद के आरम्भ में भी सैद्धान्तिक अभिरुचि ने नई शैली का विरोध किया है। समीक्षक रचना अच्छी लाने पर भी सैद्धान्तिक दृष्टि से खरी न उतरने के कारण, उसका समर्थन करने में सकुचाते थे। कुछ अधिक उदार समीक्षक छायावाद में रस-अलंकार ढूँढ़ने लगे और किसी तरह उसे भारतीय शास्त्रीय परम्परा में फिट करने का प्रयत्न करने लगे। इसके परिणामस्वरूप कामायनी जैसे काव्यों को भी भारतीय महाकाव्य के लक्षणों की कसौटी पर सफल महाकाव्य सिद्ध किया गया है। चाहे समीक्षक हो या पाठक, जब रूढ़ नियमों और सिद्धान्तों से उसकी अभिरुचि प्रभावित हो जाती है तो उसकी अनुभूति और सैद्धान्तिक अभिरुचि में मेल नहीं होता। ऐसी स्थिति में समीक्षक या पाठक सहृदय है तो अपनी अनुभूति के अनुसार रचना का मूल्य स्वीकार करता है और यदि उसकी अभिरुचि सिद्धान्तों के अनुसार विशेष रूढ़ हो गई है तो रचना के मूल्य को स्वीकार करने में संकोच अनुभव करते हुए रसानुभूति के लिए नियम पालन की आवश्यकता सिद्ध करने के प्रयत्न में लग जाता है। नियोक्लासिकल समीक्षकों के मूल्यांकन की आलोचना करते हुए लूकास लिखते हैं कि वे गणित की तरह नियमों के पालन करने या न करने के आधार पर रचना को अच्छा या बुरा कहते थे।[39] कहने का तात्पर्य यह है कि नियोक्लासिकल अभिरुचि नियम बद्ध होती है। साहित्य के क्षेत्र में ऐसी अभिरुचि रखनेवाले पाठकों के विचार निश्चित और निरपेक्ष होते हैं जिससे साहित्य की स्वच्छन्द अनुभूति में बाधा पहुँचती है।

निश्चित नियमों और सिद्धान्तों के आधार पर सैद्धान्तिक अभिरुचि का मूल्यांकन निर्णायक होता है। इसीलिए सैद्धान्तिक समीक्षक लेखकों के महत्त्व और स्थान को सदा के लिए निर्णीत मानते हैं। लेकिन जब हमारी साहित्यिक दृष्टि अपने साहित्य के नए विकास के अध्ययन से व्यापक और विभिन्न भाषा-साहित्यों के ज्ञान से उदार बनती है तब लेखकों के महत्त्व और स्थान में भी परिवर्तन हो जाता है। यूरोपीय साहित्य से अभिज्ञ होने के बाद हमने अपने साहित्य का नए सिरे से मूल्यांकन किया है। छायावादी कविता ने हमें मानने के लिए मज़बूर किया है कि रस और ध्वनि की परिधि के बाहर भी उत्कृष्ट रचना हो सकती है। इसलिए निश्चित सिद्धान्तों को लेकर साहित्य का मूल्यांकन सदा त्रुटिपूर्ण होता है। कालक्रम में सामाजिक परिस्थितियों के साथ साहित्य का नया विकास होने पर नई प्रवृत्तियों की नई उत्कृष्टतम

रचनाओं के कारण प्राचीन काव्यों की उत्कृष्टता के सम्बन्ध में कुछ अदल-बदल अवश्य हो जाता है। आज कबीर, सूर और तुलसी के बाद केशव, देव और बिहारी का नहीं, प्रसाद, पंत और निराला का नाम लिया जाता है। यद्यपि महाकवियों की रचनाओं की सार्वकालीनता को इनकार नहीं किया जा सकता फिर भी किसी लेखक का स्थान और मूल्य एक-सा निश्चित समझना प्रगति की अवहेलना करना है। युगानुरूप साहित्य की प्रवृत्ति ही नहीं, साहित्य के मूल्य भी बदल जाते हैं और फलस्वरूप लेखकों का महत्त्व घटता-बढ़ता है। आधुनिक काल में कबीर की समीक्षाओं का इतिहास इस बात का प्रमाण है कि कालान्तर में अभिरुचि बदलती रहती है और तदनुसार साहित्य का मूल्यांकन भी।

रचना की अनुभूति और उसके मूल्यांकन में नियोक्लासिकल अभिरुचि की दुर्बलताओं और सीमाओं के कारण स्वच्छन्दतावादी समीक्षा का विकास हुआ और उसने रचना के रूप-विधान सम्बन्धी नियमों की बिल्कुल अवहेलना करके लेखक की भावना और उसकी अनुभूति के महत्त्व को समझने का प्रयत्न किया। समीक्षकों ने सैद्धान्तिक अभिरुचि की प्रामाणिकता को चुनौती देते हुए रचना की अनुभूति का ही मूल्य स्वीकार किया। इस तरह स्वच्छन्दतावादी समीक्षा के साथ सिद्धान्तों की अपेक्षा पाठकों की सहज अभिरुचि और अनुभूति को अधिक महत्त्व मिला। इसका अधिकांश श्रेय स्वयं स्वच्छन्दतावादी साहित्य को है। प्रचलित नियमों और सिद्धान्तों से स्वच्छन्द साहित्य की मार्मिकता ने लोगों को सैद्धान्तिक मोह से ही मुक्त नहीं किया बल्कि उनकी अभिरुचि का स्वच्छन्द विकास भी किया। हिन्दी में भी छायावाद के कारण ही पाठकों की अभिरुचि का परिष्कार और स्वाभाविक विकास हुआ है जिससे द्विवेदी युग के बाद हिन्दी समीक्षा का स्तर विशेष प्रौढ़ हो सका है। स्वच्छन्दतावादी साहित्य और समीक्षा के इतिहास से स्पष्ट हो जाता है कि पाठकों की अभिरुचि साहित्य के रूढ़ नियमों और सिद्धान्तों से मुक्त होने पर ही साहित्य की सच्ची रसानुभूति हो सकती है। इस सन्दर्भ में प्रश्न किया जा सकता है कि नियमों और सिद्धान्तों को छोड़कर साहित्यिक अनुभूति और अभिरुचि के औचित्य की परीक्षा कैसे होगी? इसके समाधान में स्वच्छन्दतावादियों का कहना है कि रचना के अनुरूप अनुभूति उचित रसानुभूति या सौन्दर्यानुभूति है और उसमें रचना की सार्थकता या उसके मूल्य का बोध, अच्छी अभिरुचि की कसौटी है।

सारांश यह है कि रचना की श्रेष्ठता और उसकी अनुभूति, साहित्य के नियमों और सिद्धान्तों पर नहीं, मानवीय प्रकृति की स्वाभाविक अभिव्यक्ति पर निर्भर रहती है। मानवीय संवेदना की अभिव्यक्ति ही रचना को श्रेष्ठ बनाती है और उसी के कारण रचना की सार्थक अनुभूति भी होती है। मानवीय प्रकृति के अनुरूप होना ही साहित्य का एकमात्र व्यापक सिद्धान्त है। यदि साहित्य के प्रचलित नियमों और सिद्धान्तों के विरुद्ध साहित्य की स्वच्छन्दता के कारण किसी-किसी पाठक की

भावानुभूति में बाधा होती है तो निश्चित समझना चाहिए कि उसकी साहित्यिक अभिरुचि रूढ़ एवं संकीर्ण हो गई है। जब पाठक साहित्य के नियमों और सिद्धान्तों से विशेष प्रभावित होकर उसी दृष्टि से रचना की भावानुभूति पाने का प्रयत्न करता है तो उसे रचना की मार्मिकता की पूरी अनुभूति नहीं हो सकती। पाठक की स्वच्छन्द अभिरुचि ही रचना की सच्ची अनुभूति प्राप्त करा सकती है। यद्यपि सिद्धान्तों का उचित ज्ञान रचना की रसज्ञता को बढ़ा सकता है, फिर भी रचना की अभीष्ट अनुभूति उस पर निर्भर नहीं है। क्योंकि सिद्धान्तों से रचना के सौन्दर्य या रस की अनुभूति नहीं होती। उसके द्वारा, रचना का जो बौद्धिक मूल्यांकन होता है वह भी अच्छी साहित्यिक अभिरुचि रखनेवाले पाठक के लिए तब तक मान्य नहीं होता जब तक उस मूल्यांकन के अनुसार उसे रचना की उचित अनुभूति न हो। यदि सिद्धान्तों के अनुसार पाठक की अभिरुचि रूढ़ हो गई है तो उनके विरुद्ध बनी हुई रचना अच्छी होने पर भी उसके साथ पाठक का मनोयोग नहीं हो सकता। अर्थात साहित्य के रूढ़ नियमों और सिद्धान्तों का प्रभाव, पाठक की साहित्यिक अभिरुचि और अनुभूति को सीमित या संकीर्ण बना देता है।

काव्यशास्त्रीय और स्वच्छन्दतावादी सिद्धान्तों एवं मान्यताओं के बाद आधुनिक काल की नवीनतम विचारधाराओं का बहुमुखी विकास हो रहा है। साहित्य-सर्जना और आलोचना दोनों पर इसका प्रभाव दिखाई दे रहा है। मार्क्सवाद पर आधारित प्रगतिवाद, व्यक्तिवाद, मानववाद, मनोवैज्ञानिक चिन्तन, शैलीतात्विक दृष्टि, संरचनात्मक विश्लेषण आदि काव्य-साहित्य की समीक्षा के नए बिन्दु हैं जिनमें कुछ का प्रबल प्रचार है। इन आलोचनात्मक पद्धतियों की मान्यताएँ रूढ़ तो नहीं हैं, लेकिन काव्य-साहित्य में जीवन-जगत का निरूपण एकांगी अवश्य लगता है। इनसे काव्यशास्त्र के सिद्धान्तों की तरह पाठक की अभिरुचि रूढ़ नहीं होती, पर सीमित होने की सम्भावना है।

सन्दर्भ-संकेत

1. Croce : Aesthetic, p. 102
   A garment is only beautiful because it is exactly suitable to a given person in a given condition.
2. Joseph T. Shipley : Dictionary of world literary terms, plato p. 36 If anything is beautiful, it is beautiful for no other reason than that it partakes of absolute beauty.
3. S. Korner : Kant, p. 188
4. Ruskin : Modern painters, Volume I, p. 25
   Perfect taste is the faculty of recieving the greatest possible pleasure from

those material sources which are attractive to our moral nature in purity and perfection.

5. राजशेखर : काव्यमीमांसा, पृ. 10
6. द्रष्टव्य : (क) आचार्य रामचन्द्र शुक्ल : रस मीमांसा, पृ. 98-99
   (ख) आचार्य विश्वनाथ मिश्र : वाङ्मय विमर्श, पृ. 166 से 174 तक
7. आचार्य विश्वनाथ मिश्र : वाङ्मय विमर्श, पृ. 168 और 169
8. S. Korner : Kant, p. 184 to 188
9. W. Knight : The Philosophy of the beautiful, p. 82
   ...without mystry there would be no beauty. There must be to every work of art, as in every material object that is beautiful, some thing that we feel but do not know, some thing apprehend, but do not comprehend.
10. Wildon Carr-philosophy of croce, p. 104
    The beautiful is not a physical fact, beauty does not belong to things, it belongs in the human aesthetic activity and this is a mental or spiritual fact.
11. Benedetto Croce : Aesthetic, p. 97, 8 and 111
12. L. Tolstoy : What is art and essays on art, Translated by Aylmer Mauden, p. 228
13. T.S. Eliot : The use of poetry and the use of criticism, p. 30 to 32
14. I.A.Richards : Principles of literary criticism, p. 26 to 28
15. Ibid. Chapter 24, The normality of the artist
16. Ibid, p. 277
17. आचार्य हजारी प्रसाद द्विवेदी : साहित्य का मर्म, पृ. 76-77
18. वही, पृ. 20
19. T.S.Eliot : The use of poetry and the use of criticism, p. 95-96
20. Ibid, p. 97
21. अज्ञेय : त्रिशंकु, पृ.72
22. द्रष्टव्य–डॉ. रामखेलावन पाण्डेय का लेख 'साधारणीकरण और नई कविता', विविधा-दो, सम्पादक : राजेन्द्र किशोर और प्रभाशंकर मिश्र
23. आचार्य रामचन्द्र शुक्ल : हिन्दी साहित्य का इतिहास, पृ. 750
24. बाबू गुलाब राय : सिद्धान्त और अध्ययन, पृ. 213
25. आचार्य रामचन्द्र शुक्ल : चिन्तामणि-I, पृ. 227
26. वही, पृ.230
27. डॉ. नगेन्द्र : रीतिकाव्य की भूमिका, पृ. 48, 50
28. आचार्य नन्ददुलारे वाजपेयी, नया साहित्य : नए प्रश्न, पृ. 122
29. Arthur Child : The socio-historical relativity of Aesthetic value, The philosophical review, Vol 53, No I, p. 3

30. Shipley : Dictionary of world literary terms, universality, p. 422
31. आचार्य रामचन्द्र शुक्ल : चिन्तामणि 1, पृ. 230
32. Kant critique of Aesthetic Judgement : Translated by Meredith, p. 156-157
33. Lucas. C : Literature and Psychology, p. 212
34. Croce B : Aesthetic, p. 204
35. Austin Warren and Rene Wallack : Theory of Literature, p. 261
36. Collingwood R.G. : The principles of Art, p. 300
37. Basil Worsfold : Judgement in Literature, p. 56-57
38. Ibid : p. 63
39. lucas C : Literature and Psychology, p. 187

3. साहित्यिक अभिरुचि : सामाजिक पहलू

3.1 साहित्यिक अभिरुचि की अवधारणा में सामाजिक पहलू का महत्त्व

रस, सौन्दर्य और अभिरुचि तीनों काव्यानुभूति के विवेचन में प्रयुक्त ईस्थटिक शब्द हैं। लेकिन उनका सम्बन्ध काव्यानुभूति की शुद्ध आनन्दानुभूति या ईस्थटिक पहलू तक सीमित नहीं है। भारतीय काव्यशास्त्र में रसाभास, रसविघ्न और औचित्य एवं अनौचित्य पर रस-संवेदना के मूल में सामाजिक, मनोवैज्ञानिक तथा सांस्कृतिक चेतना रस-सिद्धान्त की जीवन-निरपेक्ष अलौकिक आनन्दानुभूति होने के प्रतिपादन को अस्वीकार करती है। ध्वन्यालोक के 'लोचन' टीकाकार अभिनवगुप्त ने काव्य की आत्मा को सब सम्प्रदायों के रस-सिद्धान्त के अन्तर्गत समन्वित किया पर काव्यानुभूति की व्यापकता किसी एक सिद्धान्त की परिधि में नहीं समाती। शायद इसीलिए पंडितराज जगन्नाथ ने "रमणीयार्थ प्रतिपादक शब्द" को काव्य कहकर आनन्ददायी सब प्रकार के रमणीय कथनों को काव्य की संज्ञा दी है। पाश्चात्य ईस्थटिक्स में सौन्दर्य की ऐन्द्रिय, मानसिक और आध्यात्मिक तथा व्यक्तिनिष्ठ एवं वस्तुनिष्ठ, पता नहीं कितने प्रकार की व्याख्याएँ की गई हैं। पर सब ने सौन्दर्य की अनुभूति को अलौकिक ही कहा है। लेकिन जैसा कि काण्ट स्वीकार करते हैं, इस अलौकिक सौन्दर्यानुभूति के साथ आनुषंगिक रूप में सामाजिक अनुभूति सम्बद्ध रहती है क्योंकि कलाओं और काव्य-साहित्य को जीवन से अविच्छिन्न नहीं कर सकते। अभिरुचि की स्थिति, रस और सौन्दर्य से बिलकुल भिन्न है। वह काव्यानुभूति में रस और सौन्दर्य की तरह ईस्थटिक अर्थ में प्रयुक्त होने पर भी तथा अर्थ को अभिरुचि का प्रधान पहलू मानते हुए भी उसके अंगभूत अन्य पहलुओं का कम महत्त्व नहीं है। वह ईस्थटिक, सामाजिक, मनोवैज्ञानिक, सांस्कृतिक आदि अनेक पहलुओं की संश्लिष्ट धारणा है जो काव्यानुभूति को प्रभावित और निर्धारित करती है। भारतीय काव्यशास्त्र और आधुनिक आलोचना में अभिरुचि की ओर कुछ संकेत और संक्षिप्त विचार-विमर्श अवश्य मिलते हैं, पर व्यवस्थित प्रतिपादन नहीं हुआ है।

शुकिंग ने 'दी सोशियालजी ऑफ लिटररी टेस्ट' में काव्य-साहित्य के मूल में सामाजिक जीवन और चेतना की क्रियाशीलता को स्पष्ट करते हुए साहित्य की विविध प्रवृत्तियों एवं वादों की गतिविधि का आख्यान किया है। यह सही है कि

कलाकृति की सृष्टि करनेवाली साहित्यकार की कारयित्री प्रतिभा या कल्पना है। लेकिन कल्पना शून्य या हवा में से सृष्टि नहीं कर सकती। उसके लिए ठोस आधार भूमि चाहिए जो मानव जीवन है। उसका संगठित रूप समाज है। शुकिंग ने कर्ता साहित्यकार की दृष्टि से रचना का अनुशीलन किया है। उस रचना का ग्राहक भी सामाजिक प्राणी है जो साहित्यकार की तरह सामाजिकता से प्रभावित है। यह सामाजिकता साहित्य और पाठक के बीच सम्बन्ध सूत्र स्थापित करती है। लेखक अपनी सामाजिक मान्यताओं से ग्राहक को प्रभावित करना चाहता है तो पाठक समाज अपनी विचारधारा के अनुरूप रचना चाहता है। इस तरह के सामाजिक सम्बन्ध-स्थापन में काव्यानुभूति सामाजिक चेतना और अभिरुचि पर भी आधारित हो जाती है। साहित्यिक अभिरुचि में रचयिता के साथ पाठक के भी सामाजिक भाव-विचारों का योग हो जाना स्वाभाविक तथा अनिवार्य है।

मानव जीवन के आध्यात्मिक, सांस्कृतिक, व्यक्तिवादी आदि अनेक पहलुओं में सामाजिक पहलू का अपना विशिष्ट और महत्त्वपूर्ण स्थान है। लौकिक जीवन में सामाजिक सम्बन्धों की नींव पर ही अन्य पहलुओं में उत्तरोत्तर उत्कर्ष सम्भव है। यहाँ तक कि व्यक्तिवादी चेतना और बन्धनहीन स्वतन्त्रता भी अप्रत्यक्ष सामाजिक चेतना से अनुप्राणित होती है। जब सामाजिक जीवन जीने की आवश्यकताओं की पूर्ति तथा स्नेह, सौहार्द एवं आत्मीय सम्बन्धों से विकासशील और स्वस्थ रूप में होता है तभी धर्म-दर्शन, सांस्कृतिक चेतना, व्यक्ति-मन का स्वच्छन्द प्रसार, कला एवं साहित्य की प्रौढ़ अभिव्यंजना की सम्भावनाएँ बढ़ जाती हैं। काव्य-साहित्य के ग्राहक पाठक के मन पर सबसे पहले पारिवारिक एवं सामाजिक वातावरण का प्रभाव पड़ता है और पाठक की साहित्यिक अभिरुचि रूप धारण करने लगती है। बाद की ही अन्य दिशाओं में पाठक की अभिरुचि का प्रस्थान होकर वह समग्र, पूर्ण और प्रौढ़ बनता जाता है।

कुछ साम्यवादी साहित्यकार और समीक्षक सामाजिक और सामूहिक जीवन के अन्तर को भुला देने की गलतफहमी कर रहे हैं। मानव-जीवन के आरम्भकाल में मनुष्य अकेले अपनी आवश्यकताओं की पूर्ति में स्वार्थ से प्रेरित था। कालक्रम में प्राकृतिक शक्तियों के प्रकोप से आत्मरक्षा के लिए दूसरों से मिलकर सामूहिक जीवन बिताने लगा। लेकिन सामूहिक जीवन में व्यक्तिगत स्वार्थ के कारण संघर्ष हो जाना अनिवार्य था। इसलिए सामूहिक जीवन को व्यवस्थित बनाने के लिए नियम बनकर समान अधिकारों एवं दायित्वों के साथ सामाजिक जीवन आरम्भ हुआ। ये नियम पारिवारिक एवं सामाजिक जीवन के हर एक पहलू को नियन्त्रित करनेवाले थे। युग और समय के बदलने पर नियमों में भी परिवर्तन होने लगा था। हिन्दू धर्म के अनेक स्मृतिकार हुए थे जिन्होंने अपने काल के परिवर्तित नियमों का क्रोडीकरण किया था। साहित्यकार और ग्राहक पाठक की मानसिकता तथा अभिरुचि

के निर्धारक ये ही सामाजिक नियम एवं उनकी मूलभूत चेतना है।

आधुनिक काल में सामाजिक जीवन बहुत बदल जाने और उस पर पाश्चात्य प्रभाव के कारण समाज तथा व्यक्ति के सम्बन्ध को लेकर अनेक वादीय सिद्धान्त एवं भ्रामक विचार प्रकट किए जा रहे हैं। व्यक्तियों का समूह समाज नहीं है। उनके सम्बन्ध-सूत्र स्थापित होने में समाज रूप लेता है। समाज व्यक्ति के व्यक्तित्व और उसकी स्वतन्त्रता पर अपने नियमों से पूर्ण अनुशासन नहीं कर सकता तो व्यक्ति सामाजिकता से पूरा छुटकारा नहीं पा सकता। व्यक्ति के द्वारा समय की माँग के अनुसार सामाजिक नियमों में परिवर्तन के प्रयत्न अवश्य होते हैं। कालक्रम में समाज के लोगों के बहुमत पाने पर वे स्वीकार किए जाते हैं। सामान्य सिद्धान्त यही है कि व्यक्ति और समाज के सम्बन्ध में सन्तुलन और समरसता होनी चाहिए। व्यक्ति की विशिष्टता के अभाव में साहित्य शास्त्र या विज्ञान हो जाता है। सामाजिकता से विच्छिन्न साहित्य कोरी कल्पना हो जाता है। साहित्य और ग्राहक अभिरुचि में सामाजिक जीवन पर आधारित ईस्थटिक कल्पना की रमणीय अभिव्यंजना होनी चाहिए।

राजनीति, धर्म, आर्थिक व्यवस्था, विभिन्न स्तरों के शिक्षित वर्ग, अनेक प्रकार के व्यवसाय, कृषि एवं ग्रामीण जीवन, नगरीय समस्याएँ, स्त्री-पुरुष सम्बन्ध, वाणिज्य-व्यापार उद्योग, न्याय-अन्याय, सत्य-असत्य, शोषण आदि अनेक विषयों से सम्बद्ध सामाजिक जीवन बहुमुखी और अत्यन्त व्यापक है। साहित्यकार और पाठक इस जीवन के कुछ अंशों में प्रत्यक्ष अनुभव से तथा अन्य अंशों में द्रष्टा होकर या सुनी-सुनाई बातों से ज्ञान प्राप्त करता है। इनसे साहित्यकार और ग्राहक के सामाजिक संस्कार तथा अभिरुचि का एक निश्चित रूप बनता है। इन सब से महत्त्वपूर्ण सामाजिक जीवन के सम्बन्ध में साहित्यकार और पाठक का दार्शनिक या सैद्धान्तिक दृष्टिकोण है जो सामाजिक विषयों के ग्रहण-परित्याग, उन्हें एक विशिष्ट रूप में ढालने की प्रक्रिया, मूल्य-निर्धारण तथा विधि निषेध का कारण बनता है। इस तरह सामाजिक संस्कार, उनसे विकसित अभिरुचि तथा दृष्टिकोण साहित्य-सर्जना और कलात्मक अनुभूति में सक्रिय रहते हैं।

पाठक की साहित्यिक अभिरुचि में सामाजिक पहलू के योग के कारण काव्य-साहित्य की अनुभूति में अनेक समस्याएँ उत्पन्न हो रही हैं। आधुनिक काल में जितनी अधिक सामाजिक विषमता और भेदभाव दिखाई दे रहे हैं उतने पहले नहीं थे। उस संघर्ष का इतना तीव्र रूप नहीं था। जहाँ समरसता सम्भव नहीं थी, समझौते से सन्तोष कर लिया जाता था। आधुनिक सामाजिक जीवन के नए-नए प्रश्न, राजनीतिक सिद्धान्तों में मतभेद, समाज के विविध वर्गों में विशेष आर्थिक अन्तर, निम्न वर्गों एवं जातियों का उत्पीड़न आदि हैं। इन परिस्थितियों के समर्थन या विरोध में नए सिद्धान्तों और वादों का विकास हो रहा है जिनके आधार पर हर दशक

में साहित्यिक प्रवृत्ति और वाद दिखाई पड़ते हैं। आधुनिक काल को छोड़कर पहले किसी युग में एक साथ ऐसी विविधता नहीं मिलती। साहित्यिक अभिरुचि के सामाजिक पहलू पर विचार करते समय यह प्रधान प्रश्न है कि ये नई समस्याएँ साहित्य की अनुभूति में कहाँ तक साधक या बाधक हैं।

3.2 साहित्य-सर्जना और ग्राहक वर्ग का सम्बन्ध

प्राचीन काल में साहित्य के श्रव्य होने के कारण साहित्यकार और ग्राहक के बीच में प्रत्यक्ष सम्बन्ध होता था, किन्तु आज मुद्रण कला के विकास के कारण उन दोनों में वैसा प्रत्यक्ष सम्बन्ध नहीं रह गया है। मुद्रित रूप ने ग्राहक की अभिरुचि के साथ साहित्य रचना को जोड़नेवाले सूत्र को तोड़ दिया है। फलतः साहित्य की सामाजिकता का विस्मरण-सा हो गया है, लेखक और ग्राहक के प्रत्यक्ष सम्बन्ध का विच्छेद होने लगा है और साहित्य की प्रेरणा एवं अभिव्यक्ति के नए आदर्श सामने आए हैं। ग्राहक दृष्टि को भुला देने के कारण नवीन युग के साहित्यकार साधारणीकरण और भाव-प्रेषण के नए प्रश्नों में उलझ गए हैं।

प्राचीन आचार्यों की दृष्टि में काव्यों और नाटकों की कल्पना मुद्रित पुस्तक के रूप में न थी। भरतमुनि रूपक की चरितार्थता अभिनय द्वारा प्रेक्षकों का अनुरंजन करने में ही मानते हैं। प्राचीन काल में रामायण आदि जातीय काव्य श्रव्य रूप में ही समाज में पहुँचते थे। कलात्मक महाकाव्यों की भी विद्वानों की गोष्ठियों में परीक्षा होती थी। मध्ययुग में भी रचनाएँ दरबारी, साहित्यिक और जनपदीय सभा-समावेशों में सुनाई या गाई जाती थीं और श्रोताओं के अनुमोदन चरितार्थ समझी जाती थीं। वाणी की सफलता इसी में मानी जाती थी कि दर्शक या श्रोता के हृदय में स्थान ले और उनकी जिह्वा पर मुखरित हो। उस समय काव्य को समाज तक पहुँचानेवाले काव्यपाठक या गायक का बहुत मान होता था। राजशेखर कहते हैं कि जिसे सरस्वती सिद्ध हो वह ग्वाले से लेकर स्त्रियों तक के लिए आकर्षक काव्य-पाठ कर सकता है।[1] हिन्दी के वीर काव्यों का दरबारों में गायन होता था। राजसभाओं से स्वतन्त्र वीर गीतों का जनपदों में भी प्रचार था। भक्ति-साहित्य सामान्य जनता के भजन-कीर्तन की वस्तु था। रीतिकालीन धारा साहित्य के रसिकों की जिह्वा पर शोभा पाती थी। रीतिमुक्त कवि भी चाहते थे कि सहृदयों में अपनी वाणी का प्रसार हो।

आज साहित्य रचना के साथ पाठक का ऐसा प्रत्यक्ष सम्बन्ध नहीं है। हमारी साहित्य की धारणा कृत्रिम, शिक्षित और सभ्य बन गई है। नए युग के पाठक को प्रत्यक्ष भावानुभूति का रस नहीं मिलता। आज साहित्य की भावानुभूति का तात्पर्य किसी मुद्रित पुस्तक को उठाकर उसे पढ़ने में कुछ समय व्यतीत करना समझा जाता है। जब श्रोता पाठक बन गया है, साहित्य-रचना के साथ उसका प्रत्यक्ष सम्बन्ध नहीं रह गया है। मुद्रण कला के आविष्कार के पहले साहित्य के श्रव्य रूप में

ग्राहक-समाज की भावना साहित्य-सर्जना का अभिन्न अंग थी। मुद्रित रूप को देखते हुए हम यह भूल-से गए हैं कि साहित्य अपने मूल रूप में सामाजिक अभिरुचि की वस्तु था। प्राचीन श्रव्य रूप में आज का बहुत-सा मुद्रित साहित्य, साहित्य नहीं रह जाता। यदि साहित्य समाज को सुनाने की वस्तु होता तो प्रस्तुत रूप में 'कामायनी' की रचना कभी सम्भव ही नहीं होती। पाठ्य रूप के साहित्य की अभिव्यक्ति में जटिलता की बहुत गुंजाइश थी। उसने लेखक और ग्राहक को दूर किया है और दोनों के बीच में व्यापार-कला के अनेक व्यवधान आ गए हैं। प्राचीन काल में श्रोता कवि से उसकी रचना सुनता था और उसकी प्रतिक्रियाओं से साहित्य रचना में परिवर्तन भी होता था। अब वह समय नहीं रहा है कि साहित्य का ग्राहक श्रोता बनकर रचना को सुने और अपना मन्तव्य प्रकट करे। उसकी अभिरुचि और प्रतिक्रिया से लेखक के प्रभावित होने की सम्भावना नहीं रह गई है। घर के किसी कोने में बैठकर लिखने वाले आज के लेखक में अपने मन की भावना ही प्रबल रहती है। आर्थिक विवशता के कारण उसका ध्यान पाठकों की अभिरुचि पर उतना नहीं है जितना प्रकाशक की इच्छा पर। क्योंकि प्रकाशक का विज्ञापन ही रचना को पाठक तक पहुँचाकर उसका आर्थिक लाभ करता है। सभा में रचना न सुनानेवाला लेखक अपने को पाठक समाज के लिए उतना उत्तरदायी नहीं समझता। आज का मौन पाठक अपने घर में बैठे-बैठे लेखक की रचना के मुद्रित संकेतों का ग्रहण करता है। इस रूप में साहित्य की सामाजिकता की रक्षा किस प्रकार हो सकती है? प्रेषण के माध्यम में परिवर्तन ने साहित्य के स्वरूप को ही बदल डाला है। श्रव्य रूप में ध्वनि, नाद, बौद्धव्यता आदि पर व्यक्त-अव्यक्त लेखक का ध्यान रहता है। पाठ्य रूप में अब विचारों और अभिव्यक्ति का महत्त्व हो गया है। पहले लेखक का लक्ष्य श्रोता की भावानुभूति था। आज भाव से विचार, अनुभूति से व्यंजना, मूर्त्त अभिव्यक्ति से सूक्ष्म प्रतीकात्मक संकेत, साहित्य की श्रेष्ठता के परिचायक हो गए हैं। यही कारण है कि आज साहित्य के क्षेत्र में नई-नई विचार-सरणियों और सांकेतिक शैलियों का विकास हो रहा है और रचना की समीक्षा में भावानुभूति की अपेक्षा उन्हीं की चर्चा अधिक हो रही है। पहले श्रोता रचना को सुनकर उसका अभिशंसन करता था, आज पाठक रचना को पढ़कर उसकी परीक्षा या समीक्षा करता है। आज भी लोग कविता की सच्ची भावानुभूति के लिए उसके सस्वर पठन पर जोर देते हैं। इस तरह आधुनिक युग में लेखक का ग्राहक के साथ सम्बन्ध विच्छेद हो जाने और रचना में उसकी अभिरुचि का प्रत्यक्ष योग न रहने के कारण लेखक देशकाल की सामान्य प्रवृत्तियों के अनुसार रचना करते हुए पाठक की अभिरुचि के अनुकूल होने का प्रयत्न कर रहा है। आजकल साहित्य और समाज के नए सम्बन्धों का विचार-विमर्श, साहित्य की उपादेयता के साथ-साथ व्यापक ग्राहक-समाज के द्वारा उसके अनुमोदन को भी दृष्टि में रखकर हो रहा है। नवीन साहित्य की सामयिक एवं सामाजिक प्रवृत्तियों

के कारण रचना में लेखक और पाठक की अभिरुचियों का योग हो रहा है। अन्यथा उनके भावयोग का कोई सामान्य सूत्र ही नहीं रहता।

प्राचीन भारत में साहित्य-रचना और ग्राहक-समाज के प्रत्यक्ष सम्बन्ध का नाट्य शास्त्र, काम सूत्र आदि ग्रन्थों में विस्तृत निरूपण हुआ है। उस समय कला को दैनिक जीवन का अभिन्न अंग समझा जाता था। घटा और सरस्वती गोष्ठियों में ही नहीं, पर्व-त्योहारों पर भी काव्यपाठ होता था। कथावाचन, ऋतुगीत आदि का सामान्य समाज में विशेष प्रचार था। नाट्य शास्त्र में रूपक का पूरा नाटकीय विधान सामाजिक अनुभूति की दृष्टि से ही किया गया है। भरतमुनि, रूपक की फल-प्राप्ति उसके सामाजिक अनुमोदन में मानते हैं। किन्तु श्रव्य काव्यों के विवेचन में आचार्यों ने साहित्य का समाज के साथ सम्बन्ध को भुला दिया है और काव्य को सीमित सहृदयों, रसिकों या भावुकों की वस्तु बना दिया है। सामाजिक दृष्टि से नहीं, कवि-कर्म की दृष्टि से साहित्य का विवेचन करते हुए, यथार्थ की अनुकृति में प्राचीन यूरोपीय श्रव्य और दृश्य साहित्य, सामाजिक ग्राहकता के साथ प्रत्यक्ष सम्बन्ध रखकर विकसित हुआ है। मध्ययुग में भारतीय साहित्य सीमित वर्गों का हो गया है और उसने व्यापक समाज के साथ अपने सम्बन्ध को पूरा भुला दिया है। नाटक में प्रत्यक्ष भावानुभूति होती है जबकि उसके लिए काव्य में कल्पना की आवश्यकता पड़ती है। इस अन्तर ने भी श्रव्य साहित्य को सीमित सहृदयों की वस्तु बना दिया है। श्रव्य अनुभूति पठ्य अनुभूति हो जाने पर अनुभूति और भी अधिक परोक्ष हो जाती है और साहित्य रचना के साथ पाठक समाज का सम्बन्ध नहीं रह जाता।

प्राचीन काल में प्रेक्षक और श्रोता की रसानुभूति के लिए नाटक प्रदर्शित किए जाते थे और काव्य सुनाए जाते थे। दर्शक और श्रोता की ग्राहकता और अभिरुचि का विशेष ध्यान रखा जाता था। साधारणीकरण और आदर्शीकरण से सामाजिकों की आशा-आकांक्षाएँ सन्तुष्ट की जाती थीं। श्रव्य रूप में हिन्दी के प्राचीन साहित्य का भी ग्राहक वर्ग के साथ प्रत्यक्ष सम्बन्ध रहता था। काव्य रचना अपने श्रोताओं की प्रतिक्रियाओं को दृष्टि में रखकर ही होती थी। यह दूसरी बात है कि रचना अपने श्रोताओं के अनुसार वर्गीय सीमाओं में बँधी होती थी। किन्तु आज साहित्य के प्रकाशन में साक्षर व्यापक समाज, साहित्य की ओर उन्मुख तो हुआ है पर कर्ता के साथ ग्राहक का सम्बन्ध परोक्ष हो गया है।

प्राचीन काल में साहित्य के श्रव्य रूप के कारण पाठकों में जो भावावेश उत्पन्न होता था, साहित्य के मुद्रित रूप ने उसे समाप्त कर दिया है। पहले काव्य को पढ़कर सुनाने में शब्द सजीव हो उठते थे। कवि शब्दों की ध्वनि और अर्थ की मूर्त्तता पर बहुत ध्यान देता था। वह व्यावहारिक भाषा के मूर्त सौन्दर्य को अपनी रचना में लाने का भरसक प्रयत्न करता था। क्रमशः राजसभाओं में विद्वान श्रोताओं को पाकर काव्यभाषा कृत्रिम होती गई है। कुछ शब्द सुनने में अधिक प्रभावोत्पादक होते हैं।

पढ़ने में उनकी सार्थकता उतनी स्पष्ट नहीं होती, जैसे नाटक के संवाद पढ़ने में सजीव नहीं हो सकते। पढ़ने में शब्द का केवल सांकेतिक अर्थ का बोध ही होता है, शब्द के साथ सम्बद्ध भाव की अनुभूति नहीं होती। पढ़ने में कंठस्वर और हाव-भाव के प्रदर्शन के कारण नीरस काव्य भी सजीव हो उठता है। अब पाठ्य रूप में साहित्य की वह सजीवता समाप्त हो गई है जिसके कारण आजकल पाठक की सहृदयता से अधिक उसकी कल्पना के सहयोग की माँग की जा रही है।

प्रत्येक युग में लेखकों की सामाजिक स्थिति और साहित्यिक दृष्टिकोण का भी साहित्य की प्रवृत्ति और ग्राहक-समाज के साथ सम्बन्धों पर प्रभाव पड़ता है। जनता की प्रवृत्ति और ग्राहक-समाज की अभिरुचि के प्रति लेखक की दृष्टि, सामयिक परिस्थितियों में उसकी स्थिति के अनुसार बदलती रही है। वीर-गाथाकाल का कवि राजाश्रित था और श्रोता सभासद थे। कवि आश्रित था और आश्रयदाता वर्ग की दृष्टि में उसकी कोई पूछ नहीं थी। अच्छे कवियों का मान-सम्मान अवश्य होता था, फिर भी उनकी सामाजिक स्थिति ऊँची नहीं थी। वे वीरों के प्रशंसक चारणमात्र थे। काव्य रचना जीविका के लिए होती थी, इसलिए कवि और काव्य पर लोगों की श्रद्धा कम थी। समाज में श्रद्धा-भक्ति के पात्र वीर थे जो देश की रक्षा में प्राण देते थे। शासक वर्ग में कवियों को आश्रय देने का अभिमान था। यह आश्रय काव्य पर श्रद्धा से अधिक अपने उच्च संस्कार और बड़प्पन को दिखाने के लिए दिया जाता था। इस आश्रय ने कवि की प्रतिभा को आश्रयदाता वर्ग की अभिरुचि की सीमाओं में बाँध दिया है।

भक्ति काव्य के कवि आश्रय के बन्धनों से मुक्त थे। समाज में उनका मान-सम्मान भी था। पर वह सम्मान कवि होने के कारण नहीं, सन्तों और भक्तों के रूप में था। जनता ने कविता को नहीं, सन्तवाणी और भक्ति-साहित्य को अपनाया है। समाज की दृष्टि में 'मानस' काव्यग्रन्थ न होकर धर्मग्रन्थ था। फिर भी भक्ति में कवि और श्रोता के भावयोग ने अपूर्व 'भक्तिरस' की सृष्टि की है। भक्ति की सात्विकता में वर्गीय-सामाजिक संस्कारों को प्रायः भुला दिया गया है जिससे साहित्यकार और ग्राहक का पूर्ण भावयोग सम्भव हुआ है। हिन्दी साहित्य के इतिहास में कवि और सामाजिक ग्राहकता का यह पूर्ण भावयोग फिर कभी नहीं हुआ है। इसीलिए अन्य युगों की रचना में भक्तिकाव्य की रसार्द्रता नहीं मिलती।

रीतिकाल में आकर कवि फिर जीविका के लिए आश्रित हो गया है। लेकिन वीरगाथाकाल की तुलना में कवियों की सामाजिक स्थिति ऊँची अवश्य थी। कवि होना गौरव की बात समझी जाती थी। आश्रयदाता राजा-महाराजा कवियों को आश्रय देने में गर्व का अनुभव करते थे और उनसे अपनी सभा की शोभा मानते थे। लेकिन रीतिकालीन कला अपने ग्राहक समाज की अभिरुचि को सन्तुष्ट करने के लिए श्रृंगार विलास और उक्ति-वैचित्र्य के प्रदर्शन में लगी रही है। आश्रयदाता वर्ग की अभिरुचि

की सांस्कृतिक सीमाओं के कारण रीतिकाव्य भक्तिकाव्य की समता नहीं कर सका है। रीतिमुक्त कवियों ने वर्गीय साहित्यिक दृष्टि से अपने को अलग रखा है इसीलिए उनकी रचना में भाव-स्वच्छन्दता मिलती है।

भारतेन्दु युग में श्रोता का स्थान पाठक ने लिया है। इस परिवर्तन में साहित्य का व्यापक समाज के साथ सम्बन्ध स्थापित हुआ है। नए विचारों को अपनाने और समाज-सुधार की ओर ध्यान देने के कारण इस समय समाज में लेखकों का काफी सम्मान था। वह इने-गिने राजा-महाराजाओं का आश्रित नहीं रहा है। व्यापक पाठक समाज को पाकर वह आर्थिक दृष्टि से मुक्त हो गया है। इस प्रकार स्वतन्त्र हो जाने के कारण वह अपनी अभिरुचि और सामाजिक प्रवृत्ति को अधिक स्वच्छन्द और व्यापक रूप में अभिव्यक्त कर सका है। वह आर्थिक एवं सामाजिक प्रोत्साहन के लिए आश्रयदाता को छोड़कर मध्यवर्गीय शिक्षित पाठक समाज पर निर्भर हुआ है। आज शासकीय एवं उच्चवर्गीय ग्राहक अभिरुचि, साहित्य की प्रवृत्ति को पहले की तरह नियन्त्रित नहीं कर सकती। भारतेन्दु युग में नई प्रजातन्त्रात्मक दृष्टि के कारण जनमत को अधिक महत्त्व मिलने लगा है। सामान्य जनता की सामाजिक चेतना पर साहित्य के प्रभाव ने समाज में लेखक के महत्त्व को बढ़ाया है। वह समाज-सुधारक बना है और उसका साहित्य पहले की तरह विलासिता का साधन मात्र नहीं रहा है। प्राचीनकाल के धार्मिक प्रचार से भी आगे बढ़कर उसने साहित्य के लिए सर्वतोमुखी सामाजिक प्रगतिशीलता का आदर्श ग्रहण किया है। द्विवेदी युग में प्राचीन एवं अर्वाचीन सांस्कृतिक समन्वय के प्रयत्न ने लेखकों के महत्त्व को और भी बढ़ा दिया है और वे भारतीय संस्कृति के सन्देशवाहक राष्ट्रीय कवि बने हैं।

क्रमशः लेखक अपने को मानवता और समाज का पथ-प्रदर्शक और निर्देशक समझने लगा है। छायावादी रोमांटिक अभिव्यक्ति में कलाकार अपने को सामान्य समाज से ऊँचे मानसिक धरातल पर मानता था और इसलिए अपने को रचना में पूर्ण स्वतन्त्र समझता था। रूढ़ सामाजिक एवं साहित्यिक बन्धनों से लेखक की स्वतन्त्रता या स्वछन्दता के लिए आन्दोलन चला है। कलाकार का व्यक्तित्व, उसकी प्रेरणा और अनुभूति ही साहित्यिक अभिव्यक्ति की वस्तु बनी है। कवियों में अपनी सांस्कृतिक एवं आध्यात्मिक चेतना का अभिमान बढ़ा है और उन्होंने जन-सामान्य से अपना अलग रूपरंग भी बना लिया है। वर्गीय बन्धनों के विरुद्ध छायावादी कवि ने विद्रोह किया है, पर दूसरे प्रकार के वर्गीय संस्कारों का शिकार हो गया है। वह अपने को एक उच्च मानवता का उपासक समझने लगा है। इसी कारण छायावादी कवि अपनी रचनाओं की गहराई और सार्थकता को जन-सामान्य के लिए दुर्बोध समझते थे। वह समाज की उपेक्षा करते हुए भी समाज से अपनी श्रेष्ठता मनाने का प्रयत्न करता था। कलावाद का यह अतिरेक था जिसने सामाजिक ग्राहकता का तिरस्कार करके कवियों की वैयक्तिकता और अहं को पराकाष्ठा पर पहुँचा दिया

है।

प्रगतिवाद के रूप में उसकी प्रतिक्रिया हुई है और सामाजिक प्रवृत्ति में साहित्य का व्यापक ग्राहक समाज के साथ सम्बन्ध स्थापित हुआ है। सामाजिक भावना के कारण समाज में लेखक का मान बना रहा है। लेकिन आज लेखक जनता की अभिरुचि की उपेक्षा नहीं करता। रचना पाठकों के लिए है। उन पर अव्यक्त रूप से उसकी दृष्टि बनी रहती है। आज पाठक पर दृष्टि इतनी रखी जा रही है कि साहित्य प्रचारात्मक लगता है।

कालक्रम में पाठकों की प्रतिक्रियाओं के प्रति लेखकों के दृष्टिकोण में भी परिवर्तन हुआ है। प्राचीन काल में अपनी रचना का तिरस्कार होने पर कवि श्रोताओं की अभिरुचि को दोष देता था और भविष्य पर विश्वास रखता था। वह इस विचार में सांत्वना पाता था कि इस विशाल पृथ्वी में निरवधिक काल में उसकी रचना का कभी न कभी मूल्यांकन अवश्य होगा। किन्तु कलावाद के विकास के कारण आधुनिक कवि जन-सामान्य के अनुमोदन की उतनी चिन्ता ही नहीं करता। वह जन-सामान्य के लिए नहीं, केवल आदर्श पाठक के लिए लिखना चाहता है। अब साहित्य का श्रव्य रूप न रह जाने से श्रोताओं की प्रतिक्रिया का प्रत्यक्ष प्रभाव भी उस पर नहीं पड़ सकता। पहले सभा-समावेशों में कविता का सुधार-परिवर्तन भी होता था। पर आज के लेखकों को, विशेषकर कलावादी को अपनी अभिरुचि पर पूरा-पूरा विश्वास है। वह अपनी प्रतिभा और शक्ति को जानता है, इसलिए सामाजिक प्रतिक्रिया की उपेक्षा भी कर देता है। उसका विश्वास है कि सामाजिक निन्दा और सामयिक समीक्षा का पक्षपात पूर्ण निर्णय आज नहीं तो कल अवश्य बदलेगा, उसकी प्रतिभा इस सामाजिक संघर्ष में अवश्य विजयी होगी। कलावादी भावावेग में जो भी कहे, वह जनमत की पूरी उपेक्षा नहीं कर सकता। आखिर मान-सम्मान ही कवि की कल्पना को पंख देगा और उसे ऊँची से ऊँची उड़ान के लिए प्रोत्साहन देगा। सामान्य पाठकों की उपेक्षा करके भी कलावादी सहृदय भावज्ञों की प्रशंसा चाहता ही है। उसके अभाव में कलावादी छायावाद के कवि अपनी कुढ़न को छिपा नहीं सके हैं और ग्राहक अभिरुचि एवं दूसरी प्रवृत्तियों पर आक्षेप करने लगे हैं।

आधुनिक युग में सामान्य स्तर के पाठकों के लिए विकसित गद्य-साहित्य की प्रवृत्ति सहज ही सामाजिक थी। प्रेमचन्द-युग तक लेखकों ने व्यापक पाठक-समाज की उपेक्षा न करके उनको अपने साथ प्रगति के पथ पर ले जाने का प्रयत्न किया है और आवश्यकता पड़ने पर पाठक वर्ग की अभिरुचि का परिष्कार भी करते रहे हैं। लेकिन बाद में कथा-साहित्य में भी छायावाद की तरह व्यक्तिवादी धाराओं का विकास हुआ है। वे व्यक्तिवादी दृष्टि से ग्राहक समाज की उपेक्षा करते हुए अपनी विशेषज्ञता का दावा करने लगे हैं। कुछ समीक्षक नई रचनाओं की कलात्मक प्रौढ़ता की प्रशंसा भी कर रहे हैं, लेकिन सामान्य पाठक उन्हीं यथार्थवादी रचनाओं को

अपनाता है जो उन्हें अपने साथ ले चलती हैं। पाठक समाज की सामाजिक प्रवृत्ति के अनुरूप रचना ही लोकप्रिय हो सकती है। प्रगतिवाद ग्राहक समाज की अभिरुचि की उपेक्षा तो नहीं करता पर वह अपने निश्चित राजनीतिक आदर्शों के कारण विवश है। इस विवशता में वह सामाजिक ग्राहकता को कितना सन्तुष्ट कर सकेगा, इसी पर उसकी लोकप्रियता निर्भर है।

इलियट लिखते हैं कि कवि, भावानुभूति की मनोवैज्ञानिक समस्या की अपेक्षा कविता की सामाजिक उपादेयता और अपनी सामाजिक स्थिति के सम्बन्ध में अधिक सावधान रहता है। इस कारण वह व्यापक और मिश्रित पाठक वर्ग के लिए लिखना अधिक पसन्द करता है। कविता की कलात्मक अभिव्यक्ति को समझने में सामान्य समाज को कठिनाई होती है, इसे वे स्वीकार नहीं करते। उनका कहना है कि साधारण जनता से अर्द्ध शिक्षित और कुशिक्षित वर्गों को ही कविता की अधिक कठिनाई प्रतीत होती है। इस सन्दर्भ में नाटक का उदाहरण देते हुए वे कहते हैं कि नाट्यकला में जहाँ भिन्न-भिन्न वर्गों की विभिन्न रुचियों के प्रेक्षकों का समावेश होता है, साहित्य की उपादेयता अधिक सिद्ध होती है। वहाँ साहित्य की सच्ची सामाजिक और सामुदायिक आनन्दानुभूति की सम्भावना रहती है। कहने का तात्पर्य यह है कि कवि सामाजिक भावानुभूति को भुलाकर व्यक्तिनिष्ठ आत्मकेन्द्रित दृष्टि से आत्माभिव्यक्ति नहीं चाहता।[2]

लेखक को अभिव्यक्ति की पूरी स्वतन्त्रता के बावजूद वह व्यापक पाठक समाज की अभिरुचि की अवहेलना करके आगे नहीं बढ़ सकता। अपनी रचना की प्रेषणीयता की, पाठकों को बोधगम्य बनाने की शर्त प्रत्येक लेखक और रचना के साथ लगी रहती है। पाठकों को बोधगम्य बनाकर, उनको अपनी ओर आकृष्ट करके ही लेखक अपना कुछ कह सकता है और उससे उनका संस्कार या उद्धार कर सकता है। कवि पाठकों के अनुमोदन की उपेक्षा करके आत्माभिव्यक्ति का प्रयत्न नहीं कर सकता। क्योंकि प्रतिकूल निर्णयों का कवि के मन पर प्रभाव अवश्य पड़ता है। चाहे वह अपनी रचना की उत्कृष्टता के सम्बन्ध में कितना ही आत्म विश्वास क्यों न रखे। पाठकों के निर्णय को अनुचित समझते हुए भी वह अपनी दूसरी रचना सामाजिक अभिरुचि के अनुकूल करना चाहता है क्योंकि सामाजिक मान्यता के बिना उसे आत्म-सन्तोष नहीं होता। अपनी अनुभूति के अनुसार रचना का मूल्यांकन करते हुए, अपने ऊपर आत्म-विश्वास रखते हुए भी ग्राहक की अनुभूति के साथ अपनी आत्माभिव्यक्ति के सामंजस्य की यह सहज आकांक्षा, कवि की सामाजिक दृष्टि का परिणाम है। रोमांटिक कलाकार कहते हैं कि वे केवल अपनी भावानुभूति की अभिव्यक्ति चाहते हैं, पाठकों से उनका कोई मतलब नहीं है। फिर भी संवेदनशील कलाकार का मन जनमत की अवहेलना नहीं कर पाता। प्रशंसा उसकी प्रेरणा को बल देती है और निन्दा एवं उपेक्षा उसे अपने काम से विमुख बनाती है। यह सच

है कि कलाकार में अपनी आत्माभिव्यक्ति की जो अदम्य आकांक्षा रहती है वह कला की सृष्टि में तृप्त हो जाती है। फिर भी कवि की मानसिक कल्पना को रचना का रूप-धारण करने की प्रक्रिया में बहुत श्रम करना पड़ता है। पाठकों के अभिशंसन की प्रेरणा के अभाव में भावानुभूति को प्रयत्नपूर्वक रूप-योजना करने का कष्ट कवि कभी न करेगा। ऐसी स्थिति में उसकी अभिव्यक्ति केवल मानसिक रह जाएगी। गेटे ने ठीक ही कहा है कि ग्राहक समाज के बिना कवि के सुख-दुःख की सारी अनुभूतियाँ मौन और शान्त रह जाएँगी। प्रकाशन के द्वारा आर्थिक लाभ पाने की आवश्यकता न होने के कारण जनमत की उपेक्षा करनेवाला सम्पन्न कवि भी किसी न किसी भावज्ञ सहृदय को अपील करने में ही अपनी आत्माभिव्यक्ति को चरितार्थ मानेगा। वास्तव में अधिकांश कवि सीमित सहृदयों की नहीं, अधिकाधिक पाठकों की विशेष प्रशंसा चाहते हैं। वैसी सामाजिक मान्यता न मिलने पर कवि की रचना में एक अन्तर्लीन, एक करुणार्द्र स्वर सुनाई पड़ेगा। छायावादी कवियों की ऐकान्तिक भावना के मूल में सामाजिक उपेक्षा का यही करुण स्वर है। सामाजिक भीड़ों की निन्दा करनेवाला कवि भी अव्यक्त रूप में उनकी सहानुभूति चाहता ही है। कवि और पाठक का भाव योग न होने पर, दोनों के बीच विचार-संघर्ष में महान रचना नहीं हो सकती। पाठकों का मनोनिवेश अभिरुचि, सहानुभूति, समझदारी, मान्यता और प्रशंसा, साहित्य-रचना का अनुकूल वातावरण उपस्थित करती है। किसी युग में कलात्मक साहित्य-रचना की न्यूनता का कारण यह नहीं है कि उस युग के समाज ने अपने वैज्ञानिक एवं बौद्धिक विकास पर अधिक ध्यान केन्द्रित किया है, उसमें सर्जनशील कलात्मक प्रतिभा का अभाव है या अन्यान्य क्षेत्रों की तरह कालक्रम में साहित्य का उत्थान-पतन होना भी प्रकृति का स्वाभाविक नियम है, बल्कि ग्राहक समाज के अभाव में या कर्ता और ग्राहक समाज के बीच भावयोग की विषमता में अननुकूल साहित्यिक वातावरण ही उसका प्रधान कारण है। संवेदनशील मानव समाज में कभी भी कलात्मक प्रतिभा का अभाव हो सकता है, यह विश्वसनीय बात नहीं है।[3]

क्रोचे के अनुसार कल्पना की क्रियाशीलता में कलात्मक सर्जना मानसिक अभिव्यंजना है। उनका कहना है कि कला की मानसिक अभिव्यक्ति को किसी माध्यम में बहिर्गत करते समय भाव-प्रेषण की समस्या उत्पन्न होती है। अपनी मानसिक अभिव्यक्ति को प्रकाशित करना या न करना अथवा कलाकार अपनी कल्पना को कैसे और किसके लिए तथा किस माध्यम में रूप देता है, ये कलात्मक अभिव्यक्ति से सम्बद्ध सामाजिक प्रश्न हैं।[4] साहित्य के रूप-विधान की सारी प्रक्रिया सामाजिक है, उसमें एक ओर सामाजिक मर्यादा का अनुशासन है तो दूसरी ओर अव्यक्त रूप में ग्राहक समाज पर दृष्टि भी है। कवि की स्वतन्त्रता के ये दो किनारे हैं। रचना की भावधारा का सामाजिक पाठक की अभिरुचि के साथ और उसकी अभिव्यक्ति

का पाठक की ग्राहकता के साथ अनिवार्य सम्बन्ध रहता है।

व्यक्तिवादी साहित्यकार अज्ञेय मानते हैं कि साहित्य में स्वान्तःसुखाय आत्माभिव्यक्ति का दूसरा पहलू भी होता है कि अपनी अभिव्यक्ति किसके लिए है। "इसलिए अभिव्यक्ति मैं एक ग्राहक या पाठक या श्रोता में अनिवार्य मानता हूँ और इसके परिणामस्वरूप जो दायित्व लेखक का कवि या कलाकार पर आता है उससे कोई निस्तार मुझे नहीं दीखा। ...यह स्पष्ट है कि अभिव्यक्ति किसी के प्रति है और किसी की ग्राहक बुद्धि के आगे उत्तरदायी है। ...भाषा उनके व्यवहार का माध्यम है और उसकी माध्यमिकता इसी में है कि वह एक से अधिक को बोधगम्य हो, अन्यथा वह भाषा नहीं है।" अभिव्यक्ति के साथ प्रेषणीयता और ग्राहकता का प्रश्न लगा हुआ है और जीवन की जटिल अनुभूतियों की अभिव्यक्ति में भी भाषा की गूढ़ता उसकी विवशता है, उसका धर्म नहीं।[5]

जब नई भावधारा के साथ नई साहित्यिक प्रवृत्तियों का विकास होता है तब यह बात और भी स्पष्ट हो जाती है कि कवि को ग्राहक समाज पर दृष्टि रखनी चाहिए और साहित्य-रचना में उसे पाठकों के सहयोग की आवश्यकता पड़ती है। उनकी अभिरुचि के साथ कुछ सामंजस्य करके, उन्हें अपनी ओर आकृष्ट करके ही कवि उन्हें नई दिशाओं में ले जा सकता है और उनकी अभिरुचि को नए रूप में ढाल सकता है। प्रायः पाठकों की ग्राहकता और अभिरुचि को भुलाकर नई धाराओं के प्रवर्तक अपनी असफलता पर पाठकों की उपेक्षा की शिकायत करते हैं। लेखक और समीक्षक के द्वारा अनुकूल साहित्यिक वातावरण की सृष्टि, नई प्रवृत्तियों की सफलता के लिए बहुत आवश्यक है। अपनी रचना को पाठक तक पहुँचाने के लिए लेखक को सचेत रहना पड़ता है, विशेषकर उस समय जब परम्परा से भिन्न रचना होती है। दीर्घकालीन परिचय के कारण पाठकों की मानसिक प्रवृत्ति सहज ही परम्परा की ओर उन्मुख रहती है, उनके साहित्यिक संस्कार उसी से बने हुए होते हैं। ऐसी स्थिति में नई प्रवृत्ति को इस रूप में उपस्थित करना होगा कि वह सुगमता से पहले की परम्परा में पले हुए पाठकों के हृदय तक पहुँच सके। साहित्य को केवल आत्माभिव्यक्ति मानकर पाठक तक पहुँचाने के लक्ष्य को भुला देने से रचना की उपेक्षा होने की सम्भावना बनी रहती है। अभिव्यक्ति की साहित्यिक परम्परा को छोड़ देने पर नए को पाठक के हृदय में प्रवेश पानेवाला रूप देने का उत्तरदायित्व कलाकार का ही है। सामाजिक दृष्टि रखने पर ही कोई रचना पाठक तक पहुँचती है और तभी उसकी अपील सीमित नहीं होती। आखिर साहित्यकार अपनी रचना को पाठकों के हृदय तक पहुँचाकर उसे प्रभावित करना ही तो चाहता है। साहित्य के समाजीकरण के बिना प्रेषणीयता की समस्या कैसे हल होगी?

रचना के माध्यम में लेखक और पाठक के सम्बन्ध का निर्णय करना बहुत ही जटिल काम है। जो रचना पाठक को दृष्टि में रखकर लिखी जाती है वह लोकप्रिय

होने पर भी उसका साहित्यिक स्तर गिरा हुआ होता है। दूसरी ओर कलावादी आत्माभिव्यक्ति पाठकों के लिए दुर्बोध बन सकती है। व्यापक समाज पर दृष्टि रखते हुए कलात्मक स्तर की रक्षा में सफलता इने-गिने महाकवियों को ही मिली है। प्रायः यही देखा जाता है कि उच्च साहित्य शिक्षितों की वस्तु बनकर कलात्मक प्रौढ़ता की साधना करता है और लोकप्रिय सामाजिक साहित्य जनता की आकांक्षाओं को तृप्त करते हुए व्यापक ग्राहक वर्ग को अपील करता है। इस विषमता को देखते हुए सहज ही प्रश्न उठता है कि क्या लेखक को रचना करते समय पाठकों की ग्राहकता पर ध्यान देना चाहिए? अन्यथा वह प्रेषणीयता की समस्या को किस तरह हल कर सकेगा? इस सन्दर्भ में रिचर्ड्स का कहना है कि कवि मानस की मानवीय स्वाभाविकता और विषय की सामाजिकता के कारण प्रेषणीयता की समस्या अपने आप हल हो जाती है। रचना में निबद्ध कवि की अनुभूति की मानवीय स्वाभाविकता के अनुसार रचना की अपील व्यापक होती है। यदि लेखक ग्राहक-समाज पर सतर्क दृष्टि रखें तो उसकी प्रतिभा ग्राहक दृष्टि और रचनात्मक प्रक्रिया में विभक्त होकर कलात्मक रचना में उसका पूरा उपयोग नहीं हो पाता।[6] रचना में ग्राहक-समाज पर प्रत्यक्ष दृष्टि नहीं होती, इस दृष्टि से कला आत्माभिव्यक्ति ही है। कवि पाठकों को सम्बोधित करके रचना नहीं करता। वह अपने मन में बनी-बनाई रचना को पाठकों के लिए भाषा के माध्यम में अभिव्यक्त नहीं करता। रचना के पहले लेखक की अनुभूति और लिखने की प्रेरणा अस्पष्ट रहती है, अभिव्यक्ति की प्रक्रिया में ही वह निश्चित रूप धारण करती है।[7] इसीलिए रचना का अन्तिम रूप, लेखक की आरम्भिक भावना से बिल्कुल भिन्न होता है। तात्पर्य यह है कि रचना कलाकार की आत्माभिव्यक्ति है और पाठक उसका स्वागत करनेवाला श्रोता मात्र है। जो उसे समझते हैं, वे कवि के शब्दों को अपनाकर भावना द्वारा अपनी ही संवेगात्मक अनुभूतियों के प्रत्यक्षीकरण का प्रयत्न कर रहे हैं। इस तरह कवि की रचना पाठक के लिए अपनी आत्माभिव्यक्ति का साधन बनती है। इसी दृष्टि से कालरिज ने कहा है कि कवि अपने पाठकों को भी कवि बनाता है।[8] कला को मूलतः आत्माभिव्यक्ति मानते हुए भी कालिंगवुड ने रचनात्मक प्रक्रिया में पाठक के सहयोग की सम्भावनाओं का मार्मिक विवेचन किया है। उनका कहना है कि यह सहयोग कलात्मक सर्जना की परिधि में ही होना चाहिए, अन्यथा पाठकों को प्रत्यक्ष रूप से दृष्टि में रखकर होनेवाली साहित्य की रचना कलात्मक नहीं होती। उन्होंने साहित्य के पाठक का, ग्राहक और सहयोगी दो रूपों में विचार किया है। पहले ग्राहक के रूप में पाठक कलाकार की अनुभूति के समान अनुभूति पाने का प्रयत्न करता है। महान प्रतिभा की रचना में इस प्रकार की समान अनुभूति कठिन होने पर भी वह अपनी भावनाशक्ति के अनुसार आंशिक रूप में प्रतिभा की महानता को अवश्य अनुभव करता है।[9] पाठक को अपना सहयोगी बना लेने पर लेखक विषय-निर्वाचन और रूप-कल्पना में अपनी

दृष्टि के अनुसार न चलकर पाठक के लिए उनकी सार्थकता और बोद्धव्यता को दृष्टि में रखता है। पाठक को दृष्टि में रखकर कलाकार जो कुछ लिख रहा है वह जब उसकी आत्मानुभूति भी है तभी उसे कला की संज्ञा मिलेगी। पाठक को सहयोगी बना लेने पर साहित्यकार अपनी रचना को समझने की जिम्मेदारी पाठक पर छोड़ने के बदले अपने सामाजिक संसार में भाव-विचारों को समझने का प्रयत्न करता है। वह आत्माभिव्यक्ति के बदले अपनी भावानुभूति में पाठकों को साथ कर लेता है। दूसरे शब्दों में वह दोनों की सामान्य अनुभूतियों को रूप देकर पाठक की अनिर्वचनीय अनुभूतियों को उसके लिए व्यक्त करने में सहायक होता है। इस छूट में ग्राहक समाज पर दृष्टि, कवि की कलात्मक अनुभूति का आनुषंगिक विषय न होकर उसकी अनुभूति का अभिन्न अंग बन जाती है। यही कलाकार और पाठक का सच्चा कलात्मक सहयोग है। हिन्दी में छायावादी कवियों ने कलावादी होने के कारण पाठकों को केवल ग्राहक बनाकर आत्माभिव्यक्ति का ही प्रयत्न किया है। किन्तु आजकल कलाकार और पाठक का अधिक घनिष्ठ सम्बन्ध और सहयोग दिखाई दे रहा है। सिद्धान्ततः आत्माभिव्यक्ति ही सच्ची कला होने पर भी सामाजिक जीवन में सहयोग की भावना से कोई कलाकार अपने को बचा नहीं सकता। सभी भाषाओं के, सभी युगों के महान कलाकार सामाजिक सहयोग पर दृष्टि रखकर ही आगे बढ़े हैं। ग्राहक दृष्टि की उपेक्षा करके आगे बढ़ना आसान काम नहीं है। अपनी कलाकृति को प्रकाशित करने की इच्छा न रखनेवाले कलाकार कम ही होते हैं और वे प्रायः उच्चकोटि के नहीं होते। पाठक समाज जन-सामान्य हो या सीमित सहृदय हो, कवि को अपना जो कुछ कहना है उसे ग्राहक समाज के सामने रखकर ही वह सन्तुष्ट होगा।[10]

साहित्यकार ग्राहक-समाज की प्रतिक्रिया की उपेक्षा नहीं कर सकता। समाज द्वारा कड़ी आलोचना के बावजूद साहित्यकार का अपनी साधना में संलग्न रहना उतना आसान काम नहीं है। उसके लिए विशेष आत्मविश्वास चाहिए जो केवल इने-गिने लेखकों में ही होता है। यदि कलाकार केवल अपने लिए आत्माभिव्यक्ति का प्रयत्न करता है तो उसकी सामाजिक स्थिति हास्यास्पद हो जाती है और वह रचना से विमुख हो जाता है। प्रतिकूल प्रतिक्रिया में कवि का वैयक्तिक अहं ही घायल नहीं होता वरन् अपनी रचनाओं की उत्कृष्टता के सम्बन्ध में आत्मविश्वास ही समाप्त हो जाता है। यदि लेखक को अपनी रचना से सन्तोष होता है तो भी वह समाज की उपेक्षा करके चुप नहीं रह सकता। अपनी रचना की उत्कृष्टता के आत्म-विश्वास का पाठकों की प्रतिक्रिया से समर्थन न मिलने पर उसे अपने निर्णय की सत्यता पर सन्देह होने लगता है कि उसे सच्ची कलात्मक अनुभूति हुई है या वह भ्रम में पड़कर केवल अपने अहं का प्रकाशन कर रहा है? लेखक अपनी अनुभूतियों को, उन्हें पाठकों के साथ समानधर्मा मानकर ही अभिव्यक्ति करता है। इसलिए वह पाठकों द्वारा अपनी रचना का अनुमोदन चाहता है। वह अनुभूति और भावना

को 'अपनी' नहीं 'हमारी' समझता है और ग्राहक-समाज के लिए रचना करता है। वह पाठकों द्वारा अपनी रचना का निष्क्रिय ग्रहण ही नहीं, कलात्मक अनुभूति में सहयोग भी चाहता है। वह रचना की आनन्दानुभूति में उन्हें समभागी बना लेना चाहता है। ये भावनाएँ साहित्य-रचना की पूरी प्रक्रिया में सक्रिय होकर उसकी रचना को आद्यंत प्रभावित करती रहती हैं। लेखक अपनी कलात्मक सृष्टि में सामाजिक उपादेयता या प्रशंसा पाने की दृष्टि से ग्राहकों का सहयोग नहीं चाहता। ऐसी स्थिति में ग्राहक भावना उसकी कलात्मक अनुभूति का अंग नहीं हो सकती। साहित्य-सर्जना में कलाकार की अनुभूति और भावना का अभिन्न होकर ही ग्राहक-भावना कलात्मक होती है। इसी रूप में वह लेखक की कलात्मक समस्या और अनुभूति के स्वरूप का निर्धारक होती है।[11]

साहित्यिक परम्परा और सामयिक कलाकारों के प्रभाव में लेखक की वैयक्तिकता का पहला द्वार खुल जाता है। फिर नाटक के अभिनेताओं और साहित्य के मर्मज्ञ समीक्षकों के सहयोग की आवश्यकता उसे अधिक सामान्योन्मुख बना देती है। विशेषकर नाटक की सजीवता, रंगमंच पर अभिनय करने में नटों की भाव-ग्रहण-क्षमता और कल्पना के सहयोग पर बहुत कुछ निर्भर रहती है। साहित्य को सजीव बनाने में दर्शकों या पाठकों का अन्तिम सक्रिय सहयोग सबसे अधिक महत्त्व रखता है। इसका प्रमाण यही है कि वेशभूषा और साज-सज्जा के साथ अन्तिम रिहर्सल में नाटक की सभी विशेषताएँ रहती हैं, फिर भी प्रेक्षकों के बिना वह नाटक का अभिनय नहीं कहलाता। जिस तरह नए नाटक की प्राण-प्रतिष्ठा करता है उसी तरह प्रेक्षक की प्रतिक्रिया नट के अभिनय में सजीवता का विकास करती है। नाटक के प्रेक्षक दूसरों की बातचीत सुननेवाले श्रोता नहीं हैं जिनकी उपेक्षा करके भी नाटक का अभिनय हो सकता है। वह अभिनय में प्राण स्पन्दन का कारणभूत नाटक का सक्रिय सहयोगी है। इसी तरह पाठक, साहित्य का निष्क्रिय ग्राहक नहीं, बल्कि उसका सहयोगी भावक है जिसकी भावना में रचना सजीव होती है। साहित्य के मुद्रित रूप में लेखक और ग्राहक का प्रत्यक्ष सम्बन्ध नहीं रहा है। इससे आज दोनों में सहयोग की यह भावना नष्ट हो गई है। साहित्य के प्रकाशन से ऐसा लगता है कि पाठक तक पहुँचने के पहले ही रचना समाप्त हो गई है और पाठक का काम केवल उसे समझना है। कलाकार अपनी अनुभूति पाठकों के साथ सामान्य होने की आवश्यकता को भूल गया है जो उनकी सहयोगिता का साधन था। ऐसी स्थिति में लेखक की आत्माभिव्यक्ति कला नहीं है। पाठकों की सक्रिय कल्पना के सहयोग में ही कला की परिपूर्णता है। इसीलिए ग्रामोफोन रिकार्ड, गायक और श्रोता के सहयोग के अभाव में दोनों को पूरा सन्तोष नहीं दे पाता। कवि सम्मेलनों में कविता की जो सजीवता होती है वह पुस्तक पठन में नहीं हो सकती। रेडियो, सिनेमा आदि में श्रोता या दर्शक केवल ग्राहक होता है, उन कलाओं के साथ उसके सहयोग की गुंजाइश नहीं

रहती। उनसे साहित्य और अन्य कलाओं की श्रेष्ठता इसी बात में है कि उनके श्रोता, दर्शक या पाठक ग्राहक ही नहीं रहते बल्कि कलाकृति की प्राण-प्रतिष्ठा में सहयोगी भावक भी होते हैं।[12]

ग्राहक समाज के साथ साहित्य का सम्बन्ध कलात्मक परिधि में ही होता है, सुधार और प्रचार की सामाजिक परिधि में नहीं है। साम्यवादी और अन्य प्रकार के प्रचारात्मक साहित्यों में यह दोष पाया जाता है कि उनमें सामाजिक अभिरुचि के अनुसार रचना में प्रत्यक्ष परिवर्तन कर दिया जाता है। इस तरह उनका प्रचार लेखक की कलात्मक अनुभूति की परिधि में नहीं होता। साहित्यिकता और सामाजिकता का सामंजस्य, रचना में कवि की आन्तरिक अनुभूति का अंग होकर ही कलात्मक होता है। इसलिए साम्यवादी श्रेष्ठ रचनाएँ वे हैं जिनमें लेखक की अनुभूति और सर्जना जनवादी होती है, वे नहीं जिनमें जनवादी दृष्टि तथा कलाकार की अनुभूति और अभिव्यक्ति को प्रभावित करती हैं। साम्यवादी सतर्क ग्राहक दृष्टि, लेखक की आन्तरिक अनुभूति न होने पर केवल अभिव्यक्ति के स्वरूप को बदलने के प्रयत्न में कला को समाप्त कर देती है। साम्यवादी, सामाजिक अभिरुचि के अनुकूल होने के लिए लेखक की कलात्मक आत्माभिव्यक्ति में परिवर्तन करना चाहते हैं तो उसमें कला ही नहीं रहेगी। सामाजिक परिस्थितियों और कलाकार की अनुभूति में परिवर्तन होने पर ही सच्ची सामाजिक कला का विकास होगा।

मुद्रण यन्त्र के आविष्कार से लेखक और ग्राहक के बीच प्रकाशक का आगमन हुआ जो पाठकों की अभिरुचियों का ज्ञाता एवं निर्देशक और लेखकों की रचनात्मक प्रवृत्तियों का निर्णायक बना है। मुद्रण कला के आरम्भ में वह प्रकाशनार्थ पुस्तकों को चुनकर उनके प्रचार से सामयिक साहित्यिक अभिरुचि के स्वरूप का निर्देशक रहा है। उस समय मुद्रण कला का आज के समान विशेष प्रचार नहीं था। लेखकों को प्रकाशक की सूचना के अनुसार लिखना पड़ता था। कौन-सी रचना पाठकों के सामने रखनी चाहिए, कौन-सी लोकप्रिय होगी, किसका कैसा आदर रहेगा, इन सब का निर्णय करके वह पुस्तकों का प्रकाशन करता था और इस तरह अपने अभीष्ट रूप में ग्राहक अभिरुचि को ढालता था। वह प्रकाशन के उच्च स्तर पर विशेष ध्यान रखता था और इसलिए पाठकों का विश्वासपात्र होता था। लेखक प्रसिद्ध प्रकाशक की ओर से अपनी पुस्तक का प्रकाशन चाहते थे। उसकी ओर से रचना का निकलना अच्छी साहित्यिक अभिरुचि के अनुकूल होने का प्रमाण था, सामाजिक अनुमोदन मिलने की एक प्रकार की गारंटी थी। आज भी अनेक प्रसिद्ध प्रकाशक हैं जो प्रकाशन में अच्छे साहित्यिक स्तर पर ध्यान रखते हैं। पर अधिकांश प्रकाशक व्यापारी हो गये हैं। वे साहित्यिक उत्कृष्टता और सुरुचि पर उतना ध्यान नहीं देते, बल्कि किताबों की बिक्री को ही प्रकाशन का मानदंड समझते हैं। अपने समर्थन में यह कहते हुए कि पाठकों की अभिरुचि और माँग ही ऐसी है, वे सस्ती रचनाएँ निकालते हैं। धीरे-धीरे

मुद्रण कला की उन्नति और उसके प्रचार के फलस्वरूप लेखक और प्रकाशक में स्वस्थ सम्बन्ध स्थापित हो गए हैं। आज प्रकाशक रचना की प्रवृत्ति और ग्राहक अभिरुचि का निर्णायक नहीं रहा है। लेखक को अपने साहित्यिक अधिकार प्राप्त हो गए हैं। पहले वह अपनी जीविका के लिए आश्रयदाता पर निर्भर रहने के कारण उसकी अभिरुचि के अनुसार रचना करता था, मुद्रण कला के आरम्भ में वह प्रकाशक पर निर्भर हुआ है और आज व्यापक पाठक समाज को पाकर स्वतन्त्र हो गया है। इस स्वतन्त्रता ने पहले उसे वैयक्तिक बना दिया है। फलस्वरूप कलावादी रोमांटिक लेखकों ने सामाजिक दृष्टि को भुलाकर आत्माभिव्यक्ति का प्रयत्न किया है। लेखकों को अपनी सामाजिक स्थिति का बोध होने पर आर्थिक दृष्टि से स्वतन्त्र लेखक आज अपना सामाजिक उत्तरदायित्व निभाना चाहता है। श्रव्य-साहित्य अपने आविर्भाव काल में जिस तरह सामाजिक समुदाय का था, कुछ उसी तरह आज का साहित्य भी वस्तु कथ्य और अभिव्यक्ति तथा ग्राहक अनुभूति में सामाजिक बनने की साधना कर रहा है। आज साहित्यिक दृष्टिकोण में सामाजिकता की ओर जो परिवर्तन हो गया है वह साहित्य-समर्पण जैसी मामूली बातों से भी स्पष्ट हो जाता है। पहले की तरह आज साहित्य धन-प्राप्त करने के लिए आश्रयदाताओं को नहीं, श्रद्धा के पात्रों को हृदय से समर्पित हो रहा है। अपनी उच्चता के अभिमान में साहित्य को आश्रय देनेवाले विलासियों के स्थान पर श्रद्धेय व्यक्तियों को समर्पित करना, समाज में कला के मूल्य को प्रकट करता है।

पुस्तकों के मुद्रण और प्रकाशन ने साहित्यिक प्रवृत्ति और ग्राहक अभिरुचि के स्वरूप को ही बदल डाला है। उसके कारण एक ओर सुगमता के साथ साहित्य का प्रचार सम्भव हो गया है तो दूसरी ओर लेखक और पाठक के बीच प्रकाशक एवं उसकी व्यापारी दृष्टि के आ जाने से साहित्यिक अभिरुचि की नई समस्याएँ भी उत्पन्न हुई हैं। फिर भी व्यापक पाठक-समाज के साथ लेखक का सम्बन्ध स्थापित होकर साहित्य में सामान्य सामाजिक जीवन की ओर प्रवृत्ति बढ़ी है। हिन्दी के प्राचीन साहित्य से भिन्न आधुनिक साहित्य की इस सामाजिक प्रवृत्ति का कारण, शिक्षित एवं संस्कृत सहृदयों के स्थान पर सामान्य सामाजिक पाठकों के साथ लेखक का सम्बन्ध स्थापित होने से ही है। लेकिन मुद्रित रूप के कारण यह सम्बन्ध, प्राचीन काल की तरह प्रत्यक्ष सहयोगी सम्बन्ध नहीं रहा है। ऐसी स्थिति में आज विषय की सामाजिकता ही लेखक और पाठक दोनों की अभिरुचियों का सम्बन्ध सूत्र हो सकती है। सामाजिक वस्तु के आधार पर सामाजिक पाठकों को सम्बोधित करनेवाले रूप में ही आज के लेखक और पाठक सहयोगी बन सकते हैं।

मुद्रण कला के द्वारा साहित्य श्रव्य से पाठ्य बनने में उसकी सजीवता अवश्य कुछ कम हो गई है। विशेषकर गीति रचना की। पठन में साधारण पाठक को रचना की सजीवता की अनुभूति कम होती है। शिक्षित सहृदय भी जब तक अन्तःश्रवण

की शक्ति का विकास नहीं कर लेता, दृश्य पठन से रचना की सजीवता का अनुभव नहीं कर पाता। इस तरह मुद्रण से अनुभूति की सजीवता कम हुई तो अच्छी साहित्यिक अभिरुचि के विकास में उससे सहायता भी मिली है। मुद्रित पुस्तक में पीछे जाने की सुविधा से लेखक की भावधारा और अनुभूति के क्रम विकास पर ध्यान देते हुए अपनी अनुभूति और अभिरुचि के औचित्य की परीक्षा की जा सकती है। रचना को पूरा पढ़ने के पहले ही लेखक के अन्तिम निर्णयों से भिज्ञ होकर उसके प्रचार और रचना के अनुचित प्रभाव के प्रति सही दृष्टिकोण अपनाया जा सकता है। बीच में रुककर सोच-समझकर फिर आगे बढ़ते हुए लेखक की पूर्वापर असंगति का पता लगाया जा सकता है। भावावेग में न आकर विचार-विमर्श और आत्म-विश्वास के साथ, ध्यानपूर्वक रचना का अनुसरण करने की यह सुविधा साहित्य के श्रव्य रूप में नहीं है।[13]

3.3 ग्राहक साहित्यिक अभिरुचि की देश और काल सापेक्षता

जीवन में रुचि या अभिरुचि शब्द भौतिक वस्तु-समुदाय, प्रकृति, सौन्दर्य, कलाओं और काव्य-साहित्य आदि के सन्दर्भ में विशेष आकर्षण तथा उनमें तन्मयता के लिए प्रयुक्त होता है। पहले अभिरुचि शब्द कला और काव्य के सौन्दर्य के प्रति भावनाशील उन्मुखता का व्यंजक माने जाने पर भी कालक्रम में काव्य-साहित्य के क्षेत्र में उसका अर्थ व्यापक हो गया है। आज वह ईस्थटिक, सामाजिक, सांस्कृतिक, मनोवैज्ञानिक आदि अनेक पहलुओं से प्रभावित तथा उन पहलुओं का संश्लिष्ट रूप में कलाओं और काव्य-साहित्य में प्रचलित हो गया है।

साहित्य के क्षेत्र में ईस्थटिक पहलू से अधिक प्रबल सामाजिक पहलू है जो साहित्य-सर्जना और ग्राहक अभिरुचि दोनों में सक्रिय रहता है। दोनों देश और काल सापेक्ष हैं तथा उनके अनुसार साहित्य विशिष्ट रूप ही धारण नहीं करता, कालक्रम में युग के अनुरूप बदलता रहता है। सामाजिक जीवन, परम्पराएँ, रस्म-रिवाज, संस्कारिता, मान्यताएँ, जीविका के लिए संघर्ष, जीवन-दृष्टि, आध्यात्मिक एवं दार्शनिक चिन्तन आदि सामाजिक पहलू के कुछ मुख्य मुद्दे हैं। ये साहित्य और ग्राहक अभिरुचि को निर्धारित करते हैं। इनके अनुसार किसी देश की साहित्यिक अभिरुचि अन्य देशों से भिन्न हुआ करती है। उदाहरण के लिए पाश्चात्य साहित्यिक अभिरुचि अपेक्षाकृत अधिक भौतिक और यथार्थोन्मुख होने का कारण सामाजिक जीवन की परिस्थितियाँ, अनुभव, संस्कार तथा भौतिक चिन्तन की दिशाएँ हैं। पाश्चात्य जीवन में भौगोलिक परिस्थितियों के कारण जीने के लिए संघर्ष एक प्रधान अंश है। इसके विपरीत भारतीय जीवन में सुख-समृद्धि के कारण सामाजिक दृष्टि आदर्शोन्मुख, तात्विक, आध्यात्मिक और दार्शनिक साधना एवं विचार की ओर उन्मुख होती गई है। भौतिक समृद्धि में लौकिक चिन्ताओं का अभाव स्वाभाविक है। जीवन में संघर्ष ही न हो, ऐसी बात

नहीं है। धार्मिक, जातीय और वर्ण-व्यवस्था के भेदभावों को समझौते तथा समरसता से दूर कर लेने का प्रयत्न होता था। देश की सामाजिक परिस्थितियों में परिवर्तन होने पर मन्वन्तर में नए नियम बनते थे। सामाजिक चेतना दृष्टिकोण और जीवन-दर्शन में अन्तर के कारण कुछ पाश्चात्य तथा भारतीय साहित्यिक अभिरुचि एक दूसरे से इतनी भिन्न हो गयी है कि पाश्चात्य विद्वान प्राचीन संस्कृत साहित्य को अतिशयोक्तिपूर्ण, भावुक और कल्पनाशील मानते हैं। लेकिन वे भूल जाते हैं कि प्राचीन संस्कृत साहित्य धर्म की परिधि में आदर्शोन्मुख साधना का परिणाम है तथा उसका लक्ष्य सामाजिक जीवन का पथ-प्रदर्शन है।

कभी-कभी एक विशाल देश में सामाजिक जीवन, विभिन्न धार्मिक सम्प्रदायों, प्रादेशिक विशेषताओं, अनेक विकसित भाषाओं तथा कलात्मक एवं साहित्यिक प्रवृत्तियों के कारण एकोन्मुख और समरूप नहीं होता। चीन, भारत आदि ऐसे ही देश हैं। भारत में व्यापक धार्मिक दृष्टि, नैतिकता और आदर्शवादिता से परिचालित सांस्कृतिक एकता अवश्य मिलती है। लेकिन दैनिक सामाजिक जीवन, रस्म-रिवाज, संस्कार, वेशभूषा आदि सभ्यता की विशेषताएँ, पर्व-त्योहार, परम्पराएँ आदि सब प्रदेशों और प्रान्तों में समान नहीं हैं। इनके कारण सामाजिक जीवन, साहित्यिक प्रवृत्तियों और ग्राहक अभिरुचि में एकरूपता नहीं हो सकती। भारत के कुछ प्रदेशों का आधुनिक काल में अंग्रेजी शासन के पूर्व दीर्घकालीन उज्ज्वल इतिहास भी है, जब प्रादेशिक भाषा-साहित्य की अपूर्व श्रीवृद्धि हुई थी। उस साहित्य की प्रकृति एवं प्रवृत्ति तथा अभिरुचि अपने ढंग की विशिष्ट-पद्धति में थी। ऐसी स्थिति में भारत की देश-सापेक्ष ग्राहक साहित्यिक अभिरुचि पर विचार करने में सावधान रहना चाहिए।

हर देश और प्रदेश की परिस्थितियाँ साहित्यिक अभिरुचि को विशिष्ट रूप देती हैं तो काल की गति में समय के अनुसार सर्जक चेतना और ग्राहक अभिरुचि में परिवर्तन होता रहता है। ऐतिहासिक दृष्टि से कलाओं और साहित्य में अभिरुचि को पाँच भागों में बाँट सकते हैं—(1) अज्ञात काल, (2) प्रागैतिहासिक काल, (3) प्राचीन काल, (4) मध्यकाल और (5) आधुनिक काल। (1) अज्ञातकाल में पता नहीं है कि कितने सहस्र वर्षों के पूर्व आदिम मनुष्य गुफाओं में अपने दैनिक जीवन के चित्र खींचता था तथा अपने आराध्यों की अनगढ़ मूर्तियाँ बनाता था। कह नहीं सकता कि अकेला घुमक्कड़ मानव अपने सुख-दुख को रूप देता था या अन्य किसी घुमक्कड़ को आनन्द देने के लिए। उस समय व्यक्ति के कुछ लोकगीत गुनगुनाने की कोई जानकारी नहीं है। अज्ञात काल के द्वितीय चरण में अकेला घूमनेवाला मानव प्राकृतिक प्रकोपों से रक्षा के लिए सामुदायिक जीवन बिताते हुए आवास-स्थानों का अन्वेषण करने लगा था। तृतीय चरण में सभ्यता के आरम्भिक विकास के साथ ग्राम और नगरों का निर्माण करना आरम्भ किया गया था जिनमें वास्तुकला की कुछ विशेषताओं की ओर संकेत मिलते हैं। अज्ञात काल की कलात्मक

चेतना के आभास चीन, ईजिप्ट और भारत में मिलते हैं।

(2) प्रागैतिहासिक काल की प्रधान रचना वेद-वाङ्मय है। वेदों का रचनाकाल पाश्चात्य विद्वान ई.पू. 1500 का कहते हैं। जबकि भारतीय आचार्य ई.पू. 3000 से 5000 तक का मानते हैं। यह विवादास्पद विषय है। वेदों को आधुनिक अर्थ में साहित्य की संज्ञा नहीं दे सकते। लेकिन वेदपाठ के उदात्त, अनुदात्त और प्लुत स्वरों के आरोह-अवरोह तथा आवृत्ति को सुनने में जो 'रस' एवं आनन्द मिलते हैं, वे संगीत और साहित्य की अनुभूति से ऊँचे मानसिक धरातल पर ले जाते हैं। संगीत शास्त्रज्ञ भारतीय संगीत-कला का मूल स्रोत सामवेद कहते हैं। वेदों के बाद उल्लेखनीय जैन एवं बौद्ध धर्मग्रन्थ हैं जो ई.पू. 700-500 के आसपास के हैं। इनमें अनेक रोचक छोटी कहानियाँ हैं। इनके अतिरिक्त इन धर्मग्रन्थों में राम और कुछ पुराणों की कथाएँ भी परिवर्तित रूप में मिलते हैं। यदि राम, कृष्ण ऋषि-मुनि आदि को ऐतिहासिक पुरुष मानते हैं तो वे निश्चित ही ई.पू. 700 के पहले के होंगे। पुराणों की रचना ईसा के बाद 500-1000 के बीच की है। उनमें अनेक ऐतिहासिक राजवंशों का उल्लेख है। लेकिन कुछ मूल पौराणिक गाथाओं का अनुशीलन करते हैं तो कथा के अंश, पात्र तथा धार्मिक एवं सांस्कृतिक परिवेश अत्यन्त प्राचीन लगते हैं। मनु-श्रद्धा-इड़ा की पौराणिक कथा कुछ परिवर्तनों के साथ ऋग्वेद में भी है। ये पुराण धर्म और साहित्य के मिश्रित ग्रन्थ हैं। दक्षिण भारत की भाषाओं के मध्यकालीन साहित्य में पुराण काव्य तथा किसी पुराण की आंशिक कथा को लेकर 'प्रबन्ध काव्य' भी लिखे गए हैं।

(3) प्रागैतिक वाङ्मय प्रधानतः धार्मिक है; बीच-बीच में ही साहित्यिक चेतना की कुछ झाँकियाँ मिलती हैं। सच्चे अर्थ में साहित्य-सर्जना का आरम्भ प्राचीन काल में ई. पूर्व प्रथम शताब्दी में वाल्मीकि रामायण से आरम्भ होकर हर्षवर्द्धन के समय तक हिन्दू शासनकाल के अन्त में समाप्त हो सकता है। उस कालावधि में संस्कृत ही नहीं, प्राकृत में भी श्रेष्ठ काव्य-साहित्य का प्रणयन हुआ था। प्राचीन काल तक सभ्यता, समाज, संस्कृति और धर्म का प्रौढ़ विकास होकर साहित्य-रचना के लिए अनुकूल वातावरण बना था। वर्ण-व्यवस्था के बावजूद पारिवारिक और सामाजिक धर्म कठोर न होकर उदार एवं लचीले थे। समाज में वर्ण और वर्ग को लेकर भेदभाव अवश्य थे, पर विषमता तथा संघर्ष अपेक्षाकृत कम थे। साहित्य में उच्च एवं मध्य वर्गीय सामाजिक एवं सांस्कृतिक जीवन की व्यंजना होती थी। निम्न वर्गों के लिए अलग साहित्य और लोक साहित्य के विविध रूप थे। इस काल की उदार चेतना इस बात से प्रकट होती है कि अनेक प्रकार के भेदभावों और संघर्षों के होने पर भी हिन्दू जाति एवं समाज में रोमन, अभीर, हूण, कुशान आदि मिल गए थे। हिन्दू, जैन और बौद्ध धर्मों का विरोध बल प्रयोग एवं रक्तपात में परिणत न होकर राजाश्रय तथा धार्मिक सिद्धान्तों के खंडन-मंडन तक सीमित था।

वाल्मीकि रामायण की मूल कथा (प्रक्षिप्त अंशों को छोड़ देने पर) उच्चवर्गीय जीवन, संस्कृति और धर्म पर आधारित है। लेकिन आम जनता तथा वन्य जीवियों के साथ सामंजस्यपूर्ण ही नहीं, नैसर्गिक प्रकृति से आत्मीयता का सम्बन्ध भी व्यक्त करनेवाली भी है। सामाजिक जीवन विषमता से रहित समरसता से भरा है। कवि ने अवतारवादी नहीं मानवतावादी दृष्टि से काव्य की रचना की है। इसलिए काव्य में भाव-व्यंजना, कल्पना और भाषा-शैली सीधी स्वाभाविक और सरल होकर श्रव्य रूप में काव्यपाठ सुननेवालों को श्रवणानन्ददायी था। कुश और लव ने पहली बार काव्यपाठ करके श्रीराम को आनन्दित किया था। बाद में काव्य-रचना पढ़कर सुनानेवालों को 'कुशीलव' की संज्ञा भी मिली है। रामायण के बाद का काव्य महाभारत है जो धर्मग्रन्थ कहलाता है तथा दक्षिण भारत में रामायण से अधिक लोकप्रिय ग्रन्थ है। दक्षिण की भाषाओं में अनेक श्रेष्ठ रामायणों की रचना हुई है, प्रधानतः काव्यदृष्टि से है। शतकों और संकीर्तनों में ही रामकथा भक्तिपरक है। महाभारत का रचनाकाल ई.पू. प्रथम शताब्दी से ईसा के बाद प्रथम शताब्दी तक माना जाता है। उसमें इतनी प्रक्षिप्त कथाएँ जुड़ गई हैं कि रामायण की तरह मूलग्रन्थ का अभी प्रकाशन नहीं हुआ है। वह भारत के समग्र जीवन का प्रतिबिम्ब ही नहीं, उसके तात्विक चिन्तन, आदर्श, धर्म, दर्शन, नैतिकता आदि सभी विषयों का सूक्ष्म निरूपण और विवेचन करनेवाला बृहत् ग्रन्थ भी है। महाभारत में इन पहलुओं के प्रति पादन को लेकर काफी खंडन-मंडन हुआ है और हो भी रहा है। (महाभारत की तुलना में रामायण की कथा पारिवारिक जीवन एवं आदर्श का प्रतिपादक लगता है।) महाभारत सत्य, वचनबद्धता, कर्तव्य (कर्म) और धर्म के चार स्तम्भों पर खड़ा भवन है। इन चार तत्त्वों के बाहर के सामाजिक जीवन का प्रायः निषेधात्मक मूल्य है। काव्यदृष्टि से रचना सरल, रमणीय, रसार्द्र और लोकप्रिय है। कथा-वाचन में शिक्षित-अशिक्षित पूरा समाज भाव-तन्मय हो जाते हैं।

ज्ञात परवर्ती साहित्य में केवल भास के नाटक सामाजिक प्रेक्षकों को अपने सरल रचना-विधान से विशेष आकृष्ट करनेवाले हैं। काव्य नाटक और गद्य-रूप कालिदास की रचना की स्वाभाविकता से कलात्मक प्रौढ़ता की ओर उन्मुख होते गए हैं। पंचकाव्यों में हर्ष का नैषध काव्य 'पण्डितौषधं' हो गया है। गद्य के रूपों में अद्भुत कथा-संविधान, भाव-व्यंजना, कल्पना और रसानुभूति पर ध्यान केन्द्रित था। कथा-साहित्य का चरम उत्कर्ष बाणभट्ट की कादम्बरी में देखते हैं जिसमें भावना और कल्पना की अतिशयता अद्वितीय है। नाटक और कथा-साहित्य में भी रस को वरीयता देने से रामायण और महाभारत के बाद का सारा संस्कृत-साहित्य रसमय हो गया है। इसकी तुलना में प्राकृत की मुक्तक गाथाएँ अधिक स्वाभाविक और यथार्थोन्मुख लगती हैं। सामाजिक यथार्थता पर कम ध्यान देने से प्राचीन संस्कृत साहित्य का अधिकांश भाग उच्च और मध्यवर्गीय अभिरुचि का विषय हो गया है।

मध्यकाल में राजनीतिक, सामाजिक और सांस्कृतिक परिस्थितियों पर पर्याप्त प्रभाव पड़ा है जिससे साहित्य एवं ग्राहक अभिरुचि में परिवर्तन हो गया है। मुसलमानों की चढ़ाइयों और राज्य-स्थापन के बाद उनके असहिष्णु धार्मिक व्यवहार से हिन्दुओं के धर्म परिवर्तन, इस्लाम धर्म को स्वीकार न करने पर हत्या, मन्दिरों का विध्वंस आदि अत्याचार हुए थे। मुसलमान शासन के द्वितीय मुगल साम्राज्य के युग में ये अत्याचार कम हुए हों, पर समाप्त नहीं हुए थे। प्रबल होने पर भी हिन्दू राजाओं में स्पर्धा और विरोध के कारण भारत पर मुस्लिम शासन का काम आसान हो गया था। विधर्मी शासकों के प्रभाव में भारतीय जीवन-विधान, सभ्यता, संस्कृति, कला और साहित्य के क्षेत्रों में सहज ही परिवर्तन हो गए हैं। उत्तर भारत की अपेक्षा दक्षिण में विजयनगर जैसे शक्तिशाली साम्राज्यों के कारण प्राचीन धार्मिक, सामाजिक तथा साहित्यिक परम्पराएँ चलती रही थीं।

मध्यकाल के सामाजिक जीवन में रूढ़ सामाजिक परम्पराओं और नवजागरण का मिश्रण था। देश, प्रदेश और वर्ण-व्यवस्था में रूढ़ आचार-व्यवहारों, रस्म-रिवाजों आदि का कड़ा पालन होता था। दलितों पर उच्च सम्पन्न वर्णों का असह्य दमन सामान्य बात थी। भक्ति-आन्दोलन ने हिन्दू-मुस्लिम संघर्षों और सामाजिक भेदभावों को दूर करने का प्रयत्न किया था। निम्न वर्गों और वर्णों में एक नई जागृति फैल गई थी। इसका अधिकांश श्रेय ज्ञानमार्गी सन्तों को है। सूफियों ने हिन्दू-मुस्लिम-एकता का प्रयत्न किया था। कृष्ण भक्त कवियों ने राजनीतिक सत्ता से दूर, भक्ति की तन्मयता में हिन्दू जाति की अस्मिता और संस्कृति को रखा था। राम भक्त मर्यादापुरुषोत्तम श्रीराम और शक्ति के प्रतीक हनुमान की भक्ति-भावना में भारत की स्वस्थ प्राचीन परम्पराओं के पुनरुन्नयन में लगे थे। समाज की रूढ़ भावनाएँ उच्चवर्गीय दरबारी काव्य परम्परा में व्यक्त हुई थीं तो भक्ति-आन्दोलन से प्रभावित काव्य काव्यशास्त्रीय रस-परिधि को भी तोड़कर स्वच्छन्द भाव-प्रसार में जन-मानस को छूनेवाले सरल भाव-वैविध्य में काव्य को नई दिशा दी थी।

सांस्कृतिक दृष्टि से हिन्दू जाति शक्ति, कर्म और साधना के प्रतीक सूर्य की उपासक थी। मुसलमान शोभा, विलास और शीतलता के चिह्न चाँद के प्रति सम्मान का भाव रखनेवाले थे। सूर्यास्त के बाद भारत के आसमान में चाँद की उज्ज्वल कान्ति प्रकाशमान हो गई थी जो कालक्रम में यान्त्रिक बल में ओझल हो गई है। मध्यकाल के काव्य-साहित्य में ओजस्विता के स्थान पर भावना और कल्पना की सुकुमारता, कोमलता और माधुर्य की अनुभूति का मूल्य बढ़ गया है।

साहित्य-सर्जना और ग्राहक अभिरुचि मध्यकाल में प्राचीन काल की प्रबंधात्मक काव्य परम्परा से भिन्न रचनात्मकता भावना और कल्पना की मुक्तकों और पदों की ओर उन्मुख हो गई है। उन्हीं में दरबारी अभिरुचि तथा समय-समय पर अपनी भक्ति की तन्मयता व्यक्त करने की अधिक सम्भावनाएँ हैं। ग्राहक अभिरुचि भी

जीवन की विषमता में क्षणिक एवं स्फुट अनुभूति से उल्लसित होती रहती है।

आधुनिक काल ने साहित्यिक वातावरण को अमूल बदल दिया है। साहित्य-रचना और ग्राहक अभिरुचि को प्रत्यक्ष प्रभावित करनेवाली परिस्थितियों और चिन्तन धाराओं का संक्षिप्त उल्लेख इस प्रकार है। (1) शासन में अंग्रेजों की कूटनीति ने हिन्दू और मुसलमानों में भेदभाव को उत्पन्न कर देश-विभाजन तथा उसके परिणाम स्वरूप हत्याकांड को अनिवार्य कर दिया है। (2) अंग्रेजी शिक्षा-पद्धति ने भारतीय संस्कृति की अस्मिता को ही नष्ट कर दिया है। (3) लेकिन यातायात की सुविधाओं ने देशी-विदेशी सम्पर्क ने आधुनिकताबोध को जन्म दिया है तो अंग्रेजी माध्यम से विश्वव्यापी नवीन चिन्तन धाराओं, वादों तथा दार्शनिक सिद्धान्तों से परिचय भी मिला है। (4) इससे समाज-सुधार तथा भारतीय आध्यात्मिक एवं दार्शनिक विचारधाराओं के नए आख्यान के साथ सांस्कृतिक नवजागरण के आन्दोलनों का विकास हुआ है। (5) अंग्रेजी शासन से स्वतन्त्रता का देशव्यापी आन्दोलन, उसकी प्राप्ति के बाद पूरे देश की सांविधानिक एकसूत्रता बाँधना तथा धर्मनिरपेक्ष राजनीतिक राष्ट्रीय भावना, आधुनिक काल की सब से प्रमुख विशेषता है। (6) स्वतन्त्रता के बाद कालक्रम में आर्थिक भ्रष्टाचारिता, अनैतिकता, यौन स्वेच्छाचारिता, राजनीतिक पार्टियों की स्वार्थपरता, सामाजिक वर्गों, वर्णों और जातियों में सामंजस्य के स्थान पर द्वेष की भावना, प्रादेशिक संघर्ष आदि राष्ट्रीय अभिशाप बन रहे हैं। (7) मुद्रणयन्त्र के द्वारा पुस्तकों की सुलभ उपलब्धि तथा सभी वर्गों एवं वर्णों में शिक्षा के प्रसार से सामाजिक जीवन में नई चेतना का विकास हो रहा है। (8) स्वतन्त्रता के पूर्व सामाजिक जीवन में उतनी जटिलता नहीं थी। उसके जीवन की गतिविधि में एकोन्मुख राष्ट्रीय भावना की प्रबलता कम होने पर स्वतन्त्र भावना के प्रसार में अनेक समस्याओं और प्रश्नों का सामना करना पड़ रहा है जिनसे साहित्य प्रभावित ही नहीं है, वह अनेक धाराओं में विभक्त भी है। सामाजिक नई चेतना में मुख्य मुद्दे हैं—दलित और नारी-मुक्ति आन्दोलन; उच्च, मध्य एवं निम्न वर्गों में संघर्ष; व्यक्तिवादी एवं समाजवादी दृष्टि भेद; समाज में पाश्चात्य सभ्यता एवं भारतीय मान्यता के विरोध को समाप्त कर नए समन्वित प्रतिमानों के विकास का प्रश्न आदि। (1) सामाजिक जीवन के विकास एवं प्रसार से प्रेरणा लेकर साहित्यिक अभिव्यक्ति में अनेक प्रश्न उठ रहे हैं। अनेक वर्गों और उपवर्गों में विभक्त समाज में किसके लिए काव्य-साहित्य की रचना हो? क्या एक वर्ग के लिए लिखने पर वह क्या दूसरे वर्गों के लिए स्वीकार्य होगा? वर्ण और वर्ग के आधार पर जो साहित्य-सृष्टि होगी उसका प्रभाव सीमित नहीं होगा? आधुनिक काल में ज्ञान-विज्ञान ने मानव-जीवन की व्याख्या में परस्पर विरोधी अनेक सिद्धान्तों का प्रतिपादन किया है। साहित्यकार अपने मनोनुकूल किसी सिद्धान्त के आधार पर वादीय साहित्य की रचना करता है तो वह व्यापक सामाजिक जीवन की समग्रता का व्यंजक हो सकती है? क्या उसमें पूरे पाठक-समाज की अभिरुचि

होगी? इसमें कोई सन्देह नहीं है कि आधुनिक काव्य-साहित्य, प्राचीन एवं मध्यकालीन से अधिक समृद्ध ही नहीं, उसमें कलात्मक उत्कर्ष की नई दिशाएँ भी आलोकित हो उठी हैं। प्रश्न उठता है कि कलात्मक अभिव्यक्ति की प्रौढ़ता सर्व-पाठक-सुलभ होगी?

आधुनिककाल में नवीन सामाजिक चेतना के साथ पाश्चात्य साहित्यिक दृष्टि का व्यापक प्रभाव भी पड़ा है। उससे ग्राहक अभिरुचि में भी परिवर्तन हो गया है। नव शिक्षित पाठक-समुदाय के विविध वर्गों में साहित्य को मनोरंजन समझने वाले, उक्ति-चमत्कार के अनूठेपन के आकांक्षी भावनाशील या कल्पना की रमणीयता अथवा वैचारिक मानसिक उत्तेजना चाहनेवाले अनेक प्रकार के लोग काव्य-साहित्य की अनुभूति का लक्ष्य मानते हैं। काव्य-साहित्य के अध्ययन का दृष्टिकोण पूर्ववर्ती रस-संवेदना या सौन्दर्यानुभूति न रहकर नवीन अनेक रूपों को धारण किया है, वह समय की माँग या पाश्चात्य दृष्टिकोणों के प्रभाव के कारण। पाश्चात्य साहित्यिक वातावरण और प्रभाव ने इसके लिए अनुकूल मनोभूमि तैयार की है। अब प्रश्न केवल 'कला के लिए' या 'जीवन के लिए' नहीं है। पाश्चात्य प्रभाव से कविता की नई अभिव्यंजना-पद्धतियों, काव्य-प्रवृत्तियों एवं रूपों, गद्य रचना की विविध विधाओं और प्रणालियों तथा रचना के लक्ष्यभेदों का विकास होता जा रहा है। पाश्चात्य चित्रकला में आरम्भ होकर रोमांटिक स्वच्छन्दतावाद, प्रतीकवाद, बिम्बवाद, प्रभाववाद आदि ने काव्य-साहित्य में नया रूपान्तर प्राप्त किया है। नए सामाजिक और साहित्यिक परिस्थितियों के कारण पाठकों की अभिरुचि में अनेक समस्याएँ और बाधाएँ उत्पन्न हो रही हैं। इनसे मुक्त होने के लिए साहित्यकार और पाठक दोनों में व्यापक मानवीय संवेदना, सहृदयता और उदारता चाहिए। तभी काव्य-साहित्य के साथ पाठक का भावयोग सम्भव है। आगे आधुनिक काल के पाठक की अभिरुचि की कुछ मुख्य समस्याओं पर विस्तार के साथ विचार होगा।

3.4 साहित्यिक युग-प्रवृत्ति और ग्राहक अभिरुचि

(इस अनुच्छेद का प्रधान आधार शुकिंग का ग्रन्थ 'साहित्यिक अभिरुचि का समाज शास्त्र' है)

साहित्य की प्रवृत्ति को निर्धारित करनेवाले तीन तत्त्व होते हैं, वे हैं—लेखक की अभिरुचि, देशकाल की प्रवृत्ति और ग्राहक अभिरुचि। इन तीनों के योग में साहित्य का स्वरूप निश्चित होता है। लेखक की कारयित्री प्रतिभा सर्जना का हेतु है। उसका व्यक्तित्व रचना में जीवन-दृष्टि का निर्धारक होता है। उसकी अभिरुचि वस्तु-चयन, भाव-व्यंजना और रूप कल्पना के स्वरूप को निश्चित करती है। साहित्य का दूसरा तत्त्व, देशकाल सापेक्ष जीवन की प्रवृत्ति, लेखक को रचना की प्रेरणा देते हुए उसकी रचना सामग्री बनती है। युग की इस सामाजिक प्रवृत्ति से लेखक और पाठक दोनों

की अभिरुचि प्रभावित होती है और इससे दोनों में भाव-विनिमय सम्भव होता है। अपने साहित्य के ग्राहक, पाठकों पर दृष्टि रखते हुए लेखक सामाजिक प्रवृत्ति और अपनी अभिरुचि के अनुसार साहित्य की रचना करता है। वह अपने मन की बात पाठक तक पहुँचाने के लिए रचना की बोधगम्यता और पाठक की ग्रहणशीलता पर ध्यान देता है, उनकी अनुभूति के लिए उनकी अभिरुचि और उनके संस्कारों के अनुरूप रचना करता है। साहित्य के स्वरूप को निर्धारित करनेवाले ये तीन तत्त्व होते हैं, इस बात को भुलाकर प्रायः साहित्य के इतिहास को देशकाल की सामान्य प्रवृत्तियों के आधार पर ही बाँटा जाता है। यह काल विभाजन वास्तव में साहित्य की सामान्य प्रवृत्ति का ही परिचय देता है। सामयिक प्रवृत्ति नहीं, उसमें लेखक की प्रतिक्रिया या उसकी जीवन दृष्टि ही कलाकृति के विशिष्ट स्वरूप और उसके मूल्य को निर्धारित करती है। एक हद तक वह ग्राहक वर्ग की माँगों पर भी निर्भर रहती है। लेखक अपनी रचना में ग्राहक अभिरुचि के प्रतिकूल जीवन दृष्टि अपनाने पर उसे पाठक-समाज की मान्यता नहीं मिलती। साहित्य के इतिहास में ऐसे उदाहरण अवश्य मिलते हैं, जबकि लेखक ने ग्राहक समाज की उपेक्षा कर अपनी निजी अभिरुचि के अनुसार रचना की है। लेकिन उससे कहीं अधिक ऐसे उदाहरण मिलते हैं जबकि उन्होंने ग्राहक अभिरुचि के अनुसार ही रचना की है। वास्तव में ग्राहक अभिरुचि से बिल्कुल निरपेक्ष होकर साहित्य की रचना नहीं हो सकती। तथाकथित स्वच्छन्दतावादी या कलावादी लेखक, अपने युग के वर्तमान पाठक वर्ग की अभिरुचि से असन्तुष्ट होकर उससे भिन्न अभिरुचि रखनेवाले वर्ग को या पूरे समाज को दृष्टि में रखकर रचना करते हैं। ऐसी स्थिति में उनकी रचना युग के व्यापक पाठक समाज को सन्तुष्ट करनेवाली साहित्यिक परम्परा से भिन्न हो जाती है और वे स्वच्छन्दतावादी या कलावादी लेखक समझे जाते हैं। सारांश यह है कि साहित्य का इतिहास, युग की सामाजिक प्रवृत्ति में ग्राहक अभिरुचि बदल जाने पर उसकी माँगों की पूर्ति के लिए नयी साहित्यिक प्रवृत्तियों के विकास का इतिहास है।

लेखक जिस समाज में रहकर रचना करता है उसमें वर्गीय एवं वैयक्तिक अभिरुचि की भिन्नताएँ होती हैं, लोगों का बौद्धिक एवं हार्दिक विकास, विविध स्तरों का होता है। लेखक यह नहीं चाहता कि इस कारण उसकी रचना का प्रचार सीमित हो, इसलिए वह व्यापक सामाजिक प्रवृत्तियों से प्रेरणा लेते हुए भरसक सभी वर्गों की अभिरुचि को अपील करने का प्रयत्न करता है। ग्राहक समाज की अभिरुचि से असन्तुष्ट होने पर वह उसे अपने अनुकूल बना लेने का प्रबल प्रयत्न भी करता है। जब ग्राहक दृष्टि व्यावहारिक या परम्परावादी होती है तो वह इस प्रकार की साधना करने के लिए विवश हो जाता है। वह ग्राहक अभिरुचि के अनुसार रचना न कर, अपनी रचना के अनुरूप ग्राहक अभिरुचि को अधिक संवेदनशील बनाने का प्रयत्न करता है। साहित्य के इतिहास में युग-प्रवर्तक साहित्यकारों की यही कहानी

है। पर साधारणतः युग की सामाजिक प्रवृत्ति में लेखक और पाठक दोनों की अभिरुचियों का योग होता है और तदनुसार साहित्य की रचना होती है। यदि समाज में भिन्न-भिन्न ग्राहक वर्ग हों तो लेखक अपनी अभिरुचि के ग्राहक वर्ग के अनुरूप रचना करता है।

साहित्य की रचना में योग देनेवाली ग्राहक अभिरुचि प्रायः सामाजिक होती है। पाठक जिस समाज या वर्ग के होते हैं उसकी सामाजिक धारणाओं और मान्यताओं के आधार पर उनकी साहित्यिक अभिरुचि का विकास होता है। वे अपनी सामाजिक भावना के अनुसार साहित्य में सौन्दर्य देखते हैं और उसका मूल्य स्वीकार करते हैं। मनुष्य की सहृदयता और मानसिक उदारता अपनी सामाजिक सीमाओं को कम बना लेने का प्रयत्न अवश्य करती हैं, लेकिन उसमें संस्कारों की प्रबलता, भिन्न प्रकार की सामाजिक मान्यताओं के आधार पर बनी हुई रचना के साथ मनोयोग होने में बाधा पहुँचाती है। इसके विपरीत रचना की मान्यताओं के साथ सामाजिक समानता मनुष्य की हार्दिकता को बढ़ाकर साहित्य में अभिरुचि उत्पन्न करती है। ग्राहक अभिरुचि में सामाजिक भावनाओं की यह प्रबलता, तदनुकूल रचना की माँग करती है। लेखक की कल्पना ग्राहक समाज की इस सामाजिक अभिरुचि के अनुसार होती है और होनी चाहिए। जहाँ ऐसा नहीं होता पाठकों की सामाजिक अभिरुचि उसमें सौन्दर्य का दर्शन नहीं करती। यह बात नहीं है कि लेखक की कल्पना पाठकों में नई सौन्दर्य भावना और अभिरुचि उत्पन्न नहीं कर सकती, पर उसके लिए भी उसे अपनी रचना में पाठकों की सामान्य सामाजिक भावभूमि का आधार अवश्य लेना पड़ता है। तभी वह पाठकों को अपनी ओर आकृष्ट करके अभिरुचि-परिष्कार या अभिरुचि-परिवर्तन का प्रयत्न कर सकता है। ग्राहक अभिरुचि सामाजिक होती है, स्त्री-सौन्दर्य की भावना में इसका प्रत्यक्ष प्रमाण मिल जाता है। उच्चवर्गीय अभिरुचि अपने सामाजिक संस्कारों के अनुसार स्त्री का सौन्दर्य उसकी सुकुमारता में देखती है जबकि साधारण जनता की अभिरुचि अपने सामाजिक संस्कारों के अनुसार उसे स्त्री की शारीरिक पुष्टि और स्वस्थता में देखती है। उच्चवर्गीय साहित्य में स्त्री की सुकुमारता का वर्णन उच्चवर्गीय ग्राहक समाज को जिस तरह अपील करता है, उस तरह साधारण जनता को शायद ही अपील करेगा।

जब सामाजिक परिस्थितियाँ बदल जाती हैं, ग्राहक वर्ग की सामाजिक अभिरुचि में भी परिवर्तन होता है और लेखक नई अभिरुचि के अनुरूप नई रचना करने का प्रयत्न करता है। चूँकि सामाजिक परिवर्तन में स्वयं लेखक की अनुभूति और अभिरुचि भी बदल जाती है, ग्राहक वर्ग की अभिरुचि को सन्तुष्ट करने के लिए नई रचना करने का उसका यह प्रयत्न, अपनी अनुभूति और अभिरुचि की अभिव्यक्ति से भिन्न कृत्रिम प्रयत्न नहीं होता। इस प्रकार नई रचना के साथ साहित्य की परम्परा में होनेवाला परिवर्तन, वास्तव में ग्राहक अभिरुचि के विकास की ही कहानी है।

ग्राहक वर्ग की सामाजिक अभिरुचि प्रत्येक युग में सामाजिक परिस्थितियों के अनुसार बदलती हुई, कलात्मक दृष्टि से अधिक प्रौढ़ एवं संवेदनशील होती है। कालक्रम में मनुष्य की सामाजिक भावनाओं का अपूर्व विकास हो जाने के कारण आज हमारी कलात्मक अनुभूति और अभिरुचि प्राचीन काल से कहीं अधिक गहरी हुई है। सभ्यता के आरम्भ में कला और उसकी ग्राहक अभिरुचि दोनों सरल थी। उस समय लोग कलात्मक प्रौढ़ता को नहीं जानते थे और इसलिए वे वैसी प्रौढ़ कला की माँग भी नहीं कर सके, कालक्रम में जब समाज की उन्नति हुई सूक्ष्म मानवीय भावनाओं की पहचान हुई और उसने हमें कला की वह सूक्ष्म पहचान दी है जिससे आज हमारी कला और ग्राहक अभिरुचि दोनों प्रौढ़ बनी हैं। कला की लम्बी परम्परा का ज्ञान भी ग्राहक समाज की कलात्मक चेतना का प्रौढ़ विकास करने में सहायक हुआ है। समाज की आरम्भिक अवस्था में मनुष्य की कलात्मक चेतना इतनी विकसित नहीं थी। जैसे-जैसे मनुष्य की कलात्मक चेतना विकसित होती जाती है, वैसे-वैसे वह कलात्मक सौन्दर्य के सूक्ष्म स्तरों का आकलन कर पाता है। यही कारण है कि पहले जो रचनाएँ लिखी गई थीं, उनमें उस समय के पाठक वह सौन्दर्य नहीं देख सके थे, जो आगे के पाठक, अपनी अधिक विकसित कलात्मक संवेदनशीलता के कारण देख सके हैं। प्रत्येक युग में लोग अपनी भावनाशक्ति के अनुसार कला को समझते रहते हैं और तदनुसार अपनी अभिरुचि भी बना लेते हैं। क्रमशः युग परिवर्तनों में मनुष्य की संवेदनशीलता, भावज्ञता एवं अभिरुचि का विकास होता है और वह कलात्मक सौन्दर्य के मर्म को अधिकाधिक समझने लगता है। युग-जीवन के साथ ग्राहक समाज की कलात्मक दृष्टि और अभिरुचि भी बदल जाती है और इससे कला के नए पहलुओं की ओर ध्यान जाता है। नए युग के ग्राहक-समाज की प्रौढ़ कलात्मक अभिरुचि के अनुरूप साहित्य की रचना भी प्रौढ़ होती है। दूसरे शब्दों में, साहित्यिक प्रवृत्ति के विकास और उसके उत्कर्ष दोनों में ग्राहक समाज की साहित्यिक अभिरुचि का योग रहता है। जब पाठकों की अभिरुचि निम्न स्तर की होती है, श्रेष्ठ कला की सृष्टि नहीं हो सकती।

किसी साहित्य के इतिहास पर यदि दृष्टि डालें तो हर युग की रचना के साथ ग्राहक अभिरुचि के योग के सम्बन्ध में कुछ विशेषताएँ दिखाई देती हैं।[14] प्रायः साहित्य के युगों का विभाजन सामाजिक चेतना के आधार पर किया जाता है। लेकिन प्रत्येक युग में सामाजिक चेतना के अनुसार एक ही प्रवृत्ति नहीं चलती, उसमें अनेक अल्पकालीन स्कूल या फैशन भी चलते हैं। इनका सम्बन्ध विषय और भावानुभूति की अपेक्षा अभिव्यंजना-पद्धतियों से अधिक हुआ करता है और इसलिए ये रचना के स्वच्छन्द सौन्दर्य में घातक भी होते हैं। साधारण लेखक अपने कौशल के बल पर जब प्रतिभाओं की विशिष्ट रचना पद्धति का अनुकरण करने लगते हैं तो स्कूलों का जन्म होता है। ये स्कूल आधुनिक युग में जितने हो गए हैं, उतने प्राचीन काल

में नहीं थे। आधुनिक काल में पाठकों का जो विस्तार हुआ है उनमें बहुत से अर्द्धशिक्षित हैं और उनकी हल्की अभिरुचि को सन्तुष्ट करते हुए व्यापक प्रचार पाने के लोभ में ये स्कूल चल पड़े हैं।

सामाजिक चेतना के आधार पर साहित्य का इतिहास लिखने में समाज की सामयिक प्रवृत्ति को उस युग की प्रधान विशेषता मानकर युग की साहित्यिक प्रवृत्ति पर उसका प्रभाव दिखाने का प्रयत्न किया जाता है। जब समाज की यह सामयिक प्रवृत्ति समाप्त हो जाती है या जब उसमें परिवर्तन हो जाता है, नए युग और नई साहित्यिक प्रवृत्ति का आरम्भ माना जाता है। लेकिन सामयिक प्रवृत्ति के अनुसार साहित्यिक प्रवृत्ति का परिवर्तन इतने स्वाभाविक रूप में नहीं हो जाता। प्रत्येक युग में उसके पूर्व युग की कड़ी आलोचनाएँ होती हैं, उस युग की साहित्यिक प्रवृत्ति पर आक्षेप होते हैं। इन प्रतिक्रियाओं को देखते हुए हमें इस सरल सिद्धान्त से सन्तुष्ट नहीं रह जाना चाहिए कि सामयिक स्थिति के अनुसार साहित्य की प्रवृत्ति में परिवर्तन हो जाता है, बल्कि इस बात पर विचार कर लेना चाहिए कि इस तरह पुराने का विरोध और नए का विकास क्यों और किन परिस्थितियों में होता है? इस सन्दर्भ में ग्राहक अभिरुचि का अध्ययन, साहित्य के परिवर्तन की इस समस्या को उसके विकास क्रम और उस विकास के कारणों को, अधिक स्पष्ट कर सकता है। प्रत्येक युग में नवीन प्रवृत्ति के समर्थक समझते हैं कि पूर्व युग के सामाजिक एवं साहित्यिक भाव-विचारों के रूढ़ हो जाने के कारण साहित्यिक प्रवृत्ति में परिवर्तन हो गया है। इसके विपरीत परम्परावादी समझते हैं कि साहित्यिक प्रवृत्ति में परिवर्तन, नए युग की सामाजिक एवं सांस्कृतिक ह्रासोन्मुखता का प्रमाण है। किन्तु दोनों धारणाएँ गलत हैं, साहित्य में परिवर्तन न पूर्व युग की रूढ़िवादिता के कारण है और न नए युग की सांस्कृतिक ह्रासोन्मुखता के कारण। इस परिवर्तन का वास्तविक कारण समझने के लिए हमें उन युगों में सामाजिक गतिविधि, वर्गों की प्रबलता और उनके संस्कारों का आकलन करना चाहिए। इससे पता चलेगा कि पूर्व युग ने समाज के किस वर्ग की अभिरुचि को सन्तुष्ट करने का प्रयत्न किया है और नए युग में उससे भिन्न किस वर्ग की नई अभिरुचि को सन्तुष्ट करते हुए साहित्य की प्रवृत्ति बदल गई है। इस प्रकार जब वर्गीय अभिरुचि-भेद के कारण साहित्यिक प्रवृत्ति में परिवर्तन हो जाता है तो यह स्वाभाविक ही है कि नई और पुरानी अभिरुचियों का संघर्ष हो और वे एक-दूसरे पर आक्षेप करें। इन वर्गीय अभिरुचियों के आधार पर विकसित साहित्य की प्रवृत्ति को युग की प्रवृत्ति समझेंगे तो साहित्यिक प्रवृत्तियों के विकास का स्पष्ट बोध नहीं हो सकता।

किसी युग में पूरे समाज की एक ही प्रवृत्ति हो यह सम्भव नहीं है। प्रत्येक युग में भिन्न प्रवृत्तियों के अनेक वर्ग होते हैं और उन वर्गों की सामाजिक, सांस्कृतिक एवं धार्मिक प्रवृत्तियों में अन्तर होता है। प्रायः समीक्षक युग के प्रबल सामाजिक

वर्ग के भाव-विचारों को, उसकी कलात्मक प्रवृत्ति को युग प्रवृत्ति कहते हैं। कभी-कभी सामाजिक दृष्टि से प्रबल वर्ग साहित्य का उन्नायक वर्ग नहीं रहता। भक्तिकाल में भी वीरगाथा काल या रीतिकाल की तरह सामाजिक दृष्टि से प्रबल वर्ग शासक वर्ग ही था पर नए उत्साह के साथ साहित्य के द्वारा सामाजिक और सांस्कृतिक जागृति का प्रयत्न, अधिकारी वर्ग से भिन्न शिक्षित वर्ग द्वारा सम्पन्न हुआ था। सारांश यह है कि युग की कोई एक प्रवृत्ति न होकर उसमें भिन्न वर्गों के भिन्न सामाजिक आदर्श होते हैं और युग का साहित्य, वर्ग-विशेष की ग्राहक अभिरुचि के अनुसार बनता है। साहित्य के स्वरूप और परिवर्तन के स्रोतों को समझने के लिए समाज की इन वर्गीय विभिन्नताओं को ध्यान में रखना चाहिए। तभी हम समझ पाएँगे कि युग की प्रधान साहित्यिक प्रवृत्ति किस वर्ग की आकांक्षा-अभिलाषा को प्रकट कर रही है और परवर्ती युग में उस प्रवृत्ति के बदल जाने का क्या कारण है?

वर्गीय अभिरुचि के अनुसार नई प्रवृत्तियों के प्रचलन में अभिरुचि समर्थक वर्गों (टेस्ट अपहोल्डिंग क्लासेस) का प्रबल हाथ रहता है।[15] प्रायः समझा जाता है कि व्यापक समाज की नई अभिरुचि के अनुरूप युग की नई प्रवृत्ति चल पड़ी है और इसी अनुरूपता के कारण उसका व्यापक प्रचार भी हुआ है। पर वास्तव में नई प्रवृत्ति की लोकप्रियता का कारण उसका समर्थक वर्ग ही होता है। साहित्य की नई प्रवृत्ति अपने मनोनुकूल होने पर उसका एक समर्थक वर्ग तैयार होता है। वह इसलिए उसका समर्थन करने लगता है कि उसमें अपने वर्ग की सामाजिक मान्यताओं की अभिव्यक्ति हुई है। साहित्य की नई प्रवृत्ति में अपने वर्ग की जिन मान्यताओं की अभिव्यक्ति हुई है, उन्हें नए युग के व्यापक समाज की मान्यताएँ घोषित करते हुए समर्थक वर्ग उस नई प्रवृत्ति में पूरे समाज की अभिरुचि उत्पन्न करने का प्रयत्न करता है। चूँकि नई प्रवृत्ति में नए युग की कुछ मान्यताएँ व्यक्त हुई हैं, उसे पुरानी प्रवृत्ति के विरोध में खड़ा करके, समर्थक वर्ग नए युग के भिन्न सामाजिक वर्गों को भी उसकी ओर आकृष्ट करने में सफल होते रहे हैं।

प्राचीन काल में सामाजिक वर्गों की प्रवृत्ति निश्चित थी, इसलिए आसानी से इसका निर्णय किया जा सकता है कि किसी युग में रचनात्मक प्रवृत्ति किस वर्ग की अभिरुचि की अभिव्यक्ति थी और उसका समर्थक या प्रचार वर्ग कौन था। प्राचीन हिन्दी साहित्य में वीर राजपूतों की, धार्मिक समाज की या विलासी उच्च वर्ग की अभिरुचि ने साहित्य के स्वरूप को निश्चित किया था और चारण, आचार्य एवं दरबारी नागरिक उसके समर्थक हुए। वर्गीय प्रवृत्ति की जटिलता में इस बात का निर्णय करना कठिन हो जाता है कि साहित्य किस वर्ग की अभिव्यक्ति है और उसके समर्थक कौन हैं? आधुनिक काल में यही बात हो गई है। आज वर्गों का ऐसा अन्तर्विभाजन हो गया है कि उनकी सामाजिक प्रवृत्तियों की निश्चित रूपरेखा खींचना बहुत मुश्किल है। इस कारण यह कहना कठिन हो गया है कि साहित्य किस वर्गीय अभिरुचि

की दिशा में विकसित हो रहा है। फिर भी हम कुछ अन्दाज लगा सकते हैं कि आधुनिक काल की विभिन्न प्रवृत्तियों के मूल में किन वर्गों की ग्राहक अभिरुचि सक्रिय है और उनके प्रचारक वर्ग कौन से हैं। उदाहरण के लिए, छायावाद के ग्राहक नई शिक्षा में उच्च शिक्षित वर्ग के थे और उसके समर्थक नई पीढ़ी के आरम्भकालीन समीक्षक।

किसी प्रवृत्ति का प्रचार करने के लिए उसके समर्थक वर्ग के हाथों में आर्थिक एवं सामाजिक साधन होना चाहिए। अन्यथा रीतिकाल की रीतिमुक्तधारा या द्विवेदी युग की स्वच्छन्दधारा के समान, उस प्रवृत्ति का व्यापक प्रसार नहीं होगा। किसी प्रवृत्ति के प्रचार में जब भिन्न वर्गों के लोग उसके पाठक बनते हैं तो उनकी अभिरुचि को सन्तुष्ट करने में वह अपनी वर्गीय सीमाओं को व्यापक बना लेने का प्रयत्न करती है। जब नई और पुरानी पीढ़ियों के संघर्ष में साहित्य की नई प्रवृत्ति का विकास होता है तो इस प्रकार होने की सम्भावना बहुत बढ़ जाती है। नई प्रवृत्ति वर्ग-विशेष की अभिव्यक्ति होने पर भी, पुराने के विरोध में नए के समर्थक सभी वर्ग उसकी ओर आकृष्ट होते हैं और वह प्रवृत्ति भी पूरे नए समाज का प्रतिनिधित्व करने का प्रयत्न करती है। पुराने के साथ संघर्ष में साहित्यिक अभिव्यक्ति, सीमित वर्गीय अभिव्यक्ति न होकर व्यापक सामाजिक अभिरुचि की अभिव्यक्ति लगती है। धीरे-धीरे जब पुराने भाव-विचार और पुरानी साहित्य-धारा समाप्त होकर नए की प्रतिष्ठा हो जाती है तब साहित्य की नई अभिव्यक्ति, फिर वर्गीय अभिरुचियों में बँट जाती है। आधुनिक काल में रीतिकाल की रूढ़ शृंगारी कविता के विरोध में विकसित व्यापक नई काव्य धारा क्रमशः वर्गीय अभिरुचियों के अनुसार विभक्त होती गई है।

सारांश यह है कि साहित्य में नई प्रवृत्ति, नए सामाजिक वर्ग के कारण चलती है। नए युग के नए वर्ग की आवश्यकताओं की पूर्ति के लिए परम्परा से भिन्न नई प्रवृत्ति का विकास होता है। सामयिक प्रवृत्ति बदल जाने के कारण पुराने साहित्य के ग्राहक वर्ग की अभिरुचि बदलकर वह नए साहित्य की माँग करती हो, सो बात नहीं है। साहित्य के इतिहासकारों की यह गलत धारणा रही है कि युगानुरूप ग्राहक समाज की साहित्यिक अभिरुचि बदल गई है और उसे सन्तुष्ट करने के लिए नई सामाजिक प्रवृत्ति के अनुसार नई साहित्यिक प्रवृत्ति चल पड़ी है। पुराने साहित्य के ग्राहक वर्ग की अभिरुचि इस तरह एकदम नहीं बदलती और न उसके लिए नई प्रवृत्ति का विकास ही होता है। वास्तव में पुराने वर्ग की अपनी अभिरुचि बनी रहती है और नई अभिरुचि नए वर्गों की होती है। इसीलिए प्रत्येक युग में नई प्रवृत्ति के साथ-साथ पूर्व युग की प्रवृत्ति भी कुछ दूर तक चलती रहती है। कभी-कभी अनेक वर्गों की अभिरुचियों को सन्तुष्ट करने के लिए एक ही युग में अनेक नई प्रवृत्तियाँ चल पड़ती हैं। युग की नई चेतना सामाजिक वर्गों में विभक्त होकर उसके कुछ भिन्न-भिन्न रूप हो जाने के कारण ऐसा होता है। दूसरे शब्दों में जब समाज के

भिन्न वर्गों में नई जागृति पैदा होती है तब उनके भिन्न-भिन्न सामाजिक संस्कारों के अनुरूप एक ही युग में साहित्य की अनेक प्रवृत्तियों का विकास होता है। आधुनिक युग की यही कहानी है। प्राचीन काल में ऐसा नहीं हुआ था। उस समय प्रत्येक युग में साहित्य की एकाध प्रवृत्तियों का ही विकास हुआ था। तब समाज में वर्गीय विभिन्नता न हो, यह बात नहीं है। पर समाज के सभी वर्गों में आज की-सी जागृति नहीं थी। इसलिए समाज में प्रबल शासक वर्ग या सांस्कृतिक वर्ग के अनुरूप साहित्य की रचना होती थी।

जब किसी प्रवृत्ति का समर्थक-वर्ग प्रचार करता है कि उस प्रवृत्ति में अभिरुचि रखनेवाले लोगों के सामाजिक संस्कार ही श्रेष्ठ संस्कार हैं तो दूसरे वर्ग जो प्रायः सामाजिक दृष्टि से निम्न स्तर के होते हैं, वैसे संस्कारों और अभिरुचि को अपना लेते हैं। इस तरह वे दावा कर सकते हैं कि उनके सामाजिक संस्कार और साहित्यिक अभिरुचि उच्च स्तर के हैं। अन्यथा उनके मन में यह आशंका बनी रहती है कि वे संस्कारहीन और अभिरुचिहीन समझे जाएँगे। जब समर्थक-वर्ग की अभिरुचि दूसरे वर्गों के सामाजिक भाव-विचारों के बिल्कुल विरुद्ध क्रान्तिकारी नहीं है, अर्थात् उससे उनकी वर्तमान स्थिति में उथल-पुथल मच जाने की आशंका नहीं है तो वे उस अभिरुचि को अपना लेते हैं और उस पर गर्व का भी अनुभव करते हैं। पर अभिरुचि के इस प्रचार में समय लगता है, उससे लोगों को परिचित और अभ्यस्त होना पड़ता है। दूसरे वर्ग, अभिरुचि समर्थक-वर्ग से सामाजिक भावनाओं में बहुत भिन्न होने पर प्रचार में और अधिक समय लगता है। प्रचार के द्वारा इस तरह के परिवर्तन में अभिरुचि की पूरी नकल नहीं होती। दूसरे वर्गों की परम्परा, और सामाजिक विचार एवं स्थिति के अनुसार ही यह नई अभिरुचि अपनाई जाती है। वे अपनी आन्तरिक मान्यताओं को एक हद तक बनाए रखते हैं और नई अभिरुचि की कुछ विशेषताओं को अपना लेते हैं। बहुत अभ्यस्त होने पर ही भाव-प्रकृति और आन्तरिक मान्यताएँ बदलती हैं।

जब समाज में नए भाव-विचारों का प्रचलन होने लगता है तो लेखक रूढ़ परम्परा को छोड़कर नई रचना के द्वारा पाठक के हृदय के अधिक समीप आने का प्रयत्न करता है। वह नवीनता से पाठकों को अपनी ओर आकृष्ट कर लेना चाहता है। लेकिन पूर्व युग की परम्परा से अभ्यस्त पाठकों की अभिरुचि नई रचना का स्वागत नहीं करती। यौवन के आरम्भ में अभिरुचि नए के अन्वेषण में लगी रहती है जबकि वार्धक्य परिचित अभ्यस्त पथ छोड़ना नहीं चाहता। मन में जब नया उत्साह नहीं है, परिवर्तन के सम्बन्ध में मन शंका करता रहता है। इस तरह नई पीढ़ी उत्साह के साथ नए साहित्य का स्वागत करती है जबकि पुरानी पीढ़ी कुछ अभ्यास के कारण और कुछ आशंका के कारण पुरानी प्रवृत्ति की ओर ही उन्मुख रहती है। परम्परावादी वर्ग सदा स्थितिशीलता ही चाहता है, इसलिए साहित्य के क्षेत्र

में जब तक उनकी प्रबलता कम न हो जाए, नई प्रवृत्ति की रचनाओं को मान्यता मिलना एक समस्या हो जाती है। साहित्यिक परम्परा का प्रेम ही नहीं, सामाजिक संस्कारों की भिन्नता भी नई प्रवृत्ति के विरोध का एक प्रधान कारण है। परम्परा की प्रबलता के कारण समाज में नए भाव-विचारों का ग्रहण धीरे-धीरे ही होता है। नए भाव-विचारों के साथ जब नई प्रवृत्ति चल पड़ती है, समाज में वैसे भाव-विचारों के लोग कम ही हुआ करते हैं और वे ही नए के समर्थक बनते हैं। इसलिए हम कह सकते हैं कि लेखक और पाठक, भिन्न-भिन्न सांस्कृतिक स्तरों के होने के कारण भी नए का विरोध होता है। यह विरोध, साहित्यिक अभिरुचि पर सामाजिक आदर्शों, प्रतिमानों और दृष्टिकोणों के प्रभाव को स्पष्ट करता है। काल-क्रम में ही व्यापक समाज की अभिरुचि बदल कर नई रचना को मान्यता मिलती है।

जब रचना परम्परा से बिल्कुल भिन्न विलक्षण होती है तब उससे पाठकों की कलात्मक अनुभूति में बाधा पहुँचती है। रचना की नई संवेदनाओं पर ही पाठक का ध्यान केन्द्रित हो जाने के कारण रचना की पूरी अनुभूति में ध्यान का समग्र प्रसार नहीं हो पाता। जिन कलात्मक विशेषताओं से पाठक अभ्यस्त नहीं है, वे ही उसके ध्यान को प्रधानतः आकर्षित करती हैं। इस तरह समग्र अनुभूति में बाधा होने के कारण पहले पहल नई प्रवृत्ति का विरोध हो सकता है लेकिन नई कलात्मक प्रवृत्ति की विशेषताओं से अभ्यस्त हो जाने पर वह विरोध शान्त हो जाता है। वास्तव में साहित्य का मूल्य उसकी अनुभूति पर निर्भर रहता है। साधारणतः पाठक नए-पुराने का विचार न करके उसी रचना को अपनाते हैं जिसकी अनुभूति मार्मिक होती है। समीक्षकों की दृष्टि इससे कुछ भिन्न होती है। वे नई प्रवृत्ति में रचना की अनुभूति की मार्मिकता को छोड़कर उसकी कलात्मक अभिव्यक्ति की नई विशेषताओं पर ही अधिक ध्यान देते हैं। छायावाद के आरम्भ में उसके कलात्मक उत्कर्ष और अनुभूति की अपेक्षा परम्परा से भिन्न उसकी विशेषताओं या विलक्षणताओं पर ही समीक्षकों का ध्यान गया है और उन्हीं के आधार पर उसका समर्थन और विरोध दोनों हुए हैं। कुछ समीक्षक नए का समर्थन करते हुए नए युग के सूत्रधारी बनना चाहते हैं तो कुछ दूसरे पुरानी प्रवृत्ति के साथ उसकी तुलना कर उसका विरोध करते हुए साहित्य के संरक्षक होने का दावा करते हैं। साहित्य-समाज में दूसरे प्रायः परम्परावादी माने जाते हैं या कम से कम नए के समर्थक यही प्रचार करते हैं और धीरे-धीरे साहित्य में नए की प्रतिष्ठा हो जाती है। पहले कहा जा चुका है कि आधुनिक युग में नई प्रवृत्तियों के समर्थक वर्ग इन्हीं समीक्षकों में से हैं और उनके प्रचार से समाज के भिन्न-भिन्न वर्ग नई प्रवृत्तियों की ओर आकृष्ट हो रहे हैं। नई प्रवृत्तियों के ये समर्थक जहाँ पाठक में नई अभिरुचि का विकास कर रहे हैं वहाँ उनसे यह भी आशंका रहती है कि नवीनता की झोंक में वे कहीं पाठकों को बहका न दें। साहित्य में किसी प्रवृत्ति की नवीनता का उतना मूल्य नहीं होता जितना उसमें निबद्ध अनुभूति

की मार्मिकता का।

साहित्यिक सौन्दर्य की भावना और ग्राहक अभिरुचि दोनों सामान्य होती हैं और युगानुरूप बदलती हैं। युग की सामाजिक भावना ही दोनों का स्वरूप निश्चित करती है। प्रत्येक युग में साहित्य के भावात्मक एवं कलात्मक सौन्दर्य की भावना युग की सामाजिक भावना में या उसके आधार पर विकसित हुआ करती है। समाज जिसे सुन्दर समझता है उसी रूप में युग का साहित्य ढाला जाता है। या यों कहें कि युग-जीवन की अनुभूति साहित्य को सौन्दर्य बोध देता है और रूप-कल्पना में सौन्दर्य साकार होता है। युग के साहित्य की तरह, ग्राहक समाज की सौन्दर्य भावना भी, समाज की सौन्दर्य भावना से प्रभावित होती है। उसकी साहित्यिक अभिरुचि सामाजिक शिक्षा-दीक्षा, वर्ग-संस्कार आदि की भूमिका में ही निश्चित रूप लेती है। इस कारण युग का ग्राहक-वर्ग अपने युग के साहित्य में विशेष अभिरुचि रखता है, उसका रसग्राही होता है। साहित्य अपने आदर्श रूप में जीवन की स्वाभाविक एवं मानवीय संवेदना को प्रकट करते हुए मनुष्य मात्र के हृदय को स्पर्श करने का प्रयत्न करता है। लेकिन साधारणतः वह देशकाल और वर्ग-विशेष की परिधि में बँधकर अनुरूप संस्कारों को ही अपील कर पाता है। प्रत्येक युग के साहित्य में मानवीय संवेदना और वर्गीय दुर्बलता दोनों मिली रहती हैं और प्रवृत्ति की व्यापकता के अनुसार उसकी अपील पूरे समाज या वर्ग-विशेष से होती है। देशकाल और वर्ग-विशेष की परिधि में पूरा बँधा हुआ साहित्य समसामयिक वर्ग-विशेष की अभिरुचि का ही विषय बनता है। रीतिकाल के रसिकों को अपने युग की रचना में कम अभिरुचि नहीं थी। लेकिन वह व्यापक समाज को उतना अपील नहीं कर सका है। कालान्तर में जब युग की सामाजिक प्रवृत्ति बदल जाती है तो साहित्यिक सौन्दर्य की भावना और ग्राहक अभिरुचि में भी परिवर्तन हो जाता है। तब पूर्व युग का साहित्य नए पाठक को उसी हद तक अपील कर सकता है जिस हद तक उसमें मानवीय संवेदना की अभिव्यक्ति हुई है। यदि हम कला के इतिहास पर एक क्षण विहंगम दृष्टि डालें, तो देखेंगे कि कला के रूप-प्रकारों में सतत परिवर्तन होता रहा है और मनुष्य की साहित्यिक रुचि बदलती नहीं है। सुन्दर क्या है, इसका बोध निरन्तर बदलता और विकसित होता रहा है। इस दीर्घकाल में जो एक ही भावना हम सदा पाते रहे हैं, वह है मानव जीवन के प्रति गहरी सहानुभूति और कला के माध्यम से उसे प्रभावित करने का प्रयास।

साहित्य पर युग के समाज के प्रबल वर्ग का प्रभाव, उसकी भावानुभूति की प्रकृति और स्वरूप को निश्चित करता है। जब उस वर्ग की अभिरुचि संकीर्ण होती है, उससे प्रभावित साहित्य व्यापक समाज के लिए ग्राह्य नहीं होता। इस तरह संकीर्ण होने पर साहित्य में न्यूनाधिक व्यापक मानवीय संवेदना का अन्तर्भाव अवश्य रहता है। यह संवेदनशील कवि की मानवीय महानता है। लेकिन साधारणतः कवि की

यह मानवीय संवेदना वर्ग-विशेष की अभिरुचि को सन्तुष्ट करने में कुण्ठित हो जाती है। वह जिस वर्ग-विशेष का गायक होता है, उसी की अभिरुचि के अनुसार साहित्य का रूप निर्धारित होता है। रीतिकाल की कला उसके ग्राहक वर्ग की रुचि को प्रकट करती है। व्यापक समाज के साथ-सम्पर्क में ही साहित्य भक्तिभाव की तरह मानवीय एवं संवेदनशील होता है। कवि जहाँ सच्चाई के साथ आत्मानुभूति को व्यक्त करता है, वहाँ उसकी रचना अधिक संवेदनशील होती है। अपनी मानवीय अनुभूति को व्यक्त करते हुए वह व्यापक समाज को अपील कर सकता है। जहाँ उसे दूसरों की प्रसन्नता के लिए लिखना पड़ता है, उसे उस वर्ग की अभिरुचि का अधिक ध्यान रखना पड़ता है। ऐसा करने में रचना उसकी आत्माभिव्यक्ति नहीं होती, उसकी मानवीय संवेदना कुछ सीमित हो जाती है। फिर भी यहाँ लेखक अपनी मानवीय संवेदना को पूरा खो नहीं बैठता, इसलिए वह वर्ग विशेष की शोभा बढ़ाते हुए भी कुछ सरस रचना कर पाता है। रीतिकाल में यही हुआ है। कवियों ने आश्रयदाता वर्ग के मनोरंजन का प्रयत्न अवश्य किया है, लेकिन इस कार्य में उन्होंने अपनी आत्मा को ही बेच नहीं डाला है जिससे उसका काव्य विशेष मानवीय नहीं तो सरस अवश्य बना है। जहाँ कवि अपनी आत्मा को ही बेच देता है और केवल दूसरों के मनोरंजन के लिए ही लिखता है, वहाँ साहित्य की सहज प्रेरणा समाप्त हो जाती है और रचना में केवल कवि कौशल का प्रदर्शन मात्र होता है।

जब साहित्यिक सौन्दर्य की भावना और ग्राहक अभिरुचि प्रत्येक युग में बदलती रहती है तो पूर्व युग के साहित्य में नए युग के पाठकों की अभिरुचि एक समस्या हो जाती है। नए युग के पाठक अपने भिन्न संस्कारों और अपनी भिन्न अभिरुचि के कारण पूर्व युग के साहित्य के रसग्राही नहीं हो सकते। यही कारण है कि प्रत्येक युग में पहले की अभिरुचि पर आक्षेप होता है और उस युग के साहित्य की मार्मिकता पर सन्देह प्रकट किया जाता है। सामयिक अभिरुचि अपनी श्रेष्ठता पर अटल विश्वास के साथ पिछले युगों का मूल्यांकन करता है। इस तरह पाठकों के साहित्यिक एवं सामाजिक संस्कारों की भिन्नता के कारण उत्पन्न, साहित्यिक अभिरुचि की समस्या को दूर करने के लिए भारतीय आचार्यों ने सहृदयता पर और पाश्चात्य समीक्षकों ने अभिरुचि की उदारता पर ज़ोर दिया है। भारतीय साहित्य में सामाजिक यथार्थता की अपेक्षा तात्विक भाव-व्यंजना को अधिक महत्त्व मिला है। इसलिए ये हमारे काव्यशास्त्र में सामाजिक संस्कारों का प्रश्न छोड़कर साहित्य की भावानुभूति के लिए पाठकों का सहृदय भावक होना आवश्यक माना गया है। पाश्चात्य साहित्य यथार्थोन्मुख है, उसके भावग्रहण के लिए अनुकूल सामाजिक संस्कारों की आवश्यकता है। युग के बदल जाने पर अपने युग के भिन्न सामाजिक संस्कारों को लेकर ग्राहक-समाज पिछले युग के यथार्थोन्मुख साहित्य के भावग्रहण में कठिनाई अनुभव करता है। इसलिए पाश्चात्यों ने अभिरुचि की उदारता पर जोर दिया है। वास्तव

में पिछले युगों के साथ न्याय करने के लिए पाठक को वस्तुपक्ष में उदार संस्कारों की, भावपक्ष में हार्दिकता की और कलापक्ष में साहित्यिक अभिव्यंजना पद्धतियों और रूप-संरचना की अभिज्ञता की आवश्यकता है। अनुभूति के लिए इस तरह मानसिक रूप से सन्नद्ध होने पर भी वह पूर्व युग की रचना का उस सामाजिक सन्दर्भ में रस ग्रहण नहीं कर सकता जिस रूप में उस युग के पाठकों ने किया है। नए युग के पाठकों के लिए पूर्वयुग की रचना में युग-सापेक्ष सामाजिक संवेदना का नहीं, युग-निरपेक्ष मानवीय संवेदना का ही मूल्य होता है। उसे केवल उसी की अनुभूति होती है।

जब साहित्यिक सौन्दर्य की मान्यताएँ बदलती हैं, मानवीय संवेदना ही रचना के मूल्यांकन की कसौटी रह जाती है। यदि पाठक में मानवीय उदारता नहीं होती तो नई रचना पर तरह-तरह के आक्षेप किए जाते हैं और अपने समर्थन में धार्मिक एवं नैतिक मान्यताओं की दुहाई दी जाती है। प्रत्येक युग के आरम्भ में नए कलाकारों पर इस तरह के आक्षेप हुए हैं और हो रहे हैं। पिछले युग के रूढ़िबद्ध विचारों से नई कृतियों को जाँचने का यह परिणाम है। जब नई प्रवृत्ति साहित्य में स्थान पा लेती है, वह भी पिछले युग की रचना और साहित्यिक अभिरुचि पर आक्षेप करती है। नए-पुराने पर ये आक्षेप, ग्राहक अभिरुचि की संकीर्णता को ही प्रकट करते हैं। साहित्य के विकास में सुरुचि का निर्णय जीवन की प्रगति को देखते हुए उदार होना चाहिए। प्रत्येक देश और युग की अभिरुचि भिन्न होती है। आधुनिक युग में जब हम रीतिकालीन शृंगार को विलासिता कहते हैं तो उसे नए संस्कारों से परख रहे हैं जबकि साहित्य की परीक्षा मानवीय संवेदना की कसौटी पर होनी चाहिए। रीतिकाल का शृंगार, जीवन में लीला-विकास दृष्टि का परिणाम था। उसमें मानवीय भावानुभूति की कमी नहीं है। लेकिन मानवीय संवेदना की दृष्टि से ही उसका मूल्यांकन उचित नहीं है। अनेक अवसरों पर नए संस्कारों के साथ पूर्व युग की रचना को परखते हुए उसके सम्बन्ध में भ्रान्त धारणा बना लेते हैं और उसका गलत मूल्यांकन भी करते हैं। उदाहरण के लिए नई दृष्टि से देखने पर प्राचीन काल का पौराणिक धार्मिक साहित्य अनेक स्थलों में अश्लील समझा जाएगा। इसलिए संस्कार नहीं मानवीय संवेदना ही सुरुचि की कसौटी हो सकती है। जब रचना की मानवीय संवेदना को न परख कर रूढ़ सामाजिक संस्कारों के आधार पर उसका मूल्यांकन करें तो प्राचीन ही नहीं, आधुनिक यथार्थवादी साहित्य का भी बहुत-सा अंश अनैतिक समझा जाएगा। कला में अश्लीलता का चित्रण भी एक नई मानसिक चेतना का विकास कर सकता है। प्रसाद जी का कंकाल इसका उदाहरण है। आज साहित्य मनोरंजन और विलासिता की चीज़ न रहकर जीवन की गहरी अनुभूतियों को प्रकट कर रहा है। इसलिए आज हमारी साहित्यिक अभिरुचि भी पहले से अधिक प्रशस्त हो गई है। हम साहित्य में जीवन की सच्चाई और स्वाभाविकता के प्रति अधिक आकृष्ट हैं। किन्तु साहित्य

में जीवन की नग्न अभिव्यक्ति से हम डर जाएँ और उससे दूर रहें, इसी में हमारी अभिरुचि की श्रेष्ठता भी नहीं है। हो सकता है कि साहित्य में नग्न यथार्थ की अभिव्यक्ति अश्लील न हो। कथ्य की आवश्यकता और प्रसंग में भाव-निरूपण की पद्धति देखकर हम रचना के सुरुचिपूर्ण होने या न होने का निर्णय कर सकते हैं। फिर संस्कारिता और सुरुचि के नाम पर हम जीवन की कठोर वास्तविकता से भाग भी नहीं सकते। यदि रीतिकाल के शृंगार में लीला-विलास है, तो उसमें मानवीय संवेदना का एक पहलू भी है जो भावानुभूति की एक आवश्यकता की पूर्ति करता है। अन्यथा रीतिकाव्य आज जीवित ही नहीं रहता। यहाँ तक कि नग्न अश्लीलता का भी कला में एक निषेधात्मक मूल्य हो सकता है पर कला की गहराई में न जानेवाला पाठक उसमें केवल शारीरिक उत्तेजना ही देखता है। जीवन और साहित्य में संयम का नहीं, स्वाभाविक स्वच्छन्दता का आग्रह सुरुचि है। साहित्य में उसकी मान्यताएँ बदलती रहती हैं और संकीर्ण आक्षेपों के बावजूद शक्तिशाली साहित्य जीवित रहता है।

साहित्य के विकास में ही नहीं उसके उत्कर्ष में भी ग्राहक समाज की अभिरुचि का योग रहता है। यद्यपि साहित्य की कलात्मक प्रौढ़ता लेखक की प्रतिभा पर निर्भर रहती है फिर भी उसे बल मिलने के लिए संस्कृत ग्राहक अभिरुचि का अनुकूल वातावरण भी चाहिए। यदि साहित्य के इतिहास को देखते हैं तो पता चलता है कि जब ग्राहक समाज की साहित्यिक अभिरुचि प्रौढ़ रही है तभी श्रेष्ठ साहित्य की रचना भी हुई है। समाज के सांस्कृतिक विकास की अवस्था में सामाजिक पाठकों की अभिरुचि संस्कृत रहती है। प्राचीन तथा अर्वाचीन कालों में सांस्कृतिक चेतना का विकास साहित्य और कलाओं पर विशेष विचार-विमर्श आदि, पाठकों की अभिरुचि को एक उच्च स्तर प्रदान करती हैं और उसी समय साहित्य-सृजन का उत्कर्ष भी देखा जाता है। हिन्दी साहित्य में भक्तिकाल और छायावादी युग की अपूर्व साहित्य सृष्टि इसके उदाहरण हैं। केवल समाज की सांस्कृतिक चेतना में कलाकार को साहित्य-रचना की वह प्रेरणा नहीं मिल पाती जब तक ग्राहक समाज में साहित्यिक प्रौढ़ता का अनुकूल वातावरण नहीं होता। प्रश्न होता है कि आरम्भ में छायावाद का जो घोर विरोध हुआ है वह क्या ग्राहक समाज के अननुकूल वातावरण को प्रकट करता है? यह बात केवल स्थूल रूप में ही सत्य है क्योंकि जो विरोध हुआ है वह प्राचीन परम्परावादी उन पाठकों और समीक्षकों द्वारा हुआ है जो केवल भारतीय साहित्यिक परम्परा को ही जानते थे या जो नई शिक्षा पाकर भी पाश्चात्य साहित्य धारा से प्रभावित नहीं थे। नई शिक्षा के लोगों ने उसका स्वागत अवश्य किया है पर साहित्य के क्षेत्र में परम्परावादी अभिरुचि की प्रबलता के आतंक से पहले वे उसका खुला समर्थन नहीं कर सके हैं। बाद में जब नए पाठकों का विस्तार हुआ है, परम्परावादी अभिरुचि की खामियाँ दिखाते हुए छायावाद का जबरदस्त समर्थन

होने लगा है। वास्तव में छायावाद का चरम उत्कर्ष कालक्रम में ही हुआ है और तब तक नए पाठकों की संख्या बढ़कर छायावाद के इस उत्कर्ष में पाठकों का सहयोग भी प्राप्त हुआ है। आरम्भ में यदि उसके समर्थक नए पाठकों का अभाव रहता तो वह प्रवृत्ति तभी समाप्त हो जाती। छायावाद के सम्बन्ध में जो यह कहा जाता है कि वह व्यापक पाठक-समाज के लिए बोधगम्य नहीं है, वह बाद को किया हुआ आक्षेप है, विशेषकर जब छायावाद के विरोधी उसका प्रतिरोध नहीं कर सके हैं। दूसरे शब्दों में हम कह सकते हैं कि पाठकों की अभिरुचि के निम्न स्तर ने द्विवेदी युग तक प्रौढ़ साहित्य की रचना में बाधा पहुँचाई है। द्विवेदी युग में भी नया सांस्कृतिक विकास हो रहा था। पर उसका प्रसार शिक्षित पाठक-समाज से भिन्न सामाजिक वर्गों में था। इसलिए साहित्य-रचना को उसकी प्रेरणा नहीं मिल सकी है। जब अंग्रेजी साहित्य में शिक्षित वर्ग हिन्दी साहित्य की ओर उन्मुख हुआ है तभी छायावाद के रूप में उसका उत्कर्ष भी सम्भव हुआ है।

साहित्य का उत्कर्ष-अपकर्ष, उसके प्रति ग्राहक वर्ग के दृष्टिकोण पर भी बहुत कुछ निर्भर रहता है। युग के पाठक साहित्य से मनोरंजन चाहते हैं या जीवन की गहरी अनुभूति, यह हर युग के साहित्य के स्वरूप को अवश्य प्रभावित करता है। जब युग के पाठक मनोरंजन चाहते हैं तो उनकी अभिरुचि को सन्तुष्ट करने के लिए कलाकार को कुछ न कुछ झुकना ही पड़ता है। रीतिकालीन कवियों में प्रतिभा की कमी नहीं थी, लेकन ग्राहक वर्ग के चमत्कारपूर्ण अद्‌भुतपन की मनोरंजक-दृष्टि के कारण रीतिकाव्य का कलात्मक स्तर उच्चकोटि का नहीं हो सका। आधुनिक काल में प्रेमचन्द जी के उपन्यासों में जहाँ प्रौढ़ता का अभाव दिखाई देता है, उसका एक कारण युग के पाठकों में उपन्यास सम्बन्धी अभिरुचि का स्तर भी है। प्रेमचन्द जी के पूर्व हिन्दी कथा-साहित्य के पाठक उच्च शिक्षित नहीं थे और वे केवल मनोरंजन के लिए कथा-साहित्य पढ़ते थे। इसलिए रचना के कथा-संविधान में ही उनकी दिलचस्पी थी। उपन्यासों की मनोवैज्ञानिकता से अनभिज्ञ ऐसे पाठकों की अभिरुचि को भी दृष्टि में रखने के कारण उनके उपन्यास भी इतिवृत्त प्रधान हो गए हैं। प्रश्न हो सकता है कि जब कथा-साहित्य सम्बन्धी पाठकों की अभिरुचि इस स्तर की थी, प्रेमचन्द जी उत्कृष्ट छोटी कहानियाँ कैसे लिख सके हैं? वास्तव में उनकी छोटी कहानियों में भी इतिवृत्तात्मक दुर्बलता न हो यह बात नहीं है, पर इस क्षेत्र में वे अपेक्षाकृत अधिक सफल अवश्य हुए हैं। वह इसलिए कि छोटी कहानी में चरित्र-चित्रण की अपेक्षा परिस्थितियों की प्रधानता रहती है और उसके मार्मिक प्रभाव को ग्रहण करने में साधारण स्तर के पाठकों को भी कोई कठिनाई नहीं होती। यदि 'गोदान' तक प्रेमचन्द जी की कला का प्रौढ़ विकास हुआ है तो तब तक विविध उपन्यासों के अनुशीलन में पाठकों की अभिरुचि का भी विकास हो गया है। इस सन्दर्भ में शंका हो सकती है कि नाटकों के क्षेत्र में अनुरूप शिक्षित प्रेक्षकों के अभाव

में ही प्रसाद जी के उत्कृष्ट नाटकों की रचना कैसे हो गई है? वास्तव में प्रसाद जी के नाटक अपने युग के निम्न स्तर के प्रेक्षकों को नहीं, छायावादी कविता की सूक्ष्म अभिव्यक्ति के मर्मज्ञ शिक्षित पाठकों को दृष्टि में रखकर लिखे गए हैं। इसलिए युग के संस्कृत पाठकों की अभिरुचि के अनुरूप उनमें गहराई आई है। प्रेक्षकों की अपेक्षा पाठकों के लिए रचना होने के कारण उनमें नाटकीय व्यंजना से अभिव्यक्ति की सूक्ष्मता और गूढ़ता अधिक मिलती है। प्रायः लोग गलत समझते हैं कि जीवन-दृष्टि की उदात्त गम्भीरता के कारण प्रसाद जी के नाटक साहित्यिक हो गए हैं और इसी कारण रंगमंच पर उनका अभिनय होना मुश्किल है। यह बात नहीं है कि वस्तु और कथ्य की गम्भीरता में नाटक की रचना नहीं हो सकती, उनकी केवल सांकेतिक पाठ्य या श्रव्य साहित्यिक अभिव्यक्ति ही हो सकती है। पाश्चात्य ट्रेजडी की गम्भीरता ही इसका प्रमाण है। वास्तव में दृश्य और पाठ्य या श्रव्य रूपों का अन्तर विषय-वस्तु को लेकर नहीं, अभिव्यंजना-प्रणालियों को लेकर है। उस समय यदि हिन्दी का विकसित रंगमंच होता और रचना के अभिनय की सम्भावना रहती तो प्रसाद जी के नाटकों में गम्भीर एवं उदात्त जीवन-दृष्टि की साहित्यिक व्यंजना के बदले नाटकीय अभिव्यक्ति होती। तब उनमें व्यंजना की सांकेतिकता के स्थान पर नाटकीय-विधान की ऋजुता होती।

सारांश यह है कि पाठकों की संस्कृत चेतना से लेखक को साहित्यिक गहराई और कलात्मक प्रौढ़ता की प्रेरणा मिलती है। यद्यपि उस प्रौढ़ता की सम्भावना लेखक की प्रतिभा पर ही निर्भर है फिर भी पाठकों की साहित्यिक अभिरुचि की प्रौढ़ता के अभाव में प्रतिभा अपनी ऊँचाई पर पहुँच नहीं पाती। वह पाठकों की वर्तमान स्थिति के साथ सामंजस्य कर लेने में अनजाने ही अवनत हो जाती है या नई अभिव्यक्ति के द्वारा कलात्मक प्रौढ़ता और पाठकों की ग्राहकता का समन्वय कर लेने के प्रयत्न में अपनी कुछ सृजनात्मक प्रतिभा को व्यर्थ कर लेती है।

इस तरह साहित्यिक प्रवृत्तियों के विकास और उत्कर्ष में पाठकों की सामाजिक एवं कलात्मक चेतना के योग को देखते हुए एक सर्वथा नवीन दृष्टिकोण से हिन्दी साहित्य के इतिहास का अध्ययन किया जा सकता है। इस अध्ययन से विकास के प्रेरणा सूत्रों का ही पता नहीं चलेगा बल्कि उससे विभिन्न प्रवृत्तियों पर नया प्रकाश भी पड़ेगा। हम देख सकेंगे कि प्रायः पाठकों की वर्गीय या सामाजिक सीमाओं में ही साहित्य की विविध प्रवृत्तियों का रूप बना है, ग्राहक वर्गों की विविधता के कारण एक ही युग में अनेक साहित्यिक प्रवृत्तियाँ चल पड़ी हैं और कभी-कभी इस विविधता के कारण युग की प्रवृत्ति में अन्तर्विरोधी भावधाराओं का समावेश भी हो गया है। इस अध्ययन से यह भी पता चलेगा कि साहित्य की विविध प्रवृत्तियों के प्रसार में पाठकों की अभिरुचि का सक्रिय योग रहा है और जहाँ यह योग प्राप्त नहीं हुआ है, वह प्रवृत्ति शीघ्र समाप्त हो गई है।

ग्राहक अभिरुचि की दृष्टि से हिन्दी साहित्य के इतिहास का अध्ययन करने में हमारा ध्यान सबसे अधिक इस बात की ओर आकृष्ट होता है कि कालक्रम में ग्राहक अभिरुचि का आमूल परिवर्तन हो गया है। प्राचीन और नवीन साहित्यिक प्रवृत्तियों और ग्राहक अभिरुचियों में जो अन्तर दिखाई देता है, वह इस बात को स्पष्ट करता है। वैसे प्रत्येक युग में सामाजिक वर्ग-विशेष की प्रबलता के अनुसार ग्राहक वर्ग की साहित्यिक अभिरुचि में थोड़ा-बहुत परिवर्तन अवश्य हो गया है, किन्तु प्राचीन या आधुनिक कालों के विभिन्न युगों में ग्राहक अभिरुचि का उतना अन्तर नहीं हो गया है जितना प्राचीन और आधुनिक काल के युगों में। प्राचीन काल के विभिन्न युगों में क्रमशः शासक राजपूत वर्ग, सांस्कृतिक उच्च वर्ग और दरबारी नागरिक वर्ग समाज के प्रबल वर्ग थे और उन युगों में ग्राहक अभिरुचि और साहित्यिक प्रवृत्ति दोनों उनके सामाजिक, सांस्कृतिक एवं साहित्यिक संस्कारों से प्रभावित थे। इसी तरह आधुनिक काल के भारतेन्दु युग में प्राचीन भारतीय परम्परा की ओर उन्मुख मध्यवर्ग, द्विवेदी युग में प्राचीन और नवीन परम्पराओं के समन्वयशील मध्यवर्ग और उसके बाद नवीनता की ओर अधिक झुके हुए उच्च शिक्षित मध्यवर्ग, समाज के प्रबल वर्ग रहे हैं और उन्हीं के आदर्शों से आधुनिक साहित्य और ग्राहक अभिरुचि प्रभावित हुए हैं। प्राचीन और नवीन कालों के विविध युगों की ग्राहक अभिरुचियों का सम्बन्धसूत्र मिलाते हुए हम कह सकते हैं कि भक्तिकाव्य के ग्राहक साधारण समाज की भावना को छोड़कर प्राचीन काल की अभिरुचि उच्चवर्गीय थी और आधुनिक काल की मध्यवर्गीय। इसी कारण दोनों का विशेष अन्तर हो गया है और उनके प्रभाव में साहित्यिक प्रवृत्तियाँ भी बिल्कुल भिन्न हो गई हैं।

पहले उच्चवर्गीय अभिरुचि, चाहे वह धार्मिक-सांस्कृतिक हो चाहे शृंगारलीला-विलासी, साहित्य में व्यक्त होती थी। उस समय राजाश्रय के कारण साहित्य में जन-सामान्य की स्वस्थ सामाजिक अभिरुचि की उपेक्षा हो गई है। आर्थिक दृष्टि से आश्रित कवि, व्यापक पाठक-समाज पर निर्भर आधुनिक लेखक की तरह स्वतन्त्र नहीं था, इसलिए साहित्य में प्रायः संकीर्ण दरबारी अभिरुचि ही झलकती थी। सामाजिक सम्पर्क में भक्तिकाल ने जो नया आदर्श दरबारी साहित्य के सामने रखा है, उस पर कवियों का ध्यान नहीं गया है। भक्तिकाल के कवियों को पहले भक्त और पीछे कवि मानने के कारण उनके सामाजिक प्रेरणा सूत्रों की उपेक्षा की गई है। आश्रयदाता वर्ग रहन-सहन, आचार-व्यवहार, रीति-नीति में व्यापक समाज से अपनी विशिष्टता रखते थे और उनके आदर्श साहित्यिक प्रवृत्ति को नियन्त्रित करते थे। इस कारण सामान्य सामाजिक अभिरुचि की स्वस्थता और उन पाठकों की अनुभूति की स्वाभाविकता, साहित्य में नहीं आ सकी है। वह उच्चवर्गीय वीरता एवं रोमांस, सौन्दर्य एवं विलासिता, संस्कार एवं संस्कृति से ओतप्रोत रहा। मनोरंजन और आनन्दानुभूति इस वर्ग के जीवन का लक्ष्य था। वैभव और अवकाश ने उसके

जीवन में भोगविलास को प्रधान बना दिया है। भक्ति आन्दोलन ने उच्च वर्ग की संस्कृति की कृत्रिमता एवं संकीर्णता से मुक्त करके भक्ति की उदात्तता के साथ जन-सामान्य की स्वस्थ अभिरुचि के सामंजस्य का प्रयत्न किया है। इस नई दृष्टि से प्रभावित भक्तिकाव्य ने दरबारी आभिजात्य से भिन्न सात्विक अनुभूति को कलात्मक रूप दिया है। फिर भी भक्तिकाव्य उच्चवर्गीय संस्कृति के घेरे को छोड़कर सच्चे अर्थ में व्यापक समाज की अभिरुचि का पूर्ण प्रतिनिधि नहीं बन सका है, विशेषकर राम-काव्य ने जिसे शुक्ल जी ने इसी सांस्कृतिक उच्चता के कारण बहुत ऊँचा उठा दिया है। प्राचीन साहित्य का इतिहास हमें स्पष्ट करता है कि साहित्यिक प्रवृत्ति ग्राहक अभिरुचि के अनुसार होती है। वह कवि की कल्पना को विशिष्ट दिशाओं में प्रभावित करती है और कल्पना की प्रसार भूमि को निश्चित करती है। कवि-कल्पना का यह प्रसार प्राचीन काल में सामाजिक एवं आर्थिक अधिकार रखनेवाले वर्गों की अभिरुचि के अनुरूप हुआ है क्योंकि साहित्य उनका आश्रित रहा है। प्राचीन रोमांटिक, विलासी या सांस्कृतिक दृष्टिकोण आज ऐतिहासिक दूरी में आकर्षक अवश्य लगते हैं। लेकिन हम जानते हैं कि वह जीवन की यथार्थ दृष्टि नहीं है, उसकी केवल काल्पनिक सत्ता है।

आधुनिक काल में पाठकों की साहित्यिक अभिरुचि का आमूल परिवर्तन हो गया है। नए जीवन की नई परिस्थितियों ने उनकी अभिरुचि को सामाजिक, यथार्थोन्मुख और बौद्धिक बना दिया है। प्रजातन्त्र औद्योगीकरण और वैज्ञानिक उन्नति के कारण आधुनिक युग में जीवन के प्रति पहले की व्यक्तिवादी, आदर्शवादी और भावात्मक दृष्टिकोणों के स्थान पर समाजवादी, यथार्थवादी और बौद्धिक दृष्टियों का विकास हुआ है और ग्राहक अभिरुचि एवं साहित्यिक प्रवृत्ति दोनों पर उसका व्यापक प्रभाव भी पड़ा है। आज का हमारा साहित्य वर्ग-विशेष की अभिव्यक्ति न होकर पूरे समाज की आकांक्षाओं को व्यक्त करने का प्रयत्न कर रहा है, वह जीवन के आदर्शों का नहीं, उसकी वास्तविकताओं का निरूपण कर रहा है और जीवन की समस्या को भावात्मक स्तर पर नहीं, बौद्धिक स्तर पर सुलझाने की साधना कर रहा है। आज पाठकों की अभिरुचि भी इसी प्रकार के सामाजिक, यथार्थवादी और बौद्धिक साहित्य में है। इसका प्रमाण यही है कि आधुनिक काल की व्यक्तिवादी, आदर्शवादी और भावात्मक धाराएँ बहुत जल्दी समाप्त हो गई हैं या हो रही हैं।

पाठकों की इस नई अभिरुचि के कारण आज साहित्य के प्रति दृष्टिकोण और साहित्य की अनुभूति में भी अन्तर हो गया है। आज का पाठक साहित्य से मनोरंजन नहीं चाहता। उसकी अभिरुचि जीवन के साहित्यिक आख्यान में है। इसीलिए आज साहित्य में उद्देश्य का इतना अधिक महत्त्व हो गया है। आज साहित्य का लक्ष्य पाठकों की भावानुभूति या मनोरंजन नहीं, 'जीवन दर्शन' हो गया है। उसकी अधिक सम्भावनाओं के कारण आधुनिक युग में कविता की अपेक्षा गद्य-साहित्य की

अधिक रचना हो रही है। आज के जीवन की जटिलता ने साहित्य में जीवन-दर्शन के महत्त्व को और भी बढ़ा दिया है। साहित्य के प्रति इस नवीन विचारात्मक दृष्टिकोण के कारण, उसमें भावपक्ष की अपेक्षा वस्तुपक्ष और विचारपक्ष की प्रबलता हो गई है और परिणामतः उसकी अनुभूति में भी अन्तर आ गया है। आज का पाठक पहले का सहृदय भावक नहीं है। उसमें बौद्धिक दृष्टिकोण अपेक्षाकृत अधिक प्रबल हो गया है। इसलिए वह पहले की तरह साहित्य में भाव तन्मय नहीं होता। वह साहित्य के द्वारा मानसिक चेतना का विकास और विचारोत्तेजन चाहता है।

आधुनिक काल का नवोदित मध्यवर्ग इस नवीन साहित्यिक अभिरुचि का उन्नायक हुआ है। उसकी अभिरुचि ने नई शिक्षा-दीक्षा और पाश्चात्य साहित्य के सम्पर्क में परम्परावादी अभिरुचि से भिन्न एक नवीन रूप धारण किया है। नए साहित्य की प्रवृत्ति और व्यापक समाज की अभिरुचि दोनों इस वर्ग के सामाजिक एवं साहित्यिक आदर्शों से प्रभावित हुए हैं। इस तरह पहले के उच्च वर्ग के स्थान पर मध्यवर्ग समाज का प्रबल वर्ग हो जाने से प्राचीन सहृदयता और दरबारी रसिकता के स्थान पर एक नई मानसिक चेतना का विकास हुआ है। मध्यवर्गीय चेतना और पाश्चात्य साहित्य सम्पर्क के कारण कलात्मक दृष्टि से भी साहित्य की प्रवृत्ति और ग्राहक अभिरुचि का अपूर्व उत्कर्ष हुआ है। आज साहित्य के विविध रूपों का ही प्रौढ़ विकास नहीं हुआ है बल्कि उनके अनुरूप उच्च स्तर पर कला का मूल्यांकन भी हो रहा है।

अनेक दृष्टियों से आधुनिक काल हिन्दी साहित्य का सबसे महत्त्वपूर्ण काल है। मुद्रण की सुविधा के कारण आज साहित्य को विस्तृत पाठक समाज मिला है जिसका साहित्यिक प्रवृत्ति और ग्राहक-अभिरुचि दोनों पर व्यापक प्रभाव पड़ा है। पाठकों के इस विस्तार में गद्य-साहित्य का विकास सम्भव हुआ है। आधुनिक काल की यथार्थवादी अभिरुचि के कारण साहित्य का जो विस्तार हुआ है, वह भी उल्लेखनीय है। वस्तु की विविधता और जीवन की गहराई, दोनों दिशाओं में आधुनिक साहित्य के प्रसार के साथ धार्मिक और वर्गीय घेरे में बँधे हुए प्राचीन साहित्य की कोई तुलना नहीं हो सकती। आज साहित्य का विस्तार ही नहीं, उसका उत्कर्ष भी कम नहीं हुआ है।

आधुनिक युग में साहित्य की प्रवृत्ति और ग्राहक अभिरुचि का केवल उत्कर्ष ही हुआ हो, ऐसी बात नहीं है। मुद्रण की सुविधा के कारण पाठकों का जो विस्तार हुआ है, उसमें अधिकांश निम्न स्तर के अर्द्ध शिक्षित पाठक हैं जिनके कारण साहित्यिक अभिरुचि का स्तर बहुत कुछ गिर भी गया है। उनके मनोरंजन के लिए जो साहित्य-सृजन हो रहा है वह निम्न कोटि का ही नहीं, बल्कि उनकी अभिरुचि को और गिरानेवाला भी है। आज अशिक्षित ही नहीं, शिक्षित अभिरुचि का स्तर भी उतना सन्तोषजनक नहीं है। आधुनिक युग के ज्ञान-विज्ञान ने जहाँ एक नई साहित्यिक

चेतना का विकास किया है, वहाँ उसके अवान्तर भेदों की विशेषज्ञता के कारण शिक्षित अभिरुचि संकीर्ण भी हो रही है। ज्ञान-विज्ञान के नए-नए विकास के साथ चलने में साहित्य की प्रवृत्ति और ग्राहक अभिरुचि दोनों विपथगा होकर भटक रही हैं। ज्ञान-विज्ञान की विषमता में जीवन की जटिलता बढ़ गई है और उसका प्रभाव साहित्य पर भी पड़ रहा है। इस स्थिति से असन्तुष्ट समीक्षक शिकायत कर रहे हैं कि कविता में छायावादी युग और गद्य में आदर्शवादी युग के बाद हिन्दी साहित्य का वैसा उत्कर्ष नहीं हुआ है।[16] इसकी सत्यता को अस्वीकार नहीं किया जा सकता। लेकिन इसका कारण नए लेखकों में प्रतिभा की कमी नहीं है, अनुकूल वातावरण का अभाव है। हम देख चुके हैं कि अनुकूल ग्राहक समाज के बिना साहित्य का उत्कर्ष सम्भव नहीं है। जब ज्ञान-विज्ञान की विषमता में सामाजिक चेतना का विघटन आरम्भ हो गया है और उससे ग्राहक अभिरुचि संकीर्ण होती जा रही है तो साहित्य का उत्कर्ष कैसे हो सकता है? जब ज्ञान-विज्ञान से सामाजिक चेतना का विघटन न होकर उसका सामंजस्यपूर्ण विकास होगा और उससे ग्राहक अभिरुचि व्यापक बनेगी, तभी साहित्य भक्तिकाल या छायावादी युग की तरह उत्कर्ष की पराकाष्ठा पर पहुँच सकेगा।

ग्राहक अभिरुचि के अनुकूल बनकर साहित्य, उसका विकास और उत्कर्ष करता है। लेखक पाठकों से अधिक संवेदनशील और अन्तर्दृष्टि-सम्पन्न होता है, इसलिए वह उनकी अभिरुचि को अधिक व्यापक और अनुभूति को अधिक गहरी बना सकता है। प्रत्येक युग के साहित्य से ग्राहक अभिरुचि का न्यूनाधिक विकास एवं उत्कर्ष अवश्य होता रहता है, लेकिन कुछ युगों में उसका अपूर्व परिष्कार और उत्कर्ष होता है। इस तरह भावक्षेत्र में भक्तिकाल ने और कला के क्षेत्र में छायावादी युग ने पाठकों में एक नई अभिरुचि का विकास किया है। जब ग्राहक अभिरुचि की अपेक्षा लेखकों की भावना एवं कलात्मक चेतना ऊँची होती है, तभी ऐसा होता है। अन्यथा लेखक ग्राहक अभिरुचि के अनुरूप सरस रचना करके सन्तुष्ट रह जाता है।

हिन्दी साहित्य के इतिहास के अनुशीलन से स्पष्ट हो जाता है कि लेखक और पाठक दोनों की साहित्यिक अभिरुचि का उत्तरोत्तर विकास एवं उत्कर्ष हो रहा है। आज हमारी मानवीय चेतना पहले से कहीं अधिक गहरी और व्यापक है, कलात्मक संवेदना अधिक सूक्ष्म और मार्मिक है। ऐसी स्थिति में प्रश्न उठता है कि हम प्राचीन काल से श्रेष्ठ क्या, उनके समान महान कला कृतियों की रचना में असफल क्यों हैं? आज जीवन के खण्ड-चित्रों से ही हमको क्यों सन्तुष्ट होना पड़ रहा है? क्योंकि आज हमारी सारी रचनात्मक प्रतिभा, व्यापक मानवीय भावना और तलस्पर्शी कलात्मक चेतना एक-दूसरे से असम्बद्ध ही नहीं है, स्वयं खण्डित होकर अलग-अलग कठघरों में ही सक्रिय है। प्राचीन काल की संश्लिष्ट जीवन-दृष्टि में मानव-मन की सभी प्रवृत्तियों का आन्तरिक सामंजस्य हो जाता था जबकि हमारी जीवन-दृष्टि, विशेषज्ञता में विश्लिष्ट होकर जीवन और कलाओं पर भी अपना प्रभाव डाल रही

है।

3.5 साहित्यिक अभिरुचि के निर्धारक सामाजिक तत्त्व

पाठकों की साहित्यिक अभिरुचि उनके सामाजिक संस्कारों पर निर्भर रहती है। वह समाज की आर्थिक परिस्थितियों, सामाजिक प्रवृत्तियों और साहित्य को ग्राहकता तक पहुँचानेवाले साधनों से प्रभावित होती है। समाजवादी कहते हैं कि सामाजिक प्रवृत्तियों के मूल में भी आर्थिक परिस्थितियाँ ही प्रबल रहती हैं। यह सही है कि आर्थिक स्थिति के अनुसार वर्ग बनते हैं और उससे उनके वर्गीय संस्कारों का विकास होता है। पर धार्मिक, सांस्कृतिक और राजनीतिक प्रवृत्तियों में प्राप्त सामाजिक संस्कार आर्थिक वर्ग-भेदों को भी मिटाकर विकसित होते हैं और इस कारण वे समान आर्थिक वर्ग के संस्कारों में भी अन्तर करते हैं। एक बार यदि वर्ग स्थिति निश्चित हो जाती है तो उसके संस्कारों का विकास आर्थिक स्थिति के अनुसार नहीं, सामाजिक एवं सांस्कृतिक परिस्थितियों के अनुसार ही होता है। साहित्य का सम्बन्ध जीवन की आर्थिक परिस्थितियों से नहीं, सामाजिक एवं सांस्कृतिक परिस्थितियों से है, इसलिए साहित्यिक अभिरुचि का विकास, सामाजिक एवं सांस्कृतिक संस्कारों के आधार पर ही होता है। धनी और दरिद्र वर्गों की साहित्यिक अभिरुचि में आर्थिक वर्ग-स्थिति के अनुसार स्वाभाविक अन्तर अवश्य होता है, लेकिन ये वर्ग संस्कार सामाजिक एवं सांस्कृतिक परिस्थितियों के अनुरूप बदल जाते हैं। साहित्यिक अभिरुचि को प्रभावित करनेवाले सामाजिक तत्त्वों में परम्परा, शिक्षा की संस्थाएँ, समीक्षा, प्रचार, दृष्टिकोण आदि उल्लेखनीय हैं जिनका हम विस्तार के साथ अध्ययन करेंगे।

परम्परा : साहित्यिक अभिरुचि को निर्धारित करने में परम्परा का प्रबल हाथ रहता है। साहित्यिक सहृदयता परम्परा के प्रभाव से मुक्त होने का प्रयत्न अवश्य करती है, लेकिन उसमें पूर्ण सफलता कम मिलती है। सामान्य पाठक प्रबल सामाजिक धक्के के बिना परम्परा को छोड़ने के लिए कभी तैयार नहीं होता। प्रायः उसकी साहित्यिक अभिरुचि अपनी वर्गीय सांस्कृतिक परम्परा के अनुसार होती है। परम्परा से प्राप्त अभिरुचि दो प्रकार की होती है—जन्मजात विरासत के रूप में मिली और शिक्षा-दीक्षा में अर्जित। परम्परा वर्ग या समाज की सांस्कृतिक सम्पत्ति है जो शिक्षा-दीक्षा के द्वारा एक पीढ़ी से दूसरी पीढ़ी को प्रसारित होकर जीवित रहती है। सामाजिक उथल-पुथल में परम्परा टूट जाती है और समाज के नए संस्कार और नई अभिरुचि का विकास होता है। प्राचीन काल में ग्राहक अभिरुचि परम्परा से बहुत प्रभावित थी। समाज में जो वर्ग प्रबल होता था उसकी सांस्कृतिक परम्परा, काव्य प्रवृत्ति और ग्राहक अभिरुचि दोनों को प्रभावित करती थी। लेकिन आधुनिक काल में नई सामाजिक चेतना और भाव-विचारों के प्रवेश के कारण ग्राहक अभिरुचि रूढ़ परम्परा से मुक्त होकर कुछ अधिक स्वच्छन्द हो गई है। समाज की रूढ़ परम्परा

साहित्यिक प्रवृत्ति को ही नहीं, ग्राहक अभिरुचि को भी रीतिबद्ध एवं संकीर्ण बना देती है। रीतिकाल की साहित्यिक प्रवृत्ति और ग्राहक अभिरुचि की सीमाएँ इसी तरह की हैं। साधारणतः युग की ग्राहक अभिरुचि सांस्कृतिक एवं साहित्यिक परम्पराओं के प्रभाव से मुक्त नहीं हो पाती।

स्कूल और कॉलेज में साहित्य की शिक्षा : आजकल साहित्य का अध्ययन शिक्षा में अनिवार्य विषय हो गया है। साहित्य में अभिरुचि होने के लिए, साहित्य की उचित अनुभूति के लिए विद्यार्थियों को कलात्मक मूल्यों का परिचय दिया जा रहा है। इस लक्ष्य की पूर्ति के लिए साहित्यिक परम्परा में मान्य रचनाओं का पाठ्यक्रम होता है। विवादग्रस्त नवीन साहित्यिक प्रवृत्तियों और सिद्धान्तों से बचकर विद्यार्थियों को मान्य परम्परा का ही ज्ञान दिया जाता है। परम्परा का ज्ञान लाभदायक अवश्य है पर नवीन विकास को छोड़कर प्राचीन परम्परा का ही ज्ञान विद्यार्थियों के भाव-विकास के निरोध का कारण बनता है। इस शिक्षा-विधान के कारण आजकल उच्च शिक्षा प्राप्त साहित्य के विद्यार्थियों के मन में नवीन विकास के प्रति अनास्था की भावना मिलती है। प्राचीन साहित्य के साथ उसका मनोयोग होता हो, ऐसी बात भी नहीं है। वास्तव में प्राचीन संस्कृति और साहित्य की अपेक्षा जिन सामाजिक परिस्थितियों में वे पढ़ रहे हैं और जिनके आधार पर नवीन प्रवृत्तियाँ एवं वाद-विवाद चल रहे हैं, उनकी ओर विद्यार्थियों का आकृष्ट होना और उनमें अभिरुचि रखना अधिक स्वाभाविक है। स्कूल के बाहर विद्यार्थी इन्हीं का अध्ययन करता है। जो परम्परा का चरम विकास है, उस नई प्रवृत्ति से आरम्भ होकर अभिरुचि क्रमशः प्राचीनता की ओर प्रसारित होने में ही सच्ची साहित्यिक अभिरुचि का विकास हो सकता है। परम्परा की सार्थकता और प्राचीन श्रेष्ठ रचनाओं का महत्त्व इसी क्रम में अनुभूत होगा। विद्यालयों के उल्टे क्रम में प्राचीन साहित्य की साहित्यिक एवं सांस्कृतिक उत्कृष्टता के नाम पर बलात् विद्यार्थियों के मनोयोग की माँग की जाती है। साहित्य में स्वाभाविक अभिरुचि बनने के पहले ही शिक्षा के द्वारा उसे उत्कृष्टता के ढाँचे में ढालने का प्रयत्न किया जाता है। जिन नवीन साहित्यिक प्रवृत्तियों में नए सामाजिक जीवन की अनुरूपता के कारण स्वाभाविक अभिरुचि हो सकती है, उनसे भिन्न प्राचीन सामाजिक जीवन की साहित्यिक अभिव्यक्ति, पाठक के मन में साहित्यिक अभिरुचि उत्पन्न नहीं कर सकती, कभी-कभी वह साहित्यिक विमुखता या विद्रोह का कारण भी बन सकती है। परीक्षा की दृष्टि से प्राचीन साहित्य सम्बन्धी समीक्षा की बातें रटी जाती हैं पर मन की अभिरुचि दूसरी ही दिशा में होती है। नवीन प्रवृत्तियों को परम्परा के विरुद्ध युवकों का अनाड़ीपन समझकर अध्यापक भी उनकी उपेक्षा करते हैं पर वे भूल जाते हैं कि विद्यार्थी का युवा मन उसी ओर आकृष्ट रहता है। इस तरह अध्यापक नए युग के वाद-विवाद में विद्यार्थी की साहित्यिक अभिरुचि का पथ-प्रदर्शक नहीं बनते।

पहले भाषा के अध्यापक परम्परा प्रेमी पंडित हुआ करते थे। उनकी साहित्यिक अभिरुचि व्यापक नहीं होती थी। पर आज की स्थिति उससे भी गई गुजरी है। लोग आर्थिक कारणों से अध्यापक बनकर साहित्य पढ़ा रहे हैं। उनमें साहित्य के प्रति कोई विशेष ममता नहीं है। समीक्षा की बातों को दुहराकर वे समझते हैं कि उनका कर्तव्य पूरा हो गया है। विद्यार्थी दशा में ये भावी अध्यापक साहित्य को इसलिए चुनते हैं कि दूसरे विषयों में उन्हें प्रवेश नहीं मिला है। साहित्यिक अध्ययन की सफलता पाठ्य ग्रन्थ को विद्यार्थियों के लिए बोधगम्य बनाने में नहीं, बल्कि साहित्य में अभिरुचि उत्पन्न करने में है। आज की नई शिक्षा में विद्यार्थियों की सौन्दर्य चेतना या रस ग्राहिता का विकास शायद ही होता है। विश्वविद्यालयों के उच्च स्तर पर साहित्य का अध्ययन करने पर भी विद्यार्थियों का साहित्यिक विवेक या संस्कार नहीं बढ़ता। उनमें अच्छे-बुरे का अन्तर करने की शक्ति कम देखी जाती है। एम.ए., पी-एच. डी. के विद्यार्थी साहित्य के विशेषज्ञ बनते हैं, किन्तु उसका भावास्वादन नहीं कर पाते। उच्च कक्षाओं में साहित्य के स्वरूप से अवगत कराने का भी प्रयत्न होता है पर इस बहाने स्थूल नियम और सिद्धान्त ही सिखाए जाते हैं। बाद में विद्यार्थी समीक्षक बनकर इन मोटे सिद्धान्तों को दुहराते हुए साहित्य के वर्गीकरण एवं विश्लेषण में लग जाता है। वास्तव में साहित्य का सैद्धान्तिक अध्ययन, साहित्यिक चेतना के विकास के लिए होता है। इसी चेतना के आधार पर साहित्य का मूल्यांकन होना चाहिए, सिद्धान्तों के आधार पर नहीं इस चेतना के अभाव में आज साहित्य की उच्च शिक्षा के बावजूद भी विद्यार्थी अपना स्वयं मूल्यांकन नहीं कर पा रहे हैं, नवीन प्रवृत्तियों और फैशनों में अपना रास्ता बना लेने में असमर्थ हो रहे हैं। कुछ अध्यापकों की स्थिति भी इससे अच्छी नहीं है। इतने विश्वविद्यालयों में हिन्दी विभाग और उच्च शिक्षा पाने वाले विद्यार्थियों के होते हुए भी हिन्दी में साहित्यिक चेतना का स्तर बहुत ऊँचा नहीं है। इसका कारण यही है कि शिक्षा के इन केन्द्रों में कलात्मक मूल्यों की अपेक्षा ऐतिहासिक परम्परा, वैज्ञानिक विश्लेषण और पाठ-संस्करण पर अधिक ध्यान दिया जा रहा है। फिर भी विश्वविद्यालयों में विद्यार्थी की साहित्यिक चेतना पर अध्ययन का थोड़ा-बहुत प्रभाव तो पड़ रहा है, पर स्कूल-कॉलेज तो इससे अभी बहुत दूर हैं। शिक्षा की ये संस्थाएँ ही बचपन से लोगों की साहित्यिक अभिरुचि को निर्धारित करनेवाली होती हैं। वे आज उनकी अभिरुचि को रूढ़ परम्परा में ही ढाल रही हैं।

साहित्यिक अभिरुचि को प्रभावित करनेवाली अन्य संस्थाएँ[17] : ग्राहक अभिरुचि पर साहित्यिक संस्थाओं, पुस्तकालयों आदि का भी अज्ञात प्रभाव पड़ता रहता है। ये पाठक की अभिरुचि को युगानुरूप नए ढाँचे में ढालते रहते हैं। साहित्य की समितियाँ और संस्थाएँ अपने विविध क्रियाकलापों द्वारा नई-पुरानी प्रवृत्तियों में ग्राहकों की अभिरुचि उत्पन्न करती हैं। नागरी प्रचारिणी सभा ने प्राचीन साहित्यिक एवं

सांस्कृतिक परम्परा की ओर हमारा ध्यान आकृष्ट किया है। प्रगतिशील लेखक संघ ने साहित्य की अराजकता में दिग्मूढ़ ग्राहक अभिरुचि को एक नई सामाजिक दृष्टि दी है। सभा-समारोहों और कवि-सम्मेलनों के द्वारा भी पाठक नए लेखकों की ओर उन्मुख होते हैं। बहुत से पाठकों की अभिरुचि के लिए लेखक की पहली रचना की सफलता, कसौटी होती है। साहित्य-सम्मेलन प्रायः ऐसे सफल लेखकों को विशेष लोकप्रिय बनाते हैं। उत्साही नवयुवकों की साहित्यिक चर्चाओं से भी ग्राहक अभिरुचि प्रभावित होती है। और भी ऐसे अनेक रूपों में साहित्य का प्रचार ग्राहक अभिरुचि का निर्धारक बनता है।

आधुनिक युग में ग्राहक अभिरुचि पर पारिवारिक प्रभाव कम होता जा रहा है। जब परिवार समाज का प्रबल अंग था, उसके दृढ़ आन्तरिक बन्धन थे, और उसके सामने निश्चित सामाजिक एवं सांस्कृतिक आदर्श थे, तब पारिवारिक आदर्शों से उसके सदस्यों की अभिरुचि विशेष प्रभावित रहती थी। पहले माता-पिता परिवार के अन्य व्यक्तियों को पढ़कर सुनाते थे, पढ़ने के लिए पुस्तकें चुनकर दिया करते थे और इस तरह उनकी साहित्यिक अभिरुचि को एक निश्चित रूप में ढालते थे। आज मध्यवर्गीय शिक्षित परिवार में माता-पिता को अपने बच्चों की अभिरुचि की ओर ध्यान देने के लिए अवकाश ही नहीं है। वैयक्तिक स्वतन्त्रता में पारिवारिक बन्धन कुछ ढीले भी पड़ गए हैं। शिक्षित परिवार अपने सदस्यों को लिखने-पढ़ने की जो स्वतन्त्रता दे रहा है उसमें किसी व्यक्ति की पारिवारिक स्थिति और आदर्शों से भिन्न अभिरुचि होने की बहुत कुछ सम्भावना है। आज भी पारिवारिक संस्कारों का लोगों की साहित्यिक अभिरुचि पर प्रभाव अवश्य पड़ता है, पर सामाजिक जीवन और शिक्षा-दीक्षा में, उसकी अभिरुचि को प्रभावित करनेवाले और भी जबरदस्त कारण हो गए हैं।

आज साहित्यिक अभिरुचि पर पारिवारिक प्रभाव ने सामाजिक प्रभाव को स्थान दिया है। साहित्यिक संस्थाएँ, सभा-समारोह और सामाजिक पुस्तकालय लोगों की साहित्यिक अभिरुचि को विशेष प्रभावित कर रहे हैं। पाश्चात्य देशों में पुस्तकालय पुस्तकों को चुनने में पाठकों को सलाह देकर उनके अभिरुचि-परिष्कार की ओर ध्यान देते हैं जबकि हमारे यहाँ पुस्तकालय आसानी से पुस्तकें प्राप्त करने के साधन मात्र हैं। उनमें साहित्यिक एवं सांस्कृतिक संस्कारों को बिगाड़नेवाली पुस्तकें भी काफी संख्या में रहती हैं और सामान्य पाठक उनको पढ़ना चाहता है और पढ़ता भी है तो उस पर कोई रोकथाम नहीं है। स्कूलों के पुस्तकालयों में पुस्तकें सुरुचि की दृष्टि से अवश्य चुनी जाती हैं पर स्कूल के बाहर सार्वजनीन पुस्तकालयों में अभिरुचि के विकास की पूरी स्वतन्त्रता है और केवल स्कूली शिक्षा की प्रगति पर ध्यान देनेवाला आधुनिक परिवार, स्कूल के बाहर लड़के की अभिरुचि के विकास पर बिल्कुल ध्यान नहीं देता।

आज साहित्य की आर्थिक एवं व्यवसायात्मक दृष्टि के प्रभाव में सामान्य ग्राहक अभिरुचि बिगड़ती जा रही है। पाठक, प्रकाशक से प्राप्त रचना का निष्क्रिय ग्राहक मात्र रह गया है, प्रेक्षक प्रदर्शक से प्रस्तुत नाटक का ही रस ले पाता है। लेकिन पाठकों और प्रेक्षकों के संगठन में साहित्य के व्यवसाय को उचित रास्ते पर लाया जा सकता है और तभी साहित्य का स्तर ऊँचा होगा, ग्राहक समाज की माँगें पूरी होंगी और साहित्य-रचना में मध्यवर्ती प्रकाशक या प्रदर्शक का प्रभाव कम होकर प्राचीनकाल की तरह स्वस्थ सामाजिक अभिरुचि का विकास होगा। इस तरह अभिरुचि परिष्कार की समस्या हल होने पर समीक्षा के द्वारा उच्च साहित्यिक संस्कारों का विकास हो सकेगा। साहित्यिक संस्थाओं के द्वारा नई अभिरुचि का विकास करने के साथ-साथ नई रचना का पथ भी प्रशस्त किया जा सकता है।

समीक्षा : प्रत्येक युग की साहित्यिक अभिरुचि के विकास में समीक्षा का प्रबल हाथ रहता है। प्राचीन काल में हमारे यहाँ समीक्षा का काम विद्वानों की सभाएँ करती थीं। यह सही है कि रचना की लोकप्रियता में प्रचार जितना शक्तिशाली साधन है, समीक्षा उतना नहीं। किसी लेखक की रचनाएँ समीक्षा की प्रशंसा से अधिक पत्र-पत्रिकाओं में, समाज में या साथी मित्रों में उनकी चर्चा सुनकर खरीदी जाती हैं। लेकिन साहित्य का अध्ययन करनेवाले किसी भी व्यक्ति की साहित्यिक अभिरुचि के विकास में समीक्षा का प्रभाव अवश्य रहता है। कॉलेजों में साहित्य के विद्यार्थी, अध्यापन की अपेक्षा समीक्षा पर ही अधिक निर्भर रहते हैं। गुरुमुख से प्रत्यक्ष अध्यापन, समीक्षा के अध्ययन से विद्यार्थी की अभिरुचि को अधिक प्रभावित कर सकता है, लेकिन आज की शिक्षा की त्रुटियों में वस्तुस्थिति यही है कि विद्यार्थी समीक्षा ही अधिक पढ़ता है और उसकी अभिरुचि उसी आधार पर बनती है। विदेशों में पत्रिकाओं के पुस्तक-परिचय से ग्राहक अभिरुचि बहुत प्रभावित होती है, लेकिन हमारे यहाँ पत्रकारी कला का वैसा प्रौढ़ स्तर न होने के कारण ग्राहक वर्ग की अभिरुचि समीक्षाओं से कहीं अधिक प्रभावित रहती है। यदि समीक्षक की प्रतिभा और अभिरुचि पर पाठक को विश्वास हो जाता है तो उसकी समीक्षा का बहुत असर पड़ता है। समीक्षा की इस प्रभावोत्पादकता के कारण, साहित्यिक प्रवृत्तियों से सम्बद्ध समीक्षात्मक शैलियाँ, सामान्य ग्राहक की अभिरुचि को अभीष्ट प्रवृत्ति के अनुरूप ढालने में बहुत प्रयत्न करती हैं। रसवादी, छायावादी, प्रगतिवादी और प्रयोगवादी समीक्षकों की आलोचनाओं का यही लक्ष्य रहा है। नवीन प्रवृत्ति की ग्राहकता के लिए ऐसी सहानुभूति पूर्ण समीक्षा की आवश्यकता है और उसका साहित्य के साथ निरन्तर विकास होता भी रहता है, पर सामाजिक प्रवृत्ति के साथ साहित्य की प्रवृत्ति जिस तरह बदल जाती है, समीक्षा की प्रवृत्ति का भी वैसा ही आदर्श नहीं होना चाहिए। अभिरुचि का नया विकास करती हुई भी समीक्षा अपेक्षाकृत अधिक स्थिर प्रतिमानों से नई-पुरानी परम्पराओं का व्यापक आकलन और सन्तुलित मूल्यांकन करती है करना चाहिए।

तभी साहित्यिक अभिरुचि की व्यापकता एवं उदारता सम्भव है।

अपनी दुर्बलताओं और सीमाओं के बावजूद समीक्षा प्रत्येक युग में ग्राहक अभिरुचि का परिष्कार और विकास करती है। पाठकों की साहित्यिक अभिरुचि समीक्षा से ही बनती है। शिक्षित संस्कारों को सहृदयता और सामान्य सहृदयता को शिक्षित संस्कार देने में वह समर्थ है। साहित्य रचना की आधुनिक व्यापकता में वह पाठकों की अभिरुचि का पथ-प्रदर्शन कर सकती है कि इस प्रचुरता में क्या पढ़ा जाए। समीक्षा का आदर्श, साहित्य की श्रेष्ठतम भावधारा का प्रवर्त्तन करते हुए पाठकों की अभिरुचि का विकास करना है। व्यवसायात्मक प्रचार के साधनों से बचकर सच्ची कला की निरपेक्ष समीक्षा से प्रभावित होने में ही सामान्य ग्राहक समाज की अभिरुचि के स्वाभाविक विकास की सम्भावना है। जहाँ साहित्य की प्रचुरता में अच्छी रचनाओं की उपेक्षा हो रही है, निरर्थक नई कल्पना की लम्बी चर्चा की जा रही है और इस कारण पाठकों की अभिरुचि दिग्भ्रान्त सी है, साथ ही आज जब उच्च साहित्य में सामान्य ग्राहक समाज की पहुँच नहीं है और उसके लिए जो उपस्थित किया जा रहा है; उसने मनोरंजन एवं मानसिक उत्तेजना को ही अपना लक्ष्य बना लिया है, ऐसी विषम स्थिति में साहित्य-समीक्षा ही अच्छी अभिरुचि का विकास कर सकती है। हिन्दी समीक्षा का ग्राहक अभिरुचि पर क्या प्रभाव पड़ा है, उससे पाठकों की अभिरुचि का परिष्कार एवं विकास कहाँ तक हो सका है और समीक्षक एवं उसकी समीक्षा की दुर्बलताओं के कारण इस कार्य की क्या सीमाएँ रह गई हैं, इसका विस्तृत अध्ययन आगे किया जाएगा।

अभिरुचि को प्रभावित करनेवाले प्रचारात्मक साधन : आज मुद्रण यन्त्र ने ग्राहक अभिरुचि को प्रभावित करने के लिए प्रचार के नए साधन दिए हैं। अज्ञात रूप में उनका प्रचार पाठक की साहित्यिक अभिरुचि को विशेष प्रभावित करता है। इसे सामान्य पाठक शायद ही समझ पाता है। पुस्तकों की विवरणात्मक सूचियाँ और आगामी प्रकाशनों के विज्ञापन, अज्ञात रूप से पाठकों का ध्यान उन पुस्तकों की ओर आकृष्ट करते हैं। रचना की सार्थकता और कलात्मकता का आकर्षक वर्णन, पुस्तकों के प्रचार में सहायक होकर लोगों में एक नई साहित्यिक अभिरुचि पैदा कर सकता है। रचना का विज्ञापन करते हुए युग की प्रवृत्ति में उसकी विशेषता की चर्चा की जाती है और इस तरह उसमें अभिरुचि होने के लिए अनुकूल वातावरण बनाया जाता है। रचना के विषय का सारांश, विषयसूची, अनुक्रमणिका आदि की उपादेयता, बहुत-सी रचनाओं के सम्बन्ध में केवल प्रचार की दृष्टि से ही होती है। उसी दृष्टि से कलाकार की प्रतिभा और विद्वत्ता की भूमिका बाँधी जाती है। इसके लिए कवर पृष्ठ पर समीक्षकों की सम्मतियाँ, लेखक और रचना का परिचय, मुखपृष्ठ पर विषय और उसके महत्त्व की सूचना आदि दी जाती हैं। आदर्शवादी, कल्पनावादी, प्रकृतिवादी, यथार्थवादी सभी प्रवृत्तियों ने प्रचार के इन साधनों का अपने-अपने ढंग

पर विकास किया है। कलाकार प्रकाशन के इन विषयों में अपनी प्रवृत्ति एवं अभिरुचि का परिचय देकर पाठकों को अपनी ओर खींचने का प्रयत्न करता है। 'साकेत', 'आँसू' आदि के मुखपृष्ठों पर कवि के शब्दों में काव्य की आत्मा बोलती है। नीतिवादी द्विवेदी युग ने यदि अपनी श्रद्धांजलि समर्पित की है तो छायावादी भावुकता ने अपनी करुण कहानी सुनाई है। 'यशोधरा' के मुखपृष्ठ पर भी नारी जीवन की करुण विवशता का स्वर गूँजता है लेकिन 'आँसू' से भिन्न यहाँ अपने युग की नैतिक आदर्शवादी दृष्टि की स्पष्ट व्यंजना है। मुद्रण के प्रचारात्मक साधन, सामान्य पाठक की अभिरुचि को आसानी से प्रभावित कर लेते हैं। प्रचार के बल पर ही नवीन प्रवृत्तियाँ और फैशन चलते हैं। मुद्रण के आरम्भ में प्रचार प्रत्यक्ष विज्ञापन सा लगता था, किन्तु उसने अपनी कला का विकास कर लिया है और आजकल वह अप्रत्यक्ष और सांकेतिक रूपों में जिससे कि पाठक पर अधिक प्रभाव पड़ सके, ग्राहक अभिरुचि को अभीष्ट रूप में ढाल रहा है। सस्ते और आकर्षक प्रकाशनों ने लोकप्रिय सीरीज़ के रूप में सामान्य ग्राहक अभिरुचि पर अपना पूरा असर जमा लिया है।

पाठक तक पहुँचने के लिए कलाकार अपने प्रकाशक को सावधानी के साथ चुनता है। क्योंकि इसी पर उसकी रचना की सफलता बहुत कुछ निर्भर रहती है। रचना अपनी कला की मार्मिकता से ही नहीं, प्रचार के बल पर भी लोकप्रिय बनती है। प्रकाशक के प्रकाशन-स्तर को देखकर पाठक जल्दी रचना की ओर आकृष्ट होता है। व्यवसायात्मक प्रकाशन से ऊँचा साहित्यिक स्तर, पाठक की अभिरुचि को विश्वास दिलाता है कि नई रचना भी उसी स्तर की है। इसीलिए नया कलाकार अपनी सफलता के लिए अच्छे प्रकाशक से अपनी रचना का प्रकाशन कराना चाहता है। लेकिन कभी-कभी उसके लिए उसे बहुत दौड़-धूप करनी पड़ती है। क्योंकि प्रकाशक प्रतिष्ठित कलाकारों की सफल रचनाओं को छोड़कर आर्थिक नुकसान के डर से नए प्रयोगों को पसन्द नहीं करता। प्रत्येक देश के साहित्यिक इतिहास में युग प्रवर्तक नए कलाकारों की श्रेष्ठ रचनाएँ प्रकाशकों से वापस आ जाने की अनेक घटनाएँ मिलती हैं। प्रकाशन की इस कठिनाई के कारण आजकल नई रचनाएँ प्रतिष्ठित साहित्यकार की सिफारिश में प्रकाशनार्थ जाती हैं और तभी प्रचार पाती हैं। साहित्य के इस प्रकाशन-व्यापार के पंजे से बचाने के लिए आजकल प्रतिभा को पुरस्कार देने की घोषणाएँ की जाती हैं। लेकिन वे प्रायः प्रतिष्ठित कलाकारों को ही मिलते हैं। जब तक व्यापार की दृष्टि से प्रकाशन बन्द नहीं होगा, तब तक न साहित्य का उद्धार होगा और न ग्राहक अभिरुचि ही अच्छी बन सकेगी। क्योंकि ऐसी स्थिति में प्रतिभा की अपेक्षा प्रचार ही साहित्य को सामाजिक मान्यता दिलानेवाला रहेगा।

आजकल सामान्य पाठक की अभिरुचि का निर्धारक यही प्रकाशन-व्यापार का प्रचार है। आकर्षक रूप रंग, विज्ञापन, पत्रिका में पुस्तक-परिचय आदि की

सहायता से ग्राहक समाज को आकृष्ट करने के लिए प्रकाशन-व्यापार में स्पर्धा चल रही है। साहित्य का यह विज्ञापन आधुनिक आविष्कार नहीं है। प्राचीन लेखक भी कवि-सम्मेलनों, गोष्ठियों और राज-सभाओं में विद्वानों और रसिकों की प्रशंसा पाकर अपनी रचना का पथ प्रशस्त कर लेने में तत्पर रहता था। आज मुद्रण कला के कारण प्रचार का केवल रूपान्तर हुआ है। नए रूप में पुस्तक-परिचय और समीक्षा अप्रत्यक्ष रूप से रचना का प्रचार करते हैं और ग्राहक अभिरुचि को आकृष्ट करने या बदलने का प्रयत्न करते हैं। पुस्तक-परिचय प्रायः सहानुभूतिपूर्ण, रचना के अनुकूल हुआ करता है। लेखक और समीक्षक की मैत्री या उनके सहयोग का यह परिणाम होता है। सामान्य पाठक इसे तटस्थ समीक्षा समझकर रचना को अपनाता है। प्रचार का रूप जितना अप्रत्यक्ष रहता है वह उतना ही ज्यादा प्रभाव डालता है।

अच्छे साहित्य की लोकप्रियता के लिए प्रचार करने में कोई बुराई नहीं है। लेकिन आजकल व्यापारी दृष्टि से जान-बूझकर प्रचार के द्वारा धोखा देने के प्रयत्न भी हो रहे हैं। इसे प्रचार का दुरुपयोग ही कहना चाहिए। इस तरह के प्रचार से बिक्री बढ़ सकती है किन्तु इससे रचना श्रेष्ठ नहीं हो जाती और न उसका लेखक महान कलाकार सिद्ध होता है। प्रचार की सार्थकता केवल इसी बात में है कि वह रचना को सामान्य ग्राहक समाज तक पहुँचाता है, उसे ग्राहक के लिए बोधगम्य बनाता है और नई साहित्यिक प्रवृत्तियों में अभिरुचि उत्पन्न करने में सहायक सिद्ध होता है। पत्र-पत्रिकाओं में विज्ञापनों, लेखों और परिचयों के द्वारा साहित्य का प्रचार किया जा सकता है, उसमें अभिरुचि उत्पन्न की जा सकती है। लेकिन प्रायः साहित्य का प्रचार श्रेष्ठ साहित्य को लोकप्रिय और बोधगम्य बनाने के लिए नहीं, बल्कि व्यापारी स्वार्थ सिद्ध कर लेने के लिए ही होता है। साम्यवादी देश साहित्य का व्यापक प्रचार ही नहीं चाहते, इस प्रचार के द्वारा सामाजिक अभिरुचि को नियन्त्रित करना भी चाहते हैं। प्रचार वह शक्तिशाली साधन है जो समाज की अभिरुचि को अभीष्ट रूप में ढाल सकता है। सामाजिक मनोवृत्ति अच्छे को पहचानने की कोशिश कम करती है, प्रचार के द्वारा जो रचना सफलता प्राप्त करती है उसी को उत्कृष्ट समझती है। सामान्य ग्राहक समाज आलोचनात्मक दृष्टि नहीं रखता, इसलिए प्रचार के द्वारा उसकी दृष्टि में किसी प्रवृत्ति का महत्त्व बढ़ाकर दूसरों के प्रसार में बाधा दी जा सकती है। इस तरह ग्राहक अभिरुचि का स्वच्छन्द विकास नहीं होने पाता। प्रचार सामान्य अभिरुचि पर अभीष्ट वस्तु को लादता है। इस कार्य में वह उस वस्तु की श्रेष्ठता पर शायद ही ध्यान देता है। थोड़े से लोगों की अभिरुचि, प्रचार के बल पर ही सामान्य समाज की अभिरुचि बनाई जाती है। जब कुछ शिक्षित किसी प्रवृत्ति में अभिरुचि रखते हैं तो उनके प्रचार से सामान्य जनता भी उस ओर आकृष्ट होकर उसमें जीवन की कोई विशेष सार्थकता देखने का प्रयत्न करती है। आधुनिक काल में प्रचारात्मक साधन इतने प्रबल हो गए हैं कि सस्ती रचनाएँ लोकप्रिय बन रही

हैं, पाठकों की अभिरुचि का स्तर गिरता जा रहा है और उन्हें सच्ची कलात्मक अनुभूति नहीं हो रही है तो कोई आश्चर्य नहीं है।

प्रचार का सामाजिक मनोविज्ञान : प्रचार किसी लक्ष्य के साथ, प्रयत्नपूर्वक लोगों को प्रभावित करने का साधन है। स्वार्थ के लिए उसका प्रयोग होने पर वह बुरा समझा जाता है। वैसे तो कुछ लोग प्रचार को ही अनुचित रीति से प्रभावित करने का तरीका मानते हैं पर वास्तव में ग्राहक के लिए प्रचारित विषय के मूल्य पर उसकी अच्छाई या बुराई निर्भर रहती है। स्वार्थ को छोड़कर जब किसी बात का प्रचार किया जाता है तो वह शिक्षा मानी जाती है। मनोवैज्ञानिक शब्दावली में हेतुवाद को छोड़कर संकेत (सजेशन) के द्वारा अप्रत्यक्ष रूप से प्रभावित करने की योजना प्रचार कहलाती है और स्पष्ट कहना या सच्चाई के साथ पूर्वापर का तटस्थ विवेचन करना शिक्षा। प्रचार प्रत्यक्ष होने पर उसका ज्यादा प्रभाव नहीं पड़ता। अप्रत्यक्ष संकेतों के द्वारा प्रचार होने पर उसे तथ्य समझा जाता है। साहित्य के क्षेत्र में किसी बात का प्रचार इस रूप में किया जाता है कि वह युग की प्रवृत्ति है, साहित्य का स्वाभाविक विकास है, ह्रासोन्मुख प्रवृत्ति की प्रतिक्रिया है या इसी में साहित्य की प्रगतिशीलता है।

साहित्य-समीक्षा का लक्ष्य शिक्षा-सा है। वह पाठक की अभिरुचि का परिष्कार करने और उसके विचारों में परिवर्तन लाने का अपना लक्ष्य सच्चाई के साथ स्पष्ट स्वीकार करती है जबकि प्रचार अव्यक्त और अज्ञात रूप में पाठकों को प्रभावित करने का प्रयत्न करता है। समीक्षा में पाठक अपने विवेक को क्रियाशील बनाकर अपनी अभिरुचि का स्वयं निर्णायक होता है, पर प्रचार में उसे यह अवसर नहीं मिलता। उसके द्वारा किसी प्रवृत्ति या रचना में अभिरुचि उत्पन्न करना बुरा नहीं है, किन्तु उसी स्थिति में जब कि वह उस योग्य हो। समीक्षा के द्वारा अभिरुचि की शिक्षा में भी कभी-कभी प्रचार के संकेतों का उपयोग होता है। अभिरुचि की शिक्षा और उसके प्रचार में लक्ष्य का विशेष अन्तर न रहने पर भी जब अल्पमत अपनी अभिरुचि के अनुरूप समाज को बदलना चाहता है तो उसे प्रचार कहते हैं और बहुमत अल्पमत में परिवर्तन लाने का प्रयत्न करता है तो उसे शिक्षा कहते हैं। पर साहित्य के क्षेत्र में प्रायः शिक्षित अल्पमत जिसे अपने संस्कारों पर अभिमान रहता है, अपनी अभिरुचि के प्रचार को ही शिक्षा का नाम देता है। विशेषकर जब देश में साक्षरता कम है और अर्धशिक्षित ग्राहक अपना निर्णय आप नहीं कर पा रहे हैं, उच्च शिक्षित अल्पमत, साहित्य के क्षेत्र में अधिकारी वर्ग बनकर लोगों की अभिरुचि को शिक्षित करने का दावा करता है।

अभिरुचि की शिक्षा और प्रचार में एक को सहेतुक और दूसरे को एकांगी एवं संवेगात्मक कहना ठीक नहीं है क्योंकि दोनों पाठक की मानसिक व्यवस्था और दृष्टि को प्रभावित करने का समान लक्ष्य रखते हैं। शिक्षा में तथ्यों के आधार पर

अभिरुचि का विकास किया जाता है और प्रचार द्वारा झूठी अभिरुचि का विकास होता है, इस तरह कहना तार्किक वाग्जाल मात्र है। शिक्षा से विकसित अभिरुचि का भी पूर्वपक्ष किया जा सकता है। साहित्यिक अभिरुचि की सापेक्षता के कारण शिक्षा और प्रचार के कार्यों का पारस्परिक महत्त्व निर्धारित करना कष्टसाध्य है। फिर, प्रचार का आधार तथ्य और उसका परिणाम साहित्य में अच्छी अभिरुचि का विकास हो सकता है। प्रचार भी शिक्षा की तरह रचना की व्याख्या में उसकी सार्थकता को स्पष्ट करते हुए पाठक के विश्वासों, विचारों और दृष्टिकोण को उचित दिशा में बदल सकता है। यदि वह पाठकों को रचना की कोई नई सार्थकता या विशेषता दिखाने में सफल होता है तो उसका भी अच्छा ही प्रभाव पड़ता है। दोनों में अन्तर इतना ही है कि प्रचार में रचना सम्बन्धी तथ्यों और विशेषताओं का चयन, प्रभाव सृष्टि की दृष्टि से विशेष सावधानी के साथ किया जाता है जबकि शिक्षा वस्तु-स्थिति को पूरे या संश्लिष्ट परिचय देने का प्रयत्न करती है। शिक्षा में प्रभाव डालने की अनिवार्यता न रहने के कारण उसमें प्रचार की सी सावधानी और प्रभाव सृष्टि का प्रयत्न नहीं होता।

प्रचार के व्यवस्थित प्रयत्न में ग्राहक की मनोभूमि की कृत्रिम उत्तेजना द्वारा अनुकूल रूप में नियन्त्रित करके उसे अभीष्ट दिशा में परिवर्तित किया जाता है। ग्राहक को उत्तेजित करनेवाली अनुरूप भावभूमि में अभीष्ट अभिरुचि उत्पन्न करने की व्यवस्था की जाती है। पाठक की पहले की अनुभूति और शिक्षा के आधार पर उसके दृष्टिकोण के निर्धारक जो विचार और विश्वास ग्राहक की मनोभूमि में बने होते हैं, उनके अनुकूल नई भावभूमि की सृष्टि के द्वारा दृष्टिकोण में परिवर्तन लाने और नई मानसिक व्यवस्था का विकास करने का प्रयत्न किया जाता है। इस तरह सामान्य ग्राहक समाज में नई साहित्यिक अभिरुचि का प्रचार किया जा सकता है।[18]

मनोविज्ञान में इसका विस्तृत अध्ययन हुआ है कि प्रचार का ग्रहण क्यों और किन परिस्थितियों में होता है।[19] साहित्यिक प्रचार को दृष्टि में रखकर संक्षेप में उसका विचार किया जाएगा। प्रचार का ग्रहण क्यों होता है, इस सन्दर्भ में मनोविज्ञान का कहना है कि शब्दों के अर्थों के साथ मानव-मन का संवेगात्मक साहचर्य रहता है जो ग्राहक को विषय के विशिष्ट मूल्यों की अनुभूति देकर उसमें संवेगात्मक दृष्टिकोणों का विकास करता है। प्रेम, संस्कृति आदि की चर्चा में अर्थग्रहण के साथ-साथ व्यक्ति के लिए उनके मूल्य के कारण उसमें तत्सम्बन्धी संवेगात्मक दृष्टिकोण भी बनते हैं। साहित्यिक प्रचार सामान्य ग्राहक समाज की संवेगात्मक भावुकता से लाभ उठाकर अपने अभीष्ट विषय का उससे सम्बन्ध सिद्ध करता है जिससे प्रचारित विषय का ग्रहण अपने आप हो जाता है। प्रचार का ग्रहण किन परिस्थितियों में होता है, इस सन्दर्भ में मनोविज्ञान का कहना है कि सामान्य ग्राहक समाज विषय की सार्थकता को समझने के लिए व्याख्या चाहती है। समय के अभाव में और अपनी असमर्थता

एवं ज्ञान की आवश्यकता या लालसा के कारण, हम दूसरों के विचारों को अपना लेते हैं। पर ये विचार, विषय के तटस्थ विवेचनात्मक विश्लेषण के फल न होकर प्रायः व्याख्याता के दृष्टिकोण के सहेतुक विवरण ही हुआ करते हैं। जटिल विशेषज्ञता के इस युग में दूसरों के विचारों के लिए बिना काम भी नहीं चल सकता। प्रचारक अपनी व्याख्या के द्वारा ग्राहक समाज को सन्तुष्ट करते हुए अभीष्ट लक्ष्य में सफल होता है। साहित्य के क्षेत्र में भी इस प्रक्रिया का लाभ उठाते हुए प्रचार किया जाता है। साहित्य की व्यापकता में सामान्य पाठक अच्छी रचनाओं को चुनना चाहता है और अभिव्यक्ति की जटिलता में उसे व्याख्या की आवश्यकता होती है जिसके बिना रचना की सार्थकता समझने में वह असमर्थ रहता है। ऐसी स्थिति में अपनी अभिरुचि के विकास के लिए पाठक, समीक्षा आदि स्रोतों से विचार लेने के लिए विवश है। प्रचार सामान्य पाठक की आवश्यकताओं की निरपेक्ष पूर्ति के बहाने उसमें अभीष्ट अभिरुचि का विकास करता है। मनुष्य जीवन में अपनी स्थिति सँभालने के लिए और अपनी अभिवृद्धि एवं सफलता के लिए दूसरों से अपना महत्त्व और आत्मोत्कर्ष दिखाना चाहता है। इस कार्य में उसका सहकारी प्रचार को अपनाता है। हम अपने ज्ञान का प्रदर्शन चाहते हैं और इसमें अपनी मनोवृत्ति का अनुकूल प्रचार चुनकर अपने अज्ञान की पूर्ति कर लेते हैं। साहित्य के क्षेत्र में नवीनता का ग्राहक बनने का बड़प्पन दिखाने के लिए और अपनी अच्छी अभिरुचि और सहृदयता प्रकट करने के लिए प्रायः लोग अपनी मनोवृत्ति के अनुसार नए और पुराने साहित्यों के सम्बन्ध में प्रचारित बातों को अपनाकर उन्हें अपने विचारों के रूप में प्रकट करते हैं। संक्षेप में प्रचार ग्राहक समाज की वर्तमान मानसिक व्यवस्था को अपील करते हुए उसके विस्तार और विकास के प्रयत्न में अभीष्ट नई भावधारा के लिए स्थान बना लेता है। प्रचारित भावधारा को अज्ञात रूप से मान्यता मिल जाती है या ज्ञात रूप से उसे इस कारण अपनाया जाता है कि अपनी सीमाओं के बावजूद भी वह विषय की एक नई व्याख्या कर रही है और ग्राहक को एक नई दृष्टि दे रही है। साहित्य के क्षेत्र में नवीन धारा साहित्य के स्वाभाविक विकास के रूप में प्रचारित होकर पाठकों की अभिरुचि को अपील करती है। भिन्न स्रोतों से उसका अलग विकास होने पर भी प्राचीन अच्छी परम्परा से इस नवीन धारा का विकास सिद्ध किया जाता है। इस प्रकार छायावादी रोमांटिक प्रवृत्ति ने प्राचीन वैदिक परम्परा के साथ अपना सम्बन्ध जोड़ा है। प्रगतिवाद भी हरिश्चन्द्र युग से अपनी परम्परा का विकास दिखाता है। कभी-कभी वह उसके भी पीछे जाकर प्राचीन काल में जनवादी परम्परा से आधुनिक सामाजिक प्रवृत्ति का सम्बन्ध जोड़ता है। नई प्रवृत्ति के समर्थन में वह उसके पहले की प्रवृत्ति की एक स्वाभाविक प्रतिक्रिया बताई जाती है, विशेषकर उस समय जब पुरानी परम्परा और प्रवृत्ति ह्रासोन्मुख होकर पतन के लक्षण प्रकट करने लगती है। आधुनिक युग की सभी प्रवृत्तियों ने अपनी भावधारा के प्रचार, प्रतिष्ठा

और स्थिरता के लिए यही किया है। कोई भी प्रवृत्ति प्रचार के जोश में युग की वस्तुस्थिति का निरपेक्ष एवं वैज्ञानिक मूल्यांकन कभी नहीं कर सकती। सब प्रवृत्तियों ने अपने क्षेत्र से बाहर होनेवाले अच्छे काम की उपेक्षा की या उसे उचित महत्त्व नहीं दिया है। उन्होंने पूरे युग में अपनी प्रवृत्ति के स्थान और अपनी देन का आकलन करने का प्रयत्न नहीं किया है। प्रवृत्ति का प्रचार युग के उसी एक पहलू पर जोर देता है। नवीन प्रवृत्ति की संकीर्णता में भी जीवन दृष्टि की उसकी नई व्याख्या, पाठक के आकर्षण का कारण होकर उसकी अभिरुचि को प्रभावित करती है।

छायावाद की मान्यता में प्रचार के मनोविज्ञान का पूरा-पूरा उपयोग कर लिया गया है। उसकी भावधारा को प्राचीन भारतीय सांस्कृतिक एवं आध्यात्मिक साधना की आकर्षक भावभूमि में परखकर शिक्षित और सामान्य दोनों प्रकार के पाठकों की रागात्मक वृत्तियों से अपील की गई है। छायावादी कवियों ने भी इसमें अपना हाथ बँटाया है। इस प्रचार में इतनी सज्जनता अवश्य दिखाई गई है कि इन लोगों ने छायावाद को भारतीय महानता का प्रतीक घोषित करने की धृष्टता नहीं की है। छायावाद को युग-प्रवृत्ति की महान अभिव्यक्ति कहकर पाठकों के सामाजिक मन को भी आकृष्ट किया गया है जबकि उसमें व्यक्ति मन की सुख-दुखात्मक अनुभूति की ही प्रधानता थी। आधुनिक युग की सांस्कृतिक एवं आध्यात्मिक जागृति से उसकी प्रत्यक्ष प्रेरणा नहीं थी, पर अन्तर्मुखी मन की सूक्ष्म अनुभूति एवं अभिव्यक्ति और जीवन-जगत में व्यक्ति-मन के प्रक्षेपण (प्रॉजेक्शन) ने यह भ्रम उत्पन्न किया है। छायावादी भाव व्यंजना में काव्यकला का स्वाभाविक उत्कर्ष अवश्य हुआ था, पर उसकी मान्यता प्रचार के कारण ही हुई है। द्विवेदी युग के नए पाठक खड़ी बोली कविता से अभी अभ्यस्त भी नहीं हुए थे कि छायावादी सूक्ष्म कल्पना ने उन्हें चमत्कृत कर दिया है। द्विवेदी युग की इतिवृत्तात्मक कविता में अपनी ग्राहकता और संवेदनशीलता का विकास कर लेने में संलग्न पाठक-समाज के लिए छायावादी अभिव्यक्ति को अपनाना कठिन हो गया है। छायावाद ने द्विवेदीयुग की इतिवृत्तात्मक अभिव्यक्ति की खिल्ली उड़ाई है, रीतिकालीन कृत्रिम अलंकरण का मज़ाक किया है और अपनी कला और कल्पना को व्यंजना एवं भावना का सर्वोत्कृष्ट रूप घोषित किया है। खड़ी बोली कविता के ग्राहक, नई शिक्षा के सामान्य ग्राहक थे जो सहज ही साहित्यिक चिन्तन में कच्चे थे। प्राचीन और नवीन का तथा नवीन और नवीनतम का अन्तर दिखाते हुए सामान्य ग्राहक-समाज के लिए बोधगम्य न होने पर भी उसे छायावाद की ओर उन्मुख किया गया है।

साहित्य के प्रचार के लिए किसी रचना या प्रवृत्ति की अभीष्ट व्याख्या की जाती है जिससे पाठक पर उसके प्रभाव का उत्कर्ष होता है या उस रूप में उसकी व्याख्या की जाती है जिससे वह ग्राहकों द्वारा मान्यता प्राप्त करती है। रचना की व्याख्या करने में उन पहलुओं पर ध्यान नहीं दिया जाता जो अभीष्ट अभिरुचि बनाने

में सहायक नहीं हैं। प्रचार का टेकनिक प्रतिभा के अनुसार नया रूप लेता है।[20] वह कभी विषय को घुमाकर कहता है, कभी किसी बात पर अधिक जोर देता है, कभी ध्यान-परिवर्तन का प्रयत्न करता है, कभी प्रतिकूल बातों को छोड़कर अनुकूल पहलुओं को चुनता है और कभी अपने सिद्धान्तों के अनुसार विषय का सरलीकरण करता है। इस प्रकार के और भी अनेक रूपों में प्रचार, पाठकों को प्रभावित करने का प्रयत्न करता है। प्रचार के साधन, भाव-साहचर्य या भाव-बन्धन (कंडिशनिंग) होते हैं जिनके व्यवहार में अनेक रूपान्तर भी दिखाई देते हैं। इनमें खंडन, विरोधी विचारों की बुराई और अपने विचारों की प्रशंसा के द्वारा पाठक में तीव्र भावावेश उत्पन्न करके अभीष्ट प्रचार किया जाता है। सामान्यीकरण में अपनी विचारधारा को साहित्य सम्बन्धी सामान्य सिद्धान्तों से मिलते-जुलते रूप में प्रस्तुत करते हुए विषय के प्रतिपादन की अनुकूल मनोभूमि तैयार की जाती है। अपनी विचारधारा को किसी प्रामाणिक विचारधारा की प्रतिष्ठा देकर भी उसका प्रचार किया जा सकता है जैसे 'कामायनी' को आधुनिक युग का 'मानस' कहकर उसका प्रचार किया गया है। अपने विचारों के समर्थन में प्रामाणिक लेखकों की सम्मतियों को उद्धृत करने से भी पाठकों पर गहरा प्रभाव पड़ता है। आजकल छायावाद की प्रशंसा में भी शुक्ल जी को उद्धृत किया जा रहा है। अपनी विचारधारा को सामान्य सामाजिक विचारधारा सिद्ध करते हुए भी प्रचार होता है कि सार्वजनीन भावना होने के कारण उसे मान्यता मिलनी चाहिए। इसी तरह अपने समर्थन में बहुमत का भ्रम भी उत्पन्न किया जाता है। साहित्य के प्रचार में प्रायः कहा जाता है कि किसी रचना या प्रवृत्ति को पाठकों के बहुमत का समर्थन मिल रहा है। कभी-कभी समीक्षक किसी रचना या प्रवृत्ति के समर्थन में यह भ्रम उत्पन्न करता है कि वह बहुमत की विचारधारा का ही प्रतिपादन कर रहा है।

आधुनिक युग प्रचार के मूल्य को जानता है, इसलिए भाषण में, मुद्रित साहित्य में, रेडियो-प्रसार में, पत्र-पत्रिकाओं में, सभा-समावेशों में, अन्यान्य विषयों की तरह साहित्य का भी प्रचार चलता है। प्राचीन काल में साहित्यकार सहृदयों को अपील करके सन्तुष्ट रहता था क्योंकि विद्वत्परीक्षा में सफल होने पर उसे आश्रयदाता से आर्थिक लाभ हो जाता था। पर आज साहित्य का व्यवसाय सामान्य ग्राहक समाज की अभिरुचि पर निर्भर है जिसको प्रभावित करने के लिए ही प्रचार कला का विकास हुआ है। आधुनिक काल में शिक्षा के प्रसार और प्रचार की सुविधा के कारण नए साहित्यकार के हौसले भी बढ़ गए हैं। अब वह सीमित सहृदयों को अपील करके ही सन्तुष्ट नहीं रहता, बल्कि अपनी रचना की सार्वजनीन अनुभूति का स्वप्न भी देखता है और इस प्रकार की व्यापक लोकप्रियता में गर्व का अनुभव करता है। प्राचीन काल में प्रचार की इतनी भूख नहीं थी। यदि आधुनिक नई-नई प्रवृत्तियों की चर्चाओं की ओर ध्यान दें तो प्रचार के उपर्युक्त रूप स्पष्ट पहचाने जा सकते

हैं जिनके द्वारा अभीष्ट प्रवृत्ति में अभिरुचि और भिन्न प्रवृत्तियों से विमुखता उत्पन्न करने का प्रयत्न किया जा रहा है। आधुनिक युग की नई प्रवृत्तियों का यह प्रचार संवेगात्मक और सहेतुक (रेशनल) दोनों रूपों में हो रहा है। छायावादियों ने अपने प्रचार में भावुकता का पल्ला पकड़ा है और मनुष्य की सांस्कृतिक श्रेष्ठता से अपील की है। इसकी प्रतिक्रिया में प्रगतिवादी और प्रयोगवादी सहेतुक प्रचार कर रहे हैं। प्रगतिवादी यदि तर्क का आधार लेकर सामाजिक मनोवृत्तियों को उद्दीप्त कर रहे हैं तो प्रयोगवादी बौद्धिक दृष्टि को अपनाकर मानसिक चेतना को प्रभावित करना चाहते हैं। संवेगात्मक प्रचार स्थायी न होने पर भी जल्दी प्रभावित करता है, किन्तु सहेतुकता का असर कुछ अधिक समय तक टिकता है। सभी प्रवृत्तियाँ आवश्यकता के अनुसार अपनी संवेगात्मक या सहेतुक पद्धति से भिन्न, प्रचार के दूसरे रूप का भी उपयोग कर लेती हैं क्योंकि प्रचार ही उनका लक्ष्य है, उसका रूप तो साधन मात्र है।

ग्राहक अभिरुचि में सामाजिक मान्यताओं (नार्मस) और दृष्टिकोणों (एटिट्यूड्स) की प्रबलता[21] : प्रत्येक व्यक्ति का जीवन एक विशिष्ट सामाजिक एवं सांस्कृतिक वातावरण में आरम्भ होता है। मनुष्य की मज्जागत सामाजिक मनोवृत्ति और विचारधारा, उसके निरीक्षण को अज्ञात रूप से प्रभावित करती रहती है। उसके दृष्टिकोण की वैज्ञानिक तटस्थता और उदार सहृदयता भी इस सामाजिक मनोवृत्ति से बँधी होती है। सामाजिक जीवन में बहुत-सी धारणाएँ, आदतें और रूढ़ियाँ मान्य होकर एक पीढ़ी से दूसरी पीढ़ी तक पहुँचती हैं। इन सामाजिक मान्यताओं में जातीय, वर्गीय और सामयिक विभिन्नताएँ होती हैं। व्यक्ति की शिक्षा-दीक्षा में सामयिक समाज की ये विशिष्ट मान्यताएँ उसके दृष्टिकोण को प्रभावित करके रूढ़ संस्कार बन जाते हैं। अपनी संस्कृति और अपने कलाकारों की महानता पर किसी देश के लोगों की श्रद्धा अपनी अनुभूति से कहीं अधिक सामाजिक परम्परा के प्रभाव के कारण ही हुआ करती है। व्यक्ति मन में सामाजिक संस्कार रूढ़ बन जाने के बाद सामाजिक मूल्य की दृष्टि ही, व्यक्ति की सम्मतियों और उसके दृष्टिकोणों को नियन्त्रित करती है और इस प्रकार अनुभूति की स्वच्छन्दता एवं विचारों की स्वतन्त्रता, सामाजिक मूल्यों की परिधि से सीमित हो जाती हैं। हम दूसरे समाजों के आदर्शों के प्रति जो हमारे आदर्शों से भिन्न हैं, उदारता अवश्य दिखाते हैं। उदाहरण के लिए यूरोपीय प्रेम की स्वच्छन्दता और विवाह-विच्छेद की भावनाओं से हमारी साहित्यिक रसानुभूति में अधिक बाधा नहीं होती, किन्तु वे ही बातें हम अपने सामाजिक जीवन में या अपने साहित्य में देखते हैं तो सामाजिक मूल्यों से प्रभावित हमारे सामाजिक संस्कारों के कारण उनके प्रति प्रतिकूल प्रतिक्रिया होती है। सामाजिक मान्यताएँ अवश्य बदलती हैं पर धीरे-धीरे, क्योंकि परम्परा की प्रबलता उनको जारी रखने का सतत प्रयत्न करती रहती है।

जीवन की परिस्थितियों में व्यक्ति की अनुभूति और प्रतिक्रिया का बहुत-सा अंश, सामाजिक भावनाओं की उत्तेजना ही होती है। अर्थात व्यक्ति की स्वतन्त्र एवं निरपेक्ष प्रतिक्रिया न होकर मूल्यों के सामाजिक रूप के अनुसार रूढ़ अनुभूति होती है। इसीलिए सामाजिक जीवन में सामान्य जनता की अनुभूति समान होती है। शिक्षित मन सामाजिक संस्कारों की प्रतिक्रिया से अधिकाधिक मुक्त होकर मूल्यों की वैयक्तिक एवं निरपेक्ष अनुभूति का प्रयत्न करता है। साहित्य के ग्राहक में सामाजिक संस्कारों की प्रबलता के अनुसार, रचना में सामाजिक कथ्य की अनुभूति और दूसरे ग्राहकों के साथ समान सामाजिक प्रतिक्रिया होती है। लेखक की वैयक्तिक रूप-कल्पना की भावना में शिक्षित पाठक की अनुभूति और प्रतिक्रिया, सामाजिक मान्यताओं के बन्धनों से मुक्त होकर अधिक स्वच्छन्द रहती है। सामान्य ग्राहक, साहित्य के सामाजिक कथ्य में अपने सामाजिक संस्कारों की रूढ़ प्रतिक्रिया दिखाता है जबकि सहृदय की स्वच्छन्द भावना, कलात्मक सामाजिक अभिव्यक्ति की सच्ची रसानुभूति पाने का प्रयत्न करती है। रूढ़ सामाजिक संस्कारों के कारण रचना की सच्ची अनुभूति की अपेक्षा सामाजिक प्रतिक्रियाएँ ही अधिक होती हैं और सामान्य पाठक उन्हीं को रसानुभूति समझने की गलती करता है। पाठकों में जब रूढ़ सामाजिक मान्यताएँ प्रबल रहती हैं तो वे, लेखक के द्वारा अभीष्ट अनुभूति को अपनी प्रतिक्रिया से दबा लेती हैं। परम्परा और मान्य सामाजिक मूल्यों के विरुद्ध जानेवाली रचना में पाठक की अनुभूति ही उसकी सहृदयता की कसौटी है। कोई नास्तिक यदि भक्ति की सरसता में तन्मय होता है तो समझना चाहिए कि उसकी सहृदयता भक्ति के व्यक्त सामाजिक मूल्यों को छोड़कर उसके पीछे जीवन के सच्चे मूल्यों को पहचान सकी है। लेकिन प्रायः सामाजिक जीवन और साहित्य दोनों में सामान्य ग्राहक के रूढ़ संस्कार ही सक्रिय रहते हैं। यह सही है कि सामाजिक जीवन में अनुभूति के बिना साहित्य की भावानुभूति सम्भव नहीं है। पर जीवन की तरह साहित्य में भी रूढ़ संस्कार सच्ची अनुभूति में बाधा पहुँचाते हैं।

विचार और दृष्टिकोण व्यक्ति को जन्म से प्राप्त नहीं होते, वे सामाजिक जीवन में अर्जित संस्कार होते हैं। जिसे मानव-प्रकृति कहते हैं वह जन्मजात न होकर सामाजिक जीवन में अनुभूति के साथ, उससे सम्बद्ध सामाजिक मूल्यों को मान्यताओं के रूप में ग्रहण करने से विकसित व्यक्ति की मानसिक दृष्टि है। प्रेम-वात्सल्य आदि सभी भावों की यही स्थिति है और अनुभूति के साथ सामाजिक मान्यताओं या आदर्शों के ग्रहण से वे मनुष्य के स्वभाव के अंग समझे जाते हैं। इन सामाजिक मान्यताओं को अपनाए बिना सामाजिक जीवन असम्भव है। इसलिए मनुष्य के द्वारा इन मान्यताओं का निरोध नहीं हो पाता। सामाजिक मान्यताओं की तरह परम्परा की सांस्कृतिक विचार-सरणियाँ भी अज्ञात रूप में व्यक्ति की मानसिक व्यवस्था का अंग बनती हैं। इस तरह सामाजिक एवं सांस्कृतिक मूल्य, व्यक्ति की अनुभूति,

विचारधारा और आचरण को निर्धारित करनेवाले दृष्टिकोणों का रूप धारण करते हैं। व्यक्ति की वह मानसिक व्यवस्था दृष्टिकोण कहलाता है जो व्यक्ति की प्रतिक्रिया की दिशाओं को निर्धारित करती है। ये दृष्टिकोण, विचार-विमर्श के बिना ही संकेतों के द्वारा सामाजिक मान्यताओं को अपनाने से, व्यक्ति की अनुभूतियों के सामान्यीकरण से या विशेष प्रबल संवेगात्मक अनुभूतियों से बनते हैं।

साहित्य में सामान्य ग्राहक समाज की अनुभूति और अभिरुचि सामाजिक एवं साहित्यिक मान्यताओं के अनुसार रूढ़ होती है। इसलिए नवीन प्रवृत्ति में अनुभूति एवं अभिव्यक्ति की स्वच्छन्दता, सामान्य पाठक की रूढ़ मान्यताओं में प्रतिक्रिया उत्पन्न नहीं कर सकती। मान्यताओं के आधार पर निर्णीत उनके दृष्टिकोण, साहित्य में व्यक्ति की प्रतिक्रिया की दिशा को निर्धारित करते हैं और अपनी मान्यताओं के प्रतिकूल होने पर रचना की अनुभूति को दबा देते हैं। जीवन में शिक्षा और साहित्य में अभिरुचि-परिष्कार का काम इन मान्यताओं या संस्कारों की परिधि को व्यापक बनाना है। रचना में अनुभूति की स्वच्छन्दता, जीवन के मूल प्रेरणासूत्रों का स्पर्श करके ही पाठक के इन रूढ़ सामाजिक संस्कारों को प्रभावित कर सकती है। ऐसी प्रतिभा महान् कलाकारों में ही होती है।

जीवन में व्यक्ति के दृष्टिकोणों का विकास, सामाजिक एवं सांस्कृतिक परिस्थितियों की वास्तविक अभिज्ञता या अनुभूति के पहले ही हो जाता है। बचपन में ही बने हुए व्यक्ति के दृष्टिकोण, बाद में उसके सामाजिक जीवन में अपनी प्रतिक्रिया दिखाते हैं। जीवन की अनुभूति के प्रति पूर्व निश्चित दृष्टिकोण, वास्तविक अनुभूति न देकर सामाजिक जीवन के अनुसार मान्य अनुभूति ही देते हैं। अर्थात प्रत्यक्ष अनुभव के पहले ही हम निश्चय कर लेते हैं कि हमारा कैसा दृष्टिकोण रहेगा। जीवन में प्रत्यक्ष अनुभूति की अपेक्षा परम्परागत मान्यताओं का व्यक्ति के मन पर प्रभाव का कारण परिस्थितियों के बदलने पर भी बहुत सी जातीय, सामाजिक एवं सांस्कृतिक रूढ़ियों का प्रचलित रहना है। मनुष्य का विवेक और हेतुवाद इनका खंडन करने पर भी आसानी से ये संस्कार नहीं छूटते। साहित्यिक अभिरुचि पर इन रूढ़ियों का प्रभाव खतरनाक होता है। इसके कारण हम अपने सामाजिक संस्कारों के अनुरूप रचना को चाहते हैं या रचना में अपनी मानसिक व्यवस्था के अनुरूप अनुभूति को ही पाने का प्रयत्न करते हैं। पाठक की पूर्व-निश्चित धारणाएँ रचना की सच्ची और निजी अनुभूति नहीं होने देतीं। जीवन के प्रति पाठक के पहले ही बने हुए दृष्टिकोण, रचना को उसी रंग में देखते हैं। सामाजिक संस्कारों की संकीर्णता, रचना की अनुभूति में मानसिक विरोध उत्पन्न कर उसके साथ मनोयोग को असम्भव बना देती हैं।

मनुष्य अपनी सामाजिक एवं साहित्यिक मान्यताओं को संकेतों के द्वारा अर्जित करता है। मान्यताएँ मनुष्य को निश्चित एवं सीमित प्रतिमान देकर जीवन की अनुभूतियों की सार्थकता को समझना आसान कर देती हैं। इन निर्देशक मान्यताओं

को अपनाए बिना मनुष्य का काम नहीं चल सकता क्योंकि उसे जीवन की जटिलता में प्रत्येक अवसर पर विचार-विमर्श करने के लिए समय नहीं मिलता। सामाजिक मान्यताओं का सांकेतिक ग्रहण इसलिए होता है कि अपना कोई निश्चित दृष्टिकोण नहीं है या वे मान्यताएँ अपने दृष्टिकोणों के अनुकूल हैं। साहित्य के क्षेत्र में रचना की अनुभूति के आधार पर निर्णय न करके जीवन की मान्यताओं से रचना की अनुभूति को समझने का प्रयत्न, सामान्य ग्राहक ही करता है। उसकी अनुभूति रचना के विशिष्ट रूप को छोड़कर उसकी सामान्य सामाजिक भावधारा की ही होती है।

सामाजिक मान्यताओं की तरह प्रचार के द्वारा अर्जित विचार भी पाठक की साहित्यिक अनुभूति और अभिरुचि के रूप को निर्धारित करते हैं। ग्राहक के विचार-विवेक की सामान्य स्थिति में संकेतों के द्वारा प्रचार करना आसान है। इसीलिए सामाजिक और प्रचारात्मक संकेतों की ग्राहकता या उनसे प्रभावित होना, वयस्कों से बच्चों में, पुरुषों से स्त्रियों में, सभ्य से असभ्य जातियों में अधिक देखा जाता है। इसका कारण उनकी कोई विशेष मानसिक प्रकृति नहीं, बल्कि शिक्षा और अनुभव की कमी ही है। अनुभवहीन और अशिक्षित मन रूढ़ि को पकड़े रहता है। यही दुर्बल मन, प्रचार के अप्रत्यक्ष संकेतों द्वारा आसानी से प्रभावित होकर अपनी अभिरुचि को जल्दी बदल भी लेता है। नवीन साहित्यिक प्रवृत्तियाँ, सामान्य ग्राहक-समाज के दुर्बल मन को प्रचार के संकेतों द्वारा प्रभावित करने का प्रयत्न करती हैं। क्लान्ति, खेद, उत्तेजना आदि में मनुष्य की विचार करने की शक्ति दुर्बल हो जाती है जिससे संकेतों का प्रभाव बढ़ जाता है। जिस असावधानी के साथ आधुनिक कथा-साहित्य समय काटने, मानसिक थकावट को दूर कर लेने या आलस्य में उत्तेजना पाने के लिए पढ़ा जा रहा है, उससे रचना का ज्यादा प्रभाव पड़ता है, उसकी जीवन-दृष्टि पाठक की मानसिक व्यवस्था में उथल-पुथल कर देती है।

व्यक्ति के निश्चित दृष्टिकोण बनने के बाद उसके द्वारा किसी विषय का प्रत्यक्षीकरण, अनुभूति, विचार और आचरण उन्हीं की अनुरूपता में होते हैं। निश्चित दृष्टिकोण के साथ विषय की अनुभूति पाने के लिए व्यक्ति की मानसिक सन्नद्धता, उस विषय की अपने दृष्टिकोण के अनुरूप व्याख्या कर लेती है और उससे अभीष्ट अनुभूति पाती है। साहित्य के विद्यार्थी प्रसिद्ध लेखकों को ज्यादा महत्त्व देते हैं और उनकी रचनाओं में विशेष सार्थकता देखने का प्रयत्न करते हैं। उनकी सामान्य रचना को भी वे अप्रसिद्ध अच्छी रचना से उत्कृष्ट मानते हैं और उसे सिद्ध करने के लिए रचना की कोई नई विशेषता ढूँढ़ निकालते हैं। यहाँ पाठक का दृष्टिकोण प्रसिद्ध लेखक की रचना में सौन्दर्य एवं सार्थकता देखने की मानसिक सन्नद्धता में है और इस प्रकार की पूर्व निश्चित धारणा में देख भी पाता है। यहाँ प्रतिष्ठा का संकेत-ग्रहण पाठक द्वारा रचना की अनुकूल व्याख्या कराता है। सामान्य पाठक ही नहीं, साहित्य के सहृदय भी जब किसी महान कलाकार की रचना पढ़ने लगते हैं तो उस पर

अपना सारा ध्यान केन्द्रित करते हैं जिससे रचना के प्रभाव में विशेष अन्तर होता है। लेकिन किसी सामान्य लेखक की रचना पर वे उतना ध्यान नहीं देते, इसलिए उसका वैसा गहरा प्रभाव भी नहीं पड़ता।

सामाजिक मान्यताओं के संकेत-ग्रहण से विकसित विचार और दृष्टिकोण व्यक्ति के अपने होकर, व्यक्ति के व्यक्तित्व के अनुसार एक-दूसरे को प्रभावित करते हैं और एक विशेष मानसिक व्यवस्था का रूप लेते हैं। इसलिए व्यक्ति के दृष्टिकोणों में सामान्य सामाजिक रूप से भिन्न वैयक्तिक विशिष्टता का विकास होता है। वे समाज के नहीं, व्यक्ति के अपने विचार और दृष्टिकोण समझे जाते हैं और उसके व्यक्तित्व के अभिन्न अंग बनते हैं। शिक्षित मनुष्य में व्यक्तित्व के विकास के साथ ये दृष्टिकोण अहंवादी होते हैं और नए रूपान्तर में सामाजिक मान्यताओं से बिल्कुल भिन्न बना लिए जाते हैं। किसी परिस्थिति में मन को संलग्न करानेवाला व्यक्ति का यही अहंवादी दृष्टिकोण होता है। व्यक्ति का यह अहं उसके विविध दृष्टिकोणों की समन्वित व्यवस्था का केन्द्र है, उसके जीवन-दर्शन का आधार है। सामाजिक मान्यताओं या जीवन की अनुभूतियों से विकसित होकर भी अहं व्यक्ति की अपनी चीज़ बन जाता है। जीवन-संघर्ष की प्रबलता ही व्यक्ति के अहं को बदल सकती है। जीवन में मनुष्य का लक्ष्य या उद्देश्य निश्चित करनेवाला यह अहं ही है। सामाजिक जीवन में जिन अनुभूतियों को व्यक्ति मूल्यवान समझता है, उनके साथ वह अपने अहं का तादात्म्य कर लेता है। इस प्रकार अहं की संलग्नता, मनुष्य को सन्तोष एवं आत्म विश्वास देती है और उस विषय में उत्साह एवं अभिरुचि उत्पन्न करती है। इस अहंवादी वैयक्तिक आनन्दानुभूति के बिना जीवन का निरपेक्ष मानसिक श्रम कष्टदायक होता है। साहित्यिक रचना की अनुभूति व्यक्ति के अहं की अनुभूति होकर ही विशेष आनन्द देती है। वैयक्तिक रूप में अपनी अनुभूति होने की भावना ही साहित्य के साथ पाठक के मनोयोग का कारण है। मनोरंजन करनेवाली दूसरी अनुभूतियों से कलात्मक अनुभूति की विशेषता यही है कि कलाकार की अनुभूति ग्राहक की भावना में अपनी अनुभूति होकर उसे तन्मय कर देती है। सामाजिक मान्यताएँ और दृष्टिकोण साहित्य के सभी पाठकों की साहित्यिक अभिरुचि और अनुभूति को प्रभावित करते हैं, यद्यपि शिक्षित और अशिक्षित वर्गों की अभिरुचि पर उनके प्रभाव में कुछ अन्तर रहता है। शिक्षित पाठक की अभिरुचि में वे व्यक्तित्व के अनुसार निश्चित वैयक्तिक रूप धारण करते हैं जबकि साधारण पाठक में वे सामान्योन्मुख होते हैं।

3.6 साहित्यिक अभिरुचि की समस्याएँ

आधुनिक काल में साहित्य के सम्बन्ध में दो विशेषताएँ सबसे अधिक उल्लेखनीय हैं। एक पाठक समाज का विस्तार है और दूसरा साहित्य की यथार्थोन्मुख सामाजिक

प्रवृत्ति है। ये दोनों साहित्य के प्रेमियों के लिए अत्यन्त आनन्ददायक बातें हैं, लेकिन उनके कारण आधुनिक काल में साहित्यिक अभिरुचि की समस्या बड़ी जटिल भी हो गई है। पाठक समाज के विस्तार के कारण अच्छी साहित्यिक अभिरुचि का प्रश्न उठा है जिसके दो पहलू हैं। एक ओर साधारण पाठक साहित्य से केवल मनोरंजन चाहते हैं और उनके सामाजिक संस्कार संस्कृत नहीं हैं तो दूसरी ओर शिक्षित पाठक भी चमत्कारवादी या रूपवादी दृष्टि से साहित्य के द्वारा केवल कलात्मक मनोरंजन पाने की ही चेष्टा कर रहे हैं। एक वर्ग के संस्कार संस्कृत नहीं हैं तो दूसरे वर्ग में सामाजिक सहृदयता की कमी है। प्राचीन एवं नवीन साहित्यिक प्रवृत्तियों में अन्तर के कारण साहित्य के सीमित सच्चे सहृदयों की चेतना भी प्राचीन या नवीन धाराओं की ओर झुककर असन्तुलित है। नवीन यथार्थोन्मुख साहित्य का प्रभाव अस्वस्थ और उसकी अपील सीमित होने के कारण साहित्य से विमुखता बढ़ रही है। अर्द्ध शिक्षित पाठकों के विस्तार में उनके लिए प्रकाशित पत्र-पत्रिकाओं के सामयिक साहित्य से कलात्मक अभिरुचि का स्तर और भी गिरता जा रहा है। साहित्यिक अभिरुचि की इस व्यापक विषमता में अभिरुचि परिष्कार का प्रश्न बहुत ही महत्त्वपूर्ण हो गया है। प्रस्तुत अध्ययन में हम साहित्यिक अभिरुचि की इस समस्या और उसके परिष्कार पर संक्षेप में विचार करेंगे।

मनोरंजन के लिए साहित्य का अध्ययन : आज साहित्य के पाठकों का विशेष विस्तार हुआ है, लेकिन उनमें बहुत से केवल मनोरंजन के लिए साहित्य पढ़ रहे हैं। साधारण शिक्षितों की ही यह बात नहीं है, उच्च शिक्षित पाठक भी अवकाश के समय मनोरंजन के लिए कोई उपन्यास उठाकर पढ़ना चाहते हैं। इनके लिए जासूसी, साहसी और रोमांटिक कथा-साहित्य की रचना हो रही है। पाठकों को आकृष्ट करने के लिए इस मनोरंजक साहित्य के रंग-ढंग और साज-सज्जा में समय के साथ नए-नए परिवर्तन हो रहे हैं। द्विवेदी युग के तिलस्मी, ऐय्याशी, जासूसी और श्रृंगारी रचनाओं का जमाना गुजर गया है और उनके स्थान पर वैज्ञानिक एवं यथार्थवादी जासूसी उपन्यास और नई शिक्षा के लोगों के रोमांस की कहानियाँ लिखी जा रही हैं। आज पाठकों की साहित्यिक अभिरुचि का स्तर गिरता जा रहा है और उनकी अभिरुचि का परिष्कार करना एक जटिल समस्या हो गई है तो उसका एक प्रधान कारण आधुनिक कथा-साहित्य ही है।

आधुनिक युग में साहित्य के प्रति पाठकों का दृष्टिकोण बहुत बदल गया है। पहले संस्कृत के रामायण, महाभारत आदि महाकाव्य लोगों की सांस्कृतिक एवं सामाजिक आकांक्षाओं की पूर्ति करने के कारण विशेष आदर पाते थे। बाद में कालिदास के काव्य-सौन्दर्य ने साहित्य के प्रति आनन्दवादी दृष्टि को जन्म दिया है। धीरे-धीरे अभिव्यक्ति की सूक्ष्मताओं का विकास हुआ है और साहित्यिक चमत्कार के द्वारा पाठकों का अनुरंजन करने की दृष्टि प्रबल हुई है। हिन्दी को यही विरासत

मिली है। बीच में केवल भक्तिकाव्य ने आनन्द, अनुरंजन या चमत्कार से ऊँचे स्तर पर लोगों के सांस्कृतिक संस्कारों का विकास करने का प्रयत्न किया है। आधुनिक काल ने जहाँ नई सामाजिक चेतना का विकास किया है, जीवन की जटिलताओं को भी बढ़ा दिया है। फलतः साधारण पाठक सामाजिक जीवन की यथार्थता से घबरा गया है और साहित्य से केवल मनोरंजन की माँग करने लगा है। आज उच्च साहित्य के प्रेमी भी अपने अन्तर्मन में विश्वास करते हैं कि साहित्य के द्वारा गहरी मानवीय संवेदना का विकास उतना नहीं होता जितना मन-बहलाव। जीवन की जटिल विषमता के अतिरिक्त मनोरंजन चाहनेवाली दृष्टि का विकास होने का एक कारण यह भी है कि नई सभ्यता के प्रलोभनों में मानव-मन और चरित्र अत्यन्त दुर्बल हो गया है। अपने भौतिक विकास पर अभिमान करते हुए नई सभ्यता ने मानसिक विकृतियों को जितना बढ़ावा दिया है, असभ्य जंगलीपन ने भी उतना नहीं। हमारी प्राचीन संस्कृति में शिक्षितों पर विवेक का और साधारण जनता पर धार्मिक एवं सामाजिक नियमों का बन्धन रहता था। आज के व्यक्ति-स्वातन्त्र्य और प्रजातन्त्रात्मक दृष्टि के कारण सबको उन्नति के साधन मिले हैं तो पतन की भी पूरी आजादी मिली है। आज संस्कार हीनता की जितनी शिकायत हो रही है पहले कभी नहीं हुई है। वर्तमान सभ्यता की सफलता इस बात पर निर्भर है कि मनुष्य के व्यक्तित्व और संस्कारों का स्वाभाविक विकास एवं उत्कर्ष हो। पर पूरे समाज को इस उन्नति का अवकाश नहीं मिल रहा है। ऐसी स्थिति में सामान्य पाठक के संस्कार ऊँचे नहीं हैं तो कोई आश्चर्य नहीं है। जब तक लोगों की उदात्त सांस्कृतिक एवं सामाजिक मनोभूमि तैयार न हो अभिरुचि हीनता की शिकायत करना ही व्यर्थ है।

लोगों की इस असंस्कृत अभिरुचि की मनोवैज्ञानिक व्याख्याएँ भी की गई हैं। कहा जाता है कि मानसिक आलस्य में समय काटने और मनोरंजन की भावनाएँ प्रबल होती हैं। लेकिन मानसिक अलसता या निष्क्रियता के कारण मनुष्य मनोरंजन की वस्तु से बहुत जल्दी ऊब भी जाता है और नित्य नवीनता चाहता है। इसीलिए मनोरंजक साहित्य में नवीनता के फैशन चलते रहते हैं। मनोरंजन चाहनेवाली इस निष्क्रिय मनोवृत्ति में कला की मार्मिक अनुभूति सम्भव नहीं है। उसमें पाठक की कल्पना, रचना का नाम मात्र आधार पाकर वैयक्तिक ऊहापोह में लग जाती है। जीवन की यथार्थता को भुलाकर पाठक चाहता है कि अपने मनोनुकूल रचना हो। जीवन की अनिवार्य यथार्थता की उपेक्षा करके रचना को सुखान्त बनाने की जो माँग की जाती है उसके मूल में यही मनोवृत्ति है। मनोरंजन में ग्राहक का पलायनवादी मन, अपनी मनोवृत्तियों को सन्तुष्ट कर लेता है जो मनोवैज्ञानिक शब्दाली में मन की अतृप्त भावनाओं का परितोष (ग्राटिफिकेशन) कहलाता है। अच्छी अभिरुचि रखनेवाले पाठक भी कभी-कभी अपने मन पर विवेक या संस्कारिता का बन्धन ढीला करके वासनाओं की अभिव्यक्ति में तल्लीन होते हैं। मनोरंजन चाहनेवाली मनोवृत्ति

सुख-शान्ति, प्रेम और अधिकार के दिवास्वप्न देखना चाहती है। जीवन-संघर्ष से घबराकर कल्पना लोक में अभीष्ट जीवन की रचना कर लेती है। अनेक पाठक जीवन में अप्राप्त रोमांचकारी अनुभूतियों के लिए जासूसी उपन्यास पढ़ते हैं। जीवन की नियमबद्धता से ऊबकर या असन्तोष और मानसिक खिन्नता के कारण वे साहसपूर्ण रोमांचकारी अनुभूतियों में उल्लसित होते हैं। प्रायः ये यथार्थ-जीवन में ऐसी रोमांचकारी अनुभूतियों से भागनेवाले ही हुआ करते हैं। पर काल्पनिक साहित्य में नायक के साथ भाव-तादात्म्य स्थापित करके साहसी करतूतों के हीरो बनते हैं। इस तरह उनको जीवन की यथार्थता में असम्भव अनुभव मिल जाते हैं। यथार्थ संसार में अव्यावहारिक भावातिरेक को प्रसार का रास्ता मिल जाता है। मनोवैज्ञानिकों का कहना है कि मनोरंजन चाहनेवाले साधारण पाठक ही नहीं, उच्च साहित्य के शिक्षित पाठक भी मानसिक वासनाओं का ही परितोष कर लेते हैं। वे कहते हैं कि उच्च साहित्य में वासनाओं की अभिव्यक्ति अधिक गूढ़ एवं सांकेतिक होती है और उसकी अनुभूति में सौन्दर्यानुभूति का धोखा रहता है।

सस्ता मनोरंजन मन की ऊपरी सतह का ही स्पर्श नहीं करता, बल्कि उसका प्रभाव व्यक्ति की सारी मानसिक व्यवस्था और जीवन-दृष्टि को प्रत्यक्ष-अप्रत्यक्ष रूप से बदलने का भी प्रयत्न करता है। इस प्रभाव में मनुष्य का व्यावहारिक विवेक यद्यपि उसे डानक्विक्ज़ोट (प्रसिद्ध पात्र) नहीं बनने देता, फिर उसका मानसिक निग्रह दुर्बल हो जाता है। इलियट का मानना है कि मानसिक निष्क्रियता में विवेक की जागरूकता न रहने के कारण सस्ती रचनाओं का ज्यादा असर पड़ता है। मनोरंजन की दृष्टि से पढ़ने पर भी रचना का प्रभाव व्यक्ति की मानसिक कल्पना पर ही नहीं पड़ता, बल्कि पूरे व्यक्तित्व पर पड़ता है। कालिंगवुड ने मनोरंजन का विस्तृत मनोवैज्ञानिक अध्ययन करते हुए तथाकथित उच्च साहित्य में भी उसकी प्रबलता दिखाई है।[22] जब कोई रचना प्रत्येक संवेगात्मक अनुभूतियों की उत्तेजना करने और उनके प्रसार एवं परितोष के लिए लिखी जाती है तो उसका लक्ष्य मनोरंजन हो जाता है। उसकी इस उत्तेजना का प्रसार व्यावहारिक जीवन में न जाकर रचना-जगत में ही संतुष्ट होना पड़ता है। क्योंकि प्रत्यक्ष जीवन में वैसी उत्तेजना और अनुभूति सम्भव नहीं है। मनोरंजन को व्यावहारिक जीवन से अलग रखने के लिए रचना में यथार्थ जीवन से भिन्न विलक्षण परिस्थितियों की कल्पना की जाती है और उनकी अनुभूति में आँख-मिचौनी की भ्रान्ति (मेक-बिलीफ) उत्पन्न की जाती है। सच्ची कला में लेखक का लक्ष्य पाठकों का मनोरंजन करना नहीं, आत्माभिव्यक्ति होता है। कला की अनुभूति आत्माभिव्यक्ति की आनन्दानुभूति है, काल्पनिक मनोरंजन की भ्रान्त अनुभूति नहीं है। मनोरंजक साहित्य, व्यावहारिक जीवन के संवेगों को जगाते हुए भी उनका काल्पनिक परितोष करता है, जीवन की यथार्थता से उनको असम्पृक्त रखता है। तथाकथित उच्च साहित्य सामाजिक, धार्मिक और सांस्कृतिक भावों की उत्तेजना करते

हुए व्यावहारिक जीवन को भी प्रभावित करने का प्रयत्न करता है। कालिंगवुड इसे साहित्यिक आत्माभिव्यक्ति नहीं मानते और न उसकी संवेगात्मक अनुभूति को ही शुद्ध कलात्मक अनुभूति मानते हैं।

सेक्स और प्रेम के विविध रूप मनोरंजन की आँखमिचौनी के लिए सबसे अधिक अनुकूल विषय हैं। सस्ता और उच्च दोनों प्रकार का आधुनिक साहित्य इन्हीं रूपों से भरा पड़ा है। सस्ता साहित्य यथार्थ जीवन से अलग काल्पनिक भूमि पर मानसिक वासनाओं की उत्तेजना और परितोष के लिए भ्रामक वातावरण उपस्थित करता है तो उच्च साहित्य जीवन की यथार्थता में ही इनका प्रसार दिखाकर मनोरंजन का प्रयत्न करता है। पाठकों का मनोरंजन करने में प्रेम के बाद प्रधान मनोवृत्ति काल्पनिक भय और आतंक की है। नई और पुरानी साहस की अद्‌भुत कहानियों में काल्पनिक भय की ही रोमांचकारी अनुभूति होती है। आज प्रेतों और भूतगृहों की कहानियों का जमाना गुजर गया है तो पाशविक हत्याओं से भरे हुए जासूसी साहित्य का समय आया है। इस नए जासूसी साहित्य से भय के अतिरिक्त और भी मनोवृत्तियों का परितोष होता है। पहले साहसी और वीर डाकुओं की कहानियों में भाव-तादात्म्य से अधिकार, शक्ति और महत्त्वाकांक्षा की भावनाएँ तृप्त होती थीं तो आज वे हत्यारों को पकड़नेवाला जासूस बनने में तृप्ति हो रही हैं। जासूसी रचनाएँ, समस्या को हल करने का बौद्धिक सन्तोष और व्यस्त दैनिक जीवन की एकरूपता से भिन्न साहसी घटनाओं में भाग लेने की उत्तेजना भी देती हैं। यह बात नहीं है कि इनसे पाठक जीवन में ऐसे काम करने की मूर्खता कर बैठते हैं, क्योंकि वे जानते हैं कि यह सब जीवन से भिन्न खेल का विनोद मात्र है। पर इनका बुरा प्रभाव लोगों की मानसिक दुर्बलता बढ़ाने की दिशा में अवश्य पड़ता है। ईर्ष्या-द्वेष, हास्य-व्यंग्य की सामाजिक कहानियाँ भी काल्पनिक मनोरंजन के लिए ही लिखी जाती हैं। मनोरंजक साहित्य के इन विविध रूपों में जासूसी रचना कलात्मक कभी नहीं हो सकती जबकि दूसरी रचनाएँ मनोरंजन करने के साथ-साथ कलात्मक रूप भी धारण कर सकती हैं। क्योंकि जासूसी रचना पाठकों की भिन्न-भिन्न मनोवृत्तियों के प्रसार और उनकी अनुभूति के लिए होती है। और इस तरह वह लेखक की कलात्मक आत्मानुभूति की अभिव्यक्ति नहीं हो सकती जबकि दूसरे प्रकार की रचनाओं में किसी एक मनोवृत्ति की अनुभूति के द्वारा पाठकों के मनोरंजन का प्रयत्न होता है और उस अनुभूति में लेखक की आत्माभिव्यक्ति की गुंजाइश रहती है।

प्रश्न उठता है कि आज साहित्य के द्वारा मनोरंजन की इतनी अधिक प्रवृत्ति क्यों हो गई है? आधुनिक काल की सभ्यता ही इस प्रवृत्ति का मूल कारण है। आज की यान्त्रिक और आर्थिक सभ्यता में साहित्य के सांस्कृतिक मूल्यों का ज्यादा महत्त्व नहीं रह गया है। जीवन के श्रम में शारीरिक थकावट के ही नहीं, मानसिक थकावट के चिह्न भी दिखाई दे रहे हैं। उच्च साहित्य की तथाकथित गम्भीरता ने भी पाठकों

में आतंक-सा फैला दिया है। वे साहित्य में जीवन की यथार्थता का अनुभव नहीं चाहते, बल्कि उसकी कटुता को भूलना चाहते हैं। जीवन-संघर्ष से घबराकर वे चाहते हैं कि साहित्य उनका मनोरंजन करे और उनकी मानसिक थकावट को दूर करे। यह उनका भ्रम ही है कि साहित्य की गम्भीरता उनके मन को उलझाकर क्लान्ति उत्पन्न करती है। साहित्य की कलात्मक अभिव्यक्ति में मानवीय संवेदना, जीवन के आकर्षण को ही बढ़ाती है। आज अधिकांश पाठकों में मनोरंजन की अभिलाषा के कारण साहित्य के सामने यह बड़ी जटिल समस्या उपस्थित हो गई है कि वह अपने कलात्मक स्तर की रक्षा करते हुए सामान्य पाठकों को किस तरह अपनी ओर आकृष्ट करें, वह पाठकों के संस्कारों का परिष्कार करते हुए अपनी रचना की मार्मिकता की ओर किस तरह प्रवृत्त करें। आज के साहित्यकार और समीक्षक मनोरंजन चाहनेवाली इस असंस्कृत अभिरुचि के परिमार्जन में लगे हैं। लेकिन आधुनिक सभ्यता के वातावरण में जब तक परिवर्तन नहीं होगा और एक नई सामाजिक चेतना का विकास नहीं होगा, तब तक मनोरंजन चाहनेवाली व्यापक समाज की अभिरुचि का परिष्कार करना सम्भव नहीं है। वास्तव में सामाजिक अभिरुचि का सुधार, साहित्य का नहीं समाज का ही कर्तव्य है। साहित्य का कर्तव्य संस्कृत सामाजिक अभिरुचि को अधिक संवेदनशील एवं मानवीय बनाना है, समाज की कलात्मक चेतना का विकास एवं उत्कर्ष करना है। इससे अधिक युग की सामाजिक दृष्टि एवं प्रवृत्ति में परिवर्तन करना साहित्य के लिए सम्भव भी नहीं है।

असंस्कृत और संस्कृत अभिरुचि : प्रायः कहा जाता है कि सामान्य पाठक की अभिरुचि असंस्कृत होती है। इसके समर्थन में उस सस्ते साहित्य की ओर संकेत किया जाता है जिसे वह चाव से पढ़ता है। लेकिन यह विकृत अभिरुचि जन-सामान्य की अभिरुचि नहीं है। जिस तरह शिक्षित समाज में सभी सहृदय नहीं हैं और कालक्रम में उसके कुछ उपवर्गों की अभिरुचि परम्परावादी, चमत्कारवादी और विलासी हो गई है, उसी तरह आम समाज में भी सामाजिक परिस्थितियों के कारण एक विशेष वर्ग की अभिरुचि विकृत हो गई है और आधुनिक व्यापारी दृष्टि ने उससे फायदा उठाकर उसे और अधिक उत्तेजित किया है। यह प्रायः अर्द्ध शिक्षितों की अभिरुचि है। लोक साहित्य के ग्राहक समाज की या उच्च साहित्य के पाठक सहृदयों की अभिरुचि न पहले विकृत थी और न अब है। इन दोनों वर्गों में अन्तर न्यूनाधिक संवेदनशीलता का नहीं, बल्कि प्रौढ़ अभिव्यक्ति की ग्राहकता का है। उच्च साहित्य की कलात्मक प्रौढ़ अभिव्यक्ति को समझने में जन-सामान्य को कठिनाई अवश्य होती है, लेकिन वह संकेत ग्रहण की कठिनाई है। लोक-समाज कम सहृदय नहीं है, काव्य की उपेक्षिता उर्मिला की ओर शिक्षित सहृदयता की दृष्टि जाने के बहुत पहले ही जन-मानस ने उर्मिला की वेदना के प्रति सहानुभूति व्यक्त की है।[23] वास्तव में प्राचीन साहित्य की अपेक्षा आधुनिक साहित्य की सामाजिक प्रवृत्ति और उसमें

व्यक्त गहरी मानवीय संवेदना, इस बात का प्रमाण है कि प्राचीन शिक्षित सहृदयता की अपेक्षा नवीन व्यापक पाठक समाज अधिक उदार एवं भावनाशील है। आधुनिक काल में मुद्रण कला के विकास के कारण साहित्य को व्यापक पाठक समाज मिला है और उसकी अभिरुचि के अनुरूप आधुनिक साहित्य भी अधिक सामाजिक और मानवीय बना है। भारतेन्दु युग में आरम्भ होनेवाली नई धारा, रूढ़ परम्परावादियों के विरोध के बावजूद सामान्य पाठकों के समर्थन में फूलती-फलती रही है। कालक्रम में जब शिक्षित सहृदयों की दृष्टि रूढ़ बनकर साहित्य में अभिव्यक्ति के सौन्दर्य का ही आग्रह करने लगी है तो सामान्य सामाजिक अभिरुचि के सम्पर्क में ही साहित्य का स्वच्छन्द विकास हुआ है।

टालस्टाय सामान्य अभिरुचि को ही स्वाभाविक अभिरुचि मानते हैं। उच्च वर्ग की अभिरुचि मानव जीवन की स्वाभाविक परिस्थितियों और अनुभूतियों में नहीं, वर्गीय आभिजात्य, काल्पनिक सौन्दर्य और विलासी जीवन में होती है। उच्च वर्ग में जीवन दृष्टि के साथ साहित्यिक सौन्दर्य की भावनाएँ भी रूढ़ एवं संकीर्ण हो गई हैं। प्राचीन काल में साहित्य व्यापक समाज की सम्पत्ति था और इसलिए उसकी प्रवृत्ति धार्मिक थी। मध्यकाल में वह शिक्षित उच्च वर्ग के लिए अवकाश के समय मनोरंजन की वस्तु हुआ है और उसकी प्रवृत्ति चमत्कारवादी एवं विलासी हो गई है। आधुनिक काल में आकर साहित्य का सम्बन्ध व्यापारी एवं व्यवसायात्मक मध्यवर्ग के साथ स्थापित हुआ है और इसलिए उसमें सच्ची सामाजिक प्रवृत्ति का विकास नहीं हो सका है। टालस्टाय चाहते हैं कि साहित्य में व्यापक समाज की स्वाभाविक अनुभूतियों की अभिव्यक्ति हो, वह प्राचीनकाल की तरह व्यापक समाज को अपना ग्राहक बना ले। आगे उनके इन विचारों की विस्तृत चर्चा करेंगे। टालस्टाय की धार्मिक दृष्टि संकीर्ण हो सकती है लेकिन उन्होंने उच्चवर्ग और मध्यवर्ग के सामाजिक एवं साहित्यिक संस्कारों की कृत्रिमता को स्पष्ट करते हुए साहित्य-संसार का ध्यान व्यापक रामाज की स्वस्थ साहित्यिक अभिरुचि की ओर आकृष्ट किया है। जैसा कि टालस्टाय कहते हैं, शिक्षित उच्च वर्गों की साहित्यिक अभिरुचि कृत्रिम और कहीं-कहीं विकृत अवश्य है। भक्तिकाव्य को छोड़कर सारा प्राचीन साहित्य इसका प्रमाण है। लेकिन टालस्टाय के शब्दों में यदि हम इस प्राचीन वाणी-विलास को अलंकृत अतिशयोक्ति और उसकी ग्राहक अभिरुचि को कृत्रिम कहते हैं तो नई शिक्षा के लोग भी परम्परा के इस मूल्यांकन को शायद ही स्वीकार करते हैं। साहित्य की जिस परम्परा पर हम गर्व कर रहे हैं और साहित्य की हमने जो धारणाएँ बना ली हैं, उनके विरुद्ध इस प्रकार के निर्णय हमारे सांस्कृतिक आत्माभिमान को धक्का देते हैं, इसलिए हम उनको मानने के लिए तैयार नहीं हैं।

बहुत से शिक्षित जीवन की यथार्थता में कोई 'रस' नहीं देखते। वे साधारण सामाजिक जीवन में सौन्दर्य का आकर्षण अनुभव नहीं करते। उनकी साहित्यिक

अभिरुचि जीवन की स्वाभाविकता की अपेक्षा काल्पनिक सौन्दर्य की ओर अधिक झुकी रहती है। उनके सामाजिक संस्कारों की कृत्रिमता ही इस काल्पनिक अभिरुचि का कारण है। जीवन की स्वाभाविकता और यथार्थता से विमुख साहित्यिक अभिरुचि सच्ची सामाजिक अभिरुचि नहीं है। इस दृष्टि से रीतिकालीन सुकुमार सौन्दर्य और विलासिता की अभिरुचि वर्गीय अभिरुचि है। छायावादी काल्पनिक सौन्दर्य में अभिरुचि यथार्थोन्मुख अभिरुचि नहीं है। आधुनिक काल की आरम्भिक सुधारवादी एवं नीतिवादी प्रवृत्तियाँ या परवर्ती व्यक्तिवादी, प्राकृतवादी और मनोवैज्ञानिक प्रवृत्तियाँ भी जीवन की यथार्थ एवं स्वाभाविक अनुभूति को व्यक्त नहीं कर रही हैं, इसलिए उनकी ग्राहक अभिरुचि भी एक दिशा तक सीमित और संकीर्ण ही है। इन प्रवृत्तियों की रचनाओं और उनके पाठकों की अभिरुचि के धरातल को देखते हुए ऐसा लगता है कि अभी हमारी साहित्यिक अभिरुचि, जीवन की गहरी संवेदनाओं की कलात्मक अनुभूति से प्रौढ़ नहीं हुई है। हम यह अस्वीकार नहीं करते कि आधुनिक काल की साहित्यिक प्रवृत्ति और ग्राहक अभिरुचि अधिकाधिक सामाजिक एवं यथार्थोन्मुख बनती जा रही है, किन्तु पाश्चात्य देशों की कलात्मक चेतना की तुलना में हमारी स्थिति अभी सन्तोषजनक नहीं है।

यदि सच्ची अभिरुचि यथार्थोन्मुख कलात्मक अभिरुचि है तो इस आदर्श की दृष्टि से हमें मानना ही पड़ता है कि शिक्षित और अशिक्षित दोनों वर्गों की संस्कृत एवं असंस्कृत अभिरुचियों की अपनी-अपनी सीमाएँ एवं दुर्बलताएँ हैं। संस्कृत अभिरुचि अधिक सहृदयता के साथ प्रौढ़ कलात्मक अभिव्यक्ति का ग्राहक होती है तो शिक्षित नागरिक संस्कारों के कारण वह एक हद तक कृत्रिम भी होती है। दूसरी ओर असंस्कृत अभिरुचि अधिक सामाजिक एवं मानवीय संवेदना का ग्राहक होती है तो अशिक्षित मानसिक चेतना के कारण वह जीवन की सूक्ष्म एवं जटिल संवेदनाओं की प्रौढ़ कलात्मक अभिव्यक्ति का ग्राहक नहीं होती।

सहृदयता के अभाव की समस्या : अच्छी अभिरुचि की समस्या केवल सामाजिक संस्कारों की ही नहीं, साहित्यिक संस्कारों की भी है। साहित्यिक संस्कारों की संकीर्णता भी अन्ततः व्यक्ति में सामाजिक सहृदयता के अभाव को ही व्यक्त करता है। साहित्य का सहृदय सामाजिक भी है। जिसके हृदय की प्रवृत्ति सामाजिक नहीं होती, वह साहित्य के सौन्दर्य को संकीर्ण कलात्मक अर्थ में ग्रहण करते हुए उससे केवल मनोरंजन की अनुभूति प्राप्त करता है। इसलिए साहित्यिक सहृदयता की समस्या भी सामाजिक अभिरुचि की समस्या से भिन्न नहीं है।

जब पाठक में सहृदयता का लोप होता है और साहित्य की कुछ विशेष प्रवृत्तियों, शैलियों या विशेषताओं के साथ ही उसका मनोयोग हो पाता है तो भिन्न प्रकार की रचनाओं की अनुभूति कठिन हो जाती है। भारतेन्दु युग में पुरानी परम्परा के रसिकों के लिए नई कविता में कोई 'रस' नहीं मिला है। छायावादी अभिरुचि ने

भी भिन्न प्रकार की काव्य-शैलियों में कलात्मक उत्कर्ष को स्वीकार नहीं किया है। अभिरुचि की ये सीमाएँ सहृदयता के अभाव में साहित्यिक संस्कारों की संकीर्णता के कारण हैं। अपने संस्कारों के अनुरूप, अभिरुचि की यह संकीर्णता एक तरह से स्वाभाविक ही है। लेकिन पाठक जब साहित्य-रचना के विशेष धर्म या उसकी एक विशेष शैली पर मुग्ध होते हैं तो उनकी अभिरुचि संकीर्ण ही नहीं, विलक्षण भी हो जाती है। सहृदय पाठकों में भावानुभूति की स्वाभाविकता नष्ट होकर कृत्रिम साहित्यिक संस्कार बनते हैं। अतिशयोक्ति में अभिरुचि कुछ ऐसी ही विलक्षण अभिरुचि है। भावाभिव्यक्ति और अप्रस्तुत योजना दोनों में दूरारूढ़ कल्पना के बिना भारतीय साहित्यिक संस्कारों की तृप्ति नहीं होती। यह रीतिकाल की ही प्रवृत्ति नहीं थी बल्कि द्विवेदी युग तक दरबारी हिन्दी काव्य परम्परा का सामान्य धर्म रहा है और पाठकों को चमत्कृत करता था। स्वाभाविकता के प्रेमी छायावादियों ने भी भिन्न रूप में इसका आश्रय लिया है। उन्होंने अतिशयोक्ति और उक्ति-चमत्कार के स्थान पर कल्पना का इन्द्रजाल खड़ा किया है। चमत्कार प्रेमी पाठकों की मनोवृत्ति के कारण स्वाभाविक अभिव्यक्ति की अपेक्षा यह अत्युक्ति उनके मन पर गहरा प्रभाव डालती है। सिद्धान्ततः शब्द और अर्थ की रमणीयता को अनन्त माननेवाली भारतीय साहित्यिक दृष्टि व्यवहार में शब्दाडम्बर, उक्ति-वैचित्र्य और ऊहापोह की ओर झुक गई है। आधुनिक युग में, विशेषकर यथार्थवादी गद्य-साहित्य के प्रसार में, इस अभिरुचि का परिष्कार तो हुआ है लेकिन छायावादी भावुकता पाठकों की स्वाभाविक एवं यथार्थोन्मुख अभिरुचि के विकास में बाधा भी बनी है। उसके कारण कविता में परम्परा से भिन्न नए शब्दाडम्बर और भावों के मधुर छिछलेपन को प्रश्रय मिला है। इस 'मधुचर्या' से शुक्ल जी बहुत चिढ़ गए हैं और उसकी कड़ी आलोचना की है। छायावाद ने कलात्मक अभिरुचि का जितना परिष्कार किया है, उतना उसे व्यापक नहीं बनाया है। उसने पाठकों की अभिरुचि को एक विशेष दिशा में ही ढालने का प्रयत्न किया है। कला के विशेष धर्मों में ही अभिरुचि और उन्हीं का आग्रह, विलक्षण साहित्यिक संस्कारों का परिणाम है तथा सच्ची सहृदयता का व्यंजक नहीं है।

चमत्कार में अभिरुचि भी सच्ची सहृदयता के अभाव को व्यक्त करता है। काव्य में भावानुभूति के अभिन्न अंग के रूप में ही वाग्वैदग्ध्य का समर्थन किया जा सकता है जैसे सूर के भ्रमरगीतों में या घनानन्द के कवित्तों में। प्राकृत भाव भूमि से दूर तक चले जाने के कारण शुक्ल जी ने रीतिकालीन उक्ति वैचित्र्य और छायावादी कल्पना का विरोध किया है। यह सही है कि भावना नहीं, उसकी अभिव्यक्ति या उक्ति ही काव्य है, पर भाव का आश्रय लेकर। वैचित्र्य के अभाव में भी भाव की स्वाभाविक एवं सरल अभिव्यक्ति की मार्मिक अनुभूति होती है। काव्य में उक्ति-वैचित्र्य की सार्थकता केवल इसी दृष्टि से है कि उससे भावानुभूति के लिए रचना के साथ मनोयोग होता है या उससे अनुभूति गहरी होती है। कथ्य और

अभिव्यक्ति के असाधारणत्व में अभिरुचि स्वाभाविक अभिरुचि नहीं है।[24]

चमत्कार में अभिरुचि रखनेवाले कविता का उद्देश्य केवल मनोरंजन समझते हैं। साधारण पाठक कथा-साहित्य से अपना मनोरंजन कर लेते हैं तो उच्च शिक्षित कविता के उक्ति चमत्कार से। कविता की सूक्ष्म अभिव्यक्ति समझने के लिए पाठकों की बुद्धि अधिक शिक्षित होनी चाहिए, इसलिए कविता से मनोरंजन चाहनेवाले अपनी अभिरुचि को कलाप्रेमी उच्च अभिरुचि होने का दम्भ करते हैं, लेकिन मनोरंजन चाहनेवाली अभिरुचि सच्ची कलात्मक अभिरुचि नहीं हो सकती। साहित्य में मनोरंजन कलात्मक अनुभूति का केवल साधन है।[25] शुक्ल जी कविता के क्षेत्र में मनोरंजक उक्ति-वैचित्र्य के विकास का सम्बन्ध मुक्तक परम्परा से जोड़ते हैं। उनका कहना है कि पूर्ण रस में लीन करनेवाला वाग्विधान धारा के रूप में कुछ दूर चलकर ही तन्मय करता है जैसे प्रबन्धों में। मुक्तक कविताओं में इस प्रकार मग्न करनेवाली रस धारा नहीं चलती, छींटे उछलते हैं। उनका प्रभाव क्षणिक, अतः अधिकतर मनोरंजन या दिलबहलाव के रूप में होता है। राजाओं की सभाओं में जाकर जब से कवि लोग उनके मनबहलाव का काम करने लगे तब से हमारे साहित्य में उक्ति वैचित्र्यपूर्ण मुक्तकों का प्रचार बढ़ने लगा। ....जब क्षणिक मनोरंजन या दिलबहलाव मात्र उद्देश्य रह गया तब.... फुटकल कविता अधिकतर सूक्ति के रूप में आ गई।[26] दरबारी मुक्तक परम्परा का भावपक्ष दुर्बल अवश्य है, किन्तु मुक्तक भक्तिकाव्य की सरसता को देखते हुए यह कैसे माना जा सकता है कि मुक्तक में रस-तन्मयता की सम्भावना नहीं है। उक्ति-वैचित्र्य में अभिरुचि सहृदयता की कमी सामाजिक एवं साहित्यिक संस्कारों के कारण है, साहित्यिक रूपों की प्रकृति के साथ उसका कोई सम्बन्ध नहीं है।

साहित्यिक वाद भी सच्ची सहृदयता के विकास में बाधा देते हैं। भाव, विचार और अभिव्यक्ति के विशिष्ट सिद्धान्तों को लेकर आधुनिक युग के नए-नए वाद ग्राहक अभिरुचि को किस तरह संकीर्ण बना रहे हैं, इसकी विस्तृत चर्चा आगे की जाएगी। वादों का विरोध करते हुए शुक्ल जी ने साहित्य सम्बन्धी तीन महत्त्वपूर्ण प्रश्नों को उठाया है। पहले, वे कहते हैं कि नवीन व्यक्तिवाद से साधारणीकरण और पाठक की रसानुभूति में बाधा हो रही है।[27] इसमें दो मत नहीं हो सकते कि व्यक्तिवादी उत्थान की प्रेरणा से ही यूरोपीय रोमांटिक प्रवृत्ति और छायावाद का विकास हुआ है और उनमें वैयक्तिक सुख-दुःख की भावनाओं और अनुभूतियों की अभिव्यक्ति हुई है। लेकिन पाश्चात्य रोमांटिक प्रवृत्ति में कवियों ने सामान्य भावभूमि की उपेक्षा करके अपनी-अपनी वैयक्तिक प्रवृत्ति और रुचि की कहानी ही प्रस्तुत नहीं की है, बल्कि उन्होंने वैयक्तिक अनुभूति के विशिष्ट रूप में सार्वजनीन अनुभूति को ही व्यक्त किया है। जिस व्यक्तिवादी विलक्षणता की शुक्ल जी ने शिकायत की है वह ह्रासोन्मुख रोमांटिक प्रवृत्ति की, उसके वारिस प्रकृतवाद और

अतियथार्थवाद की दुर्बलता है। हिन्दी साहित्य में व्यक्तिवाद का स्वाभाविक आगमन और क्रमबद्ध विकास न होने के कारण छायावादी कवि अपनी विशिष्ट अनुभूति की अभिव्यक्ति के बदले अपनी वैयक्तिक विलक्षणता के प्रदर्शन में लग गए हैं। इसलिए भावानुभूति में बाधा हुई है। लेकिन इसे स्पष्ट समझना चाहिए कि भावानुभूति में बाधा पहुँचती है वैयक्तिक विलक्षणताओं की अभिव्यक्ति के कारण, व्यक्ति मन की विशिष्ट अनुभूति की अभिव्यक्ति के कारण नहीं। भावानुभूति की दृष्टि से नवीन व्यक्तिवादी प्रवृत्ति पर शुक्ल जी का दूसरा आक्षेप यह है कि छायावादी कवि अनुभूति की उपेक्षा करके अभिव्यक्ति की विलक्षणता दिखाने के प्रयत्न में लग गए हैं। यूरोपीय रोमांटिक प्रवृत्ति ने क्लासिकल नियमों को छोड़कर स्वच्छन्द भावोन्मेष का प्रयत्न किया है, इसलिए उसमें कलापक्ष से भावपक्ष ही प्रधान रहा है। लेकिन छायावाद की कलात्मक अभिव्यक्ति अपनी स्वच्छन्द अनुभूति को रूप देने के प्रयत्न में विकसित नहीं हुई है, द्विवेदी युग की काव्यधारा की प्रतिक्रिया में पाश्चात्य काव्याभिव्यक्ति का अनुकरण करते हुए उसका विकास हुआ है। इसीलिए उसमें स्वच्छन्द भावानुभूति की गहरी संवेदना व्यक्त नहीं हुई है। इस दृष्टि से शुक्ल जी छायावाद को एक विशेष काव्य शैली मात्र कहते हैं तो एक हद तक उसकी सत्यता को स्वीकार करना ही पड़ता है। इस कलात्मक अभिव्यक्ति की विलक्षणताओं की कड़ी आलोचना करते हुए शुक्ल जी की सहृदयता ने सच्ची कविता, अच्छी साहित्यिक अभिरुचि और मार्मिक भावानुभूति की नई पहचान दी है। उन्होंने विभावपक्ष और भावपक्ष की व्यापकता को दिखाते हुए काव्य में कल्पना या कला का उचित स्थान स्पष्ट किया है। काव्य में कलात्मक अभिव्यक्ति की सार्थकता भावानुभूति का उत्कर्ष करने के लिए है। उसमें भाव निरपेक्ष कल्पना या कलात्मक अभिव्यक्ति का प्रदर्शन, पाठकों का विस्मय बढ़ाकर केवल मनोरंजन करता है। शुक्ल जी का तीसरा आक्षेप साहित्य के क्षेत्र में कुतूहल-तृप्ति की मनोवृत्ति पर है। उनका कहना है कि कविता के नवीन वाद विलक्षण भावाभिव्यक्ति के द्वारा केवल कुतूहल को ही तृप्त कर रहे हैं। लेकिन प्रधानतः यह समस्या कविता की नहीं, गद्य-साहित्य की है। इस पर विचार करते हुए शुक्ल जी कहते हैं कि गद्य-साहित्य का कथा-संविधान केवल कुतूहलवर्धक न होकर भाव-व्यंजना के द्वारा गहरी रस-संवेदना उत्पन्न करनेवाला हो, केवल कुतूहल को तृप्त करनेवाली रचना श्रेष्ठ साहित्य में स्थान नहीं पाएगी। शुक्ल जी के आक्षेप की सत्यता को स्वीकार करते हुए भी यह कहना ही पड़ता है कि उन्होंने गद्य-साहित्य की कलात्मक प्रकृति का सूक्ष्म अनुशीलन नहीं किया है। यह सच है कि आजकल उच्च-साहित्य के पाठकों में भी कुतूहल की मनोवृत्ति बढ़ गई है। भावानुभूति की अपेक्षा प्लाट के विकास में पाठकों की अधिक तत्परता के कारण गद्य-साहित्य में ही नहीं भाव प्रधान काव्य-प्रबन्धों में भी लेखक नए-नए प्रयोग करने में लगे हुए हैं। लेकिन अपने

कुतूहल को तृप्त कर लेने में पाठक गद्य-साहित्य की भावानुभूति प्राप्त नहीं कर सकता। साहित्यिक अनुभूति अन्तिम परिणाम या समस्या का समाधान जानने की मानसिक बेचैनी नहीं है, वह अन्त या अन्तिम समाधान से निरपेक्ष रचना की अनुभूति का आकर्षण है। जो पाठक की आवृत्ति से फीका नहीं होता। रचना में भावों के विकास और प्रसार के साथ भावात्मक व्यग्रता के उत्कर्ष और परितोष की अनुभूति ही पाठक की सच्ची साहित्यिक अनुभूति की पहचान है। अनुभूति की यह तीव्रता कथा के परिचय से सम्बद्ध न होने के कारण प्रचलित कहानियों को लेकर भी गद्य-साहित्य की रचना होती है। वास्तव में परिचित कथा भावानुभूति का अनुकूल मानसिक वातावरण तैयार करती है। सारांश यह है कि कथात्मक साहित्य में कथा-संविधान के द्वारा भावात्मक अनुभूति हो सकती है। यह अनुभूति कविता की भावानुभूति से कुछ भिन्न अवश्य है लेकिन साहित्यिक अनुभूति का स्थूल विभाजन करते हुए यह नहीं समझना चाहिए कि गद्य-साहित्य के कथा-संविधान से केवल कुतूहल की तृप्ति होती है। उसके कथानक से अभिज्ञ होने पर भी पाठकों में बुद्धि भाव-स्पंदन होता है क्योंकि रचना की परिस्थितियों के विकास में भावों की अनिवार्य प्रतिक्रिया होती है। सच्ची भावात्मक व्यग्रता अन्तिम परिणाम को न जानने के कारण नहीं, लेखक के द्वारा रचना में परिस्थिति-योजना के कारण है। परिस्थितियों के विकास में पाठक की भावनाएँ जागती हैं और अनुरूप प्रतिक्रिया होती है। रचना की भावधारा के अनुसार पाठक का हृदय-स्पंदन होता है। कुतूहल एक बार पढ़ने से शान्त हो जाता है, लेकिन पाठक की आवृत्ति होने पर भी परिस्थिति-योजना में भावात्मक प्रतिक्रिया होती रहती है। अतः यह स्वीकार नहीं किया जा सकता कि गद्य-साहित्य के कथा-संविधान में अभिरुचि, कुतूहल-तृप्ति की निम्न कोटि की मनोवृत्ति है और वह कविता की भाव-व्यंजना में अभिरुचि से निम्न कोटि की है। साहित्य के क्षेत्र में कलात्मक रूपों की प्रकृति के अनुसार भिन्न-भिन्न प्रकार की भावानुभूति होती है। साहित्य के नए-नए रूपान्तरों के साथ साहित्यिक अनुभूति भी बदलती रहती है। आज का नवीनतम गद्य-साहित्य, भावात्मक तीव्रता उत्पन्न करने के बदले विचारोत्तेजन का प्रयत्न करते हुए कविता की भावानुभूति से एकदम भिन्न दिशा में विकास कर रहा है।

टालस्टाय उच्च वर्ग के तथाकथित प्रौढ़ साहित्य को कृत्रिम कहते हैं क्योंकि वह लेखक की आन्तरिक अनुभूति या प्रेरणा का फल नहीं है। उनका कहना है कि लेखकों ने अपने आश्रयदाताओं के मनोरंजन के लिए इस साहित्य की सृष्टि की है। इसलिए उनकी रचना लेखक की अपनी अभिरुचि के अनुसार नहीं, आश्रयदाता की अभिरुचि के अनुसार हुई है। मध्यकाल में आलसी और विलासी सम्पन्न वर्ग, समय काटने और मनोरंजन के लिए कलात्मक विनोद में प्रवृत्त हुआ है और उन्हें सन्तुष्ट करने के लिए कलाकारों ने उनकी अभिरुचि के अनुरूप कला की सृष्टि

की है। सच्ची कला दूसरों की माँग पर आवश्यकता के अनुसार सृष्टि करने की वस्तु नहीं है। टालस्टाय कहते हैं कि कभी पुराने काव्यों से भाव-विचारों को चुराते हुए, कभी उनकी विशेषताओं का अनुकरण करते हुए, कभी पुराने के विरोध में नई विलक्षणताओं की सृष्टि करते हुए और कभी अभिव्यक्ति का नया चमत्कार दिखाते हुए इन नकली कलाकृतियों की रचना हुई है। इस प्रकार की रचनाएँ आकर्षक होकर लोगों का मनोरंजन कर सकती हैं लेकिन इनके द्वारा पाठकों को जीवन की मार्मिक अनुभूति नहीं होती। टालस्टाय इस नकली कला की उत्पत्ति के लिए साहित्यिक व्यवसाय, समीक्षा और कला की शिक्षा देनेवाले स्कूलों को दोषी मानते हैं। साहित्य की रचना जब कुछ लोगों का पेशा हो गया है तो आर्थिक दृष्टि से कला की नकली रचना होती है और साहित्य का व्यापार होने लगता है। शिक्षित समाज जो प्रायः संवेदनशील नहीं होता, नवीन साहित्यिक अभिव्यक्ति की प्रशंसा करता है और ग्राहक अभिरुचि को भावानुभूति की अपेक्षा अभिव्यक्ति के चमत्कार की ओर आकृष्ट करता है। भावी लेखक नकल करके समान चमत्कार उत्पन्न करने का प्रयत्न करता है। समीक्षक प्रायः शिक्षित समाज से ही आते हैं और उनके द्वारा कलात्मक अभिव्यक्ति की प्रशंसा के कारण वैसी नकली कलाकृतियों की सृष्टि होती है जिनमें भावानुभूति का पहलू बड़ा दुर्बल होता है। स्कूलों में कला की शिक्षा से कोई न श्रेष्ठ कलाकृतियों की रचना कर सकता है और न श्रेष्ठ कला से प्रभावित होने की सहृदयता को ही पाता है। इस प्रकार की शिक्षा कारीगरों को बनाकर केवल नकली कलाकृतियों को ही बढ़ा सकती है। जहाँ तक सामान्य ग्राहकों का सम्बन्ध है वे इस नकली कला की बाढ़ में सच्ची कलात्मक अभिरुचि के विकास से वंचित रहते हैं।[28] हमारे यहाँ भी कविशिक्षा के ग्रन्थों ने नकली शिल्प-रचना की भरमार कर दी है। लोग भूल गए कि काव्य-शास्त्र, साहित्य के अध्ययन में सहायता देने के लिए है, कवि-कर्म का निर्देश या नियन्त्रण करने के लिए नहीं है। सारांश यह है कि साहित्यिक सहृदयता की समस्या का उत्तरदायित्व जितना शिक्षितों की चमत्कारवादी अभिरुचि का है, उतना ही उच्चवर्गीय मनोरंजक साहित्य का भी है।

अशिक्षितों में ही नहीं, शिक्षितों में भी जब सच्ची कलात्मक अभिरुचि और सहृदयता कम होती जा रही है तब सहज ही यह प्रश्न उठता है कि उनके साहित्यिक संस्कारों का परिष्कार किस तरह किया जाए? सामाजिक संस्कारों में परिवर्तन के द्वारा ही इस समस्या को हल किया जा सकता है। यद्यपि स्थूल रूप से देखने पर यह शुद्ध साहित्यिक संस्कारों का प्रश्न मालूम होता है और साहित्यिक सहृदयता की उचित शिक्षा में ही इस समस्या का समाधान दिखाई देता है, फिर भी वास्तव में साहित्यिक अभिरुचि की यह दुर्बलता, चाहे उसे विलक्षणता कहें या कृत्रिमता, सामाजिक संस्कारों की संकीर्णता के कारण ही है और उनमें परिवर्तन के द्वारा ही इस विलक्षणता या कृत्रिमता को दूर किया जा सकता है।

प्राचीन साहित्य की ओर उन्मुख परम्परावादी अभिरुचि : आज साहित्य का पर्याप्त नवीन विकास हो चला है, फिर भी प्राचीन पद्धति में शिक्षित पंडित परम्परा उसका आस्वादन नहीं कर पा रही है। अपनी शिक्षा-दीक्षा के कारण उसकी अभिरुचि प्राचीन भारतीय साहित्यिक परम्परा में रूढ़ हो गई है। प्राचीन धार्मिक, सांस्कृतिक एवं साहित्यिक संस्कारों से प्रभावित उसकी अभिरुचि साहित्य के नवीन रूपों से विमुख रहती है। यदि वह आधुनिक साहित्य की किसी विशेषता का कलात्मक मूल्य स्वीकार भी करती है तो उसे परम्परा से निष्पन्न करने का प्रयत्न करती है। प्राचीनता की ओर उन्मुख यह पंडित परम्परा, रसवाद और प्राचीन साहित्यिक रूपों की परिधि में नई सामाजिक चेतना और नए साहित्यिक विकास का ग्रहण नहीं कर सकती। लेकिन वह अपने संस्कारों की दुर्बलता को स्वीकार नहीं करती बल्कि नवीन साहित्यिक अभिरुचि को अपरिपक्व और असंस्कृत समझती है। यथार्थोन्मुख दृष्टि के कारण यदि नवीन साहित्य में प्राचीन रचना की अपेक्षा कहीं अधिक मार्मिक और गहरी अनुभूति अभिव्यक्त होती है तो पंडित परम्परा के समीक्षक उसे रस-सिद्धान्त के दायरे से बाहर और इसलिए असाहित्यिक सिद्ध करते हैं। काव्य के स्वरूप की अपेक्षा काव्य की अनुभूति को अधिक महत्त्व देने वाले रस-सिद्धान्त को अपनाकर भी उनकी अभिरुचि, रस की परिपाटी में काव्य पद्धति की ही ओर झुकी हुई है। प्राचीन साहित्य के अध्ययन से विकसित उनके साहित्यिक संस्कार, प्राचीन रसवादी परिधि में ही साहित्य की नई स्वच्छन्द प्रवृत्ति को मान्यता देते हैं। प्राचीनता की ओर उन्मुख पंडित परम्परा, नए संस्कारों और नई कलात्मक प्रवृत्ति के प्रति उतना उत्साह नहीं दिखाता क्योंकि उसकी दृष्टि में नवीन संस्कृति और नई कला उतनी प्रौढ़ नहीं है जितनी प्राचीन संस्कृति और कला। उसकी श्रेष्ठता पर उसे इतना अटल विश्वास है कि वह नवीन सामाजिक एवं साहित्यिक अभिरुचि को उसी रूप में ढालना चाहती है। वास्तव में आज पुराने संस्कार परम्परावादी वर्ग-विशेष को ही नहीं, पूरे समाज को, उसकी सामाजिक एवं साहित्यिक अभिरुचि को प्रभावित कर रहे हैं। जीवन की परिस्थितियाँ बदल जाने पर भी मनुष्य अपनी परम्परा के मोह को आसानी से नहीं छोड़ सकता। सतत परिचय और साहचर्य, इन परम्परागत संस्कारों को जाति में बद्धमूल कर देता है। ऐसी स्थिति में नवीन सामाजिक एवं साहित्यिक संस्कार पुराने के साथ प्रबल संघर्ष के बाद ही जीवन और साहित्य में अपना स्थान बना सकते हैं। आज सामाजिक जीवन और साहित्य दोनों में नए-पुराने का यही संघर्ष चल रहा है और वर्ग-विशेष एक या दूसरे का समर्थन कर रहे हैं। विवेक के साथ प्राचीन क्लासिकल साहित्य का अध्ययन सांस्कृतिक एवं कलात्मक चेतना का विकास अवश्य करता है। लेकिन रूढ़ अभिरुचि, पाठक के लिए साहित्य के नवीन विकास का द्वार बन्द कर देती है। पर परम्परावादी अभिरुचि की दृष्टि में इस नवीन विकास का कोई मूल्य नहीं है। वह संस्कृत और हिन्दी के प्राचीन साहित्य पर अपनी श्रद्धा

प्रकट करते हुए घोषित करती है कि नई अभिरुचि शीघ्रता में विकसित, संस्कारहीन और अपरिपक्व अभिरुचि है। प्राचीन काल में एक समय था जब क्लासिकल भाषा-साहित्य में अभिरुचि ही श्रेष्ठ समझी जाती थी और ऐसी प्राचीनतावादी अभिरुचि को दृष्टि में रखकर मानसकार को लिखना पड़ा कि "मैं भाषा-निबन्ध में अति मंजुल रचना कर रहा हूँ।" आज परम्परावादी अभिरुचि, प्राचीन हिन्दी साहित्य को संस्कृत साहित्य के विकास की कड़ी के रूप में अपना चुकी है। क्योंकि हिन्दी की प्राचीन काव्य-पद्धति, प्रायः संस्कृत काव्य परम्परा की ही पद्धति थी। लेकिन आधुनिक काव्य-साहित्य का विकास उससे बिल्कुल भिन्न रूप में हुआ है, इसलिए परम्परावादी दृष्टि से काव्य के अधिक उत्कर्ष को स्वीकार नहीं करती। वास्तव में वह प्राचीन साहित्य से काव्य के अधिक उत्कर्ष को सम्भव ही नहीं मानती। जब अभिरुचि परम्परा में रूढ़ हो जाती है तो वह परम्परा से भिन्न साहित्य की स्वच्छन्दता का आकलन नहीं कर सकती। यही कारण है कि परम्परावादी सैद्धान्तिक समीक्षक रीतिकाव्य के प्रवृत्ति-निरूपण में जितने सफल हुए हैं, उतने भक्तिकाव्य की स्वच्छन्दता के उद्घाटन में नहीं। हिन्दी के परम्परावादी अपने को रसवादी कहते हैं लेकिन वे रस-सिद्धान्त को वस्तून्मुख रचनापरक काव्य-सिद्धान्त के रूप में ग्रहण करते हुए एक रूढ़ रसवादी काव्य-पद्धति का ही आग्रह करते हैं। इसीलिए उनकी अभिरुचि उतनी व्यापक नहीं है जितनी रस-सिद्धान्त के ग्रहण से होनी चाहिए।

परम्परावादी अभिरुचि साहित्य के सम्बन्ध में शास्त्रीय दृष्टि पर बहुत ज़ोर देती है। चूँकि हिन्दी के प्राचीन साहित्य की रचना भारतीय काव्यशास्त्र के आधार पर हुई है, उसके अध्ययन के लिए शास्त्रीय दृष्टि आवश्यक समझी जाती है। लेकिन जो साहित्य अपनी अपील के लिए शास्त्रज्ञान पर निर्भर है वह उच्च कोटि का नहीं हो सकता। साहित्य में मानवीय अनुभूति की अभिव्यक्ति होती है और उसके रस-ग्रहण के लिए शास्त्र ज्ञान नहीं, मानवीय संवेदना की आवश्यकता है। जिस हद तक शास्त्रज्ञान से कवि की कलात्मक अभिव्यक्ति प्रौढ़ होती है और पाठक की भाव-संवेदना गहरी, वहीं तक उसकी उपयोगिता है। लेकिन भारतीय काव्यशास्त्र ने साहित्यिक प्रवृत्ति को इतना अधिक प्रभावित किया है कि शास्त्रज्ञान के बिना उसका अर्थबोध और मान-संवेदना असम्भव हो गया है। इस शास्त्रज्ञान के प्रभाव में पंडित परम्परा की ग्राहक अभिरुचि भी कृत्रिम हो गई है। संगीत के क्षेत्र में भी जब शास्त्रीय दृष्टि बहुत प्रबल हो गई है, व्यापक समाज ने अपने लिए सुगम संगीत का विकास कर लिया है। दूसरी कलाओं में भावाभिव्यक्ति रंग, रेखा, लय आदि के द्वारा होती है, इसलिए उसे समझने के लिए शास्त्रीय ज्ञान बहुत कुछ आवश्यक भी है, लेकिन साहित्य में भावाभिव्यक्ति सामाजिक भाषा के माध्यम से होती है, इसलिए उसकी अनुभूति के लिए शास्त्र ज्ञान की कम आवश्यकता होनी चाहिए। जब कलात्मक प्रौढ़ता के नाम पर सांकेतिक अभिव्यक्ति का प्रयत्न किया जाता है, तभी उसे समझने

के लिए शास्त्रज्ञान अनिवार्य हो जाता है।

रूढ़ सामाजिक परम्परा के प्रभाव में साहित्यिक अभिरुचि का स्वाभाविक विकास नहीं हो पाता और वह संकीर्ण हो जाती है। व्यक्ति पर परम्परा का जितना अधिक प्रभाव पड़ता है, उसकी अभिरुचि उतनी ही संकीर्ण बनती है। यदि कोई नवीन साहित्य का भावग्रहण नहीं कर सकता तो समझना चाहिए कि उसकी साहित्यिक अभिरुचि रूढ़ हो गई है। अच्छी साहित्यिक अभिरुचि के लिए उत्कृष्ट साहित्यिक परम्परा का प्रेम ही नहीं, उस परम्परा के विकास का बोध भी होना चाहिए।

नवीनता की ओर उन्मुख साहित्यिक अभिरुचि : प्रत्येक युग में नई सामाजिक चेतना, ग्राहक अभिरुचि का आमूल परिवर्तन करती है। यूरोपीय सम्पर्क से आधुनिक युग में प्राचीन काल से बिल्कुल भिन्न नई सामाजिक चेतना और साहित्यिक अभिरुचि का विकास हो गया है। मध्य युग में मुसलमानी सम्पर्क का, सामाजिक चेतना और साहित्यिक भावना पर ऐसा व्यापक प्रभाव नहीं पड़ा है क्योंकि उनका शासन प्रायः भारतीय परम्परा के अनुसार ही हुआ था और भारत में स्थिर वास के कारण वे हमारी शिक्षा-दीक्षा से विशेष प्रभावित भी हुए थे। आधुनिक काल में नई सामाजिक चेतना और प्राचीन परम्परा से भिन्न नई साहित्यिक अभिरुचि के विकास के कारण प्राचीन और नवीन साहित्यों पर सन्तुलित दृष्टि रखना बहुत कठिन हो गया है। नए-पुराने के इस संघर्ष में प्राचीन परम्परा के समर्थकों ने नए का विरोध किया है। साहित्य के इतिहास में नई प्रवृत्ति की प्रतिष्ठा हो जाने के बाद ही नए में अभिरुचि को मान्यता मिलती है। परम्परावादी विरोध के बावजूद नई सामाजिक चेतना से प्रभावित समाज में नवीन साहित्य का आकर्षण बढ़ता गया है। धीरे-धीरे समाज में नई अभिरुचि का ऐसा व्यापक प्रचार हुआ है कि प्राचीन काव्यधारा के श्रेष्ठ नवीन कलाकार भी भुला दिए गए हैं। प्रत्येक युग में सामयिक एवं सामाजिक अभिरुचि की ऐसी प्रबलता रहती है कि पुरानी धारा के लेखकों की ही नहीं, प्रधान धारा से भिन्न नवीन प्रवृत्तियों की भी उपेक्षा हो जाती है। यही कारण है कि रीतिकाल की रीतिधारा की तरह आधुनिक काल का 'सच्चा स्वच्छन्दवाद' भी नहीं चल सका है। सामयिक प्रवृत्ति उससे भिन्न स्वच्छन्दता में पाठकों की अभिरुचि को दबा देती है और उस प्रवृत्ति को अधिक समय तक नहीं चलने देती। शुक्ल जी जैसे इने-गिने सहृदय ही उस पर दृष्टिपात करते हैं और उसके असामयिक अन्त पर खेद प्रकट करते हैं। सामयिक सामाजिक प्रवृत्ति से भिन्न छायावाद की भी वही गति हो जाती यदि उसे प्रबल समर्थक समीक्षक वर्ग नहीं मिलता।

नई सामाजिक चेतना के अनुसार साहित्यिक अभिरुचि का भी विकास हो जाना स्वाभाविक ही है, लेकिन जब लोग अनुकरण, फैशन आदि के कारण नवीन साहित्य की ओर उन्मुख होते हैं तो उसे सच्ची अभिरुचि नहीं कहा जा सकता। ऐसी अभिरुचि प्रायः असन्तुलित और अतिवादी हो जाती है। हिन्दी के नवीन साहित्य

में नए पाठकों की अभिरुचि के सम्बन्ध में ये बातें चरितार्थ हुई हैं। लोगों ने नए के समर्थन में अच्छी साहित्यिक अभिरुचि का बहुत कम ध्यान रखा है। प्रायः नवीनता की झोंक में साहित्यिक उत्कृष्टता को न देखकर, सब कुछ अपनाया जाता है। परम्परा के विरोध में नवीनता के प्रति अतिशय प्रेम का यह परिणाम है। जो अभिरुचि नवीनता में अच्छे-बुरे का विवेक नहीं रखती, वह पाठक के अच्छे साहित्यिक संस्कारों का विकास असम्भव कर देती है। नवीनता के प्रति विशेष सहानुभूति न रहने पर भी शुक्ल जी में छायावादी रचनाओं की उत्कृष्टता एवं निकृष्टता की जो पहचान थी वैसी नवीनता के प्रति उदार छायावादी समर्थकों में नहीं है। नवीनता के अतिशय प्रेम की तरह फैशन भी साहित्यिक प्रवृत्ति को कृत्रिम और ग्राहक अभिरुचि को अस्वाभाविक बना देता है। लोग साहित्य की मार्मिक अनुभूति के बिना ही प्रचलित साहित्यिक फैशनों की प्रशंसा करने लगते हैं। इस मनोवृत्ति से चिढ़कर शुक्ल जी लिखते हैं कि "चाहे किसी प्रकार की रचना हो जब वह एक फैशन के रूप में चला दी जाती है तब कुछ लोग बिना किसी प्रकार की अनुभूति के, यों ही रसज्ञ समझे जाने के लिए ही, वाहवाही कर दिया करते हैं।"[29] जिस तरह लेखकों में नई प्रवृत्ति के अनुकरण से लोकप्रिय बनने की मनोवृत्ति मिलती है, उसी तरह नवीन साहित्य में सच्ची अभिरुचि न होने पर भी फैशन के रूप में अपनानेवाले बहुत से पाठक मिल जाते हैं। आधुनिक युग की नवीन साहित्यिक प्रवृत्तियाँ अनुभूति की प्रौढ़ता की ओर न जाकर नवीनता की झोंक में विलक्षण बनती जा रही हैं और उनके प्रभाव में ग्राहक अभिरुचि भी एकांगी हो रही है। शुक्ल जी ने आधुनिक कविता पर जो आक्षेप लगाए हैं, वे न्यूनाधिक मात्रा में सार्थक ही हैं और ऐसी स्थिति में पाठक की नवीन साहित्य सम्बन्धी अभिरुचि की श्रेष्ठता पर प्रश्न चिह्न लग जाता हैं।[30]

नई साहित्यिक प्रवृत्तियों के साथ होने में पाठक की अभिरुचि व्यापक होने की जितनी गुंजाइश रहती है, उससे कम संकीर्ण या कृत्रिम बनने की नहीं। पाठकों की अभिरुचि युग की अभिव्यक्ति की भिन्न प्रवृत्तियों में किसी एक से सम्बद्ध होकर, उसी को युगानुरूप साहित्य का सच्चा विकास मानने से यह संकीर्णता आती है। प्रायः नई सामाजिक चेतना की अभिव्यक्ति के प्रयत्न में साहित्य के नए युग का आरम्भ होता है। उस चेतना की साहित्यिक अभिव्यक्ति भिन्न रूपों में हुआ करती है। विशेषकर आधुनिक युग में, साहित्य के विभिन्न सामाजिक वर्गों में व्यापक प्रचार के कारण अनेक प्रवृत्तियाँ, वाद, स्कूल आदि के रूप में नई चेतना को अभिव्यक्त करने का प्रयत्न कर रही हैं। इनमें युग-प्रवृत्ति का नहीं, दृष्टिकोण और अभिव्यक्ति का ही अन्तर है। ग्राहक अभिरुचि यदि किसी विशेष दृष्टिकोण से सम्बद्ध होकर नई चेतना को अपने समग्र रूप में आकलन करने का प्रयत्न न करें तो संकुचित हो जाने की आशंका है। आधुनिक काल में पाठकों की अभिरुचि इन वादों और

स्कूलों से बँधकर संकीर्ण होती जा रही है। पाठक इनके साथ बँधकर अपनी अभिरुचि को संकीर्ण इसलिए बना लेता है कि अनेक कारणों से उदीयमान उस वाद या स्कूल का विशेष प्रचार चल रहा है, समीक्षा में विस्तृत चर्चाओं द्वारा उसे साहित्यिक प्रतिष्ठा और मान्यता मिल रही है। ऐसी स्थिति में सहज ही सामान्य पाठक उस ओर आकृष्ट होकर उसके साथ बँध जाता है।

आधुनिक युग की विविध वर्गीय प्रवृत्तियाँ और उनके समर्थक वर्गों के प्रचार को देखते हुए ऐसा लगता है कि इनके प्रभाव से मुक्त होकर व्यापक साहित्यिक अभिरुचि का विकास कर लेना बहुत ही मुश्किल है। कुछ अपने संस्कारों के कारण और कुछ प्रचार से पाठकों की अभिरुचि किसी न किसी वर्गीय प्रवृत्ति के साथ बँधकर संकीर्ण हो रही है। नए के समर्थक, उसके विरोध को प्रतिक्रियावादी कहकर लोगों की अभिरुचि को प्रभावित करने का प्रयत्न करते हैं। लेकिन साहित्य के क्षेत्र में नए का मूल्य स्वीकार करना ही प्रगतिशीलता नहीं है। आधुनिक काल की नवीनतम प्रवृत्तियों की प्रचारित प्रगतिशीलता पर आज शिक्षित विवेक को सन्देह हो रहा है। प्रायः किसी नई प्रवृत्ति के समर्थक उसकी प्रगतिशीलता सिद्ध करने में दूसरी प्रवृत्तियों को प्रतिक्रियावादी घोषित करते हैं। किसी नई प्रवृत्ति से बद्ध अभिरुचि, पहले की समाप्तप्राय धाराओं की नई उत्कृष्ट रचनाओं और समकालीन भिन्न धाराओं की श्रेष्ठ रचनाओं की उपेक्षा करती है। इस संकीर्णता को दूर करना, आधुनिक युग में साहित्यिक अभिरुचि की एक बड़ी समस्या है।

उच्च स्तरीय कथा-साहित्य के प्रभाव का प्रश्न : उपन्यास और कहानी सबसे अधिक लोकप्रिय साहित्य के रूप में और पाठकों की साहित्यिक अभिरुचि एवं संस्कारों को प्रभावित करने की अधिक शक्ति रखते हैं। साहित्य के स्वस्थ प्रभाव का नैतिक प्रश्न आज के मनोरंजक सस्ते कथा-साहित्य में ही नहीं, तथाकथित नए उच्च स्तरीय कथा-साहित्य के सम्बन्ध में भी उठता है। मनोरंजक साहित्य संस्कारहीन रूप में जो चीज़ दे रहा है, उच्च कथा-साहित्य भी संस्कारिता की पालिश लगाकर उसी को दे रहा है। इलियट का कथन कि लोग जिस असावधानी से समय काटने या मनोरंजन के लिए कथा-साहित्य पढ़ रहे हैं, उसमें उससे प्रभावित होने की गुंजाइश बढ़ जाती है। आज के कथा-साहित्य का प्रभाव सामाजिक एवं सांस्कृतिक दृष्टि से घातक सिद्ध हो रहा है। ऐसी स्थिति में प्रश्न उठता है कि जो अपने लिए हितकर नहीं है उसमें पाठक क्यों प्रवृत्त हो रहा है? लेखक की कला उसे आकृष्ट करती है या मनोरंजन के लिए वह कथा-साहित्य की ओर प्रवृत्त होता है, ये ही कारण अहितकर कथा-साहित्य में उसकी प्रवृत्ति और अभिरुचि को स्पष्ट नहीं कर सकते। आज की अर्थ-प्रधान सामाजिक व्यवस्था ने जीवन के हर एक क्षेत्र में ऐसी विषमता उत्पन्न कर दी है कि उसमें मनुष्य विवश-सा है। बुराइयों को जानते हुए भी वह उसी ओर बढ़ रहा है। ऐसा लगता है कि मानसिक दुर्बलताओं और वासनाओं का परितोष ही उसके

जीवन का सम्बल बन गया है। आधुनिक जीवन की परिस्थितियों में मनुष्य का यह अनिवार्य पतन ही साहित्य में भी उसे उसी ओर खींच रहा है। लेकिन साहित्य मनुष्य की दुर्बलताओं को पुष्ट करने के लिए नहीं, बल्कि उसकी मानवीय संवेदना का विकास करते हुए उसके उच्च संस्कारों को जगाने के लिए है। यदि पाठक अपनी मानसिक दुर्बलताओं के शिकार हो जाते हैं और रुग्ण साहित्य के सम्बन्ध में उनकी आलोचनात्मक बुद्धि जागरूक नहीं रहती तो वे साहित्य से उचित लाभ नहीं उठा सकते। अस्वस्थ आधुनिक साहित्य में पाठकों की अभिरुचि की मनोवैज्ञानिक व्याख्या करते हुए लूकास का कहना है कि आज जीवन के आदर्शों और साहित्यिक मानों की अस्तव्यस्तता में नवीनतम रचना को पढ़कर हम शरमाते हुए स्वीकार करते हैं कि उसमें अवश्य कोई न कोई बात होगी, अन्यथा लोग उसे नहीं अपनाते। लेकिन उसमें जो है वह प्रायः मानसिक रुग्णता है और हम दूसरों का अनुकरण करते हुए उससे प्रभावित हो रहे हैं। उदारता उत्कृष्ट गुण है, दूसरों की अभिरुचि का आदर अवश्य करना चाहिए, पर दूसरों की मानसिक अस्वस्थता का नहीं। यदि अपनी मानसिक अस्वस्थता के कारण दूसरे आधुनिक साहित्य की विलक्षण प्रवृत्ति में अभिरुचि रखते हैं तो कोई तुक की बात नहीं है कि हम भी वैसा ही करें। आधुनिक जीवन में मानसिक विकृतियाँ इतनी बढ़ गई हैं कि साहित्य में भी उन्हीं का बोलबाला है। सरल हृदय, कला के नाम पर उनसे अभिभूत किए जा रहे हैं। जब हम अपनी आलोचनात्मक बुद्धि से काम न लें और इस अस्वस्थ प्रवृत्ति का निरोध न करें तो न हमारी भलाई होगी और न हमारे समाज की।[31]

हिन्दी का कथा-साहित्य प्रेमचन्द युग के बाद व्यक्तिवादी विलक्षणताओं का शिकार हो गया है। उसकी प्रेरणा नवीनतम यूरोपीय प्रवृत्तियों से है जिन पर इलियट, लूकास आदि के कड़े आक्षेप हुए हैं। व्यक्तिवादी धारा का सुरुचिपूर्ण विकास असम्भव नहीं है। बांग्ला के कथा-साहित्य का उदाहरण हमारे सामने ही है। लेकिन हिन्दी का कथा-साहित्य इससे भिन्न, व्यक्ति-मन की विलक्षण सेक्स की गुत्थियों को सुलझा रहा है। जीवन की ह्रासोन्मुखता दिखाने के लिए साहित्य में नग्न यथार्थता का चित्रण कभी-कभी अनिवार्य हो जाता है। किन्तु वह शारीरिक एवं मानसिक उत्तेजना करनेवाले रूप में नहीं होना चाहिए। प्रगतिवादी सामाजिक आन्दोलन से लेखकों के दृष्टिकोण में परिवर्तन अवश्य आया है। पर स्थिति अभी सन्तोषजनक नहीं है। सामाजिक परिस्थितियों में परिवर्तन के बिना ऐसे विकृत साहित्य और उसकी ओर प्रवृत्त ग्राहक अभिरुचि का पूरा परिष्कार सम्भव नहीं है।

व्यापक ग्राहक-समाज के लिए नाट्य साहित्य का आकर्षण : श्रव्य साहित्य की सूक्ष्म एवं सांकेतिक भावाभिव्यक्ति समझकर उसकी अनुभूति के लिए पाठकों को अधिक शिक्षित होना पड़ता है जबकि दृश्य नाटक में अभिनय की सजीवता के कारण प्रेक्षक आसानी से अनुभूति प्राप्त कर सकते हैं। इसलिए नाटक के प्रेक्षक

सब वर्गों के होते हैं। यह बात नहीं है कि नाटकीय कला की सूक्ष्म विशेषताओं की ग्राहकता सब प्रेक्षकों में रहती है। पर दृश्य-विधान की प्रत्यक्षता में कथानक और पात्रों का मूर्त रूप, सामाजिकों की अनुभूति को सरल बना देता है। जिस तरह पाठ्य-साहित्य की सूक्ष्म बारीकियों को शिक्षित पाठक ही समझ सकते हैं, उसी तरह अभिनय कला की मर्मज्ञता को भी शिक्षित प्रेक्षक ही समझ सकते हैं। लेकिन अभिनय कला की निगूढ़ विशेषताओं की अनभिज्ञता से सामान्य दर्शक-समाज की अनुभूति में कोई बाधा नहीं होती।

शिक्षित वर्ग के उच्च-स्तरीय साहित्य में भावबोध की कठिनाई के कारण आरम्भ से ही सामान्य समाज के लिए अलग लोक-साहित्य का विकास हुआ है। नाटक में ऐसी कठिनाई न होने के कारण पहले नाट्य साहित्य में इस प्रकार की दो धाराओं का विकास नहीं हुआ है। लेकिन धीरे-धीरे संस्कृत नाटक, साहित्य के अन्य रूपों की तरह शिक्षित उच्च वर्ग की वस्तु हो गया है और सामान्य समाज ने रामलीला, कृष्णलीलाएँ आदि अपने नाट्य रूपों का विकास कर लिया है। पर पाश्चात्य नाट्य-रचना आरम्भकाल से आज तक व्यापक समाज के सम्पर्क में विकसित होती रही है। इसलिए उसमें विविध स्तरों के प्रेक्षकों की अभिरुचि के अनुरूप सामाजिक यथार्थता की अभिव्यक्ति होती आई है। इसकी तुलना में संस्कृत नाटक शिक्षित सहृदयों की वस्तु हो जाने से वह श्रव्य साहित्य की तरह सूक्ष्म भाव-व्यंजना के द्वारा एक सीमित वर्ग का अनुरंजन करता रहा है और सच्चे अर्थ में सामाजिक नहीं हो सका है।

संस्कृत की परवर्ती नाट्य परम्परा का विकास भिन्न दिशा में होने पर भी प्राचीन सम्प्रदायों का उल्लेख करते हुए नाट्यशास्त्र प्रेक्षक समुदाय में विविध स्तरों के सामाजिकों की अनुभूति में ही नाटक की सफलता मानता रहा है। उसमें विविध स्तरों के प्रेक्षकों के रुचि-भेद को दृष्टि में रखकर नाटकीय रूपों की विविधता का विधान किया गया है। नाटकीय सफलता के मूल्यांकन के लिए शिक्षित सहृदयता और नाटक कला की विशेषज्ञता आवश्यक मानते हुए भी भरत मुनि नाटक को काव्य की तरह सहृदयों की ही नहीं, सार्वजनीन अनुभूति की वस्तु कहते हैं।[32] अंग्रेजी के प्रसिद्ध आधुनिक कवि इलियट का कहना है कि कवि साधारणतः सीमित सहृदयों के लिए नहीं, व्यापक और मिश्रित पाठक वर्ग के लिए लिखना अधिक पसन्द करता है। सामाजिक अभिरुचि के विविध स्तरों को अपील करने की उसकी यह अभिलाषा नाट्य रचना में ही पूर्णतः सिद्ध हो पाती है। उसमें साधारण ग्राहक वर्ग के लिए कथानक का, विचारशील प्रौढ़ मन के लिए चारित्रिक एवं भावात्मक संघर्ष का, साहित्यिक अभिरुचि रखनेवालों के लिए रमणीय भावाभिव्यक्ति का और संवेदनशील सहृदयों के लिए सूक्ष्म भाव-व्यंजना का आकर्षण होता है। इस तरह नाट्य-रचना में विविध स्तरों के दर्शकों को अपील करने का अवसर मिलता है। वर्ग-भेदों के

विविध स्तरों को काटकर एक ही रचना से अधिकाधिक जनरंजन के लिए नाटक ही सर्वोत्कृष्ट साधन है। इस तरह विविध-स्तरों के प्रेक्षकों की आनन्दानुभूति में कलाकार अपने श्रम को सार्थक मानता है।[33] रंगमंच पर अभिनय की दृष्टि से नाट्य-रचना की अनेक सीमाएँ होती हैं, एक निर्णीत समय में न्यूनाधिक संवेदनशील मिश्रित समाज को अपनी ओर आकृष्ट कर लेने में उसे कठिन साधना करनी पड़ती है, फिर भी व्यापक समाज का अनुरंजन करने में वह सफल हो जाती है। उसकी यह सफलता, पाठ्य उच्च स्तरीय काव्य-साहित्य के लिए एक चुनौती है जो शिक्षित एवं अशिक्षित संस्कारों में अन्तर के कारण, सामाजिक वर्गीयता के कारण और प्रबुद्धवर्ग एवं जनता में अभिरुचि भेद के कारण, साहित्य का व्यापक सामाजिक प्रसार असम्भव मानता है।

पत्र-पत्रिकाएँ और साहित्यिक अभिरुचि का स्तर : पाठकों को खड़ी बोली की ओर आकर्षित करने और पाठक वर्ग को व्यापक बनाने में इस शताब्दी की आरम्भकालीन पत्र-पत्रिकाओं का विशेष योग रहा है। जब ब्रज की काव्य-परम्परा में ही साहित्य के रसिकों की अभिरुचि थी, नए पाठकों को बनाने का भार, युग की नवोदित पत्रिकाओं पर पड़ा है। उनके द्वारा नए साहित्य के अनुरूप नए संस्कारों के पाठक मिले हैं। उन्हें नवीन साहित्यिक रूपों का परिचय मिला है, नवीन साहित्य में उनकी अभिरुचि बढ़ी है और कालक्रम में उनकी साहित्यिक अभिरुचि का स्तर भी ऊँचा हुआ है। उन्हीं के कारण आज साहित्य का इतना व्यापक प्रचार हुआ है। रीतिकाल में काव्य के श्रोता केवल दरबारी सभासद थे। उसके बाद अंग्रेजी राज के आरम्भ काल में भी कविता कवि-सम्मेलनों और गोष्ठियों की ही वस्तु रही। बाद को आधुनिक काल में पत्रिकाओं के विकास के कारण ही साहित्य, व्यापक पाठक समाज तक पहुँचने लगा है।

जब पत्रिकाओं द्वारा साहित्य के प्रसार के लिए अनुकूल वातावरण तैयार हुआ है अच्छी साहित्यिक रचनाओं का अलग प्रकाशन शुरू हो गया है और पत्र-पत्रिकाएँ केवल सामयिक साहित्य के द्वारा पाठकों को सन्तुष्ट करने लगी हैं। यह स्वाभाविक ही है कि कालक्रम में पत्रिकाओं की साहित्यिक मिशनरी की स्पिरिट खत्म हो गई है और वे कुछ व्यापारी दृष्टि से और कुछ पाठकों के मनोरंजन की दृष्टि से चलने लगी हैं। प्राचीन काल में केवल उच्चस्तरीय साहित्य की रचना होती थी। छापने की सुविधा में पत्रिकाओं ने सामयिक मनोरंजक साहित्य का विकास किया है। आरम्भ में सामयिक जीवन के आधार पर साहित्य की रचना होने के कारण उच्चस्तरीय साहित्य और सामयिक साहित्य का अन्तर न रहा है और पत्रिकाओं ने उसी का प्रचार एवं प्रसार किया है। भारतेन्दु युग के अन्त तक यह स्थिति रही है। बाद को जब प्रौढ़ साहित्य की अलग रचना होने लगी है तो पत्रिकाओं का क्षेत्र सामयिक साहित्य रह गया है। आज एक विस्तृत पाठक-समाज केवल पत्रिकाओं के सामयिक

साहित्य के मनोरंजन से सन्तुष्ट रहता है। पत्रकारी साहित्य इस पाठक वर्ग की अभिरुचि का स्तर ऊँचा उठाने का प्रयत्न न करके उसके स्तर के अनुसार मनोरंजन का प्रयत्न कर रहा है और इसलिए प्रौढ़ साहित्य को अच्छी अभिरुचि रखनेवाले सीमित पाठक ही मिल रहे हैं। जब पत्रिकाएँ व्यापारी दृष्टि से सामयिक रचनाओं को छापकर व्यापक पाठक-समाज की अभिरुचि उसी रूप में ढाल रही हैं, तब विवश होकर उच्च साहित्य भी अपनी लोकप्रियता के लिए उस अभिरुचि को सन्तुष्ट करने का प्रयत्न कर रहा है और इस कार्य में वह अपने स्तर से बहुत कुछ गिर भी रहा है। पहले पत्रिकाओं की व्यापारी दृष्टि ने सस्ते रोमांस और जासूसी रचनाओं के द्वारा साहित्यिक वातावरण को कुछ दूषित भी बना दिया है, किन्तु अब उन पर यह आक्षेप नहीं किया जा सकता। आजकल उनमें मनोरंजक सामयिक रचनाएँ ही अधिक छपती हैं।

पत्रिकाओं के लिए रचना तकाज़े पर होती है। इसलिए वह श्रेष्ठ साहित्य की तरह प्रबल मानसिक प्रेरणा की अभिव्यक्ति नहीं होती। फिर भी अपने कलात्मक उत्कर्ष से वह साहित्य की तरह जीवित भी रह सकती है, विशेषकर जब अच्छे पर आलसी लेखक पत्रिकाओं की माँगों से ही प्रेरणा लेकर लिखते हैं। प्रायः पत्रिकाओं में रचना सामयिक आवश्यकताओं की दृष्टि से होती है। उनमें ग्राहक वर्ग पर सतर्क दृष्टि रखकर उनके मनोरंजन का प्रयत्न होता है। इस कारण पत्रकारी रचना में सहज प्रेरणा की स्फूर्ति और भावना की गहराई नहीं रह सकती और वह कला के उत्कर्ष पर कम पहुँच पाती है। पत्रिकाएँ और साहित्य भिन्न-भिन्न सामयिक एवं कलात्मक आवश्यकताओं की पूर्ति करने के लिए हैं। लेकिन पत्र-पत्रिकाओं के सामयिक साहित्य के गहरे प्रभाव में साधारण पाठकों का दृष्टिकोण कला से भी सामयिक मनोरंजन चाहने लगता है। पत्रकारी रचना और साहित्य के लक्ष्य भिन्न-भिन्न होने के कारण भी उनकी कलात्मक श्रेष्ठता में बहुत अन्तर हो जाता है। लेखक अपनी अनुभूति पाठक तक पहुँचाने के लिए साहित्य की रचना करता है जबकि पत्रकारी रचना भाषणकला की तरह निर्दिष्ट प्रभाव डालने का प्रयत्न करती है। साहित्य-रचना में इस तरह प्रत्यक्ष रूप से पाठकों के भाव-विचारों को प्रभावित करने का प्रयत्न नहीं होता। चूँकि पत्रकारी रचना का लक्ष्य केवल पाठकों को प्रभावित करना है, उसका लेखक अनुभूति के बिना ही कृत्रिम टेकनिक का प्रयोग करते हुए अपने कार्य में सफल हो सकता है। लेकिन ऐसी रचना में साहित्य की तरह जीवन की मार्मिक अनुभूतियों की अभिव्यक्ति न होने के कारण, उसके प्रभाव से पाठक की साहित्यिक अभिरुचि का विकास नहीं होता। अनुभूति की सच्चाई में ही कला की श्रेष्ठता है और उसी के प्रभाव में ग्राहक अभिरुचि का स्वाभाविक विकास होता है। पत्रिकाओं के लिए लिखने में लेखक कभी-कभी अपनी अनुभूति के विषय को भी पाठकों पर प्रभाव डालने की दृष्टि से बदल डालता है। कला में लेखक की

अनुभूति, पाठक की भावना के द्वारा उसकी अपनी अनुभूति होती है जबकि पत्रकारी रचना में दूसरों के भाव-विचारों का केवल ग्रहण होता है। कलात्मक दृष्टि से पत्रकारी सामयिक साहित्य की इन दुर्बलताओं के कारण असावधानी में पाठकों की अभिरुचि गिर जाने की आशंका भी रहती है।

समसामयिक साहित्य और साहित्यिक अभिरुचि : आज समसामयिक साहित्य की माँग इतनी बढ़ गई है कि पत्र-पत्रिकाओं में ही नहीं, अलग पुस्तकों के रूप में भी उसका विस्तृत प्रकाशन हो रहा है। वर्तमान सामाजिक एवं राजनीतिक परिस्थितियों के आधार पर साधारण कलात्मक स्तर की ये सामयिक रचनाएँ, साहित्य में नहीं बल्कि उन विषयों में अभिरुचि रखनेवालों को कुछ आनन्द दे पाती हैं। वे प्रायः नए विषयों में रुचि रखनेवाले पाठकों के मनोरंजन के लिए लिखी जाती हैं, पर कभी-कभी वे साहित्य के रूप में उपयोगी रचनाएँ भी होती हैं जिनका लक्ष्य समाज में किसी विचारधारा का प्रचार करना होता है। समसामयिक परिस्थितियों के बदल जाने पर इनका कोई आकर्षण और मूल्य नहीं रहता। इनसे एक ओर पाठकों का विस्तार होता है तो दूसरी ओर उनके अधिक प्रचार में साहित्यिक अभिरुचि का स्तर गिर जाने की सम्भावना भी रहती है।

अभिरुचि परिष्कार : आज साहित्य के पाठक तो बहुत बढ़ गए हैं, लेकिन साहित्य में सच्चा मनोनिवेश और अच्छी अभिरुचि रखनेवालों की संख्या कम ही है। इने-गिने सहृदयों को छोड़कर शिक्षित समाज में सभी वर्गों की साहित्यिक अभिरुचि का स्तर विशेष गिरा हुआ है। साधारण शिक्षितों की अभिरुचि सस्ते मनोरंजन की ओर है। अतः शिक्षितों की अभिरुचि का तो कोई ठिकाना ही नहीं है, वह फैशनों और समीक्षाओं के प्रभाव से नित्य बदलती रहती है। उच्च शिक्षित मानवीय संवेदना से रूप-कल्पना की ओर अधिक आकृष्ट हैं। समीक्षक जिन पर पाठक-समाज की अभिरुचि का परिष्कार करने का दायित्व है, सैद्धान्तिक चर्चाओं और वाद-विवाद में अधिक रस ले रहे हैं। साहित्य की गतिविधि ग्राहक अभिरुचि के स्तर को और भी गिरा रही है। व्यापारी दृष्टि साहित्य के नाम पर मनोरंजन की सामग्री जुटा रही है। नए-नए वाद सामान्य शिक्षितों की अभिरुचि को संकीर्ण एवं कृत्रिम बना रहे हैं। अनुभूति की उपेक्षा कर नए-नए प्रयोगों में लगे हुए उच्चस्तरीय साहित्य की रूप-कल्पना सीमित शिक्षित वर्ग को ही अपील कर रही है। आज अच्छे साहित्य में अभिरुचि रखनेवाले सहृदय इतने कम हो गए हैं कि श्रेष्ठ रचनाएँ केवल पुस्तकालयों की शोभा बढ़ा रही हैं। व्यापक समाज में साहित्यिक अभिरुचि केवल फैशन के रूप में है या अपने उच्च संस्कारों को जताने का साधन है। यद्यपि आज शिक्षित समाज की अभिरुचि, सामाजिक दृष्टि से संकीर्ण और साहित्यिक दृष्टि से शुद्ध कलावादी हो गई है, फिर भी साहित्य की लम्बी परम्परा के साथ घनिष्ठ सम्पर्क के कारण सच्चे शिक्षित पाठकों की सहृदयता का लोप नहीं हो गया है। इसी सहृदयता के

कारण आजकल शिक्षित समाज में आत्मशोधन की प्रवृत्ति भी दिखाई दे रही है। आधुनिक युग में साहित्यिक अभिरुचि की समस्या प्रधानतः सामान्य पाठकों के अभिरुचि-परिष्कार की ही समस्या है। पहले स्पष्ट किया जा चुका है कि नई सामाजिक चेतना और वैज्ञानिक उन्नति के कारण आधुनिक युग में साहित्य के सामान्य पाठकों का विशेष विस्तार हुआ है। इनकी अभिरुचि प्रायः सामाजिक एवं साहित्यिक वातावरण से बनी होती है। जीवन के अर्जित या गृहीत संस्कार, परम्परा की रूढ़ियाँ और वातावरण से प्राप्त विचार, इनकी अभिरुचि को निर्धारित करनेवाले होते हैं। अपनी कोई विशिष्ट अभिरुचि न होने के कारण ये सामाजिक प्रवृत्ति और दूसरों की अभिरुचि से जल्दी प्रभावित होते हैं। इनकी अभिरुचि को प्रभावित करने के लिए आधुनिक काल में प्रचार के अनेक साधनों का विकास हो गया है। उनकी अभिरुचि अच्छी बनने में शिक्षा-पद्धति, रूढ़ विचार एवं सिद्धान्त, परम्परा का प्रबल प्रभाव, नई प्रवृत्ति या फैशन का आकर्षण, वर्गीय सीमाएँ आदि विशेष रूप से बाधा दे रहे हैं। ग्राहक अभिरुचि की इन दुर्बलताओं के कारण समीक्षा के सामने पाठकों के अभिरुचि-परिष्कार की जटिल समस्या प्रस्तुत हुई है। हिन्दी समीक्षा ने पाठकों की अभिरुचि का परिष्कार और विकास किस तरह किया है, इसकी चर्चा आगे करेंगे।

हर्बर्ट रीड ने आधुनिक युग के सामान्य समाज की अच्छी अभिरुचि के विकास में तीन प्रधान बाधाओं की चर्चा की है।[34] पहली बाधा अर्जित पक्षपातों और आग्रहों की है जो मुख्यतः स्कूल-कॉलेजों, पत्र-पत्रिकाओं, फिल्मों और स्वयं साहित्य से प्राप्त हो रहे हैं। दूसरी बाधा वंशानुक्रम में प्राप्त संस्कारों की है जो परम्परा की रूढ़ियों, घरेलू वातावरण, घर में प्राप्त पुस्तकों आदि के प्रभाव में बने हैं। तीसरी बाधा सामाजिक संवेदनशीलता को समाप्त करनेवाली सभ्यता के कारण है। आधुनिक युग में सभ्यता का वातावरण अधिकाधिक कृत्रिम होता जा रहा है और कलात्मक प्रवृत्ति एवं ग्राहक अभिरुचि दोनों पर उसका घातक प्रभाव पड़ रहा है। सच्ची कलात्मक अनुभूति से वंचित ग्राहक वर्तमान सामाजिक व्यवस्था की विषमता में जो कला प्रचारित एवं सुगम है, उसी का निष्क्रिय ग्रहण कर रहे हैं। ऐसी स्थिति में अच्छी अभिरुचि के विकास के लिए अनुकूल वातावरण बनाकर ही व्यापक समाज की अभिरुचि सुधारी जा सकती है। इस दिशा में पहला कार्य भौतिक एवं सामाजिक वातावरण की पुनर्व्यवस्था होनी चाहिए जिससे आर्थिक एवं वर्गीय विषमताएँ दूर हों। ऐसी सामाजिक व्यवस्था में मानवीय भावनाओं के अनुसार नई जीवन-पद्धति और नई सभ्यता का विकास करना चाहिए। इस प्रकार समाज के संवेदनशील होने के लिए अनुकूल साधारण सामाजिक वातावरण का विकास करने के बाद कलात्मक संवेदनशीलता के विकास के लिए अनुकूल विशिष्ट कलात्मक वातावरण का विकास करने का प्रयत्न होना चाहिए। उसके लिए मनुष्य की आन्तरिक कलात्मक संवेदनशीलता की रक्षा

और उसका प्रौढ़ विकास करनेवाली शिक्षा-पद्धति की आवश्यकता है। तभी साहित्य-रचना लेखक की सहज अन्तःप्रेरणा की अभिव्यक्ति होगी और वैसे स्वाभाविक साहित्य की अनुभूति के साथ ग्राहक अभिरुचि का स्वाभाविक विकास भी सम्भव होगा।

नई कलात्मक संवेदनशीलता का विकास किए बिना सामान्य पाठक को साहित्य की शिक्षा देना व्यर्थ है क्योंकि वह, वर्तमान सामाजिक एवं साहित्यिक वातावरण में उसकी अभिरुचि का परिष्कार नहीं कर सकेगा। नई व्यवस्था के नए वातावरण में ही नई कलात्मक दृष्टि का विकास सम्भव है। उसके अभाव में आज की तरह उच्च-निम्न वर्गों के संस्कारों और अभिरुचियों का अन्तर बना रहेगा। नए सामाजिक वातावरण का विकास होने पर सामाजिक अनुभूति, कला-कौशल और कलात्मक अनुभूति आदि शिक्षा के आदर्श बनेंगे और समाज की संवेदनशीलता को बढ़ाएँगे। तब शिक्षा आज की तरह पूर्व निश्चित दृष्टिकोणों और रूढ़ संस्कारों का विकास करते हुए अभ्यस्त प्रतिक्रियाओं को जन्म देकर रचना की सच्ची अनुभूति में बाधा नहीं पहुँचाएगी। शिक्षा से असामाजिक भावनाओं, यान्त्रिक अभ्यासों और अनुचित अभिरुचि का विकास नहीं होगा। अच्छी अभिरुचि का विकास कुछ प्रभावोत्पादक उचित शिक्षा पर निर्भर रहता है। किसी युग में लोगों की अभिरुचि अच्छी तभी होती है जब उचित शिक्षा-दीक्षा के कारण पूरे समाज में सच्ची सांस्कृतिक दृष्टि का विकास होता है। धनी-साधारण सभी वर्गों की उचित साहित्यिक शिक्षा के द्वारा ही पूरे समाज की अभिरुचि संस्कृत हो सकती है। अच्छी अभिरुचि किसी वर्ग या उच्च शिक्षित अल्पमत की नहीं, जन-सामान्य की सम्पत्ति होनी चाहिए। वह मनुष्य के सम्पूर्ण व्यक्तित्व की, उसके पूरे जीवन का अभिन्न अंग होनी चाहिए, जाति का जीवन-स्पंदन होनी चाहिए। अच्छी अभिरुचि के लिए केवल शिक्षा से ही काम नहीं चलता, उसके लिए यह बहुत ही आवश्यक है कि साहित्य जीवन का और जीवन साहित्य का अभिन्न अंग हो जाए।

जीवन और साहित्य दोनों में अच्छी अभिरुचि एक विशेष संवेदनशीलता की अपेक्षा रखती है। जब तक दैनिक जीवन में सन्तुलन, अनुपात, लय और सौन्दर्य की अनुभूति हमारी सहज प्रवृत्ति न हो, हम साहित्य में अच्छी अभिरुचि का दावा नहीं कर सकते। आज की आर्थिक सभ्यता के वातावरण में मनुष्य की कलात्मक संवेदनशीलता बचपन से ही अवरुद्ध हो रही है। उस जाति के लोगों में अभिरुचि का अच्छा प्रतिमान नहीं हो सकता जो जन्म से ही बँधी हुई सामाजिक एवं आर्थिक दृष्टि अपनाते हैं, जिनका मन स्वच्छन्द, भावनाशील और द्रवणशील नहीं है और जिनकी अनुभूतियाँ अपनी सामाजिक व्यवस्था में सौन्दर्य एवं कोमल का आकलन और उनके विविध रूपों का अन्तर नहीं कर पातीं। ज्ञान की शिक्षा के साथ-साथ साहित्यिक संवेदनशीलता की शिक्षा ही मनुष्य का समन्वित एवं सामंजस्यपूर्ण विकास

करती है। अनुभूति और विचार, हृदय और बुद्धि, कल्पना और यथार्थता इन्हें अलग कठघरों में विभक्त रखनेवाली शिक्षा, अच्छी और सच्ची अभिरुचि का विकास नहीं कर सकती।

अच्छी अभिरुचि के विकास के लिए रीड ने सामाजिक व्यवस्था और शिक्षा में परिवर्तन पर जोर दिया है।[35] वर्तमान सामाजिक एवं राजनीतिक परिस्थितियों को देखते हुए इस प्रकार के परिवर्तन की आशा करना ही व्यर्थ लगता है। लेकिन साहित्यिक स्तर पर अभिरुचि-परिष्कार का बहुत कुछ काम किया जा सकता है। समीक्षा, पुस्तक-परिचय और समाचार-पत्र अच्छे की पहचान और अच्छी अभिरुचि के विकास में योग दे सकते हैं। आखिर, इन्हीं के आधार पर पाठक पुस्तकों को चुनता है। ऐसी स्थिति में ये पाठक की अभिरुचि को रास्ता ही नहीं दिखाते बल्कि उसे अभीष्ट रूप में ढाल भी सकते हैं। ये चाहते हैं तो लेखक से उसकी रचना की ओर पाठक का ध्यान आकृष्ट करके उसमें अच्छे-बुरे का सच्चा मूल्यांकन करते हुए साहित्य के साथ उसके मनोयोग को नियन्त्रित कर सकते हैं। मैथ्यू आर्नाल्ड, संसार में जो कुछ लिखा गया है उसमें अच्छी और नई भावधारा का प्रवर्तन या प्रचार करना समीक्षा का आदर्श मानते हैं। इससे अच्छी साहित्य-रचना के लिए अनुकूल वातावरण ही नहीं बनता, बल्कि पाठकों की दृष्टि उस ओर आकृष्ट होकर उसकी साहित्यिक अभिरुचि का स्वस्थ विकास भी होता है। आज पत्र-पत्रिकाओं ने, पुस्तकों के विज्ञापनों ने पाठकों की अभिरुचि को दिग्मूढ़-सा बना दिया है। सस्ते साहित्य की अधिक उत्पत्ति और प्रचार में ग्राहक अभिरुचि का स्तर विशेष गिर गया है और उसे अपना रास्ता ढूँढ़ने में बड़ी कठिनाई हो रही है। ऐसी स्थिति में समीक्षा, पुस्तक-परिचय और समाचार-पत्रों का यह कर्तव्य हो जाता है कि वे उसका उचित पथ-प्रदर्शन करें। लेकिन आज विशेष प्रचारित हिन्दी के दैनिक और साप्ताहिक पत्र-पत्रिकाओं में हिन्दी साहित्य की बहुत कम चर्चा रहती है। वाजपेयी जी के शब्दों में वे लोग रुचि की दुहाई देते हैं और कहते हैं—"कोई पढ़ता नहीं इन लेखों को। क्या इतनी ही सफाई काफी है? मेरे विचार से कुछ दिनों तक निरुद्देश्य भी विचारपूर्ण साहित्यिक लेखों का (जहाँ तक हो सके सरल भाषा में) छापते रहना रुचि-संस्कार कारक होगा।"[36]

3.7 साहित्य के पाठक समाज का विस्तार

आधुनिक काल में हिन्दी साहित्य के पाठक समाज की जो वृद्धि हुई है उसने साहित्यिक अभिव्यक्ति की दिशा को एक नया मोड़ दिया है। श्रव्य रूप में साहित्य के प्रचार के कारण ही रीतिकाल तक समाज में उसका प्रचार सीमित था। हस्तलिखित प्रतियों की प्राप्ति सरल काम नहीं था। उसके लिए धन और श्रम की आवश्यकता पड़ती थी। इतना ही नहीं उस समय साहित्य सीमित सहृदयों की ही वस्तु समझा जाता

था। संस्कृत साहित्य के आदिकाल में ऋषि काव्यकार था और समाज श्रोता के रूप में ग्राहक था। धीरे-धीरे काव्य-कला राजाश्रित होती गई है और ग्राहक केवल सभासद मात्र रह गए हैं। इस परिवर्तन में साहित्य की नैसर्गिक सरलता के स्थान पर कलात्मक वैचित्र्य का विकास हुआ है जो केवल उच्च शिक्षित वर्ग को ही बोधगम्य होता था। लोकप्रिय सामाजिक नाट्यकला भी राजप्रासादों और मन्दिरों में धनी विलासियों का ही विशेष रूप से मनोरंजन करती रही है। हिन्दी को यही विरासत मिली और रीतिकाल तक साहित्य की यही स्थिति रही। दरबारी परम्परा में कविता राजसभाओं की शोभा बढ़ाती रही है। विलासी राजा-महाराजाओं की संकीर्ण जीवन-दृष्टि को प्रसन्न करनेवाली काव्य-रचना से रोमांस और नायिका भेद के अतिरिक्त किसी और प्रकार की आशा रखना ही व्यर्थ था। वीरकाव्य से लेकर रीतिकाव्य तक की लम्बी दरबारी परम्परा में केवल भक्तिकाव्य का व्यापक प्रचार था। लेकिन भजन-कीर्तन के रूप में उसका सामाजिक प्रचार काव्य-दृष्टि से नहीं, भक्ति के कारण था। राम और कृष्ण की लीलाओं से श्रोता प्रभावित अवश्य होते थे पर उनकी दृष्टि कलात्मक नहीं थी। जब स्वयं कर्ता काव्य-दृष्टि से भक्ति को प्रधानता देते थे तो ग्राहक का भिन्न दृष्टिकोण होना सम्भव नहीं था। हिन्दी साहित्य की दरबारी परम्परा और उससे भिन्न भक्ति साहित्य की आध्यात्मिकता के कारण अनुमान किया जा सकता है कि रीतिकाल के अन्त तक आम जनता की साहित्यिक अभिरुचि जनपदीय साहित्य की ओर ही उन्मुख रही होगी। आज साहित्य, वस्तु कथ्य और भाषा-शैली की सामाजिकता से पूरे समाज को अपनी ओर आकृष्ट करके लोक साहित्य की व्यापकता से स्पर्धा कर रहा है। उसके पाठकों का अपूर्व विस्तार हुआ है। हम जब आधुनिक साहित्य को अधिक सामाजिक, व्यापक ग्राहक समाज पर दृष्टि रखनेवाला और विस्तृत पाठक वर्ग तक पहुँचने वाला कहते हैं तो वह प्राचीनता की तुलना में ही। क्योंकि जब जनता में बीस-तीस प्रतिशत से अधिक साक्षर नहीं हैं, पाठकों का यह आधुनिक विस्तार भी एक तरह से सीमित ही माना जाएगा। लेकिन आज के साहित्य की सामाजिक दृष्टि, प्राचीन साहित्य की संकीर्णता से अपने को बचाकर जनपदीय साहित्य की तरह उच्च साहित्य को भी व्यापक ग्राहक समाज की वस्तु बना रही है। आज सभी वर्गों में शिक्षित पाठकों की संख्या बढ़ी है, इस कारण व्यापक सामाजिक दृष्टि को अपनाना साहित्य के लिए एक तरह से अनिवार्य हो गया है।

साहित्य में अभिरुचि रखनेवाले पाठकों के आधुनिक विस्तार का मुख्य कारण सामाजिक चेतना है। वैज्ञानिक दृष्टि, शिक्षा आदि नई चेतना के विकास के साधन हुए हैं। आधुनिक काल तक साहित्य में अभिव्यक्त सामाजिक चेतना शिक्षित उच्च वर्ग की थी। नई जागृति के अभाव में वह चेतना क्रमशः रूढ़ परम्परा का पालन करनेवाली हो गई है। इसलिए वह नई जागृति के व्यापक पाठक समाज के लिए उपादेय न रही है। भारतेन्दु युग में जब नए पाठकों की माँगों की पूर्ति हो रही थी,

परम्परागत ब्रज काव्य-धारा के रसिक उसका मज़ाक करते थे। नई धारा का अधिक विस्तार देखकर मजाक ने विरोध का रूप लिया है। साहित्य में नई धारा के अतिरिक्त परम्परागत अभिरुचि के अनुरूप पुरानी धारा भी चल रही थी और काव्य रसिक उसी का समर्थन करते थे। लेकिन आर्थिक एवं सामाजिक परिवर्तनों में पुरानी रसिकता का स्रोत धीरे-धीरे सूखने लगा है। नई सामाजिक चेतना के पाठक अर्द्धशिक्षित थे और उनकी अभिरुचि के अनुसार लिखने का मतलब कलात्मक स्तर को गिराना था। पर समाज में नई भावनाओं और विचारों की प्रबलता के कारण लेखक नए पाठकों की अभिरुचि को सन्तुष्ट करने में ही प्रवृत्त हुए हैं।

युग की नई विचारधारा में धार्मिकता का खोखलापन खुल गया है और उच्चवर्गीय दम्भ का विरोध होने लगा है। नए युग की आर्थिक दृष्टि के कारण जीवन में संघर्ष बढ़ा है और प्रत्येक वर्ग में अधिकारों की चेतना जाग उठी है जिसका सुन्दर उदाहरण शताब्दियों से अनादृत स्त्रियों में सामाजिक स्वतन्त्रता की भावना का विकास है। द्रुत प्रगति की अभिलाषा के कारण वर्गीय चेतना का परिणाम वर्ग-संघर्ष हुआ है। आधुनिक युग की वैज्ञानिक उन्नति और औद्योगीकरण ने लोगों में नई यथार्थवादी दृष्टि का विकास किया है और जनता की चेतना आध्यात्मिक, सामाजिक, राजनीतिक और आर्थिक आन्दोलनों के रूप में उद्‌बुद्ध होने लगी है। इस उन्नति के प्रयत्न का प्रभाव शिक्षा और साहित्य पर पड़ना अवश्यंभावी था। पहले जागृति की भावना केवल शिक्षित उच्च वर्ग तक ही सीमित थी, धीरे-धीरे वह मध्यवर्ग और निम्नवर्ग के लोगों में भी फैलती गई है। इस नवजागरण की एक प्रवृत्ति वर्तमान हीन स्थिति में भारत को प्राचीन आदर्शों और संस्कृति की ओर उन्मुख करने लगी है। लेकिन समाज की आर्थिक विवशता और आधुनिक युग की अर्थ प्रधान व्यवस्था ने प्रत्यावर्त्तन को केवल सांस्कृतिक स्वप्न बना दिया है और समाज में नई दृष्टि बद्धमूल हो गई है।

आधुनिक काल के इस नवजागरण ने निम्नवर्ग और मध्यवर्ग के लोगों को साहित्य की ओर उन्मुख किया है। वे साहित्य के द्वारा अपने बौद्धिक एवं सामाजिक विकास का स्तर ऊँचा कर लेना चाहते थे। साहित्यिक संस्कार पहले उच्चवर्गीय शिक्षितों तक सीमित थे। सामाजिक जागृति के कारण सभी वर्गों में वैसी उन्नति की भावना जाग उठी है। शिक्षा ने उन्हें साक्षर बनाया है और राज की सुव्यवस्था ने उन्हें काम से अवकाश दिया है जिससे वे अभीष्ट उन्नति कर सके हैं।

नई जागृति में पाठक समाज के विस्तार ने साहित्य में सामाजिक यथार्थता को जन्म दिया है। नए समाज की ओर से शहर के शिक्षितों ने साहित्य और समाज में नई भावनाओं के विरोध का जवाब दिया है। आरम्भ में नई शिक्षा-दीक्षा के केन्द्र शहर ही थे। उनमें लोगों को जीवन की नई वास्तविकता और जटिलता का अधिक अनुभव होता था। जीवन की इस यथार्थता का गम्भीर प्रभाव न्यूनाधिक पूरे समाज

के विचारों पर पड़ रहा था। आधुनिक युग में साहित्यिक दृष्टिकोण, पुस्तकों की लोकप्रियता और नए साहित्य की प्रवृत्तियाँ स्पष्ट करते हैं कि आज पाठक समाज का कितना विस्तार हो गया है, नई साहित्यिक अभिरुचि कैसी थी और सामाजिक दृष्टि का साहित्य पर कितना गहरा प्रभाव पड़ा है। द्विवेदी युग में सांस्कृतिक प्रत्यावर्त्तन की अभिरुचि और छायावाद की सांस्कृतिक भावात्मक दृष्टि के बावजूद व्यापक पाठक समाज की चेतना ने साहित्य में सामाजिक यथार्थता को प्रधानता देने पर विवश किया है। इस नई चेतना ने पुराने साहित्य का नए सिरे से मूल्यांकन भी किया है। व्यापक पाठक समाज की नई अभिरुचि का प्रभाव साहित्य और समीक्षा दोनों पर समान रूप से पड़ा है। समीक्षा के आदर्शों में पहले पुराने और नए का संघर्ष होकर अन्त में नए की प्रतिष्ठा हुई है। नई अभिरुचि का प्रभाव एक व्यवस्थित परम्परा रखनेवाले साहित्य की अपेक्षा पहले प्रत्येक युग में नव-नवोन्मेष रूप धारण करनेवाली कलाओं पर पड़ा है। कलाओं के क्षेत्र में नई जागृति का प्रभाव धीरे-धीरे साहित्य में भी व्यक्त हुआ है और नई जागृति के साहित्यकारों को कलाकार की संज्ञा मिली है।

सामाजिक चेतना के अतिरिक्त नई शिक्षा और साहित्य के अनिवार्य अध्यापन ने भी साहित्य में अभिरुचि को व्यापक बनाया है। अंग्रेजी शिक्षा ने वर्गीय भेद-भाव को प्रश्रय न देकर वैज्ञानिक दृष्टि से सभी वर्गों के लोगों का मानसिक विकास किया है। उसने लोगों के मानसिक स्तर को ही नहीं उठाया है, बल्कि व्यापक समाज में नई मानसिक चेतना को भी जगाया है। प्राचीन काल में शिक्षा उच्च एवं मध्य वर्ग तक ही सीमित थी और जनता मौखिक कथा-वार्ता और उपदेश से ही सन्तुष्ट रहती थी। पर शिक्षा के नए प्रसार ने दुकान पर बैठनेवाले व्यापारियों, रेल में ऊँघनेवाले यात्रियों और काम-काज से छुट्टी पाए हुए नागरिकों सबमें साहित्य का, विशेषकर कथा-साहित्य का प्रचार किया है। अंग्रेजी शिक्षा आलोचनात्मक, वैज्ञानिक और जिज्ञासु है। यथार्थवादी दृष्टि, हेतुवाद और स्वच्छन्दता का विकास करना उसका लक्ष्य है। उसकी नई विचारधारा के प्रभाव से पाठकों की साहित्यिक अभिरुचि में यथार्थोन्मुख परिवर्तन हुआ है। नई शिक्षा ने सार्वजनिक समानाधिकार की भावना को जगाकर एक ओर संकुचित व्यक्तिवाद को प्रश्रय दिया है तो दूसरी ओर सच्ची सामाजिक भावना का विकास भी किया है। यही सामाजिक भावना आधुनिक हिन्दी साहित्य की प्रगतिशील प्रवृत्ति की प्रधान प्रेरणा हुई है। स्कूलों और कालेजों में अंग्रेजी और हिन्दी साहित्यों की अनिवार्य शिक्षा के कारण साधारण शिक्षितों को भी साहित्य में अभिरुचि पैदा हुई है। सामाजिक चेतना में नए वर्ग साक्षर हुए हैं, और अपनी अभिरुचि के अनुरूप साहित्य की माँग करने लगे हैं।

साहित्य के पाठकों का विस्तार करने में सबसे अधिक सहयोग मुद्रण यन्त्र का है जिस पर बाकी सब साधन प्रत्यक्ष-परोक्ष निर्भर हैं। कम मूल्य पर पुस्तकों

की सरल उपलब्धि से साहित्य को अधिकाधिक पाठक मिलने लगे हैं। हस्तलिखित प्रतिलिपियों को पाने की कठिनाई दूर होकर साहित्य का विशेष प्रचार हुआ है। सभी वर्गों के लोग अवकाश के समय सरलता से प्राप्त किसी पुस्तक को उठाकर पढ़ने लगे हैं। साहित्य के मनोरंजन ने भी पाठकों की वृद्धि की है। जो पहले गप लड़ाने में समय काटा करते थे वे अब साहित्य की ओर उन्मुख हुए हैं। अनपढ़ भी अपनी शिक्षित सन्तान के श्रोता बने हैं। मुद्रण यन्त्र ने साहित्योपलब्धि के सम्बन्ध में पाठकों की सब माँगों को पूरा किया है। इससे साहित्यिक विचार-विनिमय का काम बड़ा सरल हो गया है। मुद्रित रूप में मूल ग्रन्थ सुरक्षित हो जाने से पाठ-संशोधन की आवश्यकता दूर हो गई है और रचना का वास्तविक रूप समझने के लिए उच्च शिक्षा की विद्वत्ता आवश्यक नहीं रही है। इस तरह रचना की अनुभूति और उसके द्वारा उसका प्रचार आसान हो गया है। 'मानस' जैसी लोकप्रिय रचना की हस्तलिखित पोथियों की संख्या के साथ मुद्रित प्रकाशनों की संख्या की तुलना, साहित्य के प्रचार में मुद्रणकला के योग को स्पष्ट करती है। साहित्य के श्रव्य और पाठ्य रूपों की तुलना करते हैं तो पहले रूप में अधिक सजीव भावानुभूति होने पर भी दूसरे रूप में रचना का सन्देश प्रत्येक प्रति के द्वारा दोहराया जाकर असंख्य पाठकों तक पहुँचाया जा सकता है। इस दूसरे रूप में पठन को दुहराने की सुविधा के कारण रचना का बहुत गहरा प्रभाव भी पड़ सकता है। मुद्रण यन्त्र सार्वजनीन साक्षरता के स्वप्न को यथार्थ बना रहा है। उसके द्वारा व्यापक समाज में साहिंत्यिक भावधारा का प्रसार सम्भव हुआ है और इससे सामाजिक विकास को भी नई प्रेरणा मिली है। उसने व्यापार कला के रूप में पुस्तकों को सुन्दर सजावट देकर उसकी साज-सज्जा से पाठकों को साहित्य की ओर आकृष्ट किया है। प्रचार के विविध साधनों द्वारा उसने विभिन्न अभिरुचियों के पाठकों को साहित्य की ओर उन्मुख किया है। क्लासिकल भाषाओं के साहित्य और आधुनिक भाषाओं के प्राचीन साहित्य को पाठक की पहुँच में लाने के अतिरिक्त उसने आधुनिक भाषाओं के नवीन साहित्य के विकास में भी योग दिया है। शिक्षा के प्रसार के कारण उत्पन्न विस्तृत पाठक समाज ने अपनी भाषा में बोधगम्य, सामयिक और उपयोगी साहित्य की माँग की है जिसे मुद्रित रूप पूरा कर सका है। उसने भाषा को भी व्यवस्थित और स्थिर रूप देकर साहित्य में सामान्य पाठकों की पहुँच को आसान कर दिया है। किसी भी युग के ब्रज भाषा-साहित्य में वह एकरूपता नहीं है जो आज के साहित्य की भाषा में है। उसका कारण यही है कि मुद्रण की सुविधा में भाषा का निश्चित एवं प्रामाणिक रूप लोगों तक पहुँच रहा है। पुस्तकों को पाने में सुविधा हो जाने के कारण अनेक पुस्तकालय खुले हैं जिन्होंने पाठकों की अभिरुचि के अनुरूप पुस्तकों का संग्रह कर उनको साहित्य की ओर उन्मुख करने में योग दिया है। पहले हस्तलिखित ग्रन्थों के पुस्तकालयों में विद्वानों की ही पहुँच थी। इसलिए व्यापक समाज की साहित्यिक अभिरुचि पर

उनका कोई विशेष प्रभाव नहीं पड़ता था। आज भी विद्यालयों के पुस्तकालयों का पुस्तक-चयन विद्यार्थियों की अभिरुचि को एक निर्णीत दिशा में विकसित करने की दृष्टि से ही होता है। विविध पाठकों की अभिरुचियों को सन्तुष्ट करके साहित्य में अभिरुचि को व्यापक बनानेवाले सार्वजनीन पुस्तकालय ही हैं। नवीन युग के साक्षर लोगों में अपनी विद्या को सार्थक बनाने के लिए पुस्तकें पढ़ने का विशेष एक आकर्षण हो गया है। समाचार-पत्रों में भी इन नए पाठकों के लिए साहित्य को स्थान मिला है। मुद्रण कला ने लोकप्रिय रचनाओं (बेस्ट सेलर्स), ग्रन्थमालाओं और उपयोगी सामयिक साहित्य को जन्म देकर पाठकों को साहित्य की ओर आकृष्ट किया है। रचनाओं के संस्करण और उनकी लोकप्रियता समाज में साहित्यिक अभिरुचि की व्यापकता का एक मानदंड है। साहित्य में अभिरुचि रखनेवालों की वृद्धि के कारण सस्ते संस्करणों की ग्रन्थमालाएँ निकली हैं। काम के बीच अवकाश के समय, यात्रा आदि में समय काटने के लिए सस्ती पुस्तकों का प्रकाशन हुआ है। जिससे साहित्य का भी प्रचार बढ़ा है। सामयिक आवश्यकताओं को दृष्टि में रखकर आधुनिक समय के विस्तृत पाठक समाज के लिए उपयोगी साहित्य की रचना होने लगी है। सामयिक और उपयोगी साहित्य की यह रचना आधुनिक समय की सृष्टि है। साहित्य का विस्तृत पाठक समाज न होने के कारण प्राचीन काल में उच्च साहित्यिक रचना के अतिरिक्त इस तरह की लोकप्रिय रचनाओं की सृष्टि नहीं हुई है।

आज साहित्य के प्रचार के लिए मुद्रण कला के अतिरिक्त और भी अनेक यान्त्रिक साधन उपलब्ध हुए हैं। रेडियो, सिनेमा आदि ने भी पठन, कथन और अभिनय के द्वारा साहित्यिक अभिरुचि के विकास में योग दिया है।

साहित्य के पाठकों का विस्तार होने में आधुनिक साहित्य की कुछ विशेषताओं का भी योग रहा है। नवीन कथा-साहित्य ने अपने बहुत से पाठकों को बना लिया है। साहित्य के इस लोकप्रिय रूप में सभी वर्गों के पाठकों का मनोरंजन करने की शक्ति है। आधुनिक साहित्य की यथार्थोन्मुख सामाजिक दृष्टि ने काव्य से भिन्न सरल साहित्यिक रूपों की सृष्टि करके पाठकों को अपने साथ कर लिया है। आधुनिक समय में जहाँ कलावादी या रूपवादी धारा प्रौढ़ एवं सूक्ष्म साहित्यिक अभिव्यक्ति की साधना में लगी है, आम साहित्यकारों ने अपनी रचनाओं को जनता तक पहुँचाने के लिए साधारण विषय, सामाजिक रूप और व्यावहारिक सहज भाषा को ही अपनाया है। नाटकीय प्रचार ने भी साहित्य में नई अभिरुचि उत्पन्न की है। विविध वर्गों और स्तरों के दर्शकों का मनोरंजन करनेवाला नाटक, व्यापक समाज की अभिरुचि की वस्तु है।[37]

समीक्षा, अनुवाद, पत्र-पत्रिकाएँ, साहित्यिक वाद-विवाद, साहित्यिक एवं धार्मिक आन्दोलन—इन सबका साहित्यिक अभिरुचि को बढ़ाने में थोड़ा-बहुत हाथ रहा है। पत्रिकाओं में पुस्तक-परिचय ने साहित्य के सामान्य ज्ञान को बढ़ाया है,

उसमें अभिरुचि उत्पन्न की है और अपनी रुचि के अनुसार पुस्तक चुन लेने का पाठकों को अवसर भी दिया है। गम्भीर साहित्य-समीक्षकों ने लेखक और पाठक के बीच व्याख्याता बनकर रचना को समझने में ग्राहक की कठिनाइयों को दूर किया है और उनकी साहित्यिक अभिरुचि का परिष्कार किया है। दूसरी भाषाओं के श्रेष्ठ ग्रन्थों के अनुवादों ने रुचि-परिष्कार के अतिरिक्त साहित्य के नए पाठकों को भी तैयार किया है। द्विवेदी युग में निम्न स्तर की हिन्दी रचनाओं से असन्तुष्ट, अंग्रेजी शिक्षा के पाठकों को अनुवादों ने ही हिन्दी की ओर उन्मुख किया है। साहित्य के व्यापक प्रचार और उसे जनता तक पहुँचाने का बहुत-सा श्रेय पत्र-पत्रिकाओं को है। साहित्यिक ही नहीं राजनीतिक पत्रिकाओं ने भी साहित्य की रचनाओं और समीक्षाओं को स्थान देकर साहित्य के व्यापक प्रचार में सहयोग दिया है। आधुनिक काल के आरम्भ में साहित्य कवि-सम्मेलनों, गोष्ठियों और समावेशों की वस्तु था। पत्रिकाओं ने उसे विस्तृत सामाजिक क्षेत्र में लाकर साहित्य की प्रवृत्ति और पाठक-समाज की अभिरुचि में परिवर्तन लाने का कठिन कार्य किया है। उनके प्रचार से राजा-रईसों का आश्रित साहित्य, समाज का आश्रय पाकर जो उसका वास्तविक ग्राहक है, फूलने फलने लगा है। इस सामाजिक सम्पर्क के कारण हिन्दी साहित्य का सर्वतोमुखी विकास हो सका है। पत्रिकाओं ने भाषा का व्यावहारिक रूप स्थिर करके भाव-प्रेषण की समस्या को हल करने में भी सहायता दी है। उन्होंने सामयिक साहित्य को जन्म देकर निम्न स्तर के अनेक पाठकों को तैयार किया है। पुस्तक-परिचय और विज्ञापन के रूप में भी पत्रिकाओं ने साहित्य के प्रचार में योग दिया है।

साहित्य के वाद-विवादों ने शिक्षित छात्रों और उच्च शिक्षित अंग्रेजी के पक्षपातियों को हिन्दी साहित्य की ओर आकृष्ट किया है। देव-बिहारी का झगड़ा परम्परा के अनुयायी रसिकों तक ही सीमित रहा है। पर छायावाद-रहस्यवाद के विवाद ने व्यापक रूप धारण किया है और सारे शिक्षित समाज को अपनी ओर खींच लिया है। उनके विरुद्ध परम्परावादियों ने जो शिकायतें की हैं, उन्हें शुक्ल जी के 'रहस्यवाद' और 'काव्य में अभिव्यंजनावाद' नामक निबन्धों में एक व्यवस्थित रूप मिला है। शुक्ल जी के इन निबन्धों ने खंडन-मंडन की एक लम्बी परम्परा को जन्म दिया है। नए समीक्षकों ने व्यक्तिवादी, भावात्मक एवं सांस्कृतिक दृष्टि से उनका समर्थन किया है और प्रगतिवादियों ने उनका नया ऐतिहासिक मूल्यांकन शुरू किया है। प्रगतिवाद ने भी साहित्य के क्षेत्र में तीव्र विवाद खड़ा किया है। मार्क्सवादी विचारधारा का इतना जोरदार प्रभाव साहित्य और ग्राहक अभिरुचि पर पड़ा है कि मार्क्सवादी प्रगतिवाद के विरोधियों ने भी सामाजिक प्रगतिशील दृष्टि के महत्त्व को स्वीकार किया है। आज हिन्दी में कलावाद, प्रकृतिवाद, अन्तश्चेतनावाद, प्रतीकवाद, अतियथार्थवाद, प्रयोगवाद, अभिव्यंजनावाद आदि पाश्चात्य साहित्यिक

चिन्तनधाराओं के सम्बन्ध में व्यापक चर्चाएँ हो रही हैं और उनमें अंग्रेजी शिक्षा-दीक्षा के सभी अध्यापक एवं पाठक उत्साह के साथ भाग ले रहे हैं।

साहित्य के वाद-विवादों ने शिक्षितों को हिन्दी की ओर उन्मुख किया है तो साहित्यिक और धार्मिक आन्दोलनों ने निम्नस्तर की जनता को। आधुनिक काल के आरम्भ में खड़ी बोली आन्दोलन ने पूरे समाज का ध्यान हिन्दी भाषा और साहित्य की ओर आकृष्ट किया है। सामाजिक विचार-विनिमय की भाषा खड़ी बोली और काव्यभाषा ब्रज होने के कारण आधुनिक काल के आरम्भ में साहित्य सीमित ग्राहक वर्ग की ही वस्तु बना रहा है। यह आधुनिक साहित्य की सामाजिक प्रवृत्ति के विरुद्ध था कि साहित्य की अपील भाषा की दृष्टि से सीमित रहे। भक्तिकाल की ब्रजभाषा जन सामान्य की थी लेकिन रीतिकाल में वह कृत्रिम अभिव्यक्ति का शिकार हो गई है। उसमें आधुनिक काल के विस्तृत पाठक समाज की आकांक्षाओं को तृप्त करने की शक्ति न थी। खड़ी बोली आन्दोलन में संस्कृत और बांग्ला से शब्द भण्डार और अंग्रेजी रूप-विन्यास और भावधारा लेकर हिन्दी ने नए पाठकों की आकांक्षा के अनुसार नया रूप धारण किया है। पहले खड़ी बोली में गद्य-साहित्य का ही विकास हुआ है। उसकी सामाजिक लोकप्रियता के बल पर खड़ी बोली ब्रज काव्य-धारा का सामना कर सकी है। बाबू हरिश्चन्द्र, डॉ. श्यामसुन्दर दास, पं. गौरी दत्त जी, नागरी प्रचारिणी सभा आदि ने खड़ी बोली के प्रचार में विशेष योग दिया है। ब्रजभाषा केवल काव्य भाषा थी, उसमें खड़ी बोली की तरह गद्य-साहित्य का विकास नहीं हुआ है। इस कारण सामाजिक भाषा के रूप में उसका व्यापक प्रचार कभी नहीं हुआ। रीतिकालीन अभिव्यक्ति की परम्परा को अपनाकर आधुनिक युग में ब्रज की काव्यधारा भी ह्रासोन्मुख होती गई है और खड़ी बोली काव्य की भी भाषा हो गई है। भाषा-प्रचार के साथ साहित्य-प्रचार का घनिष्ठ सम्बन्ध रहता है। उस आरम्भिक युग में जब ब्रजभाषा के टक्कर में खड़ी बोली काव्य-रचना के अयोग्य समझी जाती थी, पाठकों की कमी थी और फलतः काव्य की रचना और उसके प्रकाशन में भी उतना उत्साह नहीं था। खड़ी बोली आन्दोलन ने नए पाठकों को पैदा किया है। खड़ी बोली भाषा और बाद को खड़ी बोली साहित्य सम्बन्धी व्यापक आन्दोलन के कारण कुछ समय के बाद ब्रजभाषा काव्य का विस्मरण-सा हो गया है। नई भाषा और नए साहित्य की ओर उन्मुखता में अच्छी साहित्यिक अभिरुचि, साहित्यिक स्तर और उत्कृष्टता भी भुला दिए गए हैं। उस समय सर्वश्रेष्ठ कवि रत्नाकर जी की उपेक्षा के पीछे खड़ी बोली भाषा और साहित्य का प्रचार ही प्रधान कारण था। हिन्दी, उर्दू और हिन्दुस्तानी की समस्या ने भारतीय सांस्कृतिक परम्परा और प्राचीन साहित्य की ओर ध्यान आकृष्ट किया है ही, उसने साहित्यिक भाषा की व्यंजकता का महत्त्व स्पष्ट करते हुए तत्सम प्रधान शैली में एक नई अभिरुचि भी उत्पन्न की है। जनपदीय संस्कृति और लोक-साहित्य के प्रचार ने साहित्य की सामाजिक प्रवृत्ति पर बल दिया

है और पाठकों की अभिरुचि को रूढ़िवादी रसिकता से मुक्त करके उसे स्वच्छन्द बनाया है। उसी के प्रभाव के कारण शुक्ल जी ने साहित्य के इतिहास में सच्ची प्राकृतिक स्वच्छन्दता का आग्रह किया है। इन साहित्यिक आन्दोलनों के अतिरिक्त साहित्य की नई प्रवृत्तियों ने भी वादों के रूप में अपने समर्थक पाठकों को तैयार कर लिया है।

हिन्दी भाषा और साहित्य के प्रचार में धार्मिक आन्दोलनों ने भी योग दिया है। उनमें ईसाई धर्म प्रचार, आर्य समाजी धार्मिक सुधार और भारतीय संस्कृति के पुनरुद्धार की विचारधाराएँ उल्लेखनीय हैं। पाठकों की साहित्यिक अभिरुचि के विकास में उनका प्रत्यक्ष हाथ न होने पर भी परोक्ष रूप से उनके द्वारा भाषा और साहित्य का प्रचार अवश्य हुआ है। ईसाइयों ने अपने धर्म के प्रचार के लिए बाइबिल के अनुवाद के द्वारा समाज के अनादृत वर्गों में भी हिन्दी भाषा का प्रयोग किया है। आर्यसमाज ने हिन्दी भाषा और साहित्य के माध्यम से धार्मिक सुधार और सांस्कृतिक उद्धार का प्रयत्न किया है। नए युग के आध्यात्मिक एवं सांस्कृतिक दूसरे आन्दोलनों ने भी शिक्षितों को अपनी भाषा और साहित्य की ओर उन्मुख किया है। धर्म प्रचार के लिए रचित उपदेशात्मक साहित्य ने हिन्दी के पाठकों की वृद्धि की है और कालक्रम में उन्हें हिन्दी साहित्य के अध्ययन में प्रवृत्त किया है।

सामयिक परिस्थितियों और प्रतिक्रियाओं ने भी राष्ट्रीय साहित्य में विशेष अभिरुचि उत्पन्न की है। नई सामाजिक चेतना के प्रभाव का, और क्षेत्रों की उपेक्षा राजनीति और साहित्य पर अधिक पड़ा है। स्वदेशी और राजनीतिक आन्दोलनों की सामयिक प्रधानता, भारत की परतन्त्र स्थिति में स्वाभाविक थी। राजनीतिक आन्दोलनों ने अपने अनुकूल साहित्य का प्रबल प्रचार किया है। राष्ट्रीय कविता की लोकप्रियता बढ़ी है। राष्ट्रीय भावना की प्रतिनिधि रचना के रूप में भारतेन्दु के काव्य 'भारत-भारती' को विशेष सामाजिक सम्मान मिला है। सामयिक प्रतिक्रिया में उत्पन्न होकर समय की आवश्यकताओं की पूर्ति करनेवाली सामाजिक एवं सांस्कृतिक अन्य रचनाओं को भी इस प्रकार की लोकप्रियता मिली है जबकि वैयक्तिक सुख-दुख की भावात्मक एवं कला प्रधान छायावादी अभिव्यक्ति सीमित सहृदयों को ही अपील कर सकी है।

साहित्य के पाठकों के इस विस्तार से अच्छे और बुरे दोनों प्रकार के परिणाम हुए हैं। इस विस्तार में पाठकों की अभिरुचि के अनुसार साहित्य ने सामाजिक रूप धारण किया है। शिक्षित और जन-सामान्य के साहित्य की भाषा एक होकर उसकी अपूर्व वृद्धि हुई है। और नई सामाजिक दृष्टि के अनुसार गद्य-साहित्य और उपयोगी साहित्य का विकास हुआ है। नवीन साहित्य में स्वच्छन्द प्रवृत्ति, यथार्थ चित्रण और वैज्ञानिक दृष्टि का महत्त्व बढ़ा है। साहित्यिक अभिव्यक्ति और रूप-कल्पना में भी सामाजिक चेतना के अनुरूप परिवर्तन होने लगे हैं। इस तरह आधुनिक युग में व्यापक

पाठक समाज के विकास के कारण संस्कृत साहित्य और हिन्दी के प्राचीन साहित्य से भिन्न दिशा में साहित्यिक प्रवृत्ति और ग्राहक अभिरुचि का विकास हुआ है। प्राचीन और नवीन आदर्शों के संघर्ष में पहले समीक्षा ने प्राचीन का ही समर्थन किया है। पर सामान्य पाठक की अभिरुचि नए साहित्य में थी इस कारण समीक्षा के प्रतिमानों और पाठक समाज की अभिरुचि में मेल न हो सका है। शुक्ल जी के समय तक यही स्थिति रही है। शुक्ल जी ने आधुनिक साहित्य की कुछ कड़ी आलोचना की है, फिर भी पाठकों में साहित्य की नवीन दृष्टि अपना स्थान बनाती गई है। पुरानी शिक्षा-दीक्षा के लोगों में पूरा परिवर्तन सम्भव नहीं था। यह उनके हृदय की विशालता थी कि नवीन प्रवृत्तियों को समझने का उन्होंने कुछ प्रयत्न किया है। ऐसी स्थिति में नई शिक्षा ने नए के उचित मूल्यांकन के लिए नई पीढ़ी के समीक्षकों को जन्म दिया है। इसके बाद आधुनिक प्रवृत्तियों को चुनौती देने का साहस किसी ने नहीं किया है। सामाजिक परिस्थितियों की अनिवार्यता ने नवीनता को अपनाने पर सबको विवश कर दिया है जिससे हिन्दी साहित्य में नवीन अभिरुचि की प्रतिष्ठा हो गई है। अब लोगों का यह प्रयत्न हो रहा है कि प्राचीन और नवीन अभिरुचि में सामंजस्य किस प्रकार किया जाए।

पाठक समाज के विस्तार, उनकी अभिरुचि का आमूल परिवर्तन और द्रुतगति से सम्पन्न साहित्य के विकास ने आधुनिक हिन्दी साहित्य में अराजकता के बीज भी बोए हैं। आरम्भ में इस प्रकार की अव्यवस्था स्वाभाविक ही थी। इस अस्तव्यस्तता के कारण साहित्य का व्यवस्थित एवं क्रमबद्ध विकास नहीं हो सका है। पश्चिम की एक लहर से अचानक क्रान्ति सी आ गई है जिसने साहित्यिक अभिरुचि का आमूल परिवर्तन कर दिया है और साहित्यकारों को नए-नए प्रयोगों में प्रवृत्त किया है। पाश्चात्य शिक्षा से विकसित विचारधारा और भारतीय सामाजिक एवं सांस्कृतिक जीवन की विचारधारा का अन्तर्विरोध साहित्य में भी झलक उठा है। आधुनिक युग में साहित्य की परस्पर विरोधी अनेक प्रवृत्तियों और प्रत्येक प्रवृत्ति में अन्तर्विरोधी स्वरों का यही कारण है। अब समय आ गया है कि हिन्दी साहित्य अपने स्वाभाविक विकास का पथ बना ले और पाठकों की साहित्यिक अभिरुचि का स्वाभाविक विकास करे। लेकिन इधर नवीन ज्ञान-विज्ञान की विषमता के कारण ग्राहक अभिरुचि और साहित्यिक प्रवृत्ति दोनों की स्थिति जटिल होती जा रही है।

साहित्य के व्यापक ग्राहक समाज के कारण साहित्यिक उत्कृष्टता के स्तर और प्रेषणीयता के प्रश्न भी सामने आए हैं। प्राचीन काल में उच्च और मध्य वर्गों तथा निम्न वर्गों के संस्कारों के अन्तर ने साहित्य के व्यापक प्रचार में बाधा उत्पन्न की है। साहित्य उच्चवर्गीय अभिरुचि के अनुसार बनता था जिससे विवश होकर जनता ने अपने लोक-साहित्य का विकास कर लिया है। आज रूपान्तर में वही वर्ग भेद उपस्थित हो रहा है। साधारण और उच्च शिक्षितों की अभिरुचि के

अन्तर ने नवीन साहित्य की व्यापक सामाजिक दृष्टि के बावजूद उसे सामान्य एवं उच्च दो धाराओं में बाँट दिया है। फलतः साधारण पाठकों की अभिरुचि के स्तर को ऊँचा उठाने की आवश्यकता हो गई है जिससे वे साधारण साहित्य का ही नहीं, उच्च साहित्य का भी—उसके सूक्ष्म एवं गहरी अभिव्यक्ति का भी ग्राहक बन सके। जीवन के हर क्षेत्र में प्रचार के साथ उन्नति का यह प्रश्न लगा रहता है। सूक्ष्म अभिव्यक्ति की उपेक्षा करके साहित्य की समस्या का समाधान नहीं हो सकता। मन की सूक्ष्म संवेदनाओं की अभिव्यक्ति अनिवार्यतः जटिल होती है। इसलिए आज की समस्या यह है कि उच्च स्तर का साहित्य जनता तक कैसे पहुँचे? इस सन्दर्भ में पहली बात यह है कि सामान्य पाठक की अभिरुचि की सहज सीमाएँ होती हैं, इसलिए उसकी ग्राहकता को बढ़ाना है। व्यक्तित्व-विकास के अभाव में उसकी सामान्योन्मुख अभिरुचि स्वाभाविक ही है। इसे प्रौढ़ बनाना अभिरुचि के उत्कर्ष का प्रश्न है। इस सम्बन्ध में दूसरी बात यह है कि उसकी अभिरुचि का परिष्कार करना है। संस्कार और संस्कृति का अभाव कहिए या निग्रह के अभाव में मानव-मन की मूल वासनाओं की उत्तेजना कहिए चाहे जो कारण हो, साधारण पाठक का मन सस्ते कथा-साहित्य में अधिक रमता है। पुस्तक प्रकाशन का व्यापार उसे आहार देकर पाठक की अभिरुचि को भी गिरा रहा है, और अधिक विकृत कर रहा है। मुद्रण कला का विकास हो जाने के बाद साहित्यिक अभिरुचि का नियन्त्रण, सहृदयों एवं उच्च शिक्षा प्राप्त विद्वानों के हाथ से निकल गया है और प्रकाशक के अधीन हो गया है। उसने अपना लक्ष्य सामान्य पाठक की अभिरुचि को सन्तुष्ट करना बना लिया है। जनवादी स्वाभाविक साहित्यिक परम्परा को छोड़कर प्राचीन एवं मध्यकालीन राजाश्रित रचना में अभिरुचि काल्पनिक और अतिरंजित हो गई है। आज प्रकाशकों की व्यापार-दृष्टि उससे कम हानि नहीं कर रही है। साहित्य का व्यापारात्मक दृष्टिकोण छोड़े बिना इससे मुक्ति नहीं है। समाज उत्कृष्ट साहित्य का आदर करना भी जानता है जैसा कि सूर, तुलसी आदि की लोकप्रियता से स्पष्ट है। आज साहित्य व्यापक समाज की वस्तु हो जाने के बाद उसका उचित सामाजिक एवं सांस्कृतिक उपयोग कर लेना कर्ता, ग्राहक और प्रकाशक तीनों का सम्मिलित कर्तव्य है। आर्थिक दृष्टिकोण को कम से कम साहित्य और कलाओं के क्षेत्र से दूर करके ही उनका उद्धार और ग्राहक अभिरुचि का परिष्कार एवं उत्कर्ष सम्भव होगा।

पाठक वर्ग के विस्तार में विभिन्न अभिरुचियों के लोग साहित्य की ओर आकृष्ट हुए हैं। ऐसी स्थिति में एक ही रचना से सबको सन्तुष्ट करना आसान काम नहीं है। अभिनेय नाटक में विविध अभिरुचियों के सामाजिकों को प्रसन्न करने के लिए विविध स्तरों पर अपील की गुंजाइश रखने की जो कठोर साधना करनी पड़ती है, कुछ वैसी ही स्थिति श्रव्य रूप की भी हो गई है। साहित्यिक उत्कृष्टता की रक्षा

के साथ-साथ सामान्य ग्राहकता के अनुकूल और उनकी भावनाओं को सन्तुष्ट करनेवाली अभिव्यक्ति हो, ऐसी रचना असाधारण प्रतिभा की माँग करती है। वाल्मीकि और कालिदास, सूर और तुलसी जैसे महान साहित्यकार ही इस साधना में सफल हो सकते हैं। लेकिन आधुनिक हिन्दी साहित्य की कोई रचना इस तरह शिक्षित-अशिक्षित अभिरुचियों को एक साथ अपील नहीं कर पा रही है। इस सन्दर्भ में यह कहना व्यर्थ ही है कि यदि साहित्य में सामान्य मानवीय भावनाओं और अनुभूतियों की अभिव्यक्ति होती है तो पाठकों के अभिरुचि-भेद के बावजूद अनुभूति में बाधा नहीं होती। क्योंकि साहित्यिक अभिव्यक्ति में मानवीय अनुभूति और भावना का सामाजिक परिवेश उसे विशिष्ट रूप देता है। इसलिए अनुकूल संस्कारों और रुचि के होने पर ही मानवीय भावना अपील कर पाती है।

पाठकों की अभिरुचियों की इस विभिन्नता का साहित्य पर प्रभाव पड़ना अनिवार्य है। मिश्रित ग्राहक वर्ग, साहित्य के रूप-निर्धारण में कठिनाई उपस्थित करता है। इसे हल करने की प्रतिभा के अभाव में लेखक को वर्ग विशेष को अपील करके ही सन्तुष्ट रहना पड़ता है। इस तरह आज विस्तृत पाठक समाज को पाकर भी उससे लाभ उठाने में लेखक विवश-सा है। प्राचीन साहित्य की वर्गीय ग्राहकता में ऐसी कठिनाई नहीं होती थी। आश्रयदाता की रुचि के अनुकूल रचना करने वाला कवि उस वर्ग के लोगों को अपील कर सकने पर अपने को सफल मानता था। राजाश्रय से स्वतन्त्र साहित्य की रचना भी सामाजिक एवं सांस्कृतिक समानता और एक ही प्रकार की शिक्षा-दीक्षा में संस्कृत सहृदयों के मिश्रित वर्ग को समान रूप से प्रभावित कर पाती थी। सहृदय वर्ग सामाजिक वर्गीयता से परे होते हुए भी समान संस्कारों की प्राप्ति में इकाई (होमोजीनियस) वर्ग ही था। प्राचीन काल में समान अवकाश, शिक्षा, आदर्श आकांक्षाएँ, जीवन की परिस्थितियाँ और अनुभूतियाँ तथा अनुरूप सामाजिक, आर्थिक, राजनीतिक, सांस्कृतिक विचारधाराएँ आदि के कारण सहृदयों की अभिरुचि एकरूप थी। ये सहृदय अपने समान शिक्षित संस्कारों के कारण एक सामाजिक वर्ग के समान ही थे जिसके संस्कारों में निश्चित मानसिक एवं सांस्कृतिक विचारधारा का सामंजस्य था। आज की शिक्षा-दीक्षा की विविधता, गहनता और जटिलता ने इस एकरूपता को असम्भव कर दिया है और इसलिए भिन्न-भिन्न संस्कारों और अभिरुचियों के अस्तित्व को मानने के सिवा कोई दूसरा चारा ही नहीं रहा है। आज सभी वर्गों में नई सामाजिक चेतना के कारण अपने वर्गीय संस्कारों का अभिमान बढ़ा है और उसने सामान्य पाठकों को वर्गीय सीमाओं में बाँधकर अभिरुचि की एकरूपता को असम्भव नहीं तो कठिन अवश्य बना दिया है। देशकाल की कुछ सामान्य प्रवृत्तियों में ही पाठकों की समान अभिरुचियाँ मिलती हैं जैसे देश प्रेम में। लेकिन वहाँ भी देश प्रेम की भावना वर्गीय संस्कारों के अनुसार भिन्न-भिन्न रूपों में दिखाई देती है। यही कारण है कि आज के राष्ट्रीय धार्मिक और वर्गीय

दृष्टिकोण, भारतीय संस्कृति और देशप्रेम को भिन्न रूपों में देखते हुए उसके भिन्न मूल्यांकन कर रहे हैं।

आज पाठकों की अभिरुचियों और जीवन दृष्टियों की विभिन्नताओं के कारण उन तक पहुँचने में लेखक को जो कठिनाई हो रही है, उसे नए युग के कलाकार स्वयं महसूस कर रहे हैं। अज्ञेय जी के शब्दों में "एक समय था जबकि काव्य एक छोटे से समाज की थाती था। उस समाज के सभी सदस्यों का जीवन एक रूप होता था, अतः उनकी विचार-सरणियों के सूत्र भी बहुत कुछ मिलते-जुलते थे—कोई एक शब्द उनके मन में प्रायः समान चित्र या विचार या भाव उत्पन्न करता था। इसका एक संकेत इसी बात में मिलता है कि आचार्यों ने काव्य-विषय का वर्गीकरण सम्भव पाया, और कवि को मार्ग-दर्शन करने के लिए बता सके कि अमुक प्रसंग में अमुक-अमुक वस्तुओं का वर्णन या चित्रण करने से सफलता मिल सकेगी। आज वह बात सच नहीं रही। आज काव्य के पाठकों की जीवन-परिपाटियों में घोर वैषम्य हो सकता है, एक ही सामाजिक स्तर के दो पाठकों की जीवन-परिपाटियाँ इतनी भिन्न हो सकती हैं कि उनकी विचार संयोजनाओं में समानता हो ही नहीं, ऐसे शब्द बहुत कम हों जिनसे दोनों के मन में एक ही प्रकार के चित्र या भाव उदित हों।"[38]

अन्त में इस बात पर ध्यान गए बिना नहीं रहता कि आधुनिक काल में साहित्य के पाठकों का विस्तार हुआ है तो उसी काल में साहित्य के प्रति उदासीनता के लक्षण भी दिखाई पड़ रहे हैं। इधर दस-पन्द्रह वर्षों से, यों कहें कि द्वितीय विश्वयुद्ध के आरम्भ के साथ समाज की साक्षर जनता में साहित्य के प्रति आकर्षण और उसके अध्ययन का उत्साह कम हो गया है। साहित्य में व्यापक समाज की अभिरुचि बन ही नहीं पाई कि बीसवीं अर्द्ध शताब्दी में जो परिवर्तन दिखाई दे रहा है वह चंचलता नहीं, बल्कि सामयिक आवश्यकताओं का परिणाम है। शिक्षा-प्रसार की पहली झोंक में साहित्य के द्वारा उच्च संस्कार पाने की ओर झुकाव होना स्वाभाविक ही है। धीरे-धीरे जब नव शिक्षितों का मन साहित्य से दैनिक जीवन के उपयोगी विषयों की ओर जा रहा है तब साहित्य के सच्चे प्रेमी पाठक रह जाते हैं जिनकी अभिरुचि को साहित्य प्रामाणिक मानता है और उसके अनुसार रचना होती है। नवीन युग में सामान्य पाठक-समाज की साहित्यिक अभिरुचि, आरम्भ में पिछले युगों के उच्च शिक्षितों की साहित्यिक अभिरुचि का स्थान लेकर फिर विज्ञान, राजनीति, आर्थिक स्थिति, खेलकूदों के मनोरंजन आदि की ओर झुक गई है। आज सामान्य पाठकों में साहित्य का प्रचार, समय काटने या फैशन के रूप में ही रह गया है। युद्ध कालीन परिस्थितियों और आवश्यकताओं ने एक ओर वैज्ञानिक उन्नति, आर्थिक आत्मनिर्भरता और राजनीतिक स्वतन्त्रता का मूल्य बढ़ा दिया है तो दूसरी ओर जीवन की विषमता में मनोरंजन की आवश्यकता को। अब नए

साहित्य के खंडन-मंडन और चर्चा में पाठक समाज का पहले का सा उत्साह नहीं रहा है। लोगों का ध्यान संस्कार और संस्कृति से जीवन की यथार्थता के अधिक महत्त्वपूर्ण विषयों की ओर गया है। साहित्यिक एवं कलात्मक संस्कारों को मनोविकास समझने की मनोवृत्ति नष्ट हो गई है। इसीलिए साहित्य का अध्ययन और नए साहित्य की चर्चा कुछ कम हो गई है। आर्थिक विषमता में मध्यवर्ग की अस्तव्यस्तता और ह्रासोन्मुखता इसका कारण हो सकता है। आधुनिक युग की नई चेतना का वही उन्नायक था और साहित्य की अपूर्व उन्नति में सहायक भी। सांस्कृतिक संस्कारों के स्थान पर उपयोगी दृष्टि का विकास होने के कारण नव जाग्रत जनता वैज्ञानिक, आर्थिक और राजनीतिक विषयों में साधना करने में ही अपनी उन्नति समझने लगी है क्योंकि आजकल सामाजिक जीवन में इन्हीं की प्रधानता है, साहित्य और संस्कृति की नहीं। साहित्य एवं कलाएँ खेल-कूद के समान मनोरंजन की वस्तु हो गई हैं। साहित्य-समितियों और गोष्ठियों की संख्या कम हो गई है, बची हुई समितियों का कार्य-कलाप मन्द पड़ गया है। पत्र-पत्रिकाओं के विशेषांक जो पहले साहित्यिक होते थे अब उपयोगी विषयों के होने लगे हैं। आज केवल शुद्ध साहित्यिक पत्रिकाएँ जिनके ग्राहक सीमित हैं, साहित्य की गतिविधि का आकलन कर रही हैं। शिक्षा में इतिहास, दर्शन, साहित्य आदि मानव की सांस्कृतिक विषयों के स्थान पर अर्थशास्त्र, मनोविज्ञान और विज्ञान लोकप्रिय हो रहे हैं। इस परिवर्तन में साहित्य की स्थिति कुछ डाँवाडोल-सी है। साहित्य को कोरी कल्पना कहने का फैशन बढ़ रहा है। अपनी सार्थकता को सिद्ध कर लेने के लिए आज साहित्य का सामाजिक यथार्थता के साथ अधिक दृढ़ गठबन्धन होना चाहिए। तभी वह युग की वैज्ञानिक यथार्थता से प्रभावित लोगों की अभिरुचि को सन्तुष्ट करके व्यापक पाठक समाज को पा सकेगा और अपनी सार्थकता को भी सिद्ध कर सकेगा।

3.8 साहित्यिक अभिरुचि और साहित्य की सरलता

कुछ अपवादों को छोड़कर उच्च साहित्य कुछ शिक्षित लोगों की अनुभूति का ही विषय रहा है। आज शिक्षा के व्यापक प्रचार से साधारण जनता के द्वारा भी साहित्य की माँग हो रही है। लेकिन जिस परम्परा और वातावरण में उच्च साहित्य का विकास हुआ है, साधारण पाठकों की शिक्षा-दीक्षा उसे समझने में समर्थ नहीं है। इसलिए जनता से या जनता की ओर से साहित्य की सरलता का आग्रह किया जा रहा है। कुछ लोग इस आग्रह को सैद्धान्तिक रूप देते हुए कह रहे हैं कि वास्तव में सच्चा साहित्य सरल एवं स्वाभाविक ही होता है और तभी वह सार्वजनीन भी होता है। उनका कहना है कि साहित्य की अनुभूति का सम्बन्ध शिक्षा से नहीं, मन की सहज वृत्तियों से है। जनता में शिक्षा की कमी हो सकती है पर उन्हें मानवीय भावनाओं

की प्राकृतिक अनुभूति अवश्य होती है। जब प्रौढ़ता के नाम पर भावों की कृत्रिमता और भाषा की जटिलता से साहित्य को दुर्बोध बनाया जाता है तभी सामान्य जनता को उसे समझने में कठिनाई होती है। इसके विरुद्ध उच्च साहित्य के सहृदयों का कहना है कि रचना का आदर्श अधिक से अधिक लोगों को अपील करना अवश्य है पर साहित्य की सांकेतिक व्यंजना को समझना साधारण पाठक के लिए कभी-कभी कठिन हो जाता है। लेकिन इससे पहले वर्ग के लोग सन्तुष्ट नहीं हैं, वे चाहते हैं कि लेखक अपनी रचना में पाठकों पर प्रत्यक्ष ध्यान रखते हुए उसे सबको अपील करनेवाला बनाएँ। वे यह नहीं मानते कि लेखक के द्वारा अपनी अनुभूतियों की सफल अभिव्यक्ति में उसका काम समाप्त हो जाता है। दूसरे शब्दों में इस विचारधारा के प्रतिपादक चाहते हैं कि व्यापक पाठक समाज की अभिरुचि के अनुसार साहित्य की रचना हो।

सभ्यता और साहित्य के विकासकालीन आरम्भिक युगों में और बाद को भी धार्मिक साहित्य में भावाभिव्यक्ति बड़ी सरल थी। कालक्रम में मध्ययुगीन साहित्यिक अभिव्यक्ति जटिल होती गई है जिससे वह साधारण समाज की समझ में नहीं आती थी। भारतीय-यूरोपीय सभी साहित्यों की यही कहानी है। मध्ययुगों में व्यापक समाज से साहित्य के इस सम्बन्ध-विच्छेद के कारण कुछ यूरोपीय समीक्षकों ने जनता की अभिरुचि को दृष्टि में रखकर साहित्य का जनता से सम्बन्ध जोड़ने का प्रयत्न किया है। इनमें टालस्टाय का नाम विशेष उल्लेखनीय है। फ्रांस के अभिव्यंजनावादियों की उलझन से चिढ़कर उन्होंने साहित्य की सरलता का जोरदार आग्रह किया है। भारत में भी मध्ययुगीन कलात्मक अभिव्यक्ति की जटिलता का विरोध अवश्य हुआ है लेकिन साहित्य की सरलता का उतना जोरदार आग्रह नहीं किया गया है। इस तरह द्विवेदी युग ने रीतिकालीन अभिव्यक्ति का और प्रगतिवादियों ने काल्पनिक और रहस्यमय छायावादियों के कथ्य और उनकी अभिव्यक्ति का विरोध किया है। शुक्ल जी ने रीतिकाल और छायावाद की समीक्षा में भाव-सरलता का भी कुछ आग्रह किया है। वे रसानुभूति के लिए उक्ति-वैचित्र्य या चमत्कार आवश्यक नहीं मानते। अभिव्यक्ति से अनुभूति को अधिक महत्त्व देते हुए उन्होंने सिद्ध किया है कि भाव की सरल व्यंजना से भी साहित्य की मार्मिक रसानुभूति हो सकती है।[39] साहित्यिक अनुभूति और अभिव्यक्ति दोनों के सम्बन्ध में शुक्ल जी भक्ति काव्य के आदर्शों से विशेष प्रभावित हुए हैं। जनता के संसर्ग में जनता के लिए रचना होने पर सरलता रचना का स्वाभाविक गुण होता है जैसा कि भक्तिकाल में हुआ है। जब लेखक काव्यदृष्टि अपनाकर अपनी प्रतिभा का परिचय देना चाहता है तब रीतिकाल की तरह अभिव्यक्ति में प्रौढ़ता आ जाती है। यों कहें कि जब लेखक की प्रेरणा कथ्य और आदर्शों से है, रचना-विधान पर उसकी उतनी दृष्टि नहीं रहती। लेखक का लक्ष्य अपनी अनुभूतियों और अपने विचारों को अधिक से अधिक संख्या में दूसरों

तक पहुँचाना होता है। जब लेखक की दृष्टि अपने भावों की अभिव्यक्ति पर रहती है, जब सामाजिक एवं सांस्कृतिक धारणाओं की प्रबल प्रेरणा उसे विवश नहीं करती, तब लेखक का रूप-विधान पर अधिक ध्यान जाता है। भावों के अभाव में काव्यदृष्टि केवल अभिव्यक्ति की बारीकियों के प्रदर्शन में लग जाती है जिसके रीतिकाल में अनेक उदाहरण मिल जाते हैं।

धार्मिक और कथ्य प्रधान साहित्य स्वभावतः अधिक सुबोध रहता है। जहाँ साहित्य के द्वारा प्रचार करना है, लेखक जान-बूझकर रचना को सरल बनाने का प्रयत्न करता है। दोनों में सरल होने और बनाने का अन्तर है। रूस अपने साहित्य के द्वारा साम्यवादी सिद्धान्तों के प्रचार के लिए साहित्य की सरलता पर विशेष ध्यान दे रहा है। हर एक विषय में रूस का जनवादी आदर्श है। इसलिए वहाँ साहित्य-रचना की भी सामान्य पाठकों की अभिरुचि के अनुसार होने की माँग होती है। मार्क्सवादी दृष्टि में सब पाठकों को बोधगम्य होना और सबसे अपील करना, साहित्य-रचना की पहली शर्त है।

साहित्य की सरलता का समर्थन उसकी सार्वजनीनता के आधार पर किया जाता है। लेखक अपनी रचना द्वारा किसी सीमित वर्ग को नहीं, सभी पाठकों को अपील करना चाहता है। वह रचना में अपनी वैयक्तिक विलक्षणताओं में सार्वजनीन भावनाओं को महत्त्व देता है। रचना में ग्राहक की अनुभूति भावात्मक होती है जिसके लिए केवल भावना और सहृदयता की आवश्यकता पड़ती है। सामान्य पाठक में इनके अभाव का कोई तार्किक प्रमाण नहीं है। टालस्टाय आदि सारी मानवता के लिए जो महत्त्वपूर्ण है उसी की व्यंजना साहित्य का आदर्श मानते हैं। किसी रचना को अच्छा कहकर भी अधिकांश लोगों के लिए उसे निरर्थक ठहराना वैसा ही है जैसा किसी खाद्य पदार्थ को अच्छा मानकर अधिकांश लोगों के लिए उसे अभोज्य घोषित करना है। साहित्य मनुष्य जो कुछ अनुभव करता है दूसरों के अनुभव के लिए उसकी व्यंजना करता है। मनुष्य की जो अनुभूति है, वह सभी मनुष्यों के लिए समान रूप से अनुभूति की बात होती है। सारांश यह है कि वस्तु, भाव और शैली तीनों की सार्वजनीनता से ही साहित्य रचना सबके लिए बोधगम्य हो सकती है। कथ्य सामाजिक हो, भाव विलक्षण न हो और शैली की सांकेतिकता सीमित वर्ग की समझ में ही आनेवाली न हो तो साहित्य सर्वजन-सुलभ होगा।

लेकिन साहित्य की समस्या इतनी सरल नहीं है। रचना का अर्थ, उद्देश्य और सार्थकता समझने में जो स्वाभाविक कठिनाई है वह शिक्षित और सामान्य दोनों प्रकार के पाठकों के लिए समान है। अनुभव से प्राप्त पैनी दृष्टि के द्वारा ही हम किसी रचना के मर्म को समझ सकेंगे। जब कलात्मक परिधि में भावाभिव्यक्ति सहज ही जटिल होती है और उसे समझने के लिए विशेष अनुभव की आवश्यकता है तो उसकी सरलता का आग्रह हास्यास्पद लगता है। अनुभूति की नपी-तुली सुबोध

अभिव्यक्ति नहीं हो सकती। क्योंकि अनुभूति भाषा में नहीं होती, अनुभूति का साधन भाषा नहीं है। पाठक भी अपनी अनुभूति के द्वारा ही लेखक की अनुभूति को समझ सकता है। भाषा, लेखक और पाठक में अनुभूति प्रेषण का माध्यम मात्र है। यदि लेखक की अनुभूति विशिष्ट और जटिल हो तो पाठक के द्वारा उसकी अनुभूति की कठिनाई और भी अधिक हो जाती है। इससे शिक्षित पाठकों में भी अनुभूति-भेद हो जाता है। यह पाठकों की भावना में अन्तर के कारण ही नहीं, रचना के द्वारा भिन्न दृष्टिकोणों के विकास की सम्भावनाओं से भी है। प्रायः पाठक रचना के उद्देश्य को समझने की दृष्टि से शब्दों का अर्थ करते हैं। इस कार्य में शब्दों का केवल अभिधार्थ ही नहीं लिया जाता बल्कि उसकी व्यंजना को समझने का प्रयत्न किया जाता है। इस प्रकार के सांकेतिक अर्थ ग्रहण से ही रचना का उद्देश्य स्पष्ट होता है। इस प्रक्रिया में सदा दुविधा की गुंजाइश रहती है। किसी कविता की पूरी व्यंजना, गद्य में उसके तात्पर्य से, विषय की व्याख्या से, लिखने के उद्देश्य से या कहने की शैली से प्रकट नहीं होती। पढ़ने में रचना के शब्दों से ही उसकी विशेष व्यंजना अनुभूत होती है। दूसरे शब्दों में कविता की व्याख्या करना या उसकी अनुभूति को अभिव्यक्त करना आसान काम नहीं है। रचना की पूरी व्यंजना को समझने की इस कठिनाई के कारण विविध पाठकों की भिन्न-भिन्न अनुभूतियों से ही उसे निर्धारित किया जा सकता है। उसे विविध दृष्टियों से रचना की सम्भावनाओं (पोटेन्सियालिटीस) की अनुभूति कह सकते हैं। 'कामायनी' जैसी जटिल रचनाओं के सम्बन्ध में ही नहीं, जो देखने में स्पष्ट और सरल लगती है, उन रचनाओं पर भी यह बात घटती है। यह अवश्य है कि सरल रचना की साधारण पाठक भी अनुभूति प्राप्त कर सकता है। पर वही एक अनुभूति पूरी रचना की प्रकृति को प्रकट नहीं कर पाती। दूसरों को कुछ भिन्न अनुभूति हो सकती है। सब पाठकों को रचना में व्यक्त एक ही भावना की अनुभूति होती है पर उस अनुभूति में मात्रा का अन्तर हो जाता है। जब विविध पाठक एक ही रचना को भिन्न दृष्टियों से देखते हैं तो रचना की सार्थकता और उसका मूल्य बदल जाते हैं। अभिव्यक्ति की सरलता के कारण सभी के लिए बोधगम्य होने पर भी हम यह नहीं कह सकते कि किसी एक की अनुभूति, रचना के मूल्यांकन की कसौटी है। रहस्यात्मक निर्गुणियों की बात छोड़ दीजिए, सूर, तुलसी आदि सगुण भक्त कवियों की रचनाओं से सरल साहित्य का और क्या आदर्श हो सकता है। फिर भी उनकी रचनाओं की व्याख्या में जो अन्तर देखा जाता है वह साहित्य को सरल बनाने से ही अनुभूति और अभिरुचि की समस्या न सुलझने का प्रमाण है।

साहित्य की सरलता के समर्थकों में टालस्टाय का महत्त्वपूर्ण स्थान है। उनकी दृष्टि में कला संक्रामक है, अपनी भावनाओं को दूसरों तक पहुँचाने की प्रक्रिया है। वह अपनी अभिव्यक्ति के द्वारा अस्पष्ट भावनाओं और विचारों को पाठकों के

लिए स्पष्ट अनुभूति की वस्तु बनाती है।[40] वह सबके लिए बोधगम्य और सबकी अनुभूति का विषय हो इसके लिए, अर्थात् सच्चे अर्थ में संक्रामक होने के लिए कलाकार की भावनाओं में विशिष्टता, स्पष्टता और सच्चाई होनी चाहिए। इनमें तीसरे का सर्वोपरि स्थान है।[41] अनुभूति की सच्चाई के अभाव में बनी हुई नकली कलाकृतियाँ सार्वजनीन रूप में संक्रामक नहीं बनतीं। जैसा कि रिचर्ड्स कहते हैं, टालस्टाय की दृष्टि संक्रमण के दोनों पहलुओं पर है—पहले, कितने अधिक लोगों को लेखक की भावना की अनुभूति हो रही है और दूसरे कितनी समग्रता के साथ पाठक लेखक की अनुभूति पा रहा है।

टालस्टाय के अनुसार कथ्य की सार्वजनीनता, अनुभूति की सच्चाई और अभिव्यक्ति की स्पष्टता से कला सर्वजन सुलभ हो पाती है। उनके विचारों के विरोध में कहा जा सकता है कि कोई भी लेखक मानव प्रकृति के बाहर नहीं जा सकता और उसका साधन भाषा भी सामाजिक ही होती है। ऐसे तर्कों के समाधान के लिए वे अपनी बात को और भी स्पष्ट करते हैं कि सबके लिए आवश्यक और सार्थक होना विषय की सार्वजनीनता है। अस्पष्ट, अनावश्यक और अनिश्चित न होना रचना-विधान या अभिव्यक्ति का सौन्दर्य है। वास्तविकता या सत्यता का बोध होना, अनुभूति की सच्चाई है। तीनों विषयों में मात्रा के अनुपात से कला की उत्कृष्टता का निर्णय होता है।[42]

टालस्टाय की दृष्टि में कला की अनुभूति के लिए विशेष शिक्षा की आवश्यकता नहीं है। सामान्य जनता में भी कला की भावना रहती है। चूँकि सुख-दुःख की विविध भावनाओं का संक्रमण ही सच्ची कला का लक्ष्य है, भावनाशील सामान्य जनता ही कला की सच्ची अनुभूति प्राप्त करती है जबकि शिक्षित व्यक्ति की भाव-प्रवणता नष्ट होकर वह कला से प्रभावित नहीं होता। शिक्षा और सभ्यता के पुजारी उच्च वर्ग के कलाकार, समीक्षक और पाठक सामान्य जनता की सहृदयता और भाव सरलता से वंचित होकर रचना के सौन्दर्य की बौद्धिक चर्चा करते रहते हैं। उनकी दृष्टि में सौन्दर्य कला-कौशल सम्बन्धी है, हृदय को स्पर्श करनेवाली अनुभूतियों की स्वाभाविकता का नहीं।

जनता की अभिरुचि को सच्ची साहित्यिक अभिरुचि मानकर टालस्टाय ने शिक्षित उच्च वर्ग की कला सम्बन्धी मान्यताओं का खंडन किया है। उच्च वर्ग की कला सामान्य जनता के लिए दुर्बोध ही नहीं, कोई मूल्य भी नहीं रखती। उसे सार्वजनीन कला नहीं माना जा सकता। पहले कला सामुदायिक सम्पत्ति थी। धीरे-धीरे मध्ययुग में जानपदीय लोक-साहित्य से शिक्षित वर्ग का साहित्य अलग हो गया है। उच्च वर्ग के अहंकार ने अपने आचार-विचारों की तरह अपने साहित्य को भी वर्गीय भावनाओं के घेरे में बाँध लिया है। आश्चर्य की बात तो यह है कि इस वर्गीय साहित्य को सच्चा साहित्य मानकर, वह सार्वजनीन साहित्य होने का दावा किया

जाता है। सामान्य जनता इस तथाकथित सार्वजनीन साहित्य से अनभिज्ञ ही रहती है और परिचय कराने पर उसकी उपेक्षा करती है। क्योंकि वह इस साहित्य की अधिकांश रचनाओं को समझ नहीं पाती। पर समीक्षकों का कहना है कि जनता का मानसिक विकास इस सीमा तक नहीं हुआ है कि वह इस साहित्य का मूल्य समझ सके। लेकिन साहित्य के इतिहास में ऐसे अनेक उदाहरण मिल जाते हैं जब साहित्य की नई-नई प्रवृत्तियाँ उच्च शिक्षितवर्ग के लोगों की समझ में भी नहीं आई हैं और तब समीक्षकों ने अपना तर्क बदलकर यह कहा है कि नई दिशा में पर्याप्त अनुभव न होने के कारण ही पाठकों की यह शिकायत है। वास्तव में उच्चवर्गीय कृत्रिम साहित्य के प्रचार का कारण यही अनुभव या अभ्यास है। उच्च वर्ग के लिए साहित्य हमेशा मनोरंजन और विलासिता का साधन रहा है। जो उच्चवर्गीय संस्कारों का अनुकरण करते हैं वे उनके साहित्य की प्रशंसा का भी अभ्यास कर लेते हैं। अभ्यस्त होने पर मनुष्य विलक्षणता और कृत्रिमता को ही स्वाभाविकता समझने लगता है। इस तरह प्रचार के द्वारा उच्चवर्गीय साहित्य साधारण पाठक तक पहुँचकर सार्वजनीन होने का भ्रम उत्पन्न कर रहा है। पर वास्तव में वह सार्वजनीन साहित्य नहीं हो सकता। उच्चवर्गीय संस्कृति की तरह उसके साहित्य की भी प्रधान विशेषताएँ—आभिजात्य, देशप्रेम, विलासी ऐन्द्रियता, प्रेम के क्रिया-कलाप, आलस्य, जन्म, वैराग्य आदि हैं। साधारण श्रमजीवी के लिए इनमें कोई दिलचस्पी नहीं हो सकती। बहुत से समीक्षक इस बात की सत्यता को स्वीकार करते हैं कि जिसे साहित्य की उपाधि मिली है वह केवल कुलीन वर्ग का साहित्य है। साहित्य पर आभिजात्य के इस प्रभाव के कारण उसकी अपील वर्ग विशेष तक ही सीमित रही है, उसकी स्वाभाविकता और सच्चाई नष्ट होकर वह कृत्रिम और अस्पष्ट हो गया है तथा वह पाठक की मानसिक उन्नति का साधन नहीं रहा है।

आगे टालस्टाय उच्चवर्गीय साहित्य को कृत्रिम और अलंकृत कहते हैं जबकि सार्वजनीन साहित्य स्वाभाविक और सरल होता है। इस तरह कहने में उनके सामने बैबिल का आदर्श था। वे सरल लोक-साहित्य से भी बहुत प्रभावित थे जिसमें जन-साधारण के हृदय की भावुकता और रुचि की स्वाभाविक अभिव्यक्ति होती है। धार्मिक, पौराणिक और जानपदीय काव्यों की विशेषता उनकी स्वाभाविक सरलता है। शिक्षित-अशिक्षित सभी वर्गों के लिए वे आकर्षक हैं। वाल्मीकि रामायण, महाभारत, भागवत, मानस आदि ऐसी ही रचनाएँ हैं। अधिकांश जनता के लिए बोधगम्य होना साहित्यिक उत्कृष्टता की कसौटी न हो पर साहित्य-रचना की स्वाभाविक माँग अवश्य है। केवल अस्पष्टता के आधार पर उच्चवर्गीय साहित्य का खंडन करना भी उचित नहीं है। सरल से सरल रचना भी सबकी समझ में नहीं आती। लेकिन उच्चवर्गीय साहित्य की संकीर्णता का समर्थन करने के लिए इस तर्क का आधार नहीं लिया जा सकता। मध्ययुग से साहित्य की नई-नई प्रवृत्तियों के सम्बन्ध में टालस्टाय का

यह आरोप असत्य नहीं है कि वे अधिकाधिक वैयक्तिक, वर्गीय और थोड़े ही लोगों के लिए बोधगम्य हो रही हैं जबकि साहित्य के विकास की दिशा सार्वजनीन अनुभूति की ओर होनी चाहिए। जब से उच्चवर्गीय साहित्य सार्वजनीन साहित्य से अलग हो गया है, यह धारणा बद्धमूल हुई है कि साहित्य बहुत से लोगों की समझ में न आने पर भी साहित्य ही है। इसकी पराकाष्ठा साहित्य रचना के रोमांटिक आदर्श में दिखाई देती है जब कलाकारों ने घोषणा कर दी है कि वे 'स्वान्तः सुखाय' रचना करते हैं, साहित्य-सर्जना में पाठकों पर उनकी दृष्टि बिलकुल नहीं रहती। वैयक्तिकता की इस चरम सीमा पर साहित्य के बोध का प्रश्न ही भुला दिया गया है। कहा जाता है कि श्रेष्ठ कलाकारों की उत्कृष्ट रचनाएँ साधारण पाठकों की समझ में नहीं आतीं। छायावाद के कुछ समर्थकों ने भी यह तर्क उपस्थित किया है। पर भक्तिकाल की उत्कृष्ट रचनाओं को समझने में तो कोई कठिनाई नहीं होती। साहित्य का आदर्श सबकी अनुभूति है, सार्वजनीन साहित्य वर्गीय भेदों से ऊपर उठकर सबको आनन्द देता है। यदि पाठक किसी रचना को समझ नहीं पाते तो दूसरे ज्ञाता उनको समझा भी सकते हैं। लेकिन समीक्षक इस काम में अपने को असमर्थ ही पा रहे हैं क्योंकि वास्तव में तथाकथित उच्च साहित्य की अभिव्यक्ति शिक्षित संस्कारों के लिए भी अस्पष्ट ही है। इसलिए वे उच्च साहित्य को सामान्य समाज के लिए स्पष्ट करने के बदले उसे अध्ययन, मनन और चिन्तन का ही उपदेश दे रहे हैं। बार-बार पढ़कर कोई किसी प्रवृत्ति का आदी हो सकता है, उससे उसकी अनुभूति होने की गुंजाइश कम ही होती है। यदि उच्चवर्गीय साहित्य की बात छोड़ दें तो साधारण जनता जानपदीय और धार्मिक साहित्य को शताब्दियों से समझती आ रही है। इसलिए लोगों में साहित्य और कलाओं की अनुभूति की योग्यता का अभाव नहीं माना जा सकता। ज्ञान-विज्ञान की बातों को समझने के लिए बुद्धि और शिक्षा की आवश्यकता है। साहित्य तो केवल अनुभूति का विषय है। उस अनुभूति के लिए जो सहृदयता चाहिए वह जीवन की प्राकृतिक अनुभूतियों के द्वारा प्राप्त संस्कारों के रूप में साधारण पाठक में भी रहती है। साहित्य के क्षेत्र में ज्ञान और शिक्षा की आवश्यकता भाषा और टेकनीक के सामान्य परिचय तक ही सीमित है। इस सन्दर्भ में बहुत से समीक्षकों का यहाँ तक दावा है कि साहित्यशास्त्र से अनभिज्ञ पाठकों की अभिरुचि ही सच्ची और प्राकृत होती है। साहित्यशास्त्र के अध्ययन और विशेषज्ञता से हम अपनी अभिरुचि को एक विशेष दिशा में शिक्षित बना लेते हैं। ऐसी संस्कृत अभिरुचि का ध्यान कथ्य की स्वाभाविकता से अभिव्यंजना की विशेषता पर ही अधिक केन्द्रित रहता है। भावना और अनुभूति की स्वाभाविकता को समझने की कठिनाई साधारण पाठकों को नहीं बल्कि उन शिक्षित पाठकों को होती है जो सभ्यता के आवरण में खोखले और भावनाशून्य हो गए हैं, जिनकी संवेदनशीलता नष्ट हो गई है। अभ्यास और संस्कारवश शिक्षित लोग उच्चवर्गीय साहित्यिक प्रवृत्तियों की प्रशंसा करते हैं,

वे उनकी अनुभूति स्वयं नहीं कर पाते। जहाँ कहीं अनुभूति हुई है, उसमें वे अपने संस्कारों की कृत्रिमता को समझ नहीं पाते। इस विचार-विमर्श के बाद टालस्टाय इस निष्कर्ष पर पहुँचते हैं कि साहित्य की जो शैली व्यापक समाज के लिए बोधगम्य नहीं, जो पाठकों पर अपना प्रभाव नहीं छोड़ती वह अच्छी शैली कभी नहीं हो सकती।[43] टालस्टाय के इन विचारों को उनके श्रेष्ठ उपन्यास 'अन्ना केरिनिना', 'युद्ध और शान्ति' आदि पर भी लागू नहीं कर सकते।

बहुत से समीक्षकों ने टालस्टाय के विचारों का खंडन किया है। उन्होंने साहित्य की अनुभूति के लिए सहृदयता के साथ-साथ शिक्षा और अनुभव को भी आवश्यक माना है। उनका कहना है कि विषय की नैतिक ऋजुता और भाषा-शैली की सरलता की माँग, साहित्य के क्षेत्र को संकुचित कर देती है। साहित्य में भावों की अभिव्यक्ति कलात्मक प्रकृति की परिधि में करनी पड़ती है, इसलिए उसे समझने में स्वाभाविक कठिनाई होती है। शिक्षा और अनुभव के द्वारा ही उस कठिनाई को पार किया जा सकता है। किसी भाषा से परिचित होने से ही उसकी रचनाओं की व्यंजना को समझने और उनकी अनुभूति पाने की योग्यता प्राप्त नहीं होती। इन विचारों की सत्यता को स्वीकार करते हुए भी यह मानना पड़ता है कि साहित्यिक वादों के झमेले में जब साहित्य की वस्तु और उसकी अभिव्यक्ति सीमित वर्गों के लिए ही बोधगम्य रह गई है, इस प्रवृत्ति का टालस्टाय ने समय पर विरोध किया है। भारतीय साहित्य में भी सीमित पंडित वर्ग के लिए ही बोधगम्य साहित्य की रचना कम नहीं हुई है। ऐसी स्थिति में दोनों वर्गों के विचारों का समन्वय करते हुए हम कह सकते हैं कि जहाँ तक हो सके साहित्य की रचना सरल होनी ही चाहिए, इस तरह सार्वजनीन होने में ही साहित्य की शोभा है। पर साहित्य को सार्वजनीन बनाने में लेखक का जितना दायित्व है, ग्राहक का भी उतना ही।

आधुनिक युग में जनवादी आन्दोलनों के साथ जनता के लिए सरल साहित्य की माँग की जा रही है। साम्यवादी देशों में अधिकांश जनता की साहित्यिक अभिरुचि की दृष्टि से सरल साहित्य रचना पर जोर दिया जा रहा है। उन देशों में लेखक को साम्यवादी आदर्शों के अनुसार रचना करना ही है, साथ ही साहित्य श्रमजीवी जनता के लिए दुर्बोध भी नहीं होना चाहिए। यह भी एक तरह से वर्गीय दृष्टि ही है पर यह साहित्य समाज के बहुमत श्रमिकों को अपील करता है, इसलिए वह सार्वजनीन होने का दावा किया जाता है। लेकिन साम्यवादी समीक्षक अपने सामाजिक दृष्टिकोण और साहित्यिक मूल्यांकन में सामंजस्य नहीं कर पा रहे हैं। जनता की अभिरुचि और साम्यवादी आदर्शों के नाम पर वे जिस प्रकार के साहित्य को महत्त्व दे रहे हैं उसका साहित्यिक मूल्य कम ही है। साम्यवादी समीक्षकों का कहना है वर्तमान उच्चवर्गीय या मध्यवर्गीय साहित्य आम जनता की समझ में आने पर भी मानसिक प्रवृत्तियों की विभिन्नताओं के कारण उस प्रकार के साहित्य में उनकी

दिलचस्पी नहीं हो सकती। लेकिन दीर्घकालीन सम्पर्क ने उसे उच्चवर्गीय साहित्य की ओर उन्मुख किया है। इस तरह उसने जनता की स्वाभाविक अभिरुचि को मिटा भी दिया है। उनका कहना है कि आम जनता में साहित्यिक अनुभूति के लिए भावना की कमी नहीं है। लेकिन अनुकूल साहित्यिक वातावरण के अभाव में वह कुंठित सी हो गई है। वे चाहते हैं कि जनता की साहित्यिक अभिरुचि के अनुकूल साहित्य की रचना हो और आज की तरह साहित्य की अनुभूति वर्ग-विशेष की ही सम्पत्ति न रहे। लेनिन लिखते हैं कि कला जनता की है। श्रमजीवियों के जीवन में उसकी जड़ें होनी चाहिए। वह उनके लिए बोधगम्य और उनके प्रेम का पात्र हो। वह उनके विचारों, भावनाओं और अभिलाषाओं में सामंजस्य लाकर उनके मानसिक संस्कारों को उन्नत बनाएँ।[44] साम्यवादी साहित्य के चाहे जितने दोष हों, वह अधिकांश जनता तक पहुँचता है और उनकी दैनिक समस्याओं का चित्रण करता है। उच्चवर्गीय साहित्य की तरह मनोरंजन और विलासिता उसका लक्ष्य नहीं है। अधिकांश जनता तक पहुँचने में लेखक अपने विषय को अधिक व्यापक और मानवीय बनाता है, मानवीय प्रकृति की प्रबल प्रेरणा में रचना करता है।

साम्यवादी देशों में साहित्य पर राजनीतिक नियन्त्रण की बहुत कड़ी आलोचना की जाती है। कहा जाता है कि जनता के लिए अस्पष्ट और अनुपयोगी होने पर अच्छे साहित्य की भी उन देशों में उपेक्षा होती है। मध्ययुग में उच्चवर्गीय आश्रय पाकर साहित्य उस वर्ग के संस्कार और उसकी अभिरुचि के अनुसार विलासी हुआ है तो आज राजनीतिक आश्रय में साहित्य साम्यवादी दल की अभिरुचि के अनुसार हो रहा है। इस तरह जनता की स्वाभाविक अभिरुचि का नहीं, साम्यवादी सैद्धान्तिक आदर्शों का ही साहित्य में महत्त्व होगा। ऐसे राजनीतिक नियन्त्रण से साहित्य के क्षेत्र में वैयक्तिक और मौलिक नई प्रवृत्तियों की गुंजाइश नहीं रहेगी। अन्य देशों के स्वतन्त्र लेखक सामयिक समाज से प्रशंसा न मिलने पर भी अपनी मौलिक प्रवृत्तियों के सच्चे मूल्यांकन के लिए भविष्य की पीढ़ियों पर विश्वास रखकर साहित्य की रचना कर सकता है जबकि साम्यवादी देशों में साहित्य पर कड़े नियन्त्रण के कारण सामान्य से भिन्न विशिष्ट को पनपने का कोई अवसर ही नहीं मिलेगा।

साम्यवादी देशों में जनता की अभिरुचि और राजनीतिक आदर्शों के अनुसार साहित्य-सृष्टि की माँग ही नहीं, शिक्षा के द्वारा जनता की अभिरुचि पर नियन्त्रण का प्रयत्न भी होता है। जनता की साहित्यिक अभिरुचि प्रचलित सामाजिक एवं राजनीतिक आदर्शों और विश्वासों के अनुरूप बना ली जाती है। शिक्षा और प्रचार के द्वारा पाठक की मानसिक व्यवस्था और दृष्टिकोणों को बदलना कठिन काम नहीं है। साधारण पाठक के व्यक्तित्व में निश्चयात्मिकता नहीं रहती। इसलिए वह शिक्षा और प्रचार के प्रभाव में आ जाता है और प्रचलित सामाजिक एवं राजनीतिक परिस्थितियों के अनुरूप बनी हुई निर्दिष्ट रचनाओं और प्रवृत्तियों को पसन्द करने

लगता है। लेकिन साम्यवादी राजनीतिक परिस्थितियों से बाहर रहनेवाला पाठक इस तरह विशेष प्रकार की रचनाओं को पसन्द करने से इनकार करते हुए साहित्य में निजी अनुभूति और अभिरुचि को प्रकट कर सकता है। पर उन परिस्थितियों में रहनेवाला पाठक विवश है। प्रत्यक्ष-अप्रत्यक्ष उसकी अभिरुचि और दृष्टिकोण उन परिस्थितियों का परिणाम होता है। साम्यवादी, सामन्तवादी या फासिस्ट देशों में राज-व्यवस्था की प्रबलता रहती है जिससे पाठकों की अभिरुचि नियन्त्रित होती है। अपने सामाजिक एवं राजनीतिक आदर्शों में उन देशों के शासकों का इतना प्रबल विश्वास होता है कि जनता की अभिरुचि पर नियन्त्रण करते हुए उसे अपने मनोनुकूल बना लेने को ही वे सच्ची प्रगति समझते हैं। ऐसे देशों में राजनीतिक दृष्टि से साहित्य का जो मूल्यांकन होता है उसके अनुसार पाठकों के साहित्यिक अनुमोदन-अननुमोदन होने की मानसिक व्यवस्था बनाई जाती है। इस तरह प्रचार के द्वारा राजनीतिक दृष्टि से मूल्यवान साहित्य में पाठकों की अभिरुचि उत्पन्न की जा सकती है, लेकिन वह सच्ची साहित्यिक अभिरुचि नहीं हो सकती। साहित्य की सच्ची अभिरुचि राजनीतिक नहीं, मानवीय संवेदना की है। पाठक की मानसिक व्यवस्था पर पारिवारिक एवं सांस्कृतिक मानवीय सम्बन्धों का जितना असर पड़ता है, राजनीतिक क्रिया-कलापों का उतना नहीं। साहित्य की अनुभूति मानव जीवन के पारिवारिक, सामाजिक एवं सांस्कृतिक सम्बन्धों की ही मार्मिक अनुभूति है। इसलिए साहित्य के क्षेत्र में राजनीतिक मूल्यों की चर्चा उसकी आन्तरिक प्रकृति को भुला देना ही है।

पाठक की अभिरुचि और साहित्य की प्रवृत्ति पर नियन्त्रण का विरोध भले ही हो, पर साम्यवाद साहित्य और कलाओं को जिस दृष्टि से देखता है वही दृष्टि साहित्य के प्रयोजन को सिद्ध करनेवाली है। अवकाशी जीवन की एकान्तता से विरक्त उच्चवर्ग के मनोरंजन के लिए नहीं, प्राकृतिक जीवन की आशा-आकांक्षा की पूर्ति और उज्ज्वल भविष्य का सन्देश देने के लिए ही कलाओं की सृष्टि होती है। उसकी सार्थकता सीमित वर्गों को अपील करने में नहीं, व्यापक समाज को अपील करने में ही है।

साम्यवादी देशों में जनता की साहित्यिक अभिरुचि के अनुसार रचना करते हुए साहित्य के व्यापक समाज में प्रचार करने की ही नहीं, उनकी अभिरुचि को प्रौढ़ या उन्नत बनाने की भी चर्चाएँ होती हैं। चीन के साम्यवादी नेता मेयो ने इस पर विस्तार के साथ विचार किया है।[45] प्रचार का तात्पर्य आम जनता तक साहित्य और उसके सन्देश को पहुँचाना है। इसमें साहित्य की उत्कृष्टता का प्रश्न नहीं उठता। जनता की साहित्यिक सहृदयता के स्तर को उन्नत बनाने का प्रश्न, जनता में साहित्य के प्रचार के बाद ही उठता है। साम्यवादी देशों को छोड़कर बाकी देशों के समीक्षक साहित्य के प्रचार को महत्त्व नहीं देते। रचना तक लोगों की पहुँच हो या न हो, उसकी साहित्यिक उत्कृष्टता से ही उनका मतलब है। पर साहित्य का मूल स्रोत

जनता का प्राकृतिक जीवन है और इसलिए साहित्य की सार्थकता आम जनता तक पहुँचने में ही है। साहित्य की परम्परा से कलात्मक रचना की प्रेरणा मिल सकती है पर उसका लक्ष्य परम्परागत साहित्यिक प्रवृत्तियों के आधार पर सुन्दर रूप-कल्पना करना नहीं है, बल्कि जीवन की प्राकृतिक अनुभूतियों को पाठक तक पहुँचाना है। जीवन की ये अनुभूतियाँ साहित्य की कल्पना में अधिक उदात्त और सार्वजनीन बनती हैं।

प्रचारात्मक साहित्य अपेक्षाकृत सरल और बोधगम्य होता है। जब तक जनता का सांस्कृतिक एवं मानसिक स्तर उन्नत नहीं होता, साहित्यिक प्रौढ़ता को वे समझ नहीं सकेंगे। वर्तमान परिस्थितियों में प्रचारात्मक साहित्य की ही अधिक आवश्यकता है। क्योंकि आज की सामाजिक विषमता में अज्ञान के अन्धकार में डूबे हुए लोगों को पहले ज्ञान का प्रकाश देना चाहिए जो प्रचारात्मक साहित्य से ही मिल सकता है। प्रचार और प्रगति दोनों साथ-साथ चलते हैं। प्रचार से साहित्यिक अनुभूति का स्तर ऊँचा होता है और जनता की अभिरुचि की इस उन्नति में साहित्य के अधिकाधिक प्रचार की सम्भावना है। उन्नति प्रचार के आधार पर होती है और प्रचार उन्नति या प्रगति को दृष्टि में रखकर। तात्पर्य यह कि प्रचार उन्नति के रास्ते में बाधा नहीं है। इस चर्चा से मेयो इस निष्कर्ष पर पहुँचते हैं कि जनता के लिए सरल साहित्य की रचना हो या जनता के शिक्षित वर्ग के लिए प्रौढ़ साहित्य की सृष्टि हो, साहित्य जनता के प्राकृतिक जीवन के आधार पर आम जनता के लिए ही है।

मेयो कहते हैं कि जिस तरह प्रचार और उन्नति परस्पर विरोधी नहीं है, उसी तरह साहित्य के प्रचारक और विशेषज्ञ के काम भी। उन्हें प्रचार और उन्नति दोनों में सहयोगी होना चाहिए। प्रायः विशेषज्ञ का काम साहित्य के प्रचार से बिल्कुल भिन्न समझा जाता है। मेयो का कहना है कि उसे साहित्य की उत्कृष्टता की समीक्षा ही नहीं, जनता की माँग और अभिरुचि पर ध्यान देकर प्रचार के काम में भी हाथ बँटाना चाहिए। जनता की अभिरुचि से परिचित होने पर ही सच्ची समीक्षा होगी। अन्यथा विशेषज्ञ का शास्त्रार्थ जीवन की स्वाभाविकता और यथार्थता से अनभिज्ञ तार्किक वाग्जाल मात्र होगा। इसलिए विशेषज्ञ को साहित्यिक उत्कृष्टता का समर्थक ही नहीं, साहित्य के प्रचार और प्रसार में सहयोगी भी होना चाहिए। साहित्यिक उत्कृष्टता के नाम पर जनता की अभिरुचि की अवहेलना से साहित्यिक अभिरुचि की समस्या हल नहीं होगी। विशेषज्ञ जब तक प्रचार के द्वारा जनता की साहित्यिक अभिरुचि की उन्नति का प्रयत्न नहीं करता तब तक उसकी सारी विशेषज्ञता निष्फल है। विशेषज्ञ को प्रचार और उन्नति का गठबन्धन करनेवाला होना चाहिए।[46]

धार्मिक एवं राजनीतिक दृष्टियों से साहित्य की सरलता का आग्रह करनेवाले लोगों के विचारों और उन विचारों के खंडन-मंडनों के इस विस्तृत प्रतिपादन के बाद हमें उच्च साहित्य की तथाकथित अस्पष्टता पर निष्पक्ष विचार कर लेना चाहिए।

साहित्य की अस्पष्टता स्वाभाविक और यत्नज (डेलिबरेट) दोनों प्रकार की हो सकती है। जान-बूझकर पाठकों को विभ्रम में डालने के जो प्रयत्न होते हैं टालस्टाय आदि ने उनका खंडन किया है। प्रायः वादों के नाम पर इस तरह की अस्पष्टता को प्रश्रय मिलता है। स्वाभाविक कठिनाई भाषा की व्यंजकता की सीमाओं के कारण है। कुछ कठिनाई साहित्यिक व्यंजना की सांकेतिकता के कारण भी है। उसके ग्रहण में केवल अभिधार्थ से ही काम नहीं चलता, बल्कि उसके साथ शब्दों के संवेगात्मक संकेतों को समझने की भी आवश्यकता है। क्लासिकल प्रवृत्ति की रचनाओं की अपेक्षा प्रगीतात्मक रोमांटिक रचनाओं में इस प्रकार के संवेगात्मक संकेतों की प्रबलता रहती है। इसलिए ऐसी रचनाओं का निश्चित अर्थ करना कठिन हो जाता है।

रचना के आन्तरिक उद्देश्य को समझने में भी स्वाभाविक कठिनाई हो सकती है 'दी मोज़स ऑफ मैकलेंजलो' की आलोचना करते हुए मनोविश्लेषक फ्रायड लिखते हैं कि संसार की कुछ सर्वश्रेष्ठ कलाकृतियाँ हमारी समझ के लिए अभी भी समस्याएँ बनी हुई हैं। हम उनकी प्रशंसा करते हैं, उनसे प्रभावित होते हैं पर हमारे लिए उनकी क्या सार्थकता है, उसे स्पष्ट नहीं कह सकते। कुछ लोग तो इस प्रकार का बौद्धिक विभ्रम उत्पन्न करना रचना का मार्मिक प्रभाव पड़ने के लिए आवश्यक भी मानते हैं। लेकिन फ्रायड कहते हैं कि किसी कलाकृति को देखने या सुनने में हमारे मनों को प्रबलता के साथ आकृष्ट करनेवाला रचना का आन्तरिक उद्देश्य ही होता है जिसकी सफल अभिव्यक्ति द्वारा कलाकार उसे ग्राहकों तक पहुँचाता है। यह उद्देश्य बौद्धिक ग्रहण का विषय नहीं, अनुभूति का है। क्योंकि कलाकार का लक्ष्य अपने उद्देश्य को स्पष्ट करना नहीं, बल्कि ग्राहक में समान संवेगात्मक दृष्टिकोण को जाग्रत करना है, रचना की प्रेरणा देनेवाली उसकी जो मानसिक व्यवस्था है उसे पाठकों में भी उत्पन्न करना है। अतः कलाकार के उद्देश्य को जानने के लिए कथ्य के अर्थ ग्रहण मात्र से काम नहीं चलता बल्कि मनोविश्लेषण के द्वारा रचना की मूल प्रवृत्तियों को समझने का प्रयत्न भी करना चाहिए।[47]

अचेतन मन की अनुभूतियों को अभिव्यक्त करने के प्रयत्न में साहित्य के क्षेत्र में कुछ रचनाएँ अनिवार्यतः अस्पष्ट होती हैं जैसे रहस्यवादी और रोमांटिक प्रवृत्ति की रचनाएँ। मनुष्य की चेतन अनुभूतियों को लेकर जो रचनाएँ की जाती हैं, उनमें भावों का चित्रण स्पष्ट रहता है। क्योंकि चेतन मन की सक्रियता से मनुष्य अनभिज्ञ नहीं है। ऐसी रचनाओं में लेखक अपनी अन्तर्दृष्टि से जीवन की ज्ञात अनुभूतियों को पाठक के लिए अधिक स्पष्टता और तीव्रता के साथ उपस्थित करता है। अनुभूतियों की यह मनोवैज्ञानिक स्पष्टता, मानव-प्रकृति को आलोकित करती है। इसमें चेतन मन के लिए विचित्र और विलक्षण अग्राह्य कथ्य कुछ भी नहीं है। लेकिन रहस्यमय रोमांटिक प्रवृत्तियाँ, अचेतन मन की अनुभूतियों को चेतन मन की सीमाओं में स्पष्ट अभिव्यक्ति नहीं दे पातीं। क्योंकि ये परिचित जीवन की अनुभूतियाँ नहीं हैं। देश

और काल की ज्ञात परिधियों में वैसी अनुभूतियाँ नहीं हो सकतीं। फिर भी अमूल्य समझने के कारण कवि अज्ञात मन की अस्पष्ट अनुभूतियों को व्यक्त करने का प्रयत्न करता है। ज्ञात अनुभूतियों से इन अज्ञात अनुभूतियों का अधिक मूल्य इस बात में है कि वे व्यापक एवं सार्वभौमिक अनुभूतियाँ होती हैं। इस सार्वभौमिक व्यापकता के कारण साधारण जीवन-मूल्यों और साहित्यिक रूप-कल्पना के आधार पर उनकी अभिव्यक्ति का मूल्यांकन नहीं हो सकता। ये अनुभूतियाँ पाठक के चेतन मन के लिए बोधगम्य भी नहीं हैं। इसलिए उनकी अनुभूति में पाठक को विशेष कल्पना या भावना की आवश्यकता पड़ती है। तब भी वह उन्हें पूरा समझ नहीं पाता, उनकी कुछ अस्पष्ट अनुभूति मात्र होती है। इस अस्पष्टता के कारण रहस्यवाद और स्वच्छन्दतावाद पर अनेक आक्षेप हुए हैं। हमारे यहाँ ही नहीं, यूरोप में भी रोमांटिक प्रवृत्ति की अस्पष्टता का घोर विरोध हुआ है। क्लासिकल साहित्य की स्पष्ट अभिव्यक्तियों को दृष्टि में रखकर इन प्रवृत्तियों पर आक्षेप करनेवाले समीक्षकों ने इस बात पर ध्यान नहीं दिया है कि रहस्यवाद और स्वच्छन्दतावाद की रचनाओं में व्यक्त अनुभूतियाँ, साधारण साहित्य में व्यक्त भावनाओं से भिन्न प्रकार की हैं। इन समीक्षकों ने लौकिक दृष्टि से मानव-मन की रहस्यमय अनुभूतियों की प्रेरणा और उनके उद्देश्यों को समझने का असफल प्रयत्न करते हुए कवियों को अपनी रचना में असफल घोषित कर दिया है। वास्तव में इस रहस्यमय संसार तक अभी मनोविज्ञान की भी पहुँच नहीं है। रहस्यवादी कवियों ने अपनी रचनाओं में जिस अज्ञात मानसिक संसार को अनावृत किया है, उसका वैज्ञानिक विश्लेषण करने में अभी मनोविज्ञान सफल नहीं हुआ है। इस सन्दर्भ में फ्रायड का कहना है कि लेखक की किसी गोपनीय वैयक्तिक अनुभूति की अभिव्यक्ति में रहस्यमय प्रवृत्तियों की ऐसी विलक्षण कल्पना होती है। पर इस कल्पना की व्यापकता और सार्थकता को अतृप्त वासनाओं की विभ्रान्त (न्यूराटिक) रूप-कल्पना कहना कहाँ तक उचित है? क्या रहस्यमय अनुभूतियाँ वैयक्तिक अनुभूतियों की प्रतीकात्मक व्यंजना ही हैं? इस सन्दर्भ में मनोवैज्ञानिक युंग कहते हैं कि ज्ञात मानव प्रकृति को ही सत्य मानकर मनोविज्ञान कवि की रहस्यमय भावना को असत्य या मानसिक विभ्रम नहीं कह सकता। इस तरह वह मानव मन में अज्ञात रहस्यमय संसार के अस्तित्व को इनकार नहीं कर सकता। मनुष्य को व्यक्त की ही नहीं अव्यक्त की भी अनुभूति होती है। युंग रहस्य के प्रति इस आकर्षण और कुतूहल के पीछे मानव मन की अचेतन भावनाओं की सक्रियता मानते हैं।[48]

श्री इलाचन्द्र जोशी भी कविता के क्षेत्र में चेतन और रहस्यमय अनुभूतियों के आधार पर स्पष्टता और अस्पष्टता की चर्चा करते हैं। उन्हीं के शब्दों में "हृदय के भावोद्वेग को उभारनेवाली और अपनी मार्मिकता से हृदय के तारों में झनकार उत्पन्न करनेवाली कविता अपनी निजी विशेषता रखती है। ऐसी कविता मर्मस्पर्शी

होने के साथ ही स्पष्ट तथा सरल भी होती है। पर एक विशेष प्रकार की कविता होती है जो कवि की आत्मा के अन्तरतम-प्रदेश-प्रसूत होकर स्वतः बिना कृत्रिम चेष्टा के स्वप्नों के ताने-बाने से ठीक उसी प्रकार रहस्यमय इन्द्रजाल का सृजन करती है जिस प्रकार प्रकृति..."[49]

लेकिन अस्पष्टता भाषा, भाव और विचार तीनों में किसी एक से सम्बन्धित दोष भी हो सकती है। लेखक का भाषा पर पूरा अधिकार न होने से अन्वय में क्लिष्टता होने की सम्भावना है। यदि उसकी भावानुभूति दुर्बल है तो पाठक को रचना की स्पष्ट अनुभूति नहीं हो पाती। रचना के भाव-विचारों का तर्कसंगत विकास न होने पर भी, विचारों की उलझन पाठकों की अनुभूति में बाधा उत्पन्न करती है। यदि रचना में लेखक की अनुभूति के विभिन्न अवयवों की संगत व्यवस्था हुई हो तो श्रेष्ठ कविता भी जिसमें भावों की संरचना गहन होती है, आसानी से हृदयंगम हो सकती है। कविता भावात्मक होने के कारण प्रबन्धों को छोड़कर उसमें विचारात्मक संगति चाहे उतनी आवश्यक न हो, पर भाव-व्यंजना में विविध तत्त्वों का आन्तरिक सामंजस्य, पाठक की स्पष्ट अनुभूति के लिए अत्यन्त आवश्यक है।

प्रायः लोग कविता को, विशेषकर आधुनिक कविता को अस्पष्ट समझते हैं। इस सन्दर्भ में इलियट ने उनकी तीन-चार कठिनाइयों का उल्लेख किया है।[50] पहले वैयक्तिक कारणों से कवि की अभिव्यक्ति अस्पष्ट हो सकती है। यह खेद की बात अवश्य है पर हमें सन्तोष है कि कवि ने अपने भावों को वैयक्तिक संकेतों द्वारा ही क्यों न हो, अभिव्यक्त तो किया है। कठिनाई का दूसरा कारण नवीनता है। नई प्रवृत्तियों को समझने में कठिनाई होने पर समीक्षक उसे अस्पष्ट ही नहीं, कवि का व्यर्थ प्रलाप भी कहता है जैसा कि छायावादी रचनाओं पर आक्षेप हुआ है। कभी-कभी पाठकों को पहले से ही कविता कठिन होने की चेतावनी दी जाती है तो पाठक की संवेदनशीलता और ग्रहणशीलता नष्ट हो जाती है और रचना के प्रति पाठक का मन उन्मुख नहीं रहता। इस तरह आजकल छायावादी कविता की विशेषकर कामायनी की दुर्बोधता का प्रचार कर पाठकों और विद्यार्थियों की रसग्राहिता पढ़ने के पहले ही समाप्त की जा रही है। साहित्य का अध्ययनशील पाठक रचना की कठिनाई पर ध्यान न देकर पढ़ने में मन लगाता है। दोहराने पर कालक्रम में रचना अपने आप उसकी समझ में आ जाती है। अन्तिम कठिनाई तब होती है जब लेखक अपनी रचना में पाठक की भावना के लिए कुछ छोड़ देता है और उसके अन्वेषण में लगा हुआ पाठक रचना में अव्यक्त नई-नई सार्थकताओं को देखने का प्रयत्न करता है। इस तरह छायावादी रचनाओं में पाठक की भावना, उसकी अनुभूति प्राप्त करने का प्रयत्न करने के बदले उसकी अज्ञात सार्थकताओं को ढूँढ़ती हुई उसमें असफल होकर रचना को अस्पष्ट समझती है।

साहित्य की सरलता के आग्रह पर विचार करते हुए हमने देखा है कि कलात्मक

अभिव्यक्ति को समझने में सबको स्वाभाविक कठिनाई होती है। इस सन्दर्भ में इस समस्या के एकाध दूसरे पहलुओं पर भी हमें ध्यान देना चाहिए। सामान्य पाठक समाज की अभिरुचि को दृष्टि में रखकर साहित्य की सरलता का आग्रह करने में एक ओर साहित्यिक अभिरुचि का स्तर गिर जाने की आशंका है तो दूसरी ओर साहित्य का क्षेत्र सीमित हो जाने की। हमें यह नहीं भूलना चाहिए कि साधारण पाठक में अनुभूति की तीव्रता होती है तो शिक्षित पाठक में अधिक गहरी भावज्ञता होती है। फिर, जनता की अभिरुचि के अनुसार साहित्य की रचना होने में वह प्रचारक होने या उसका कलात्मक स्तर गिर जाने के अतिरिक्त विषय की दृष्टि से उसका क्षेत्र सीमित हो जाने की भी आशंका है। जन-जीवन की सरलता और सच्चाई में ही साहित्य और जीवन का सौन्दर्य नहीं है। और न प्राकृतिक जीवन ही जीवन का चरम आदर्श है। जीवन की गहराई और साहित्य की प्रौढ़ता को छोड़कर कथ्य, भाव और शैली में सरलता का आग्रह करते हुए साधारण पाठक की संवेदनशीलता थोड़े ग्रन्थों तक सीमित रह जाती है जबकि शिक्षित वर्ग के लिए साहित्य का व्यापक क्षेत्र पड़ा हुआ है। इसलिए साधारण जनता की अभिरुचि की प्रशंसा उसी सीमा तक होनी चाहिए जहाँ तक उनमें शिक्षितों से अधिक प्राकृतिक अनुभूति की तीव्रता रहती है जो साहित्यिक सहृदयता की पहली शर्त है। इसी दृष्टि से शुक्ल जी ने उक्ति वैचित्र्य में अभिरुचि का खंडन करते हुए भाव-व्यंजना में तन्मयता को ही सहृदयता का आदर्श माना है। देव और बिहारी की तुलना करते हुए वे लिखते हैं कि "जो हृदय के अन्तस्तल पर मार्मिक प्रभाव चाहते हैं, किसी भाव की स्वच्छ निर्मल धारणा में कुछ देर तक अपना मन रखना चाहते हैं, उनका सन्तोष बिहारी से नहीं हो सकता।...मार्मिक प्रभाव का विचार करें तो देव और पद्माकर के कवित्त-सवैयों का-सा गूँजनेवाला प्रभाव बिहारी के दोहों का नहीं पड़ता।"[51]

छायावाद के कारण हिन्दी में भी आज साहित्यिक सरलता और स्पष्टता की समस्या उपस्थित हो गई है। इसके पहले हिन्दी में केवल भाषा-सम्बन्धी क्लिष्टता की ही शिकायत होती थी। केशवदास जी के सम्बन्ध में शुक्ल जी का कहना है कि केशव की कविता जो कठिन कही जाती है उसका कारण ऊबड़-खाबड़ भाषा है, उनकी मौलिक भावनाओं की गम्भीरता या जटिलता नहीं है।[52] छायावाद की अस्पष्टता भाषा की अभिव्यंजना शक्ति की कमी के कारण नहीं, बल्कि रहस्यमय अनुभूतियों, भावनाओं और अभिव्यंजना-पद्धति की नवीनता के कारण है। मानव हृदय की आन्तरिक भावनाओं की सांकेतिक अभिव्यक्ति को समझने में लोगों को कठिनाई होना स्वाभाविक ही है। छायावादी रोमांटिक काव्य-शैली भी भारतीय साहित्यिक परम्परा से बिलकुल भिन्न नई प्रवृत्ति थी। ऐसी स्थिति में यदि शिक्षित सहृदयों ने भी पहले छायावाद की शिकायत की है तो कोई आश्चर्य की बात नहीं है। केवल शुक्ल जी ने छायावाद-रहस्यवाद के कथ्य की आलोचना की है। बाकी पाठकों और

समीक्षकों ने छायावादी कविता की व्यंजना की क्लिष्टता या जटिलता की शिकायत की है।

श्री इलाचन्द्र जोशी ने छायावादी रहस्यमयता का प्रबल समर्थन करते हुए उन समीक्षकों का विरोध किया है जिनकी दृष्टि में "श्रेष्ठ कविता वही समझी जानी चाहिए जो पढ़ते ही समझ में आ जाए और जिसका रस लेने में बुद्धि का व्यय बिलकुल न करना पड़े।" "कविता का रस कवि के जीवन व्यापी आत्मनिपीड़न द्वारा प्राप्त होता है" और उसे समझने के लिए साधना की आवश्यकता है। वे कहते हैं कि "इस वस्तु जगत् की स्पष्ट तथा व्यक्त बातों को अस्पष्ट तथा अव्यक्त रूप प्रदान करने के लिए ही कविता की सृष्टि हुई है।" "यदि स्पष्ट ही बात कहनी है तो कविता की आवश्यकता ही क्या है?" अर्थात् कविता का सौन्दर्य, वस्तु के व्यक्त रूप के भीतर सूक्ष्म और अव्यक्त रूप की कल्पना करने में है। छायावादी कविता की इससे स्पष्ट व्याख्या नहीं हो सकती। छायावाद के समर्थन में लेखक कहते हैं कि "कवि की मानसिक अवस्था किसी विशेष कविता की रचना के समय जिस विशेष देश तथा काल में स्थित रहती है, यदि हम भी अपने मन को उसी रूप में न बाँध सकें तो हमें अवश्य ही उसकी कृति अस्पष्ट तथा अर्थहीन मालूम पड़ेगी।" जीवन की नग्नता और स्पष्टता को "मनमोहक बनाने के लिए छायामय माया के रंगीन जाल का आवरण निर्मित होना आवश्यक है।" वे कहते हैं कि जिस तरह प्रकृति की अभिव्यक्ति सांकेतिक रूपक शैली में होती है उसी तरह "कवि के स्वप्न कविता के रूप में रूपक के बतौर स्फुटित होते हैं।" क्रौंच मिथुन की कहानी और मेघदूत, प्राचीन काल से ही इस रूपक शैली के प्रयोग के प्रमाण हैं। सारांश यह है कि "छायावादी कविता की विशेषता और महत्ता इसी बात पर है कि यह इस रूपक रस को अत्यन्त मनोहर तथा मुग्धकर रूप में हमारे आगे रखने में समर्थ हुई है। अपनी आत्मा के निपीड़न से सुन्दर रूपकमय स्वप्नों का सृजन करनेवाले इन कवियों की कविताओं को अस्पष्ट करार देकर उनकी उपेक्षा करने से काम नहीं चलेगा, बल्कि चेष्टा यह करनी होगी कि उन्हें समझने के लिए अपनी आत्मानुभूति के द्वारा उनकी आत्मानुभूति की कुंजी प्राप्त की जाए।"[53]

छायावाद के समर्थन के लिए इस तरह उसकी अस्पष्टता को ही कला की श्रेष्ठता सिद्ध करना काफी नहीं है। उसके लिए विश्लेषण के द्वारा उस प्रवृत्ति को पाठकों के लिए बोधगम्य बनाना है, उस नई प्रवृत्ति के साथ पाठकों का घनिष्ठ परिचय स्थापित कर उसकी अनुभूति के लिए आवश्यक मनोभूमि तैयार करनी है और उसकी नई शैली और नई व्यंजना में पाठकों की नई अभिरुचि का विकास करना है। आचार्य नन्ददुलारे वाजपेयी जी ने यह आवश्यक कार्य करते हुए सफलतापूर्वक छायावाद का मार्ग प्रशस्त किया है। इस काम में उन्होंने तत्कालीन साहित्यिक अभिरुचि और सिद्धान्तों का जोरदार खंडन भी किया है। इसलिए उनकी

समीक्षा आलोच्य विषय के प्रतिपादन से अधिक खंडन-मंडनात्मक और केवल प्रवृत्ति निर्देशक हुई है। वास्तव में वाजपेयी जी ने छायावाद की विरोधी आलोचना की प्रत्यालोचना की है। नई अभिरुचि का निर्माण इसी तरह हो सकता है। प्रसाद जी पर अपनी पुस्तक में उन्होंने प्रसाद जी की जितनी समीक्षा की है उससे कम प्रसाद जी पर लगाए गए आक्षेपों की आलोचना नहीं की है। पर इतना अवश्य है कि प्रसाद जी और कामायनी को हिन्दी साहित्य के इतिहास में उचित स्थान देने और दिलाने का प्रथम समीक्षात्मक प्रयास उन्हीं का है। उन्होंने हिन्दी समीक्षा के क्षेत्र में नया मूल्यांकन शुरू किया है और हिन्दी के पाठकों को नई दृष्टि दी है। 'हिन्दी साहित्य : बीसवीं शताब्दी' नई साहित्यिक चेतना को नए आलोक में देखने का उनका महान प्रयत्न है। इस कार्य में उन्होंने नई प्रवृत्तियों का आकलन किया ही है, आगे-पीछे देखकर परम्परा और स्वच्छन्दता के बीच नवीनता का सही मूल्यांकन भी किया है। उन्होंने नई अभिरुचि के निर्माण का प्रयत्न ही नहीं किया है, सम्पूर्ण साहित्य की विविधता को दृष्टि में रखकर नई की अभिरुचि को सच्ची सहृदयता का विरोध भी नहीं होने दिया है।

वाजपेयी जी छायावाद को प्रौढ़ कलात्मक चेतना की अभिव्यक्ति कहते हैं। नई और प्रौढ़ भावव्यंजना का आरम्भ में दुर्बोध लगना स्वाभाविक ही है। अभ्यास और शिक्षा से ही साधारण पाठक उस कलात्मक धरातल पर पहुँचकर रचना की मार्मिकता का अनुभव कर सकता है। इसके विपरीत डॉ. देवराज असफल अभिव्यक्ति होने के कारण छायावाद को दुर्बोध मानते हैं। उनका कहना है कि केन्द्रापगामी प्रवृत्ति के कारण छायावादी रचना दुरूह लगती है। उसमें आलंकारिक कल्पना से केन्द्रगत भाव पुष्ट नहीं होता। "पाठक सरलता से केन्द्रगत भाव या वाक्य को पकड़ नहीं पाता जिसके कारण वह कविताबद्ध विचारों को शृंखलित रूप में नहीं समझ सकता। फलतः कविता अस्पष्ट हो जाती है।" "इसी से सम्बद्ध अथवा उसका व्यापक रूप विचारगत या रागात्मक असामंजस्य है जो अस्पष्टता एवं असन्तोष का प्रचुर हेतु बन जाता है।" वे कहते हैं कि इस दुर्बलता के कारण छायावादी कवि "प्रतिभाशाली होते हुए भी अपनी बहुसंख्यक रचनाओं को सुबोध और सरस नहीं बना पाते।" महादेवी का सूक्ष्म गुम्फन पाठक को प्रायः समग्र कविता पर एक साथ दृष्टि डालने से रोकता है। "कामायनी के मार्मिक से मार्मिक स्थल भी अपनी अस्पष्टता के कारण रसोद्रेक करने में असमर्थ रहते हैं।" डॉ. देवराज कल्पनाधिक्य और शैलीगत न्यूनताओं के कारण छायावाद की अभिव्यक्ति को अस्पष्ट और असफल मानते हैं। उनको आश्चर्य होता है कि वाजपेयी जी की उच्च कोटि की रसग्राहिता ने छायावाद के साथ इतना सरस समझौता कैसे कर लिया है।[54] डॉ. देवराज ने छायावाद की दुर्बलता का विस्तृत विश्लेषण तो किया है पर उसकी कलात्मक उत्कृष्टता की ओर ध्यान ही नहीं दिया है। उनकी समीक्षा का लक्ष्य छायावाद के पतन के कारणों का अन्वेषण

करना है, उसके विकास का मूल्यांकन करना नहीं है। छायावादी रचनाओं में असफल अभिव्यक्ति की अस्पष्टता स्थान-स्थान पर अवश्य मिलती है, साथ ही उसमें उत्कृष्ट कलात्मक अभिव्यक्ति की कमी भी नहीं है। किन्तु उसे समझने के लिए पाठक में गहरी भावना चाहिए। इसीलिए उचित शिक्षा के बिना छायावाद की उत्कृष्ट रचना की रसानुभूति सम्भव नहीं है।

3.9 ग्राहक अभिरुचि और साहित्यिक वाद

काव्य-साहित्य का व्यापक क्षेत्र तथा वादों का विकास : प्राचीन संस्कृत काव्य-साहित्य और मध्यकालीन हिन्दी काव्य में हम अनेक रचनात्मक प्रवृत्तियों और रूप-संरचना देखते हैं। अधिकांश प्रवृत्तियों पर धर्म और दर्शन का न्यूनाधिक प्रभाव भी लक्षित होता है। लेकिन वह प्रभाव रचना की साहित्यात्मकता और कलात्मक चेतना को कुंठित करनेवाला नहीं है। साहित्यकारों ने जीवन की अनुभूतियों और मूल्यों की व्यंजना की है। यह सही है कि कुछ महान साहित्यकारों को छोड़कर अन्य कलाकारों की रचनात्मक प्रवृत्तियों में समग्र जीवन नहीं, उसके कुछ पहलुओं की अभिव्यंजना की गई है। लेकिन रचयिताओं ने यह दावा नहीं किया है कि प्रवृत्तिगत जीवन मूल्य ही मानव जीवन का व्यापक सारसत्य है। अर्थात प्रवृत्ति की जीवन-परिधि या सत्य सीमित है, पर उसका सत्यांश ग्रहणीय है। इन प्रवृत्तियों में जो धर्म-दर्शन का प्रतिपादन हुआ है, वह या तो कलात्मक है या रचनागत जीवन की अनुभूतियों की अभिव्यक्ति में बाधाजनक नहीं है। कबीर की कविता में अद्वैत, योगमार्ग, सूफी सिद्धान्त आदि का दार्शनिक चिन्तन का निरूपण काव्यात्मक कम है। "उसकी अपेक्षा वह रूप-योजना, जो किसी सर्वस्वीकृत, सर्वानुभूत तथ्य को भावक्षेत्र में लाने के लिए की गई है, कहीं अधिक मर्मस्पर्शिणी है।"[55] साहित्य की व्यापक प्रवृत्तियों की अनुभूति में ग्राहक अभिरुचि की प्रतिक्रिया अनुकूल होने का कारण उसका दृष्टिकोण और अपनी परिधि में कलात्मक चेतना है।

आधुनिक काल में आकर मानव-जीवन पर आधारित व्यापक प्रवृत्तियों के स्थान पर विभिन्न प्रकार के साहित्यिक वादों का प्रचलन हो गया है। नवीन चिन्तन, ज्ञान-विज्ञान की अभूतपूर्व उन्नति, राजनीति, परिस्थितियों में परिवर्तन आदि के कारण इन नए वादों का जन्म हो रहा है। वाद का अपना जीवन-दर्शन, दृष्टिकोण और मान्यताएँ अवश्य होती हैं, पर वे एकांगी और संकुचित होती हैं। इसलिए उनकी सीमाओं तथा स्वीकृति-अस्वीकृति के सम्बन्ध में सावधान रहना चाहिए। साथ ही यह कहना उचित नहीं है कि ये साहित्यिक वाद किसी आदर्श और सिद्धान्त के निरूपक बौद्धिक प्रयास मात्र हैं। उनमें अनुभूति की तरलता नहीं है तो संवेदन, तीव्र प्रतिक्रिया, भावमूलक चिन्तन, वैचारिक तीक्ष्णता, व्यंग्य आदि के द्वारा प्रभाव-सृष्टि अवश्य मिलती है। सौन्दर्य-निरूपण के बदले अनेक स्थानों पर लघुता, विरूपता और

कुरूपता के द्वारा नए जीवन-मूल्यों और नए सौन्दर्य बोध का प्रयत्न किया गया है। इन वादों ने कविता एवं गद्य-साहित्य के क्षेत्र में नए रूपात्मक प्रयोगों के द्वारा कलात्मक चेतना का विकास भी किया है। आधुनिक चिन्तन के बहुमुखी प्रसार तथा द्रुतगति से परिवर्तन के कारण अधिकांश आधुनिक साहित्यिक वादों का जीवन सहज ही अल्पकालीन है। नए वादों में प्रमुख हैं–कविता के क्षेत्र में छायावाद, रहस्यवाद, प्रयोगवाद, प्रगतिवाद और नई कविता का नवमानववाद तथा गद्य में आदर्शोन्मुख यथार्थवाद, कथ्यात्मक यथार्थवाद, प्राकृतवाद, व्यक्तिवाद, अस्तित्ववाद, अन्तश्चेतनावाद और मानवतावाद हैं। परम्परावादियों का इन वादों पर आक्षेप का प्रधान कारण है कि इनका क्षेत्र, जीवन-दर्शन और दृष्टिकोण सीमित, असमग्र तथा एकांगी है। उन पर अनैतिकता और जीवन-मूल्यों के असन्तुलन के भी दोष लगाए जाते हैं। पाठक की साहित्यिक अभिरुचि के उन्नयन में भी वे बाधक बनते हैं। मानव-जीवन के अन्तर्मुखी और बहिर्मुखी व्यापक प्रसारवाद की परिधि में सम्भव नहीं है।

वादों के उदय और प्रचार के मूल में अनेक कारण होते हैं। (1) साहित्यिक प्रवृत्तियों की तरह वादों के प्रचलन में भी सामाजिक परिस्थितियों का प्रबल हाथ रहता है। लेखक के व्यक्तित्व और अभिरुचि के अनुसार सामाजिक जीवन और परिस्थितियों से कुछ विशेष पहलुओं को लेकर एक विशेष दृष्टिकोण से वादीय रचना की जाती है। परिस्थितियों में चयन की महत्त्वपूर्ण भूमिका है। (2) पूर्वयुग की साहित्यिक प्रवृत्ति की प्रतिक्रिया भी नए वाद को जन्म देती है। पूर्वयुग की जीवन दृष्टि और साहित्यिक अभिव्यक्ति से असन्तुष्ट साहित्यकार परिवर्तन चाहता है। शुक्ल जी के शब्दों में "जो साहित्यिक वाद या प्रवाद चलते हैं उनमें से अधिकतर प्रतिवाद की धुन में अर्थात् प्रतिवर्तन के रूप में उठते हैं।"[56] "जब कोई बात हद से बाहर जाने लगती है तब प्रतिवर्तन का समय आता है।"[57] किसी साहित्यिक प्रवृत्ति को अनुचित या वास्तविकता से दूर समझकर लेखक नया रास्ता बना लेते हैं। द्विवेदी युग की नैतिक आदर्शवादिता की प्रतिक्रिया नवीनतम यथार्थोन्मुख वाद है। उस युग की कविता की स्थूल इतिवृत्तात्मकता ने छायावादी सूक्ष्म भावात्मकता को जन्म दिया है। छायावादी काल्पनिकता का विरोध प्रगतिवादी सामाजिकता और प्रयोगवादी बौद्धिक जीवन दर्शन के रूप में हुआ है।

वादों की उत्पत्ति का तीसरा स्रोत नवीनता का आग्रह है। जब विविध प्रयोगों में साहित्य के प्रचलित रूप चरम उत्कर्ष पर पहुँच जाते हैं और नए लेखकों को उनमें कोई नयापन दिखाने की गुंजाइश नहीं रहती, जब लेखक और पाठक पुराने रूपों से कालक्रम में ऊब जाते हैं और रचनाओं की एकरूपता में उनके लिए कोई आकर्षण नहीं रहता तब लेखक नए प्रयोगों द्वारा पाठकों को अपनी ओर आकृष्ट कर लेने के लोभ से अपने को बचा नहीं सकते। शुक्ल जी वादों का प्रवर्तन नवीनता, विलक्षणता और अनूठापन दिखाने की झोंक में जोर-शोर का प्रदर्शन मात्र मानते

हैं।[58] वादों के मूल में चौथी बात विदेशी साहित्य का अनुकरण और प्रभाव है। छायावाद यूरोपीय रोमांटिक प्रवृत्ति और प्रगतिवाद रूसी जनवादी दृष्टि के भारतीय रूपान्तर हैं। सच्ची स्वच्छन्दता और छायावाद, प्रगतिशीलता और प्रगतिवाद को लेकर जो विवाद चला है वह वास्तव में भारतीय परम्परा और विदेशी प्रभाव का ही संघर्ष है। प्रयोगवाद के प्रचलन में भी द्वितीय विश्वयुद्ध के इधर-उधर के यूरोपीय साहित्य की वैयक्तिक प्रवृत्तियों और अभिव्यंजना शैलियों का हाथ अवश्य है।

प्रतिक्रिया के रूप में किसी तत्त्व, तथ्य या रूप को लेकर जब कोई वाद चलता है तो पहले प्रचलित प्रवृत्ति के साथ संघर्ष में धीरे-धीरे अपना स्थान बनाकर फिर फैशन के रूप में वह सर्वाधिक लोकप्रियता प्राप्त करता है। उसका प्रसार तब तक चलेगा जब तक वह ऐसा रूप न ले जिससे उसकी प्रतिक्रिया उत्पन्न न हो। यह निश्चित है कि साहित्य के वाद दस-बीस वर्षों से ज्यादा नहीं चलते। क्योंकि उनका उदय साहित्य की स्वाभाविक प्रवृत्ति के रूप में नहीं होता। फिर वे प्रतिक्रिया के जोश में एकांगी भी बन जाते हैं। जिस तत्त्व पर जोर देने के लिए उनका प्रचलन हुआ है उसे चरम उत्कर्ष पर पहुँचाकर वे उसी को साहित्य की आत्मा मानने लगते हैं। इस तरह किसी भी वाद में साहित्य के आंशिक धर्म का ही साक्षात्कार होता है और कालक्रम में उसका पतन और उसकी प्रतिक्रिया आरम्भ हो जाती है। प्रत्येक वाद में तत्त्व का बल उसकी प्रतिष्ठा करता है तो उसके पतन का बीज भी वाद की एकांगी आन्तरिक दुर्बलता में ही छिपा रहता है। देखने में ऐसा लगता है कि दूसरे वाद के प्रहार ने पहले को खतम कर दिया है, पर वास्तव में अतिरेक की चरम सीमा पर हर एक वाद अपना आत्मनाश स्वयं कर लेता है। वाद के घेरे में बद्ध होकर, जीवन की वास्तविकताओं से दूर हटकर छायावाद जब कवि की कल्पनामात्र रह गया है तभी उसकी जीवनी शक्ति नष्ट हो गई है। जब छायावादी अभिव्यक्ति भी क्लिष्ट से क्लिष्टतर बनकर केवल वैचित्र्य के प्रदर्शन में लग गई है तब पाठकों के लिए उसका कोई मतलब नहीं रहा है और छायावाद का अन्त हो गया है। लेकिन प्रायः लोग समझते हैं कि प्रगतिवाद के प्रहारों ने उसे समाप्त कर दिया है। वास्तव में प्रगतिवाद का उदय छायावाद की काल्पनिक दुर्बलता की प्रतिक्रिया में हुआ है और उस पर प्रगतिवाद के आक्षेप तब हुए हैं जब वह अपनी दुर्बलता के कारण समाप्तप्राय था। आधुनिक युग में आदर्शवाद का विरोध करते हुए जब नवीन लेखकों ने यथार्थवाद को ग्रहण किया है तो उनकी शिकायत थी कि आदर्शवादी शून्य में कल्पना के घोड़े दौड़ाते हैं। पर प्रतिक्रिया के रूप में जो यथार्थवादी चित्रण हुआ है उसमें भी धीरे-धीरे जीवन की स्वस्थता और सन्तुलन का लोप हो गया है और प्राकृतिक वासनाएँ उभर आई हैं (प्राकृतवाद)। ऐसी स्थिति में वह पाठकों की अभिरुचि को किस तरह आकृष्ट कर सकता है और उनके सहयोग के बिना कैसे जीवित रह सकता है? तात्पर्य यह है कि अतिवादिता के कारण अन्त

में जाकर हर वाद की एक ही दुर्दशा हो जाती है। दूसरे शब्दों में जब वाद या फैशन के रूप में ही साहित्य की सर्जना होने लगती है, तब वह जीवन की वास्तविकता से हटकर क्षयिष्णु बन जाती है। शुक्ल जी ने इस सन्दर्भ में ठीक ही कहा है कि काव्य क्षेत्र में किसी वाद का प्रचार धीरे-धीरे उसकी सार सत्ता को ही चर जाता है। कुछ दिनों में लोग कविता न लिखकर वाद लिखने लगते हैं।[59] वादों की इस एकांगिकता पर ध्यान न देनेवाले उनके समर्थक समीक्षकों को देखकर ऐसा लगता है कि उन्हें मनुष्य की व्यापक भावनाओं और अनुभूतियों पर, लोक में भिन्न व्यक्तित्वों के अस्तित्व पर, पाठकों की भिन्न-भिन्न अभिरुचि और साहित्य की प्रवृत्तियों की विविधता पर विश्वास ही नहीं है। या वादों के जोश में वे इस बात को भूल जाते हैं कि वाद ही साहित्य नहीं है बल्कि वह उसकी एक सार्थकता या सौन्दर्य को अभिव्यक्त करने के लिए उत्पन्न हुआ है। सच्ची कविता किसी वाद को लेकर नहीं जीवन-जगत की अभिव्यक्ति को लेकर ही चलती है। वादग्रस्त काव्य अधिकतर काव्याभास ही होता है। उसमें प्रकृति के नानारूप और व्यापार किसी वाद या सम्प्रदाय के घेरे में निरूपित बातों को मूर्त रूप में स्पष्ट करने या काव्य की भावात्मक शैली पर मनोरंजक बनाने के लिए, साधन रूप में ही व्यवहृत होते हैं।[60]

शुक्ल जी ने यूरोप के साहित्यिक वादों की, जिनका अनुकरण मात्र हिन्दी में हो रहा है, बहुत कड़ी आलोचना की है। वे उन्हें सच्ची साहित्यिक अभिरुचि के विकास में बाधक मानते हैं। "वे एकांगदर्शी होते हैं...उनमें अत्युक्ति की मात्रा बहुत अधिक होती है। वे प्रायः अव्याप्ति या अतिव्याप्ति ग्रस्त होते हैं।[61] उनमें काव्य की स्वाभाविक उमंग के स्थान पर नवीनता के लिए आकुलता मात्र रह गई। कविता चाहे हो, चाहे न हो, कोई नवीन रूप या रंग-ढंग अवश्य खड़ा हो। पर कोरी नवीनता मरे हुए आन्दोलन का इतिहास छोड़ जाए तो छोड़ जाए, कविता नहीं खड़ी कर सकती। केवल नवीनता और मौलिकता की बढ़ी-चढ़ी सनक में कविता की ओर ध्यान कहाँ तक रह सकता है? कुछ लोग तो नए-नए ढंग की उच्छृंखलता, वक्रता, असम्बद्धता, अनर्गलता इत्यादि के प्रदर्शन में ही लगे हैं।"[62] वे कहते हैं कि प्रतिक्रिया रूप उत्पन्न इन नवीन वादों में "कोई स्थायी मूल्य या तत्त्व नहीं होता, होता भी है तो बहुत थोड़ा। इसी से बहुत से वाद, जिनका कुछ दिनों तक फैशन रहता है, आगे चलकर हवा हो जाते हैं। विज्ञान के वादों में जिस ईमानदारी और सच्चाई से काम लिया जाता है, साहित्यिक वादों में नहीं। साहित्य के क्षेत्र में हरएक अपनी अलग-अलग हवा बहाने के फेर में रहता है और जरा-सा बढ़ावा पाने पर किसी बात को लेकर हद से बहुत दूर निकल जाता है।"[63] यद्यपि शुक्ल जी के ये शब्द साहित्य के पथ को प्रशस्त करने के लिए कुछ अधिक तीव्रता लिए हुए हैं फिर भी वे वादों की एकांगिकता, अत्युक्ति, विलक्षणता, वैयक्तिकता, अतिवादिता आदि दुर्बलताओं को स्पष्ट करते हैं और इसमें किसी दुविधा की गुंजाइश ही नहीं छोड़ते कि वादीय घेरे

में पाठक की अभिरुचि का सच्चा विकास नहीं हो सकता।

साहित्य के क्षेत्र में वादों का जो दुष्परिणाम बताया जाता है, वह वादों से अधिक उनको दूर तक घसीटने का परिणाम है। यदि वाद के क्षेत्र को सीमित मान लिया जाए और उसे साहित्य का पर्यायी होने का आग्रह न किया जाए तो वादों की नई विचारधारा और नई अभिव्यक्ति का हमेशा साहित्य में स्वागत ही होगा। साहित्य की विविधता में हर एक प्रकार की नई अनुभूति के लिए स्थान है। इसके अतिरिक्त इस दृष्टि से भी प्रत्येक नए वाद का स्वागत होगा कि वह ह्रासोन्मुख किसी प्रवृत्ति की प्रतिक्रिया के रूप में साहित्य का स्वाभाविक विकास है और साहित्य एवं समाज की किसी सामयिक आवश्यकता की पूर्ति के लिए उसका प्रचलन हुआ है। उससे पाठक की अभिरुचि की एक नई दिशा में प्रस्थान भी हो सका है।

शुक्ल जी की तरह वाजपेयी जी ने भी वादों का तीव्र विरोध किया है। उनका कहना है कि आज "समीक्षा के क्षेत्र में काव्य-सम्बन्धी विचार-परम्परा सुरक्षित न रह सकी, काव्य और वाद को एक ही श्रेणी में मिला दिया गया। इसलिए आज की समीक्षा का प्रमुख उत्तरदायित्व यह है कि इन दोनों का पृथक्करण करके काव्य की अपनी सत्ता की पूर्ण प्रतिष्ठा की जाए।"[64] वादों की वादिता को स्पष्ट करते हुए वे लिखते हैं कि "वाद तो वास्तव में जीवन सम्बन्धी धारणाओं और प्रवृत्तियों का बौद्धिक निरूपण है।...प्रत्येक वाद में शक्तिमत्ता और दुर्बलता के परमाणु समयानुसार घटते-बढ़ते हैं।"[65] इसलिए युग की ऐतिहासिक प्रगति को ध्यान में रखकर किसी वाद का मूल्यांकन करना चाहिए। साहित्य पर इन वादों का प्रभाव कोई नई बात नहीं है। "काव्य के अपने क्षेत्र पर समय-समय पर अनेक वादों के हमले हुए हैं। कभी धर्म ने उस पर आक्रमण किया, कभी दर्शन ने और कभी अध्यात्म ने।"[66] वाजपेयी जी आज प्रगतिवाद और अन्तश्चेतनावाद के रूप में साहित्य पर समाजवाद और मनोविज्ञान का वैसा ही अनुचित आक्रमण मानते हैं। साहित्य में वादों का स्थान स्पष्ट करते हुए वे लिखते हैं कि "हम साहित्य से समाज का, सामाजिक जीवन का, सामाजिक विचारधाराओं का—वादों का सम्बन्ध मानते हैं, किन्तु अनुवर्ती रूप में। साहित्य की अपनी सत्ता के अन्तर्गत उसके निर्माण में इनका स्थान है। ये उसके उपादान और हेतु हुआ करते हैं, नियामक और अधिकारी नहीं।"[67] इसलिए वाद जब साहित्य में आना चाहते हैं, वे साहित्य की मर्यादा को स्वीकार करके ही आ सकते हैं। साहित्य वादों की उपेक्षा नहीं कर सकता क्योंकि वे ही जीवन तत्त्व का निर्माण करते हैं। जीवन-रस से निरपेक्ष साहित्य केवल वैचित्र्यपूर्ण खिलवाड़ हो जाएगा। अच्छी साहित्यिक अभिरुचि को काव्य की अनुभूति में वादों की विशेषताओं और सीमाओं पर ध्यान देना चाहिए।

साहित्य की स्वच्छन्दता और वादों की संकीर्णता : मानव जीवन की तरह उससे कथ्य-ग्रहण कर रूप-कल्पना करनेवाले साहित्य की स्वच्छन्द गति और प्रगति होती

रहती है। किसी एक वादीय दृष्टिकोण और जीवन-दर्शन में उसे बाँधने का प्रयत्न साहित्य की स्वच्छन्दता में बाधा देकर उसकी प्रगति को रोकता है। मानव जीवन समय और परिस्थिति के अनुसार नियमों में बाँधकर समाज का रूप लेता है। समाज में सांस्कृतिक, आर्थिक आदि विभिन्नताओं के कारण अनेक वर्ग अवश्य होते हैं। लेकिन उन वर्गों को एकसूत्रता में मिलाने वाली सामाजिक चेतना भी अवश्य रहती है। सामाजिक वर्गों में रहन-सहन की भिन्नता पर आधारित अभिरुचि की भिन्नता, साहित्य-सृष्टि और ग्राहक अनुभूति को किसी न किसी रूप में प्रभावित करती है। सामाजिक दृष्टि और जीवन व्यवस्थित सैद्धान्तिक रूप लेकर साहित्य में वाद बनता है। जीवन में सामाजिक पहलू के अतिरिक्त अन्य पहलुओं को लेकर भी साहित्य में वादों का प्रचलन हो सकता है। यहाँ तक कि आध्यात्मिक एवं दार्शनिक सिद्धान्त, मनोविज्ञान, विज्ञान भी साहित्यिक वादों की आधार भूमि बन सकते हैं। लेकिन हर एक वाद मानव जीवन के एक पहलू की किसी विशेषता को ही ग्रहण कर विकसित होने के कारण उसकी परिधि सीमित तथा दृष्टि संकीर्ण होना स्वाभाविक है। मानव-जीवन और उसके सत्य को भावात्मक रूप में व्यंजित करनेवाला साहित्य इन वर्गीय भेदों से ऊपर उठकर अखंड रूप में स्वच्छन्द प्रवाहित होते रहते हैं। इनके बाह्य परिधान में वर्गीय संस्कार दिखाई दे सकते हैं। लेकिन काव्य-साहित्य की आत्मा बाह्य रूप-विधान की अभिव्यक्ति में नहीं, अन्तर्मुखी भाव व्यंजना के उन्मुक्त प्रसार में है। इसी दृष्टि से शुक्ल जी ने छायावाद-रहस्यवाद के साथ हिन्दी कविता से आरम्भ होनेवाले वादों तथा पाश्चात्य वादों तथा सिद्धान्तों का विरोध किया है। वे निबन्ध सच्चे स्वच्छन्दवाद का विकास चाहते थे। इसके विपरीत वाजपेयी जी ने छायावाद को भारतीय आध्यात्मिक एवं सांस्कृतिक परम्परा का सहज विकास मानकर परवर्ती वादों का विरोध किया है।

हिन्दी साहित्य के क्षेत्र में छायावाद के बाद के वादों का विरोध करते हुए वाजपेयी जी कहते हैं कि वादों के नए-नए प्रयोगों के पहले हिन्दी साहित्य को बहुत समृद्ध बनाना चाहिए। पश्चिमी राष्ट्रों का साहित्य पूर्ण समृद्धि पर पहुँचने के बाद उनमें नए-नए प्रयोगों और रचना-प्रणालियों का जो विकास हुआ है वह उसे शोभा दे सकता है पर हिन्दी साहित्य अभी निर्माणावस्था में है, अपनी सारी प्रतिभा, एकाग्रता और अध्यवसाय से उसकी रक्षा और संवर्धन करना साहित्यिकों का पहला कर्तव्य है।[68] वे वादों की दुर्बलताओं को दिखाते हुए कहते हैं कि पश्चिम की नई रचनाओं में नई बारीकियाँ हैं, शैली का अनोखापन और सौन्दर्य है, किन्तु गरिमा के बदले एक विच्छृंखलता भी है। इस विच्छृंखलता के कारण वादों का अन्तिम परिणाम सदा प्रभावहीन रचनाओं की ही सृष्टि होती है। इनसे हिन्दी साहित्य के समृद्ध होने की कोई सम्भावना नहीं है।[69] इसलिए वाजपेयी जी साहित्य का वाद निरपेक्ष स्वच्छन्द विकास चाहते हैं। "यदि काव्य-साहित्य को किसी वाद के अंकुश पर न चलाकर

उसे स्वाभाविक गति से चलने दिया जाए तो अधिक अच्छा हो। वाद पद्धति पर चलने का नतीजा साहित्य में कृत्रिमता बढ़ाना, दलबन्दी फैलाना और साहित्य की निष्पक्ष माप को क्षति पहुँचाना ही हो सकता है।"[70] अतः ज्ञान-विज्ञान के नए-नए वाद साहित्य की निर्माण-प्रक्रिया को समझाने की चेष्टा करें, पर साहित्य की गतिविधि को अपने मतवाद का शिकार न बनाएँ, उसे स्वतन्त्र रूप से फूलने-फलने का अवसर दें।[71] वादों की संकुचित दृष्टि से साहित्य का मूल्यांकन भी गलत होता है। उसके सैद्धान्तिक विचारों को लेकर जब वादीय लेखक कोरी बौद्धिक सृष्टि करते हैं तो वादों के समर्थक समीक्षक जीवन के आदर्शों की चर्चा करते हुए उसकी प्रशंसा करने लगते हैं जबकि कलात्मक दृष्टि से उसका कुछ भी मूल्य नहीं है। इसलिए काव्य में सैद्धान्तिक चर्चा के स्थान पर कलात्मक और मनोवैज्ञानिक चर्चा से ही कलाकृति का उचित मूल्य निरूपण हो सकेगा।[72]

वाद विरोध में वाजपेयी जी की शिकायत छायावादोत्तर कालीन वादों से ही है। इसलिए वे उन्हीं पर आक्षेप करते हैं। छायावाद-रहस्यवाद का उन्होंने इसलिए विरोध नहीं किया है कि वे उसे भारतीय परम्परा और हिन्दी साहित्य के स्वाभाविक विकास के रूप में अपना सके हैं। लेकिन शुक्ल जी के द्वारा वाद विरोध छायावाद को लेकर हुआ है और उन्होंने साहित्य में वाद निरपेक्ष सच्ची स्वच्छन्दता का आग्रह किया है। पर शुक्ल जी यह नहीं देख सके कि गोस्वामी जी के मानस आदि में दार्शनिक बोझ के कारण साहित्य की स्वच्छन्दता किस हद तक दब गई है। तात्पर्य यह है कि शुक्ल जी और वाजपेयी जी दोनों ने भक्तिकाल और छायावादी युग में कला का उत्कर्ष मानकर उस दृष्टि से वादों का एकांगी विरोध किया है। लेकिन उनके तात्विक विचार साहित्य में धार्मिक, सामाजिक और कलात्मक सभी वादों पर समान रूप से लागू होते हैं और उचित साहित्यिक अभिरुचि के विकास के लिए वाद निरपेक्ष दृष्टि की आवश्यकता को स्पष्ट करते हैं।

पाठक जब तक साहित्य की नैसर्गिक स्वच्छन्दता को नहीं पहचानेंगे, उन्हें साहित्य में वादों के स्थान और महत्त्व का बोध नहीं होगा। साहित्य का क्षेत्र बहुत व्यापक है—जीवन जगत् की मार्मिकता का समग्र प्रत्यक्षीकरण उसका आदर्श है। उसका सौन्दर्य वैचित्र्यपूर्ण है... जीवन के सौन्दर्य का वैविध्य उसमें व्यक्त होता है। मानव मन की अन्तर्मुखी एवं बहिर्मुखी, वैयक्तिक एवं सामाजिक प्रवृत्तियाँ, क्लासिकल, रोमांटिक और यथार्थवादी रूपों में उसकी व्यापक भाव भूमि को स्पष्ट करती हैं। मानव-मन का यह व्यापक प्रसार साहित्य में प्रत्यक्ष, प्रतीकात्मक और कल्पना प्रधान भिन्न-भिन्न शैलियों में व्यक्त हो सकता है। वादों पर विचार करते समय साहित्य में अनुभूति और अभिव्यक्ति की इस व्यापकता को दृष्टि में रखकर देखना चाहिए कि किसी वाद के भीतर उसकी क्या सम्भावनाएँ हैं? जहाँ अभिव्यक्ति की विशेषता के आकर्षण में वाद चलता है वहाँ अनुभूति का पहलू दुर्बल हो जाता

है। जहाँ वह किसी मार्मिक सत्य या तथ्य को लेकर कलात्मक व्यंजना होती है, उस सत्य या तथ्य के मूल्य के अनुसार वादी साहित्य का महत्त्व रहता है। वास्तव में मूल्य विशेष के प्रचार के लिए ही वाद चलते हैं। उसके इस प्रचार पर कोई आपत्ति नहीं हो सकती यदि साहित्य की सृष्टि हुई है, अर्थात् यदि वह सत्य पाठक की हार्दिक अनुभूति का विषय बना है। छायावादी सांस्कृतिक मूल्यों पर और प्रगतिवादी सामाजिक मूल्यों पर ज़ोर देते हैं तो साहित्य का उनसे कोई झगड़ा नहीं है, यदि जीवन में उनका प्रसार दिखाया जाता है। रही मूल्यों के मूल्य की समस्या जिसका निश्चित समाधान कभी सम्भव नहीं है। व्यक्ति के दृष्टिकोण के अनुसार जीवन के मूल्यों का क्रम रहता है। वाद के सन्दर्भ में देखना यह है कि उसके मूल्य हृदय के भावों का कितना व्यापक और गहरा प्रसार कर पाते हैं, कुछ वैयक्तिक विभिन्नताओं के बावजूद व्यापक समाज की दृष्टि से वादों के मूल्यों का मानव जीवन में क्या महत्त्व है? और कला की दृष्टि से उनका कितना सुन्दर और सजीव प्रत्यक्षीकरण हो सका है। दूसरे शब्दों में वाद पाठक की अभिरुचि को किन कलात्मक नई दिशाओं में ढाल रहा है?

साहित्य में जीवन की यथार्थता की रूप-कल्पना होती है। प्रायः वाद इस यथार्थता के प्रति लेखक के दृष्टिकोण को निश्चित करनेवाले होते हैं। वे लेखक के लिए जीवन सम्बन्धी धारणाओं और प्रवृत्तियों का निरूपण करते हैं। वाद की शक्तिमत्ता उसकी जीवन-दृष्टि है। सामाजिक परिस्थितियों के बदलने पर यही जीवन-दृष्टि उसकी दुर्बलता बन जाती है। जीवन के साथ समयानुकूल सामंजस्य न कर लेने के कारण उनकी उपयोगिता नहीं रह जाती। छायावाद, द्विवेदी युग की स्थूल आदर्शवादी नैतिक दृष्टि को सांस्कृतिक एवं भावात्मक प्रसार दे सका है, पर जीवन की यथार्थता से दूर हो जाने पर उसकी भावुकता सूख गई है। प्रगतिवाद जीवन-संघर्ष में मनुष्य की शक्तिमत्ता का आदर्श सामने रखता हुआ साहित्य में आया है। यदि वह सामाजिक परिस्थिति पर ही ध्यान देगा तो उसके विरुद्ध मानव-मन की सांस्कृतिक एवं भावात्मक प्रतिक्रिया शुरू हो जाएगी। युग जीवन के अनुरूप प्रगतिशील दृष्टि अपनाकर बाह्य एवं आन्तरिक जीवन का पूर्ण सामंजस्य कर लेने की शक्ति पर किसी वाद का जीवित रहना निर्भर होता है।

वाद कवि को अभिव्यक्ति की प्रेरणा और नई रूप-कल्पना की सामग्री दे सकता है, इसलिए वह उसे अपनाता है। वह उसकी अनुभूति पर नया आलोक डालता है, उसके लिए कल्पना के साधन जुटाता है, उसकी बौद्धिक दृष्टि को नियन्त्रित करते हुए स्पष्ट अभिव्यक्ति की सम्भावनाओं को बढ़ाता है, उसे रूढ़ परम्परा से भिन्न नवीनता दिखाने का अवसर देता है, उसकी रचनाओं की नवीनता की ओर पाठकों का ध्यान आकृष्ट करता है और अन्त में चलती प्रवृत्ति के रूप में उसकी रचना को मान्यता भी दिलाता है। लेकिन वाद रचना का बाह्य परिधान मात्र है जिससे

उसके सामान्य स्वरूप का ही बोध होता है। किसी वाद की सामान्य प्रवृत्ति के अनुसार होने से ही रचना उत्कृष्ट नहीं हो जाती। उसका मूल्य, उसमें निबद्ध अनुभूति की विशिष्टता के कारण है। अनुभूति की सच्चाई वादीय रचना की कसौटी है। वाद से प्रभावित लेखक रचना में अपनी अनुभूति की प्रामाणिकता को कहाँ तक निभा सका है? वह अपनी अनुभूति एवं अभिव्यक्ति में नैसर्गिक स्वाभाविकता की रक्षा कर सका है या नहीं? इन बातों पर वादीय साहित्य का मूल्य निर्भर करता है। उसके निश्चित सिद्धान्तों से अपनी अनुभूति को आच्छादित करना आत्मवंचना है। कला सम्बन्धी वादों के फेर में रूप-कल्पना के पीछे अनुभूति को बाधित करना भी दुर्बलता है। नवीन सब वादों की रचनाओं में ये दुर्बलताएँ न्यूनाधिक मिल ही जाती हैं। प्रगतिवाद में पहली दुर्बलता प्रबल है तो छायावाद और प्रयोगवाद में दूसरी। इन दुर्बलताओं के कारण वाद की रचना कृत्रिम लगती है। लेखक की अनुभूति और रूप कल्पना की संगति ही सहज कला को जन्म देती है। लेकिन आज योग्य और दृढ़ आत्म विश्वास छोड़कर हमारे लेखक परिस्थिति के दबाव से अपनी कल्पनाओं में आत्मतत्व को किसी परावलम्बित 'वाद' या थियरी से परिवेष्टित रखकर अपनी भाषा को अलंकारपूर्ण बनाकर सन्तुष्ट हैं।

1. साहित्य और फैशन : साहित्य की स्वच्छन्दता के समर्थक यद्यपि वादों को साहित्यिक फैशन मात्र समझते हैं फिर भी दोनों में तात्विक अन्तर है। साहित्य के इतिहास में वाद की सत्ता को स्वीकार करना ही पड़ता है क्योंकि वाद विशेष की बहुत-सी प्रतिभाएँ साहित्य को समृद्ध करनेवाली सिद्ध होती हैं। लेकिन फैशन के सम्बन्ध में ऐसा नहीं कहा जा सकता। वाद जीवन या साहित्य सम्बन्धी निश्चित सैद्धान्तिक विचारों को लेकर चलते हैं। फैशन साहित्य की किसी अभिव्यंजना प्रणाली के स्वरूप या उसकी शैली का अनुकरण मात्र है। यह नकल वाद की किसी विशेषता की होती है या साहित्य के क्षेत्र में सफल प्रतिभा की रचनाओं की। किसी रचना की सफलता और लोकप्रियता ही फैशन के रूप में उसका अनुकरण होने के कारण है। यह अनुकरण लेखक या उसकी रचना की स्थूल विशेषताओं का ही होता है। वास्तव में उस लेखक की प्रतिभा का सच्चा उन्मेष इन भावों में नहीं होता या उस रूप में नहीं, जिस ढाँचे में वे दूसरों से अपनाए गए हैं। किन्तु इससे नकल करनेवाले साधारण प्रतिभा के लेखकों का कोई मतलब नहीं है। वे समय की हवा में उड़कर प्रशंसा चाहते हैं और प्रतिभा की सारूपता से साधारण पाठकों को भुलावे में डालते हैं। जिस तरह साहित्य रचना में फैशन चलते हैं उसी तरह पाठकों की अभिरुचि में भी फैशन चल सकते हैं। सामाजिक एवं सांस्कृतिक अनेक कारणों से पाठक एक समय एक विशेष प्रकार की रचनाओं को पसन्द करने लगते हैं। तब उस तरह की रचनाओं की भरमार हो जाती है क्योंकि बाजार में उन्हीं की माँग है। अभिरुचि के इन फैशनों को समझने के लिए साहित्य के साधारण पाठकों या साहित्य से कोई

सम्बन्ध न रखकर समय काटने के लिए पुस्तकें पढ़नेवाले साक्षर पाठकों की मनोवृत्ति का अध्ययन करना चाहिए।

सच्ची साहित्यिक अभिरुचि फैशन से बहुत दूर रहती है जबकि वाद की कुछ बातों में सहृदय की अभिरुचि अवश्य होती है। फैशन के रूप में वादीय प्रवृत्तियों का अनुकरण उसे पतन की ओर ले जाता है। क्योंकि वाद को प्रेरणा देनेवाली सार सत्ता अनुकरण में छूट जाती है। इस तरह छायावाद की आध्यात्मिकता के फैशन ने उसे जीवन की स्वाभाविक अनुभूति से वंचित किया है। साधारण कवियों की आध्यात्मिकता निष्प्राण थी ही, उसके मान्य कवियों ने भी लौकिक अनुभूति पर आध्यात्मिकता का झूठा रंग चढ़ा दिया है जैसा कि प्रसाद जी के 'आँसू' में। हिन्दी में फैशन के रूप में अधिकतर वादों का अनुकरण ही चल रहा है। अभी हमारा साहित्य इतना व्यापक और उसका पाठक वर्ग इतना विस्तृत नहीं है कि सफलता की नकल कर धन और यश कमाने का प्रयत्न हो।

फैशन की अपील सामयिक और अस्थायी होती है। सामयिक अभिरुचि के अनुसार होने के कारण फैशन का बहुत जल्दी प्रचार हो जाता है। लेखक अपनी रचना में साधारण पाठकों की सामयिक अभिरुचि को सन्तुष्ट करने का प्रयत्न करते हुए उन्हें फैशन की ओर प्रवृत्त करता है। वास्तव में सामयिक सामाजिक अभिरुचि के अनुरूप होने की भी कोई खास आवश्यकता नहीं है, समाज में फैशन की प्रशंसा ही उसे अपनाने के लिए पर्याप्त कारण है। आधुनिक काल में भाषा-शैली, छन्द और मूर्त विधान के स्वरूप जो इतने जल्दी बदल रहे हैं वह निश्चित ही भावाभिव्यक्ति की दृष्टि से नहीं हैं। यदि यह बात होती तो छायावाद में भयानक-बीभत्स की भी सुकुमार व्यंजना नहीं होती या प्रगतिवाद और प्रयोगवाद में लेखक, मन की सुकुमार भावनाओं को भी अनगढ़ ओजपूर्ण भाषा में व्यक्त नहीं करते। जब नए-नए फैशनों के अनुसार कलात्मक अभिव्यक्ति होने लगती है तभी इस प्रकार होता है। लेखक भावों की दृष्टि से नहीं, प्रचलित फैशन की दृष्टि से कलात्मक अभिव्यक्ति का प्रयत्न करते हुए लोगों को अपनी ओर आकृष्ट कर लेना चाहता है। जो पाठक प्राचीन साहित्य में अच्छी अभिरुचि रखते हैं, वे भी आधुनिक साहित्य और समस्याओं के सम्बन्ध में फैशनों से बहुत जल्दी प्रभावित हो जाते हैं। सामयिक अभिरुचि के अनुसार आज साहित्य के प्रत्येक क्षेत्र में फैशन चल रहे हैं। कविता के क्षेत्र में ये समय की कलात्मक अभिरुचि के अनुसार प्रायः अभिव्यक्ति सम्बन्धी होते हैं और गद्य-साहित्य में समय की सामाजिक अभिरुचि के अनुसार वस्तु सम्बन्धी। जब सामयिक अभिरुचि बदल जाती है तो इनमें भी जल्दी परिवर्तन हो जाता है। इस तरह कथा-साहित्य में किसान, भिखारी, विधवा, वेश्या आदि का जमाना गुजर गया है। अब एक ओर मजदूर और दूसरी ओर मध्यवर्गीय शिक्षित के अहं एवं काम की दुर्बलता—ये दो ही विषय दिखाई दे रहे हैं।

सामाजिक परिस्थितियों में परिवर्तन के कारण नई प्रवृत्तियाँ और नए वाद चलते हैं पर फैशन पुराने से ऊबकर चलते हैं। इसलिए कभी-कभी विलक्षणता और विचित्रता ही फैशन कहलाती है। सफलता के अनुकरण के अतिरिक्त साहित्य में पुराने से भिन्न नया राग भी फैशन हो जाता है। समाज में नवीनतम प्रवृत्ति के अनुकरण को फैशन कहते हैं। दूसरों की देखा-देखी फैशन चलते हैं और कुछ समय तक उसे सभ्यता का निशान समझकर लोग उसकी रट लगाते रहते हैं। उसके पीछे कोई ठोस विचारधारा न होने से जल्दी ही उसका जीवन समाप्त हो जाता है। मानव मन की चंचलता से सम्बद्ध होने के कारण फैशन संयमी लोगों और समाजों में कम चल पाते हैं। साहित्य में भी फैशनों की यही कहानी है।

वाद और फैशन का साहित्यिक अन्तर शैली (मेनर) और पद्धति (मेथड) का है। साहित्य में भावों की अनुरूप अभिव्यक्ति ही आदर्श व्यंजना है। वादों में इस आदर्श को बिलकुल भुलाया नहीं जाता, पर अभिव्यक्ति की एक विशेष दृष्टि और शैली का आग्रह किया जाता है। फैशन में भाव के अनुरूप अभिव्यक्ति शायद ही होती है। उसमें प्रचलित कुछ रचना-पद्धतियों के अनुसार सामयिक अभिरुचि के नए विषयों और भावों को ढालने का प्रयत्न किया जाता है। साहित्य में संयम, नियम और साधना की आवश्यकता होती है। प्रतिभा नियन्त्रित होकर ही क्रियाशील कल्पना बनती है। पर फैशन किसी प्रकार के नियन्त्रण को स्वीकार नहीं करता। उसे साहित्य के नियमों के रूढ़ हो जाने पर उनके विरुद्ध स्वच्छन्दता का आग्रह नहीं समझना चाहिए। फैशन में स्वच्छन्दता नहीं, स्वेच्छाचार है। उसकी नवीनता की चकाचौंध मौलिकता का भ्रम उत्पन्न करके केवल साधारण पाठकों को ही अन्धा बना सकती है।

यह बड़ी प्रसन्नता की बात है कि पाश्चात्य साहित्यों की तरह हमारे साहित्य में इन फैशनों का ऐसा प्रचलन नहीं हो गया है कि वे साहित्य की प्रगति में अवरोध उत्पन्न करें। लेकिन वादों के सम्बन्ध में यह बात नहीं कही जा सकती। आधुनिक युग में सामाजिक हलचल और मानसिक अशान्ति के कारण अनेक प्रकार के वाद-विवाद चल रहे हैं जिनका प्रभाव हमारे साहित्य पर भी दिखाई दे रहा है। विकासशील हिन्दी साहित्य स्वच्छन्दतावाद, व्यक्तिवाद, प्राकृतवाद, यथार्थवाद आदि विभिन्न वादों के नए-नए प्रयोगों के साथ आगे बढ़ रहा है। इन वादों से साहित्य का चाहे जितना ही अनर्थ हुआ हो वे साहित्य की परम्परा का विकास अवश्य कर रहे हैं। हिन्दी में ये वाद एक हद तक विदेशी साहित्यिक वादों के अनुकरण पर ही चल रहे हैं। हमें विदेशी वादों को अपनाते समय सामंजस्य बुद्धि से अपने मन के साथ समन्वय कर लेना चाहिए जैसा कि पाश्चात्य लोग पूर्वी विचारधारा को अपनी परम्परा में आत्मसात कर लेते हैं। इसी से हमारे साहित्य की सच्ची प्रगति और उसका स्वतन्त्र विकास सम्भव है।[73]

2. वाद और जीवन मूल्य : इन साहित्यिक वादों की चर्चा में उठनेवाला सबसे महत्त्वपूर्ण प्रश्न, जीवन-मूल्यों के सन्तुलन का है। साहित्य में जीवन-मूल्यों के सन्तुलन से ही पाठकों पर उसका स्वस्थ प्रभाव पड़ सकता है। लेकिन प्रायः ये वाद एकांगदर्शी हैं, उनमें जीवन की सच्चाई के किसी एक पहलू पर ज्यादा जोर दिया जा रहा है। इसलिए पाठक को वाद की रचना पढ़ते समय अनुभूति की सच्चाई और अतिरंजना को पहचानना चाहिए। इन वादों की विचारधारा में किसी पक्ष के मूल्य पर बहुत बल देने और अन्य पक्षों की उपेक्षा करने के कारण उसमें एक अतिवादिता रहती है। पाठक को इस अतिवादिता से अपने को बचाते हुए दुराग्रह और पूर्वग्रह से मुक्त होकर वादों की भावधारा का सही मूल्यांकन करना है। इस संदर्भ में प्रश्न होता है कि आज ज्ञान-विज्ञान की उन्नति में पहले से अधिक व्यापक दृष्टि की सम्भावना होते हुए भी वादीय एकांगी दृष्टि का ही विकास क्यों हो रहा है? क्योंकि ये वाद ज्ञान-विज्ञान के किसी एक खंडित पहलू को लेकर चल रहे हैं और उसके आधार पर जीवन की सार्थकता को समझने का प्रयत्न कर रहे हैं। लेकिन इस तरह जीवन के व्यापक सत्य का आकलन नहीं किया जा सकता।

जीवन की समग्र दृष्टि साहित्य में केवल क्लासिकल प्रवृत्ति की विशेषता है। उसी में जातीय संस्कृति, सामाजिक यथार्थता और हार्दिक भावात्मकता का उचित सन्तुलन रहता है। बाकी वाद एवं प्रवृत्तियाँ जीवन के अपूर्ण सत्य को ही प्रकट करते हैं। नियोक्लासिकल प्रवृत्ति में रूढ़ परम्परा के विधि-विधान का पालन मात्र होता है। रोमांटिक छायावाद जीवन के केवल भावात्मक मूल्यों का प्रतिपादन करता है। यथार्थवाद में जीवन की बाह्य वास्तविकता को ही प्रधानता मिलती है। व्यक्तिवाद में सामाजिक पहलू को भुलाकर व्यक्ति का राग-द्वेष, जीवन का केन्द्र होता है। प्राकृतवाद में सांस्कृतिक संस्कारों की उपेक्षा करके मन की प्राकृत वासनाओं की ही अभिव्यक्ति होती है। मनोवैज्ञानिक वाद जीवन के सारे क्रिया-कलापों के मूल में व्यक्तिवादी अहं की सक्रियता देखते हैं या अवचेतन मन की वासनाओं का उद्घाटन करते हुए व्यक्ति की मानवीय महानता पर अविश्वास प्रकट करते हैं। प्रयोगवाद केवल बौद्धिक दृष्टि से जीवन की समस्या को सुलझाना चाहता है। प्रगतिवाद मानव जीवन के विकास में वैयक्तिक एवं सांस्कृतिक मूल्यों से सामाजिक एवं आर्थिक मूल्यों को अधिक महत्त्व देता है। इसके विपरीत धार्मिक एवं सांस्कृतिक प्रवृत्तियों का दावा है कि वैयक्तिक, सांस्कृतिक एवं आध्यात्मिक दृष्टि से ही मनुष्य की सच्ची प्रगति होती है।

वास्तव में जीवन के प्रति इन सब वादों और प्रवृत्तियों के दृष्टिकोणों को सामाजिक मर्यादावादी भावात्मक और यथार्थोन्मुख तीन व्यापक वर्गों में बाँटा जा सकता है। इस दृष्टि से साहित्य की क्लासिकल, स्वच्छन्दतावादी और यथार्थवादी, ये तीन प्रधान प्रवृत्तियाँ हो जाती हैं। लूकास का कहना है कि साहित्य में इन्हीं

तीन प्रवृत्तियों का संघर्ष होता है।[74] मनुष्य की सामाजिक मर्यादावादी सन्तुलित दृष्टि क्लासिकल प्रवृत्ति की ओर, उसकी मूल वृत्तियाँ भावात्मक स्वच्छन्दतावादी प्रवृत्ति की ओर और जीवन के प्रति बहिर्मुखी तथ्यात्मक दृष्टिकोण उसे यथार्थवादी प्रवृत्ति की ओर अग्रसर करते हैं। मानव मन की ये तीन प्रवृत्तियाँ साहित्य सर्जना में सक्रिय रहती हैं और उनका सन्तुलन एवं सामंजस्य कष्ट साध्य होता है। जब कोई प्रवृत्ति दूसरों से निरपेक्ष अतिवादी हो जाती है तो वह ह्रासोन्मुख या निष्प्राण बनती है। रोमांटिक प्रवृत्ति क्लासिकल सन्तुलन और यथार्थवादी दृष्टि को छोड़कर विक्षिप्त मन का भावोन्माद बन जाती है। क्लासिकल दृष्टि हार्दिक स्पर्श से वंचित होकर निष्प्राण रूढ़ि हो जाती है। यथार्थवाद में मनुष्य का क्रिया-कलाप भावनाहीन होकर सामाजिक तथ्यों का संग्रह और क्लासिकल मर्यादा को छोड़कर प्राकृतिक वासनाओं की अभिव्यक्ति बन जाता है।

जीवन मूल्यों को तीन वर्गों में बाँट सकते हैं—आध्यात्मिक, मानसिक या भाव-विचारात्मक और भौतिक। पहला अन्तःकरण की वाणी जगाने या आत्मोन्नति में साधनभूत होते हैं। मानसिक भाव-विचारों की मूल्यवत्ता मानव के उत्थान-पतन का कारण है। भौतिक मूल्य लौकिक जीवन को सुख-दुखमय बनाते हैं। इसके मूल प्रेरक अर्थ और काम हैं। प्रथम दो प्रकार के जीवन-मूल्यों को धर्म से सम्बद्ध कह सकते हैं। ये तीनों प्रकार के मूल्य देश-काल-व्यक्ति सापेक्ष हैं और कालक्रम में बदलते रहते हैं। देश, समाज और व्यक्ति की परिस्थिति, संस्कारिता और मानसिकता के अनुसार उपर्युक्त जीवन-मूल्यों के तीन वर्गों की वरीयता का क्रम रहता है। साहित्य में इन्हीं जीवन-मूल्यों की कलात्मक अभिव्यंजना होती है। जैसा पहले संकेत किया गया है, काव्य-साहित्य की हर एक प्रवृत्ति और वाद में अभीष्ट जीवन-मूल्यों के प्रतिपादन का प्रयत्न किया जाता है।

आधुनिक काल के पहले साहित्य की विविध प्रवृत्तियों में जीवन के उच्चतर जीवन-मूल्यों की व्यंजना होती थी। ये प्रवृत्तियाँ प्रायः जीवन के किसी एक-दो पहलुओं पर आधारित थीं। इसलिए उनमें जीवन-मूल्यों की आंशिक अभिव्यक्ति ही सम्भव थी। कुछ इने-गिने क्लासिकल रचनाओं में ही जीवन के विविध पहलुओं तथा भौतिक मूल्यों से उत्तरोत्तर उच्चतम मूल्यों की ओर अग्रसर होते हुए मूल्य-व्यवस्था का सन्तुलित और समग्र रूप प्रस्तुत किया गया है। आधुनिक काल के वादों में जीवन को एक विशिष्ट वैचारिक दृष्टि से देखते हुए रचना को एकांगी और संकीर्ण बना दिया है। उनमें व्यंजित जीवन-मूल्य खण्डित सत्य को ही प्रकट करते हैं। इतना ही नहीं प्रतिपाद्य जीवन-मूल्यों को पूर्ण सत्य सिद्ध करने के लिए दार्शनिक और राजनीतिक विचारधारा से पुष्ट करने का प्रयत्न भी किया जा रहा है। अपनी विचारधारा के विरुद्ध दूसरे चिन्तन को या अपने सिद्धान्त के खंडन को स्वीकार करने या सहने के लिए कोई वाद तैयार नहीं है। रोमांटिक स्वछन्दतावाद, व्यक्तिवाद,

समाजवाद, अस्तित्ववाद आदि सभी की यही स्थिति है। इन वादों की वादिता में साहित्य की साहित्यिकता का विस्मरण हो रहा है। लूकास साहित्य की केवल तीन प्रधान प्रवृत्तियाँ मानते हैं। क्लासिकल, रोमांटिक और यथार्थोन्मुख। बाकी सब वाद इनसे विकसित और सम्बद्ध हैं। जिस रचना में उन तीन प्रधान प्रवृत्तियों का सामंजस्य होता है, वह कालजयी होती है। उसमें जीवन और उसके मूल्यों का समग्र एवं सन्तुलित रूप व्यक्त होता है।

3. वादों का ग्राहक साहित्यिक अभिरुचि पर प्रभाव : वादों के विवेचन में पाठकों की अभिरुचि पर प्रभाव के कुछ संकेत किए गए हैं। अच्छी साहित्यिक अभिरुचि की आलोचना में वादों के अनुकरणात्मक फैशनों और समय काटने के मनोरंजक साहित्य पर विचार करना अप्रासंगिक है। साहित्यिक वादों के सन्दर्भ में ग्राहक अभिरुचि कुछ अंशों में लाभान्वित तथा कुछ दिशाओं में अहितकारी लगती है।

(1) प्रत्येक वाद एक विशिष्ट जीवन-दर्शन और दृष्टिकोण लेकर रचना में प्रवृत्त ही नहीं होता, प्रत्यक्ष-अप्रत्यक्ष उनकी व्यंजना भी करता है। इस कार्य में स्फूर्ति, जोश और आग्रह भी प्रकट होते हैं। इस प्रक्रिया में पाठक की अभिरुचि को एक नई दिशा मिलती है, अभिरुचि और आस्वादन का क्षेत्र व्यापक बनता है तथा नई अभिव्यक्ति की रमणीयता एवं आवेगात्मकता में अभिरुचि पर प्रभाव गहरा होता है। इस सन्दर्भ में तीन खतरे हैं–वादीय दृष्टिकोण ही जीवन का पूर्ण सत्य न मान लें, वाद के क्षेत्र या कथ्य को ही काव्य-जगत का समग्र प्रतिनिधित्व करने की गलत-फहमी न करें तथा उसकी रूप-योजना को ही सच्चा एवं श्रेष्ठ न समझें। साहित्य का क्षेत्र पूरा जीवन-जगत है जिसमें यथार्थ, कल्पित एवं आदर्शीकृत सब कुछ आ जाते हैं। साहित्य-रचना में वस्तु, कथ्य और रूप-कल्पना की कोई सीमा नहीं हो सकती। सर्जक प्रतिभा के अनुरूप ग्राहक अभिरुचि की अनन्त व्यापकता है।

(2) जब वादीय रचना किसी सिद्धान्त के प्रचार का साधन होता है, वह साहित्यिक रचना नहीं हो सकती। कलात्मक परिधि में ही साहित्य की सृष्टि सम्भव है। सिद्धान्त की वैचारिकता ज्ञानवर्धन करती है, सौन्दर्य या रस की अनुभूति नहीं दे पाती। पाठक की साहित्यिक अभिरुचि विचार-विमर्श में नहीं, भावना और कल्पना के द्वारा काव्यानुभूति या साहित्यकार के मन में मूल चेतना के साथ भावयोग में सार्थकता प्राप्त करती है।

(3) वादीय साहित्य का कथ्य संकीर्ण होता है। सृष्टि का वस्तु-समुदाय (सब्जेक्ट मेटर) की साहित्य की अनन्त छवियों की रमणीय अभिव्यक्ति ग्राहक अभिरुचि को व्यापक और उदार बनाती है। सृष्टि और उसके विकास को किसी वाद के सिद्धान्त के आधार पर आख्यान करते हुए उसके अनुसार साहित्य-सर्जना,

रचना और पाठक की अभिरुचि ससीम और संकीर्ण बनती है। सृष्टि और उससे प्रेरणा प्राप्त साहित्य, व्यापक से व्यापक सिद्धान्त की परिधि में नहीं समाते।

(4) वादों के सम्बन्ध में एक और समस्या उनका पारस्परिक विरोध और संघर्ष है। दर्शन के क्षेत्र में सिद्धान्तों का वाद-विवाद प्राचीन काल से चला आ रहा है। काव्य-साहित्य की आत्मा के सम्बन्ध में भी विचारधारा परस्पर विरोधी है। इधर रस और सौन्दर्य की समता और विषमता को लेकर मतभेद है। इन सब का साहित्य के सैद्धान्तिक चिन्तन पर प्रभाव है। आधुनिक काल में आकर साहित्यिक चिन्तन से अधिक बदलते रचनात्मक वादों के दृष्टिकोणों और मान्यताओं को लेकर संघर्ष है। यह कहना कठिन है कि इन वादों की दृष्टि में कितना सत्य या सत्यांश है। प्रत्येक वाद दूसरों का खंडन करते हुए अपनी दृष्टि और विचारधारा का समर्थन करता है। इस खंडन-मंडन में श्रेष्ठ साहित्य-सृष्टि पर ध्यान कम जाता ही है, पाठकों की साहित्यिक अभिरुचि भी दिग्मूढ़ है। सत्य-असत्य तथा अच्छे-बुरे के विवेक के बिना साहित्यिक अभिरुचि का विकास सम्भव नहीं है। स्थूल दृष्टि से आधुनिक काल में छायावादी भावना तथा प्रयोगवादी एवं प्रगतिवादी वैचारिकता का विरोध है। स्वयं प्रयोगवादी व्यक्तिवादिता और प्रगतिवादी सामाजिक चेतना एक-दूसरे के विरुद्ध हैं। हिन्दी साहित्य के क्षेत्र में सुधारवादी, आदर्शवादी, यथार्थवादी अन्तश्चेतनावादी, प्रकृतवादी, अस्तित्ववादी आदि दृष्टिकोण स्वतन्त्र, एक-दूसरे से मिलकर या संघर्षशील रूप में व्यक्त हो रहे हैं। ग्राहक अभिरुचि को इन सबकी कलात्मक चेतना तथा जीवन-मूल्यों की साहित्यिक अभिव्यंजना को परखकर भाव-संवेदना की ओर उन्मुख होना चाहिए। यह खेद की बात है कि अभी प्राचीन एवं नवीन साहित्यों के तथा आधुनिक विभिन्न प्रवृत्तियों और वादों के मूल्यांकन के समतुल्य प्रतिमान विकसित नहीं है। ग्राहक साहित्यिक अभिरुचि की पथ-प्रदर्शक मान्यताओं का अन्वेषण चल रहा है।

साहित्य और उसके माध्यम से जीवन-मूल्यों की कलात्मक अभिव्यक्ति का लक्ष्य, समाज तथा व्यक्त-मानस को उच्चतर सांस्कृतिक एवं मानवीय चेतना के धरातल पर ले जाना है। इस लक्ष्य की पूर्ति के लिए साहित्य और जीवन-मूल्यों का समग्र और व्यापक स्वच्छन्द गतिशीलता एवं प्रसार आवश्यक है। उसमें बाधा देनेवाला कोई भी दार्शनिक, आध्यात्मिक, सामाजिक, वैयक्तिक, मनोवैज्ञानिक, वैज्ञानिक, साहित्यिक या कलात्मक सिद्धान्त तथा उसका अनुगामी वाद, साहित्य के विकास एवं प्रसार की स्वच्छन्दता में गत्यवरोधक ही माना जाएगा। स्वच्छन्दता कुंठित होने का प्रभाव साहित्य-रचना पर ही नहीं, ग्राहक अभिरुचि पर भी पड़ेगा। स्वच्छन्दता और सहृदयता कारयित्री और भावयित्री दोनों की भावना में अनिवार्य तत्त्व हैं। जितना भी उदार हो ग्राहक अभिरुचि उन वादीय सिद्धान्तों से विमुख हो जाती है जो साहित्यानुभूति में विघ्न देनेवाले हैं। इसीलिए पाश्चात्य और भारतीय दोनों समीक्षक

सावधान करते हैं कि वादीय साहित्य के पठन-पाठन में वादों की उपलब्धियों तथा अनुचित सैद्धान्तिक प्रतिपादनों एवं प्रभावों पर ध्यान देना आवश्यक है।

आधुनिक काल में साहित्य के अन्तर्गत वादों का इतना प्रचार हुआ है कि ग्राहक दृष्टि से उसका विस्तृत मूल्यांकन किया गया है। नवीनतम साहित्य-रचना में वादों की आवाज़ धीमी होती गई है। उनके स्थान पर आर्थिक दृष्टि, संघर्ष, अपराध (क्रैम) के नए-नए रूप, सेक्स, नैतिक पतन आदि प्रबल होते जा रहे हैं जिन पर अन्यत्र विचार किया जाएगा।

सन्दर्भ संकेत

1. राजशेखर : काव्यमीमांसा, सप्तम अध्याय, पृ. 80-81
2. T.S. ELIOT : The use of poetry and the use of criticism, p. 150
3. R.f. – L.L. SCHUCKING : The sociology of literary taste, p. 36 to 40
4. B. Croce : Aesthetic, p. 192
5. अज्ञेय : त्रिशंकु, पृ. 116
6. I. A. RICHARDS : The Principles of Literary Criticism, p. 27
7. R. f. Collingwood : The Principles of art, p. 24 and 29
8. Ibid : p. 118
9. Ibid : p. 309
10. Ibid : p. 312-313
11. Ibid : p. 315
12. Ibid : p. 321 to 324
13. S.R. Steinburg : Five hundred years of printing; Forward by BEATRICE WARDE, P.G
14. Rf. L.L. SCHUCKING : The sociology of literary taste, p. 5 to 7
15. Rf. : Ibid, p. 66 to 68
16. आचार्य नन्ददुलारे वाजपेयी–नया साहित्य : नए प्रश्न, पृ. 219
17. L.L. SCHUCKING : The sociology of literary taste, p. 71
18. Encyclopaedia of Pychology, Edited by P.L. Harriman; Propaganda, p. 590-591
19. Foundations of Psychology, Edited by E.G. Boring, H.S. Longfeld and H.P. Held; Attitudes and opinions by H. Cantril, p. 575-576
20. Encyclopaedia of Psychology, Edited by P.L. Harriman; Propaganda, p. 592
21. Rf — Foundations of Psychology, Edited by E.G. Boring, H.S. Longfeld and

H.P Held; Attitudes and opinions by H.Cantril, p. 560 to 570

22. Rf – R.G.Collingwood : The principles of art, p. 78 to 88
23. उर्मिला देवी की निद्रा : तेलुगु का एक प्राचीन लम्बा लोकगीत
24. द्रष्टव्य—आचार्य रामचन्द्र शुक्ल : चिन्तामणि-I, पृ. 168 से 174 तक और भाग-II, 9-10
25. आचार्य रामचन्द्र शुक्ल : चिन्तामणि-I, पृ. 161-162
26. आचार्य रामचन्द्र शुक्ल : चिन्तामणि-II, पृ. 99-100
27. आचार्य रामचन्द्र शुक्ल : चिन्तामणि-III, पृ. 237
28. TOLSTOY : What is art and essays on art, Chapters 11 and 12
29. आचार्य रामचन्द्र शुक्ल : चिन्तामणि भाग-II, पृ. 133
30. द्रष्टव्य—वही, पृ. 212
31. F.L. Lucas : literature and Psychology, p. 176
32. (1) द्रष्टव्य—आचार्य हजारीप्रसाद द्विवेदी : प्राचीन भारत के कलात्मक विनोद, पृ. 24
    (2) Rf – Panchapakesa Sastry : The philosophy of Aesthetic pleasure, p. 29 to 32
33. Rf – T.S. Eliot : The use of poetry and the use of criticism, p. 152 to 154
34. Rf – Herbert Read : The grass roots of art, p. 107
35. Rf – Ibid, p. 108 to 118
36. आचार्य नन्ददुलारे वाजपेयी : आधुनिक साहित्य, पृ. 341
37. कालिदास : मालविकाग्निमित्रं, अंक 1, श्लोक-4—"नाट्यं भिन्नरुचेर्जनस्य बहुधाप्यकं समाराधनम्।"
38. अज्ञेय—त्रिशंकु, पृ. 114
39. आचार्य रामचन्द्र शुक्ल : चिन्तामणि-2, पृ. 107 और 232
40. Tolstoy : What is art and essays on art, p. 1
41. Ibid, p. 228
42. Ibid, p. 55-56
43. Rf – Ibid, p. 174 to 180
44. Quoted by Stephen Spender in "The destructive element", p. 86
45. Rf – Mao-Tse-Tung : Talks at the Yeman Forum on art and literature, p. 20 to 28
46. Rf – Ibid, p. 28 to 31
47. S. Frwed : Selected Papers, Vol. IV, Translated by Alix Strachery, p. 257
48. Rf – Jung : Modern man in search of a soul, Psychology and literature, p. 183 to 185

49. इलाचन्द्र जोशी : साहित्य सर्जना, पृ. 26
50. T.S. Eliot : The use of poetry and the use of criticism, p. 150-151
51. आचार्य रामचन्द्र शुक्ल : हिन्दी साहित्य का इतिहास, पृ. 279
52. वही, पृ. 224
53. इलाचन्द्र जोशी : साहित्य सर्जना, पृ. 23 से 30 तक
54. डॉ. देवराज : छायावाद का पतन, पृ. 41, 44, 67 और पृ. 83 का फुटनोट।
55. आचार्य रामचन्द्र शुक्ल : चिन्तामणि-II, पृ. 74
56. वही, पृ. 117
57. वही, हिन्दी साहित्य का इतिहास, पृ. 636
58. वही, चिन्तामणि-II, पृ. 106 और पृ. 181
59. वही, चिन्तामणि-I, पृ. 237
60. वही, चिन्तामणि-II, पृ. 73
61. वही, पृ. 106
62. वही, चिन्तामणि-I, पृ. 140-141
63. वही, चिन्तामणि-II, पृ. 117-118
64. आचार्य नन्ददुलारे वाजपेयी : आधुनिक साहित्य, पृ. 41
65. वही, नया साहित्य : नए प्रश्न, पृ. 21
66. वही, पृ. 17
67. वही, पृ. 18
68. वही, आधुनिक साहित्य, भूमिका, पृ. 50
69. वही, पृ. 54
70. वही, हिन्दी साहित्य, बीसवीं शताब्दी, विज्ञप्ति, पृ. 26
71. वही, नया साहित्य : नए प्रश्न, पृ. 15
72. वही, हिन्दी साहित्य : बीसवीं शताब्दी, विज्ञप्ति, पृ. 26-27
73. आचार्य रामचन्द्र शुक्ल : चिन्तामणि-II, पृ. 171-172
74. F.L. Lucas : Literature and Psychology, p. 100

4. साहित्यिक अभिरुचि : सांस्कृतिक पहलू

4.1 साहित्यिक अभिरुचि के उत्कर्ष की सांस्कृतिक आधारभूमि

सर्जक और ग्राहक साहित्यिक अभिरुचि का मूल प्रेरणास्रोत सामाजिक जीवन की गतिविधि है जो अभिरुचि को निर्धारित करती है। मनुष्य की भौतिक यथार्थवादी चेतना, सामाजिक जीवन की सभी दिशाओं को प्रेरित और उद्बुद्ध करती है। सहज ही वही साहित्य की प्राणधारा की प्रतिष्ठा करनेवाली है। मानक साहित्य ही भौतिक जीवनशक्ति को उत्तरोत्तर ऊँचे धरातल पर ले जाने की निरन्तर साधना करता है। उस साधना में महत्त्वपूर्ण योग देनेवाला एक तत्त्व सांस्कृतिक चेतना है। सांस्कृतिक चेतना के विकास के साथ-साथ साहित्यिक अभिरुचि की भी नई दिशाओं में प्रसार हो रहा है।

व्यक्ति की साहित्यिक अभिरुचि उसकी उच्चस्तरीय सांस्कृतिक संस्कारिता का द्योतक है। इसीलिए प्राचीन काल से ही समाज में साहित्यिक अभिरुचि को विशेष मान्यता मिलती आई है। लेकिन आजकल साहित्य और कलाओं में लोगों की अभिरुचि कम होती जा रही है। कुछ लोगों का कहना है कि नए जीवन की नई यथार्थता में इस तरह हो जाना स्वाभाविक ही है। कल्पना-प्रधान साहित्य में भावुक और रोमांटिक सामाजिक वर्गों की ही अभिरुचि हो सकती है। आज ज्ञान-विज्ञान की उन्नति, औद्योगीकरण और प्रजातन्त्र की भावना ने परम्परागत सांस्कृतिक मूल्यों को ज़ोरदार धक्का देते हुए आधुनिक जीवन को पूरी तरह बदल डाला है जिससे आधुनिक मनुष्य की दृष्टि विशेष यथार्थोन्मुख हो गई है। इसीलिए नए जीवन और नई दृष्टि से प्रभावित लोगों में, विशेषकर औद्योगीकरण से सम्बन्धित लोगों में, साहित्य के प्रति कोई आकर्षण ही दिखाई नहीं देता। लेकिन इस तरह कहनेवालों को समझना चाहिए कि साहित्य मन की कोरी कल्पना नहीं है और न साहित्यिक अभिरुचि हृदय की भावुकता ही है। यदि आज जीवन की परिस्थितियाँ बदल गई हैं तो आधुनिक साहित्य भी नई परिस्थितियों के अनुसार आगे बढ़ने में प्रयत्नशील है। आज ज्ञान-विज्ञान की उन्नति ने मानव जीवन को सत्यान्वेषण में जो नई दृष्टि दी है, औद्योगीकरण ने जीवन की

यथार्थता का जो नया बोध दिया है तथा प्रजातन्त्र की भावना ने व्यक्ति एवं समाज के सम्बन्धों का जो नया आदर्श सामने रखा है, उनसे आधुनिक साहित्य अप्रभावित नहीं है। साथ ही साहित्य अपनी कलात्मक और सांस्कृतिक दृष्टि से जीवन के इन नए मूल्यों को असन्तुलित होने से बचाने का प्रयत्न भी कर रहा है। आज पाठकों की साहित्यिक अभिरुचि यथार्थोन्मुख हो गई है, किन्तु साहित्य की लम्बी कलात्मक एवं सांस्कृतिक परम्परा के साहचर्य में वह संवेदनशीलता, सौन्दर्य भावना और सांस्कृतिक चेतना से यथासम्भव अविच्छिन्न है। इसीलिए साहित्यिक अभिरुचि औद्योगिक जीवन की कठोर यथार्थता में सरसता का संचार कर सकती है, वैज्ञानिक सत्यान्वेषण को मानवीय दृष्टि दे सकती है और प्रजातन्त्रात्मक सामाजिक जीवन में सांस्कृतिक संस्कारिता का विकास कर सकती है। यह कहना सही नहीं है कि आधुनिक काल केवल भौतिकवादी है। भौतिक परिवेश में नई सांस्कृतिक चेतना का विकास हो रहा है जिसका प्रभाव साहित्य सर्जना और ग्राहक अभिरुचि पर लक्षित होता है। संस्कृति का युगानुरूप परिवर्तन होता रहता है तथा साहित्यिक अभिरुचि उससे सम्बद्ध होकर नया रूप ग्रहण करती है।

संस्कृति से साहित्यिक अभिरुचि के विकास में सहयोगी रूप में कुछ अन्य तत्त्वों का योगदान भी उल्लेखनीय है। काव्यानुभूति को शुद्ध ईस्थटिक या रसात्मक माननेवाले पाश्चात्य और भारतीय आचार्यों को भी स्वीकार करना पड़ता है कि काव्य-साहित्य के सांस्कृतिक परिवेश के बिना वह अनुभूति सम्भव नहीं है। संस्कृति अनुभूति का उद्दीपक ही नहीं, आधार भी है। सांस्कृतिक भिन्नता में अनुभूति की तीव्रता और गहराई के अभाव का यही कारण है। साहित्यिक सौन्दर्य और भावोन्नति के मूल में सांस्कृतिक चेतना क्रियाशील होकर सर्जक एवं ग्राहक साहित्यिक अभिरुचि को प्रभावित करती है।

दूसरी बात है कि काव्य-साहित्य की अनुभूति को सार्वजनीन और सार्वभौमिक कहा जाता है। उस अनुभूति के लिए वर्गीय सांस्कृतिक संस्कारों तथा देश या जाति से ऊपर उठना आवश्यक समझते हैं। उसी दृष्टि से पाठक की सहृदयता और उदार चेतना पर बल दिया जाता है। जब संस्कृति को रूढ़ संस्कारों पर आधारित न मानकर मानव मन की भावात्मक एवं वैचारिक संवेदनशीलता का प्रौढ़ विकास मानते हैं तथा सभी रूपों में मनुष्य की स्पन्दनशीलता से उसका सम्बन्ध जोड़ते हैं, तब काव्य-साहित्य की सार्वजनीनता और सार्वभौमिकता की अर्थवत्ता स्पष्ट हो जाती है तथा उसमें संस्कृति की भूमिका का बोध होता है। फिर भी शताब्दियों से बद्धमूल सांस्कृतिक संस्कार कभी-कभी साहित्यिक अभिरुचि और अनुभूति में प्रतिकूल प्रतिक्रिया उत्पन्न

कर सकते हैं। उदाहरण के लिए रामायण, महाभारत, पुराण आदि शिक्षित एवं अशिक्षित अधिकांश लोगों के मन में रूढ़ भाव-विचारों के विरुद्ध रचना करने पर उसे पाठक सहृदयता के साथ स्वीकार नहीं करता। रचना की श्रेष्ठता से प्रभावित होने पर भी मन के किसी कोने में संकोच बना रहता है। हेतुवादी आधुनिक दृष्टि से इन प्राचीन काव्य-तत्त्वों में दोष-निरूपण कर सकते हैं। लेकिन सांस्कृतिक परम्परा के प्रभाव को दूर नहीं कर सकते। इसीलिए कुछ समीक्षक विद्वानों का विचार है कि साहित्य के क्षेत्र में पाठक के पसन्द-नापसन्द के मूल में संस्कृति की भी अपनी भूमिका होती है।

सामाजिक जीवन की उचित एवं उदार व्यवस्था में ही सांस्कृतिक चेतना का विकास और उत्कर्ष सम्भव है। उस स्थिति में साहित्य-सर्जना और ग्राहक अभिरुचि चरमसीमा पर पहुँच जाती हैं। तब कालजयी कलाकृतियों तथा उदात्त क्लासिकल साहित्य की सृष्टि होती है। संसार के सभी भाषा-साहित्यों में यह विशेषता देखी जा सकती है। प्राचीनकाल में ही ऐसा होता हो, यह बात नहीं है। ह्रासोन्मुख मध्यकाल में भक्ति आन्दोलन के नवजागरण में तथा आधुनिक काल के नवीन चिन्तन में सामाजिक तथा सांस्कृतिक नई चेतना उद्‌बुद्ध होकर सर्जना और साहित्यिक अभिरुचि के उदात्त उदाहरण मिल जाते हैं। सांस्कृतिक चेतना के प्रसार में घातक परिस्थितियों, तत्त्वों तथा दृष्टिकोणों के कारण साहित्यिक अभिरुचि में जो अवरोध उत्पन्न हुए हैं, उन पर आगे विचार होगा।

साहित्यिक अभिरुचि के सांस्कृतिक पहलू को समग्र रूप से समझने के लिए कालक्रम में दोनों की परिवर्तनशीलता का आकलन आवश्यक है। संस्कृति के व्यापक स्वरूप और अभिरुचि पर उसके गहरे प्रभाव का बोध भी जरूरी है। जैसा पहले संकेत किया गया है, इस सन्दर्भ में मानसिक उदारता, मानवीय संवेदनशीलता तथा समन्वयशीलता संस्कृति के आन्तरिक तत्त्व हैं। साहित्य और संस्कृति के सम्बन्ध में दृष्टिकोण का परिवर्तन दूसरा धर्म है। तीसरा आयाम संस्कृति की अवधारणा को व्यापक बनाना है। मैथ्यू आर्नाल्ड का कहना है कि भाषा-साहित्य का ज्ञान बिलकुल जब तक न हो, पाठक की दृष्टि संकुचित रहती है। हमें व्यापक दृष्टि के साथ विश्व साहित्य की पृष्ठभूमि पर अपने साहित्य का अनुशीलन करना चाहिए। विभिन्न संस्कृतियों और साहित्यों के अध्ययन से ही ग्राहक अभिरुचि व्यापक बनती है। साहित्यिक अभिरुचि के विकास में संस्कृति की और भी अनेक विशेषताओं का योग विस्तृत अनुशीलन का विषय है।

4.2 साहित्यिक अभिरुचि के सन्दर्भ में सांस्कृतिक पहलू का निरूपण

संस्कृति और उसके तात्विक स्वरूप के सम्बन्ध में विद्वानों के विचारों में बहुत मतभेद है। उन विचारों की उलझन में न फँसकर केवल उन विचारों का निर्देश किया जाएगा जिनका साहित्यिक अभिरुचि से प्रत्यक्ष सम्बन्ध है। दार्शनिक चिन्तन, राजनीतिक एवं सामाजिक व्यवस्था से लेकर प्राकृतवाद, अस्तित्ववाद और साम्यवाद तक के सम्यक समीक्षकों ने अपनी-अपनी मान्यताओं के अनुसार संस्कृति की व्याख्या की है। इनमें प्राकृतवादियों ने संस्कृति को अचेतन मन की कामवासनाओं का परदा मानकर उसका चीर-फाड़ कर काव्य-साहित्य में मन के नग्न रूप का उद्घाटन किया है।

प्रचलित अर्थ में सामान्य रूप से संस्कृति संस्कारिता का द्योतक है। मानव जीवन के हर एक पहलू में कुछ न कुछ संस्कारिता का आभास मिलता है। उसका गुणात्मक और मात्रात्मक अन्तर वर्ग, वर्ण, जाति और व्यक्ति की मानसिक चेतना पर निर्भर करता है। व्युत्पत्ति की दृष्टि से "संस्कृति शब्द सम् उपसर्ग के साथ संस्कृत की कृ धातु से बनता है, जिसका मूल अर्थ साफ या परिष्कृत करना है।"[1] कुछ विद्वान कृ धातु से पूर्व सम् उपसर्ग और उसके बाद क्तिन् प्रत्यय के योग से संस्कृति शब्द की व्युत्पत्ति मानकर उसका अर्थ भूषण या शोभायुक्त सम्यक कृति या कार्य कहते हैं। संस्कृति शब्द का प्राचीन प्रयोग यजुर्वेद (7-14) और ऐतिरेय ब्राह्मण (6-5-1) में मिलता है। आधुनिक काल में अंग्रेजी शब्द 'कल्चर' के लिए हिन्दी साहित्य में संस्कृति शब्द का प्रयोग किए जाने पर उसका अर्थ व्यापक तथा कुछ परिवर्तित हो गया है।

भारतीय वाङ्मय में वेद, वेदांग, उपनिषद्, स्मृति ग्रन्थ, अनेक शास्त्र आदि का प्रणयन हुआ था। लेकिन संस्कृति का शास्त्रीय विवेचन नहीं मिलता। इसका कारण यही हो सकता है कि भारतीय धार्मिक, आध्यात्मिक और धार्मिक ग्रन्थ, भौतिक से मानसिक और उससे आत्मिक स्तर पर ले जानेवाले क्रमशः ऊर्ध्वगामी उन्नति एवं प्रसार के साधन हैं। यही संस्कृति, साहित्यिक अभिरुचि और अनुभूति की प्रक्रिया, साधना तथा लक्ष्य है। सभी मार्गों में अन्तिम परिणति आनन्द एक ही हो जाने से 'रसो वै सः' की उक्ति चरितार्थ हो जाती है। भारतीय साधना की चर्चा के सन्दर्भ में धार्मिक सोलह संस्कारों को संस्कृति के अंग समझने की गलतफहमी नहीं करनी चाहिए। संस्कार (धार्मिक या सामाजिक) और संस्कृति समानार्थक नहीं हैं। बहुत से संस्कार बहिर्मुखी हैं और संस्कृति से उनका प्रत्यक्ष या अप्रत्यक्ष सम्बन्ध नहीं है।

पाश्चात्य देशों में कल्चर की व्याख्या भारतीय दृष्टिकोण से कुछ भिन्न प्रकार की और अनेकार्थी है। प्राचीन पशु-पालन के समय से आधुनिक विज्ञान एवं चिकित्सा शास्त्र तक कल्चर की प्रक्रिया होती रही है। साहित्य के क्षेत्र

में कल्चर शब्द का पहली बार प्रयोग अंग्रेजी के प्रसिद्ध निबन्धकार और चिन्तक फ्रांसिस बेकन ने किया है। कल्चर का प्रथम विस्तृत अध्ययन मैथ्यू आर्नाल्ड ने अपनी पुस्तक 'संस्कृति और अराजकता' (कल्चर एंड एनार्की–1869) में किया है। उनके अनुसार समाज के तीन वर्ग हैं–(क) बर्बर या असंस्कृत उच्चवर्गीय लोगों का समूह जिनमें स्पिरिट, गम्भीरता, विशिष्ट आचार-व्यवहार होने पर भी नए भाव-विचारों से दूर रहते हैं। (ख) उदार चेतन वर्ग (फिलिस्टैन्स) है जो धार्मिक संस्कारों से अनुशासित न होनेवाले कठोरचेता हैं, अपार शक्ति और नैतिकता सम्पन्न हैं, पर उनमें मधुर भावना एवं आलोकमयता पर्याप्त नहीं है। (ग) सामान्य जनता है जिनके विचार अभी कच्चे हैं जो आलोक से दूर हैं। आर्नाल्ड उच्च संस्कृति के समर्थक हैं जो अपने रूढ़ भाव-विचारों तथा आचार-व्यवहार पर नए चिन्तन की आलोकमयी धारा प्रवाहित करना चाहते हैं। ऐसा लगता है कि आर्नाल्ड की सांस्कृतिक दृष्टि में सौन्दर्य, बुद्धिमत्ता और परिपूर्णता को अधिक महत्त्व दिया गया है। संस्कृति के विकास के लिए संसार में जो उत्तम विचार सोचे और कहे गए हैं, उनका ग्रहण आवश्यक है। रेमण्ड विलियम्स अपने निबन्ध 'कल्चर' (1958) में आर्नाल्ड के विचारों का विरोध करते हुए लिखते हैं कि सर्वोच्च विचारधारा का प्रतिपादन नहीं, साधारण की अभिव्यंजना है। उनके अनुसार हम कल्चर शब्द का प्रयोग दो अर्थों में करते हैं–(अ) जीवन का समग्र जीवन विधान अर्थात् उसकी व्यवहार-विधि और आचार-व्यवस्था। (आ) कलाएँ और शिक्षा जिनसे अनुसन्धान (अन्वेषण) तथा सर्जनात्मक प्रयत्न की विशेष प्रक्रियाएँ विकसित होती हैं।[2] ऑक्सफोर्ड शब्दकोश के अनुसार कल्चर के ये अर्थ हैं–मस्तिष्क का प्रशिक्षण और सुसंस्कृत करना, अभिरुचियाँ और व्यवहार की रीति-नीति, उस तरह प्रशिक्षण एवं संस्कारिता की स्थिति, सभ्यता का बौद्धिक पक्ष, संसार में ज्ञात और कथित के सर्वोत्कृष्ट से परिचित होना।[3] कलाओं के पाश्चात्य विश्वकोशों में कल्चर पर विचार साहित्यिक अभिरुचि के साथ संस्कृति के सम्बन्ध को सूचित करता है। कल्चर समाज से प्राप्त विरासत है। उसके तत्त्व हैं–परम्परागत कलाएँ, काव्य-साहित्य, नए भाव-विचार, आचार-व्यवहार, जीवन का विकास-प्रसार भाषा तथा धार्मिक विश्वास। उनके साथ भौतिक उपादानों, व्यक्ति मन और बुद्धि का क्रियाशील योग होता है। जिस समाज में व्यक्ति का जन्म होता है, उस समाज के तत्त्वों के साथ व्यक्ति मन के योग और प्रतिक्रिया से संस्कृति का स्वरूप निर्धारित होता है। नागरिक, ग्रामीण और आदिवासी संस्कृतियों में अन्तर दिखाई देता है। एक ही देश में सामाजिक समुदायों में धर्म, वर्ग, भाव-विचारों और विश्वासों के कारण सांस्कृतिक भिन्नता सम्भव है।[4] यह संस्कृति की व्यापक व्याख्या है जिसके

कुछ मुद्दों का ही साहित्यिक अभिरुचि से प्रत्यक्ष सम्बन्ध रखते हैं। आजकल पुरातत्व शास्त्र, नृ-विज्ञान, ईस्थटिक्स आदि अपने-अपने ढंग से संस्कृति तथा कलाओं एवं काव्य-साहित्य पर उसके प्रभाव का आख्यान कर रहे हैं। संस्कृति का काव्य-साहित्य के परिवेश तथा अन्तरंग के तत्त्व के रूप में निरूपण ही हमारा आलोच्य विषय है।

समाज में संस्कृति को सभ्यता, शिष्टाचार, फैशन आदि समझनेवालों का अभाव नहीं है। 'हिन्दी साहित्य कोश' के अनुसार "सभ्यता से तात्पर्य उन आविष्कारों, उत्पादन के साधनों एवं सामाजिक-राजनीतिक संस्थाओं से समझना चाहिए, जिनके द्वारा मनुष्य की जीवन-यात्रा सरल एवं स्वतन्त्रता का मार्ग प्रशस्त होता है। इसके विपरीत संस्कृति का अर्थ चिन्तन तथा कलात्मक सर्जन की क्रियाएँ समझनी चाहिए, जो मानव व्यक्तित्व और जीवन के लिए साक्षात् उपयोगी न होते हुए उसे समृद्ध बनानेवाली है।"[5] मानव जीवन के आरम्भ से भौतिक सुख-समृद्धि के साधनों तथा सुविधाओं का अधिकाधिक विकास करना सभ्यता का लक्ष्य है। लौकिक, मानसिक और आत्मिक स्तरों पर परिमार्जन, चेतना की उन्नति तथा उदात्त की अनुभूति संस्कृति का साध्य है। सभ्यता के विकास के साथ संस्कृति का भी उत्कर्ष होता है। सभ्यता अपने प्रगतिशील परिवर्तनों में सौन्दर्य चेतना एवं संस्कृति का विकास करती है। उदाहरण के लिए नग्न मानव ने पत्रों, चर्मों और वस्त्रों को धारण करते हुए उन वस्त्रों को रंगीन एवं रमणीय रूप देते हुए अपनी सांस्कृतिक दृष्टि का परिचय दिया है—"चिर नग्न प्राण उनमें लिपटें, सुन्दरता का कुछ बढ़े मान।"[6] सभ्यता और संस्कृति से जीवन का बहिर्मुखी विकास होता है और इस तरह दोनों का सम्बन्ध सूत्र भी स्थापित हो जाता है।

शिष्टाचार (एटिकसी) मानव का मानव के साथ क्रोध, ईर्ष्या, द्वेष आदि से रहित सौजन्यपूर्ण और सद्भाव का व्यवहार है। इसे कुछ विद्वान सभ्यता का ही अंग मानते हैं तो कुछ उसे मानवता के व्यंजक रूप में संस्कृति से भी जोड़ते हैं। लेकिन शिष्टाचार के नाम पर मनुष्य कई बार अपनी प्रतिकूल भावात्मक प्रतिक्रियाओं को छिपा या दबा भी लेता है। उसे व्यवहार की स्वतन्त्र सत्ता मानना ही उचित है। फैशन समय के अनुसार बदलनेवाले सौन्दर्यसूचक बहिर्मुखी रंग-ढंग के प्रसाधन हैं। शारीरिक आकर्षण और वस्त्र धारण के पता नहीं कितने साधन हैं जो सौन्दर्यवर्धक ही नहीं, कुरूपता के आच्छादक भी हैं। फैशन में कृत्रिमता और अनुकरण की मात्रा भी हो सकती है।

काव्य-साहित्य की पृष्ठभूमि परिस्थितियों के चित्रण में सभ्यता की विशेषताओं तथा प्रसिद्ध प्रवृत्तियों एवं लोकप्रिय कृतियों के अनुकरण में फैशन

की झलक मिल सकती है। लेकिन संस्कृति की तरह सभ्यता और फैशन का काव्य-साहित्य के साथ अन्तरंग घनिष्ठ सम्बन्ध नहीं है।

कलाएँ और उनका सौन्दर्य संस्कृति का प्रधान अंश है। सभ्यता के विकास के पूर्व पता नहीं कितने हजारों वर्ष के पूर्व आदिम मानवों ने पर्वतों की गुफाओं में अपने जीवन के रंगीन चित्रों को खींचा है जो आज भी सुरक्षित रूप में हैं। ज्ञात प्राचीनतम इतिहास में मोहनजोदड़ो और हड़प्पा के भग्नावशेषों से उस समय की वास्तुकला का आभास मिलता है। आर्य संस्कृति आश्रमों, तपोवनों, पर्णशालाओं और एकान्त प्रकृति की गोद में प्रकृति-सौन्दर्य के साहचर्य में जीवन सात्विक और उज्ज्वल था। वेद और उपनिषद् प्रधानतः आध्यात्मिक साधना एवं दार्शनिक चिन्तन का वाङ्मय होने पर भी उनमें उदात्त कथाओं की साहित्यिक झलक भी मिल जाती है। वेदों के अनुदात्त, उदात्त एवं प्लुत स्वरों के आरोह-अवरोह में कर्णप्रिय अपूर्व मधुरिमा थी। संगीतकार सामवेद से संगीत का विकास मानते हैं। शिव तांडव और पार्वती के लास्य में सारी सृष्टि आनन्दमय हो जाती थी। ईसा के पूर्व पाँचवीं शताब्दी से जैन और बौद्ध धर्मों के प्रचार में निर्वाण और शून्यवाद के प्रतिपादन के अतिरिक्त मानव जीवन के उदात्त मूल्यों को कथात्मक रूप दिया गया था। ईसापूर्व प्रथम शताब्दी में आदिकाव्य वाल्मीकि रामायण के साथ संस्कृत में काव्य-साहित्य की अविच्छिन्न परम्परा, साहित्यिक अभिरुचि तथा काव्यपाठ की समृद्ध धारा चल पड़ी थी। यहाँ यह बात स्मरण रखना चाहिए कि रामायण और महाभारत पाश्चात्य एपिक्स की तरह केवल वीरकाव्य न होकर भारतीय धर्म, जीवनमूल्य तथा संस्कृति के प्रतिपादक हैं। परवर्ती पुराण और महाभागवत उपर्युक्त दोनों क्लासिकल महाकाव्यों के पूरक ग्रन्थ हैं जो भक्तिमार्ग से मानव जीवन को परम सात्विक और सांस्कृतिक उत्कर्ष पर ले जानेवाले थे। इनमें नैतिक एवं अनैतिक दोनों वृत्तान्त मिलते हैं जो जीवन में द्वन्द्व तथा उत्थान-पतन के प्रतीक हैं। इन पुराणों में, विशेषतः भागवत में, श्रीकृष्ण का अपूर्व लीला-माधुर्य है जो विश्व साहित्य में अपूर्व है। मध्यकाल में सूरदास आदि कवियों ने इस माधुर्य की चरम स्थिति पर सांस्कृतिक चेतना में साहित्यिक अभिरुचि को गरिमा प्रदान की थी।

वैसे अशोक के समय से ही बौद्ध वास्तु और मूर्ति कलाओं का विकास होता आया था, लेकिन सौन्दर्य दृष्टि से उन्नति ईसा के पूर्व प्रथम शताब्दी के अजन्ता और एल्लोरा में दिखाई पड़ती है। वहाँ बाद को जैन और हिन्दू धर्म से प्रभावित रूप भी द्रष्टव्य है। ईसा के पूर्व ही शैव मन्दिरों और मूर्तियों में कलात्मक सौन्दर्य की अपूर्व व्यंजना है। मध्यकाल के बीच में कलात्मक साधना के श्रेष्ठ उदाहरण हैं—आन्ध्र के अमरावती भग्नावशेष, लेपाक्षी मन्दिर

की दीवारों पर चित्रकला एवं रामप्पा मन्दिर हैं; कर्नाटक में जैन बाहुबली विराट मूर्ति और होयसल कला के मन्दिर तथा नृत्य भंगिमाएँ; अन्ततः कोणार्क का सूर्य मन्दिर एवं भुवनेश्वर की नागरी शैली के मन्दिर हैं। भारत के अनेक प्रदेशों में कलाओं के सुन्दर उदाहरण कालगर्भ में लीन हो गए हैं। इन कलाओं के सन्दर्भ में चार बातें ध्यान देने योग्य हैं–(क) अधिकांश कलाकृतियों का सम्बन्ध धर्म से है। (ख) दक्षिण और उत्तर भारत के मन्दिर-निर्माण शैली भिन्न है। (ग) दक्षिण भारत के कर्नाटक और उत्तर भारत की हिन्दुस्तानी संगीत-कला में अन्तर है। (घ) रोमनों की चढ़ाई और बाद को ग्रीकों का भारत में बस जाने के बाद गान्धार मूर्ति कला पर पाश्चात्य प्रभाव पड़ा है। प्राचीन काल में भरतमुनि के नाट्यशास्त्र के आधार पर विकसित और दो कलाएँ नाटककला और नृत्यकला हैं। दोनों धार्मिक परिधि में आदर्शोन्मुख हैं। उन पर प्रादेशिक भिन्नताएँ और लोक-साहित्य की नाट्यकला और नृत्यकला का न्यूनाधिक प्रभाव अवश्य पड़ा है। इससे शैलियों और प्रस्तुति भिन्न होने पर भी उन कलाओं के विविध रूपों में आकर्षण और सौन्दर्य में कोई कमी महसूस नहीं होती। प्रत्युत उनकी विशिष्टता नवीन कलात्मक रमणीयता को व्यंजित करती है।

मध्यकाल की विशेषता भारत पर मुसलमानों की चढ़ाइयाँ, प्रथम कट्टर इस्लाम शासन एवं अत्याचार तथा परवर्ती मुगल शासन की अपेक्षाकृत उदारता है। भारत पर आक्रमण करनेवाले अन्य जातियों की तरह रोमांटिक मुसलमानों ने भारतीय समाज का अंग न होकर अपनी अलग सभ्यता और संस्कृति को सुरक्षित रखा था। भारतीय हिन्दू समाज और मुस्लिम धार्मिक समाजों के संघर्ष में पहले तो अस्मिता तथा संस्कृति का सवाल उपस्थित हुआ था। राजनीतिक दृष्टि से विजयनगर साम्राज्य, मराठा, राजपूत और सिक्ख राजा-महाराजा यथाशक्ति भारतीय धर्म और संस्कृति के पक्षधर रहे थे। भारत में मुसलमानों के आगमन और शासनकाल में कलाओं की विभिन्न शैलियों का विकास हुआ था जो प्रायः धर्म से सम्बद्ध थे। वैभव-विलास में शृंगार अधिक प्रबल होने पर भी धर्म से अतिक्रमण का प्रयत्न नहीं हुआ था। मुसलमान कलाओं का वैभव वास्तुकला के प्रसिद्ध अनेक मसजिदों, समाधियों, दुर्गों और ताजमहल में दिखाई देता है। उन पर रत्नजटित या सोना-चाँदी के बेल-बूटे चित्रकला के उदाहरण हैं। मुसलमानों ने अपने धर्म के विरुद्ध मानकर अनेक हिन्दू, जैन, बौद्ध और सिक्ख मन्दिरों तथा पवित्र निर्माणों का विध्वंस किया था। दक्षिण और उड़िया में बचे हुए मन्दिर और मूर्तियाँ, वास्तु और मूर्तिकला के उदात्त सौन्दर्य को प्रकट करते हैं। चित्रकला के क्षेत्र में नवीन शैलियों के दो उदाहरण राजूत और तंजाऊर की कलाकृतियाँ हैं।

संगीतकला के क्षेत्र में फारसी पद्धति के अतिरिक्त उत्तर भारत में तानसेन के द्वारा हिन्दुस्तानी संगीत तथा दक्षिण में त्यागराज के द्वारा संगीत को एक विशिष्ट विदग्धता प्राप्त हुई थी। पद-साहित्य के साथ संगीत एवं नृत्य के योग में कलाओं का त्रिवेणी संगम हुआ था, विशेषकर दक्षिण में। नाटककला राजसभाओं में प्रदर्शन तक सीमित थी। रासक्रीड़ा, प्रहसन आदि का साधारण जनता में अधिक प्रचलन था।

मध्यकालीन काव्य-साहित्य के क्षेत्र में संस्कृत के स्थान पर नवोदित प्राकृत भाषा-साहित्य में रचना अधिक लोकप्रिय हुई थी। संस्कृत में काव्य अवश्य लिखे गए थे, लेकिन उनसे अधिक श्रेष्ठ एवं मौलिक 'साहित्यदर्पण', 'रसगंगाधर' आदि काव्यशास्त्रीय ग्रन्थ थे। लोकभाषा प्राकृत में 'गाथा सप्तशती' की गाथाएँ अपनी प्राकृत नैसर्गिकता, रमणीयता तथा ध्वनिपूर्णता में अद्वितीय हैं। संस्कृत में अमरुक का एक-एक मुक्तक 'प्रबन्ध शतायते' कहा गया है। प्राकृत गाथाओं का महत्त्व उनसे कम नहीं है। मध्यकाल की परवर्ती अवधि में उत्तर भारत की भाषाओं का विकास हो गया था जिनमें राजसभाओं, काव्यगोष्ठियों तथा भजन-कीर्तन के लिए पदों और मुक्तकों की रचना प्रबल हो गई थी। दक्षिण की भाषाओं में साहित्यिक परम्परा की बद्धमूलता के कारण पूरे मध्यकाल में पदों एवं मुक्तकों के साथ-साथ प्रबन्ध भी लिखे गए थे।

मध्यकाल में भारतीय हिन्दू समाज रूढ़िग्रस्त और स्तब्ध हो गया था। इस्लाम की कट्टरता और अत्याचारों ने उसे झकझोर दिया था। उस स्तब्धता में से जागरण के कुछ प्रयत्न हुए थे। उस दिशा में उल्लेखनीय भक्ति आन्दोलन, सन्त और गोस्वामी तुलसीदास थे। भक्ति आन्दोलन ने हिन्दू जनता को रूढ़ियों से मुक्त आत्मचेतना जगाने का प्रयत्न किया था। सन्तों ने ज्ञान के आलोक में सरल एवं सात्विक जीवन बिताने का उपदेश देते हुए सिद्ध किया था कि हिन्दू-मुस्लिम भेदभाव और संघर्ष बाह्य आडम्बरों तथा रस्म-रिवाजों के परिणाम थे। वे सच्चे धर्म के प्रतीक नहीं थे। सूफी सन्तों ने हिन्दू कहानियों के प्रेमतत्व का प्रतिपादन किया था। उसका कुछ प्रभाव कृष्णभक्त कवियों पर अवश्य पड़ा था, लेकिन व्यापक समाज उस एकान्त साधना की ओर ज्यादा उन्मुख नहीं हुआ था। लोकनायक तुलसीदास ने रामकथा और रामराज्य के आदर्श को ग्रहण कर अपने 'मानस' के द्वारा सच्चे धर्म, दर्शन और आध्यात्मिकता का निरूपण करते हुए वर्णों और वर्गों की विषमता को दूर ही नहीं किया था, बल्कि हिन्दू समाज में समरसता स्थापित करने की साधना की थी। 'मानस' उत्तर भारत का धर्मग्रन्थ हो गया था। लेकिन पौराणिक वीर पुरुष की कथा मुसलमानों से टक्कर लेने और हिन्दू

अस्मिता की पूर्ण रक्षा में सफल नहीं हो सकी थी। शक्तिशाली मुस्लिम राजाओं के शासन और इस्लामी हठवादिता से संघर्ष व्यर्थ समझाकर मधुर भक्ति के कृष्णभक्त कवि अपने भावनालोक में तन्मय थे और हिन्दू समाज को उस भावनालोक में ले जाकर विह्वल कर दिया था। श्रीकृष्ण की लीलाओं में पारलौकिक अनुभूति के साथ भक्त अपनी अस्मिता तथा अस्तित्व की विशिष्टता को पहचानने में सफल हुए थे। मध्यकाल में हिन्दूधर्म को सुरक्षित रखने में कृष्णभक्ति का सबसे अधिक योगदान है। परवर्ती रीतिकाल में राधाकृष्ण के बहाने शृंगार लीलाओं की व्यंजना अवश्य हुई थी, लेकिन उन लीलाओं में माधुर्य की स्फूर्ति का अभाव नहीं था। साथ ही होली, फाग आदि पर्व-त्योहारों तथा लोक-जीवन की झलकों के साथ समन्वित होने में शृंगार लीलाओं में सौन्दर्य की एक नई दिशा भी मिली थी।

आधुनिक काल में ईसाई मिशनरियों और अंग्रेजी शासन ने चर्चों, मरियम माता एवं ईसा की मूर्तियों तथा राजभवनों के निर्माण में पाश्चात्य वास्तुकला और मूर्तिकला की विशिष्टता का परिचय अवश्य दिया था। लेकिन उससे अधिक व्यापक प्रभाव अंग्रेजी भाषा के माध्यम से विदेशी साहित्य, चिन्तन एवं दर्शन के प्रभाव का पड़ा था जो भारतीय परम्पराओं से बिलकुल भिन्न थे। इससे भारतीय संस्कृति और साहित्य में अमूल परिवर्तन तथा नया विकास हो गया था। काव्य-साहित्य के क्षेत्र में नई विधाएँ सामने आई थीं। साहित्य की यथार्थोन्मुखता ग्राहक अभिरुचि में बदल गई थी। नए चिन्तन ने भारतीय संस्कृति में नवजागरण को उद्‌बुद्ध किया था। सामाजिक रूढ़ियों के विरोध में हर एक प्रदेश में आन्दोलन आरम्भ हुए थे। समाज-सुधारकों में बंगाल के विद्यासागर, आन्ध्र के वीरेशलिंगम आदि अनेक नाम लिये जा सकते हैं। आध्यात्मिक एवं धार्मिक क्षेत्रों में रामकृष्ण परमहंस, विवेकानन्द, अरविन्द घोष, रमणमहर्षि आदि ने अपनी साधना और अन्तर्मुखी आत्मान्वेषण के द्वारा भारतीय धर्म, दर्शन और सांस्कृतिक चेतना को बहुत आगे बढ़ाया था।

कलात्मक और साहित्यिक चेतना, संस्कृति के इने-गिने महत्त्वपूर्ण अंशों में से है। इसलिए उसके इतिहास की संक्षिप्त रूपरेखा प्रस्तुत की गई है। ग्राहक साहित्यिक अभिरुचि के स्वरूप और उसमें परिवर्तनों को समझने में भी कलाओं और काव्य-साहित्यिक की चेतना की भूमिका है। उसके इतिहास के अनुशीलन से संस्कृति और साहित्यिक अभिरुचि का घनिष्ठ सम्बन्ध भी प्रकट होता है।

कलाओं और साहित्य के साथ संस्कृति का अन्तरंग सम्बन्ध ग्राहक अभिरुचि को निर्धारित करनेवाला प्रधान तत्त्व अवश्य है। पर जीवन के हर एक पहलू में संस्कृति और साहित्यिक अभिरुचि को मोड़नेवाले और भी अनेक

बिन्दु हैं जिनकी उपेक्षा नहीं की जा सकी। इनको दो वर्गों में बाँट सकते हैं। एक, बहिर्मुखी जीवन में मनुष्य की पतनोन्मुख संकीर्णता को दूर कर उसके व्यवहार को शिष्ट और मानवतावादी बनानेवाले तत्त्व हैं। दूसरा मानव की अन्तर्मुखी चेतना को पतनोन्मुख न बनानेवाले मन एवं आत्मा के समस्त गुण-धर्म और भाव-विचार हैं जो संस्कृति के अंग के रूप में अभिरुचि को प्रत्यक्ष प्रभावित करते हैं।

संस्कृति के देश सापेक्ष अनेक रूप हैं। आलोच्य विषय भारतीय संस्कृति की उन विशेषताओं से है जिन्होंने साहित्यिक अभिरुचि को प्रभावित किया है।

(अ) इनमें मुख्य सामाजिक संस्कार तथा पर्व-त्योहार हैं। ये धार्मिक; होली, फाग आदि प्राकृतिक ऋतु सम्बन्धी, अवतारवादी या बुराई पर अच्छे की विजय, लौकिक एवं कृषिसम्बद्ध आदि अनेक प्रकार के हैं। समाज रूढ़िग्रस्त होने पर भी इन उत्सवों में सामूहिक रूप में भाग लेते हैं तथा वे संस्कृति और अभिरुचि को प्रेरणादायी एवं स्फूर्ति प्रदान करनेवाले हैं।

(आ) भारतीय संस्कृति पाश्चात्य संस्कृति की तरह व्यक्तिवादी न होकर पारिवारिक है। पारिवारिक संस्कृति में दाम्पत्य भाव ही नहीं, बन्धु-बान्धवों के साथ आत्मीय सम्बन्ध भी सम्मिलित हैं। भारतीय जीवन के लक्ष्य धर्म, अर्थ और काम हैं। इनकी साधना में अन्तिम दोनों पहले से अनुशासित हैं तथा उनके आचरण एवं क्रिया-कर्म में पति-पत्नी दोनों सहवर्तिनी हैं। आजकल पाश्चात्य सभ्यता के प्रभाव से अर्थ और काम ही प्रधान हो गए हैं तथा धर्म बाह्य आडम्बर मात्र रह गया है। चतुर्थ पुरुषार्थ मोक्ष पारिवारिक धर्म से अलग व्यक्तिगत विषय है। इस सन्दर्भ में इलियट का यह कथन ध्यान देने योग्य है कि संस्कृति के विकास में परिवार का महत्त्वपूर्ण स्थान है—"जब परिवार अपना कार्य करना बन्द कर देता है, जब संस्कृति दान से विमुख हो जाता है, तब संस्कृति का अधःपतन होने लगता है।"[7]

(इ) पारिवारिक दाम्पत्य जीवन का आधारभूत संस्कार विवाह है जिसके आठ-दस रूपों का उल्लेख स्मृतियों में मिलता है। उनमें विवाह के पहले और बाद को प्रेम का सैद्धान्तिक विवेचन और काव्य-साहित्य में व्यंजना मिलती है। यह प्रेम रूप के आकर्षण, सौन्दर्य, वीरता, विपत्ति में उद्धार आदि पर आधारित और धर्मबद्ध है। पाश्चात्य विवाहों की तरह संवेगात्मक अनुभूति पर आश्रित तथा भावना या संवेग के मन्द होने पर पारिवारिक जीवन विच्छिन्न होनेवाला नहीं है। आध्यात्मिक, गान्धर्व, स्वयंवर, राक्षस आदि विवाह के अन्य रूप आजकल समाप्तप्राय होकर केवल धार्मिक प्राजापत्य ही प्रचलित है। विविध प्रदेशों, जातियों और वर्णों में प्राजापत्य विवाह के

रस्म-रिवाज़ भिन्न अवश्य हैं। लेकिन काम की तृप्ति और साहचर्यजन्य प्रेम के आनन्द के साथ प्राजापत्य सन्तान के द्वारा मानवता का विकास करनेवाला है। इसीलिए कालिदास ने कहा था कि "प्रजायै गृहमेधिनां।"[8] विवाह का यही अन्तिम फल है।

(ई) आध्यात्मिक साधना और दार्शनिक चिन्तन संस्कृति का अंग माननेवाले विद्वानों से लौकिक भौतिकतावादी समीक्षकों का मतभेद है। सांस्कृतिक तथा साहित्यिक दृष्टि का भौतिक एवं मानसिक दिशाओं में प्रसार पर्याप्त मात्रा में अवश्य दिखाई पड़ता है। अन्तर्मुखी साधना मन से परे सूक्ष्मतम स्तरों पर ले जाने पर भी उस सिद्धावस्था पर बहुत कम लोग पहुँच पाते हैं। साधारण व्यक्ति व्यावहारिक धर्म के आचरण से ही सन्तुष्ट रहता है। ऐसी स्थिति में संस्कृति और ग्राहक साहित्यिक अभिरुचि लौकिक चेतना तक सीमित मानना ही उचित है। आध्यात्मिक या पारलौकिक पहलू से आनन्द की अनुभूति के लिए उदारचेता संस्कारिता आवश्यक है।

(उ) संस्कृति और साहित्य का सम्बन्ध समाज से होने पर भी, व्यक्तित्व और उसके व्यक्तित्व की उपेक्षा नहीं हो सकती। व्यक्ति समाज का अंग होकर उसके उत्थान में क्रियाशील रहता है। विशिष्ट व्यक्तियों का वर्ग अपना ही पूरे समाज की संस्कृति को ऊर्ध्वगामी बनाता है। साहित्य का सर्जक और भावक विशिष्ट व्यक्तित्व-सम्पन्न ही है। चार पुरुषार्थों में अन्तिम मोक्ष व्यक्ति की अपनी साधना का फल है। पाश्चात्य देशों में व्यक्तिवादी अतिरेक ने व्यक्ति तथा समाज के सम्बन्ध-सूत्रों को विच्छिन्न कर दिया है।

(ऊ) मानव जीवन के सन्तुलित विकास को व्यवस्थित रखकर व्यक्ति की बहिर्मुखी और अन्तर्मुखी चेतना, संस्कृति तथा साहित्यिक अभिरुचि में योग देनेवाली चार अवस्थाओं में आश्रम-विभाजन है जो ब्रह्मचर्य, गृहस्थ, वानप्रस्थ तथा संन्यास हैं। इन अवस्थाओं में सांस्कृतिक और साहित्यिक दृष्टि क्रमशः सूक्ष्म और प्रौढ़ होती जाती है। कालिदास ने आश्रम व्यवस्था से मिलते-जुलते विचारों का, लौकिक दृष्टि से इस तरह प्रतिपादन किया है—

शैशवेभ्यस्त विद्यानां, यौवने विषयैषिणाम्।
वार्धके मुनिवृत्तीणां, योगेनान्ते तनुत्यजाम् ॥[9]

भारतीय संस्कृति ही नहीं, प्राचीन एवं मध्यकाल में साहित्य-सर्जना और अभिरुचि उन्हीं गुण-धर्मों से अनुप्राणित थे।

(ए) वर्गीय दृष्टि से संस्कृति और साहित्य का मूल्यांकन विवादास्पद है। आर्थिक स्थिति के अनुसार उच्चवर्ग आधुनिकता एवं फैशन को महत्त्व देता है; मध्यवर्ग चिन्तन एवं चेतना पक्षधर है तथा निम्नवर्ग जीवन की

आवश्यकता में लगा रहता है। अपने-अपने लक्ष्य की परिधि में ही संस्कृति और अभिरुचि का आभास मिलता है। इसमें कोई सन्देह नहीं है कि मध्यवर्गीय चेतना ही उच्च-स्तरीय है। समाज का दूसरा वर्गीकरण नागरिक, ग्रामीण, आदिवासी है। पहले की संस्कृति और साहित्यिक अभिरुचि संस्कारिता और सभ्यता से प्रभावित है। दूसरे में सरलता, ऋजुता और भावनाशीलता की प्रधानता है। तीसरा अपने भाव-विचारों को परम्परागत भाव-विचारों के माध्यम से प्रकट करता है। आजकल एक नई वर्गीय दृष्टि का प्रचलन लक्षित हो रहा है। आज तक के समस्त साहित्य को पुरुष की दृष्टि और अभिरुचि से रचित मानते हुए नारी के दृष्टिकोण से संस्कृति और साहित्य का आख्यान करते हुए सर्जना का प्रयत्न हो रहा है। इस पर पाश्चात्य नारी-मुक्ति-आन्दोलन का आंशिक प्रभाव लक्षित होता है।

(ऐ) समाज के वर्गीय विभाजन से जटिल वर्ण-व्यवस्था और जाति-पाँति के भेदभाव हैं। प्रथम शताब्दी के आसपास के स्मृतिकार मनु ने वर्ण-व्यवस्था को जन्मजात घोषित कर हिन्दू सामाजिक व्यवस्था में भेदभाव और विषमता उत्पन्न की थी। उनके पहले वर्ण व्यवसाय या पेशे के आधार पर थे तथा अनुलोम-विलोम वैवाहिक सम्बन्ध समाज में मान्य थे। वशिष्ठ का दलित (या वनवासी?) अरुन्धती के साथ विवाह इसका उदाहरण है। आज भी विवाह के बाद पुरोहित आदर्श पत्नी के रूप में अरुन्धती नक्षत्र को दिखाते हैं। कालक्रम में चतुर्थ वर्ण अनेक उपजातियों में विभक्त हो गया था। वर्णों और जातियों में स्पर्धा और स्वार्थ बढ़ गए थे। ऐसी स्थिति में मध्यकालीन समाज रूढ़िग्रस्त होकर सांस्कृतिक विकास के लिए कोई अवकाश नहीं रह गया था। एक लोकनायक तुलसी ने वर्ण, जाति तथा वर्गों में विभक्त हिन्दू समाज में आत्मीयता और समरसता स्थापित करने का प्रयत्न किया था। आजकल की राजनीति में मत पाने की दृष्टि से धर्म, वर्ण और जाति के आधार पर पता नहीं कितनी राजनीतिक पार्टियों का संगठन हो गया है। सांस्कृतिक पतनावस्था में उत्तम साहित्य-सर्जना अभिरुचि का विकास सम्भव नहीं है। केवल व्यक्तिगत प्रतिभा ही श्रेष्ठ साहित्य-सृष्टि करने में सफल हो पाती है।

नई सांस्कृतिक चेतना की प्रसारगामिता में दो घटकों का सम्मेलन होता है—मन में संचित परम्परागत सांस्कृतिक संस्कार तथा सामाजिक जीवन में अनुभूतियों से अर्जित संस्कारिता। राल्फ लिनटून के अनुसार, "संस्कृति परम्परागत अर्जित व्यवहारों तथा उनके परिणामों की समष्टि से किसी विशेष समाज के सदस्य व्यक्तियों को समान रूप से अनुभूत और सप्रेषित तत्त्व है।"[10] इस कथन में व्यक्ति के अर्जित संस्कारों से परम्परागत सांस्कृतिक घटकों पर ज्यादा बल दिया गया है। जिस तरह व्यक्ति के अचेतन मन की वासनाओं

के आदर्शीकरण से साहित्य-सर्जना और अभिरुचि सौन्दर्यमय रूप धारण करता है, उसी तरह संस्कृति के मूल में भी अनादिकाल से मानवजाति की संचित सांस्कृतिक चेतना क्रियाशील रहती है। संस्कृति और उससे प्रभावित साहित्य दोनों का चरम लक्ष्य विश्वमानव-कल्याण है।

4.3 प्रौढ़ सांस्कृतिक चेतना का विकास और साहित्यिक अभिरुचि का उदात्त धरातल

जीवन के बहुमुखी विकास में संस्कृति की अनेक दिशाओं में परिवर्तन होता रहता है। इसे दो वर्गों में बाँट सकते हैं—(क) युग की परिस्थितियों के अनुसार सहज परिवर्तन और (ख) विदेशी संस्कृतियों के प्रभाव से सम्पन्न परिवर्तन। दूसरे का प्रभाव कभी-कभी आमूल बदलनेवाला होता है जैसे आधुनिक काल में दिखाई देता है। सांस्कृतिक विकास और परिवर्तनों की प्रेरणा से साहित्य-सर्जना तथा ग्राहक अभिरुचि की दिशाओं का भी नया रूप लेना स्वाभाविक है। संस्कृति और साहित्य के विकास एवं परिवर्तन में एक ओर नई समस्याएँ उत्पन्न होती हैं तो दूसरी ओर उन समस्याओं से जूझने में नया आलोक भी गोचर होकर प्रगति का पथ बनता है। किसी युग में संस्कृति की अपूर्व उन्नति होने पर साहित्य-सृष्टि और अभिरुचि क्लासिकल उदात्तता के धरातल पर पहुँच जाने की सम्भावनाएँ हैं। वह उदात्तता लौकिक और आध्यात्मिक दोनों स्तरों की हो सकती है। पाठक की अभिरुचि के अनुसार उसका चयन और आस्वादन होते हैं।

सांस्कृतिक और साहित्यिक उदात्तता की अभिव्यक्ति में उत्पन्न होनेवाली प्रथम समस्या, परम्परा और नई दृष्टि के ग्रहण की है। पहले के हर एक युग में संस्कृति के कुछ नए मुद्दे तथा साहित्य की कुछ विशिष्ट रचनाएँ एक परम्परा का रूप ग्रहण करती हैं। परम्परावादी दोनों का विरोध इसलिए करते हैं कि परवर्ती नई दृष्टि चलती परम्परा से अधिक नवीन विकास नहीं करती। हर भाषा के साहित्य का विकास यह सिद्ध कर चुका है कि नया विकास परम्परा की उदात्तता से निम्न स्तर का नहीं है तथा उसके कुछ बिन्दु परम्परागत उदात्तता को आगे ले जानेवाले हैं। आजकल साहित्य के क्षेत्र में परम्परा और प्रयोग की बहुत चर्चा हो रही है। प्रयोग परम्परा से भिन्न और विकास का द्योतक अवश्य है। लेकिन प्रयोग मात्र को उदात्त नहीं माना जा सकता।

सांस्कृतिक और साहित्यिक उदात्तता की दूसरी समस्या पुराने और नये के द्वन्द्व की है। अंग्रेजी भाषा का एक अर्थ नए से भिन्न प्राचीन है। प्राचीन काल में सांस्कृतिक, कलात्मक तथा साहित्यिक दृष्टियों से उच्चतम वातावरण

है। भारत में भी प्राचीन के प्रति कुछ ऐसा ही मोह है तथा नए को अपनी श्रेष्ठता सिद्ध करने के लिए संघर्ष करना पड़ता था। स्वयं कालिदास को कहना पड़ा था—"पुराणमित्वेव न साधु सर्वं, न चापि काव्यं नवमित्यवद्यम।"[11] बाद को समकालीन श्रोताओं से अपनी रचना का अनुमोदन न मिलने पर भवभूति ने यह कहकर सान्त्वना प्राप्त की थी—"कालो ह्ययं निरवधिं विपुला च पृथ्वी।"[12] रोमांटिक प्रवृत्ति के विकास के सन्दर्भ में पाठकों द्वारा कविता के दुर्बोध होने की शिकायत पर वर्ड्सवर्थ ने कहा था कि कवि को अपनी रचना की स्वीकृति के लिए अनुकूल वातावरण की सृष्टि कर लेनी चाहिए। हिन्दी में भी छायावाद और प्रयोगवाद के जीवन-दर्शन, भावबोध तथा अभिव्यंजना को लेकर इस तरह आक्षेप किए गए हैं। संस्कृति, साहित्य और ग्राहक वर्ग की अभिरुचि की गतिशीलता के मूल तत्त्व को भुला देने पर पुराने एवं नए की समस्या उठती है।

मानव जीवन में परिवर्तन संस्कृति और साहित्य की पुरोगामी गतिशीलता को व्यक्त करता है। यह गति उनकी जीवन्तता और उदात्तता का प्रमाण है। संस्कृति तथा साहित्य कभी-कभी युग की परिस्थितियों के कारण ह्रासोन्मुख होने पर भी उनकी गतिशीलता अन्ततः प्रगतिशील ही होती है। मार्क्सवाद प्रगति को केवल भौतिक रूप में ही स्वीकार करता है। भौतिक विकास और उन्नति, संस्कृति और साहित्य के उदात्त विकास का अनिवार्य अवश्य है। लेकिन मानव मन-मस्तिष्क उस आधार पर अनेक उदात्त दिशाओं में प्रसार पना है। मानव जीवन की गतिशीलता पर दूसरी ओर आक्षेप आत्मवादियों या शाश्वततावादियों का है जो आत्मतत्व को ही अपरिवर्तनशील शाश्वत सत्य मानते हैं। तब संस्कृति और साहित्यिक अभिरुचि लौकिकता से मुक्त होकर आध्यात्मिक अर्थ में ही उदात्त मानी जा सकती है। शाश्वततावादी तथा परिवर्तनवादी विचारधाराओं का संघर्ष वैदिक युग से ही चल रहा है। मानव को दोनों में विद्यमान सत्यांश को ही लेकर जीवन में प्रगतिशील होना चाहिए।

जीवन के प्रति भारतीय दृष्टिकोण के अनुसार संस्कृति और साहित्यिक अभिरुचि बदलती गयी थी। प्राचीन काल में धर्म एवं आध्यात्मिक साधना ने संस्कृति को ऊँचे धरातल पर पहुँचाकर साहित्यिक अभिरुचि को प्रभावित कर उसे उदात्त बनाया था। मध्यकाल में वैभव-विलास और शृंगार ने दोनों को अपूर्व माधुर्य प्रदान किया था। उसी काल में भक्ति आन्दोलन ने संस्कृति और साहित्यिक अभिरुचि को सात्विकता का नया मोड़ देते हुए सगुण भक्ति की मधुर लीलाओं में अलौकिक सौन्दर्य और प्रेम भर दिया था। सूफी काव्य ने सृष्टि व्यापी अनन्त सौन्दर्य या प्रेम की संवेगात्मक तीव्र व्यंजना की थी।

रूढ़िग्रस्त मध्यकालीन सांस्कृतिक तथा साहित्यिक परम्परा में उपर्युक्त दोनों विशेषताएँ सांस्कृतिक तथा साहित्यिक अभिरुचि नई दिशाओं में ले जाने का प्रयत्न है। आधुनिक काल में उनके बिलकुल नये मोड़ और परिवर्तन प्रजातन्त्रात्मक राजनीतिक विचार, जीवन के सम्बन्ध में उन्मुक्त एवं उदार दार्शनिक विवेचन तथा वैज्ञानिक अनुसन्धान के कारण है। इससे संस्कृति और साहित्यिक अभिरुचि का अनेक नवीन दिशाओं में प्रसार ही नहीं हुआ है, वे भावना और कल्पना के स्थान पर चिन्तनशील होकर चिन्तनशील मानसिक धरातल पर पहुँच गई हैं। संस्कृति और साहित्यिक अभिरुचि के उत्थान-पतन का आधारभूत तत्त्व जीवन के प्रति दृष्टिकोण है।

प्रत्येक कालखंड और उसके युगों में समाज के जीवन-मूल्य देश, काल, वर्ग तथा व्यक्ति सापेक्ष होते हैं। उनको भौतिक, मानसिक और आध्यात्मिक तीन वर्गों में बाँट सकते हैं। प्रत्येक वर्ग में अनेक अंशों को लेकर मूल्यों की तालिकाएँ बनाई गई हैं। भौतिक, मानसिक तथा आध्यात्मिक मूल्यों के महत्त्व और वरीयता को लेकर मतभेद है। अधिकांश विद्वान उन्हें उत्तरोत्तर सांस्कृतिक चेतना के उत्कर्ष के रूप में मानते हैं। लेकिन मार्क्सवादी उसे स्वीकार नहीं करते हैं जिनकी दृष्टि में आध्यात्मिक मूल्य एवं चेतना पूँजीवादी कल्पना है। इन मतभेदों के बावजूद इतना मानना पड़ता है कि जीवन-मूल्य मानवीय तथा व्यापक अर्थ में नैतिक मान्यताओं तथा आदर्शों के आधार पर विकसित और समाज स्वीकृत हैं। मूल्यों के सम्बन्ध में अन्तिम निर्णय व्यक्ति-मन का होता है तथा उसमें व्यक्ति का दृष्टिकोण सक्रिय रहता है। मानव के दृष्टिकोणों और जीवन-मूल्यों में आन्तरिक सम्बन्ध है। संस्कृति और साहित्यिक अभिरुचि की उदात्तता में उच्चवर्गीय जीवन-मूल्यों का योगदान उपेक्षणीय नहीं है।

संस्कृति और साहित्यिक अभिरुचि दोनों का आधार धर्म है, जिसमें लौकिक और पारलौकिक दोनों पहलू समाविष्ट हैं। 'धृत्रधारेण' धातु से धर्म का अर्थ जीवन को धारण करनेवाला है। अर्थात् वह लौकिक जीवन-यापन का प्राणतत्त्व है। 'धर' धातु से उसका अर्थ जो शाश्वत रहनेवाला है। शाश्वत रहनेवाला नश्वर संसार न होकर सत्य या आत्मतत्त्व है। संस्कृति और साहित्य धर्म का आधार लेकर अपने-अपने विशिष्ट रूप में पल्लवित होकर प्रसार पाते हैं। संस्कृति अपने व्यापक रूप में साहित्य को विविध कोणों से प्रभावित कर उसके उत्कर्ष का कारण बनती है। साहित्य संस्कृति का एक पहलू या अंग मात्र है।

संस्कृति के संसर्ग में साहित्य सर्जना और अभिरुचि ने भारतीय आदर्शों के अनुरूप अत्यन्त उदार और व्यापक बनाया है। जीवन में आशावादिता

उसका मूल स्वर है। संघर्षमय जीवन में सदा बुराई पर अच्छाई की विजय होती है। हमारे प्राचीन और मध्यकालीन संस्कृत-प्राकृत सभी काव्य तथा नाटक सुखान्त ही हैं। पाश्चात्य साहित्य में संघर्ष का परिणाम निराशा और बुराई को विजय मिल जाती है। इसका कारण पाश्चात्य दृष्टिकोण यथार्थवादी और भारतीय दृष्टि आदर्शवादी होना है। प्राचीन एवं मध्यकालीन भारतीय साहित्य में नायक पराजित होकर 'ट्राजिक हीरो' नहीं हो सकता, भले ही उसमें कुछ मानसिक दुर्बलताएँ क्यों न हों। भारतीय काव्यशास्त्र में नायकों को चार वर्गों में बाँटा गया है जिसमें अन्तिम धीरोद्धत है। यह औद्धत्य अन्याय के प्रति क्रोध प्रकट करता है। वह नायक का विरोधी उस पर विजय पानेवाला नहीं है। धीरोद्धत का उदाहरण महाभारत का भीमसेन है, दुर्योधन नहीं है। आधुनिक काल में यह आशावादी आदर्श के स्थान पर पाश्चात्य दृष्टिकोण अपनाया गया है।

संस्कृति की उदात्तता उसकी संस्कारिता पर निर्भर करती है। साहित्यिक अभिरुचि की उदात्त चेतना उससे कहीं अधिक व्यापक और गहरी है। साहित्य के माध्यम से व्यक्ति परिवार, समाज, देश, संसार तथा जड़-चेतन तक आत्मीयता का सम्बन्ध स्थापित कर लेता है। मानसिक अनुभूति में उसकी गहरी पैठ मनोविज्ञान से टक्कर की है। लक्ष्य की दृष्टि से साहित्य का आदर्श 'वसुधैव कुटुम्बकम्' है। भारतीय नाटक का अन्तिम भरत वाक्य 'सर्वेजनाः सुखिनोभवन्तु' है। आध्यात्मिक दृष्टि से साहित्य साधना अद्वैत भावना पर ले जाकर अनेकता में एकता की स्थापना करती है—'एकं विप्राः बहुधा वदन्ति'। कामायनीकार ने लौकिक दृष्टि से वर्गों, वर्णों एवं शासक-शासित में विषमता दूर कर समता स्थापित करने के बाद श्रद्धा-बुद्धि, पुरुष-प्रकृति तथा सारी सृष्टि में समरसता स्थापित होने पर शान्ति और आध्यात्मिक आनन्द की प्राप्ति का प्रतिपादन किया है। संस्कृति भौतिक परिस्थितियों, सामाजिक जीवन तथा मानसिक भाव-विचारों का परिष्कार करती हुई साहित्य-सृष्टि एवं ग्राहक अभिरुचि को उदात्त बनाने में सहयोग देती है।

4.4 संस्कृति और साहित्यिक अभिरुचि की ह्रासोन्मुखता

समाज में सांस्कृतिक चेतना का प्रसार एवं उत्कर्ष, श्रेष्ठ साहित्य सृष्टि और ग्राहक अभिरुचि के विकास की प्राथमिक आवश्यकता है। प्राचीन एवं मध्यकालीन परिस्थितियों के साथ तुलना में आधुनिक काल में समाज के सभी वर्गों में शिक्षा पाने की आकांक्षा, मुद्रण यन्त्र के आविष्कार से पुस्तकें प्राप्त करने की सुविधा, सभी वर्णों में अपने अधिकारों की चेतना, मौलिक चिन्तन की नवीन दिशाएँ आदि ने संस्कृति और साहित्य की उन्नति की अनेक

अनुकूल दिशाओं को खोल दिया है। लेकिन संस्कृति और साहित्य के विकास में बाधक परिस्थितियाँ उत्पन्न हो गई हैं तो उनके अनुसन्धान और समाधान पर विचार करना चाहिए।

आधुनिक काल प्रधानतः विज्ञान और अर्थ का माना जाता है। उनका उचित-अनुचित प्रयोग एवं उपयोग अपने में स्वयं समस्या है। दोनों मानव जाति के लिए कल्याणकारी या विनाशकारी हो सकते हैं। इसके अतिरिक्त विज्ञान और अर्थ राजनीति एवं राजनीतिक दलों के औजार बन जाते हैं तो देश तथा समाज का अहित होना अनिवार्य है। इससे सन्तुष्ट न होकर राजनीति धर्म, वर्ग, वर्ण और जाति के नाम पर विषमता फैला रही है।

आज विज्ञान और औद्योगीकरण के द्वारा मानवीय चेतना का अपूर्व विकास हुआ है, इसकी सार्थकता न समझने के कारण उससे भौतिक सुख-समृद्धि ही जीवन का लक्ष्य हो गया है। आज विभिन्न देशों, समाजों, वर्गों और व्यक्तियों की स्पर्धा इसी भौतिक उन्नति के लिए है। इससे आधुनिक काल का सांस्कृतिक वातावरण कलुषित हो गया है। आज सांस्कृतिक संस्कारिता की ओर किसकी दृष्टि नहीं है। क्योंकि उसके बिना ही भौतिक समृद्धि के द्वारा ही नए समाज में सम्मान पाया जा सकता है। वास्तव में विज्ञान का लक्ष्य बुद्धि और विवेक का विकास करना है। बुद्धि के चैतन्य में जीवन के सभी पहलुओं को नया आलोक मिलता है। बौद्धिक चेतना का विकास, संस्कृति तथा साहित्यिक अभिरुचि के क्षितिजों को व्यापक बनाता है तथा नए-नए क्षेत्रों में उनकी पहुँच हो सकती है जो आधुनिक काल के पहले सम्भव नहीं थी। यह बौद्धिक प्रसार में मानवीय संवेदनशीलता, भावना, संवेगात्मक तीव्रता तथा कल्पनाशीलता कुछ मन्द पड़ जाती है। चन्द्रमा को लेकर आधुनिक काल के पूर्व जो कल्पनाशील भावनाएँ कविता में व्यक्त की गई हैं, आज सम्भव नहीं है। चन्द्रग्रह के सम्बन्ध में विज्ञान ने अनेक रहस्यों का उद्घाटन किया है। भावुक कवि भी दूर से चाँद के सौन्दर्य की व्यंजना कर सकता है, उसकी रहस्यमयता की अभिव्यक्ति नहीं। विज्ञान के चिन्तन ने काव्य-साहित्य में बौद्धिक संवेदनों और विचारोत्तेजन का नया आयाम जोड़ा है। संस्कृति और साहित्यिक अभिरुचि की मूलभूत प्रेरणा अनुभूति एवं भावना से चिन्तन की मानसिक क्रियाशीलता की ओर बढ़ रही है।

वाणिज्य-व्यापार सम्बन्धी सभी प्रकार की संस्थाओं का सांस्कृतिक चेतना और साहित्यिक अभिरुचि के विकास में कोई प्रत्यक्ष हाथ नहीं है। लेकिन आर्थिक व्यवस्था सामाजिक जीवन में विषमता उत्पन्न कर दोनों को ह्रासोन्मुख बना सकती है। आर्थिक दृष्टि से समाज के तीन वर्ग बनते

हैं—सम्पन्न, बुद्धिजीवी और श्रमिक। पहले को जीवन में सब भौतिक सुविधाएँ मिलती हैं। अधिक सम्पन्न होने की लालसा में उनके पास संस्कृति और साहित्य की ओर ध्यान देने की फुरसत नहीं है। इने-गिने इसके अपवाद हो सकते हैं। बुद्धिजीवी चिन्तक और लेखक होते हैं जो समाज में संस्कृति के उन्नयन के साथ साहित्यिक अभिरुचि को बढ़ावा देना चाहते हैं। लेकिन उनके पास जीविका चलाने के अतिरिक्त अपने अभीष्ट कार्य की सिद्धि के लिए आवश्यक साधन-सम्पत्ति नहीं है। श्रमिक वर्ग रोटी-कपड़ा-मकान की चिन्ता में ही डूबा रहता है। हर प्रदेश में कोई सरकारी संस्था या सांस्कृतिक-साहित्यिक समिति होनी चाहिए जो राजनीतिक दाँव-पेंच तथा वादीय दृष्टि से परे संस्कृति और साहित्यिक अभिरुचि के पक्षधर बुद्धिजीवियों को प्रोत्साहन दे। आर्थिक अन्तर से उत्पन्न विषमता, संस्कृति और साहित्य के लिए ही नहीं, पूरे समाज के लिए घातक सिद्ध हो सकती है। इस आर्थिक अन्तर को जहाँ तक हो सके, दूर करना शासन का कर्तव्य है। अन्यथा क्रान्ति की सम्भावना बढ़ जाती है। फ्रांस, रूस आदि देशों में क्रान्ति का कारण आर्थिक शोषण ही है। इस सन्दर्भ में यह ध्यान देने की बात है कि क्रान्ति के पहले बुद्धिजीवी चिन्तकों और लेखकों की रचनाओं ने परिवर्तन की भूमिका प्रस्तुत की थी। संस्कृति और साहित्यिक अभिरुचि की सन्तुलित तथा समरसतापूर्ण दृष्टि ही समाज में शान्ति की स्थापना करती हुई प्रगति का पथ प्रशस्त कर सकती है।

राजनीतिक क्षेत्र में अनेक सिद्धान्तों और वादों को लेकर संस्कृति तथा साहित्यिक संवेदना के सम्बन्ध में विवाद चल रहा है जिनका समाधान सम्भव नहीं लगता। इन विवादों में संघर्ष प्रधानतः साम्यवाद तथा प्रजातन्त्रात्मक दृष्टि का है। साम्यवाद संस्कृति का सम्बन्ध समाज की समष्टि चेतना से मानता है। प्रजातन्त्रात्मक दृष्टि में संस्कृति का केन्द्र व्यक्ति की संस्कारिता है। व्यक्तियों की साधना से विकसित संस्कृति समाज में व्याप्त होकर समष्टि रूप धारण करती है। साहित्यिक अभिरुचि पाठक की अपनी अनुभूति के आधार पर विकसित होकर उसके सामान्य तत्त्वों के संश्लेषण से समाज की अभिरुचि बनती है। सामाजिक अभिरुचि के नाम पर व्यक्ति की अभिरुचि पर नियन्त्रण करना या सब साहित्यकारों की रचना पर सामाजिक सामान्य साहित्यिक अभिरुचि को थोपना उत्तम साहित्य-सर्जना के लिए घातक सिद्ध होगा। साम्यवादियों के साथ मनोवैज्ञानिक भी स्वीकार करते हैं कि परम्परा तथा मानव जाति के अज्ञेय संस्कार, संस्कृति एवं साहित्यिक अभिरुचि दोनों सक्रिय रहते हैं; केवल व्यक्ति की अर्जित संस्कारिता उनका निर्धारक नहीं है। वाद-विशेष की हठवादिता से संस्कृति और साहित्य दोनों में विषम

खींचातानी होगी। इस सन्दर्भ में व्यक्ति और समाज के सम्बन्ध पर भी विचार करना चाहिए। व्यक्ति जन्म से ही अनेक सामाजिक मान्यताओं को अनजाने ही ग्रहण करता है तथा प्रतिभाशाली व्यक्ति अपने नए भाव-विचारों से सामाजिक जीवन का नया विकास करने का प्रयत्न करते हैं। इस ग्रहण और विकास के मूल में रूढ़मुक्त मानवतावादी दृष्टि होनी चाहिए जो तीनों में सम्बन्धसूत्र स्थापित करती है। तभी संस्कृति और साहित्यिक अभिरुचि फलती-फूलती हैं। राजनीतिक दृष्टि से विचार करते समय वाद-विवादों की उलझन के अतिरिक्त इस बात पर भी ध्यान रखना है कि राजनीतिक भ्रष्टाचारिता में फँसकर संस्कृति तथा साहित्यिक संवेदना पतनोन्मुख न हो।

औद्योगीकरण और वाणिज्य-व्यापार आधुनिक जीवन को, विशेषतः मध्यवर्गीय जीवन को आमूल बदलने का प्रयत्न कर रहे हैं। मध्यवर्ग की संख्या अधिक होने तथा पति-पत्नी सहित परिवार के सभी सदस्य कार्यालयों में काम करने के कारण नगरों-महानगरों में उनकी स्थिति अच्छी है। इसलिए भारतीय ही नहीं, अमेरिका एवं यूरोपीय देश अपने उत्पादन की वस्तुओं को रंगीन और आकर्षक बनाकर मध्यवर्ग के मन में मोह उत्पन्न कर रहे हैं। यह वर्ग सम्पन्न धनी वर्ग के समान दिखावट में लगे हैं तो नगरों का निम्नवर्ग भी मध्यवर्गीय जीवन के कुछ अंशों का अनुकरण कर रहा है। उत्पादन का यह विक्रय, संकेत-मनोविज्ञान की प्रक्रिया का उपयोग करते हुए पत्र-पत्रिकाओं, दूरदर्शन आदि में विज्ञापन के द्वारा होता है। ये सभ्यता और फैशन के नाम पर प्रचार पाते हैं। उदाहरण के लिए प्रसाधन की अनेक वस्तुओं को अपूर्व सौन्दर्यवर्धक घोषित किए जाते हैं। इस नकली सौन्दर्य को कलाओं एवं काव्य-साहित्य में नैसर्गिक सौन्दर्य चेतना की अभिव्यंजना समझने की गलतफहमी नहीं करनी चाहिए। सभ्यता के फैशन किसी भी अर्थ में संस्कृति के व्यंजक नहीं हो सकते। यह सब पूँजीवादी व्यवस्था का इन्द्रजाल है। केवल बुद्धिजीवी इन विज्ञापनों को विनोद के रूप में लेते हैं। पाश्चात्य सभ्यता और फैशनों का भारतीय जीवन पर प्रभाव इतना बढ़ गया है कि यौन सम्बन्धों में सात्विकता और स्थिरता का लोप होता जा रहा है। हम भूल गए हैं कि पाश्चात्य सभ्यता तथा संस्कृति व्यक्ति केन्द्रित है जबकि भारतीय संस्कृति धार्मिक पारिवारिक जीवन पर आधारित है। पहले में संवेगात्मक प्रेम का और दूसरे में दम्पति के शान्त साहचर्य का महत्त्व है। संवेगात्मकता के मन्द होने पर पाश्चात्य जीवन में नर-नारी के सम्बन्ध बदलते रहते हैं। नवीनतम भारतीय साहित्य में उन्मुक्त सेक्स और प्रेम का संवेगात्मक रूप अधिक झलकता है। यौन-सम्बन्ध तथा प्रेम के क्षेत्रों में व्यक्ति की पूरी स्वतन्त्रता है जब तक उसी को आदर्श मानकर दूसरे व्यक्तियों पर थोपने का प्रयत्न न हो।

आधुनिक काल में भारतीय संस्कृति और साहित्यिक अभिरुचि की ह्रासोन्मुखता के प्रधान कारणों में एक कारण जीवन-दर्शन या जीवन के प्रति दृष्टिकोण है। आज भारतीय जीवन का लक्ष्य शान्त आनन्दमय अनुभूति नहीं है। मनुष्य अधिकाधिक अर्थ कमाने के प्रयत्न में दौड़-धूप करते हुए विश्राम और शान्ति के लिए अवसर बहुत कम प्राप्त करता है। काम की व्यस्तता के बाद मनुष्य को जो कुछ समय मिलता है, उसमें उसका मन संस्कृति, साहित्य आदि गम्भीर विषयों की ओर न जाकर मनोरंजन चाहता है। आज पता नहीं मनोरंजन के कितने यान्त्रिक साधनों का आविष्कार होता जा रहा है। मनुष्य साहित्य को भी मनोरंजन के साधन के रूप में ही चाहता है। मनोरंजन न करनेवाले उच्च साहित्य से उसका कोई मतलब नहीं है। सांस्कृतिक संस्कारिता की ओर ध्यान न देने का यह परिणाम है। मनोरंजन की मानसिक दुर्बलता को दूर करने के लिए सांस्कृतिक कार्यक्रमों के लम्बे-चौड़े आयोजन किए जा रहे हैं। लेकिन यह विचारणीय है कि उनमें सामान्य जनता कितना सक्रिय भाग ले रही है। स्कूलों और कॉलेजों में जो साहित्य का अध्यापन हो रहा है, वह अर्थबोध और व्यंजना समझाने की दृष्टि से अधिक है; सौन्दर्य चेतना एवं रस-संवेदना विकसित करने का प्रयत्न कम होता है। घर में माता-पिता और परिवार इतना व्यस्त रहता है कि सांस्कृतिक और साहित्यिक चेतना की गुंजाइश नहीं रहती। आधुनिक आविष्कारों ने कलाओं और साहित्य का समाजीकरण तो किया है, पर उन्होंने कलाओं और काव्य-साहित्य की अनुभूति के लिए आवश्यक मानसिक सक्रियता तथा चेतना के विकास में अधिक सफल नहीं हुआ है। आधुनिक मनुष्य अपने अवकाश कें समय मानसिक श्रम करना ही नहीं चाहता इसलिए मानव मन निष्क्रिय मनोरंजन से सन्तुष्ट हो रहा है। साधारण जनता की ही नहीं, शिक्षितों की यही मनोवृत्ति हो गई है। ऐसा लगता है कि कर्मरत जीवन यात्रा के बाद कलात्मक अनुभूति के लिए मानव में मानसिक शक्ति शेष नहीं रह गई है। औद्योगिक जीवन में अपने हाथों से ही नहीं, अपने मन से ही काम लेने की आदत छूटती नहीं जा रही है। इसलिए आधुनिक मानव कलात्मक अनुभूति में भाग लेना नहीं चाहता, बल्कि वह दूसरों की अनुभूति से केवल निष्क्रिय मनोरंजन से सन्तुष्ट है। आज अधिकांश समाज साहित्य से सिनेमा, दूरदर्शन आदि की ओर उन्मुख होता जा रहा है। इसका प्रधान कारण यही है कि वहाँ ग्राहक की सक्रिय मानसिक कल्पना की आवश्यकता नहीं होती। सारांश यह है कि आधुनिक मानव कला की अनुभूति नहीं चाहता, उसका ग्राहक बनने की कोई माँग पूरा करने के लिए वह तैयार नहीं है। वह अवकाश की ऐकान्तिकता से ऊबकर केवल मनोरंजन चाहता है।

साहित्य के द्वारा मनोरंजन पाने की प्रवृत्ति केवल आधुनिक काल की ही विशेषता नहीं है। साहित्य के इतिहास पर दृष्टि डालें तो प्राचीन काल से ही उसकी लम्बी परम्परा का प्रमाण मिल जाता है। प्राचीन काल में वह वर्ग-विशेष तक ही सीमित था जबकि आधुनिक काल में मनोरंजन पूरे समाज का लक्ष्य-सा हो रहा है। प्राचीन काल के कलात्मक विनोद आलसी उच्च वर्ग के मनोरंजन से जुड़े थे। प्राचीन संस्कृत कवि राजाश्रय और सम्मान पाने पर भी उनकी रचनाधर्मिता आश्रयदाता के मनोरंजन से मुक्त स्वतंत्र थी। मध्यकाल में भक्ति आन्दोलन की तथा प्रेमप्रधान रचनाओं को छोड़कर शेष साहित्य-साधना उक्ति-चमत्कार, अद्भुतपन और अतिशयोक्तिपूर्ण कल्पना के द्वारा कविता के अन्य धर्मों के साथ मनोरंजन की सामग्री भी जुटाती थी। आधुनिक काल में काव्य-साहित्य की यथार्थोन्मुख और सामाजिक प्रवृत्ति के बावजूद उथली सभ्यता, काम-काज की व्यस्तता तथा जीवन की परिस्थितियों में मनोरंजक दृष्टिकोण बढ़ता जा रहा है। आज शिक्षा के व्यापक प्रसार में भी अच्छी रचना की हजार प्रतियाँ बहुत कम बिकती हैं। मनोरंजन की आकांक्षा तृप्त करनेवाले अनेक प्रकार के सस्ते मनोरंजक साहित्य की सृष्टि अधिक हो गई है। आज सामान्य समाज में साहित्य के अतिरिक्त अन्य यान्त्रिक साधन इतने बढ़ गए हैं कि व्यापक समाज श्रेष्ठ साहित्य से विमुख हो रहा है।

प्राचीन काल से आज तक जब सामाजिक और सांस्कृतिक परिस्थितियों के कारण जीवन के प्रति मनुष्य का हल्का दृष्टिकोण हो जाता है तो मनोरंजन की अभिलाषा उत्पन्न होती है। प्राचीन काल में भारतीय जीवन के आदर्श बड़े गम्भीर थे, इसलिए सस्ते मनोरंजन को हेय समझा जाता था। इसके बाद मध्यकाल में उच्चवर्गीय आभिजात्य के कारण मनोरंजक दृष्टि का विकास आरम्भ होने लगा था। उस वर्ग ने पुराणों से तथा सामाजिक जीवन में प्रचलित वीरपुरुषों और धार्मिक कहानियों से मनोरंजन की सामग्री जुटाकर धर्म की परिधि में अपनी विलासी दृष्टि को छिपा लेने का प्रयत्न किया था। जहाँ उच्चवर्ग ने अपने वैभव-विलास में जीवन के सौन्दर्य की पूरी उपेक्षा नहीं की थी, वहाँ उनकी रसिकता बिलकुल अस्वाभाविक नहीं लगती थी। पहले विलासिता और स्वाभाविकता का तुल्ययोग था। बाद को विलासिता की प्रवृत्ति बढ़ती गई थी। हिन्दू तथा मुसलमान दोनों सम्पन्न शासक एवं व्यापारी वर्ग मनोरंजन में डूबकर अपने धर्म और कर्तव्य को भूल गए थे। इनके आश्रित साहित्यकार ने अपनी रचना से मनोरंजन को ही अपना लक्ष्य बना लिया था। उच्चवर्ग की प्रबलता में भारतीय धर्म और संस्कृति मनोरंजक दृष्टि को रोकने में सफल नहीं हुई थी। आधुनिक काल के आरम्भ में पाश्चात्य शासन और

साहित्य के सम्पर्क में एक नई जागृति का विकास हुआ है जिसमें मनोरंजक चेतना ह्रासोन्मुख हुई है। लेकिन कालक्रम में जीवन की परिस्थितियाँ विशेष बदल जाने के बाद मनोरंजन केवल उच्चवर्गीय भावना न रहकर अधिकांश समाज में फैल गई है।

व्यापक समाज उत्तम साहित्य से विमुख होकर मनोरंजन के साधनों में लगा हुआ है और पूँजीवादी वर्ग उसके लिए सामग्री जुटा रहा है। इस काम में उसे व्यापारी दृष्टि से आर्थिक लाभ हो ही रहा है, वह इससे औद्योगिक जीवन को कुछ सरस बनाते हुए सामाजिक विद्रोह को रोक भी सकता है। आधुनिक काल में व्यापक पाठक समाज को पाकर साहित्यकार राजाश्रय से मुक्त हुआ ही है कि पूँजीवादी व्यवस्था ने उसे फिर परतन्त्र बना दिया है। आज के साहित्यकार सिनेमा आदि के कलाकार ही नहीं हो रहे हैं, बहुत से सस्ते साहित्य की रचना से ही जीविका चला रहे हैं। आर्थिक लाभ की दृष्टि से वे काव्य-साहित्य की अपेक्षा पत्रकारी रचना में लगे हैं। आज उच्च साहित्य व्यापक प्रसार पाने के लिए अपने आदर्शों से कुछ झुककर मनोरंजन करने का भी प्रयत्न कर रहा है। कलाओं और साहित्य से सच्चा प्रेम रखनेवाले सीमित वर्ग ही जीविका और लोकप्रियता की उपेक्षा कर कलाओं और साहित्य की साधना में लगे हैं। आधुनिक काल के पहले विलासी मनोरंजक काव्य-साहित्य में कलात्मक दृष्टि और अभिरुचि का ध्यान अवश्य रहता था। आज मनोरंजक साहित्य की यान्त्रिक उत्पत्ति में कलात्मक चेतना बिलकुल नहीं है। पहले वर्ग-विशेष तक सीमित मनोरंजक दृष्टिकोण आज अधिकांश समाज का लक्ष्य ही नहीं बन गया है बल्कि बहुत कुछ सस्ता भी हो गया है।

आज समाज के सभी वर्ग मनोरंजन चाहते हैं। सम्पन्न वर्ग समय काटने के लिए मनोरंजन चाहता है तो सामान्य समाज काम की व्यस्तता से क्लान्त होने के कारण। शहरों के उच्च शिक्षित भी सभ्यता के नाम पर जीवन की स्वाभाविकता को छोड़कर फैशनों के दिखावे के आडम्बर में लगे हुए हैं। शहरों की शिक्षा-दीक्षा गाँवों में पहुँचकर वहाँ के वातावरण को भी कलुषित कर रही है। आज सर्वत्र फैशन के कृत्रिम संस्कार और सभ्यता के नाम पर इस कृत्रिमता के साथ मनोरंजन की अभिलाषा भी बढ़ रही है। आधुनिक काल के गत पचास वर्षों के अन्दर धनी-दरिद्र, शिक्षित-अशिक्षित, नागरिक-ग्रामीण मनोरंजन की मानसिक दुर्बलता ने अपनी जड़ों को मजबूत बना लिया है। लोग आधुनिक जीवन को असह्य बोझ कहकर इस सस्ते मनोरंजन का समर्थन कर रहे हैं। उनकी दृष्टि में इस बोझ से मुक्ति अवकाश के द्वारा ही मिल सकती है और उस अवकाश की चरितार्थता मनोरंजन में है। अर्थ प्रधान

आधुनिक काल में अधिक श्रम करना पड़ रहा है तो सुधार का प्रयत्न अवश्य करना चाहिए। लेकिन श्रम को ही बोझ मानने से सामान्य जीवन की प्रगति सम्भव नहीं है। वास्तव में आज के जीवन की सबसे बड़ी दुर्बलता मानसिक अलसता है। मनुष्य उस स्थिति से बचने के लिए अधिकाधिक उत्तेजना चाहता है। साहित्य, कलाएँ, खेल-कूद, पत्र-पत्रिकाएँ, रेडियो-दूरदर्शन-सिनेमा आदि सब व्यस्त तथा आलसी दोनों वर्गों को न्यूनाधिक मात्रा में उत्तेजक मनोरंजन की घूँट पिला रहे हैं। जीवन की यथार्थता से विमुख होकर लोगों को इस प्रकार के काल्पनिक मनोरंजन में प्रवृत्त होने के कारण सामाजिक एवं सांस्कृतिक जीवन की गतिविधि क्रमशः ह्रासोन्मुख होती जा रही है। मनोरंजन की दुर्बलता वर्ग-विशेष की न होकर अधिकांश समाज में व्याप्त हो जाने से सांस्कृतिक विकास के लिए खतरा बढ़ जाता है।

संस्कृति का अंग होकर साहित्य उससे प्रेरणा एवं स्फूर्ति प्राप्त करता है तो साहित्य स्वयं आरम्भ से ही सांस्कृतिक संस्कारों का पोषक रहा है। किन्तु आज का मनोरंजक साहित्य सांस्कृतिक चेतना को गिरा रहा है। उसके व्यापक प्रचार के कारण ग्राहक समाज जीवन की स्वस्थ-अनुभूति से वंचित हो रहा है। व्यर्थ और हानिकारक इस साहित्य की सृष्टि में एक ओर मानसिक शक्ति का व्यय हो रहा है तो दूसरी ओर उससे जीवन की स्वाभाविक अनुभूति से विमुख, विकृत अभिरुचि का विकास भी हो रहा है। फलस्वरूप आज साधारण ग्राहक समाज में उदात्त क्लासिकल साहित्य की अनुभूति पाने की शक्ति समाप्त हो रही है। आधुनिक युग में मनोरंजक साहित्य की प्रवृत्ति इस हद तक बढ़ गई है कि उसे थोड़े समय तक बन्द कर दें तो लोग विकल हो उठेंगे। इस मनोरंजक साहित्य में विकृतियाँ, विशेषतः सेक्स सम्बन्धी, पाश्चात्य प्रभाव से अनेक रूपों में व्यक्त हो रही हैं। जीवन की स्वाभाविक अनुभूतियों में ऐन्द्रिय और मानसिक तीव्र उत्तेजना की ऐसी सम्भावनाएँ बहुत कम हैं।

मनोरंजन की लालसा और उसकी पूर्ति में विकसित सस्ते साहित्य के दुष्परिणामों को देखते हुए सहज ही यह प्रश्न उठता है कि आधुनिक सभ्यता और संस्कृति से प्रभावित इस विकृत साहित्यिक अभिरुचि का परिष्कार कैसे होगा? नई सभ्यता की दुर्बलताओं को दूर करने के लिए प्रायः प्राचीन संस्कृति के पुनरुद्धार पर जोर दिया जाता है। किन्तु इसमें सन्देह है कि ज्ञान-विज्ञान की उन्नति, औद्योगीकरण प्रजातन्त्र की भावना से उत्पन्न आधुनिक काल की नई परिस्थितियों को भुलाकर समाज में नवीन संस्कृति का विकास क्या किया जा सकता है? वास्तव में युग की नई परिस्थितियों के अनुसार सामाजिक एवं सांस्कृतिक भाव-विचारों का विकास ही मनुष्य को स्वस्थ दृष्टि

दे सकता है। नवीन युग की विकृत साहित्यिक अभिरुचि के सम्बन्ध में भी कहा जाता है कि प्राचीन क्लासिकल साहित्य का अध्ययन अभिरुचि का परिष्कार करेगा। लेकिन प्राचीन साहित्य की धार्मिक एवं सांस्कृतिक दृष्टि, नवीन यथार्थवादी चेतना को शायद ही मान्य होगी। इस कारण प्राचीन संस्कृति और साहित्य के आग्रह में लोगों का उत्साह नहीं रहेगा। वे नए जीवन और नई अभिव्यक्ति के लिए केवल प्रेरणा दे सकेंगे। इस सन्दर्भ में कुछ लोग जनवादी लोक-संस्कृति और लोक-साहित्य का आदर्श ग्रहण करना चाहते हैं। किन्तु नवीन शिक्षा और राजनीतिक चेतना में लोक-संस्कृति की जो परम्परा टूट गई है, उसे फिर चालू नहीं कर सकते। आज के वैज्ञानिक युग में लोक-संस्कृति के सरल आदर्शों से सामाजिक प्रगति सम्भव नहीं है। विज्ञान, औद्योगीकरण और प्रजातन्त्र के कारण सामाजिक जीवन में जो परिवर्तन हो गए हैं और होते जा रहे हैं, वे लोक-जीवन के मूल्यों की संकीर्ण परिधि में नहीं समाते। आज लोक-साहित्य की परम्परा जो टूटती जा रही है, वह इस बात का प्रमाण है कि नवीन जीवन-विधान में लोक-संस्कृति की परम्परा नहीं पनप सकेगी। सारांश यह है कि नए जीवन की प्रगतिशीलता की अनुभूति में सांस्कृतिक चेतना तथा साहित्यिक अभिरुचि के द्वारा ही मनोरंजन चाहनेवाली जीवन दृष्टि तथा विकृत अभिरुचि का परिष्कार हो सकेगा।

अच्छी साहित्यिक अभिरुचि मनुष्य के सामाजिक एवं सांस्कृतिक संस्कारों का विकास करती है। लेकिन संस्कारों का यह विकास प्रत्यक्ष रूप से नहीं होता। साहित्य मनुष्य की संवेदनशीलता को प्रभावित करता है जिससे जीवन में उसकी अनुभूति गहरी एवं व्यापक बनती है और उसके द्वारा अप्रत्यक्ष रूप से उसके व्यक्तित्व तथा संस्कारिता का विकास होता है। जब साहित्य के द्वारा मनुष्य के संस्कारों को प्रत्यक्ष रूप से प्रभावित करने का प्रयत्न किया जाता है तो उस कार्य में अधिक सफलता नहीं मिल सकती। क्योंकि मानव-मन अपने संस्कारों के विरुद्ध प्रत्यक्ष प्रचार का विरोध करता है। विद्यालयों में साहित्य की शिक्षा व्यक्ति के सामाजिक एवं सांस्कृतिक संस्कारों को प्रभावित करने की दृष्टि से ही दी जाती है। उदात्त से उदात्त साहित्य के द्वारा भी यह नहीं हो सकता। साहित्य की शिक्षा का लक्ष्य, साहित्य में सच्ची अभिरुचि उत्पन्न करते हुए मानव-मन के प्रसार के द्वारा व्यक्ति की चेतना को प्रभावित करने का होना चाहिए। विद्यालयों के बाहर सामाजिक वातावरण भी आजकल अच्छी अभिरुचि का विकास होने के अनुकूल नहीं है। विद्यार्थी मनोरंजन के लिए जो सस्ती रचनाएँ पढ़ रहे हैं, उनका प्रभाव अच्छी साहित्यिक अभिरुचि की समस्या को बहुत जटिल बना रहा है। आज मनुष्य की सहृदयता समाप्त हो जाने और उसके संस्कारों का स्तर गिर जाने

में नई सभ्यता का जितना हाथ है, उससे कम सस्ते साहित्य का नहीं है जो मनुष्य की सहज संवेदनशीलता और स्वाभाविक अनुभूति को कुंठित कर रहा है।

समाज में सांस्कृतिक संस्कारों का विकास होने के लिए साहित्यिक अभिरुचि व्यापक समाज के जीवन का अंग होना चाहिए। प्राचीन काल में साहित्य और कलाओं के साथ समाज का नित्य सम्पर्क रहता था। उस समय के मन्दिर, मूर्तियाँ, लोकगीत, लोककला के रूप, संगीत और साहित्य के समारोह आदि मनुष्य के दैनिक जीवन में संस्कृति, साहित्य और कलाओं के स्थान को स्पष्ट करते हैं। प्राचीन भारत में शिक्षित वर्ग ही नहीं, अशिक्षित साधारण समाज भी धार्मिक साहित्य के पाठ-प्रवचन तथा कलाओं के सम्पर्क में अपने संस्कारों का विकास कर लेता था। श्रव्य रूप में पुराण, नाटक, ऋतुगीत आदि अशिक्षितों की कलात्मक एवं साहित्यिक अभिरुचि को सन्तुष्ट करते थे। उसके बाद मध्यकाल में व्यापक समाज के जीवन के साथ कलात्मक और साहित्यिक अभिरुचि का प्रत्यक्ष सम्बन्ध नहीं रहा था। उस समय साहित्य और कलाओं का लक्ष्य, उच्चवर्ग का मनोरंजन हो गया था जिससे साहित्यिक प्रवृत्ति और ग्राहक अभिरुचि दोनों का स्तर गिर गया था। उच्च वर्ग में साहित्यिक अभिरुचि जीवन का अंग न होकर केवल विलासिता के पहलू को सन्तुष्ट करनेवाली थी। भक्ति आन्दोलन से सम्बद्ध साहित्यिक अभिरुचि इसका अपवाद था। मध्यकालीन साहित्यिक अभिरुचि वर्ग-विशेष की सम्पत्ति और संकीर्ण थी तो आधुनिक काल में अधिकांश समाज की अभिरुचि, शिक्षा के व्यापक प्रसार के बावजूद सन्तोषजनक नहीं है। साहित्य के प्रेमी सीमित सहृदय सब कालों और युगों में अवश्य थे और आज भी हैं। लेकिन व्यापक समाज के साथ साहित्य का सम्बन्ध क्रमशः कम होता गया है तथा इस सम्बन्ध-विच्छेद के साथ-साथ साहित्यिक अभिरुचि होती जा रही है। यदि व्यापक समाज के जीवन के साथ साहित्य एवं कलाओं का प्रत्यक्ष सम्बन्ध नहीं होता है तो सांस्कृतिक चेतना और संस्कारिता स्तरीय नहीं हो सकती। आज के जीवन में लोगों की संस्कारहीनता की शिकायत तभी दूर होगी जब व्यापक समाज के जीवन के साथ साहित्य का घनिष्ठ सम्बन्ध स्थापित होगा। अच्छी साहित्यिक अभिरुचि निम्नस्तरीय संस्कारों से मानवता को ऊँचा उठा सकेगी और उसकी सांस्कृतिक चेतना के विकास में सहायक भी होगी।

सन्दर्भ-संकेत

1. हिन्दी साहित्य कोश : प्रधान सम्पादक धीरेन्द्र वर्मा, भाग-1, संस्कृति, पृ. 868
2. Encyclopaedia Britanica, 2001, Culture

3. Oxford Dictionary, Culture
4. Encyclopaedia of the Arts : Edited by Dagobert D. Runes and Harry G. Schrickel—Culture, p. 267
5. हिन्दी साहित्य कोश : प्रधान सम्पादक धीरेन्द्र वर्मा, संस्कृति, पृ. 868
6. जयशंकर प्रसाद : कामायनी, ईर्ष्या सर्ग, पृ. 124
7. Eliot : Notes toward the definition of culture, p. 21
8. कालिदास : रघुवंश, प्रथम सर्ग
9. वही
10. Rolf lintoon : The Cultural background of Personality, p. 21
11. कालिदास : मालविकाग्निमित्रम्, अंक 1
12. भवभूति : मालतीमाधवम्, अंक 1

5. ग्राहक साहित्यिक अभिरुचि और समीक्षा

5.1 अभिरुचि, सर्जना और समीक्षा का सम्बन्धसूत्र

ग्राहक साहित्यिक अभिरुचि सैद्धान्तिक विचार-विमर्श का विषय है। उसका सम्बन्ध काव्यशास्त्र और सौन्दर्यशास्त्र से है। दोनों क्षेत्रों में वह काव्यानुभूति की प्रकृति उसके स्वरूप और प्रभाव को निर्धारित करती है। काव्य-रचना में अनुभूति के बिना पाठक की काव्य की ओर प्रवृत्ति ही नहीं होती। उसका मन जीवन के अन्य क्षेत्रों में लग जाता है। कभी-कभी वह मन बहलाने के लिए साहित्य की ओर उन्मुख होता है तो कविता या उच्चस्तरीय साहित्य की अपेक्षा मनोरंजक हल्की रचनाएँ पढ़ता है।

उच्च स्तरीय ग्राहक अभिरुचि सैद्धान्तिक विषय है तो साहित्य-सृष्टि उस अभिरुचि और प्रतिभा या कल्पना के योग में रचनात्मक व्यावहारिक रूप है। रचना में इन दोनों का ही नहीं, साहित्यकार की अपनी अभिरुचि में क्रियाशील होकर सर्जना में उसकी दृष्टि वस्तु-चयन तथा कथ्य एवं रूप-योजना में प्रतिफलित होती है। वास्तव में ग्राहक अभिरुचि और साहित्य-रचना का सम्बन्ध इससे कहीं आन्तरिक और गहरा है। जीवन-जगत के सौन्दर्य और मूल्यों के ग्रहण और उन्हें आत्मसात कर लेने में दोनों समानधर्मा हैं। इस कार्य में उनकी क्रियाशीलता बौद्धिक न होकर भावनाशील है। राजशेखर के शब्दों में पाठक और कवि दोनों के मन में भावयित्री प्रतिभा का होना आवश्यक है। एक की भावयित्री साहित्यिक अभिरुचि काव्य से आस्वादन में सक्रिय रहती है। दूसरे कवि की भावयित्री प्रतिभा-सौन्दर्य और जीवन-मूल्यों की भूमिका प्रस्तुत कर कारयित्री प्रतिभा को प्रेरणा प्रदान करती है। काव्य-साहित्य के क्षेत्र में ग्राहक अभिरुचि और साहित्य-सर्जना परस्पर सहयोगी और प्रेरणादायी हैं। साहित्यकार पाठक-समाज की अभिरुचि से प्रेरणा लेकर उनके मन के अनुकूल रचना करता है। दूसरी ओर प्रतिभाशाली साहित्यकार नई दिशा में प्रस्थान करते हुए पाठक-समाज की अभिरुचि को परिवर्तित एवं विकसित करता है।

काल-सापेक्ष साहित्य के विकास को कालखण्डों, युगों और प्रवृत्तियों में विभाजित किया जाता है। तीनों के मूल में परिस्थितियों की परिवर्तनशीलता है। परिस्थिति बदलने पर साहित्य-सर्जना की प्रवृत्ति और पाठक-समाज की अभिरुचि दोनों बदल जाती हैं। युगीन नवीन साहित्यिक अभिरुचि के विकास में साहित्यकारों

और पाठकों दोनों का योगदान रहता है। साहित्यिक प्रवृत्तियों के सम्बन्ध में भी यह बात लागू होती है। इस आधार पर हम किसी युग और उसकी प्रवृत्तियों के समान धर्मों, कलात्मक चेतना और अभिरुचि से अवगत होते हैं। कभी-कभी महान साहित्यकारों की प्रतिभा परिस्थितियों, प्रवृत्तियों और अभिरुचि से उठकर अपने कल्पना लोकों में विहार करने लगती है। ऐसे कलाकार अन्तर्मुखी होकर अपनी सर्जना में आत्म-तन्मय रहते हैं। सूर भक्ति-आन्दोलन से प्रेरित और प्रभावित होने पर भी रचना में आत्मविस्मृत रहते हैं तथा पाठक अपनी अभिरुचि को भूलकर रूप-सौन्दर्य तथा भावनालोक में पहुँचकर उनके साक्षात्कार की-सी अनुभूति प्राप्त करते हैं। कुछ समीक्षकों के अनुसार युगीन साहित्यिक अभिरुचि के रूप लेने में परिस्थितियों और पाठकों की मानसिक प्रवृत्ति के अतिरिक्त कलाकारों के व्यक्तित्व की विलक्षणताओं का योग भी रहता है। हर एक सच्चे साहित्यकार की अपनी मानसिकता तथा विलक्षण पथ होता है।

विभिन्न और परस्पर विरोधी परिस्थितियों तथा मानसिक प्रवृत्तियों के कारण एक ही युग में अनेक प्रवृत्तियों और अभिरुचि-भेद दिखाई देता है। ऐसी स्थिति में विशिष्ट प्रवृत्ति के साथ अनुरूप मानसिकता के पाठकों की अभिरुचि का योग सम्भव है। सामान्य रूप में कहा जा सकता है कि सर्जनात्मक और पाठक-समुदाय की अभिरुचियों में भावयोग होने पर ही साहित्य का आस्वादन हो सकता है। ऐसा न होने पर नई प्रवृत्ति की रचना पाठक के लिए दुरूह लगती है और सम्प्रेषण मुश्किल होकर रचना की अभीष्ट अनुभूति नहीं हो पाती।

हम पहले कह चुके हैं कि प्राचीन काल की धार्मिक और सांस्कृतिक चेतना तथा उस चेतना की परिधि में उच्च एवं मध्यवर्गीय साहित्यकारों और पाठकों या श्रोताओं की अभिरुचि में कोई विषमता न होने के कारण भावयोग में कोई बाधा उत्पन्न नहीं हुई है। निम्नवर्गीय अभिरुचि की अभिव्यक्ति का माध्यम लोक-साहित्य था। मध्यकाल में पहले अरब देशों से, बाद को ईरान से भारत पर जो चढ़ाइयाँ हुई थीं और उत्तर भारत में इस्लाम धर्म के साम्राज्य स्थापित हुए थे, उनसे भारतीय धर्म, संस्कृति और सभ्यता में उथल-पुथल मच गयी थी। भारतीय जीवन में संघर्ष और विधर्मी अत्याचारों के अतिरिक्त समन्वय एवं उदारता की कुछ प्रवृत्तियाँ भी हुई थीं। इन सबका प्रभाव साहित्य-सर्जना और पाठकों की अभिरुचि में भी दर्शित होता है। सर्जक तथा ग्राहक अभिरुचि की तीन दिशाएँ हैं—दरबारी, भक्तिपरक मानसिकता और स्वच्छन्द प्रेम-भावना। सूफी प्रेम-तत्त्व के फारसी अभिव्यंजना-शिल्प ने भारतीय काव्य-रचना एवं अभिरुचि को प्रभावित किया था। वैभव-विलास और शृंगार की उन्मुखता के बावजूद साहित्यिक अभिरुचि ने धार्मिक परिधि का प्रत्यक्ष उल्लंघन बहुत कम किया था। व्यापक भक्ति-आन्दोलन ने साहित्य-रचना और अभिरुचि की अनेक दिशाओं में प्रसार किया था। लेकिन साहित्यिक अभिरुचि परम्परा

से पूरा कटकर प्रयोगधर्मा नहीं बनी थी जैसा कि आधुनिक काल में देखते हैं। आधुनिक काल के आरम्भ में प्राचीन और नवीन सांस्कृतिक एवं साहित्यिक परम्पराओं तथा नवीन चिन्तन और साहित्यिक प्रयोगों का संगम था। लेकिन कालक्रम में पाश्चात्य आधुनिक विचारधाराओं, साहित्य के सिद्धान्तों तथा वादों ने हिन्दी साहित्य को परम्परा से भिन्न रूप में ढाला है। काव्य-साहित्य और ग्राहक अभिरुचि नए-नए प्रत्ययों की ओर उन्मुख होता जा रहा है। परम्परावादी इसका जितना विरोध करें, परम्परा और प्रयोग के समन्वय का आग्रह करें, साहित्य की गतिशीलता तथा नए पाठकों की अभिरुचि की परिवर्तनशीलता को देखना सम्भव नहीं लगता। आधुनिक काल के विकास की दिशाओं में रोमांटिक छायावादी प्रवृत्ति सिद्धान्तों से प्रभावित प्रगतिवाद, व्यक्तिवाद तथा मनोविज्ञान सर्जना और ग्राहक अभिरुचि को अपने-अपने ढंग से नया रूप दे रहे हैं। साहित्य-रचना और पाठक समाज के परस्पर प्रभाव के साथ काल-सापेक्ष उनके परिवर्तन को समझना, साहित्य की समीक्षा में रचनात्मक गतिविधि तथा ग्राहक अभिरुचि के स्तर के आकलन के लिए आवश्यक है।

साहित्य-समीक्षा, सर्जना और ग्राहक अभिरुचि के साथ तीसरा कोण है जिसका शेष दोनों के साथ प्रत्यक्ष-अप्रत्यक्ष सम्बन्ध है। साहित्य-सर्जना का मूल कारक प्रतिभा या कल्पना है। लेकिन काव्य-साहित्य का नया विकास परम्परा से भिन्न बिल्कुल नई दिशा में होने पर समीक्षा अनुकूल वातावरण की सृष्टि करते हुए नई रचना को प्रोत्साहन दे सकती है। यह समीक्षा का रचनात्मक धर्म है, पर इसे रचना में सहयोगी नहीं कह सकते। कभी-कभी प्रतिभाशाली समीक्षक किसी कलाकृति के आख्यान में अपनी अन्तर्दर्शनी दृष्टि से नवीन रचनात्मक भाष्य के द्वारा सर्जनात्मक धर्म की व्यंजना करता है। आचार्य शुक्ल जी और आचार्य हजारी प्रसाद द्विवेदी की आलोचनाओं में कुछ स्थानों पर यह रचनात्मक प्रवृत्ति दिखाई देती है। सामान्यतः समीक्षा साहित्य-रचना की अनुगामिनी है।

पाठकों की अभिरुचि के साथ समीक्षा का अधिक घनिष्ठ सम्बन्ध है। वह साहित्य को पाठकों के लिए बोधगम्य बनाने, उनकी अभिरुचि का पथ प्रशस्त करने तथा उसके स्तर को ऊँचा उठाने के तीन प्रधान कार्य करती है। समीक्षा के कार्य और उसके लक्ष्य के सम्बन्ध में विद्वान एकमत नहीं हैं। लेकिन समीक्षा के द्वारा अभिरुचि-परिष्कार को अधिकांश स्वीकार करते हैं। समीक्षा पाठकों के व्यक्तिगत संस्कारों और साहित्य के वादों की परिधि की संकीर्णता को दूर कर पाठकों की अभिरुचि का परिष्कार करती है। वह काव्यानुभूति की प्रक्रिया, उसकी व्यापकता एवं गहराई की पहचान देकर पाठकों की अभिरुचि के आस्वादन का मार्ग सुगम करती है। अच्छे, बुरे और साधारण साहित्य के लक्षणों से अवगत कर समीक्षा श्रेष्ठ साहित्य के अध्ययन से ग्राहक अभिरुचि के स्तर को उच्चतर बनाने में सहायक होती है। आखिर, समीक्षक भी साहित्य का पाठक ही है, उसके संस्कार और व्यक्तित्व,

समीक्षा के माध्यम से ग्राहक समुदाय की अभिरुचि पर अनुचित प्रभाव न डालने के सम्बन्ध में सावधान रहना चाहिए।

5.2 समीक्षा का आधार और लक्ष्य तथा अभिरुचि-विकास

समीक्षा साहित्य का अन्तर्भाष्य या अन्तर्दर्शन है।[1] समीक्षक रचना में निबद्ध अनुभूति का विश्लेषण और मूल्यांकन करता है। इस सन्दर्भ में दो महत्त्वपूर्ण प्रश्न ये उठते हैं कि किसी समीक्षक के समीक्षा-कार्य का आधार क्या है और उसमें उसका क्या लक्ष्य होता है।

सहृदय समीक्षक रचना सम्बन्धी अपनी अनुभूति को मूर्त शाब्दिक रूप देकर दूसरों में समान अनुभूति जगाना चाहता है। वह साहित्यिक सौन्दर्य के क्षेत्र में अपनी मानसिक प्रतिक्रियाओं को स्पष्ट पहचानने का प्रयत्न करते हुए उन्हें अभिव्यक्त करता है। दूसरे शब्दों में वह किसी साहित्यिक रचना के अध्ययन से उसके मन पर जो प्रभाव पड़ता है, समीक्षा के रूप में उसका स्पष्टीकरण करता है। इस तरह का प्रभाव पड़ने के मूल कारणों का अनुसन्धान करते हुए वह रचना की सच्चाई, शक्तिमत्ता और रमणीयता को पहचान कर पाठकों के लिए उसकी व्याख्या प्रस्तुत करता है। उच्च कोटि की समीक्षा पर समीक्षक के व्यक्तित्व और उसकी अनुभूति की गहरी छाप पड़ती है। हिन्दी के सर्वश्रेष्ठ समीक्षक शुक्ल जी की समीक्षा सैद्धान्तिक एवं वैज्ञानिक समझी जाती है, लेकिन उस पर उनके गम्भीर व्यक्तित्व और गहरी अनुभूति की छाप लगी हुई है। उनकी समीक्षा में व्यक्तिगत एवं प्रभावाभिव्यंजक पक्ष की प्रबलता स्पष्ट झलकती है। लेखक की आत्मा की पहचान और रचना के मर्म का स्पष्टीकरण, शास्त्रीय विचार और वैज्ञानिक विश्लेषण के द्वारा सम्भव नहीं है। उसका निरूपण अपनी रसानुभूति के आधार पर ही हो सकता है। रचना की उत्कृष्टता के निर्णय में व्यक्तिगत अनुभूति की प्रबलता अनिवार्य है। कोई भी सिद्धान्त अनुभूति के निर्णय को सीमित नहीं कर सकता।[2] जब तक सहृदय समीक्षक लेखक पर मुग्ध नहीं हुआ, उसकी कृति में तन्मय नहीं हो सका, तब तक वह कवि और उसके काव्य का रहस्य नहीं समझ सकेगा। इसीलिए रवीन्द्र ने कहा है कि आलोचना आराध्य की पूजा है।[3] चाहे यह बात सर्वत्र लागू न हो, किन्तु महाकवियों की कृतियों की महानता को पहचानने के लिए यह प्रशंसा-दृष्टि अत्यन्त आवश्यक है।

समीक्षा का आधार ग्राहक-मन की अनुभूति है, इस प्रकार कहने का यह आशय नहीं है कि प्रभाववादी भावुकता की अभिव्यक्ति समीक्षा है। प्रायः प्रभाववादी समीक्षा के विरोध में लांग (आन्द्रू लांग) और अनतोले फ्रांस के विचारों को उद्धृत करके कहा जाता है कि प्रभावाभिव्यक्ति समीक्षा नहीं, नई कलाकृति प्रस्तुत करती है। यही सही है कि भावुक प्रतिक्रिया समीक्षा नहीं है, उसमें रचनागत अनुभूति के आधार पर अपनी अनुभूति के औचित्य-अनौचित्य की परीक्षा भी कर लेनी पड़ती है। लेकिन

यह भी सही है कि समीक्षक की गहरी अनुभूति के बिना समीक्षा पाठक को रसग्राही नहीं बना सकती।

साहित्य-समीक्षा में समीक्षक की अभिरुचि की सक्रियता अनिवार्य है। उसके मन पर साहित्य का प्रभाव बहुत कुछ उसकी अभिरुचि पर अवलम्बित रहता है। प्रायः कहा जाता है कि समीक्षक लेखक की तरह रुचि के विषयों में स्वतन्त्र नहीं है, उसकी रुचि पर साहित्य-रचना का नियन्त्रण रहता है। इसका तात्पर्य इतना ही है कि उसकी भावना स्वतन्त्र न होकर रचना के अनुसार होती है और होनी चाहिए। वह लेखक से अपनी वैयक्तिक रुचि के अनुसार रचना करने का आग्रह नहीं कर सकता।

समीक्षक की अभिरुचि के अनुसार ही रचना के सांस्कृतिक एवं साहित्यिक मूल्य का निर्णय होता है। उसके मन में विविध रचनाओं की अनुभूतियों की व्यवस्था से उसकी साहित्यिक अभिरुचि का विकास होता है। अपनी अनुभूतियों की तुलना और उनके वर्गीकरण से उसकी अभिरुचि प्रौढ़ होती है और उसमें साहित्य की मर्मज्ञ चेतना का विकास होता है। इस प्रकार विकसित एवं प्रौढ़ साहित्यिक अभिरुचि के साथ समीक्षक रचना की साहित्यिक उत्कृष्टता का निर्णय कर पाता है। समीक्षा का इतिहास, समीक्षकों के अभिरुचि संस्कार की, साहित्य की सूक्ष्म संवेदनशीलता के विकास की कहानी है। समीक्षक को रचना की अनुभूति के बाद ही उसकी मार्मिकता का विश्लेषण करना चाहिए। तभी वह पाठकों में विश्वास उत्पन्न कर सकता है कि वह जिसकी समीक्षा कर रहा है, उस रचना की रसार्द्रता का उसे पूरा-पूरा परिचय है। उसे अपनी अनुभूति के द्वारा पाठकों को विश्वास दिलाना है कि वह रचना की मार्मिकता के जिन तत्त्वों का निरूपण कर रहा है, वे रचना के अभीष्ट प्रभाव को स्पष्ट करते हैं। दूसरे शब्दों में वे रचना की मार्मिक अनुभूति के मूल कारण हैं। जब समीक्षक की अनुभूति एवं अभिरुचि पर पाठक की श्रद्धा होती है, तभी उसकी समीक्षा पाठक के लिए मान्य होगी। उसके विचारों से पाठक सहमत हो या न हो, समीक्षा में उसकी साहित्यिक रसज्ञता और अभिरुचि पर पाठक को श्रद्धा उत्पन्न होना, अच्छी समीक्षा की कसौटी है। जब उसकी अनुभूति एवं अभिरुचि पर पाठक का विश्वास नहीं होता तो उसकी समीक्षा का प्रभाव भी कुछ नहीं पड़ता। अनुभूति को किनारे रखकर साहित्य का अध्ययन, पाठक का ज्ञान बढ़ा सकता है, किन्तु उसे भावज्ञ नहीं बनाता। पेशेवर समीक्षक अपनी अनुभूति से तटस्थ होकर साहित्य में निबद्ध लेखक की अनुभूति का नहीं, वस्तु और शैली का विश्लेषण करता है। यदि समीक्षक शुक्ल जी की तरह रसज्ञ है तो उसके साहित्यिक सिद्धान्त और जीवन दृष्टि से असहमत पाठक भी, समीक्षक की रसग्राहिता पर श्रद्धा रखता है। छायावाद के सम्बन्ध में शुक्ल जी के विचारों को न मानकर भी छिछली रचना से अच्छी कविता को अलग करने में उनकी साहित्यिक अभिरुचि का लोहा सब मानते हैं।

समीक्षा के लिए पहली आवश्यकता अच्छी साहित्यिक अभिरुचि है, अर्थात् सफल-असफल, उत्कृष्ट-निकृष्ट का अन्तर करनेवाला साहित्यिक विवेक है।

साहित्यिक अभिरुचि व्यक्तिगत रुचि नहीं है। साहित्य में लेखक की अनुभूति की तरह समीक्षा में भी समीक्षक की अनुभूति का साधारणीकरण हो जाता है। अर्थात् आलोचक एक विशेष रसग्राही पाठक है और आलोचना उस गृहीत रस को सर्व-सुलभ करने का प्रयत्न।[4] समीक्षक अपनी अनुभूति की सार्वजनीन मान्यता चाहता है। पर व्यक्ति की अनुभूति और अभिरुचि को व्यक्तिगत विलक्षण अनुभूति और रुचि का आग्रह समझकर साहित्य के क्षेत्र में अनुभूति और अभिरुचि के आधार पर समीक्षा करने का विरोध किया जाता है। किन्तु विकसित साहित्यिक अभिरुचि के साथ रचना की अनुभूति पाना और व्यक्तिगत रुचि की विलक्षणता के साथ रचना सम्बन्धी कुछ विशेषताओं का आग्रह करना, दोनों एक बात नहीं है। शुक्ल जी की साहित्यिक अभिरुचि गम्भीर एवं क्लासिकल अभिरुचि है, लेकिन प्रबन्ध-रचना और मर्यादावाद के आग्रह, उनकी व्यक्तिगत रुचि के कारण है। फिर भी इलियट के साथ यह मानना ही पड़ता है कि व्यक्ति की अनुभूति और अभिरुचि, उसके व्यक्तित्व और चरित्र से सीमित अवश्य रहती है। सभी प्रकार की उत्कृष्ट रचनाओं की रसग्राहिता किसी एक में सम्भव नहीं है। इस तरह सच्ची अभिरुचि अपूर्ण ही है। अनुभूति की सच्चाई को छोड़कर ही अपने व्यक्तित्व और चरित्र से ऊँची अभिरुचि का दावा किया जा सकता है।[5]

समीक्षा में अनुभूति और अभिरुचि के द्वारा होनेवाले निर्णय की अपेक्षा बौद्धिक एवं विचारात्मक निर्णय अधिक प्रामाणिक समझा जाता है। कहा जाता है कि बुद्धि रचना को यथार्थ रूप में देखती है और उसका निर्णय राग-रहित एवं निष्पक्ष होता है। समीक्षा को बौद्धिक चिन्तन और निर्णय का क्षेत्र मानते हुए लोगों का कहना है कि आज समीक्षा में जो भिन्न-भिन्न परस्पर विरोधी सम्मतियाँ मिलती हैं, उसका कारण अपने-अपने संस्कार और रुचि के चश्मे से रचना को देखना है। यह आक्षेप व्यक्तिगत रुचि पर सही हो सकता है, अच्छी साहित्यिक अभिरुचि पर नहीं। इस सन्दर्भ में हडसन का कहना है कि समीक्षा को विज्ञान नहीं बना सकते। रचना को उसके यथार्थ रूप में देखने की जो बात की जाती है वह कहने का एक फैशन मात्र है। वास्तव में रचना को उसके यथार्थ रूप में देखना असम्भव है क्योंकि उसे हम अपने मन में ही देखते हैं और चूँकि हमारा मन रागात्मक भावनाओं से भरा रहता है, इसलिए उन्हें हम अपने स्वभाव और प्रकृति के द्वारा ही देख सकेंगे। बहुत हुआ तो पक्षपात, अंधविश्वास और द्वेष से अपने को मुक्त करने की चेष्टा की जा सकती है। बस, उससे और अधिक नहीं।[6]

अच्छी अभिरुचि का तात्पर्य साहित्यिक विवेक से है। वह निकृष्ट एवं कृत्रिम कला से विमुख होकर अच्छी रचना को पहचानने और उससे प्रभावित होने में व्यक्त

होती है। अच्छी अभिरुचि के साथ रचना की अनुभूति के बाद ग्राहक मन तर्क-वितर्क और विचार-विवेचन द्वारा उस अनुभूति के मूल्य का समर्थन करता है, वैसी अनुभूति होने का कारण स्पष्ट करता है। कभी-कभी मन अनुभूति के हेतुओं का अनुसन्धान नहीं कर पाता। बौद्धिक निर्णय अपनी अनुभूति के मूल्यांकन को छोड़कर विचार-विमर्श के द्वारा रचना का मूल्य निर्धारित करने का प्रयत्न करता है। वास्तव में समीक्षा करते समय समीक्षक की अभिरुचि एवं अनुभूति और विचार एवं निर्णय इस तरह घुल-मिल जाते हैं कि उनका अलगाव करना बहुत मुश्किल हो जाता है।

रचना में निबद्ध लेखक की अनुभूति के विश्लेषण एवं मूल्यांकन में समीक्षक की अभिरुचि और जीवन-दृष्टि सक्रिय रहती है। रचनागत अनुभूति का चित्र उतारने में समीक्षा रचनात्मक होती है और समीक्षक की अभिरुचि पर निर्भर रहती है। उस अनुभूति का जीवन-सापेक्ष मूल्यांकन, समीक्षक की जीवन-दृष्टि पर निर्भर है। यदि समीक्षक की अभिरुचि और जीवन-दृष्टि को मूल्यांकन की नियामक सत्ता मान लें तो प्रश्न उठता है कि रचना की कलात्मक प्रकृति और जीवन-दर्शन के साथ न्याय कैसे होगा? इसके लिए आवश्यक है कि रचना समीक्षक की साहित्यिक और सामाजिक अभिरुचि के अनुकूल हो। दूसरे शब्दों में समीक्षक उन्हीं रचनाओं की समीक्षा करें जो उसकी मान्यताओं के अनुरूप हों और जिनके साथ उसकी सहानुभूति हो सके। साहित्यकार और समीक्षक के दृष्टिकोणों में थोड़ा-सा अन्तर रहने पर भी यदि समीक्षक की मान्यताएँ व्यापक एवं उदार हैं और यदि वह ऐतिहासिक दृष्टि से रचना को देखता है तो वह रचना के साथ न्याय अवश्य कर सकेगा। समीक्षक को अपनी और लेखक की अभिरुचि की समता-विषमता पर ध्यान देते हुए अपनी अभिरुचि को भरसक व्यापक बना लेना चाहिए। लेकिन व्यापक उदारता में भी यदि समीक्षक का अपना निश्चित दृष्टिकोण नहीं है तो रचना के जीवन-दर्शन का अनुमोदन हो जाता है, उसका मूल्यांकन नहीं। समीक्षक को अपनी अभिरुचि और जीवन-दृष्टि के सम्बन्ध में बहुत सावधान रहना चाहिए। उसे एक ओर व्यक्तिगत रुचि और दृष्टि के साथ रचनात्मक आग्रहों से बचना है तो दूसरी ओर रचना का निष्क्रिय ग्राहक भी नहीं होना है।

समीक्षा के सम्बन्ध में दूसरा महत्त्वपूर्ण प्रश्न उसके लक्ष्य को लेकर है। सहृदय समीक्षक अपनी अनुभूति के आधार पर रचना में निबद्ध अनुभूति का जो विश्लेषण और मूल्यांकन करता है वह स्पष्ट ही पाठक-समाज की अनुभूति के लिए ही है। प्राचीन काल में 'काव्यशास्त्र' ने जब 'कवि शिक्षा' का आदर्श ग्रहण किया तब वह 'समीक्षाशास्त्र' नहीं रह गया। इसीलिए कवि शिक्षा के प्रयत्न में लगे हुए रीतिकाव्य को पाठक वर्ग का पथ-प्रदर्शन करनेवाला साहित्यशास्त्र नहीं माना जा सकता। कुछ विशेष परिस्थितियों में ही समीक्षा का रचनात्मक सुझाव दिखाई देता है। किसी साहित्य के नए विकास में समीक्षा के द्वारा इस प्रकार का रचनात्मक कार्य कभी-कभी अनिवार्य

भी हो जाता है। खड़ी बोली साहित्य के आरम्भ काल में पं. महावीर प्रसाद द्विवेदी जी की समीक्षाओं का यही लक्ष्य रहा है। आगे चलकर शुक्ल जी ने भी अपनी समीक्षा के द्वारा विशेष महत्त्वपूर्ण रचनात्मक कार्य किया है—रचना में रूढ़ परम्परा के अनुसरण और अतिवादी विशृंखलता से होनेवाले अनर्थों को स्पष्ट किया है। लेकिन समीक्षा प्रायः साहित्य का अनुसरण ही करती है। जब क्रम उलट जाता है, उसका परिणाम अच्छा नहीं होता। शास्त्र एवं समीक्षा के अनुसार बनी हुई रचना कृत्रिम शिल्प-रचना होती है, उसमें जीवन की स्वाभाविकता एवं सजीवता उतनी नहीं रहती। इसीलिए समीक्षा रचनात्मक आग्रह नहीं कर सकती और न किसी सिद्धान्त, मत या वाद के अनुसार लिखने की शिक्षा दे सकती है।

समीक्षा का कार्य रचनात्मक नहीं है तो दूसरी ओर उसका लक्ष्य साहित्यिक अध्ययन की भूमिका प्रस्तुत करना भी नहीं है। हिन्दी के बहु प्रचलित सस्ते अध्ययनों को ही नहीं, उच्च स्तर के शास्त्रीय एवं वैज्ञानिक अध्ययनों को भी समीक्षा की संज्ञा नहीं दी जा सकती। वे पाठक-वर्ग के साहित्यिक ज्ञान को भले ही बढ़ा दें, पर उनके साहित्यिक विवेक को नहीं बढ़ा सकते। अच्छी रचना को पहचानने के लिए यदि समीक्षा कोई मन्त्र दे पाती जिससे पाठक को अपनी अनुभूति एवं अभिरुचि पर निर्भर न होना पड़े तो, साहित्य का विद्यार्थी अत्यन्त प्रसन्न हो जाता। पर समीक्षा के पास ऐसा कोई मन्त्र नहीं है। आजकल साहित्य के अध्ययन, पाठक के लिए मूल ग्रन्थों के स्थानापन्न बन रहे हैं और साहित्यिक सहृदयता एवं अभिरुचि के बदले सम्मतियों से उसके दिमाग को भर रहे हैं। समीक्षा का लक्ष्य पाठक के साहित्यिक विवेक का विकास करना है जिससे उसकी साहित्यिक रसज्ञता बढ़े, जिससे वह साहित्य के मूल्य को पहचाने और श्रेष्ठ रचना से कृत्रिम एवं फालतू लेखन का अन्तर कर सके। समीक्षा, साहित्यिक कलाकृतियों के अनुसन्धान से, साहित्य के विकास एवं इतिहास की परीक्षा से, और साहित्यिक प्रकृति एवं मूल्य के सैद्धान्तिक विचार से साहित्य के अनुशीलन की नई दृष्टि देती है। समीक्षा पढ़ने के बाद पाठक के साहित्यिक अभिरुचि, विवेक और अन्तर्दृष्टि में, रचना के बोध और अनुभूति में अन्तर हो जाना चाहिए। तभी समीक्षा सार्थक हो सकती है।

इस दृष्टि से समीक्षा का पहला लक्ष्य या कार्य मनोरंजन की सामग्री से कलात्मक साहित्य को अलग करना है। आज मुद्रण की सुविधा में बढ़ती रचनाओं और सस्ती लोकप्रियता को दृष्टि में रखकर साहित्य की रचना के कारण इस काम का महत्त्व बहुत बढ़ गया है। मनोरंजक साहित्य मानसिक वृत्तियों के काल्पनिक परितोष का प्रयत्न करता है। सस्ता साहित्य ही नहीं, आजकल का तथाकथित उच्च साहित्य भी काल्पनिक उड़ान से झूठा आत्मतोष दे रहा है। असंस्कृत साहित्यिक मनोरंजन का मजाक उड़ाया जाता है, लेकिन अर्थहीन उच्च साहित्य भी शिष्ट परिधान धारण करके काल्पनिक ऊहापोह में लगा है। समीक्षा साहित्य में अच्छे-बुरे का अन्तर

करती है, सच्ची कला को पहचानती है। नकली शिल्प-रचना सच्ची कला नहीं है। दूसरी ओर व्यावहारिक प्रयोजनों का प्रत्यक्ष साधन बनकर भी साहित्य, साहित्य नहीं रह जाता। इन अतिवादिताओं के बीच में समीक्षा अच्छी रचना को पहचानने का प्रयत्न करती है और उस आधार पर अच्छे साहित्य का सामान्य सैद्धान्तिक विचार करती है। जैसा कि इलियट कहते हैं, किसी रचना की समीक्षा में सहज ही ये प्रश्न उठते हैं कि साहित्य क्या है, उसका क्या लक्ष्य है, उसकी क्या उपयोगिता है तथा उसके मार्मिक प्रभाव का क्या कारण है? अपनी अनुभूति के आधार पर अच्छी रचना को पहचानने में समीक्षक अनिवार्यतः साहित्य का सामान्य विचार करता है। लेकिन अपनी अनुभूति को छोड़कर केवल सैद्धान्तिक विचार से प्रत्यक्ष अच्छी रचना होने का निर्णय नहीं हो सकता। साहित्यिक धारणाएँ, अपनी अनुभूति के आधार पर रचना का मूल्यांकन करने में केवल सहकारी होती हैं। पाठक, समीक्षक सैद्धान्तिक नहीं, अच्छी रचना होने का आधार चाहता है। अच्छी रचना को पहचानना समीक्षा की कसौटी है। समय की परीक्षा में प्राचीन साहित्य की अच्छी रचनाएँ निर्णीत रहती हैं। इसलिए नए साहित्य में अच्छी रचना को पहचानना नए की मूल्यग्राहिता, समीक्षा की सफलता है।[7]

समीक्षा अच्छी रचना को पहचानकर उसका विश्लेषण एवं मूल्यांकन करती है। विश्लेषण में रचना को मार्मिक बनानेवाले तत्त्वों का निरूपण करके मूल्यों की व्याख्या द्वारा रचना में अभिरुचि उत्पन्न करती है। जब समीक्षक रचना में निबद्ध अनुभूति को छोड़कर लेखक की प्रेरणाओं की चर्चा करता है, समीक्षा अपना प्राकृत पथ छोड़ देती है। समीक्षा कवि का नहीं, काव्य का विश्लेषण एवं मूल्यांकन करती है। समीक्षा का कार्य पाठक की अनुभूति का पथ प्रशस्त करना है। इसी दृष्टि से रचना की व्याख्या होनी चाहिए। लेकिन रचना की अनुभूति में बहुत-सी कठिनाइयाँ होती हैं। रिचर्ड्स ने व्यावहारिक समीक्षा में इनकी विस्तृत चर्चा की है।[8] इन कठिनाइयों के कारण समीक्षक पाठक को स्पष्ट करना चाहता है कि रचना को किस प्रकार की अनुभूति के लिए पढ़ना चाहिए और इस बोध के साथ पाठक रचना की अनुभूति के लिए उचित दृष्टि अपनाता है। रचना में निबद्ध अनुभूति की व्याख्या के बाद समीक्षक उसकी अपूर्णता एवं दुर्बलता को स्पष्ट करता है। रचना में निबद्ध अनुभूति के स्वरूप एवं स्वर को स्पष्ट करने में समीक्षक, पाठक पर उसी प्रकार का प्रभाव डालना चाहता है जैसा उसके मन पर पड़ा है। अर्थात् रचना में निबद्ध अनुभूति को अधिक स्पष्ट शब्दों में पाठक तक पहुँचाता है।

समीक्षा, रचनागत अनुभूति के निरूपण के द्वारा साहित्य के भाव-प्रेषण की समस्या को सुलझाकर उस अनुभूति का मूल्यांकन करती है। रचना की श्रेष्ठता अनुभूति के मूल्य पर निर्भर है। मूल्यांकन में समीक्षक देखना चाहता है कि रचना में जीवन का कितना यथार्थ गहरा और सजीव प्रत्यक्षीकरण हुआ है। वह रचना

के प्रभाव के औचित्य-अनौचित्य की मीमांसा करता है—रचना का वैसा प्रभाव क्यों पड़ा है और उसका मूल्य क्या है? इस विचार में समीक्षक अपनी अनुभूति के आधार पर सबके लिए रचना के मूल्य को प्रकट करता है।

समीक्षा नवीन साहित्य में स्थायी का निरूपण करके अच्छे-बुरे का विवेक देती है। नवीन साहित्य का विश्लेषण एवं मूल्यांकन दोनों आवश्यक है जबकि समय की परीक्षा में प्राचीन साहित्य का मूल्य सिद्ध होने से उसकी समीक्षा में, रचना में निबद्ध अनुभूति का विश्लेषण ही अधिक होता है। श्रेष्ठ समीक्षक प्राचीन साहित्य की मार्मिकता का रहस्योद्घाटन ही नहीं करता बल्कि नए युग के लिए उसका मूल्य भी निर्धारित करता है। समीक्षा अपने युग की अभिरुचि के अनुसार प्राचीन साहित्य की व्याख्या करती है। प्रत्येक युग में युग की अभिरुचि और मूल्यों के अनुरूप साहित्य का नया मूल्यांकन होना स्वाभाविक ही है। यद्यपि प्राचीन साहित्य का मूल्य एक तरह से निश्चित हो चुका है, फिर भी नवीन युग की दृष्टि में मानवीय मूल्यों का थोड़ा-बहुत हेर-फेर हो जाने के कारण नया मूल्यांकन करना आवश्यक हो जाता है। इस तरह युग के अनुरूप लेखकों की श्रेष्ठता का एक नया क्रम बनता है। यह नया क्रम पहले मान्य नहीं होता...प्राचीन का नया मूल्यांकन परम्परागत अभिरुचि को सहसा नहीं बदल पाता। लेकिन कालक्रम में व्यवस्था बदलती है और नई दृष्टि को मान्यता मिलती है। इस तरह प्रत्येक युग में साहित्यिक दृष्टि के साथ समीक्षात्मक दृष्टि का भी न्यूनाधिक परिवर्तन होता रहता है।

संक्षेप में समीक्षा का पहला लक्ष्य अच्छी रचना को पहचान कर पाठक को उसकी अनुभूति देना और उसमें अभिरुचि उत्पन्न करना है। जब समीक्षक रचना में निबद्ध लेखक की अनुभूति को स्पष्ट करता है तो वह पाठक पर रचना के प्रभाव को डालता है और पाठक इस अनुभूति के आलोक में रचना का रसग्राही अनुसन्धान करता है। रचना की मार्मिक अनुभूति के बिना पाठक उसके मूल्य को स्वीकार नहीं करता तथा समीक्षा का मूल्यांकन उस पर अभीष्ट प्रभाव नहीं डाल सकता। रचना की अनुभूति न कराके केवल वैचारिक निर्णय प्रकट करने से समीक्षा पाठक के लिए सार्थक नहीं हो सकती। समीक्षा दूसरों की स्वीकृति के लिए सम्मतियाँ प्रकट करने का काम नहीं है और न कलाकृतियों के सम्बन्ध में अपना मतामत व्यक्त करने के लिए दूसरों की विचार-सामग्री जुटाने का साधन है। वास्तव में समीक्षा, साहित्य की अनुभूति में सहायक होकर ही अपनी सत्ता को चरितार्थ कर सकती है।

समीक्षा का दूसरा लक्ष्य पाठक की संवेदना को बढ़ाना है। जब दूसरे रचना का ज्यादा मूल्य आँकते हैं, साधारण पाठक अपनी साहित्यिक बोध-शक्ति और संवेदनशीलता का विकास चाहता है। इस कार्य के लिए समीक्षक की बोध-वृत्ति, अन्तर्दृष्टि और रसज्ञता, पाठक के स्तर से ऊँची होनी चाहिए। जैसा कि आबर क्रांबी कहते हैं, समीक्षा संवेदनशीलता से वंचित पाठकों में उसे उत्पन्न नहीं कर सकती।

लेकिन उसके कुछ भावनाशील होने पर उसकी संवेदनशीलता का प्रौढ़ विकास कर सकती है और सहृदय भावक की अनुभूति को सजीव और विवेकयुक्त बना सकती है।[9] समीक्षा पाठक को अनुभूति के मूल तत्त्वों का ज्ञान देकर रचना के अनुशीलन को चेतन व्यापार जनाती है, अच्छे-बुरे साहित्य का विवेक बढ़ाकर श्रेष्ठता की मात्रा में अन्तर करने की शक्ति देती है। इससे पाठक की अभिरुचि संवेदना प्रौढ़ होकर रचना की मार्मिकता पहचानने की शक्ति आती है। समीक्षा, व्याख्या और विचार-विमर्श के द्वारा रचना के बोध को समग्र और उसकी अनुभूति को गहरी बनाती है। रचना में निबद्ध अनुभूति को आलोकित कर पाठक की भावानुभूति को उद्दीप्त करती है। समीक्षक रचना के बोध और उसकी अनुभूति के लिए सर्वथा नया दृष्टिकोण दे सकता है। जो पाठक समीक्षा से रसज्ञता का विकास नहीं, अच्छी रचना को पहचानने के सिद्धान्त-नियम चाहते हैं, वे कला की विशिष्टता से अपनी अनभिज्ञता ही प्रकट करते हैं।

समीक्षा रचना की अनुभूति देने और साहित्यिक रसज्ञता बढ़ाने के अतिरिक्त पाठकों का अभिरुचि-सुधार और विचारोत्तेजन भी करती है। समय की माँग और प्रचार से प्रभावित पाठकों की अभिरुचि प्रायः संकीर्ण हुआ करती है। साधारण पाठक का ध्यान साहित्य में जीवन की समग्रता से सामयिक समस्याओं पर अधिक रहता है। समीक्षा पाठकों की दृष्टि में सन्तुलन लाने का प्रयत्न करती है और साहित्य में सामयिक दृष्टि को छोड़कर जीवन की मार्मिकता का आग्रह करती है।

अभिरुचि संस्कार में समीक्षा का दूसरा कार्य प्रचार के प्रभाव से पाठकों की साहित्यिक अभिरुचि का संरक्षण है। सतत प्रचार से साहित्य की रचनाएँ लोकप्रिय बनती हैं। उनमें पाठकों की विशेष अभिरुचि होती है। लेकिन लोकप्रियता साहित्यिक उत्कृष्टता की कसौटी नहीं है। समीक्षा सामाजिक रुचि को सही मूल्यों से परिचित कराती है। वह साहित्य से मनोरंजन चाहनेवाली असंस्कृत अभिरुचि को भी साहित्य की मार्मिक अनुभूति के द्वारा सुधारती है। उसी प्रकार साहित्य को कलात्मक विनोद या विलक्षण अनुभूति माननेवाली शिष्ट अभिरुचि को विलासिता से मुक्त कर जीवन की मार्मिक अनुभूति में साहित्य की सजीवता एवं सार्थकता दिखाती है।

अभिरुचि-संस्कार सम्बन्धी समीक्षा का तीसरा कार्य वादों की दुर्बलताओं एवं सीमाओं से पाठकों को अभिज्ञ कराना है। समीक्षा वादों की संकीर्णता एवं विशृंखलता में पाठकों के लिए साहित्यिक अभिरुचि का पथ प्रशस्त करती है। साहित्यिक वादों का प्रचार, उस प्रकार की प्रवृत्ति के जीवन-मूल्यों और उसकी साहित्यिक उत्कृष्टता के प्रति पाठक को अंधविश्वासी बना देता है। वाद की इस संकीर्णता का पाठकों की साहित्यिक अभिरुचि पर गहरा प्रभाव पड़ता है। समीक्षा वादों को छोड़कर रचना की शक्तिमत्ता एवं सजीवता को देखती है, नवीन विलक्षणता की उपेक्षा करके गहरी संवेदना को ढूँढ़ती है। भविष्य में वादों की वादिता नहीं रहती, नवीनता का फैशन

बदल जाता है, केवल रचना की सारसत्ता रह जाती है। समीक्षा इसी की ओर पाठक का ध्यान आकृष्ट करती है।

समीक्षा साहित्य में अच्छे-बुरे का अन्तर कर पाठकों के सामाजिक-साहित्यिक संस्कारों को सुधारती है। पाठक के निर्णयों को चुनौती देकर, उसकी पूर्व निश्चित धारणा पर आघात करके उसकी नई अभिरुचि बनाती है। रचना असन्तोषजनक होने पर उस प्रकार की दूसरी उत्कृष्ट रचना की ओर ध्यान आकृष्ट करती है। अभिरुचि-संस्कार में तुलना समीक्षा का प्रधान साधन है।

समीक्षात्मक विचार-विमर्श अभिरुचि-सुधार का कार्य करता है और उसका आलोचनात्मक मूल्यांकन विचारोत्तेजन का। समीक्षा व्यापक साहित्य को दृष्टि में रखकर किसी रचनागत अनुभूति का मूल्य आँकती है। सामयिक एवं ऐतिहासिक दृष्टि से ऊपर उठकर रचना का साहित्यिक एवं सांस्कृतिक मूल्यांकन करती है। समीक्षक व्यापक सामाजिक एवं साहित्यिक दृष्टि से रचना में निबद्ध अनुभूति पर विचार करते हुए विचारोत्तेजक नई सामग्री देता है।

जहाँ अभिरुचि-संस्कार और विचारोत्तेजन पाठक की दृष्टि को संकीर्ण बनानेवाला है, उसे समीक्षा का दुरुपयोग ही समझना चाहिए। प्रायः अभिरुचि-संस्कार नैतिक अर्थ में अश्लील रचनाओं से पाठक का संरक्षण समझा जाता है। यदि सुरुचि के नाम पर समीक्षा, साहित्य में उदात्त नैतिक आदर्शों, सांस्कृतिक विचारधाराओं और स्वस्थ विचारों के समर्थन का ही आग्रह करती है तो इस तरह केवल सामाजिक शिष्टाचार को ज्यादा मूल्य दे रही है। इसे व्यापक जीवन-दृष्टि नहीं कहा जा सकता।

समीक्षा के द्वारा नैतिक अभिरुचि संस्कार के अतिरिक्त अभिरुचि-नियन्त्रण के भी प्रयत्न किए जाते हैं। यह आदेशात्मक निर्देश देने का कार्य है कि पाठक की अभिरुचि एक विशेष प्रकार की ही होनी चाहिए। केवल साम्यवादी दृष्टि से ही नहीं, बल्कि भिन्न सांस्कृतिक एवं धार्मिक दृष्टियों से भी इस तरह पाठक वर्ग के अभिरुचि-निरोध के प्रयत्न किए जाते हैं। ऐसी स्थिति में समीक्षा व्यापक जीवन-दर्शन और विचारोत्तेजन के द्वारा नए चिन्तन के बदले निश्चित दृष्टिकोणों का ही प्रचार करती है। समीक्षा के द्वारा अभिरुचि-संस्कार, व्यापक एवं उदार सांस्कृतिक और साहित्यिक दृष्टि का विकास करनेवाला होना चाहिए।

सारांश यह है कि समीक्षक पाठक की अनुभूति के लिए रचना की व्याख्या करता है, उसमें साहित्यिक अभिरुचि उत्पन्न करता है और युगानुरूप नई अभिरुचि का विकास करता है। समीक्षा पाठक की साहित्य की अनुभूति को गहराई देती है, उसकी रसग्राहिता का विकास करती है और उसकी अच्छी साहित्यिक अभिरुचि बनाती है। पाठक समीक्षा को तभी अपनाता है जब उससे यह कार्य सम्पन्न होता है, जब उससे साहित्य पर नया प्रकाश पड़ता है। इलियट के शब्दों में समीक्षा का लक्ष्य पाठक के लिए कलाकृति का स्पष्टीकरण और उसकी अभिरुचि का संस्कार करना

है।[10]

5.3 समीक्षा का लक्ष्य और समीक्षा-पद्धतियाँ

समीक्षा का लक्ष्य, संक्षेप में, रचना की अनुभूति एवं मूल्यग्राहिता को बढ़ाना और साहित्यिक अभिरुचि का विकास करना है। इस लक्ष्य की पूर्ति में साहित्य-संसार ने अनेक समीक्षा-पद्धतियों का विकास किया है। उन्होंने एक-दूसरे से बढ़कर गहराई में कलात्मक चेतना का अध्ययन करने का प्रयत्न किया है। जब साहित्य-संसार में अनुभव किया कि एक समीक्षा-पद्धति, पहले के साहित्य की कलात्मक चेतना के उद्घाटन में सफल नहीं हुई है या वह अपने युग की नई प्रवृत्तियों के साथ पूरा न्याय नहीं कर सकी है तो प्रतिक्रिया में नई पद्धति का विकास हुआ है। इस तरह कालक्रम में अनेक समीक्षा-पद्धतियों का विकास हो चला है। समीक्षात्मक लक्ष्य की पूर्ति में हिन्दी समीक्षा की सफलता का मूल्यांकन करने के पहले इस पर विचार हो जाना चाहिए कि पाठकों की अनुभूति और साहित्यिक चेतना का विकास करने के लिए इनमें कौन-सी समीक्षा-पद्धति अधिक उपयुक्त है और उस दृष्टि से इन समीक्षा-पद्धतियों की क्या सीमाएँ हैं? इस विचार से इन समीक्षा-पद्धतियों का ग्रहण करके हिन्दी में जो समीक्षा-कार्य हो रहा है, उसकी विशेषताएँ एवं दुबर्लताएँ अपने आप स्पष्ट हो जाएँगी।

साहित्य की इन समीक्षा-पद्धतियों को बहिरंग विचार करनेवाली और अन्तरंग विचार करनेवाली दो वर्गों में बाँटा जा सकता है। दोनों की निश्चित विभाजन-रेखा खींचना कठिन अवश्य है, फिर भी कहा जा सकता है कि बहिरंग विचार करनेवाली पद्धतियाँ यदि रचना के स्रोतों और साधनों का अनुसन्धान करती हैं तो अन्तरंग विचार करनेवाली पद्धतियाँ रचना की प्रकृति, प्रवृत्ति और अनुभूति का विश्लेषण एवं मूल्यांकन करती हैं। स्पष्ट ही समीक्षा का वास्तविक कार्य दूसरे वर्ग की पद्धतियों में साहित्य का अन्तरंग विचार करना ही है। पहले वर्ग की पद्धतियों का कार्य दूसरे की भूमिका प्रस्तुत करना है अर्थात् रचना के विश्लेषण एवं मूल्यांकन के पहले विविध दृष्टियों से उसे समझने का प्रयत्न करना है। प्रथम वर्ग की ये पद्धतियाँ अन्य विषयों के साथ रचना का सम्बन्ध प्रकट करती हैं। वे सृजन की प्रेरणा, उसका आधार और प्रक्रिया का बोध देती हैं। इनमें ऐतिहासिक समीक्षा से देशकाल की परिस्थितियों और साहित्यिक परम्पराओं का ज्ञान होता है। लेखक, रचना का वर्ण्य युग जीवन से लेता है और ऐतिहासिक समीक्षा युग-जीवन की परिस्थितियों के स्पष्टीकरण में साहित्य के वर्ण्य पर प्रकाश डालती है। मनोवैज्ञानिक समीक्षा साहित्यकार के मन और उसकी रचनात्मक प्रक्रिया को स्पष्ट करती है। सामाजिक समीक्षा वर्ण्य के सामाजिक स्वरूप को निश्चित करती है। कृतिमूलक समीक्षा रचना की प्रामाणिकता की परीक्षा करती है। जीवनी मूलक समीक्षा रचना का, लेखक के जीवन और उसके

व्यक्तित्व के साथ सम्बन्ध स्थापित करती है। वैज्ञानिक समीक्षा रचना सम्बन्धी तथ्यों का उद्‌घाटन करती है। सैद्धान्तिक समीक्षा रचना-विधान या रीति का विचार करती है। भाषा विषयक समीक्षा रचना के माध्यम की, अर्थ बोध और भाव-व्यवस्था की व्याख्या करती है। ये सब समीक्षाएँ रचना के स्वरूप को प्रभावित करनेवाली बाह्य एवं आन्तरिक परिस्थितियों का विश्लेषण करती हैं लेकिन इस प्रकार की समीक्षाओं से जब रचना की साहित्यिक श्रेष्ठता का मूल्यांकन करने का प्रयत्न होता है तब आपत्ति उठती है। इतिहास, मनोविज्ञान, समाजशास्त्र और रचना-विधान (—काव्यशास्त्र—) से रचना के सम्बन्ध के आधार पर उसकी श्रेष्ठता का निर्णय नहीं कर सकते। कलाकृति की मार्मिकता इन शास्त्रों से प्राप्त उपादानों पर नहीं, उनके रचनात्मक सामंजस्य पर निर्भर रहती है। रचना के आधारभूत तत्त्वों को उसकी श्रेष्ठता के केवल आनुषंगिक कारण कह सकते हैं। यदि इन तत्त्वों को साहित्यिक प्रकृति या अनुभूति के निर्धारक समझेंगे तो कलाकार की मनःस्थिति, युग के सामाजिक जीवन या रचना-विधान के अनुसार रचना का मूल्य-निर्धारण करना पड़ेगा। कलाकृति का यह सही मूल्यांकन नहीं है।

कलात्मक समीक्षा रचना का अन्तरंग विचार करती है। वह रचना में निबद्ध कलात्मक अनुभूति का विश्लेषण एवं मूल्यांकन करती है। इस प्रकार की समीक्षा से प्रश्न उठते हैं कि रचना कितनी अच्छी है और क्यों? उसकी अनुभूति की मार्मिकता किस कारण है और उसमें कौन से तत्त्व सक्रिय हैं? इन प्रश्नों का उत्तर पाने में कलात्मक समीक्षा अवश्य ही सामाजिक जीवन, मानसिक भावना और रचना-विधान के उन तत्त्वों का निर्देश करती है जो रचना को रमणीय बनाते हैं। लेकिन ये तत्त्व रचनागत अनुभूति में अन्तर्भूत होकर उसके अभिन्न अंग बने हुए होते हैं। उन तत्त्वों का अपना अलग मूल्य नहीं होता कि रचना में उनको देखकर ही रचना को श्रेष्ठ समझ लिया जावे। रचनागत अनुभूति में सजीव होने के कारण ही उन तत्त्वों का मूल्य होता है। रचना का मूल्य उसमें निबद्ध अनुभूति का मूल्य है। रचना के सब तत्त्वों का उस अनुभूति में पर्यवसान होने से ही उनकी कलात्मक सार्थकता सिद्ध होती है। कलात्मक सामंजस्य के बिना उन तत्त्वों के कारण अनुभूति का मूल्य नहीं होता। इसलिए उन तत्त्वों का अन्वेषण नहीं, बल्कि रचनागत अनुभूति में उनके सामंजस्य का स्वरूप समझाना, समीक्षा का काम है। साहित्य में सामाजिक जीवन, संस्कृति, दर्शन, सबका मूल्य रचनागत कलात्मक अनुभूति बनने में ही है। भारतीय रस-सम्प्रदाय रचना में निबद्ध कलात्मक अनुभूति के आधार पर उनका मूल्यांकन करनेवाला सम्प्रदाय है। लेकिन रसवादी समीक्षक जब एक निश्चित व्यवस्था के अनुसार विभावपक्ष एवं भावपक्ष का वर्गीकरण करता है तो वह रचनागत अनुभूति को छोड़कर उसके स्वरूप का या रचना-विधान का ही विचार करने लगता है।

सैद्धान्तिक समीक्षा : अंग्रेजी में साहित्य के व्यापक और सामान्य विचार को

सैद्धान्तिक समीक्षा (स्पेक्युलेटिव क्रिटिसिजम) कहते हैं। वह साहित्य की व्यावहारिक समीक्षा पद्धति नहीं है। लेकिन हिन्दी में सिद्धान्तों के आधार पर साहित्य की व्यावहारिक समीक्षा को सैद्धान्तिक समीक्षा कहते हैं। वास्तव में इस प्रकार की समीक्षा निर्णयात्मक समीक्षा है।

सैद्धान्तिक समीक्षा रचना की श्रेष्ठता का निर्णय उसके स्वरूप के आधार पर करती है। इसका यह तात्पर्य नहीं है कि सैद्धान्तिक समीक्षक कथ्य और अनुभूति का विचार नहीं करता। वह उनका विवेचन अवश्य करता है, लेकिन उसका यह विवेचन रचना में उनके स्वरूप का ही निर्णय करनेवाला होता है। कथ्य और भाव की प्रकृति एवं अनुभूति का मनोवैज्ञानिक विचार, सैद्धान्तिक समीक्षा में नहीं होता। कलात्मक समीक्षा वस्तुगत अनुभूति का विचार करती है तो सैद्धान्तिक समीक्षा उसके स्वरूप का। क्योंकि वह रचना-विधान की एक व्यवस्था में कलाकृति की आलोचना करती है। हिन्दी के सर्वश्रेष्ठ सैद्धान्तिक समीक्षक शुक्ल जी ने अपनी समीक्षा में जहाँ-जहाँ रचना की प्रकृति और उसमें निबद्ध अनुभूति की व्याख्या की है वहाँ वे सैद्धान्तिक समीक्षक न रहकर साहित्य के भावज्ञ कलात्मक समीक्षक हो गए हैं।

सैद्धान्तिक समीक्षा, साहित्य शास्त्र के सिद्धान्तों के आधार पर रचना की आलोचना करती है। समीक्षा में सिद्धान्तों की उपयोगिता अवश्य है लेकिन जब उन्हें मूल्यांकन के प्रतिमान बनाते हैं तो समीक्षा रूढ़ रीतिवादी या निर्णयात्मक हो जाती है। शुक्ल जी के पूर्व हिन्दी की सैद्धान्तिक समीक्षा की यही स्थिति थी। इसलिए समीक्षा में सिद्धान्तों की उपयोगिता मूल्यांकन की दृष्टि से नहीं, इस दृष्टि से माननी चाहिए कि वे रचना के विविध पहलुओं को निश्चित करते हुए उसके व्यवस्थित विश्लेषण का पथ प्रशस्त करते हैं। साहित्य शास्त्र में सिद्धान्तों और सम्प्रदायों की विविधता स्पष्ट करती है कि रचना के एक से अधिक पहलू होते हैं और उसे समझने के लिए उन सबका सावधानीपर्वूक चेतन अनुसन्धान होना चाहिए। सिद्धान्त समीक्षक के साहित्यिक ज्ञान को बढ़ाकर रचना की व्यावहारिक समीक्षा में आवश्यक साहित्यिक मर्मज्ञता का विकास करते हैं। वे समीक्षा में प्रत्यक्ष उपयोगी न होने पर भी समीक्षक के लिए अप्रत्यक्ष रूप से उपयोगी अवश्य हैं। वे समीक्षक की साहित्यिक दृष्टि के शिक्षण एवं अनुशासन के लिए होते हैं। सैद्धान्तिक ज्ञान, रचना की भावुक प्रतिक्रिया को रोककर समीक्षक को भावज्ञ बनाता है। वह समीक्षक को कलात्मक प्रकृति की पहचान देता है, उसकी साहित्यिक अभिरुचि का परिष्कार करता है, उसमें अच्छे-बुरे का विवेक उत्पन्न करता है और अन्त में उसे कलात्मक सौष्ठव के सूक्ष्म तत्त्वों के प्रति संवेदनशील बनाता है।

सैद्धान्तिक ज्ञान समीक्षक की साहित्यिक चेतना का विकास अवश्य करता है, किन्तु वह रचनागत अनुभूति की व्याख्या में अनुपयोगी ही होता है। उसके द्वारा साहित्यिक संस्कारों का परिष्कार और रस-संवेदना का विकास होता है, उससे

रसानुभूति चेतन व्यापार बनती है, लेकिन यदि सैद्धान्तिक सूत्रों को पकड़कर व्यावहारिक समीक्षा का प्रयत्न किया जाता है तो समीक्षक अपने काम में सफल नहीं हो सकता। इसके लिए समीक्षक को अपनी साहित्यिक अनुभूति में सिद्धान्तों की उपयुक्तता की परीक्षा कर लेनी चाहिए। इस प्रकार की अनुभूतिमूलक परीक्षा में सिद्धान्तों का बहुत कुछ रूपान्तर भी हो जाता है। समीक्षक को स्पष्ट समझना चाहिए कि सिद्धान्त, रचना के मानदण्ड नहीं हैं। वे उसके लिए रचना का मूल्यांकन नहीं कर सकते। मानव-मन की चेतना ही समीक्षा में रचनागत अनुभूति का विश्लेषण कर सकती है। सिद्धान्तों की शक्ति और दुर्बलता से परिचित होने के कारण ही शुक्ल जी ने विद्वत्ता और अभिरुचि के निर्णयात्मक और प्रभाववादी पद्धतियों के समन्वय की आवश्यकता को स्वीकार किया है।[11]

सिद्धान्तों के आधार पर समीक्षा का विकास आधुनिक काल की विशेषता है। प्राचीन साहित्यशास्त्र में साहित्यिक प्रकृति का विचार होता था और रचना के नियम बनते थे। संस्कृत के साहित्याचार्य पहले साहित्य का तात्विक निरूपण करते थे पर बाद को साहित्यशास्त्र का लक्ष्य कवि-शिक्षा हो गया। इस दृष्टि से साहित्य की रचना नियमों के अनुसार बननेवाली कारीगरी हो जाती है। साहित्य के ग्रन्थों में जो लक्षण, नियम आदि दिए गए हैं, वे विचार की व्यवस्था के लिए हैं, काव्य सम्बन्धी चर्चा की सुविधा के लिए हैं। वे साहित्य-रचना के कठोर बन्धन नहीं हैं।[12]

साहित्य के सैद्धान्तिक विचार में साहित्य की विधाओं और उनके विविध रूपों के नियम बनते हैं। साहित्य को कविता, नाटक, उपन्यास आदि वर्गों में बाँटकर फिर प्रबन्ध, मुक्तक, प्रगीत आदि उसके उपवर्ग बनाए जाते हैं। यदि इन वर्गों के सामान्य लक्षणों को कलात्मक अनुभूति के निर्धारक मानें तो मूल्यांकन भ्रामक हो जाता है। इन लक्षणों से रचना के बाह्य स्वरूप का ही ज्ञान होता है, उसकी मार्मिकता का बोध नहीं होता। साहित्य के रूप, युग की नई अनुभूति की अभिव्यक्ति के प्रयत्न में बदलते रहते हैं। इस तरह साहित्य-रचना सिद्धान्तों और नियमों का अतिक्रमण करती रहती है। सैद्धान्तिक व्यवस्था में नए को स्थान देने के लिए कालक्रम में लक्षणों को व्यापक बनाना पड़ता है, नए रूपों को लेकर साहित्य के वर्गों और उपवर्गों की संख्या बढ़ानी पड़ती है।

साहित्य-समीक्षा में सिद्धान्तों का अपना उपयोग है, लेकिन एक समीक्षा-पद्धति के रूप में सैद्धान्तिक समीक्षा, रचना की व्यावहारिक समीक्षा के लिए अधिक उपादेय नहीं है। सिद्धान्तों के आधार पर निर्णयात्मक समीक्षा के अँधेरे से खीझकर स्वच्छन्दवादी आन्दोलन में कलाकारों ने आग्रह किया है कि साहित्य का समीक्षक कलाकार ही हो सकता है। पूर्व निश्चित सिद्धान्तों को लेकर नई रचना के आकलन का प्रयत्न अनुचित है। यदि समीक्षक की आलोचनात्मक चेतना विकसित है तो उसे सिद्धान्तों की अधिक आवश्यकता नहीं पड़ती। समीक्षा में सिद्धान्तों का दुरुपयोग

प्रत्यक्ष अनुभव की बात है। अच्छे-से-अच्छे सिद्धान्त का भी प्रयोग सावधानी से करना पड़ता है। वैसे तो सिद्धान्तों की स्पष्ट सीमाएँ हैं ही, उनके गलत प्रयोग से उनकी परिधि में आनेवाली रचना के भी कलात्मक मूल्यों का बोध नहीं होता। पूर्व निश्चित सिद्धान्तों को लेकर समीक्षक रचना में उसी पहलू को देखता है और रचना के अन्य तत्त्वों के प्रति अंधा बना रहता है। सिद्धान्त से भिन्न नई रचना के साथ, रचना की विशिष्टता के साथ, सैद्धान्तिक समीक्षा में न्याय नहीं होता। समस्त साहित्य के लिए सामान्य नियमों और सिद्धान्तों के आधार पर विशिष्ट रचना का मूल्यांकन नहीं हो सकता। कला के क्षेत्र में प्रत्येक रचना की अनुभूति दूसरों से भिन्न एवं विशिष्ट होती है। समीक्षा का काम रचनागत विशिष्ट अनुभूति को ग्राहक तक पहुँचाना है, रचना की रसज्ञता को बढ़ाना है। सैद्धान्तिक व्याख्या, रचना की विशिष्ट मूल्यानुभूति को स्पष्ट नहीं कर पाती। सैद्धान्तिक समीक्षा का मूल्यांकन तटस्थ होता है, यह धारणा भी अन्ततः गलत ही है। निश्चित प्रतिमानों को लेकर निर्णय करते हुए भी समीक्षक रचना के लिए प्रतिमानों को चुनने में अपनी रुचि या मनोनुकूलता पर ही निर्भर रहता है। इससे सैद्धान्तिक समीक्षा वैयक्तिक रुचि की हो जाती है। शुक्ल जी ने अपने मनोनुकूल सैद्धान्तिक प्रतिमानों को लेकर तुलसी को सूर से, सगुण को निर्गुण काव्य से श्रेष्ठ सिद्ध किया है। नवीन वादों का प्रतिवाद करने में भी उनकी वैयक्तिक रुचि ही प्रबल रही है।

सैद्धान्तिक समीक्षा प्राप्त रचनाओं के आधार पर बने हुए नियमों और सिद्धान्तों को दृष्टि में रखकर आलोचना करती है। लेकिन नियमों और सिद्धान्तों के बनने के बाद की नई रचनाओं के अध्ययन में ये काम नहीं आते। इस सन्दर्भ में कुछ समीक्षकों का कहना है कि साहित्य के नियम रचना-विधान सम्बन्धी और परिवर्तनशील होते हैं जबकि सिद्धान्त, साहित्यिक अनुभूति एवं अभिव्यक्ति सम्बन्धी व्यापक और सार्वकालीन धारणाएँ हैं।[13] आबर क्रांबी के अनुसार साहित्य की प्रकृति, रचना की प्रक्रिया और साहित्य के प्रयोजन का अध्ययन, सैद्धान्तिक विचार का क्षेत्र है। इस विचार से जो सिद्धान्त बनते हैं वे काव्यशास्त्र के नियमों की तरह रचना की प्रकृति और उसके स्वरूप को अनुशासित करनेवाले नहीं होते। साहित्य-समीक्षा के नियम, उत्कृष्ट रचनाओं की तुलना से बनते हैं और उन्हें साहित्यिक उत्कृष्टता के साधक मानकर रचना में उनका पालन आवश्यक समझा जाता है। समीक्षा उत्कृष्टता के मूल्यांकन के लिए उनका प्रयोग करती है। ये नियम परिवर्तनशील साहित्यिक प्रवृत्ति और स्वरूप के साथ जब तक नहीं बदलते, समीक्षा में उपयोगी नहीं बनते। नई रचनाओं के सम्पर्क में नियमों की निरन्तर परीक्षा होनी चाहिए। ये नियम साहित्यिक प्रकृति सम्बन्धी सिद्धान्तों की तरह सार्वकालीन नहीं हो सकते। ये रचना के अनिवार्य तत्त्वों के निर्देशक नहीं हैं। साहित्यिक प्रकृति और उद्देश्य को स्पष्ट करनवाले सिद्धान्त ही रचना के अनिवार्य तत्त्वों का निर्देश कर

सकते हैं और उन्हीं के आधार पर समीक्षा विश्वसनीय बन सकती है।[14] समीक्षा के ये सिद्धान्त साहित्यिक प्रकृति की सार्वकालीन मान्यताओं के आधार पर रचनाओं की परीक्षा करने के साधन हैं। इस तरह समीक्षा, समीक्षक की अनुभूति पर निर्भर नहीं रहती, साहित्य का मूल्यांकन उसकी व्यक्तिगत विलक्षणताओं के प्रभाव से मुक्त रहता है। लेकिन ये सिद्धान्त समीक्षा में सहायक होते हुए भी उसका स्थान नहीं ले सकते, उसका काम नहीं कर सकते। समीक्षा का काम रचना का मूल्यांकन करना है और वह उस कार्य में सफलता के लिए सिद्धान्तों की सहायता लेती है। रचना-विधान और उसके साधनों को समझने में साहित्यिक प्रकृति सम्बन्धी सिद्धान्त उपयोगी होते हुए भी समीक्षक की अनुभूति ही रचना में निबद्ध अनुभूति का मूल्यांकन कर सकती है। आबर क्रांबी के अनुसार साहित्यिक प्रकृति, स्वरूप और सार्थकता का ज्ञान, समीक्षात्मक चेतना का विकास करता है, पर वह व्यावहारिक समीक्षा के लिए प्रत्यक्ष रूप से उपयोगी नहीं है।[15]

साहित्य के सिद्धान्त नियमों से अधिक व्यापक होते हुए भी समस्त साहित्य पर लागू होनेवाले रूप में वे प्रायः इतने सामान्योन्मुख सिद्धान्त होते हैं कि वे किसी रचना की सार्थकता की व्याख्या नहीं कर पाते। व्यवहार में ये सिद्धान्त कुछ विशिष्ट रचनाओं के आधार पर बने होते हैं, भले ही वे सार्वकालीन व्यापक सिद्धान्तों के रूप में प्रस्तुत किए गए हों। मार्मिक रचनाओं की अपनी अनुभूति के आधार पर समीक्षक सिद्धान्त बना लेता है। वह समीक्षा में अपनी सीमित अनुभूति के इन सिद्धान्तों का प्रयोग ही नहीं करता, बल्कि कभी-कभी अपने विचारों के समर्थन के लिए सिद्धान्तों को प्रमाण रूप में देने की धृष्टता भी करता है। प्रायः समीक्षा के सिद्धान्त, युग की प्रवृत्ति और अभिरुचि के अनुसार बनते और बदलते हैं। उनका लक्ष्य, युग की साहित्यिक रचना का समर्थन करना होता है। छायावाद, प्रयोगवाद और प्रगतिवाद की सैद्धान्तिक मान्यताएँ सार्वकालीन सिद्धान्त होने का दावा करती हुई भी युग की एक प्रवृत्ति के अनुसार ही बनी हैं।

भारतीय अलंकारशास्त्र में साहित्य का व्यापक एवं तलस्पर्शी विचार हुआ है। रस-सिद्धान्त ने साहित्य की भावात्मक प्रकृति एवं अन्तर्वृत्ति का निरूपण किया है। औचित्य-सम्प्रदाय ने साहित्य-समीक्षा का वस्तून्मुख आधार दिया है। अलंकार एवं रीति सम्प्रदायों ने सुन्दर कलात्मक अभिव्यक्ति का सूक्ष्म विचार किया है। वक्रोक्ति और ध्वनि सम्प्रदायों ने कलात्मक अभिव्यक्ति की प्रौढ़ता की पहचान दी है। लेकिन यह सारा विवेचन साहित्य के सामान्य तत्त्वों का ही निरूपण रहा। भारतीय अलंकार शास्त्र में कवि की भावना और काव्य की प्रवृत्ति की विशिष्टता की ओर उतना ध्यान नहीं गया। हिन्दी में सैद्धान्तिक समीक्षा का विकास भारतीय साहित्य-शास्त्र के आधार पर हुआ है। सिद्धान्तों का यह प्रयोग, साहित्य-शास्त्र और समीक्षा का अन्तर भुलाकर हो रहा है। साहित्य-शास्त्र प्राप्त रचनाओं के अध्ययन से सामान्य सिद्धान्तों का

निगमन करता है। समीक्षा का काम, रचना में साहित्य सम्बन्धी सामान्य लक्षणों के पालन का निरूपण करना नहीं, बल्कि किसी रचना की विशिष्ट अनुभूति का विश्लेषण एवं मूल्यांकन करना है। इसलिए हिन्दी की सैद्धान्तिक समीक्षा को सच्चे अर्थ में भारतीय साहित्य-शास्त्र की परम्परा का विकास नहीं माना जा सकता।

सैद्धान्तिक समीक्षा पर सबसे प्रबल आक्षेप यह है कि उसमें जिन सिद्धान्तों का प्रयोग होता है, वे पहले की साहित्यिक परम्परा के होते हैं। नए युग की विचारधाराओं के अनुसार उनमें परिवर्तन और नवीन चिन्तन नहीं दिखाई देता। शुक्ल जी ने इस दिशा में जो प्रयत्न किया है, उसे आगे बढ़ाने के बदले हिन्दी के सैद्धान्तिक समीक्षक, साहित्यिक चिन्तन को प्राचीन परम्परा की ओर ढकेल रहे हैं। युग-जीवन की मानवीय संवेदना से सम्बद्ध न होकर कोई भी सिद्धान्त उस युग के साहित्य की समीक्षा में उपयोगी नहीं हो सकता। दूसरी बात यह है कि युग-जीवन के अनुसार आज नई साहित्यिक प्रवृत्तियों का विकास हो रहा है। उन पर पाश्चात्य साहित्य का गहरा प्रभाव पड़ा है। इन नई प्रवृत्तियों को छोड़कर साहित्यिक चिन्तन व्यापक नहीं हो सकता। खेद की बात तो यह है कि सैद्धान्तिक समीक्षा में समन्वय के नाम पर पाश्चात्य साहित्यालोचन से साम्य दिखाकर प्राचीन साहित्यिक परम्परा की ही दृढ़ प्रतिष्ठा हो रही है। सैद्धान्तिक समीक्षा साहित्य में परिवर्तनों को नहीं देखती। इसलिए वह प्राचीन मान्यताओं को लेकर नए के साथ न्याय नहीं कर पाती। परम्परा के समर्थन में वह नई रचना का नियन्त्रण करने लगती है। इस तरह नई रचना में बाधा होने पर प्राचीन सिद्धान्तों को बदलकर नए बनाने की आवश्यकता होती है। युग की अभिरुचि के अनुरूप साहित्यिक मान्यताओं में परिवर्तन होना अनिवार्य है। सैद्धान्तिक समीक्षा, साहित्यिक परम्परा के प्रतिमानों की परिधि में नए युग की सामाजिक एवं साहित्यिक समस्याओं को नहीं सुलझा सकती, भले ही वह शास्त्रीय एवं तार्किक वाग्जाल से पाठकों को आतंकित करे। नए की समस्या को सुलझाने के लिए उसे आलंकारिक परिपाटी से बाहर आकर युग-जीवन की सापेक्षता में रचना की समीक्षा करनी पड़ेगी।

कलात्मक समीक्षा : कलात्मक समीक्षा रचना में निबद्ध कलात्मक अनुभूति की व्याख्या और उसका मूल्यांकन करती है। वह जीवन-दर्शन के बाह्य प्रतिमानों को छोड़कर कला की अनुभूति और अभिव्यक्ति की विशिष्टता का, कलाकृति के आधार पर अनुसन्धान करती है। अतः समीक्षा के लक्ष्य की पूर्ति इस पद्धति से सर्वाधिक मानी जा सकती है। हिन्दी में छायावादी युग की स्वच्छन्दतावादी समीक्षा इसी कोटि की है। इस प्रकार की समीक्षा के लिए प्रौढ़ व्यक्तित्व और विकसित भाव संवेदना चाहिए। इसके अभाव में समीक्षा भावुक प्रतिक्रिया की अभिव्यक्ति बन जाती है। दूसरी ओर जब कलात्मक समीक्षा जीवन-निरपेक्ष शुद्ध कलावादी हो जाती है तो वह रचना की सार्थकता का मूल्यांकन नहीं कर सकती।

कलात्मक समीक्षा साहित्य-शास्त्र के नियमों और सिद्धान्तों के अनुसार होने के कारण किसी रचना को श्रेष्ठ नहीं मानती, बल्कि रचना के श्रेष्ठ होने के लिए उसका ग्राहक की संवेदनशीलता और अभिरुचि से अपील करना आवश्यक समझती है। इस प्रकार की समीक्षा में नियमों का पालन न होने पर भी सहानुभूति के साथ रचना में निबद्ध अनुभूति और उसकी अभिव्यक्ति को समझने का प्रयत्न होता है। समीक्षक अपनी अनुभूति के आधार पर रचना की विशिष्ट अनुभूति का निरूपण करता है, रचना के उद्देश्य को समझते हुए उस अनुभूति का मूल्य निर्धारित करता है और रचना-विधान की सजीवता एवं सफलता का कलात्मक मूल्यांकन करता है। अनुभूति के आधार पर समीक्षा करने के कारण इस प्रकार की समीक्षा का पाठक पर गहरा प्रभाव पड़ता है। रचनात्मक प्रक्रिया को स्पष्ट करती हुई कलात्मक समीक्षा पाठक में समान अनुभूति जगाती है।

प्रभाववादी समीक्षा का लक्ष्य भी कलात्मक अनुभूति की व्याख्या करना ही है। प्रभाववादी समीक्षक कला की अनुभूति में साधारण पाठकों से अधिक सूक्ष्म एवं तलस्पर्शी अपनी प्रतिक्रियाओं को अभिव्यक्त करता है। वह पाठक तक रचनागत अनुभूति को पहुँचाने के लिए अपनी प्रतिक्रियाओं का विश्लेषण करता है, अपनी अनुभूति को रचनात्मक रूप देते हुए उसे संक्रामक बनाता है। कलावादी समीक्षा अधिक वस्तून्मुख होती है, समीक्षक रचना में निबद्ध अनुभूति का विश्लेषण करने का प्रयत्न करता है जबकि प्रभाववादी समीक्षा व्यक्तिवादी है, समीक्षक रचनागत अनुभूति को समझने-समझाने के प्रयत्न में अपनी अनुभूति का विश्लेषण करता है। किन्तु दोनों पद्धतियों के कलात्मक आदर्श समान ही हैं। दोनों समान रूप से कलात्मक प्रकृति एवं अनुभूति को रचना की श्रेष्ठता का कारण मानती हैं। व्यक्तिवादी होने के कारण व्यक्ति-मन की भावुक प्रतिक्रिया कहकर प्रायः प्रभाववादी समीक्षा की उपेक्षा की जाती है। कहा जाता है कि समीक्षक को अपने लिए ही नहीं, दूसरों के लिए भी रचना का मूल्य निर्धारित करना है। नहीं तो समीक्षा आत्मकथा बन जाती है।[16] शुक्ल जी ने प्रभाववादी समीक्षा का तीव्र विरोध किया है। लेकिन उनका विरोध समीक्षा में भावुक एवं प्रशंसात्मक शैली से जितना है, प्रभावाभिव्यक्ति से उतना नहीं। प्रभावाभिव्यक्ति को व्यक्तिगत कहकर उसकी उपेक्षा नहीं की जा सकती। रचना का प्रभाव सहृदयों पर समान रूप से पड़ता है, भले ही उसमें मात्रा का न्यूनाधिक अन्तर हो। इसलिए प्रभाववादी समीक्षा, समीक्षक की व्यक्तिगत अनुभूति के आधार पर खड़ी होने पर भी जब वह शिक्षित सहृदय होता है, उसकी अनुभूति वैयक्तिक नहीं, सबकी अनुभूति हो जाती है।

मूल्यवादी समीक्षा : सामाजिक, नैतिक, सांस्कृतिक या दार्शनिक दृष्टि से साहित्य की समीक्षाएँ मूल्यवादी हैं। ये कलात्मक अनुभूति को सामाजिक अनुभूति के रूप में ही मूल्यवान मानती हैं। मूल्यवादी समीक्षा की उपादेयता, कलात्मक अनुभूति का

व्यापक सामाजिक दृष्टि से मूल्य-निर्धारण करने में है। अर्थात् वह रचनागत अनुभूति का जीवन-सापेक्ष मूल्यांकन करती है। कलात्मक समीक्षा कला के मूल्यों को अधिक महत्त्व देती है तो मूल्यवादी समीक्षा सामाजिक मूल्यों को। अतिवादिता में पहली समीक्षा जीवन के मूल्यों की उपेक्षा कर शुद्ध कलावादी बनती है तो दूसरी समीक्षा कला की मार्मिकता को भुलाकर समाजशास्त्रीय समीक्षा बनती है। यदि मूल्यवादी समीक्षा कलात्मक दृष्टि को छोड़ दे तो उसका सामाजिक मूल्यांकन साहित्यिक मूल्यांकन नहीं रह जाता।

सामाजिक समीक्षा, कलाकृति पर कलाकार की सामाजिक स्थिति के प्रभाव का, रचना की वस्तु और उसके उद्देश्य में सामाजिक सार्थकता का और पाठक-समाज पर रचना के प्रभाव का विचार करती है। वह सामाजिक दृष्टि से साहित्यिक विकास की प्रगतिशीलता या ह्रासोन्मुखता को स्पष्ट करती है। सामाजिक दृष्टि को अपनी परिधि बना लेने के कारण यह समीक्षा व्यक्ति मन की अन्तर्वृत्तियों का निरूपण करनेवाली भावात्मक एवं मनोवैज्ञानिक रचनाओं की अपेक्षा सामाजिक साहित्य के विश्लेषण एवं मूल्यांकन में अधिक सफल होती है। रचनात्मक प्रकृति के अनुसार सामाजिक साहित्य से भिन्न व्यक्तिवादी साहित्य के अनुशीलन में कलात्मक और मनोवैज्ञानिक समीक्षा पद्धतियों का प्रयोग अधिक उपयुक्त होता है।

मूल्यवादी सामाजिक समीक्षा में प्रगतिवादियों का अपना विशिष्ट दृष्टिकोण है। वे रचना की सार्थकता को युग-सापेक्ष सामाजिक दृष्टि से देखते हैं और युग के जीवन-संघर्ष की वास्तविकता में साहित्यिक एवं सामाजिक प्रगति का मूल्यांकन करते हैं। डॉ. हजारी प्रसाद द्विवेदी आदि सांस्कृतिक एवं मानवीय दृष्टि से साहित्य की समीक्षा करनेवाले मूल्यवादी समीक्षक हैं। उनकी दृष्टि में साहित्य, व्यक्ति के मानसिक, सांस्कृतिक एवं सामाजिक विकास में दर्शन, ज्ञान-विज्ञान आदि का सहयोगी है। दार्शनिक समीक्षा, साहित्य में सार्वजनीन सत्य का अनुसन्धान करती है। लेकिन यह अच्छी तरह समझ रखना चाहिए कि साहित्य में सामाजिक, नैतिक, सांस्कृतिक या दार्शनिक उच्च स्तरीय भावों का अपना मूल्य नहीं होता। कलात्मक अनुभूति के रूप में ही उनका मूल्य होता है। सामाजिक और दार्शनिक आदर्शों से प्रभावित साहित्य में भी रचना का मूल्य उसमें प्रतिपादित सामाजिक या दार्शनिक विचारों के कारण नहीं बल्कि लेखक की जीवन-दृष्टि और कलात्मक अनुभूति को लेकर ही होता है।

ऐतिहासिक समीक्षा : ऐतिहासिक समीक्षा रचना को उसकी ऐतिहासिक पृष्ठभूमि पर परखते हुए रचना की वस्तु-स्थिति को स्पष्ट करती है। युग-जीवन के आलोक में रचना का वास्तविक रूप प्रकट होता है। ऐतिहासिक ज्ञान, रचना की रसज्ञता को बढ़ाता है और उसका यथार्थ रूप में मूल्यांकन का रास्ता बनाता है। ऐतिहासिक दृष्टि से साहित्यिक अभिरुचि व्यापक और उदार होती है। उससे पाठक को प्राचीन परम्परा में साहित्य की प्रकृति एवं प्रवृत्ति का बोध होता है। साहित्यिक

परम्परा के बदल जाने पर ऐतिहासिक बोध, रचना के रस ग्रहण की पहली आवश्यकता है। अभिरुचि की संकीर्णता को दूर करके अनभ्यस्त नई प्रवृत्ति की ओर पाठकों को उन्मुख करने के लिए भी यह समीक्षा उपयोगी है। आचार्य नन्ददुलारे वाजपेयी जी ने ऐतिहासिक परिस्थितियों की भूमिका पर छायावाद का समर्थन किया है। उन्होंने प्राचीन परम्परावादी और द्विवेदी युग की इतिवृत्तात्मक रुचि का परिष्कार करते हुए नई कला के उत्कर्ष की ओर साहित्य-संसार का ध्यान आकृष्ट किया है। नवीन सामाजिक एवं सांस्कृतिक वातावरण में लेखक के उद्देश्य और उसकी साहित्यिक प्रवृत्ति को स्पष्ट करते हुए वे पाठकों को छायावाद की ओर आकृष्ट कर सके।

शुद्ध ऐतिहासिक समीक्षा कलात्मक अनुभूति का निरूपण नहीं कर सकती। ऐतिहासिक समीक्षक साहित्यिक विवेक और अभिरुचि के बिना ही रचना की ऐतिहासिक परिस्थितियों का पूरा विवरण दे सकता है। कभी-कभी वह इतिहासकार की तरह युग-जीवन के तथ्यों का जो संग्रह करता है, उनसे साहित्य का कोई प्रत्यक्ष सम्बन्ध नहीं रहता। यद्यपि रचना की वस्तु में उन तथ्यों का उल्लेख हुआ है फिर भी रचना की कलात्मक अनुभूति में उनका कोई हाथ नहीं रहता। ऐतिहासिक समीक्षक को युग-जीवन के सम्बन्ध में शुद्ध ऐतिहासिक अभिनिवेश छोड़कर साहित्य-सापेक्ष ऐतिहासिक दृष्टि अपनानी चाहिए। साहित्य, युग-जीवन का प्रतिबिम्ब नहीं है। इतिहास की तरह साहित्य में युग-जीवन के तथ्यों का निरपेक्ष मूल्य नहीं होता। साहित्य की दृष्टि से युग-जीवन के तथ्यों की अपेक्षा युग-प्रवृत्ति का अधिक महत्त्व होता है। साहित्य की प्रेरणा तथ्यों से नहीं, प्रवृत्ति से है। ऐतिहासिक समीक्षा, युग-जीवन के विवरणों द्वारा साहित्य-रचना सम्बन्धी प्रेरणास्रोतों का ही अनुसन्धान करती है, अभिव्यक्ति रूप में रचना की कलात्मक श्रेष्ठता का निर्णय नहीं कर सकती। वह अच्छी-बुरी रचनाओं का अन्तर न करके प्रत्येक रचना की युग-सापेक्ष प्रवृत्ति का आकलन करती है। युग-जीवन का यह स्पष्टीकरण प्राचीन साहित्य के सम्बन्ध में विशेष महत्त्वपूर्ण होता है। लेकिन जब समीक्षक का ऐतिहासिक प्रेम बढ़ जाता है तो वह प्राचीन साधारण रचनाओं के पीछे भी इतना अधिक श्रम करता है कि साहित्य के पाठक के लिए उसके श्रम का कोई मूल्य ही नहीं रह जाता।

ऐतिहासिक दृष्टि से व्याख्या ही नहीं, मूल्यांकन भी होता है। नई दृष्टि से पूर्व युगों का मूल्यांकन अनुचित समझा जाता है। इसलिए ऐतिहासिक मूल्यांकन में यह देखने का प्रयत्न किया जाता है कि साहित्य की रचना अपने युग की साहित्यिक अभिरुचि का प्रतिनिधित्व कहाँ तक करती है, अर्थात् वह अपने युग के पाठकों को सन्तुष्ट करने में कहाँ तक सफल हुई है? कभी-कभी साहित्य की सेवा, नई प्रवृत्ति के प्रवर्त्तन या उसके उत्कर्ष की साधना के आधार पर भी ऐतिहासिक मूल्यांकन किया जाता है जैसे पं. महावीर प्रसाद द्विवेदी, बाबू श्यामसुन्दर दास आदि के सम्बन्ध में हिन्दी समीक्षकों का मूल्यांकन हुआ है। ऐतिहासिक समीक्षा का मूल्यांकन में दखल

देना अनुचित है। इस तरह साहित्यिक विवेक और अभिरुचि का विकास नहीं हो पाता। किसी लेखक के ऐतिहासिक स्थान से उसका साहित्यिक महत्त्व भिन्न होता है। कलात्मक साधना को दृष्टि में रखकर ही साहित्य का मूल्यांकन होना चाहिए। ऐतिहासिक कार्य के लिए हम किसी लेखक की प्रशंसा कर सकते हैं और करनी चाहिए भी, लेकिन उसे साहित्यिक मूल्यांकन से नहीं गड़बड़ाना चाहिए।

ऐतिहासिक समीक्षा, साहित्य के इतिहास-लेखन से भिन्न कार्य है। पहली रचना की परिस्थितियों का लेखा-जोखा है, साहित्यिक भाव-संवेदना के लिए आवश्यक भूमिका है। दूसरा साहित्य के विकासक्रम का स्पष्टीकरण है। वह रचनाओं की कलात्मक अनुभूति के बाद उनका ऐतिहासिक क्रम जानने का प्रयत्न है। इतिहास में ज्ञान की जिज्ञासा प्रधान होती है। ऐतिहासिक समीक्षा की जिज्ञासा, रचना की अनुभूति का साधन है। इतिहास, साहित्य की रसज्ञता को प्रत्यक्ष नहीं बढ़ाता जबकि ऐतिहासिक समीक्षा का विश्लेषण, रचना की भाव-संवेदना को बढ़ाने के लिए अपेक्षाकृत अधिक आवश्यक है। लक्ष्य और कार्य-क्षेत्र में इस प्रकार के अन्तर के अतिरिक्त, इतिहास और साहित्य के इतिहास दोनों की प्रवृत्ति एवं प्रक्रिया में कुछ समता भी है। साहित्य के इतिहास में साहित्य के विकास क्रम का मूल्यांकन ऐतिहासिक होता है। ऐतिहासिक समीक्षा की तरह साहित्य का इतिहास भी युग की प्रवृत्ति और परम्परा की सापेक्षता में ही साहित्य का अध्ययन करता है। दोनों कलात्मक अनुभूति के विश्लेषण एवं मूल्यांकन की अपेक्षा साहित्यिक अनुशीलन की भूमिका प्रस्तुत करती हैं।

साहित्य के इतिहास का दृष्टिकोण शुद्ध साहित्यिक एवं कलात्मक नहीं होता। उसमें सभी साहित्यिक प्रवृत्तियों और लेखकों का समान महत्त्व होता है। वह समीक्षा की तरह किसी प्रवृत्ति या रचना की साहित्यिक उत्कृष्टता को ज्यादा मूल्य नहीं देता। साहित्य के विकास पर ज्यादा प्रभाव पड़ा तो इतिहासकार सामान्य रचना की भी विस्तृत चर्चा करता है। उसका लक्ष्य, साहित्य का केवल विकासक्रम दिखाना है। उसके लिए लेखक और रचना की अपेक्षा, प्रवृत्ति का विश्लेषण अधिक महत्त्वपूर्ण है। समीक्षा की तरह साहित्य का इतिहास रचना की विशिष्ट कलात्मक अनुभूति का विश्लेषण नहीं करता। इसलिए साहित्य इतिहास-लेखन साहित्यिक मूल्यों से निरपेक्ष शुद्ध वैज्ञानिक कार्य माना जाता है। लेखन सामग्री के चयन में, ज्ञान-प्रधान रचना से साहित्यिक रचना को अलग करने में और कवि एवं काव्य को उचित स्थान देने में साहित्य का इतिहासकार साहित्यिक मूल्य-दृष्टि से अवश्य प्रभावित होता है। तथ्य-संग्रह से ऊपर उठकर साहित्य के विकास का सजीव इतिहास प्रस्तुत करने में इतिहासकार समीक्षक की तरह साहित्यिक अभिरुचि से सम्पन्न, संवेदनशील भावक बनता है। प्राचीन साहित्य के साथ गहरी आत्मीयता में भी उसका सजीव प्रत्यक्षीकरण सम्भव है। इतिहास लिखने में यदि इतिहासकार अपनी दृष्टि के अनुसार साहित्यिक

सामग्री का चयन और मूल्य निर्धारण नहीं करता तो परम्परा से प्राप्त प्रतिमानों और कवि-प्रतिष्ठा को अवश्य दृष्टि में रखता है। सामयिक साहित्य में तो इतनी फालतू रचनाएँ भरी रहती हैं कि साहित्यिक मूल्य को भुलाकर आधुनिक साहित्य का इतिहास प्रस्तुत नहीं किया जा सकता। वैज्ञानिक इतिहासकार आधुनिक साहित्य के इतिहास में असफल हो जाता है...साहित्यिक मूल्यों से निरपेक्ष होकर वह इतिहास रचना में ऐसे लेखकों और रचनाओं का आधार लेता है जिनका साहित्यिक मूल्य नहीं होता। परिणामतः वह इतिहास साहित्य के अध्येता को उतना उपयोगी भी सिद्ध नहीं होता।

साहित्य का इतिहास कलात्मक मूल्यों से निरपेक्ष नहीं हो सकता। ऐसी स्थिति में वह सामाजिक एवं राजनीतिक जीवन का इतिहास बन जाता है। साहित्य का इतिहास, कलात्मक चेतना के विकास का इतिहास है। साहित्य को सामाजिक जीवन का अनुबन्ध बनाकर साहित्यिक चेतना के विकास की कहानी प्रस्तुत नहीं की जा सकती। उसके लिए साहित्यिक प्रकृति की विशिष्टता और उसके मूल्य को स्वीकार करना ही पड़ता है। साहित्य के इतिहास को साहित्यिक दृष्टि से अर्थात् साहित्यिक मूल्यों को दृष्टि में रखकर, कलात्मक प्रवृत्तियों के विकास के रूप में ही लिखना चाहिए।

मनोवैज्ञानिक समीक्षा : मनोवैज्ञानिक समीक्षा रचनात्मक प्रक्रिया और घटना की अनुभूति दोनों का अध्ययन करती है। लेकिन मनोवैज्ञानिक दृष्टि से कलाकार के व्यक्तित्व और रचनात्मक प्रक्रिया का विश्लेषण, साहित्यिक उत्कृष्टता का निर्णय नहीं कर सकता। कलाकार की प्रेरणा और अनुभूति का मनोवैज्ञानिक अनुसन्धान, अंतश्चेतना में प्रेरक भावनाओं को प्रकट करता है, रचना की मूल प्रवृत्ति को निर्धारित करता है, पर वह रचनागत अनुभूति की व्याख्या नहीं करता। जब मन की मूल वासनाएँ साहित्य में रूपान्तर पाती हैं तो उसी रूप में पाठक को अनुभूति होती है। मनोविज्ञान लेखक की अंतश्चेतना में वासनाओं की प्रबलता दिखाते हुए साहित्य को दमित वासनाओं की अभिव्यक्ति कहता है तो यह सिद्धान्त उदात्त साहित्य की सात्विक अनुभूति के साथ मेल नहीं खाता। साहित्य रचना और ग्राहक अनुभूति के मूल उद्देश्यों को प्रकाश में लाना मनोवैज्ञानिक समीक्षा का लक्ष्य है। ये मूल उद्देश्य रचना के व्यक्त उद्देश्य नहीं हैं। रचना की अनुभूति उसके व्यक्त रूप की ही होती है। समीक्षक रचना का उद्देश्य जानना चाहता है तो व्यक्त रूप का ही, लेखक की अंतश्चेतना में छिपे हुए उद्देश्यों को नहीं, जिनका रचना की अनुभूति के साथ प्रत्यक्ष सम्बन्ध नहीं होता। मनोवैज्ञानिक समीक्षा में रचना और पात्र-कल्पना की मनोवैज्ञानिक छानबीन भी होती है। यह कार्य सूक्ष्म साहित्यिक चेतना का विकास कर सकता है। मनोवैज्ञानिक समीक्षा का एक रूप कलाकार के मन के साथ रचना का सम्बन्ध जोड़ता है। वह रचना और जीवनी के विश्लेषण से कलाकार के मन को निश्चित

कर उसकी रचनात्मक क्रियाशीलता की व्याख्या करता है। साहित्य-समीक्षा का काम कलाकृति में मूर्त अनुभूति की व्याख्या करनी है। मानसिक प्रक्रिया का विवरण एक सीमित अर्थ में ही रचना की व्याख्या करता है। जीवन और रचना के आधार पर कलाकार का मनोवैज्ञानिक अध्ययन, उसके व्यक्तित्व और मन को स्पष्ट करना, समीक्षा का काम नहीं है। यह कार्य मनोविज्ञान का अंग हो सकता है, साहित्य-समीक्षा का नहीं। साहित्यिक अनुभूति के सम्बन्ध में भी मनोविज्ञान ने अच्छा काम किया है। प्रायोगिक मनोविज्ञान ने पाठक के व्यक्तित्व, चरित्र, भाव-प्रकृति और सामाजिक संस्कारों के अनुसार साहित्यिक अभिरुचि भेद को स्पष्ट किया है। उसने साहित्य से मनोरंजन चाहनेवाली अभिरुचि के पलायनवादी और प्रतिक्रियावादी दृष्टिकोणों की व्याख्या की है। साहित्यिक अनुभूति की प्रकृति एवं उसके स्वरूप को स्पष्ट करने में भी मनोविज्ञान ने बहुत ही महत्त्वपूर्ण कार्य किया है। मनोवैज्ञानिक समीक्षा जहाँ रचनात्मक प्रेरणा एवं प्रक्रिया को ही स्पष्ट करती है वहाँ उसे समीक्षा कार्य की भूमिका कहना ही अधिक संगत होगा। लेकिन मनोविज्ञान, समीक्षा का साधन होकर रचना की अनुभूति में गहरी पैठ के साथ तलस्पर्शी साहित्यिक चेतना का विकास भी कर सकता है।

वैज्ञानिक समीक्षा : वैज्ञानिक समीक्षा जीव-विज्ञान या भौतिक विज्ञान के सिद्धान्तों पर आधारित न होकर उनकी पद्धति और प्रक्रिया के अनुसार साहित्य की समीक्षा है। वह मूल्यांकन से निरपेक्ष होकर साहित्य की व्याख्या करती है। वह व्याख्यात्मक पद्धति में रचना के विविध अंगों और तत्त्वों का विश्लेषण करते हुए रचना को यथातथ्य समझने का प्रयत्न करती है। निर्णयात्मक सैद्धान्तिक समीक्षा के पक्षपातपूर्ण और सहानुभूति रहित मूल्यांकनों की यह प्रतिक्रिया है कि समीक्षा मूल्यांकन को छोड़कर केवल विश्लेषण कर रही है। रचना का समग्र बोध वैज्ञानिक समीक्षा का लक्ष्य है। रचना के जटिल होने पर इसकी आवश्यकता और भी बढ़ जाती है। इस तरह समीक्षा के द्वारा रचना के स्पष्टीकरण से पाठक उचित दृष्टिकोण के साथ पढ़ने का प्रयत्न करता है। सभी समीक्षा-पद्धतियाँ रचना की व्याख्या करती हैं। उस व्याख्या का आदर्श पाठक की साहित्यिक अभिरुचि और अनुभूति का विकास करना है। लेकिन नवीन वैज्ञानिक व्याख्यात्मक समीक्षा, बौद्धिक विश्लेषण के द्वारा रचना के बोध मात्र का प्रयत्न कर रही है। उसकी निगमनात्मक व्याख्या सबसे अधिक वैज्ञानिक एवं बौद्धिक और इसलिए सबसे अधिक श्रेष्ठ समझी जाती है। इसमें भूलचूक की कम सम्भावना रहती है। वह पाठक को गुमराह नहीं करती। क्योंकि उसमें समीक्षक रचना सम्बन्धी तथ्यों के आधार पर निष्कर्ष निकालता है। शोधकर्ता भी साहित्यिक तथ्यों का वैज्ञानिक अनुसन्धान करता है। इस कार्य के लिए उसे समीक्षक की तरह साहित्यिक विवेक और अभिरुचि आवश्यक नहीं है।

प्रश्न होता है कि क्या मूल्यांकन से निरपेक्ष साहित्य की समीक्षा हो सकती

है? यदि हो सकती है तो वैसी समीक्षा का क्या मूल्य है? सच्चे अर्थ में साहित्य-समीक्षा मूल्य निरपेक्ष नहीं हो सकती। वैज्ञानिक समीक्षा के नाम पर जो मूल्य-निरपेक्ष तथ्य संग्रह हो रहा है, उसे समीक्षा की संज्ञा नहीं दी जा सकती। मूल्य-निरपेक्ष इस तथ्य संग्रह की कोई समीक्षात्मक उपादेयता नहीं है। वास्तव में समीक्षा पूर्णतया न वैज्ञानिक हो सकती है और न विज्ञान की तरह वस्तून्मुख तथ्य-संग्रह ही कर सकती है। वह विज्ञान की तरह अच्छे-बुरे से तटस्थ नहीं रह सकती। उसे साहित्य के सामान्य रूप का नहीं, रचना के विशिष्ट स्वरूप को स्पष्ट करना है। वैज्ञानिक ढंग पर विचार करने के लिए अपने-अपने विशिष्ट रूप रखनेवाली विभिन्न रचनाओं के सम्बन्ध में सर्वमान्य लक्षण नहीं बनाए जा सकते। समीक्षा को मूल्यांकन के द्वारा साहित्यिक प्रगति का आकलन भी करना है। शुद्ध वैज्ञानिक रूप में बहुत करके वह रचना को स्पष्ट करके मूल्यांकन का भार पाठकों पर छोड़ सकती है। वैज्ञानिक समीक्षा का लक्ष्य साहित्य के स्वरूप को स्पष्ट करते हुए मानसिक विकास करना है। वास्तव में मानसिक विकास, साहित्य समीक्षा का लक्ष्य नहीं, उसका साधन है...इसी आधार पर साहित्यिक अनुभूति की पहचान और उसका मूल्यांकन होता है। वैज्ञानिक दृष्टि से साहित्य-समीक्षा इस अर्थ में उपकारी है कि वह उसे पक्षपात से बचाकर रचना के यथार्थ बोध और मूल्यांकन में प्रवृत्त करती है। वास्तव में वैज्ञानिक समीक्षा मूल्यांकन से बिल्कुल निरपेक्ष भी नहीं रह सकती। समीक्षा के लिए जो लेखक या रचना का चुनाव होता है, उसके मूल में मूल्यांकन भी निहित रहता है। वैज्ञानिक समीक्षक भी आखिर सूर-तुलसी को ही चुनता है, अज्ञातनामा साधारण लेखक को नहीं। समीक्षा साहित्यिक मूल्य की उपेक्षा नहीं कर सकती। मूल्य-निर्णय के बिना साहित्यिक विवेक नहीं बढ़ता और न अच्छी रचनाओं का चयन ही हो सकता है। समीक्षा मूल्यों में अन्तर करके ही अच्छी रचना की पहचान देती है। यह सही है कि समीक्षा अच्छी रचना की परिभाषा और उसे पहचानने के प्रतिमान नहीं दे सकती, लेकिन व्यवहार में उसे पहचानकर उसका मूल्यांकन कर सकती है। वैज्ञानिक पद्धति विभिन्न प्रकार की रचनाओं को पहचानकर उनका वर्गीकरण कर सकती है, लेकिन वह उनके साहित्यिक महत्त्व का निरूपण नहीं कर सकती जबकि अच्छी समीक्षा रचना पद्धति को ही नहीं, उसके मूल्य या महत्त्व को भी स्पष्ट करने का प्रयत्न करती है।

अन्य समीक्षा-पद्धतियाँ : तुलनात्मक, कृतिमूलक, जीवन-चरित सम्बन्धी और पुस्तक-परिचय : साहित्य समीक्षा में मूल्यांकन के लिए प्रत्यक्ष-अप्रत्यक्ष रूप से तुलना का सहारा लेना ही पड़ता है। एक समीक्षा-पद्धति के रूप में उसका विकास पहले सैद्धान्तिक तुलना के रूप में हुआ है। हिन्दी में देव और बिहारी का तुलनात्मक अध्ययन इसी प्रकार का है। सैद्धान्तिक तुलना साहित्य के स्वरूप की, उसके भावपक्ष एवं कलापक्ष की होती है। इस तरह किसी युग में समान प्रवृत्ति के लेखकों को

लेकर उनकी समता और विषमता या उत्कर्ष-अपकर्ष दिखाया जाता है। तुलना के लिए लेखकों या रचनाओं की समान प्रवृत्ति होनी चाहिए। साहित्यिक प्रवृत्ति की समता के आधार पर ही नहीं, सांस्कृतिक एवं मानवीय प्रवृत्ति की समानता के आधार पर भी तुलना की जा सकती है। आजकल भारतीय भाषा-साहित्यों की समान सांस्कृतिक प्रवृत्तियों का अनुशीलन हो रहा है। देशी-विदेशी साहित्य में मानवीय संवेदना की एकता का भी अनुसन्धान दिखाई दे रहा है जैसे शचीरानी गुर्टू के साहित्य-दर्शन में। यह सैद्धान्तिक तुलना नहीं, कलात्मक चेतना की तुलना है। तुलना के लिए रचना के बहिरंगों की समता पर्याप्त नहीं है, अन्तर्वृत्ति की समता भी चाहिए। तुलनात्मक समीक्षा में मौलिकता की गुंजाइश कम रहती है क्योंकि जिन लेखकों की तुलना होती है उन पर पहले ही काम हो चुका है। लेकिन समान मानवीय संवेदना के निरूपण में समीक्षक की अभिरुचि और भावात्मक संवेदना अवश्य व्यक्त होती है और वह पाठक की साहित्यिक अभिरुचि को व्यापक बनाती है। जहाँ किसी साहित्यिक परम्परा से आलोच्य लेखक का सम्बन्ध-निरूपण होता है, उसे भी एक प्रकार की तुलनात्मक समीक्षा कह सकते हैं। बिहारी के सम्बन्ध में पं. पद्मसिंह शर्मा जी का काम इसी तरह का है। परम्परा का निरूपण करते हुए उसमें किसी लेखक के उत्कर्ष का तुलनात्मक विश्लेषण, ऐतिहासिक दृष्टि और साहित्यिक चेतना दोनों का विकास करता है।

कृतिमूलक समीक्षा साहित्य सम्बन्धी वैज्ञानिक कार्य है। उसमें लेखक-परिचय जीवन-चरित, पाठ-निर्णय, रचना-स्रोत आदि का विवेचन होता है। लेकिन इससे रचना के कलात्मक मूल्य का निर्णय नहीं होता। इसलिए इसे शुद्ध साहित्य-समीक्षा के अन्तर्गत नहीं ले सकते।

जीवन-चरित सम्बन्धी समीक्षा, रचना का साहित्यकार के व्यक्तित्व और जीवन के साथ सम्बन्ध स्थापित करती है। इससे रचना की प्रेरणा स्पष्ट होती है। लेकिन रचनात्मक प्रेरणा के स्रोत, रचनागत अनुभूति और उसकी सार्थकता की व्याख्या नहीं कर सकते। साहित्य में लेखक की जीवन सम्बन्धी प्रत्यक्ष अनुभूति का रूपान्तर हो जाता है, उस अनुभूति को एक नई सार्थकता का आलोक मिलता है। इसलिए यह समीक्षा बहुत करके रचना की सामान्य प्रकृति को ही स्पष्ट कर पाती है। कभी-कभी लेखक के जीवन से उसकी रचना का सम्बन्ध केवल आनुषंगिक ही रहता है और तब ऐसी समीक्षा की उपादेयता और भी कम हो जाती है। 'शोकगीति' आदि कुछ प्रगीतात्मक काव्य-रचना में ही साहित्यकार के व्यक्तित्व और जीवन के साथ रचना का प्रत्यक्ष सम्बन्ध लक्षित होता है। पुस्तकों की बढ़ती संख्या में चुनने के लिए पुस्तक-परिचय की आवश्यकता पड़ती है। उसके लिए प्रकाशक और अन्य पत्रिकाएँ निकाल रहे हैं। दैनिक और साप्ताहिक समाचार-पत्र भी इस कार्य में लगे हुए हैं। वास्तव में पुस्तक-परिचय का उत्तरदायित्व रचना के प्रति जितना है, उससे कहीं अधिक

पाठकों के प्रति है। उसे पाठकों की रुचि पर ध्यान देना है। लोगों की रुचि विभिन्न प्रकार की होती है। पुस्तक-परिचय स्पष्ट करता है कि रचना पाठक की अभिरुचि को कहाँ तक सन्तुष्ट करेगी और तदनुसार वह पुस्तक खरीदता है या पढ़ता है। नए में अच्छी रचना चुनने के लिए सामान्य पाठक प्रायः पुस्तक परिचय पर ही निर्भर रहता है। इसलिए वह समीक्षा से कहीं अधिक पाठक की साहित्यिक अभिरुचि को प्रभावित कर सकता है। समीक्षक ग्राहक दृष्टि से निरपेक्ष होकर रचना की मार्मिकता का मूल्यांकन करता है और ग्राहक अभिरुचि के त्रुटिपूर्ण होने पर उसे सुधारने का प्रयत्न करता है। समीक्षक पाठक को स्पष्ट करना चाहता है कि रचना की प्रतिक्रिया कैसी होनी चाहिए और इस सन्दर्भ में अच्छी साहित्यिक अभिरुचि का क्या आदर्श है? इससे भिन्न पुस्तक-परिचय देनेवाला सामयिक अभिरुचि और ग्राहक-समाज पर ध्यान देकर उन्हें रचना की ओर आकृष्ट करने का प्रयत्न करता है। पाठकों की रुचि, उनकी ग्रहण शक्ति और उनके सांस्कृतिक स्तर पर दृष्टि रखकर पुस्तकों का परिचय देने के कारण पुस्तक-परिचय, साहित्य के सम्बन्ध में महत्त्वपूर्ण कार्य कर सकता है। संक्षिप्त परिचय में समीक्षा की तरह रचना की भाव-संवेदना न बढ़ा सकने पर भी वह पाठकों की साहित्यिक चेतना का विकास कर सकता है। लेकिन पुस्तक-परिचय ऐसा कम करता है। क्योंकि आजकल वह साहित्यिक व्यापार या प्रचार का साधन बन गया है और फलतः अपने साहित्यिक उत्तरदायित्व का पालन करने का प्रयत्न शायद ही करता है। आज उसका लक्ष्य बिक्री में प्रकाशक की सहायता करना है या अपने प्रिय लेखक के साथ पक्षपात करना है। इसलिए वह साहित्यिक दृष्टि को भुलाकर रचना का सारांश या सन्देश देता है और उसकी कलात्मक सार्थकता के सम्बन्ध में प्रायः मौन रहता है या पिटी-पिटाई पदावली का प्रयोग करते हुए पाठक को भुलाए रखता है।

5.4 हिन्दी साहित्य-समीक्षा और साहित्यिक अभिरुचि का विकास

.4.1 अध्ययन का दृष्टिकोण

समीक्षा का लक्ष्य और समीक्षा-पद्धतियों के आकलन के बाद यह प्रश्न उठता है कि हिन्दी में समीक्षा की प्रगति ने साहित्यिक अभिरुचि को कहाँ तक व्यापक और उदार बनाया है? हिन्दी की समीक्षा-पद्धतियों और उसके समीक्षकों की रसज्ञता की क्या समीाएँ हैं और उन्होंने पाठकों की साहित्यिक अभिरुचि को किस रूप में ढाला है? समीक्षा ने साहित्य के विकास का पथ कहाँ तक प्रशस्त किया है? क्या वह नवीन साहित्य का साथ देकर पाठकों में नई अभिरुचि का विकास करने में समर्थ हुई है? और क्या वह प्राचीन और नवीन साहित्यों के सम्बन्ध में सन्तुलित दृष्टि रखकर अच्छी साहित्यिक अभिरुचि का विकास करने में सफल हुई है? हिन्दी समीक्षा

की अपेक्षाकृत समृद्धि के बावजूद जब हम इन प्रश्नों का समाधान देने का प्रयत्न करते हैं तो कुछ निराश ही होना पड़ता है। समीक्षा के लक्ष्य को भुलाकर वह जितनी विद्यार्थियों के अध्ययन की वस्तु हुई है, उतनी अच्छी साहित्यिक अभिरुचि का विकास नहीं कर सकी है।

साहित्यिक अभिरुचि के विकास को समीक्षा का लक्ष्य मानकर हम तीन दृष्टियों से हिन्दी समीक्षा पर विचार करेंगे। पहले समीक्षात्मक प्रवृत्तियों का उल्लेख करते हुए समीक्षकों की रसज्ञता और अभिरुचि का आकलन होगा। समीक्षकों की अभिरुचि पर उनकी जीवन-दृष्टि और साहित्यिक मान्यताओं का जो प्रभाव पड़ा है उसे समझे बिना उनके समीक्षा-कार्य का सच्चा मूल्यांकन नहीं हो सकता। समीक्षक में अच्छे साहित्य की पहचान और अनुभूति की शक्ति होनी चाहिए। रचना के मूल्य का बोध न होने पर समीक्षा निरर्थक हो जाती है। रसज्ञता के साथ साहित्यिक उत्कृष्टता की पहचान में ही समीक्षा के लक्ष्य की पूर्ति नहीं हो जाती। उसके लिए व्याख्या द्वारा पाठक को समान अनुभूति देकर रचना में अभिरुचि उत्पन्न करने की भी आवश्यकता है। हिन्दी के समीक्षक साहित्यिक उत्कृष्टता की पहचान देने में ही अपने कर्तव्य की इतिश्री समझ रहे हैं। नन्ददुलारे वाजपेयी, नगेन्द्र आदि अनेक समीक्षक आधुनिक साहित्य में उत्कृष्टता की पहचान देकर पाठकों को रास्ता सुझाकर रह जाते हैं। पर शुक्ल जी इस तरह केवल मूल्यांकन से सन्तुष्ट न होकर रचना की अनुभूति को पाठक तक पहुँचाते हैं, उसकी रसज्ञता बढ़ाते हैं। यह कार्य रचना की व्यावहारिक समीक्षा के द्वारा ही हो सकता है। हिन्दी समीक्षा इस प्रकार की व्यावहारिक समीक्षा के प्रति कुछ उदासीन दिखाई दे रही है।

इस विचार में दूसरा काम हिन्दी समीक्षा के द्वारा पाठकों की अभिरुचि के विकास का अध्ययन होगा। रचना की अनुभूति की व्याख्या में उसकी मार्मिकता एवं दुर्बलता का स्पष्टीकरण, पाठक की अभिरुचि का विकास करता है। इसके अतिरिक्त समीक्षक साहित्य के सामान्य विवेचन से पाठकों में नई रुचि उत्पन्न करने और उसे व्यापक बनाने का भी महत्त्वपूर्ण कार्य कर सकता है। प्राचीन और नवीन साहित्यों का सन्तुलित अध्ययन पाठक की साहित्यिक अभिरुचि को व्यापक बनाता है। लेकिन किसी एक के साथ पक्षपात और दूसरे के साथ सहानुभूति का अभाव साहित्यिक अभिरुचि को संकीर्ण भी बना सकता है। साहित्यकार युग के नए भाव-विचारों और साहित्यिक प्रवृत्तियों में अधिक उत्साह दिखाता है। लेकिन समीक्षक की दृष्टि प्राचीन एवं नवीन में सन्तुलित होनी चाहिए। साथ ही समीक्षक नए से विमुख होकर विकासशील साहित्य के साथ पूरा न्याय नहीं कर पाता। समीक्षक की उपेक्षा के बावजूद युग के सामाजिक पाठक नए में अभिरुचि रखते हैं और यह स्वाभाविक भी है। समीक्षक को नई प्रगति का आकलन करते हुए पाठक का पथ-प्रदर्शन करना चाहिए। हिन्दी समीक्षा के सम्बन्ध में तीसरा विचारणीय विषय

यह होगा कि समीक्षा ने नए का कहाँ तक साथ किया है और इस कार्य में उसने अच्छी साहित्यिक अभिरुचि का कितना ध्यान रखा है?

.4.2 प्राचीन काल की समीक्षा

हिन्दी के प्राचीन साहित्य के साथ-साथ समीक्षा का भी विकास नहीं हुआ। रीतिकाव्य को संस्कृत परम्परा का शास्त्रीय विवेचन समझना गलत ही होगा। उसके द्वारा शास्त्रीय परिपाटी में हिन्दी के कवियों का गुण-दोष-विचार नहीं हुआ जैसा कि संस्कृत के आलंकारिक ग्रन्थों में हुआ है। संस्कृत के काव्य-शास्त्र का परिचय देना भी रीतिकाव्य का लक्ष्य नहीं है। संस्कृत के आचार्य-कवियों की तरह रीति-कालीन कवि लक्षण-लक्ष्य निरूपण में उतने सावधान नहीं थे। एक विशेष प्रकार की प्रतिभा दिखाकर राज-सम्मान पाने के लिए ही रीतिकाव्य की रचना हुई। शृंगार रस, नायिका-भेद और अलंकारों के निरूपण में फारसी काव्य के समान चमत्कार दिखाने का उन्हें अवसर मिला और वे उस ओर आकृष्ट हुए। भक्तिकाल तक के साहित्य के लिए मानदण्ड के रूप में या साहित्यशास्त्र के अध्ययन के लिए रीति काव्य नहीं लिखे गए। अनुशासन तों दूर, साहित्य का साधारण मार्ग-निर्देश अथवा अच्छे-बुरे की पहचान तक ये नहीं करा सके। इन्हें साहित्य समीक्षा की सृष्टि किस अर्थ में समझा जाय, यह भी एक समस्या ही है।[17] रीतिकाव्य को छोड़ देने पर प्राचीन साहित्य की सामयिक समीक्षा की सामग्री कम रह जाती है। कवियों के द्वारा अपने काव्यादर्शों का उल्लेख, जीवन-चरित, टीका-टिप्पणी और कवियों की प्रशंसात्मक सूक्तियाँ—ये ही प्राचीन काल की समीक्षा के रूप हैं। पर यदि प्राचीन काव्य रूपों की परीक्षा करें तो संस्कृत-प्राकृत के किन काव्यादर्शों से वे प्रभावित हुए और संस्कृत साहित्य शास्त्र की किन मर्यादाओं को उन्होंने महत्त्व दिया, इसका पता चलता है। हिन्दी का प्राचीन साहित्य संस्कृत साहित्य की परम्परा का ही विकास है। यदि प्राचीन काल में साहित्य की परीक्षा होती थी तो संस्कृत-समीक्षा के आदर्शों के अनुसार ही हुई होगी और सम्भवतः समीक्षा ने युगानुरूप साहित्यिक प्रवृत्तियों का समर्थन भी किया होगा।

संस्कृत में व्यावहारिक समीक्षा कम होती थी। आलंकारिक ग्रन्थों में साहित्य का तात्विक चिन्तन और उसके लक्षणों का निरूपण होता था। सामाजिक अनुभूति का विचार, औचित्य की परीक्षा, लक्षणों के अनुसार गुण-दोषों का निर्णय और उनका खण्डन-मण्डन—समीक्षा का व्यावहारिक रूप था। लक्षण ग्रन्थों में उदाहरणों पर विचार के अतिरिक्त टीका-टिप्पणी भी होती थी। काव्य का अर्थ-बोध और अन्वय इसका लक्ष्य था। वास्तव में यह काव्य की आलोचना का प्रयत्न नहीं है। काव्य व्यापक समाज की अनुभूति की वस्तु न रहकर विद्वत्मण्डलियों के लिए लिखे जाने के कारण सामान्य पाठक के लिए अर्थबोध की कठिनाई होती थी और इसलिए व्याख्या की आवश्यकता हुई थी। टीकाओं के द्वारा शब्दार्थ बोध का प्रयत्न करना समीक्षा का

कार्य नहीं है। मल्लिनाथ जैसे एकाध व्याख्याताओं ने ही काव्य-सौन्दर्य की परीक्षा की भी। संस्कृत में कवियों की विशिष्टताओं की समीक्षा प्रशंसात्मक सूक्तियों तक ही सीमित थी।

समीक्षात्मक ग्रन्थ न लिखे जाने पर भी प्राचीन काल में काव्यों की परीक्षा ही नहीं होती थी, ऐसा नहीं कहा जा सकता। काव्यशास्त्र के आधार पर कवियों की व्यावहारिक समीक्षा मौखिक होती थी। विद्वान सभा समावेशों में और राज-सभाओं में काव्यों की परीक्षा करते थे। इसे ग्रन्थ का रूप न देने का कारण यही था कि वे समीक्षा में केवल सिद्धान्त के तत्त्व की बात समझते थे जो लक्षण ग्रन्थों में प्रतिपादित हो चुका था। शिक्षा में साहित्य का शास्त्रीय अध्ययन होता था और विद्वान काव्यों की शास्त्रीय परीक्षा करते थे। राज-सभाओं में विद्वानों के अतिरिक्त राजकीय श्रोताओं की साहित्यिक शिक्षा-दीक्षा सामान्य कोटि की होती थी और वे काव्य चमत्कार की ही प्रशंसा करते थे। इसलिए संस्कृत में परवर्ती काव्य-रचना शास्त्रीय एवं चमत्कारी हुई। हिन्दी में भी काव्यों की परीक्षा कुछ इसी रूप में हुई होगी।

वीर काव्य में रूढ़ परम्परा का अनुसरण हुआ है। इन काव्यों की दरबारी परीक्षा में समीक्षा का कोई ऊँचा आदर्श नहीं हो सकता। वीर काव्यों के ग्राहक सभासदों में रसवादी सहृदयता की कमी थी, अन्यथा उन काव्यों का अनुमोदन नहीं होता। भक्तिकाल के अन्त तक संस्कृत के शिक्षित विद्वानों की दृष्टि भाषा काव्यों से विमुख ही थी। इसी से तुलसी को भाषा में काव्य रचना का समर्थन करना पड़ा।[18] ऐसी स्थिति में साहित्य-समीक्षा के ऊँचे स्तर की सम्भावना कैसे हो सकती थी।

प्राचीन काल में भक्ति-काव्य की प्रवृत्ति सबसे अधिक स्वच्छन्द थी। उसमें काव्य की रूढ़ परम्परा से मुक्त सरस रचना हुई। फिर भी राम-काव्य की काव्य-रीति पर या कृष्ण-काव्य की शृंगार-भावना पर काव्य-परम्परा और काव्य-शास्त्र का पर्याप्त प्रभाव रहा। भाव-विचारों में भारतीय मर्यादा को महत्त्व देनेवाले गोस्वामी जी ने भारतीय काव्य-परम्परा का अधिक अनुसरण किया है तो वह स्वाभाविक ही है। भक्ति-काल में निर्गुण काव्य, विशेषकर ज्ञानाश्रयी शाखा अधिक स्वच्छन्द थी। इस तरह भक्तिकाल के विविध रूपों की स्वच्छन्दता में मात्रा का अन्तर अवश्य था, लेकिन सामान्यतः भक्तिकाव्य रूढ़ भारतीय काव्य-परम्परा की तुलना में विशेष स्वच्छन्द था और इस कारण वह शिष्ट-काव्य के सीमित पाठक वर्ग से भिन्न व्यापक समाज की अनुभूति का विषय बना। भक्तिकाव्य के सामाजिक अनुमोदन में समीक्षा का आदर्श, जीवन की सात्विक अनुभूति और भक्ति रही होगी। भक्तिकाल के काव्यादर्श, भक्तों के जीवन-चरित और कवियों की प्रशंसात्मक सूक्तियाँ इस बात का समर्थन करती हैं। जीवन-चरितों और सूक्तियों में काव्यकला से भक्ति की सात्विकता की ही अधिक प्रशंसा हुई। इस युग में भक्ति रस की प्रतिष्ठा के साथ मधुर भक्ति के नाम पर भक्ति काव्य की शृंगारी व्याख्याएँ भी हुई। लेकिन इनसे

हिन्दी साहित्य का कोई सम्बन्ध नहीं है। हिन्दी का भक्तिकाव्य यदि इनसे प्रभावित होता तो शृंगारिकता के कारण उसे वह सामाजिक मान्यता नहीं मिलती जो हिन्दी के भक्तिकाव्य को मिली है। लोगों की दृष्टि में जीवन की सात्विकता ही भक्तिकाव्य की कसौटी थी। वैसे तो भक्तिकाल में दरबारी काव्य-रचना भी कम नहीं हुई, पर दरबारों में काव्य की प्रशंसा सात्विक भावना और अनुभूति की सच्चाई के लिए नहीं, बल्कि शास्त्रीय एवं चमत्कारी रचना होने के कारण ही होती थी।

रीतिकाव्य लक्षण-ग्रन्थों की मर्यादाओं में ढला हुआ है। कवियों में प्रतिभा की कमी नहीं थी, लेकिन उसका सारा उन्मेष शास्त्रीय-पद्धति के घेरे में ही हुआ। स्पष्ट ही इसका कारण यही था कि उस समय विद्वानों की दृष्टि में शास्त्रीय परिपाटी के अनुसार काव्य-रचना की ही मान्यता थी। भूषण जैसे कवि की प्रबल राष्ट्रीय प्रेरणा भी सामयिक समीक्षा या परीक्षा के शास्त्रीय प्रतिमानों से अप्रभावित नहीं रह सकी। विद्वानों के अतिरिक्त दरबारी श्रोता भी उक्ति वैचित्र्य के प्रशंसक थे। इसलिए रीतिकाव्य की रचना पर समीक्षा के दोनों आदर्शों का–शास्त्रीयता और कलात्मक चमत्कार का गहरा प्रभाव पड़ा। चमत्कारवादी शास्त्रीय रचना के लिए रीतिकाव्य ने अलंकारवादी एवं रसवादी लक्षण ग्रन्थों का अनुसरण किया। रस और अलंकार को रीतिकाल की सामयिक परीक्षा या समीक्षा के मानदण्ड कह सकते हैं, पर लक्षण ग्रन्थों की स्थूल परिभाषा के घेरे में ही काव्य के परीक्षकों को जीवन-सापेक्ष भाव-व्यंजना और अलंकार योजना की मार्मिकता का बोध कम था। इसलिए इस युग में एक विशेष प्रकार की काव्यरीति और आलंकारिक चमत्कार की ही प्रशंसा हुई। रीतिकालीन कवियों पर जो सूक्तियाँ बनीं वे काव्यकला के चमत्कार की ही प्रशंसा करती हैं। रीतिकाल में भी सहृदयों का एक सीमित वर्ग था जो भाव की स्वच्छन्दता का प्रेमी था। इस काल में रीतिमुक्त कवियों की रचना, स्वच्छन्दता के इसी आदर्श के अनुसार हुई। घनानन्द, ठाकुर आदि ने अपनी कविता का यही आदर्श सामने रखा। रीतिकाल के चमत्कारी कला के वातावरण में स्वच्छन्दवादी दृष्टि से काव्य की परीक्षा करनेवाले कम ही रहे होंगे।

.4.3 *भारतेन्दु युग की समीक्षा*

भारतेन्दु युग में नए साहित्य और नई समीक्षा का आरम्भ हुआ। नई जागृति में समीक्षा की अपेक्षा नई रचना की अधिक आवश्यकता थी। आलोचनात्मक विचार-विवेक रचना में लगी थी। इस समय जो थोड़ी बहुत समीक्षा मिलती है वह पुस्तकों के गुण-दोष-निरूपण के रूप में ही। गुण-दोष निर्णय के मूल में युग की उदारवादी सुरुचि और नैतिक एवं सामाजिक दृष्टि काम करती थी। पत्रिकाओं के लेखों के रूप में यह समीक्षा, नए साहित्य का साथ दे रही थी। युग की नई चेतना ने समीक्षा के लिए अनुकूल मनोभूमि तैयार की। नये भाव-विचारों ने लोगों को अपने साहित्य के

अध्ययन की ओर प्रवृत्त किया। नई बौद्धिक जागृति ने जिस तरह साहित्य की रूढ़ परम्परा को तोड़कर नई रचना की प्रेरणा दी, उसी तरह भारतीय काव्यशास्त्र की परम्परा से भिन्न साहित्य की नई मान्यताओं का विकास भी किया। आलोचनात्मक चेतना के जागरण में शिक्षा-प्रसार, मुद्रण यन्त्र तथा पत्र-पत्रिकाओं ने योगदान दिया और वह अनुकूल वातावरण पैदा किया जिससे इस दिशा में काम आरम्भ हो गया। समीक्षक प्राचीन साहित्य की परीक्षा करने लगे और नवीन साहित्य का गुण-दोष विवेचन में प्रवृत्त हुए। हरिश्चन्द्र जी ने नाटक पर निबन्ध लिखकर उसे भारतीय परम्परा की रूढ़ियों से मुक्त करने का प्रयत्न किया। भारतेन्दु युग की समीक्षा नई अभिरुचि का पथ बनाते हुए भी नए में अभिरुचि उत्पन्न नहीं कर सकी। अभी पुरानी काव्य-धारा भी चल रही थी और पुरानी पीढ़ी की अभिरुचि रीतिकालीन रसिकता पर मुग्ध थी। नए साहित्य के आरम्भिक प्रयासों की अपेक्षा प्रौढ़ प्राचीन काव्यकला से उसका अधिक प्रेम स्वाभाविक ही था। उस समय प्राचीन परम्परा के अनुसार लक्षण-ग्रन्थ भी लिखे जा रहे थे। लेकिन भक्तिकाव्य से रीतिकाव्य को ज्यादा मूल्य देनेवाली प्राचीनतावादी रसिकता की अभिरुचि का उतना ऊँचा स्तर नहीं था। आगे चलकर ग्रियर्सन आदि यूरोपीय विद्वानों की समीक्षाओं की प्रेरणा से ही हिन्दी में अच्छी साहित्यिक अभिरुचि का विकास हुआ। साहित्यिक अभिरुचि को रीतिकाव्य की अलंकृत वाणी से भक्तिकाव्य के स्वाभाविक सौन्दर्य की ओर प्रवृत्त करने में इन यूरोपीय लेखकों का हिन्दी-साहित्य चिर ऋणी रहेगा। सारांश यह है कि हरिश्चन्द्र युग में हिन्दी समीक्षा का केवल प्राथमिक विकास ही हुआ, उसके द्वारा साहित्यिक अभिरुचि और रसज्ञता का स्तर ऊपर नहीं उठ सका।

.4.4 द्विवेदी युग की आरम्भिक समीक्षा

द्विवेदी युग तक साहित्य में नई चेतना की प्रतिष्ठा हुई। साहित्यिक रूपों का नया विकास हो चला। साथ ही नए की प्रतिक्रिया में पुनरुत्थानवादी दृष्टि का विकास भी हुआ। प्राचीन संस्कृति और साहित्य की प्रेरणा में नए साहित्य का विकास होने लगा। समृद्ध प्राचीन परम्परा के कारण काव्य पर संस्कृत की काव्य-रीति का गहरा प्रभाव पड़ा। रीतिकाल की रूढ़ परम्परा तो टूट गयी लेकिन उसके स्थान में प्राचीन परम्परा का ग्रहण हुआ। गद्य के नये रूपों पर सांस्कृतिक एवं साहित्यिक परम्परा का प्रभाव अपेक्षाकृत कम था क्योंकि संस्कृत में वैसे रूपों की पुष्ट परम्परा नहीं थी। प्राचीन परम्परा के साथ सम्बन्ध जोड़कर द्विवेदी युग की साहित्यिक दृष्टि नैतिक एवं आदर्शवादी सीमाओं में बँध गयी।

समीक्षा पर भी साहित्य की इन प्रवृत्तियों का प्रभाव पड़ा। नई चेतना की प्रतिष्ठा होने के कारण समीक्षा ने नए साहित्य का पथ प्रशस्त करने पर अधिक ध्यान दिया। युग की नैतिक एवं सांस्कृतिक मर्यादाओं की परिधि में द्विवेदी जी ने

समीक्षा का कार्य आरम्भ किया। खड़ी बोली में साहित्य की पुष्ट परम्परा न होने के कारण समीक्षा को पाठकों का ही नहीं, साहित्य का भी पथ-प्रदर्शन करना पड़ा। पुनरुत्थानवादी दृष्टि की प्रेरणा में समीक्षा ने संस्कृत साहित्य का अध्ययन किया। प्राचीन हिन्दी साहित्य का अनुसन्धान और सम्पादन हुआ। प्राचीन सामाजिक एवं साहित्यिक आदर्शों की ओर लौटते हुए समीक्षा ने रीतिकालीन शृंगार और काव्य रूढ़ि का जबरदस्त विरोध किया। युग की इतिवृत्तात्मक साहित्यिक प्रवृत्ति से प्रभावित होने के कारण उस समय समीक्षा केवल गुण-दोषों का स्थूल निर्णय ही करती थी। पर रीतिकाव्य की परम्परा अभी चल रही थी और नई रचना उसके साहित्यिक उत्कर्ष पर शायद ही पहुँच सकती थी। उसमें अभिरुचि रखनेवालों से भी इस युग में समीक्षा हुई। ये समीक्षक शृंगारी रसिकता और काव्य-कला की परम्परा से बहुत प्रभावित थे। एक ओर द्विवेदी जी की विचारधारा, साहित्य का सांस्कृतिक एवं नैतिक मूल्यांकन करती थी तो दूसरी ओर परम्परा-प्रेमी कलात्मक मूल्यांकन करते थे। द्विवेदी युग की समीक्षा से नई चेतना को बल अवश्य मिला पर साहित्यिक अभिरुचि और मूल्यांकन को नहीं। साहित्य और समीक्षा दोनों में प्राचीन एवं नवीन दृष्टियों का समन्वय न हो सका और दोनों की अलग सत्ताएँ स्पष्ट रूप से दिखाई देने लगीं।

भारतेन्दु युग की तुलना में इस समय साहित्य और समीक्षा दोनों का पर्याप्त विकास हुआ। समीक्षा के विकास की परिस्थितियाँ भारतेन्दु युग से अधिक पुष्ट हुईं। साहित्य के विकास के बाद उसकी समीक्षा की आवश्यकता बढ़ी। मातृ भाषा का प्रेम बढ़कर अपने साहित्य की गतिविधि के आकलन के प्रयत्न होने लगे। शिक्षा-प्रसार में पाठ्य पुस्तकों के आलोचनात्मक संस्करण निकले। मुद्रण की सुविधा में पत्रिकाओं की बढ़ती हुई संख्या ने पुस्तकालोचन को बढ़ाया। अंग्रेजी-शिक्षा के अधिक प्रसार में समीक्षा की ओर शिक्षित लोगों का ध्यान आकृष्ट हुआ। नागरी प्रचारिणी सभा और पत्रिका ने प्राचीन साहित्य के अनुसन्धान को प्रात्सोहित किया और सरस्वती ने समीक्षा के द्वारा नए साहित्य के विकास का रास्ता दिखाया। यूरोपीय विद्वानों के गम्भीर आलोचनात्मक लेखों ने प्राचीन साहित्य के अध्ययन की ओर लोगों को प्रवृत्त किया।

साहित्यिक अभिरुचि की दृष्टि से द्विवेदी युग की समीक्षा को तीन प्रवृत्तियों में बाँट सकते हैं। पहली प्रवृत्ति नई रचना का पथ-प्रदर्शन और उसकी समीक्षा करती थी। यह समीक्षा नई चेतना के अनुसार वर्ण्य के गुण-दोषों का विवेचन करके आवश्यक सुधार या परिवर्तन के निर्देश देती थी। इस कार्य में सुरुचिपूर्ण साहित्य का समर्थन और सामाजिक आदर्शों के अनुसार सुरुचि का निर्णय होता था। यह सुधारवादी समीक्षा द्विवेदी जी के मार्ग-प्रदर्शन में साहित्य की स्पष्ट एवं स्वाभाविक अभिव्यक्ति चाहती थी। इसके साहित्य-सिद्धान्त, यूरोपीय एवं भारतीय लक्षणों के मुक्त ग्रहण के कारण काफी व्यापक अवश्य थे, पर उस समय इन सिद्धान्तों की

कोई समन्वित और निश्चित धारणा नहीं थी।

इस समीक्षा का लक्ष्य साहित्यिक अभिरुचि का विकास करना था—लेखक और पाठक दोनों में नई व्यापक अभिरुचि उत्पन्न करना था। द्विवेदी जी की यह सुधारवादी समीक्षा वर्ण्य और अभिव्यक्ति को नए रूपों में ढालना चाहती थी। लेकिन उसकी अभिरुचि पर युग का नीतिवादी एवं आदर्शवादी घेरा लगा था। समीक्षा में नैतिक वर्ण्य, चमत्कार पूर्ण भाव-विन्यास और सरल अभिव्यक्ति का यह आग्रह, युग की उच्च साहित्यिक चेतना को प्रकट नहीं करता। इन्हीं आदर्शों को लेकर नई छायावादी रचना की कड़ी आलोचना हुई। संस्कृत साहित्य और नवीन काव्य की ओर ध्यान आकृष्ट करके द्विवेदी जी ने साहित्यिक अभिरुचि को व्यापक अवश्य बनाया, लेकिन उसे प्रौढ़ बनाने की ओर उनका ध्यान नहीं गया। केवल नवीन विकास पर ध्यान देने के कारण उन्होंने प्रौढ़ मानसिक चेतना और कलात्मक भावना की पहचान देने का प्रयत्न नहीं किया।

द्विवेदी युग की समीक्षा की दूसरी प्रवृत्ति प्राचीन साहित्य के अनुसंधान की है। इस प्रकार की समीक्षा ने संस्कृत और हिन्दी के प्राचीन साहित्य का परिचय दिया है। प्राचीन हिन्दी साहित्य पर गवेषणात्मक लेखों का श्रेय नागरी प्रचारिणी पत्रिका को है। उन लेखों में जीवन-चरित सम्बन्धी ऐतिहासिक अनुसन्धान, कवि के व्यक्तित्व और धर्म का अध्ययन तथा काव्यों का प्रामाणिक विश्लेषण होता था। कवियों के महत्त्व और सन्देश की भी चर्चा शुरू हुई। इस प्रवृत्ति का लक्ष्य, कवि एवं काव्य का तटस्थ वैज्ञानिक अध्ययन था। यह साहित्यिक अभिरुचि और रसज्ञता बढ़ानेवाली समीक्षा नहीं थी।

तीसरी प्रवृत्ति मिश्रबन्धु, पद्मसिंह शर्मा आदि के द्वारा काव्यकला की समीक्षा की है। यह समीक्षा भाव-व्यंजना के कलात्मक उत्कर्ष का निर्णय करती थी। पहली प्रवृत्ति की तरह इसमें सामाजिक एवं नैतिक गुण-दोषों पर ज्यादा जोर नहीं दिया जाता था। निश्चित एवं व्यवस्थित भारतीय साहित्य-शास्त्र के सिद्धान्तों को लेकर चलनेवाली यह रीतिवादी समीक्षा थी। भाव-निरूपण करती हुई भी काव्यकला पर इसकी अधिक दृष्टि रहती थी और इसीलिए रीतिकाव्य की ओर उसका झुकाव था। समीक्षक कवियों का वर्गीकरण करते हुए तुलना द्वारा छोटे-बड़े का निर्णय भी करते थे। इसलिए इसे तुलनात्मक समीक्षा भी कहा जा सकता है। इस समय काव्य की रीति पर दृष्टि रहने के कारण रस-अलंकार के निरूपक लक्षण ग्रन्थों की रचनाएँ भी हुईं।

एक ओर द्विवेदी युग की साहित्यिक अभिरुचि नए रूप में ढल रही थी तो दूसरी ओर साहित्य के रसिक, रीतिकाव्य की कला पर मुग्ध हो रहे थे। रीतिकाल की काव्यरीति में बँधी हुई उनकी अभिरुचि, भक्तिकाव्य की स्वच्छन्दता की ओर नहीं जा सकी। उन्होंने भक्तिकाव्य को भी काव्यरीति की परिपाटी में देखने का

असफल प्रयत्न किया। द्विवेदी युग में साहित्य और समीक्षा का प्रौढ़ विकास न होने पर भी युग की नई चेतना ने साहित्यिक भावना की परीक्षा के लिए नए मान अवश्य दिये। उस समय साहित्य में काव्य-रीति से मानसिक चेतना या मानवीय संवेदना का ज्यादा महत्त्व माना जा रहा था, लेकिन नए युग की साहित्यिक चेतना के इस आदर्श की ओर रीतिवादी समीक्षकों की दृष्टि नहीं गई। नए आलोक में प्राचीन साहित्य के मूल्यांकन का प्रयत्न आगे चलकर शुक्ल जी के साथ ही आरम्भ हुआ। द्विवेदी युग की कलावादी समीक्षा प्राचीन का उचित मूल्यांकन नहीं कर सकी। क्योंकि उसके समीक्षक काव्यरीति की चलती परम्परा के संस्कारों से प्रभावित थे। वैसे वे युग की नयी चेतना से अनभिज्ञ नहीं थे, पर मन में परम्परा का मोह प्रबल था। उनके मन, स्वभाव और अभिरुचि पर रूढ़ परम्परा के दीर्घकालीन साहचर्य का प्रभाव था। रीतिकाव्य की समीक्षा में भी काव्यरीति के प्रेमियों की अभिरुचि संकीर्ण और उथली थी। उनसे न रीतिकालीन शृंगार के भाव-सौन्दर्य का उद्घाटन हुआ और न उसकी व्यंजना की गहराई में जाकर कलात्मक विशेषताओं का आकलन। रीतिकालीन कवियों की सौन्दर्य-भावना का तो उन्हें पता ही नहीं था। उनकी अनुभूति कला की मोटी बारीकियों तक ही सीमित थी। ऐतिहासिक परम्परा में बिहारी को परखने के कारण केवल पद्मसिंह शर्मा जी का स्थान कवि की कल्पना एवं व्यंजना की बारीकियों और उनके सौन्दर्य की ओर जा सका। निर्णयात्मक शास्त्रीय निरूपण करते हुए रीतिवादी समीक्षा, कला की उत्कृष्टता का अनुसन्धान नहीं कर सकी। इस साहित्यिक अध्ययन की असफलता का एक प्रधान कारण तुलनात्मक पद्धति है। तुलना समीक्षा का आधार नहीं हो सकती। अवसर आने पर साम्य-वैषम्य दिखाकर कवि की प्रतिभा और उसके व्यक्तित्व को स्पष्ट करने के लिए ही उससे सहायता ली जा सकती है। सहृदयता की दुहाई देते हुए भी रीतिवादी समीक्षकों ने तुलनाओं द्वारा अपने-अपने प्रिय कवियों को श्रेष्ठ सिद्ध करने के सभी प्रयत्न किये। द्विवेदी युग की यह तुलनात्मक समीक्षा रचना के बाह्य स्वरूप के विश्लेषण में ही लगी रही और अनुभूति के तात्विक विचार के द्वारा साहित्यिक अभिरुचि का विकास नहीं कर सकी।

द्विवेदी युग के समीक्षक : इस युग के समीक्षकों में द्विवेदी जी का समीक्षा-कार्य सबसे महत्त्वपूर्ण है। द्विवेदी जी ने व्यावहारिक समीक्षा की ओर उतना ध्यान नहीं दिया। इसलिए उनके साहित्यिक आदर्शों, सिद्धान्तों और सम्मतियों के आधार पर ही उनकी साहित्यिक अभिरुचि का अनुमान किया जा सकता है। वर्ण्य की नैतिकता और बोधगम्य अभिव्यक्ति पर जोर देते हुए वे चाहते हैं कि साहित्य की रचना व्यापक पाठक समाज के लिए हो। इस आदर्श के कारण साहित्यिक उत्कृष्टता की पहचान देकर प्रौढ़ साहित्यिक अभिरुचि के विकास की ओर उनका उतना ध्यान नहीं गया है।

द्विवेदी जी की नैतिक साहित्यिक अभिरुचि के कारण समीक्षा सम्बन्धी बहुत-सी

जटिल समस्याएँ हमारे सम्मुख उपस्थित हो जाती हैं। आगे चलकर अधिक प्रौढ़ रूप में शुक्ल जी की समीक्षा से भी उनकी ओर ध्यान आकृष्ट होता है। द्विवेदी जी के नैतिक प्रतिमान साहित्य को एक संकीर्ण घेरे में बाँध देते हैं। नैतिक दृष्टि से उन्होंने शृंगार काव्य का तीव्र विरोध किया है। नए सत्साहित्य के विकास के लिए सुरुचि का यह पक्षपात, कवि एवं पाठक दोनों की रुचि को एक रूढ़ अर्थ में ही परिष्कृत करना चाहता है। लेकिन वे साहित्य का व्यापक विकास भी चाहते थे, नए के जबरदस्त समर्थक भी थे। नए के समर्थन में वे लिखते हैं कि नई बातों से घबराना और उनके पक्षपातियों की निन्दा करना मनुष्य का स्वभाव ही सा हो गया है।[19] वस्तु और अभिव्यक्ति दोनों में वे नवीनता के समर्थक थे। "उन्होंने सामयिक आदर्शों को प्रधानता दी, और पुराने कवियों की तुलना में भारतेन्दु हरिश्चन्द्र और मैथिलीशरण गुप्त के काव्योत्थान की सराहना की।"[20] वे कहते हैं कि "भारती को कुछ नवीन भूषणों से अलंकृत करने में हमें संकोच नहीं करना चाहिए। ये पुराने भूषण भाषण के भिन्न-भिन्न ढंग हैं। क्या इनके सिवा बोलने और लिखने में सरसता या चमत्कार उत्पन्न करने के लिए कोई अन्य ढंग नहीं हो सकता?[21]

द्विवेदी जी के सैद्धान्तिक विचार काव्य-रचना में जीवन की स्वाभाविकता, भावों की उदात्तता, भाषा की सरलता और अर्थ की सरसता पर जोर देते हैं। उनकी दृष्टि में काव्य के विषय बँधे-बँधाए नहीं हैं। वे रचना का साहित्यशास्त्र के नियमों के अनुसार होने या न होने की परीक्षा छोड़कर उसके उद्देश्य की सफलता देखना चाहते हैं। द्विवेदी जी ने साहित्य का तात्विक विचार कम किया है, लेकिन रीतिकाव्य की बँधी परिपाटी से साहित्यिक अभिरुचि को मुक्त करने का प्रयत्न अवश्य किया है। भाषा की सरलता के आग्रह में गद्य और पद्य की भाषा-शैली की समानता पर जोर देना सतही विचार हो सकता है लेकिन वे साहित्य का व्यापक प्रचार चाहते थे। इसी दृष्टि से उन्होंने भाषा-साहित्य के विकास की आरम्भिक अवस्था में काव्य की गहनता का विरोध किया है। उनके साहित्यिक सिद्धान्तों की उदारता एवं व्यापकता, साहित्य के रूप को जटिल शास्त्रीयता से मुक्त करने में सफल हुई है। वे छन्द को कवि के लिए बन्धन कहते हैं। नाटक के जटिल नियमों का पालन करना वे अनिवार्य नहीं मानते। नई रचना को प्रोत्साहित करनेवाली उनकी यह उदारता है, जो उस समय विकास एवं विस्तार में प्रयत्नशील थी। उनकी दृष्टि में नए निर्माण के लिए प्रेरणास्रोत, संस्कृत साहित्य और यूरोपीय साहित्यिक रूप थे। उन्होंने संस्कृत साहित्य का परिचय देकर उसके प्रति प्रेम बढ़ाया है। लेकिन इसका प्रभाव गहरा पड़ा है और नई कविता स्वच्छन्द होने के बदले प्राचीन काव्यरीति में बँधी रही है। रीतिकालीन शृंगार और शास्त्रीय काव्यरीति का विरोध करते हुए भी द्विवेदी जी साहित्य में सच्ची स्वच्छन्दता का प्रसार नहीं कर पाए हैं।

द्विवेदी जी ने साहित्यिक अभिरुचि के सम्बन्ध में ऐतिहासिक कार्य किया है।

पहले, वे चाहते थे कि साहित्य में व्यापक पाठक समाज की अभिरुचि हो इसी दृष्टि से उन्होंने लिखा है कि, "आजकल हिन्दी संक्रान्ति की अवस्था में है। हिन्दी कवि का कर्तव्य यह है कि वह लोगों की रुचि का विचार रखकर अपनी कविता ऐसी सहज और मनोहर रचे कि साधारण पढ़े-लिखे लोगों में भी पुरानी कविता के साथ-साथ नई कविता पढ़ने का अनुराग उत्पन्न हो जाए।"[22] वे 'चन्द्रकान्ता' के समान कविता का प्रचार चाहते थे और उनकी यह मनोकामना भारत-भारती तथा जयद्रथ-वध की लोकप्रियता में पूरी हुई है। कविता के प्रचार के अतिरिक्त सच्ची कविता की पहचान का भी उन्होंने प्रयत्न किया है जो उनका दूसरा कार्य है। सतही विचार होने पर भी वे कविता और पद्य-रचना का इस तरह अन्तर करते हैं कि "जिस पद्य के पढ़ने या सुनने से चित्त पर असर नहीं होता, वह कविता नहीं। वह नपी-तुली शब्द स्थापना मात्र है।"[23] द्विवेदी जी कविता के व्यापक प्रचार और प्रभाव के अभाव का कारण राजाश्रय में उसकी ह्रासोन्मुखता और सभ्यता की कृत्रिमता मानते हैं।[24] इस कारण काव्य के प्रचार के लिए वे कवि और पाठक में सच्ची सहृदयता का उन्मेष चाहते हैं। नई अभिरुचि की स्थापना द्विवेदी जी का तीसरा महान कार्य है। नई जागृति के सुधारवादी और देशप्रेमी लेखकों को द्विवेदी जी बराबर प्रोत्साहन देते रहे हैं। इसमें वे साहित्यिक उत्कृष्टता को भी भुला देते थे। उनमें साहित्यिक विवेक न हो, यह बात नहीं है। 'हिन्दी नवरत्न' की आलोचना में वे संस्कृत काव्य, भक्तिकाव्य, रीतिकाव्य और आधुनिक काव्य को अलग-अलग कोटियों में रखते हैं और नवरत्नों में सबको एकत्रित करने पर आक्षेप करते हैं। लेकिन उनका "काव्यादर्श किसी परिपुष्ट शास्त्रीय आधार पर नहीं बना था और न इसके मूल में कोई विशिष्ट और व्यवस्थित साहित्य चेतना थी।"[25] द्विवेदी जी का महत्त्व उनकी समीक्षा से कहीं अधिक उनके सेवा-कार्य के कारण है। उन्होंने निष्पक्ष समीक्षा के द्वारा सुरुचिपूर्ण सत्साहित्य का प्रचार किया। साहित्य, पाठक के लिए बोधगम्य हो, इस पर उन्होंने विशेष ध्यान दिया। संक्षेप में, वे हिन्दी साहित्य को व्यापक पाठक-समाज तक पहुँचाकर उनकी अभिरुचि का सांस्कृतिक एवं नैतिक परिष्कार करना चाहते थे।

मिश्र-बन्धुओं ने समीक्षा-पद्धति को द्विवेदी जी के गुणदोषात्मक और परिचयात्मक प्रयासों से बहुत आगे बढ़ाया है। पर साहित्यिक अभिरुचि को पीछे ढकेल दिया है। "द्विवेदी जी अपने युग के प्रगतिशील समीक्षक थे तो मिश्रबन्धु परम्परावादी और शास्त्रानुयायी समीक्षक कहे जा सकते हैं। एक की निगाह समाज और साहित्य के सामयिक सम्बन्ध और भविष्योन्नति की ओर थी तो दूसरे का ध्यान अतीत की साहित्यिक पद्धतियों और उनके सौष्ठव की ओर था।"[26] रूढ़ साहित्यिक परम्परा के प्रतिमानों को लेकर मिश्रबन्धु नए साहित्य की बात तो दूर, भक्ति साहित्य का भी उचित मूल्यांकन नहीं कर सके। मिश्रबन्धुओं की अभिरुचि रीतिकाल की शृंगारी परम्परा और काव्यकला के प्रेम में ढली थी। काव्यकला में उन्होंने अपनी

रसज्ञता अवश्य प्रकट की है, लेकिन सामाजिक पहलू से निरपेक्ष शृंगारी भावना में उनकी अभिरुचि संकीर्ण थी और फलतः रस-सम्प्रदाय के अनुसार भाव-निरूपण करते हुए भी वे ऊँची भावात्मक चेतना का परिचय नहीं दे सके। इसी संकीर्णता के कारण वे आधुनिक काव्य में नई सामाजिक चेतना की प्रशंसा नहीं कर सके। मिश्रबन्धु-विनोद में नए कवियों का संग्रह हुआ अवश्य, पर उनमें ब्रजभाषा की परम्परा के कवियों को खड़ी बोली के कवियों से ऊँचा स्थान मिला है। देशकाल की प्रवृत्ति और मानसिक चेतना को भुलाकर कवियों का श्रेणी-विभाजन हुआ और तुलनात्मक दृष्टि तथा प्रियदर्शन ने देव को सर्वश्रेष्ठ घोषित किया है। बाद को अपना निर्णय बदलकर तुलसी, सूर और देव का क्रम स्वीकार करने पर भी देव के साथ उनका पक्षपात बना रहा है।[27] रस-अलंकार की शास्त्रीय परिपाटी को अपनाकर भी मिश्रबन्धु रीतिकाव्य का व्यापक शास्त्रीय अध्ययन नहीं कर सके। आगे चलकर शुक्ल-पद्धति ने ही रीतिकाव्य का सफल शास्त्रीय अध्ययन किया है। रीतिवादी संकीर्ण अभिरुचि में भी उन्होंने अपनी समीक्षा के प्रतिमानों को कुछ व्यापक रखने का प्रयत्न अवश्य किया है। "कवि को कुछ कहना है या नहीं और उसने उसे कैसे कहा है।" यह आदर्श उनके सामने था।[28] वे देशकाल की पृष्ठभूमि पर साहित्य के अध्ययन और साहित्य के विभाजन की ऐतिहासिक दृष्टि को भी हिन्दी समीक्षा में ले आए।

काव्य रीति के समीक्षकों में सबसे अधिक रसज्ञ पं. पद्मसिंह शर्मा हैं। वे शास्त्रीय आधार पर निर्णयात्मक समीक्षा न करके अपनी सहृदयता, रसज्ञता और साहित्यिक अभिरुचि को अधिक सच्चाई के साथ प्रकट करने में सफल हुए हैं। काव्य-सौन्दर्य की उनकी परख औरों से अधिक गहरी एवं पैनी है। काव्यकला में शर्मा जी की अभिरुचि लक्षणों से बँधी और संकीर्ण नहीं थी। उन्होंने शास्त्रीय परिपाटी को छोड़कर शब्दार्थों के सौन्दर्य की परीक्षा की है। वे काव्यकला के रसिक थे, रीतिकाल की शृंगारिकता के नहीं। लेकिन वे शृंगार के विरोधी भी नहीं थे। शृंगार अश्लील एवं अनैतिक माननेवाली द्विवेदी युग की नीतिवादी दृष्टि का उन्होंने विरोध किया है। भावानुभूति से कलात्मक अभिव्यक्ति पर अधिक ध्यान देने के कारण उन्होंने मुक्तकों का विशेष समर्थन किया है, जिनमें प्रबन्धों के समान नीरस प्रसंग नहीं रहते। आनन्दवर्धन की सम्मति को उद्धृत करते हुए उन्होंने मुक्तक की रसात्मकता सिद्ध की है। बाद को शुक्ल जी ने प्रबन्धों के प्रति जो अधिक पक्षपात दिखाया है, उसके विरोध में शर्मा जी के इन विचारों का मूल्य बढ़ जाता है। शर्मा जी मानते हैं कि प्रबन्ध से कहीं अधिक मुक्तक के छोटे आकार में ही रस की प्रौढ़ व्यंजना होती है। वे साधारण सरसता में काव्य की उत्कृष्टता नहीं मानते, प्रौढ़ व्यंजना में ही कलात्मक श्रेष्ठता स्वीकार करते हैं। यहाँ उनकी कलात्मक अभिरुचि की प्रौढ़ता देखी जा सकती है। हिन्दी के रसवादी समीक्षक कविता की सरसता से जितना प्रभावित होते हैं, उतना प्रौढ़ व्यंजना पर ध्यान नहीं देते। शर्मा जी को कविता की प्रौढ़ पंक्तियों

की पहचान थी और उन्होंने साधारण सरस रचना से उनका अन्तर भी किया है।

शर्मा जी ने रीतिकाव्य को मुक्तकों की ऐतिहासिक परम्परा के परिपार्श्व में देखा है और इस तरह काव्यकला की बारीकियों का उद्‌घाटन कर पाठकों की कलात्मक मर्मज्ञता को बढ़ाया है। साथ ही तुलनात्मक पद्धति के द्वारा उन्होंने मुक्तकों की परम्परा में एक नई अभिरुचि भी उत्पन्न की है। उन्होंने तुलना में बिहारी के साथ पक्षपात नहीं किया हो, यह बात नहीं है लेकिन इस तुलना में उन्होंने साहित्य-समीक्षा के कुछ मौलिक प्रश्नों को भी उठाया है। बिहारी ने परम्परा से स्वच्छन्द ग्रहण किया है, पर भावों को सान पर चढ़ा दिया है। गाथा-सप्तशती आदि का संस्कृत में भी अनुवाद हुआ, लेकिन उनका वह प्रचार नहीं है जो बिहारी के दोहों का है। इस कथन में शर्मा जी का यह आशय मालूम होता है कि वर्ण्य या भाव कविता नहीं है, उसकी अभिव्यक्ति में ही काव्यत्व या उसका सौन्दर्य रहता है। अनुवाद के सम्बन्ध में उनका कहना है कि उससे काव्य का आधे से अधिक सौष्ठव नष्ट हो जाता है। एक भाषा की कविता दूसरी भाषा में आकर कविता नहीं रहती। कविता के सम्बन्ध में द्विवेदी युग की आरम्भिक समीक्षा की ऐसी गहरी पैठ अद्‌भुत ही कही जाएगी। मुक्तकों की कलात्मक प्रौढ़ता के सम्बन्ध में भी उन्होंने मार्मिक चर्चा की है।

शर्मा जी काव्य के मर्मज्ञ सहृदय थे। उनकी व्यावहारिक समीक्षा पाठकों की रसज्ञता को बढ़ानेवाली है। उन्होंने बिहारी की "विशेषताओं का ऐसा विश्लेषण किया है कि सहृदय पाठक स्वयं भी उनका महत्त्व समझ सके। लेखक का उद्देश्य महत्त्व निर्णय की अपेक्षा पाठक में काव्य सौष्ठव की अनुभूति जाग्रत करना अधिक है।"[29] उनकी व्याख्या शुक्ल जी की समीक्षा की तरह पाठकों की साहित्यिक अभिरुचि और रस-ग्राहिता बढ़ानेवाली है। उन्होंने मूल्यांकन में बिहारी की भावुक प्रशंसा की। यह उनकी शैली की दुर्बलता अवश्य है पर उनकी साहित्यिक मर्मज्ञता एवं रसज्ञता उथली नहीं है। भावुक शैली को देखकर हिन्दी के सैद्धान्तिक एवं वैज्ञानिक समीक्षक उन्हें अनाड़ी प्रभाववादी मान बैठे हैं। उन लोगों ने सन्तोष कर लिया कि शर्मा जी ने "केवल मन को अच्छी लगनेवाली बात ही नहीं कही है वरन् उसमें शास्त्रीय गुण भी दिखलाए हैं।"[30] शर्मा जी संस्कृत के प्रगाढ़ पण्डित थे और उन्होंने प्रभावाभिव्यक्ति में शास्त्रीय पदावली का भी प्रयोग किया है। लेकिन उनकी समीक्षा रीतिवादी या सैद्धान्तिक नहीं है जो लक्षणों के आधार पर रचना की परीक्षा करती है। शर्मा जी की समीक्षा में अनुभूति की सच्चाई है, जिसके कारण काव्यकला प्रेमी अभिरुचि की संकीर्णता के बावजूद भी उनकी समीक्षा मूल्यवान हो उठी है। वे जानते हैं कि नई साहित्यिक दृष्टि रीतिकाव्य के आदर्श से भिन्न है। वे रीतिकाव्य को उस युग की अभिरुचि के अनुसार समझने पर बल देते हैं। क्योंकि आधुनिक अभिरुचि स्वभावोक्ति की ओर झुकी है और अतिशयोक्ति से चिढ़ती है जबकि रीतिकालीन

अभिरुचि अतिशयोक्ति शून्य काव्य को चमत्कार रहित मानती थी। शर्मा जी की अभिरुचि रीतिकालीन कला में है और वे आधुनिक काव्य में भी वैसा कलात्मक उत्कर्ष देखना चाहते हैं। लेकिन नए भाव विचारों की व्यापकता, कला के उस संकीर्ण दायरे में शायद ही समा सकती है।

कलात्मक मर्मज्ञता के बावजूद शर्मा जी बिहारी की विशिष्टता का निरूपण नहीं कर सके और जैसा कि शुक्ल जी कहते हैं, उनकी समीक्षा भी रूढ़िवादी ही है। लेकिन उन्होंने तुलनात्मक समीक्षा को ऐतिहासिक परम्परा का निरूपक एवं व्यापक रूप अवश्य दिया है। पर आगे तुलनात्मक समीक्षा उस मार्ग पर न चलकर संकीर्ण होती गई है और रूढ़ रीतिवादी होकर समाप्त हो गयी है। पं. कृष्णबिहारी मिश्र की समीक्षा शर्मा जी की समीक्षा से अधिक शिष्ट एवं व्यवस्थित अवश्य है, लेकिन उनमें शर्मा जी की-सी काव्य-सौन्दर्य की चेतना नहीं है। रचना की व्याख्या करने में वे अपनी सहृदयता एवं रसज्ञता का परिचय अवश्य देते हैं पर उनकी दृष्टि कवियों की भावना से अधिक भावाभिव्यक्ति के कौशल पर ही रही है। उन्होंने शर्मा जी की तरह शब्द और अर्थ की व्यंजना पर नहीं, भाव और भाषा के माधुर्य पर अधिक ध्यान दिया है। भाव-व्यंजना और कलात्मक अभिव्यक्ति में वे बहुत गहरी पैठ नहीं दिखा सके। देव और बिहारी के तुलनात्मक मूल्यांकन में वे बिहारी की प्रशंसा करके भी देव के प्रति अपने पक्षपात को नहीं छिपा सके। वास्तव में मिश्रजी की सौन्दर्य-चेतना इतनी विकसित नहीं थी कि वे बिहारी की मार्मिकता का उद्घाटन कर पाते। स्वयं देव की रचना में वे पाठकों की अभिरुचि उत्पन्न करने में भी अधिक सफल नहीं हुए हैं। देव का अधिक मूल्य आँकते हुए वे देव और बिहारी की उत्कृष्टता के सम्बन्ध में मतभेद की सम्भावनाओं को स्वीकार करते हैं। लेकिन इस अभिरुचि-भेद की निस्सारता तब प्रकट हो जाती है जब वे कहते हैं कि "शान्त में सूर-तुलसी, शृंगार में देव-बिहारी और प्रबन्धोपकथन में भूषण-चन्द अग्रगण्य हैं। शान्त, शृंगार और वीर रसों में रुचि के अनुसार पाठक इनकी श्रेष्ठता का क्रम मानेगा।"[31]

लाला भगवानदीन ने बिहारी के दोषों को निर्मूल करके, उन्हीं को देव में दिखाने के लिए कलम उठाई है। इस तरह तुलनात्मक समीक्षा मण्डन से खण्डन की ओर बढ़ी है। दीन जी ने देव को बिहारी और केशव से क्या अन्य अनेक साधारण कवियों से भी नीचे दर्जे का घोषित किया।[32] वास्तव में दीन जी के समीक्षा-कार्य का मूल्य शुक्ल-पद्धति की परवर्ती भूमिकाओं के कारण है। लेकिन वे रीतिवादी अलंकार प्रेमी समीक्षक थे, इसलिए इसी प्रसंग में उनका उल्लेख हुआ है।

.4. *द्विवेदी युग की परवर्ती शुक्ल युग की समीक्षा*

द्विवेदी युग की साहित्यिक एवं समीक्षात्मक चेतना नीतिवादी और आदर्शवादी सीमाओं में बँधी थी, कलात्मक दृष्टि निम्न स्तर की थी। द्विवेदी युग के अन्त तक साहित्यिक

एवं सामाजिक चेतना अधिक प्रौढ़ हुई। इसका सारा श्रेय शुक्ल जी को है। इस प्रौढ़ता में भी नई चेतना की पूर्ण प्रतिष्ठा नहीं हुई। आगे चलकर छायावाद और यथार्थवाद ही साहित्यिक एवं सामाजिक दृष्टियों को नई जागृति के अनुरूप बनानेवाले हुए। "हिन्दी समीक्षा के विकास सूत्रों को अच्छी तरह देखने और पहचानने पर हम इसी निष्कर्ष पर पहुँचते हैं कि शुक्ल जी की समीक्षा द्विवेदी युग का ही समुन्नत विकास है।"[33] शुक्ल जी के समय में द्विवेदी युग की नीतिवादी एवं आदर्शवादी दृष्टि की प्रतिक्रिया में उदार सांस्कृतिक एवं मानवीय दृष्टि का भी विकास हो चला। डा. हजारी प्रसाद द्विवेदी जी की समीक्षाओं से इसका पता चलता है।

किसी युग की समीक्षा की कसौटी नई अभिरुचि के विकास एवं विस्तार में उसका योगदान और नई चेतना में साहित्यिक प्रौढ़ता का आकलन है। शुक्ल युग में समीक्षा द्विवेदी युग से अधिक नए साहित्य के साथ नहीं है। साहित्यिक प्रौढ़ता पर दृष्टि के कारण नए को प्रोत्साहन न मिला हो, यह बात नहीं है। शुक्ल युग में नए के प्रति उपेक्षा एवं उदासीनता, इस साहित्यिक दृष्टि से कहीं अधिक गहरी है। समीक्षकों के मन में परम्परा का मोह बना रहा है और अपनी अभिरुचि की सीमाओं में ही नए का स्वागत हुआ है। लेकिन नई चेतना के आलोक में कलाप्रेमी दृष्टि के स्थान पर मानवीय संवेदना को लेकर प्राचीन साहित्य का मूल्यांकन हुआ है। समीक्षा में शुक्ल जी ने पहले पहल युग की नई चेतना और नए मूल्यों का आकलन किया है। इस तरह उन्होंने नई साहित्यिक चेतना के अनुरूप कथ्य के मूल्य को स्वीकार किया है। धीरे-धीरे काव्य-वस्तु की रूढ़ि से मुक्त स्वच्छन्दता का मान बढ़ा है। भाव-व्यंजना की रूढ़ि का विरोध करने के प्रयत्न में रस-सिद्धान्त काव्य की रचना पद्धति का नहीं, रसानुभूति का माना गया है। पर नई चेतना को परम्परागत संस्कारों के साथ देखने के कारण प्राचीन साहित्य के साथ जितना न्याय हुआ है, नए साहित्य की गतिमान चेतना के साथ उतना नहीं। शुक्ल युग की समीक्षा की अभिरुचि प्राचीन साहित्य की ओर झुकी है, विशेषकर भक्ति काव्य की ओर। जीवन के नैतिक और रसवादी साहित्यिक आदर्शों के कारण यह स्वाभाविक ही है। रीतिकाव्य की नैतिक दुर्बलता और रसात्मक विशेषता की ओर भी उनका ध्यान अवश्य गया। लेकिन नैतिक रसवाद रीतिकाव्य की सौन्दर्य-चेतना का उद्घाटन नहीं कर सका है। क्योंकि उस काल के साहित्य की तरह शुक्ल जी की समीक्षा भी इतिवृत्तात्मक ही है। उसमें वस्तु के स्वरूप को स्पष्ट करने की ही अधिक प्रवृत्ति है। ...शुक्ल जी वस्तु की सीमाओं का अतिक्रमण करके सूक्ष्म तत्त्वों का अन्वेषण नहीं करते।[34] शुक्ल युग की यह अभिरुचि भारतेन्दु युग तक बढ़कर द्विवेदी युग में ठिठक गई और छायावाद और यथार्थवाद को गत्यवरोध समझा गया है। नई सामाजिक दृष्टि को छोड़कर रस सिद्धान्त के द्वारा नए साहित्य का मूल्यांकन नहीं हो सका है। पहले की साहित्यिक परम्परा में बने हुए साहित्यिक प्रतिमान नए पर लागू नहीं हो सकते,

इसे समीक्षक भूल गए हैं। कविता के क्षेत्र में रस-अलंकार की खींचातानी किसी तरह चल सकी लेकिन समीक्षक गद्य के नए रूपों पर अपने साहित्यिक सिद्धान्तों का नहीं लगा सके हैं। इसलिए रसवादी समीक्षक गद्य-साहित्य में रचना-प्रणालियों की ही चर्चा में लग गए हैं। शुक्ल युग में गद्य की समीक्षा पाश्चात्य विचारों को लेकर सैद्धान्तिक रूप में करनेवाले समीक्षक कथानक, चरित्र-चित्रण और टेकनिक के वर्गीकरण एवं विश्लेषण में प्रवृत्त हुए हैं। वे वस्तु-विवेचन में युग के नैतिक और व्यावहारिक आदर्शवाद से पूरे प्रभावित थे। उनकी अभिरुचि आदर्शोन्मुख यथार्थवाद में थी।[35] गद्य में इससे गहरी साहित्यिक चेतना का उन्हें पता नहीं था। नए साहित्य का विरोध और मूल्यांकन स्पष्ट करता है कि युग की समीक्षा, नए गद्य के साथ नहीं है। प्राचीन सफलता पर श्रद्धा रखने वाली अभिरुचि नए के आरम्भ में विरोध ही करती है। शुक्ल युग में शुक्ल-स्कूल के अतिरिक्त दूसरे समीक्षक नए के प्रति कुछ अधिक उदार अवश्य थे। लेकिन यह उदारता उन लेखकों के प्रति थी जो द्विवेदी युग की नीतिवादी एवं आदर्शवादी दृष्टि से न्यूनाधिक प्रभावित थे। नवीनतम व्यक्तिवादी और यथार्थवादी प्रवृत्तियों में उनकी भी अभिरुचि नहीं थी।

लेकिन शुक्ल युग में समीक्षा पद्धति का अपूर्व विकास हुआ है। साहित्य का ऐतिहासिक विवेचन और साहित्यिक मूल्यांकन शुरू हुआ है। रीतिवादी निर्णयात्मक समीक्षा व्याख्यात्मक बनी है। शास्त्रीय अध्ययन के साथ रसज्ञ अभिरुचि का योग हुआ है। यह शुक्ल जी की साहित्यिक साधना का परिणाम था कि रस, अलंकार आदि का रूढ़ लाक्षणिक रूप के व्यापक मनोवैज्ञानिक अर्थ में प्रयोग चल पड़ा है। "क्रमशः इन शब्दों में नया अर्थ आया, नई चेतना आई। यह नई शक्ति इन्हें नए जीवन के सम्पर्क से मिली है। ज्यों-ज्यों साहित्यिकों की जीवन चेतना बढ़ती गई, इन शब्दों का भी अर्थ-विस्तार होता गया।"[36] सिद्धान्त पक्ष में भारतीय अलंकार शास्त्र की जीवन-सापेक्ष मनोवैज्ञानिक व्याख्या के अतिरिक्त पाश्चात्य साहित्यिक विचारों के समन्वय पर भी न्यूनाधिक ध्यान रखा गया है। शुक्ल युग की समीक्षा ने साहित्य को ऐतिहासिक, मनोवैज्ञानिक और सामाजिक सभी दृष्टियों से परखते हुए भी साहित्यिक लक्ष्य को नहीं भुला दिया है। समीक्षा में "नया जीवन दर्शन, नई विचार पद्धति, नवीन ऐतिहासिक अध्ययन सब कुछ आए, पर साहित्य के अपने स्वरूप की प्रधानता रक्षित रही।"[37] शुक्ल युग की साहित्यिक दृष्टि ने पाठकों की अनुभूति और अभिरुचि पर विशेष ध्यान दिया है। साहित्य की व्याख्या ने उन्हें रसज्ञ बनाया है और मूल्यांकन ने उनकी साहित्यिक अभिरुचि का पथ-प्रदर्शन किया है। परवर्ती स्वच्छन्दतावादी समीक्षा-पद्धति ने अधिक गहराई में साहित्यिक चेतना के विकास का प्रयत्न अवश्य किया है, लेकिन शुक्ल-पद्धति के बोधगम्य रूप ने साधारण पाठकों की अभिरुचि को इतना प्रभावित किया है कि उनकी अभिरुचि बाद को भी शुक्ल युग की ही रह गई है।

समीक्षा-पद्धति शास्त्रीय होने पर भी शुक्ल युग की अभिरुचि रीतिवादी या लाक्षणिक (नियो क्लासिकल) नहीं है। कलात्मक अभिव्यक्ति से भाव-सौन्दर्य पर ही उनका अधिक ध्यान रहा है। पिछले युग के तुलनात्मक समीक्षकों की अभिरुचि को ही रूढ़ रीतिवादी कह सकते हैं क्योंकि शास्त्रीय परिधि में साहित्य-रचना को वे अधिक पसन्द करते थे। शुक्ल जी समीक्षा में रस-अलंकार के निर्देश को, रचना पर लक्षणों के अन्वय को रूढ़ समीक्षा कहते हैं।[38] क्योंकि उसमें अनुभूति की सहृदयता नहीं है। शुक्ल युग में शास्त्रीय आधार, विचार की व्यवस्था या काव्य सम्बन्धी चर्चा की सुविधा के लिए था। वे इस आधार पर रचना की विशिष्ट अनुभूति की व्याख्या करते थे। इसलिए इनकी अभिरुचि को शास्त्रीय नियमों में ढली हुई कहना अनुचित ही होगा। इस युग में भी शास्त्रीयता से काव्य को मापने के प्रयत्न अवश्य हुए, लेकिन वे प्रयत्न असफल ही रहे हैं। शुक्ल युग में जिस तरह प्राचीन साहित्य की अनुभूति-मूलक व्याख्या हुई है उस तरह आधुनिक काव्य-साहित्य की नहीं हुई है। शास्त्रीय आधार पर बौद्धिक विवेचन करते हुए समीक्षक नई साहित्यिक चेतना को नहीं पहचान सके हैं।

इस युग के सैद्धान्तिक समीक्षकों में शुक्ल जी व्याख्या के द्वारा रचना को स्पष्ट करने का प्रयत्न करते थे लेकिन उनके अनुयायी शास्त्रीयता में अधिक जकड़ गए हैं और रचना में निबद्ध अनुभूति की व्याख्या न करके वर्गीकरण और व्यवस्था में लग गए हैं। उनके द्वारा प्राचीन एवं नवीन साहित्य के जो समीक्षात्मक विश्लेषण उपस्थित हुए हैं उनमें समीक्षकों की रसग्राहिता कम व्यक्त हुई है। विद्यार्थियों के लिए 'अध्ययन' प्रस्तुत करनेवालों की ही यह बात नहीं है, साहित्यिक विवेचन करनेवालों की भी यही स्थिति है।

लेकिन इस युग में अच्छी समीक्षा की कमी भी नहीं है। शुक्ल युग में साहित्यिक अभिरुचि की सच्ची नींव पड़ी है। समीक्षक और पाठक साहित्यिक उत्कृष्टता को पहचान सके हैं। रीतिकाव्य से भक्तिकाव्य का मान और नए साहित्य के मूल्यांकन का प्रयत्न इसका प्रमाण है। अच्छी अभिरुचि के विकास के लिए प्रौढ़ साहित्यिक चेतना का विकास, शुक्ल युग की समीक्षा की देन है। व्यावहारिक समीक्षा से साहित्य की रसज्ञता भी बढ़ी है। इसके अतिरिक्त साहित्यिक उत्कृष्टता के सूक्ष्म अन्तरों पर भी समीक्षकों का ध्यान गया है जैसा कि सूर और तुलसी की समीक्षाओं में। यह युग की साहित्यिक अभिरुचि की प्रौढ़ता को प्रकट करता है। साधारणतः शुक्ल युग ने साहित्यिक सरसता पर ही अधिक ध्यान दिया है, लेकिन समर्थ समीक्षक साहित्य के मर्म और अनुभूति की गहराई को भी पहचान सके हैं। इस तरह शुक्ल युग ने पाठकों में सच्ची साहित्यिक अभिरुचि का विकास किया है और भक्तिकाव्य में एक नई अभिरुचि उत्पन्न की है। साहित्य के सिद्धान्तों और आदर्शों का व्यवस्थित निर्देश करके साहित्य में अभिरुचि बना लेने का पथ प्रशस्त किया गया है। शुक्ल

युग की समीक्षा का यह कार्य कम महत्त्वपूर्ण नहीं है। यह सच है कि उसने साहित्यिक सरसता की पहली पहचान ही दी है जिससे साहित्येतर कूड़ा-करकट और केवल ऐतिहासिक मूल्य रखनेवाली रचनाओं को अच्छे साहित्य से अलग करने की शक्ति विकसित हुई है, अनुभूति के सूक्ष्म स्तरों का उद्‌घाटन शुक्ल जी को छोड़कर कम समीक्षक कर सके हैं। लेकिन साहित्यिक अभिरुचि की जो भूमिका तैयार हुई है उसका कम मूल्य नहीं है। नई साहित्यिक चेतना और अभिरुचि का विकास, इस भूमिका की त्रुटियों के विचार में ही हुआ है। वास्तव में शुक्ल युग की समीक्षा की त्रुटियाँ, समीक्षात्मक चेतना से अधिक शास्त्रीय समीक्षा-पद्धति और नैतिक जीवन-दृष्टि की है।

शुक्लयुग की समीक्षा को प्रधानतः शुक्ल-पद्धति की समीक्षा कह सकते हैं जिसकी सामान्य प्रवृत्ति का ऊपर निर्देश किया गया है। शुक्ल जी की समीक्षा-पद्धति शास्त्रीय और वैधानिक है। साहित्यिक अध्ययन शास्त्रीय अवश्य है पर उसमें भारतीय अलंकार शास्त्र की मनोवैज्ञानिक व्याख्या द्वारा मौलिक चिन्तन भी हुआ है। कवि के व्यक्तित्व और ऐतिहासिक परिस्थितियों की भूमिका, विश्लेषणात्मक है। व्यावहारिक समीक्षा में शुक्ल जी शास्त्रीय विभाजन के बाद रचना की व्याख्या करते हैं जो उनकी सहृदयता, मर्मज्ञता, साहित्यिक उत्कृष्टता की पहचान और रसानुभूति की गहराई को प्रकट करती है। यह व्याख्या शास्त्रीय लक्षणों से ऊँचे उठनेवाली रचना की उत्कृष्टता का निर्देश करती है। बाद के समीक्षक शुक्ल जी के व्यवस्थित विश्लेषण, शास्त्रीय चिन्तन और व्याख्या से विशेष प्रभावित हुए हैं। शुक्ल जी ने समीक्षा को एक व्यवस्थित पद्धति दी है जिससे समीक्षा का कार्य आसान हो गया है। ऐतिहासिक विश्लेषण, शास्त्रीय व्याख्या और विभाव पक्ष, भाव पक्ष एवं कला पक्ष के निरूपण की यह पद्धति बहुत प्रचलित हो गई है। इस तरह इतिहास, मनोविज्ञान और साहित्य-शास्त्र के योग में अध्ययन की एक व्यवस्था तो मिल गई है पर शुक्ल जी की प्रतिभा, मर्मज्ञता और गहरी अनुभूति ने उसमें जो रंग भरा वह दूसरों की समीक्षा में नहीं रहा है। शुक्ल जी की साहित्यिक अभिरुचि कुछ प्रसंगों में संकीर्ण होकर भी काव्य के अन्तस्थल का स्पर्श कर पाती थी। ऐसी साहित्यिक चेतना के अभाव में शुक्ल-पद्धति के समीक्षक अधिक सफल नहीं हो सके हैं।

शुक्ल जी के अनुयायियों ने उनके साहित्यिक आदर्शों और मूल्यों में परिवर्तन भी कर लिया है। इसमें एक ओर साहित्यिक उदारता दिखाई देती है तो दूसरी ओर सच्चे साहित्यिक मूल्यों की पहचान का अभाव भी। शुक्ल जी रचना में कथ्य को ज्यादा मूल्य देते थे, नैतिक आदर्शों की दृष्टि से ही नहीं, विभाव पक्ष के प्रत्यक्षीकरण की दृष्टि से भी। इस तरह रूढ़ भाव-व्यंजना का ज्यादा मूल्य न रहा। उनके अनुयायी कथ्य का मूल्य साहित्यिक न मानकर, भावपक्ष-कलापक्ष के प्रतिमानों का ही प्रयोग करते थे। इससे वे रचना की स्वच्छन्दता का मूल्य नहीं पहचान सके और भाव

की रूढ़ व्यंजना-पद्धति के कायल हो गए हैं। इससे साहित्यिक प्रतिभा और उत्कृष्टता की पहचान और मूल्यांकन में कठिनाई हुई है। दूसरी ओर इन समीक्षकों ने कथ्य को ज्यादा मूल्य न देकर शुक्ल जी की नीति और लोक संग्रह की भावना त्याग कर साहित्यिक उदारता भी दिखाई है। केवल भावात्मक प्रतिमानों को लेकर वे भाव-व्यंजना की ओर झुके हैं। शुक्ल जी भाव की आर्द्रता और गहरी अनुभूति को ज्यादा महत्त्व देते थे। इसलिए वे रीतिकाव्य का महत्त्व अपेक्षाकृत कम मानते हैं। भाव-व्यंजना की शुद्ध साहित्यिक दृष्टि के साथ उनके अनुयायियों ने केशव, बिहारी आदि के साथ अधिक न्याय किया है, पर स्पष्ट ही उस कार्य में साहित्यिक उत्कृष्टता की, शुक्ल जी के समान सूक्ष्म पहचान नहीं है। शुक्ल जी ने रसानुभूति को जीवन की अनुभूति से सम्बद्ध करके मनोवैज्ञानिक व्याख्या कर उसे साहित्य शास्त्र की रूढ़ि से मुक्त किया है। इस तरह साहित्यिक प्रतिभा और उत्कृष्टता को समुन्नत आसन पर बिठाया है। उनके अनुयायियों ने उनसे उपेक्षित कवियों के साथ न्याय करने की प्रतिक्रिया में साहित्यिक चेतना को भुला दिया है। इन अनुयायियों के द्वारा उनकी समीक्षा-पद्धति के प्रतिभाहीन अनुकरण ने रचना के स्थूल स्वरूप का ही विश्लेषण किया है। सैद्धान्तिक चिन्तन और व्यावहारिक समीक्षा दोनों में शुक्ल जी की सी प्रतिभा, पैनी अन्तर्दृष्टि और सूक्ष्म पकड़ उनके अनुयायियों में नहीं है।

शुक्ल-पद्धति में जगन्नाथ जी तिवारी, धर्मेन्द्र ब्रह्मचारी, गिरिजादत्त शुक्ल, विश्वनाथ प्रसाद मिश्र, जगन्नाथ प्रसाद शर्मा आदि के नाम उल्लेखनीय हैं। शुक्ल जी के अनुयायियों को हम शास्त्रीय समीक्षक कह सकते हैं। शास्त्रीय आधार पर समीक्षा करने में ये शुक्ल जी की तरह जीवन की सापेक्षता में भावानुभूति की परीक्षा नहीं करते। शास्त्रीय-पद्धति काव्य के स्वरूप का गम्भीर वस्तून्मुख अध्ययन करती है। उसमें भावुकता की ही नहीं, भावना की भी कम गुंजाइश है। शास्त्रीय समीक्षक स्थिर साहित्यिक सिद्धान्तों और प्रतिमानों को लेकर उनकी सार्वभौमिकता और सार्वकालीनता पर दृढ़ विश्वास के साथ रचना की परीक्षा करते हैं। शास्त्रीय लक्षणों का अनुसरण करते हुए भी रचना पर उनका रूढ़ अन्वय न करके रचना की व्याख्या में उनका सामंजस्य दिखाने की उदारता अवश्य दिखाते हैं। रचना की अभिव्यक्ति में शास्त्रीय लक्षणों के थोड़े से हेर-फेर की सम्भावना को भी स्वीकार करते हैं। उनके निर्णय शास्त्रीय होने के कारण शुक्ल जी के निर्णयों से अधिक निष्पक्ष और न्याय संगत लगते हैं। उनमें शुक्ल जी का सा मताग्रह और हठवादिता नहीं मिलती। पर शुक्ल जी की भावज्ञता से वे कोसों दूर हैं। शुक्ल-पद्धति की शास्त्रीयता में भारतीय अलंकार शास्त्र की एकरूपता और फलतः प्रतिमानों की संगति है। धर्मेन्द्र ब्रह्मचारी, गिरजा शंकर दत्त गिरीश आदि शुक्ल पद्धति के कुछ समीक्षक पाश्चात्य विचारधारा से भी न्यूनाधिक प्रभावित हैं। लेकिन वे भारतीय पद्धति में उनकी संगति नहीं कर सके हैं। उनकी शास्त्रीय पद्धति में काव्य के कथ्य का स्थूल वर्गीकरण एवं विश्लेषण

परिचयात्मक प्रयास हो गया है। शास्त्रीय-पद्धति रचना की विशिष्ट अनुभूति एवं अभिव्यक्ति के साथ न्याय नहीं कर सकी। शास्त्रीय समीक्षा में काव्य शास्त्र के अनुसार विचार-विमर्श के अतिरिक्त रचना के आधार पर वस्तून्मुख विश्लेषण का भी प्रयत्न हुआ है, जैसा कि डॉ. जगन्नाथ प्रसाद शर्मा जी के नाटकों के शास्त्रीय अध्ययन में। इस परम्परा में पं. विश्वनाथ प्रसाद मिश्र ने वस्तून्मुख मूल्यांकन का भी प्रयत्न किया है। उन्होंने ऐतिहासिक परिस्थितियों में भूषण के व्यक्तित्व का विश्लेषण करते हुए उसके काव्य का सामयिक-सामाजिक मूल्यांकन किया है।

साहित्य का गम्भीर अध्ययन और मूल्यांकन करते हुए भी शुक्ल जी के अनुयायियों में भावानुभूति की मर्मज्ञता कम ही है। वे प्रतिभाओं के अन्तर को, उत्कृष्टता के स्तरों को नहीं पहचानते। उनकी समीक्षा रचना के सम्बन्ध में विचारों की एक व्यवस्थित धारणा दे सकती है, पर उससे पाठक के मन में रचना की अनुभूति उत्पन्न नहीं होती। क्योंकि उनकी इस समीक्षा का आधार, रचना की रसानुभूति न होकर काव्यरचना का शास्त्रीय ढाँचा है। शास्त्रीयता को अपनाने के कारण उनका बौद्धिक विवेचन रचना को एक निर्णीत रूप में ही देखता है। ऐसी स्थिति में नई प्रवृत्ति के विचार में गड़बड़ी हो जाती है। समीक्षक शास्त्रीय परम्परा में उस प्रवृत्ति की रचनाएँ न बैठने के कारण, उस प्रवृत्ति का विरोध करते हैं। पर प्रवृत्ति रुकती नहीं, वह चलती रहती है और शास्त्रीय विरोध के कारण सामान्य पाठक नए की अनुभूति और उसमें अभिरुचि बना लेने के सम्बन्ध में दुविधा का अनुभव करते हैं। साहित्य का नया विकास, नई जागृति, पाश्चात्य साहित्यिक चेतना और अभिव्यक्ति के नए रूपों को लेकर हो रहा है। ऐसी स्थिति में बाबू श्यामसुन्दर दास जी की पद्धति में उदार समन्वयवादी दृष्टि को अपनाए बिना, भारतीय साहित्य शास्त्र के आधार पर नए साहित्य के साथ पूरा न्याय नहीं हो सकता। जिन परिस्थितियों में, जिन आदर्शों को लेकर रचना हुई है, समीक्षा इसे नहीं भुला सकती। पाश्चात्य प्रतिमानों को छोड़कर गद्य-साहित्य की समीक्षा असम्भव है। यह शुक्ल-पद्धति की खामियों को स्पष्ट करती है।

शुक्ल जी की समीक्षा के साथ तुलना करने से उनके अनुयायियों की समीक्षा-पद्धति की दुर्बलताएँ स्पष्ट हो जाती हैं। उनकी साहित्यिक अभिरुचि शुक्ल जी की तरह स्वच्छन्द न होकर शास्त्रीय परिधि में ढली हुई है। पुराने तुलनात्मक समीक्षकों की तरह रूढ़ काव्यरीति के प्रेमी न होने पर भी वे भावाभिव्यक्ति को शास्त्रीय परिधि में ही देखते हैं। सिद्धान्ततः वे अनुभूति एवं अभिव्यक्ति की स्वच्छन्दता को स्वीकार करते हैं, लेकिन अनुशीलन में शास्त्रीय दृष्टि से बद्ध होकर रचना की विशिष्टता को भुला देते हैं। जबकि शुक्ल जी साहित्यिक सिद्धान्तों के तात्विक विचारों के आधार पर रचना की परीक्षा करते हैं, ये शास्त्रीय समीक्षक काव्य के तत्त्वों के लक्षणबद्ध स्वरूपों के आधार पर रचना की समीक्षा करते हैं। साहित्य शास्त्र के

सिद्धान्तों को व्यापक अर्थ में न लेने के कारण वे भाव के स्थूल स्वरूप का ही विश्लेषण और उसकी कलात्मक अभिव्यक्ति का उद्घाटन करते हैं। रस-सिद्धान्त को अपनाकर भी शुक्ल जी की तरह उसकी जीवन-सापेक्ष मनोवैज्ञानिक रूप में व्याख्या न कर लेने के कारण वे रचना की अनुभूति में गहरे नहीं पैठ पाते। हम कह चुके हैं कि संस्कृत काव्य शास्त्र में क्रमशः साहित्य का तात्विक चिन्तन कम होकर उसके अंगों का रूढ़ स्वरूप हो गया है और लक्षण ग्रन्थों में उनकी व्यवस्था होने लगी है। हिन्दी की शास्त्रीय समीक्षा भी रचना में भावपक्ष एवं कलापक्ष की तात्विक चेतना को न देखकर उसके स्वरूप को ही समझने का प्रयत्न कर रही है। इस तरह वह रचना में भावात्मक संवेदना, विचारात्मक जागृति और मानसिक चेतना एवं गतिशीलता को नहीं देख सकती। रचना की विशिष्टता का आकलन न करके शास्त्रीय दृष्टि सामूहिक-वर्गीय दृष्टि हो जाती है। स्वच्छन्दतावादी समीक्षकों की तरह शुक्ल जी और उनके अनुयायी शास्त्रीय समीक्षक, कलात्मक प्रवृत्ति के सूक्ष्म, मनोवैज्ञानिक प्रेरणा सूत्रों का अनुसंधान नहीं करते। किन्तु शुक्ल जी में भावज्ञ रसग्राहिता है, जिसकी अनुयायी शास्त्रीय समीक्षकों में कमी है। तात्विक विचार को छोड़कर शास्त्रीय परिधि बना लेने के कारण शास्त्रीय समीक्षा-पद्धति की साहित्यिक चेतना परम्परा से सीमित हो गई है और इसलिए शुक्ल जी की तरह इन शास्त्रीय समीक्षकों द्वारा नवीन सैद्धान्तिक चिन्तन भी कम हुआ है। इस दृष्टि से शुक्ल पद्धति से भिन्न वाजपेयी, नगेन्द्र जैसे समीक्षक अधिक गहराई में साहित्य का सैद्धान्तिक विचार करते हुए नई साहित्यिक चेतना के अनुरूप, साहित्यिक विचारों को व्यापक बनाने का प्रयत्न कर रहे हैं। शुक्ल जी की स्वच्छन्दता को छोड़कर शास्त्रीय परम्परा को अपनाने में शास्त्रीय समीक्षकों ने समीक्षा में स्वच्छन्दतावादी प्रतिक्रिया को जन्म दिया है।

शुक्ल-पद्धति की दुर्बलताओं की प्रतिक्रिया ने शुक्ल युग में ही भिन्न समीक्षा-शैलियों का विकास किया है। या यों कह सकते हैं कि नई सामाजिक एवं साहित्यिक चेतना को शुक्ल जी से अधिक व्यापक रूप में ग्रहण करने और प्राचीन संस्कृति एवं साहित्य का अधिक उदार आकलन करने के प्रयत्न हुए हैं जिसके फलस्वरूप शुक्ल-पद्धति से भिन्न समीक्षात्मक रूपों का जन्म हुआ। ये क्रमशः बाबू श्यामसुन्दरदास जी की समन्वयवादी शैली और डॉ. हजारी प्रसाद द्विवेदी जी की ऐतिहासिक-सांस्कृतिक समीक्षा-पद्धति है।

आदर्शवादी शास्त्रीय-पद्धति को अपनाकर साहित्य का मूल्यांकन करने में बाबू श्यामसुन्दरदास जी की शैली शुक्ल जी की शैली से भिन्न नहीं है। शुक्ल जी की तरह उनकी शैली में भी समीक्षकों ने ऐतिहासिक परिस्थितियों में कवि को परखते हुए काव्य के भावपक्ष एवं कलापक्ष का विश्लेषण और साहित्य का आदर्शवादी शास्त्रीय मूल्यांकन किया है। लेकिन साहित्यिक दृष्टि में समन्वयवादी उदारता और नवीन

चेतना का अधिक व्यापक ग्रहण, शुक्ल-पद्धति से बाबू श्यामसुन्दरदास जी की शैली की भिन्नता को स्पष्ट करता है। बाबू जी की उदारता के अनुयायियों में जनार्दन प्रसाद झा 'द्विज', हरिऔध, पदुमलाल पुन्नालाल बख्शी, लक्ष्मीनारायण सुधांशु, गुलाबराय, आदि का नाम लिया जा सकता है। समीक्षा में उनकी कुछ विशेषताएँ और अभिरुचि की दिशाएँ शुक्ल-पद्धति से मेल नहीं खातीं। शुक्ल जी की समीक्षा के मताग्रह और उस कारण कुछ प्रवृत्तियों के विरोध की उग्रता इनमें नहीं मिलती। ये समीक्षा में उन मताग्रहों से मुक्त उदारता दिखाते हैं। नैतिक एवं सामाजिक मर्यादा का आग्रह, सुगण-निर्गुण में पहले की श्रेष्ठता, रहस्यवाद का विरोध, मुक्तक से प्रबन्ध का महत्त्व, छायावाद को कलावाद-अभिव्यंजनावाद मानना, नवीन चेतना और साहित्यिक प्रवृत्तियों का विरोध आदि इनको मान्य नहीं है। शुक्ल जी की इन धारणाओं का इनके द्वारा खुला विरोध भी हुआ है। ये नवीन चेतना, नई रचना और साहित्यिक रूपों का शास्त्रीय मानदंड के आधार पर विरोध नहीं करते। इन्होंने शुक्ल जी की नैतिक दृष्टि से मुक्त साहित्यिक दृष्टिकोण को अपनाया है। ये भी कथ्य की उदात्तता अवश्य चाहते हैं पर उसके आदर्शों से साहित्यिक मूल्यांकन को प्रभावित नहीं होने देते। शुक्ल जी की तरह ये सूर और तुलसी की तुलना में दूसरे की ओर पलड़ा ज्यादा नहीं झुकाते। सत्येन्द्र जी ने सूर-सन्दर्भ की भूमिका में सूर की प्रतिभा और हिन्दू संस्कृति के अनुरूप चित्रण की ओर ध्यान आकृष्ट किया है। 'साहित्यालोचन' के प्रकाशन से "साहित्य को नैतिक सीमा से ऊपर उठाकर भावात्मक कला वस्तु के रूप में देखने की अपूर्व प्रेरणा पैदा हुई।"[39] इन समीक्षकों से गद्य की जो समीक्षाएँ हुई हैं वे नवीन चेतना और रचना के प्रति शुक्ल-पद्धति से अधिक आदर स्पष्ट करती हैं। 'साहित्यालोचन' का जो व्यापक प्रभाव इन समीक्षाओं पर पड़ा है उससे पाश्चात्य साहित्यिक विचारों का प्रतिपादन और काव्य एवं नाटक के सम्बन्ध में भारतीय विचारों के साथ उनके समन्वय का प्रयत्न हुआ है जिससे हिन्दी साहित्य एवं समीक्षा में नए साहित्यिक रूपों के ग्रहण का पथ प्रशस्त हुआ है, शुक्ल जी की समीक्षाओं का सैद्धन्तिक आधार प्रधानतः भारतीय है और उन्होंने उस व्यवस्था में जितना आ सकता है उसी हद तक पाश्चात्य साहित्यिक विचारों को ग्रहण किया है। इसलिए शुक्ल-पद्धति में नए गद्य की अधिक समीक्षा नहीं हुई है, और समीक्षक गद्य के रूपों में भारतीय 'रस' के लिए स्थान का आग्रह करते रह गए हैं। लेकिन द्विज, सत्येन्द्र आदि ने 'साहित्यालोचन' के अनुसार गद्य रचनाओं में कथानक, चरित्र चित्रण, कथोपकथन, उद्देश्य आदि का विस्तृत तात्विक विचार किया है। बाबू जी के अनुयायियों ने निर्गुण विचारों को अनुभवात्मक साधना की अभिव्यक्ति कहकर काव्य की अनुभूति को 'रस' की सीमाओं में नहीं बाँधा। साहित्य के विविध रूपों में 'रसानुभूति' के प्रति वे अधिक उदार थे। ये शास्त्रीय-पद्धति को अपनाकर भी रचना की प्रवृत्ति भिन्न होने पर शास्त्रीय प्रतिमानों से अलग होकर विवेक की कसौटी

पर रचना का मूल्यांकन करते थे। बाबू श्यामसुन्दरदास और हरिऔध जी के द्वारा निर्गुण कबीर की समीक्षाएँ इस बात के प्रमाण हैं। ये समीक्षक भारतीय एवं पाश्चात्य विचारों का उदार ग्रहण अवश्य करते थे लेकिन वे दोनों का समन्वय नहीं कर सके। इसीलिए शुक्ल-पद्धति के विचारों की एकरूपता और संगति यहाँ नहीं मिलती। बाबू जी के अनुयायी रस-अलंकार की चर्चा के बाद अनुभूति एवं कल्पना, और सत्यम्-शिवम्-सुन्दरम् आदि का अलग विवेचन करते थे। यह असंगति समीक्षा की दुर्बलता अवश्य है पर इससे रचना को नए पहलुओं से देखने का अवसर मिला और बाद की समीक्षा में उन पहलुओं की प्रौढ़ परीक्षा के लिए रास्ता बना है। विविध पहलुओं से इस प्रकार के असंगत विवेचनों ने परीक्षोपयोगी सर्वांगीण अध्ययनों को भी प्रोत्साहित किया है, यह स्वीकार करना ही पड़ता है। इस स्कूल की उदारता में कबीर, हरिश्चन्द्र, गुप्तजी, प्रेमचन्द आदि का अध्ययन हुआ जिनकी शुक्ल पद्धति में उपेक्षा हुई है।

समन्वयवादी उदारता को लेकर भी बाबू श्यामसुन्दरदास और उनके अनुयायियों की समीक्षा में साहित्यिक अभिरुचि का पहलू अत्यन्त दुर्बल रह गया है। उनकी अभिरुचिहीन निस्संगता ने साहित्य का परीक्षोपयोगी अध्ययन किया है जबकि इसकी तुलना में शुक्ल जी अपनी विशिष्ट अभिरुचि का आग्रह करते हुए भी पाठकों की अच्छी साहित्यिक अभिरुचि बनाने में अधिक सफल हुए हैं। विपक्ष के वाद को स्वीकार करना, भिन्न अभिरुचि को मानना उदारता हो सकती है, पर साहित्य के क्षेत्र में वह अभिरुचि हीनता ही है। अपनी अनुभूति और अभिरुचि में शुक्ल जी का आत्म-विश्वास, समीक्षक की साहित्यिक अभिरुचि पर पाठक की श्रद्धा उत्पन्न करनेवाला है। समन्वयवादी उदार समीक्षक रचना की गहरी अनुभूति और साहित्यिक उत्कृष्टता की पहचान के साथ पाठकों में वैसी रस-ग्राहिता और साहित्यिक चेतना उत्पन्न नहीं कर सके। उनकी समीक्षा के प्रयत्न परिचयात्मक या बोधात्मक प्रयासों से आगे नहीं बढ़े हैं। सैद्धान्तिक विचार और व्यवस्थित वर्गीकरण में शुक्ल-पद्धति की त्रुटियाँ भी उनकी समीक्षा में आ गई हैं। सिद्धान्त, रचना की विशिष्ट अनुभूति की व्याख्या नहीं करते। विश्लेषण रचना के बाह्य रूप का होता है, उससे आत्मा अपरिचित रह जाती है। इसलिए रचना के अन्तस्तल में पैठ कर उसकी मार्मिकता का अनुभव कम समीक्षकों ने किया है। वे रचना में जीवन की विविध दशाओं और अवस्थाओं के वर्णन का वर्गीकरण करते रहे हैं और रचना की गहराई एवं प्रभावोत्पादक शक्ति का विचार न करने के कारण साहित्यिक उत्कृष्टता को नहीं पहचान सके। शास्त्रीय आधार को छोड़कर रचना की व्याख्या करने के प्रयत्न भी हुए हैं लेकिन वहाँ भी साहित्यिक मर्मज्ञता की अपेक्षा वर्गीकरण की प्रवृत्ति ही अधिक दिखाई देती है, जैसे "प्रेमचन्द जी की उपन्यास कला" में। गहरा साहित्यिक अध्ययन और मौलिक चिन्तन बाबू श्यामसुन्दरदास और हरिऔध जी की कबीर की

भूमिकाओं में मिलते हैं जो कबीर की आलोचनात्मक समीक्षा के इतिहास में अपना स्थान बना चुके हैं। समन्वयवादी समीक्षा की वास्तविक देन साहित्यिक अभिरुचि की उदारता स्पष्ट करने और नवीन साहित्यिक चेतना के ग्रहण की ओर प्रवृत्त करने में है। नए साहित्यिक रूपों के ग्रहण से समीक्षा की विचारभूमि व्यापक बनाकर समन्वयवादी समीक्षकों ने भविष्य में गद्यरूपों की समीक्षा का पथ-प्रशस्त किया है। कल्पना, अनुभूति आदि पाश्चात्य विचारधारा की शब्दावली के प्रचार से स्वच्छन्दतावादी समीक्षा का कार्य सुलभ हो गया है। गद्य-पद्यात्मक नए रूपों की समीक्षा का भारतीय सैद्धान्तिक आलोचकों के द्वारा विरोध कम हुआ है। इस तरह इस समीक्षा के द्वारा अनुमति और अभिरुचि के विकास की दिशा में अधिक कार्य न होने पर भी, उसने नए साहित्य और नई समीक्षा की प्रतिष्ठा के लिए ऐतिहासिक साधना की है। छायावादी समीक्षकों ने बाबू श्यामसुन्दरदास की उदारता को अपनाकर नई साहित्यिक एवं सांस्कृतिक चेतना के आलोक में प्राचीन साहित्यिक साधना का उचित मूल्यांकन किया है। इससे अधिक बाबू जी की पद्धति ने भविष्य में नए सैद्धान्तिक समीक्षकों को जन्म दिया जिन्होंने पाश्चात्य एवं भारतीय साहित्यिक चेतना का प्रौढ़ सामंजस्य किया है।

व्यापक सांस्कृतिक दृष्टि के अभाव में शुक्ल जी सन्त साहित्य के साथ न्याय नहीं कर सके। उनकी रसवादी दृष्टि ने निर्गुण काव्य को प्राकृत काव्यभूमि से बाहर समझा है। प्रतिक्रिया में डॉ. हजारी प्रसाद द्विवेदी, परशुराम चतुर्वेदी, बडथ्वाल, रामकुमार वर्मा आदि का ध्यान निर्गुण काव्य की ओर आकृष्ट हुआ है। उन्होंने ऐतिहासिक एवं सांस्कृतिक दृष्टि से निर्गुण काव्य का ही नहीं, समस्त प्राचीन साहित्य के आकलन का प्रयत्न किया है। इस समीक्षा के पीछे नए जीवन का नवीन जीवन स्पंदन था। गाँधीवाद ने वर्ग भेदों से ऊपर, उत्पीड़ित मानवता के प्रति करुण सहानुभूति का विकास किया है। उसने वैयक्तिक एवं धार्मिक साधना के द्वारा आत्मोद्धार पर जोर दिया है। व्यक्तिवादी स्वच्छन्दता से अनुप्राणित रवीन्द्र-साहित्य ने भी भारत की व्यापक सांस्कृतिक एवं मानवीय दृष्टि का आदर्श सामने रखा है। अवतारवादी पौराणिक दृष्टि की अपेक्षा सन्तवाणी की धार्मिक-साधना और मानवीय आदर्श, युग की मानवीय दृष्टि के अधिक अनुकूल थे। शुक्ल जी की सामाजिक मर्यादावादी दृष्टि, युग की चेतना के अनुरूप मानवीय और सांस्कृतिक नहीं थी। ऐतिहासिक एवं सांस्कृतिक समीक्षकों ने नए युग के व्यापक एवं उदार सांस्कृतिक चेतना के प्रतिनिधि होकर प्राचीन साहित्य की सांस्कृतिक और मानवीय देन का मूल्यांकन किया है। साहित्य को व्यापक सामाजिक-सांस्कृतिक परिपार्श्व में देखने का प्रथम प्रयत्न बडथ्वालजी के शोध प्रबन्ध निर्गुण सम्प्रदाय में हुआ है। आचार्य द्विवेदी जी ने साहित्य में व्यक्त मानवीय संवेदना का मूल्यांकन भी किया है। चतुर्वेदी जी ने भारतीय धार्मिक एवं सांस्कृतिक परम्पराओं का गहरा अध्ययन किया है। इन समीक्षकों ने, विशेषकर

द्विवेदी जी ने सामाजिक एवं सांस्कृतिक परम्परा में साहित्यिक प्रतिभा के योगदान का नवीन अनुसंधान किया है। इस तरह मानवीय चिन्तनधारा के विकास में साहित्यिक उत्कृष्टता की पहचान हुई है। साहित्यिक रसानुभूति की उत्कृष्टता मानवीय संवेदना के विकास में ही है। सामाजिक-साहित्यिक परम्पराओं के पालन में रचना रूढ़ हो जाती है, भाव-व्यंजना हार्दिक नहीं होती।

शुक्ल जी ने साहित्य को ऐतिहासिक पृष्ठभूमि में रखकर विचार करने का पहला प्रयत्न किया है। लेकिन मानवीय चिन्तन धाराओं के सहज ऐतिहासिक विकास पर उनका ध्यान नहीं गया है। इसलिए वे साहित्यिक प्रवृत्तियों को अविछिन्न धाराओं के रूप में नहीं देख सके। शुक्ल जी ने ऐतिहासिक पृष्ठभूमि को साहित्यिक अध्ययन की केवल भूमिका के रूप में ही प्रस्तुत किया है। साहित्यिक मूल्यांकन के साथ इस भूमिका का प्रत्यक्ष सम्बन्ध नहीं था। लेकिन सांस्कृतिक समीक्षकों ने ऐतिहासिक भूमिका पर साहित्य की मानवीय संवेदना का मूल्यांकन किया है। साहित्य के आन्तरिक एवं बाह्य रूपों पर ऐतिहासिक परिस्थिति का प्रभाव स्पष्ट करते हुए उन्होंने साहित्य का मानवीय मूल्यांकन किया है। यह साहित्येतर मानवीय मूल्यांकन नहीं, साहित्य की अनुभूति का ही मूल्यांकन है। इन समीक्षकों के अध्ययन से हिन्दी की साहित्यिक परम्पराओं का सम्बन्ध भारतीय चिन्तन-धाराओं से स्थापित होकर साहित्यिक विकास की दिशाएँ ही आलोकित नहीं हो उठी हैं, बल्कि साहित्यिक रसानुभूति की मानवीय संवेदना के रूप में नई व्याख्या भी हुई है और साहित्यिक रसानुभूति का जीवन-सापेक्ष मूल्यांकन हुआ है। शुक्ल जी ने साहित्य की अनुभूति की, जीवन की प्रत्यक्ष अनुभूति के रूप में नई मनोवैज्ञानिक व्याख्या की है और साहित्य के जीवन-सापेक्ष मूल्यांकन का प्रयत्न किया है। लेकिन उनकी व्यक्तिवादी दृष्टि साहित्यिक रसानुभूति को सामाजिक एवं मानवीय अनुभूति के रूप में नहीं देख सकी है और वे शुद्ध रसवादी रह गए हैं। साहित्य के ऐतिहासिक, सामाजिक, मानसिक और कलात्मक गतिमान पहलुओं की ओर उनका ध्यान नहीं गया है। सांस्कृतिक समीक्षा साहित्य की गतिशील मानवीय संवेदना के आकलन का पहला कदम था और स्वच्छन्दतावादी समीक्षा, कलात्मक एवं मानसिक चेतना के विकास के अध्ययन का दूसरा कदम।

ऐतिहासिक-सांस्कृतिक समीक्षा ने ऐतिहासिक अनुसन्धान से साहित्य के विकास क्रम को अधिक पुष्ट और गहरे धरातल पर स्पष्ट किया है और उसकी मानवतावादी सांस्कृतिक दृष्टि ने साहित्यिक रसानुभूति को अधिक व्यापक रूप में ग्रहण किया है। लेकिन डॉ. देवराज जैसे अनेक समीक्षक डॉ. हजारी प्रसाद द्विवेदी आदि को साहित्य के समीक्षक नहीं, सांस्कृतिक इतिहासकार मात्र मानते हैं।[40] सांस्कृतिक इतिहासकारों के रूप में इन समीक्षकों ने साहित्यिक प्रवृत्तियों और उनके मूल में मानवीय चिन्तन धाराओं का निरूपण अवश्य किया है। पर इनके द्वारा प्राचीन कवियों का

सांस्कृतिक-मानवीय मूल्यांकन रसानुभूति की दृष्टि से ही हुआ है। डॉ. भगवत्स्वरूप मिश्र ऐतिहासिक-सांस्कृतिक समीक्षा को एक शैली मात्र मानते हैं जिसमें साहित्य के सृजन की व्यापक प्रेरणा, शैली, वर्ण्य विषय आदि सबके लिए पृथक मानदंड का अभाव है।[41] रचना को संश्लिष्ट रूप में देखकर विचार, भाव, शैली आदि में अभिव्यक्त रूप में एक मूल्यांकन न कर सकने की हिन्दी समीक्षा की दुर्बलता यहाँ व्यक्त हो रही है जो सैद्धान्तिक शुक्ल-पद्धति में विशेष देखी जाती है। ऐतिहासिक-सांस्कृतिक समीक्षा, रचना का विश्लेषण न करके रचना की अनुभूति का विश्लेषण और मूल्यांकन करनेवाली, शुक्ल-पद्धति से प्रौढ़ एवं तलस्पर्शी समीक्षा-पद्धति है। यदि यह समीक्षा, निगमन शैली के ऐतिहासिक अनुसंधानों की तरह केवल परिस्थितियों का वैज्ञानिक विवरण देकर मानवीय संवेदना का मूल्यांकन न करती तो अवश्य ही रचना की भूमिका प्रस्तुत करनेवाली एकांगी शैली होती।

यह ऐतिहासिक-सांस्कृतिक मूल्यांकन साहित्य के नवीन ऐतिहासिक अनुसंधान से सर्वथा भिन्न है। ऐतिहासिक अनुसंधान, रचना को प्रभावित करनेवाली सामाजिक, सांस्कृतिक या धार्मिक बाह्य परिस्थितियों के इतिहास का उद्‌घाटन करता है या रचना के आधार पर निगमन शैली में उनको स्पष्ट करता है। वह इन परिस्थितियों में रचना के सूक्ष्म मानसिक प्रेरणा स्रोतों का रूप दिखाकर रचना में लेखक की मानसिक चेतना और मानवीय संवेदना का निरूपण नहीं करता। इसलिए ऐतिहासिक अनुसंधान, अनुभूति और मूल्यांकन से तटस्थ, रचना के अन्तर का स्पर्श न करनेवाला, अध्ययन की भूमिका रह जाता है। ऐतिहासिक-सांस्कृतिक समीक्षा, रचना की बाह्य परिस्थितियों में मानसिक चित्तवृत्तियों की ओर अधिक ध्यान देती है। मानव मन की चिन्तनशील प्रवृत्ति, देशकाल के अनुसार अपना स्वरूप बदलकर साहित्यिक अभिव्यक्ति पाती है। ऐतिहासिक-सांस्कृतिक समीक्षा, साहित्य के मूल में मानवीय संवेदना का, जिसके कारण साहित्य सजीव होता है, विश्लेषण एवं मूल्यांकन करती है।

शुक्ल युग के समीक्षक : आचार्य रामचन्द्र शुक्ल : शुक्ल जी इस युग के ही नहीं, हिन्दी साहित्य-समीक्षा के सर्वश्रेष्ठ समीक्षक हैं। उन्होंने हिन्दी समीक्षा का इतना प्रौढ़ उत्कर्ष किया है कि वह द्विवेदी युग की समीक्षा-पद्धति का विकास कम लगती है। नए अर्थ में समीक्षा का सच्चा श्रीगणेश शुक्ल जी ने ही किया है। उन्होंने साहित्यिक सिद्धान्तों की व्यवस्था करके रचना के विभाव-भावपक्ष के साथ जीवन का सम्बन्ध जोड़कर रचना की अनुभूति और उसके प्रभाव का विश्लेषण किया है, साहित्य का ऐतिहासिक अध्ययन और साहित्यिक मूल्यांकन आरम्भ किया है, अपनी प्रौढ़ साहित्य-समीक्षा द्वारा सामयिक साहित्यिक संस्कारों को प्रभावित किया है और अन्त में रीतिवादी अभिरुचि को नए रूप में ढालते हुए अलंकार-शास्त्र की नई व्याख्या की है। इस व्याख्या में रस-अलंकार रीतिवादी नियम न रहकर जीवन की अनुभूति

और सौन्दर्य के विचार के लिए काव्यशास्त्र के तात्विक आधार बन गए हैं। शुक्ल जी ने पंडितराज जगन्नाथ के बाद टूटी हुई भारतीय साहित्य शास्त्र की परम्परा को आगे बढ़ाया है। उनके द्वारा हिन्दी समीक्षा को संस्कृत साहित्य शास्त्र की अमूल्य विरासत मिली है। यद्यपि अन्य भारतीय भाषाओं में भी रस की चर्चा होती है और पंडित परम्परा के समीक्षक संस्कृत की शास्त्रीय-पद्धति को ही अपनाकर चलते हैं, फिर भी दूसरी भाषाओं की सैद्धान्तिक समीक्षा को हिन्दी-समीक्षा का-सा सर्वमान्य और प्रौढ़ रूप नहीं मिला है। शुक्ल जी के प्रभाव से हिन्दी में अधिकांश समीक्षक संस्कृत के सिद्धान्तों को अपनाकर पाश्चात्य व्याख्यात्मक शैली से काम चला रहे हैं। हिन्दी में संस्कृत की शास्त्रीय परम्परा की रक्षा का सारा श्रेय शुक्ल जी को मिलना चाहिए। शास्त्रीय चिन्तन में शुक्ल जी की मौलिक देन भी कम महत्त्वपूर्ण नहीं है। उनके समय तक नई साहित्यिक चेतना की पूर्ण प्रतिष्ठा हुई है और प्रौढ़ समीक्षा की आवश्यकता बढ़ गई है। साहित्य के गम्भीर प्रतिमानों को लेकर शुक्ल जी ने नई चेतना के अनुसार प्राचीन एवं नवीन साहित्यों का मूल्यांकन किया है। यह दूसरी बात है कि उनके आदर्शों, सिद्धान्तों और पद्धति की कुछ दुर्बलताओं के कारण नए के साथ पूरा न्याय नहीं हो सका है। समय के प्रवाह में न बहकर उन्होंने स्थितप्रज्ञ साहित्यकार के रूप में हिन्दी साहित्य का गम्भीर अध्ययन किया है। नए के विरोध में उनकी दृढ़ता, समीक्षा की संकीर्णता हो सकती है, पर साहित्य-समीक्षक की सच्चाई और समीक्षा में सिद्धान्त एवं व्यवहार के सामंजस्य, दोनों के लिए उनकी नवीन साहित्य-विरोधी आलोचना सदा स्मरणीय रहेगी। अपने सिद्धान्तों के विरुद्ध होने पर शुक्ल जी ने छोटे बड़े सबका खंडन किया है—महात्मा गाँधी, रवीन्द्र, टालस्टाय और ब्रेडले तक के विचारों में दोष दिखाए हैं। शुक्ल जी के आलोचक अब उनके पक्षपात की चर्चा करते हैं तो उनके सिद्धान्तों और आदर्शों की खामियाँ ही दिखाते हैं, समीक्षात्मक सच्चाई के अभाव के उदाहारण नहीं दे पाते। उनके साहित्यिक अध्ययन ने उच्चतम स्तर पर हिन्दी साहित्य की प्रतिष्ठा कर दी है। इस प्रतिष्ठा की भूमिका तैयार करने का श्रेय यदि बाबू श्यामसुन्दरदास जी को है तो उस पर प्रामाणिकता की मुहर शुक्ल जी के अध्ययन की प्रौढ़ता ने लगा दी है। शुक्ल जी की समीक्षा पर विश्वविद्यालयों के उच्च स्तर पर विद्वत्तापूर्ण साहित्यिक अध्ययन, मनन एवं चिन्तन की गहरी छाप है। नए के विकास एवं प्रसार में सर्वाधिक उत्साह दिखाकर भी पं. महावीर प्रसाद द्विवेदी हिन्दी भाषा और साहित्य की पूर्ण प्रतिष्ठा में सफल नहीं हुए हैं क्योंकि प्रौढ़ समीक्षा के अभाव में साहित्य की प्रतिष्ठा सम्भव नहीं है। शुक्ल जी के साहित्यिक विवेक ने द्विवेदी युग की रूढ़ निर्णयात्मक समीक्षा को साहित्यिक चेतना दी है। और हिन्दी भाषा एवं साहित्य को अपने उचित आसन पर बिठाया है। उनकी समीक्षा ही सच्चे अर्थ में आधुनिक आलोचना होने का दावा कर सकती है। उनके पहले समीक्षा रूढ़ परम्परा का पिष्टपोषक रही है। तुलना

में ही नहीं, निरपेक्ष दृष्टि से भी उनकी समीक्षात्मक चेतना और पद्धति पर आधुनिकता की पूरी छाप है। साहित्यिक विचार की प्रौढ़ता में शुक्ल जी की समीक्षा को उत्कृष्ट पाश्चात्य समीक्षा के सम्मुख रखा जा सकता है। पाश्चात्य दृष्टि से उनके सैद्धान्तिक विचारों का अधिक मूल्य भले ही न हो, पर इतना अवश्य स्वीकार करना ही होगा कि उनकी व्यावहारिक समीक्षाएँ प्रौढ़ साहित्यिक दृष्टि और चिन्तन के फल हैं।

शुक्ल जी ने अपने सैद्धान्तिक विचारों के द्वारा पाठकों में सच्ची साहित्यिक अभिरुचि उत्पन्न करने का प्रयत्न किया है। उन्होंने साहित्यिक अभिरुचि को काव्य-रीति की रसिकता से मुक्त किया है, साहित्य की मर्मज्ञता को बढ़ाते हुए उसके वास्तविक स्वरूप की पहचान दी है, काव्यकला के सिद्धान्तों और आदर्शों के व्यवस्थित निरूपण से साहित्य के अध्ययन का पथ प्रशस्त किया है, व्यावहारिक समीक्षा में जिन तत्त्वों का उल्लेख किया है सिद्धान्तों के रूप में उन्हीं का प्रतिपादन किया है, साहित्यिक अभिरुचि को व्यापक बनाते हुए साहित्य की स्वच्छन्दता पर ध्यान दिया है और काव्य के क्षेत्र में जीवन-जगत की मार्मिक अनुभूति की ओर ध्यान आकृष्ट किया है। साहित्य में जीवन के व्यापक प्रत्यक्षीकरण के सिद्धान्त का प्रतिपादन करते हुए प्राचीन एवं नवीन प्रवृत्तियों की दुर्बलताओं की ओर भी उन्होंने संकेत किया है। इस सैद्धान्तिक ज्ञान ने पाठकों की साहित्यिक अभिरुचि का परिष्कार किया है, उनकी दृष्टि को व्यापक बनाया है और साहित्यिक उत्कृष्टता की पहचान देकर उनकी रसग्राहिता को विकसित किया है।

शुक्ल जी ने काव्य की केवल अभिव्यक्ति में अभिरुचि का विरोध करते हुए उक्ति-चमत्कार-प्रधान रचना को निकृष्ट काव्य की श्रेणी दी है। जीवन की स्वाभाविक अनुभूति देने में ही काव्य की उत्कृष्टता है। रचना-विधान के चमत्कार की तरह भावों की असाधारणता का आग्रह भी साहित्यिक अभिरुचि की दुर्बलता है। इस तरह शुक्ल जी ने काव्य सम्बन्धी एक व्यापक और मर्मस्पर्शी चेतना जगाई है। जीवन की अनुभूति से भिन्न काल्पनिक सौन्दर्यानुभूति देनेवाला काव्य कृत्रिम होता है। इस दृष्टि से शुक्ल जी ने काव्य के कथ्य और उसकी सामाजिक सार्थकता पर जोर दिया है और रस की अलौकिकता का विरोध करके प्राकृत भावानुभूति के रूप में उसकी व्याख्या की है। उन्होंने काव्य का सर्वांगीण विवेचन करते हुए साहित्यिक चेतना का प्रौढ़ विकास किया है। शुक्ल जी के पहले इस तरह काव्य के सभी पहलुओं का व्यवस्थित विचार शायद ही हुआ है। इससे काव्य के स्वरूप को समझने में बड़ी सहायता मिली है।

साहित्यिक चिन्तन में शुक्ल जी ने अनेक मौलिक तथ्यों का उद्‌घाटन किया है। 'रसमीमांसा' में रीतिग्रन्थों के बुरे प्रभाव को स्पष्ट करते हुए उन्होंने साहित्य की स्वच्छन्दता का आग्रह किया है। व्यावहारिक समीक्षा में शुक्ल जी ने नियम-पालन के अभाव को कभी दोष के रूप में नहीं देखा है। वे जानते थे कि जीवन से निरपेक्ष होकर जो भाव-व्यंजना होती है, उसमें साहित्य की दुर्गति होती है। साहित्य की सजीवता

जीवन-सापेक्ष है। कथ्य के महत्त्व को स्वीकार करते हुए उन्होंने विभाव पक्ष के मूर्तीकरण पर जोर दिया है। काव्य की रसानुभूति के सम्बन्ध में शुक्ल जी का मौलिक चिन्तन साहित्यिक चेतना के विकास में बहुत सहायक हुआ है। नए-पुराने समस्त साहित्य को दृष्टि में रखकर शुक्ल जी रसानुभूति की व्याख्या करना चाहते थे। कथात्मक एवं चारित्रिक अनुभूति की चर्चा इसका प्रमाण है। लेकिन जिन सरल प्रतिक्रियाओं के रूप में उन्होंने इस अनुभूति को बाँटा है, वह जीवन को अच्छे-बुरे के द्वन्द्वों के रूप में देखनेवाली उनकी स्थूल नैतिक दृष्टि का परिणाम है। पात्रों के जीवन के प्रत्यक्षीकरण में अनुभूति उससे कहीं अधिक जटिल एवं गहरी होती है।[42] शुक्ल जी ने साहित्य के सम्बन्ध में अनेक मार्मिक तथ्यों का उद्घाटन ही नहीं किया बल्कि साहित्य की अनेक समस्याओं को उठाकर समाधान देने का प्रयत्न भी किया है। ये तथ्य और समस्याएँ पाठक के मन में साहित्य की जिज्ञासा बढ़ानेवाली हैं। इस प्रकार के विचारोत्तेजक चिन्तन के बावजूद उन्हें साहित्य के सम्बन्ध में सर्वथा मौलिक एवं व्यवस्थित सिद्धान्त का प्रतिपादन करनेवाले प्रथम श्रेणी का आचार्य नहीं कहा जा सकता। उनके बहुत से साहित्यिक विचार निरपेक्ष दृष्टि से नहीं, बल्कि तत्कालीन हिन्दी समीक्षा की रूढ़ रीतिवादी गतिविधि को देखते हुए ही महत्त्वपूर्ण सिद्ध हुए हैं।[43]

शुक्ल जी ने साहित्यिक रूपों पर भी विचार किया है। स्वभावतः वे काव्यप्रेमी थे और इसीलिए उन्होंने काव्य के रूपों की ही विशेष चर्चा की है। इसी काव्य प्रेम के कारण उन्होंने गद्य के रूपों में भी भारतीय रसवादी काव्य परम्परा की विशेषताओं के समावेश का आग्रह किया है। साहित्य के इतिहास में प्रसंगवश गद्य के नए रूपों की भी कुछ चर्चा हुई है। रूप का व्यवस्थित विवेचन उसका उतना लक्ष्य नहीं है जितना साहित्यिक उत्कृष्टता की चेतना और सच्ची साहित्यिक अभिरुचि को उत्पन्न करना है। इसलिए वे इन रूपों के तात्विक आधार की ओर ही संकेत करते हैं और कहीं-कहीं देशकाल के प्रतिबिम्ब से सन्तुष्ट न होकर साहित्य में जीवन की मार्मिक अनुभूति की आवश्यकता की ओर ध्यान आकृष्ट करके अभिरुचि-परिष्कार का प्रयत्न करते हैं।

विस्तृत साहित्यिक अध्ययन, नई समीक्षात्मक चेतना और पाश्चात्य साहित्यिक विचारों का अप्रत्यक्ष-प्रभाव शुक्ल जी के सैद्धान्तिक अध्ययन के प्रेरणा-स्रोत हैं। संस्कृत और हिन्दी के प्राचीन क्लासिकल साहित्य के अध्ययन ने उनके उदात्त साहित्यिक आदर्शों को स्थिरता प्रदान की है। उनकी गम्भीर रसानुभूति ने उन्हें साहित्यिक विचार-विवेचन की ओर प्रवृत्त किया है। पाश्चात्य व्यावहारिक समीक्षा, रचना की रसानुभूति के साथ समीक्षक की साहित्यिक धारणाओं को भी विकसित करती है। रचना के आधार पर समीक्षा, शास्त्र की मर्यादा को तोड़कर मौलिक चिन्तन की प्रेरणा देती है। व्यावहारिक समीक्षा करने में रचना की रसज्ञता ने शुक्ल जी

के साहित्यिक चिन्तन को गम्भीर बनाया है। उनकी समीक्षा की गम्भीरता शास्त्रीय या दार्शनिक चिन्तन के कारण नहीं, बल्कि साहित्य की गहरी अनुभूति के कारण है। प्रायः समझा जाता है कि रस-सिद्धान्त को अपनाने के कारण उनकी समीक्षा में नई साहित्यिक चेतना का समावेश हुआ है। लेकिन शताब्दियों से प्रचलित रस-सिद्धान्त ने साहित्यिक उत्कृष्टता की शुक्ल जी के समान पहचान नहीं दी है। उनकी साहित्यिक चेतना जीवन-सापेक्ष एवं मनोवैज्ञानिक भावात्मक दृष्टिकोण अपनाने के कारण है। इस तरह शास्त्र को नया जीवन मिला है, जीवन से सम्बद्ध नई चेतना प्राप्त हुई है। इस चेतना में वे जीवन-निरपेक्ष रसवादी भारतीय दृष्टि और सौन्दर्यवादी यूरोपीय दृष्टि दोनों की संकीर्णता को पहचान सके हैं। शिवनाथ जी लिखते हैं, "रस सिद्धान्त की मौलिक स्थापना करते समय उनकी दृष्टि शास्त्रवाद पर अत्यन्त कम और जीवनगत व्यवहार और अनुभूति पर अत्यधिक है। इसी कारण वे मौलिक सिद्धान्तों की स्थापना भी कर सके।"[44] नई चेतना के विकास में पाश्चात्य साहित्यिक विचारों का योग भी कम नहीं है। भारतीय साहित्यिक परम्परा से सर्वथा भिन्न मौलिक चिन्तन का यही कारण है। शुक्ल जी का सर्वथा मौलिक चिन्तन कल्पना, जीवन के प्रत्यक्षीकरण, मूर्तविधान और प्रत्यक्ष रसानुभूति की चर्चा में दिखाई देता है जिनका भारतीय सैद्धान्तिक चिन्तन से प्रत्यक्ष सम्बन्ध नहीं है। उन्होंने 'साहित्यालोचन' की तरह स्थूल समन्वय न करके पाश्चात्य साहित्यिक चेतना की स्थिति को ग्रहण किया है और भारतीय सिद्धान्तों के अनुरूप उसकी व्यवस्था की है। उन्होंने पाश्चात्य विचारों का जो खण्डन किया है, वह अतिवादी दृष्टि समझ कर ही। यह दूसरी बात है कि उन्होंने कलावाद, अभिव्यंजनावाद, व्यक्ति-वैचित्र्यवाद आदि को एकांगी दृष्टि से ही देखा और गलत भी समझा है।

शुक्ल जी ने वाद-समीक्षा के द्वारा साहित्यिक उत्कृष्टता की पहचान देने और अभिरुचि-परिष्कार करने का प्रयत्न किया है। वाद-समीक्षा में शुक्ल जी की दुर्बलता साहित्यिक रसानुभूति की दुर्बलता नहीं, बल्कि साहित्य और जीवन के कुछ आदर्शों के आग्रह की है। शुक्ल जी की पैनी काव्य-दृष्टि और रसज्ञता वादों की दुर्बलता को पहचानने में सफल हुई है। अभिरुचि-परिष्कार की दृष्टि से शुक्ल जी का वाद-विरोध अपना स्थायी मूल्य रखता है। वाद, साहित्य की स्वच्छन्दता में बाधा देता है और पाठक की अभिरुचि को संकीर्ण बनाता है। उग्र विरोध करते हुए भी शुक्ल जी ने वादों के सारतत्व को पहचाना है। युग-जीवन की नई-चेतना के अनुसार ऐतिहासिक दृष्टि से छायावाद-रहस्यवाद को न परखने के कारण शुक्ल जी इन नई प्रवृत्तियों के साथ सहानुभूति नहीं दिखा सके हैं। लेकिन उनका साहित्यिक विवेक इन प्रवृत्तियों में उत्कृष्ट एवं सामान्य रचनाओं को स्पष्ट अलग कर सका जबकि छायावाद-रहस्यवाद के समर्थक समीक्षकों ने ऐसा विवेक कम दिखाया है। इन प्रवृत्तियों पर शुक्ल जी का आक्षेप प्रधानतः इस कारण है कि उनसे रसानुभूति में बाधा पड़

रही है। शुक्ल जी ने छायावाद की जो साहित्यिक दुर्बलताएँ स्पष्ट की हैं, उनका खंडन छायावाद के समर्थक नहीं कर सके हैं। शुक्ल जी के रसज्ञता ने छायावाद-रहस्यवाद के हार्दिक प्रसंगों को भी पहचाना है और उसकी शैली की मार्मिकता का भी उद्घाटन किया है। बाद को छायावादी समीक्षकों ने प्रायः शुक्ल जी के ही भाव-विचारों का पल्लवन किया है। शुक्ल जी की खास दुर्बलता प्रवृत्ति को समझने में है, रस ग्रहण में नहीं। इन प्रवृत्तियों की दुर्बलताओं और विशेषताओं की समीक्षा में शुक्ल जी ने काव्य-सिद्धान्तों के अनेक मार्मिक तथ्यों की ओर पाठकों का ध्यान आकृष्ट किया है और साहित्यिक उत्कृष्टता की नई पहचान भी दी है।

शुक्ल जी की साहित्य सेवा में समीक्षात्मक विश्लेषण एवं मूल्यांकन सबसे महत्त्वपूर्ण है। इतिहास के संक्षिप्त परिचय में ही उन्होंने काव्यों का अन्तर्वृत्ति-निरूपण किया है और ऐतिहासिक मूल्यांकन से भिन्न शुद्ध साहित्यिक मूल्यांकन करके पाठकों के साहित्यिक विवेक को बढ़ाया है। उनकी विस्तृत व्यावहारिक समीक्षा पाठकों की रसज्ञता का विकास करनेवाली हुई है। कवि और काव्य का ऐतिहासिक बोध देने के बाद काव्यानुभूति को जीवन की स्वाभाविक अनुभूति के रूप में व्याख्या करते हुए वे रचना में पाठकों की अभिरुचि उत्पन्न करते हैं, सामाजिक एवं साहित्यिक धरातल पर रचना की अनुभूति की परीक्षा करते हुए पाठक की रसज्ञता बढ़ाते हैं और ऐतिहासिक भूमिका पर रस संवेदना का शुद्ध साहित्यिक मूल्यांकन करते हैं। उन्होंने साहित्यिक अनुभूति की परिधि में ही सामाजिक एवं नैतिक भावनाओं का मूल्य स्वीकार किया है, यद्यपि सामाजिक एवं साहित्यिक मूल्यों का कलात्मक सामंजस्य करने में वे सदा सफल नहीं हुए हैं। सैद्धान्तिक एवं शास्त्रीय आधार को अपनाने पर भी उनकी व्यावहारिक समीक्षा में तरलता एवं हार्दिकता है। वे अपनी रसानुभूति के आधार पर ही काव्यानुभूति का विश्लेषण करते हैं। वे रचना का विश्लेषण करके सन्तुष्ट नहीं रह जाते बल्कि उस आधार पर साहित्य का तात्विक चिन्तन भी करते हैं। काव्य की शास्त्रीय समीक्षा से आरम्भ करके उसकी व्याख्या में रचना की अनुभूति का विश्लेषण करने के बाद उस अनुभूति की सैद्धान्तिक व्याख्या में समीक्षा का अन्त करते हैं। उनके सिद्धान्त शास्त्रों के आधार पर नहीं, साहित्य के क्षेत्र में अपनी अनुभूति के आधार पर बने हैं। शास्त्रीय अध्ययन के कारण नहीं, बल्कि अनुभूति के आधार पर सिद्धान्तीकरण के कारण शुक्ल जी सच्चे आचार्य हैं। यहाँ उनकी सहृदयता स्वीकार करती है कि काव्य में निबद्ध जीवन की अनुभूति शास्त्रीय ढाँचे में नहीं समाती, अपनी अनुभूति के आधार पर रचना के नए-नए पहलू पहचाने जा सकते हैं और उन पर नया सैद्धान्तिक विचार भी हो सकता है। सूर और तुलसी की समीक्षा करते हुए उन्होंने शास्त्रीय परिधि से बाहर प्रतिभा की ऊँची भावना को पहचानकर उसके द्वारा नवीन भावों के प्रत्यक्षीकरण कर विचार किया है। लेकिन उनकी सामाजिक मान्यताएँ उनकी इस सहृदयता में बाधा पहुँचाती रही

हैं और इसलिए जहाँ उन्होंने अनुभूति का एक मूल्यांकन किया है वहाँ दूसरी ओर सैद्धान्तिक विचारों के आधार पर भिन्न निर्णय भी किया। पाठक शुक्ल जी की रस-संवेदना का लोहा मानता है, पर उनके बौद्धिक विचारों के सम्बन्ध में पग-पग पर शंका होती है। शुक्ल जी के संस्कारों की सांस्कृतिक दुर्बलताओं के कारण उनके बौद्धिक विचार से उनकी सहृदयता का निर्णय अधिक संगत लगता है। इसीलिए वाजपेयी जी कहते हैं कि "उनकी बौद्धिकता की अपेक्षा उनका व्यक्तित्व अधिक प्रखर था, उनकी विवेचन क्षमता की अपेक्षा उनकी साहित्यिक अन्तर्दृष्टि अधिक सम्पन्न थी।"[45]

पाठक को रचना की अनुभूति देकर उसमें साहित्यिक अभिरुचि उत्पन्न करने वाली सच्ची व्यावहारिक समीक्षा हिन्दी में शुक्ल जी की ही है। उनके निर्णय उनके सिद्धान्तों से अवश्य प्रभावित हैं, लेकिन जब वे अपनी अनुभूति के आधार पर रचना की व्याख्या करने लगते हैं तो सिद्धान्तों को भुलाकर उसकी मार्मिकता का उद्‌घाटन करते हैं। दूसरे समीक्षक शुक्ल जी की तरह रचनागत अनुभूति की व्याख्या न करके उसे समझने की वैज्ञानिक भूमिका मात्र उपस्थित करते हैं या रचनात्मक प्रेरणाओं एवं प्रवृत्तियों का विश्लेषण कर रचना की अनुभूति पहचानने की शक्ति देते हैं। लेकिन इससे पाठक की अनुभूति एवं अभिरुचि पर प्रत्यक्ष प्रभाव नहीं पड़ता। शुक्ल जी समीक्षा को अपनी अनुभूति एवं अभिरुचि का आधार देकर पाठकों में समान अनुभूति एवं अभिरुचि उत्पन्न करते हैं। दूसरे शब्दों में वे अपनी अनुभूति के आधार पर रचना में लेखक की अनुभूति का उद्‌घाटन करते हैं और रसानुभूति के "विधायक तत्त्वों की चेतना पाठक में उत्पन्न" करते हैं।[46] शुक्ल जी के प्रशंसक, उनके वैज्ञानिक अध्ययन एवं शास्त्रीय विवेचन में उनकी साहित्य-समीक्षा की श्रेष्ठता मानकर उन विशेषताओं का अनुकरण भी कर रहे हैं। लेकिन उनकी समीक्षा देखकर पूछा जा सकता है कि शुक्ल जी से कहीं अधिक वैज्ञानिक और शास्त्रीय समीक्षा करते हुए भी, उनकी आलोचना में रचनागत अनुभूति का विश्लेषण करने और पाठकों की अनुभूति एवं अभिरुचि को प्रभावित करने की शुक्ल जी की सी शक्ति क्यों नहीं है?

तुलसी की समीक्षा में शुक्ल जी के साहित्यिक एवं सामाजिक आदर्शों को अनुकूल भूमि मिली है। जिससे समीक्षा अनुभूति की व्याख्या से विचार-विवेचन की ओर अधिक झुक गई है। उनके सामाजिक एवं दार्शनिक आदर्शों से प्रभावित होने के कारण तुलसी के साहित्यिक मूल्यांकन में कुछ त्रुटियाँ भी आ गई हैं। लेकिन उनकी सहृदयता इतनी प्रबल थी कि तुलसी की व्याख्या करने में अपने आदर्शों के अनुसार कर्म-सौन्दर्य और गम्भीर दार्शनिक प्रसंगों में उनका मन उतना नहीं रमा है जितना सात्विक प्रसंगों में। वास्तव में यहीं तुलसी का काव्य-सौन्दर्य अधिक खिल उठा है। सूर की समीक्षा में उनकी रसज्ञता, तुलसी एवं जायसी की समीक्षा से और

अधिक खिली है। उनकी ऐकान्तिक साधना और सीमित काव्य-क्षेत्र पर अपेक्षाकृत कम श्रद्धा रखनेवाले समीक्षक की यह सफलता, उसकी रसग्राहिता का परिचायक है। सूर की समीक्षा में उनकी रसग्राहिता लोक प्रवृत्ति के पूर्व निश्चित सिद्धान्तों से प्रभावित हो, ऐसी सम्भावनाएँ नहीं हैं। क्योंकि तुलसी की तरह सूर का काव्य लोकप्रवृत्ति मूलक नहीं है। शुक्ल जी ने समीक्षा के अन्त में तुलसी के साथ तुलना करते हुए अपने सिद्धान्तों के अनुसार सूर का मूल्यांकन न किया हो, यह बात नहीं है। लेकिन अनुभूति के समय उनका मूल्यांकन इन आदर्शों से मुक्त रहा है और वह दूसरा ही है। जायसी के सम्बन्ध में शुक्ल जी ने ऐतिहासिक कार्य किया है। उन्होंने प्राचीन कवित्रय में से ''उडुगन केशवदास'' को हटाकर उनके स्थान पर जायसी की प्रतिष्ठा ही नहीं की है, बल्कि तुलसी और सूर की समकक्षता में उन्हें समुन्नत स्थान भी दिया है। जायसी के इस मूल्यांकन का लोहा हिन्दी संसार ने मान लिया है। बहुत से समीक्षक जायसी की उतनी प्रतिभा को स्वीकार नहीं करते, सम्भवतः वे वह स्थान कबीर को देना चाहते हैं लेकिन इस दृष्टि से जायसी के नए मूल्यांकन के प्रयत्न कम ही हुए हैं। साहित्य संसार जायसी की प्रतिभा से उतना प्रभावित नहीं है जितना समीक्षक की आलोचना-शक्ति से। जायसी की समीक्षा में कवि की सहृदयता से समीक्षक की सहृदयता अधिक तरल है। जायसी के मूल्यांकन में शुक्ल जी अपने प्रबन्ध की श्रेष्ठता के विचार से प्रभावित हैं। शुद्ध प्रेम की कहानी में उन्होंने प्रबन्धों का लोकोन्मुख प्रसार किसी तरह ढूँढ़ निकाला है। अप्रस्तुत-विधान और प्रकृति-वर्णन में ही उन्हें वह प्रसार मिला है। उन्होंने प्रबन्धों के क्षेत्र में 'मानस' के बाद 'पद्मावत' का स्थान मानते हुए, मुक्तककार सूर से जायसी की तुलना करने से अपने को बचा लिया है। जब सूर और तुलसी की तुलना हो सकती थी तो सूर और जायसी की भी। लेकिन दोनों की प्रतिभा के अन्तर से शायद शुक्ल जी को संकोच हुआ है।

शुक्ल जी ने साहित्यिक चेतना को व्यापक बनाने का महान प्रयत्न किया। किन्तु अपने संस्कारों और आदर्शों से प्रभावित उनके इस कार्य की दुर्बलताएँ और सीमाएँ भी कम नहीं रह गई हैं। लोक-जीवन में काव्य के बहिर्मुखी प्रसार का आग्रह करते हुए उन्होंने साहित्यिक अभिव्यक्ति के आन्तरिक स्वरूप को संकुचित कर दिया है। लोक-जीवन की व्यावहारिक मूर्तता और वस्तुवादिता में व्यक्ति-मानस की जटिल प्रतिक्रियाओं, सूक्ष्म अनुभूतियों और अमूर्त संवेदनों के लिए स्थान नहीं रहा है। प्रबन्धों में बहिर्मुखी लोक-प्रसार को देखते हुए उन्होंने मुक्तकों का विरोध किया है। इस कारण वे भक्तिकाव्य और छायावादी काव्य की आत्माभिव्यक्ति के मूल्य को स्वीकार नहीं कर सके हैं। उन्होंने कलात्मक चेतना को बहिर्मुखी प्रवृत्ति के रूप में ही देखा है जिसके कारण कलाओं में जीवन की प्रतीकात्मक अभिव्यक्ति की मार्मिकता पहचान नहीं सके हैं और उन्हें केवल कारीगरी समझते रहे हैं। शुक्ल जी के कारण

साहित्य-समीक्षा में कला का अर्थ अभिव्यंजना-शिल्प हो गया है।

भारतीय रस-सिद्धान्त को सर्वव्यापी सिद्धान्त मानकर शुक्ल जी ने साहित्य सम्बन्धी अपनी सीमाएँ बना ली हैं। इस कारण उन्हें प्राचीन रसवादी साहित्य से भिन्न नवीन काव्य और गद्य की प्रवृत्तियों के मूल्यांकन में रसवाद को छोड़कर जीवन के प्रत्यक्षीकरण की चर्चा करनी पड़ी है। यहाँ भी उन्होंने वस्तुवादी दृष्टि से जीवन के प्रत्यक्षीकरण को कर्म-सौन्दर्य की परिधि में सीमित कर लिया है। जीवन के प्रत्यक्षीकरण का सिद्धान्त वस्तून्मुख है जबकि रस सिद्धान्त ग्राहक की अनुभूति की ओर झुका हुआ आत्माभिव्यंजक सम्प्रदाय है। इसीलिए वह हर युग में व्यक्ति-मन के द्वारा नए मानवीय सम्बन्धों को बना लेने के प्रयत्नों का मूल्य स्वीकार नहीं करता और न ऐतिहासिक दृष्टि से मानवीय चेतना और अनुभूति के विकास का मूल्यांकन करता है। भावों को जीवन-सापेक्ष मानते हुए भी शुक्ल जी की दृष्टि युग-सापेक्ष रूप में मानवीय भावात्मक सम्बन्धों के परिवर्तनों को न देख सकी है। इसलिए उनका रस-सिद्धान्त शाश्वत भाववादी और सांस्कृतिक दृष्टि से स्थिर आदर्शवादी हो गया है। ऐसी स्थिति में नए साहित्य की नई चेतना और अनुभूति का मूल्यांकन नहीं हो सका है। वाजपेयी जी के शब्दों में वे "काव्य के स्थायी वर्ण्य-विषयों और वर्णन-प्रकारों का मत सामने लाए हैं। काव्य की देशकाल परिच्छिन्न शैलियों और उनकी प्रेरक परिस्थितियाँ शुक्ल जी को मान्य नहीं है।"[46]

शुक्ल जी के रस-सिद्धान्त में जीवन की धार्मिक व्यंजना पर बल देने के कारण भाव-तादात्म्य से भिन्न निम्न कोटि की रसानुभूति की चर्चा हुई है। हम कह चुके हैं कि नवीन साहित्य में, विशेषकर कथा-साहित्य में जीवन के प्रत्यक्षीकरण की भी गहरी एवं मार्मिक अनुभूति होती है। यहाँ रस-सिद्धान्त के अनुसार भावात्मक अभिव्यक्ति न होने से ही रचना की रस संवेदना हलकी नहीं हो जाती। शुक्ल जी ने जीवन-जगत के व्यापक प्रत्यक्षीकरण की चर्चा करते हुए भी केवल रागात्मक तत्त्व पर जोर दिया है और इस तरह निर्गुण काव्य के अनुभूतिमूलक चिन्तन को काव्य क्षेत्र के बाहर समझा है और छायावादी कल्पना को काव्याभास कहा है। साहित्य-सर्जक मानसिक चेतना को ज्ञानात्मक, भावात्मक और कल्पनात्मक स्थूल वर्गों में बाँटकर वे साहित्यिक अभिव्यक्ति और अनुभूति की व्यापकता के साथ पूरा न्याय नहीं कर सके। कल्पना के सम्बन्ध में मार्मिक तथ्यों का उद्घाटन करते हुए भी उन्होंने उसे रूप-विधायक ही समझा, जीवन के प्रत्यक्षीकरण की शक्ति के रूप में नहीं। इस तरह साहित्य में भावपक्ष एवं कलापक्ष का अलगाव हो गया है और दूसरा पहले का साधन हुआ है। यह केवल समीक्षा की सुविधा के लिए ही नहीं हुआ है, बल्कि इसलिए कि समीक्षक साहित्यिक अभिव्यक्ति को संश्लिष्ट रूप में नहीं देख सका है। शुक्ल जी कहते हैं कि पद्माकर की पंक्ति "नैन नचाय कही मुसकाय" में 'कला' न होने पर भी उसकी सरल भाव-व्यंजना अपील करती है। लेकिन उसमें

कल्पना के द्वारा कला की मूर्त्तता की ओर उनका ध्यान नहीं गया है। शुक्ल जी की दृष्टि अलंकार, वक्रोक्ति और रीति-कलापक्ष के इन्हीं तीन भारतीय रूपों पर ही रही, इसीलिए उन्होंने पद्माकर की पंक्ति में कलात्मक चित्र-विधान पर ध्यान नहीं दिया। भारतीय साहित्य शास्त्र कवि की कल्पना में भाव और अभिव्यक्ति की अभिन्नता से अपरिचित है। रस-सम्प्रदाय भाव से अलग रीति की सत्ता को स्वीकार करता है और पहले के कारण रसानुभूति मानता है। रीति रस की पुष्टि करनेवाली है।

अपने सैद्धान्तिक आग्रहों के कारण शुक्ल जी ने साहित्यिक मूल्यांकन में भी गलती की है। छायावाद के विरोध में उन्हें भावुक गद्य काव्य अच्छे लगते हैं।[47] छायावाद को छोड़कर 'सच्चे स्वच्छन्दवाद' का समर्थन एक विशेष वैयक्तिक अभिरुचि के रूप में ही समझा जा सकता है। यह जीवन की प्राकृतिक अनुभूति की ओर उनकी अभिरुचि का झुकाव है। स्वच्छन्दवादी रचना को छायावादी रचना से श्रेष्ठ किसी भी अर्थ में नहीं माना जा सकता। प्रबन्धवाद एवं लोकोन्मुख प्रवृत्ति के कारण शुक्ल जी ने बहुत से नए लेखकों को अनुचित महत्त्व दिया है। यदि शुक्ल जी कुछ प्रवृत्तियों और रचनाओं के उग्र विरोध में इन पर विचार नहीं करते तो भी उनकी रसग्राहिता कभी धोखा नहीं खाती। इस तरह प्रतिक्रिया के आवेश में अनुचित मूल्यांकन नहीं होता।

शुक्ल जी की रसग्राहिता प्राचीन उत्कृष्ट महाकाव्यों से विकसित और पुष्ट थी। सहज ही वे उन काव्यों के स्वरूप और जीवन-दृष्टि से प्रभावित हुए हैं। साहित्यिक दृष्टि से प्रबन्धों के जीवन-विस्तार का आग्रह किया है और आदर्श की दृष्टि से जीवन की धार्मिक उदात्तता का। शुक्ल जी भिन्न प्रकार की रचनाओं को भी उसी दृष्टि से देखते हैं और अपने विशेष मत का आग्रह करने लगते हैं। समीक्षा रचना की प्रवृत्ति की व्याख्या और मूल्यांकन करती है। रचनात्मक आदेश या आग्रह उसका काम नहीं है। कुछ रचनात्मक प्रवृत्तियों में विशेष अभिरुचि के कारण जब समीक्षक उनको सामान्य सिद्धान्तों के रूप में सामने लाता है तब साहित्यिक विचार एकांगी हो जाता है। शुक्ल जी रचना की समीक्षा से सन्तुष्ट न होकर लोक-प्रवृत्ति और प्रकृति-चित्रण की एक विशेष पद्धति में रचना चाहते हैं। एक उदात्त कर्म-सौन्दर्य का आग्रह करते हुए वैयक्तिक करुणा को दुर्बलता समझते हैं। नई चेतना से असम्पृक्त जीवन प्रवृत्ति की व्यावहारिक आदर्शवादिता पर जोर देते हैं। शुक्ल जी ने लोक जीवन सम्पर्क का आग्रह करते हुए साहित्य रचना को निर्जीव शास्त्रीय अनुकरण होने और समीक्षा को शास्त्रीय परीक्षा होने से बचाकर महान ऐतिहासिक कार्य किया है। लेकिन उन्होंने इस जीवन-सापेक्षता को अपने संस्कारों और आदर्शों में जकड़ भी दिया है। इन संस्कारों को नए युग के आरम्भ में मध्यवर्गीय सामाजिक मर्यादावादी एवं नीतिवादी संस्कार कह सकते हैं। ये संस्कार मध्ययुगीन पौराणिक दृष्टि के नवीन रूपान्तर

हैं। शुक्ल जी ने अपने प्रवृत्ति मार्ग, लोकमंगल, कर्म-सौन्दर्य, नैतिक मर्यादा, सामाजिक व्यवस्था और व्यावहारिक आदर्शवादिता आदि सिद्धान्तों को 'मानस' के आधार पर एक दार्शनिक व्यवस्था दी है। यही व्यवस्था उनके साहित्यिक रस-सिद्धान्त की जीवन-दृष्टि बनी है। 'मानस' की पौराणिक दृष्टि को अपनाकर शुक्ल जी ने जीवन में प्रवृत्ति को अच्छे-बुरे के द्वन्द्वों में बाँट दिया है। इस तरह मनुष्य के हृदय का प्रसार एक बँधी परिपाटी में ही हो सकता है और काव्य में जीवन की यथार्थता के प्रत्यक्षीकरण का, हृदय के सूक्ष्म संवेदनों की अभिव्यक्ति का अवकाश नहीं रह जाता। यह भी कहा जा सकता है कि शुक्ल जी ने 'मानस' के केवल एक पहलू से आदर्श ग्रहण करते हुए तुलसी के आध्यात्मिक पहलू को, निवृत्तिमूलक भक्ति को, उस भक्ति में कवि की आत्माभिव्यक्ति को भुला दिया है जो 'विनयपत्रिका' में देख सकते हैं।

शुक्ल जी ने अपनी जीवन-दृष्टि की मान्यताओं को काव्य के स्वरूप का विधायक बना कर काव्य-क्षेत्र और रसानुभूति की सीमाएँ बना ली हैं। वे उन्हें काव्य के उत्कर्ष के हेतु मानकर, रचना के आधार पर नहीं, अपनी मान्यताओं के अनुसार साहित्य का मूल्यांकन करना चाहते हैं। साहित्यिक सिद्धान्तों की तरह, जीवन की मान्यताओं को भी, वे मान्यताएँ जिन रचनाओं से अनुस्यूत हैं, उन्हीं की समीक्षा करने में निकष बना सकते हैं। तुलसी के तथाकथित आदर्शों को लेकर सूर का मूल्यांकन करना अनुचित है। अन्य रचनाओं के सम्बन्ध में तुलसी के सामाजिक एवं साहित्यिक आदर्शों के अनुसार मूल्यांकन करना आरोपित मानदंडों का मूल्यांकन हो जाएगा। रचना में मानवीय मूल्यों का निर्णय, जीवन-दृष्टि से अवश्य होना चाहिए लेकिन व्यापक मानवीय संवेदना के आधार पर ही किसी निश्चित सामाजिक आदर्श को लेकर निर्णयात्मक रूप में नहीं। साहित्य के मूल्यांकन में यह कभी नहीं भूलना चाहिए कि रूढ़ नैतिक मूल्यों और मानवीय मूल्यों में महान अन्तर होता है।

अपनी द्वन्द्वात्मक नैतिक दृष्टि के कारण शुक्ल जी उदात्त नायक के भावों की व्यंजना में ही पूर्ण रसानुभूति मानते हैं, विपक्षी के भावों में नहीं। लेकिन साहित्य सामाजिक और नैतिक मर्यादा की परिधि को तोड़कर जीवन की मार्मिक अनुभूति देता है। उसमें निषेधात्मक पहलू को लेकर भी मानवीय संवेदना का विकास हो सकता है। शुक्ल जी की जीवन दृष्टि में आधुनिक युग की पूरी चेतना नहीं है। इसलिए नए साहित्य में उनको बहुत-सी कठिनाइयों का सामना करना पड़ा है। सामाजिक अच्छे-बुरे के द्वन्द्वों को लेकर शुक्ल जी साहित्यिक अनुभूति की उत्कृष्टता का निर्णय करना चाहते हैं तो वैसा करना आधुनिक साहित्य में असम्भव है क्योंकि नए साहित्य में प्राचीन साहित्य की तरह अच्छे-बुरे का निर्णय करना कठिन है। नए जीवन और साहित्य में अच्छे-बुरे के रूप, प्राचीन साहित्य की तरह कटे-छँटे नहीं हैं और न वे सदा प्राचीन रूप में एक-दूसरे के विरुद्ध ही खड़े होते हैं। नए में उनके ताने-बाने

के कारण पाठक की प्रतिक्रिया बड़ी जटिल होती है। प्रवृत्ति-निवृत्ति, सामाजिक मर्यादा में कर्म-सौन्दर्य आदि सिद्धान्तों को लेकर प्राचीन साहित्य में भी शुक्ल जी कबीर, सूर आदि के साथ न्याय नहीं कर सके हैं। उनमें रसज्ञता की कमी नहीं थी लेकिन उनके आदर्शों से मूल्यांकन करने में अन्याय हुआ है। उनका सामाजिक आदर्शवाद, काव्य-सौन्दर्य को एक विशिष्ट रूप में देखता है। साहित्य का प्रत्येक वाद जीवन के प्रत्यक्षीकरण में एक विशेष पहलू का सौन्दर्य आँकता है। शुक्ल जी का सिद्धान्त ही नहीं, छायावाद, प्रगतिवाद आदि सब वाद जहाँ कहीं जीवन में सौन्दर्य देखते हैं उस पर कोई आपत्ति नहीं हो सकती। लेकिन जीवन का सौन्दर्य वहीं हो, यह बात भी नहीं है। जीवन की व्यापकता एवं जटिलता में प्रत्येक अनुभूति का अपना मूल्य होता है। पर जब कुछ विशेष मूल्यों का आग्रह होने लगता है तो जीवन में सन्तुलन समाप्त हो जाता है और साहित्य में जीवन-सौन्दर्य की अनुभूति संकीर्ण हो जाती है।

शुक्ल जी काव्य में मानव जीवन की विविधता और अभिव्यक्ति की स्वच्छन्दता का प्रतिपादन अवश्य करते हैं, लेकिन साहित्यिक परम्परा की एक बँधी परिपाटी में ही। रीतिकाव्य के विरोध में उन्होंने नियोक्लासिकल नियमबद्धता से अपने को बचा लिया है पर क्लासिक आदर्शों के आग्रह से मुक्त नहीं हो सके हैं। क्लासिकल साहित्य की ओर उन्मुखता में वे प्राचीन आदर्शों के भी मोह में पड़ गए हैं। आधुनिक युग में प्रजातन्त्र, ज्ञान-विज्ञान और औद्योगीकरण ने मनुष्य के जीवन को ही नहीं, उसके भावात्मक सम्बन्धों में भी आमूल परिवर्तन कर दिया है। उसे न देखकर उन्होंने सच्चे स्वच्छन्दवाद के नाम पर प्राकृतिक जीवन-दर्शन का आग्रह किया है और इस कारण नए साहित्य के साथ पूरा न्याय नहीं कर सके हैं। साहित्य के साथ न्याय करने के लिए "युग की संवेदनाओं से समीक्षक का घनिष्ठ परिचय होना चाहिए। तभी वह युग के साहित्य का आकलन सम्यक् रूप से कर सकेगा। जिन नूतन परिस्थितियों और प्रेरणाओं से नवीन काव्य का निर्माण हुआ है, जिन नवीन वादों की सृष्टि हुई है और जो नई शैलियाँ साहित्य में अपनाई गई हैं, उनका जब तक परिचय नहीं, तब तक साहित्य का मूल्यांकन क्या होगा?"[48] युग-सापेक्ष साहित्य का मूल्यांकन करने के सन्दर्भ में शुक्ल जी चाहते हैं कि वादों से तटस्थ साहित्य का मूल्यांकन हो। ऐसा अवश्य होना चाहिए, लेकिन शुक्ल जी वादों से तटस्थ रहने का आग्रह करते हुए उनमें जो नई जीवन-दृष्टि है उससे भी तटस्थ हो गए हैं। वास्तव में वे जीवन और साहित्य के वादों से पूरे तटस्थ भी न रहे, बल्कि अपने वादों का आग्रह करते रहे हैं।

शुक्ल जी की समीक्षा-पद्धति में भी कुछ ऐसी त्रुटियाँ हैं जिसके कारण साहित्यिक अनुभूति की व्याख्या और मूल्यांकन में बाधा हुई है। शुक्ल जी ने पंडित परम्परा के अनुरूप विद्वत्तापूर्ण समीक्षा पद्धति को चलाया है जिसके आधार स्तम्भ

विश्लेषण, विचार और निष्कर्ष हैं। यह समीक्षा ज्ञानवर्द्धन करनेवाली साहित्यिक अध्ययन की भूमिका है। आजकल इस प्रकार के विश्लेषणात्मक अध्ययनों का विशेष प्रचार है। इनमें समीक्षा की स्वान्तःस्फूर्ति कम रहती है, समीक्षात्मक प्रेरणा से प्रयास अधिक झलकता है। ऐसी समीक्षा का पाठक की बुद्धि पर जितना प्रभाव पड़ता है, उसकी अनुभूति एवं अभिरुचि पर उतना नहीं। शुक्ल जी की आलोचनात्मक स्फूर्ति केवल भावोत्कर्ष की व्याख्या में दिखाई देती है। वैसे उनका अधिकांश अध्ययन वस्तून्मुख है। वे काव्य की अनुभूति की प्रकृति की अपेक्षा उसके स्वरूप की व्याख्या करते हैं। यह कलात्मक समीक्षा नहीं है। रचना के बौद्धिक विश्लेषण के द्वारा नहीं, उसकी संश्लिष्ट अनुभूति के आधार पर ही रचना में लेखक की कलात्मक चेतना की समीक्षा हो सकती है। ऐसी समीक्षा केवल सूर की हुई है और इसी कारण वह शुक्ल जी की सर्वश्रेष्ठ समीक्षा है। शुक्ल जी मनोवैज्ञानिक दृष्टि से काव्य-प्रेरणा और काव्य-सौन्दर्य के मानसिक-स्रोतों का उद्घाटन नहीं करते और न देशकाल के साथ काव्य-कल्पना का आन्तरिक सामंजस्य ही दिखाते हैं। समीक्षा में सच्ची कलात्मक चेतना का उद्घाटन आगे चलकर स्वच्छन्दतावादी आन्दोलन के साथ हुआ है।

शुक्ल जी की उत्कृष्ट साहित्यिक अभिरुचि की सीमाएँ युग की साहित्यिक एवं सामाजिक मान्यताओं और वैयक्तिक संस्कारों की हैं। शुक्ल जी के साहित्यिक संस्कार द्विवेदी युग के हैं। सुधारवादी द्विवेदी युग में पले हुए शुक्ल जी के नैतिक संस्कार अपने युग की राष्ट्रीय चेतना, सामाजिक मर्यादा और व्यावहारिक आदर्शवादिता से आगे बढ़कर नई चेतना एवं नई रचना के सांस्कृतिक, यथार्थवादी तथा वैज्ञानिक प्रेरणाओं के सम्बन्ध में संकोच अनुभव करते थे। इस कारण नई चेतना के कुछ पहलुओं का ही ग्रहण किया गया है। द्विवेदी युग का नवोदित मध्यवर्ग, नई यथार्थ चेतना को अपनाने में दुविधा अनुभव कर रहा था। वह इतिहास और संस्कृति के चुने हुए सरल पहलुओं के आधार पर नई चेतना को आगे बढ़ाने के प्रयत्न में लगा था। द्विवेदी युग के प्राचीन परम्परा-प्रेम और मध्यवर्गीय आदर्शोन्मुख संस्कारों को लेकर शुक्ल जी की समीक्षा, प्राचीन और नवीन साहित्यों को सन्तुलित एवं समन्वित, एक ही साहित्यिक चेतना के आधार पर देखनेवाली नहीं हुई है। नवीन साहित्य का प्राचीन की तुलना में अधिक सम्पन्न न होना ही इसका कारण नहीं था। संस्कारों ने साहित्यिक अभिरुचि को प्राचीनता की ओर झुका दिया है। नए साहित्य में शुक्ल जी के द्विवेदी युगीन संस्कार और आदर्श, भारतीय सामाजिकता और राष्ट्रीयता के पहलुओं का ही समर्थन करते रहे हैं। इन पहलुओं में भी नई जीवन-दृष्टि नहीं, भारतीय उद्धार की दृष्टि ही प्रबल थी। शुक्ल जी अपने संस्कारों के कारण नए जीवन और साहित्य के सम्बन्ध में आवश्यकता से अधिक जागरूक एवं तटस्थ रहे। इस जागरूकता में उन्होंने साहित्य के मार्मिक होने की आवश्यकता को स्पष्ट अवश्य किया है, लेकिन इस तरह वे नए का साथ भी न दे सके। "शुक्ल

जी के व्यक्तित्व की सबसे बड़ी कमी सांस्कृतिक है, वे पूरी तरह आधुनिक नहीं हैं। वे यह नहीं जानते कि उनके अपने युग में जीवन की कौन-सी माँग और सम्भावनाएँ हैं, जिनका प्रकाशन समकालीन साहित्य में हो रहा है, और होना चाहिए। इस कमी के कारण एक महत्त्वपूर्ण आलोचक का सबसे महत्त्वपूर्ण कार्य नहीं कर पाते, अर्थात् सामयिक साहित्य का सफल मूल्यांकन।''[49] शुक्ल जी के संस्कारों और साहित्यिक अभिरुचि की स्वाभाविक विचार भूमि प्राचीन साहित्य है। उसी के अध्ययन से उनकी अभिरुचि बनी है। उनके संस्कार भी अपने युग की पुनरुत्थानवादी विचारधारा से प्रभावित हो कर प्राचीन परम्परा की उत्कृष्टता की ओर झुके हुए हैं। क्लासिकल रचनाओं के अध्ययन से शुक्ल जी की साहित्यिक अभिरुचि का विकास हुआ है। वाल्मीकि, कालिदास और तुलसी उनके आदर्श कवि थे। एक गम्भीर क्लासिकल अभिरुचि के साथ शुक्ल जी हिन्दी साहित्य-समीक्षा के क्षेत्र में आए हैं। ''शुक्ल जी में क्लासिकल साहित्य की विकसित रस-संवेदना है और इस संवेदना को वे उपयुक्त गरिमा और गम्भीरता के साथ व्यक्त कर सकते हैं।''[50] प्राचीन साहित्य की उदात्त अनुभूति से रससिक्त शुक्ल जी ने साहित्यिक प्रेम और श्रद्धा के गम्भीर रूप को पाठकों के सामने रखा है। उनकी सन्तुलित एवं गम्भीर क्लासिकल अभिरुचि, नवीन एकांगी स्वच्छन्दता में मनोयोग नहीं दिखा सकी है। नवीन स्वच्छन्दता की दुर्बलताओं की छानबीन ने शुक्ल जी की अभिरुचि को अधिकाधिक प्रौढ़ एवं क्लासिकल बना दिया है। क्लासिकल अभिरुचि होने के कारण ही शुक्ल जी की रस-संवेदना तरल न होकर घनी है।

शुक्ल जी की समीक्षा पर उनके व्यक्तित्व की पूरी छाप है। जब हिन्दी साहित्य और समीक्षा की चेतना अविकसित या अर्धविकसित मात्र थी उनका शक्तिशाली व्यक्तित्व, साहित्यिक धारणाओं को अभीष्ट रूप में ढालते हुए नवीन साहित्यिक चेतना और अभिरुचि उत्पन्न करने में सफल हुआ है। उनकी प्रतिभा साहित्यिक परिस्थितियों से ऊपर उठी हुई थी। ''उनकी दृष्टि में अद्‌भुत गहराई, पकड़ में गज़ब की मज़बूती और प्रतिपादन में अपूर्व प्रौढ़ता थी।''[51] उनके सिद्धान्त गहरे अध्ययन एवं अनुभव पर बने हैं और साहित्य की नई-नई धारणाओं से सहसा अभिभूत होनेवाले नहीं हैं। अपनी रसग्राहिता से पाठक में विश्वास उत्पन्न करके विरोधी विचारों के लोगों पर भी अपना अमिट प्रभाव डालने की शक्ति शुक्ल जी में है। जैसा कि डा. देवराज कहते हैं शुक्ल जी में रसग्रहण की क्षमता और रचना की रसात्मकता के बौद्धिक निरूपण की शक्ति अपूर्व है, मूल्यांकन का दृष्टिकोण उतना व्यापक नहीं है।[52]

शुक्ल जी की समीक्षा का मूल्य उनकी वैधानिक शास्त्रीयता का नहीं, रसज्ञता का है, प्रचलित साहित्यिक सिद्धान्तों की व्यवस्था का नहीं, अनुभूति के आधार पर मौलिक चिन्तन का है, समीक्षा में भारतीय रस-सिद्धान्त के प्रयोग का नहीं, नई साहित्यिक चेतना के विकास का है। उनकी सहृदयता सैद्धान्तिक सीमाओं को पार

कर जाती है। शुक्ल जी के शास्त्रीय सिद्धान्तों का पूर्व पक्ष किया जा सकता है लेकिन सैद्धान्तिक विचार में सहृदयता तथा रसज्ञता पर उनकी दृष्टि, साहित्य के समीक्षकों एवं भावकों को स्फूर्ति प्रदान करती रहेगी। व्यावहारिक समीक्षा के क्षेत्र में कोई दूसरा उनकी समता नहीं कर सकता। यह सही है कि साहित्यिक रसानुभूति में आधुनिक सहृदयता शुक्ल जी के बाद सांस्कृतिक एवं मनोवैज्ञानिक दृष्टि से बहुत आगे बढ़ चुकी है। शुक्ल जी की अभिरुचि की दुर्बलताएँ एवं सीमाएँ भी कम नहीं हैं। लेकिन उनकी समीक्षा के समान, पाठक को रचना की भावानुभूति की गहराई में ले जाना, साहित्य में सच्ची अभिरुचि उत्पन्न करना और अपने ढंग पर अभिरुचि का परिष्कार करना हिन्दी में किसी दूसरे की समीक्षा के द्वारा नहीं हुआ है। शुक्ल जी अपनी उदात्त क्लासिकल अभिरुचि की छाप हिन्दी साहित्य-संसार पर छोड़ गए हैं। उनका साहित्यिक विवेक अपूर्व था। वे साहित्यिक-असाहित्यिक रचनाओं और प्रवृत्तियों का, साहित्य की उत्कृष्टता एवं साधारणता का स्पष्ट अन्तर करते थे। "साहित्य समीक्षक की हैसियत से सबसे बड़ी बात शुक्ल जी में यह नहीं है कि उन्होंने उच्चतर काव्य को निम्नतर काव्य से अलग किया, बल्कि उन्होंने वह ज्ञान दिया कि हम भी उस अन्तर को पहचान सकें।"[53]

हिन्दी साहित्य समीक्षा पर शुक्ल जी का जबरदस्त प्रभाव पड़ा है। शुक्ल जी के अनुयायी कम हो सकते हैं लेकिन हिन्दी के सभी समीक्षकों पर उनका न्यूनाधिक प्रभाव पड़ा है। इतना ही नहीं, उनकी प्रतिभा ने हिन्दी साहित्य-समीक्षा में किसी दूसरे को पैर जमाने का अवकाश भी नहीं दिया है। नगेन्द्र जी ने ठीक ही कहा है कि शुक्ल जी ने अपने युग को प्रभावित नहीं किया, आच्छादित किया है।[54] उनसे अभिभूत परवर्ती समीक्षा को उनके विचारों और निर्णयों का विरोध करने का साहस ही नहीं हुआ है। अभी निवृत्ति-प्रवृत्ति के आधार पर भक्तिकाव्य के काव्योत्कर्ष की चर्चा चल रही है। साहित्य के इतिहास में छायावाद को स्थान बनाने में बहुत हाथ-पैर मारना पड़ा है। "आज भी स्थिति यह है कि साहित्य और उसके आनुषंगिक विषयों पर अध्ययन के अधिक प्रशस्त रास्ते खुल जाने पर भी अब तक शुक्ल जी ही साहित्य में अन्तिम वाक्य माने जाते हैं।"[55]

शुक्ल जी की साहित्य-समीक्षा में समीक्षा के भावी विकास की बहुत-सी प्रेरणाएँ छिपी हैं जिनको लेकर नए साहित्य-समीक्षक साहित्य का पथ-प्रशस्त करने में लगे हैं। उन्होंने साहित्य और समीक्षा सम्बन्धी अनेक मौलिक प्रश्नों को उठाया है जिनका समाधान देने में नई समीक्षा लगी हुई है। वास्तव में नई समीक्षा का विकास शुक्ल जी के सैद्धान्तिक एवं व्यावहारिक खंडन-मंडन की प्रतिक्रिया के रूप में ही हुआ है। इस प्रतिक्रिया का कारण शुक्ल जी की संरक्षणशील साहित्यिक दृष्टि है। वे साहित्यिक उत्कृष्टता और प्राचीन उदात्तता के सजग प्रहरी रहे हैं। साहित्य के उदात्त स्वरूप और अनुभूति की रक्षा में शुक्ल जी ने नए साहित्य की दुर्बलताओं की कड़ी

समीक्षा की है। वे नई साहित्यिक चेतना के विकास में योग देनेवाले प्रगतिशील एवं सर्जक साहित्य-समीक्षक कम थे। साहित्य का विकास जितना आवश्यक है उतना ही आवश्यक है नई विशृंखलता के कड़े नियन्त्रण द्वारा साहित्यिक परम्परा और सौन्दर्य की रक्षा करना। शुक्ल जी ने यह आवश्यक कार्य किया है।

शुक्ल-पद्धति के समीक्षक : शुक्ल जी के अनुयायियों में कृष्ण शंकर शुक्ल जी ने केशव और रत्नाकर की ओर हिन्दी साहित्य-संसार का ध्यान आकृष्ट किया है। शुक्ल जी की रसज्ञता ने उनकी काव्य-कला की जो उपेक्षा की उसकी यह प्रतिक्रिया है। कृष्णशंकर शुक्ल जी का सबसे महत्त्वपूर्ण कार्य आधुनिक हिन्दी साहित्य के इतिहास में छायावादी कवित्रय की प्रतिभा का उद्घाटन है। इसमें उन्होंने निराला की प्रतिभा के साथ उचित न्याय किया है जो उस समय वाजपेयी जी और नगेन्द्र जी जैसे प्रबल समर्थक समीक्षकों के अभाव में अधिक अनादृत थे। वादों से तटस्थ होकर छायावादी कवियों का उन्होंने उचित मूल्यांकन किया है। शास्त्रीय समीक्षक की इस सहृदयता ने लोगों को छायावाद की ओर उन्मुख करने में विशेष योग दिया है। रामकृष्ण शुक्ल शिलीमुख जी ने प्रसाद और प्रेमचन्द का और कथा-साहित्य की प्रवृत्तियों का विवेचन एवं विश्लेषण किया है। उनकी दुर्बलताओं को दिखाते हुए उन्होंने आधुनिक युग के सम्बन्ध में साहित्यिक विवेक के विकास का ऐतिहासिक कार्य किया है। डॉ. जगन्नाथ प्रसाद शर्मा प्रधानतः शैली और टेकनिक के शास्त्रीय समीक्षक हैं। शुक्ल-पद्धति के समीक्षकों में इस तरह आपका अलग अपना क्षेत्र और महत्त्व है। टेकनिक और शैली तटस्थ गम्भीर अध्ययन की वस्तु है। इस कार्य में अभिरुचि एवं मूल्यांकन का प्रश्न कम उठता है। टेकनिक और शैली का विचार, हिन्दी समीक्षा में सबसे अधिक उपेक्षित पहलू है। 'हिन्दी गद्य शैली का विकास' की भूमिका में जैसा लेखक स्वयं कहते हैं, यह उस विषय पर एकमात्र पुस्तक है। प्रसाद जी के नाटकों का शास्त्रीय अध्ययन भी प्रधानतः नाटकीय विधान का ही अध्ययन है। प्रेरणाओं और प्रवृत्तियों का निरूपण लेखक का लक्ष्य नहीं है। शर्मा जी ने हिन्दी गद्य के युग-निर्माताओं के सेवाकार्य को भी स्पष्ट किया है। यहाँ भी शैली और रचना-विधान की ही समीक्षा हुई है। अपने क्षेत्र में डॉ. जगन्नाथ प्रसाद शर्मा अकेले हैं ही, अपूर्व सफलता भी प्राप्त कर सके हैं। पं. विश्वनाथ प्रसाद मिश्र हिन्दी के प्रौढ़ शास्त्रीय समीक्षक हैं। भारतीय साहित्य शास्त्र और आचार्य शुक्ल के प्रति आपकी समीक्षाओं में अपार श्रद्धा झलकती है। आप साहित्य और समीक्षा में भारतीय परम्पराओं के प्रबल समर्थक हैं। आपकी शास्त्रीय व्याख्याओं ने भारतीय अलंकार शास्त्र में साहित्यिक विचार-विवेचन की व्यापक व्यवस्था की ओर हमारा ध्यान आकृष्ट किया है। लेकिन आप शुक्ल जी की तरह नई साहित्यिक चेतना का ग्रहण करके स्वच्छन्द मौलिक चिन्तन की ओर प्रवृत्त न हो सके। 'वाङ्मय विमर्श' में चलते ढंग से पाश्चात्य साहित्य समीक्षा का पूरा समाहार हो गया है। केवल भारतीय

सिद्धान्तों को लेकर आपके विचारों में एकरूपता मिलती है तो साहित्यिक विकास का आकलन न करनेवाली एकांगिकता भी। आप शाश्वत-अपरिवर्तनशील भाववादी हैं, भूषण ग्रन्थावली की भूमिका में वीररस प्रधान काव्य-परम्परा का निरूपण इसका प्रमाण है। शास्त्रीय सिद्धान्त व्यापक होने पर भी केवल उसी आधार पर समीक्षा रीतिवादी हो जाती है। शुद्ध शास्त्रीय समीक्षक के रूप में रीतिकाव्य की ओर आपकी समीक्षात्मक प्रवृत्ति स्वाभाविक ही है। शुक्ल जी के बाद समीक्षा का कार्य करते हुए भी मिश्र जी अपने साहित्यिक संस्कारों और समीक्षा के आदर्शों को लेकर लाला भगवानदीन जी के बाद के और शुक्ल युग के पूर्व के लगते हैं। व्यावहारिक समीक्षा में शुक्ल जी के विचारों की प्रतिध्वनि मिलती है–कहीं-कहीं अधिक विरोध की संकीर्णता एवं अनुदारता के साथ। सामयिक साहित्य में वे द्विवेदी युग की स्थूल आदर्शवादिता से आगे नहीं बढ़ पाए हैं। मिश्र जी की समीक्षात्मक सफलता रीतिकाव्य के क्षेत्र में है। मिश्र जी की शास्त्रीय दृष्टि की अनुकूल भूमि शास्त्रीय रीतिकाव्य ही है। रीतिकाव्य के शास्त्रीय पहलू की इतनी सूक्ष्म व्याख्या हिन्दी के कम समीक्षक कर पाए हैं। रीति मुक्त कविता की ओर प्रवृत्ति आपकी सहृदयता का परिचायक है। रीतिबद्ध रचना का सहानुभूतिपूर्ण विवेचन लाला भगवानदीन की परम्परा को और रीति-मुक्त कवियों की सहृदयता की व्याख्या शुक्ल जी की परम्परा को आगे बढ़ाने के प्रयत्न हैं। ऐतिहासिक दृष्टि से रीतिकाल के विविध प्रेरणास्रोतों और प्रवृत्तियों का भी आपने मार्मिक विश्लेषण किया है। रीतिबद्ध कविता की दुर्बलता दिखाते हुए रीतिमुक्त साहित्यिक उत्कृष्टता सिद्ध करने में आप पूरे स्वच्छन्दवादी हो जाते हैं और लिखते हैं कि रीतिमुक्त कवि "शास्त्र में गिनाई हुई सूची तक ही रहनेवाले नहीं थे।"[56] भारतीय परम्परा में ही इन कवियों का भावोन्मेष हुआ है, इसलिए इनके साथ मिश्र जी की पूरी सहानुभूति है। रीतिमुक्त कवियों के कलात्मक एवं भावात्मक उत्कर्ष के उद्‌घाटन में मिश्र जी की शास्त्रीयता और रसज्ञता का अपूर्व योग हुआ है। शुक्ल जी ने इस स्वच्छन्दवादी धारा की ओर संकेत अवश्य किया है, लेकिन विस्तृत समीक्षा के द्वारा रीतिकाल की स्वच्छन्दधारा में पाठकों की अभिरुचि बढ़ाने का अधिकांश श्रेय मिश्र जी को ही जाता है। सगुण भक्तिकाव्य की मर्मज्ञता बढ़ाकर जिस तरह शुक्ल जी ने साहित्यिक रसज्ञता का प्रौढ़ विकास किया है, उसी तरह मिश्र जी के द्वारा स्वच्छन्द धारा में भावाभिव्यक्ति के उत्कर्ष की पहचान देने का कार्य हुआ है। अपने-अपने क्षेत्र और अपनी-अपनी अभिरुचि के अनुसार शुक्ल जी पाठकों का ध्यान भावानुभूति की गहराई की ओर और मिश्र जी उत्कृष्ट भावाभिव्यक्ति की ओर आकृष्ट करते हैं।

बाबू श्यामसुन्दरदास : बाबू श्यामसुन्दरदास जी का महत्त्व साहित्यिक चेतना के विकास के कारण उतना नहीं है जितना साहित्यिक अध्ययन का पथ प्रशस्त करने के कारण है। पं. महावीर प्रसाद द्विवेदी ने नए साहित्य के विकास में योग दिया

है तो बाबू जी ने नई समीक्षा के विकास में। उनकी अध्ययनात्मक भूमिकाओं और सैद्धान्तिक विवेचन का हिन्दी समीक्षा पर व्यापक प्रभाव पड़ा है। उनकी प्रेरणा में परवर्ती समीक्षा ने विशेष उन्नति की है। उनका 'साहित्यालोचन' मौलिक नहीं है, उसमें भारतीय एवं पाश्चात्य सिद्धान्तों का समन्वय सतही है, लेकिन उसी के द्वारा पाश्चात्य साहित्यिक विचारों का हिन्दी में प्रथम प्रवेश हुआ है। नए साहित्य के अध्ययन के लिए आवश्यक नई दृष्टि उसी की देन है। बाबू जी की बौद्धिक चेतना उदार एवं व्यापक है, लेकिन वे शुक्ल जी की तरह अनुभूति के बल पर सिद्धान्तों को आत्मसात् कर उनका समन्वय नहीं कर सके हैं। इस दुर्बलता की क्षतिपूर्ति 'साहित्यालोचन' के स्वस्थ प्रभाव के द्वारा हुई है। उससे कथ्य, भाव एवं शैली के सम्बन्ध में शुक्ल जी की नीतिवादी, शुद्ध रसवादी तथा कला विरोधी संकीर्णता का निरोध हुआ और व्यापक साहित्यिक अभिरुचि की भूमिका बनी है। 'साहित्यालोचन' ने व्यावहारिक आदर्शवादिता से मुक्त कलात्मक चेतना का विकास किया है। उसी ने पहले पहल हिन्दी साहित्य-संसार को साहित्य की विविध विधाओं और रूपों का ज्ञान दिया है। बाबू जी के सिद्धान्तों की दुर्बलताएँ एवं सीमाएँ कम नहीं हैं, लेकिन साहित्य-समीक्षा के नए सिद्धान्तों और प्रतिमानों का विकास, उनकी व्यापक दृष्टि और उदार समन्वय को अपनाकर ही हो रहा है। श्यामसुन्दरदास जी की व्यावहारिक समीक्षा, शुक्ल जी की समीक्षा की तरह वस्तून्मुख अध्ययन की भूमिका है। उनका तटस्थ अनुशीलन शुक्ल जी की हठवादिता से मुक्त साहित्यिक अध्ययन की प्रेरणा देता है। लेकिन उनके अध्ययन में शुक्ल जी की सी रसज्ञता भी नहीं है जिससे उनकी समीक्षा पाठकों को साहित्यिक उत्कृष्टता की पहचान देकर उनकी अभिरुचि का परिष्कार एवं विकास करे। इसलिए समीक्षा कार्य में शुक्ल जी के साथ उनकी तुलना ही नहीं हो सकती। उनका ऐतिहासिक कार्य कितना ही महत्त्वपूर्ण क्यों न हो, साहित्य के इतिहास में उनकी उदारता, अपनी विशिष्ट साहित्यिक अभिरुचि और रसज्ञता प्रकट करनेवाली नहीं है। वे सभी के साथ न्याय करने बैठते हैं। इसलिए उनका मूल्यांकन प्रभावोत्पादक नहीं लगता। लेकिन साहित्य के सम्बन्ध में उनका दृष्टिकोण शुक्ल जी से कहीं अधिक संश्लिष्ट है। इसीलिए उनको कबीर के विचारों में असंगति नहीं मिली है। विचार पक्ष, भाव पक्ष और कला पक्ष को अलग करके वे कबीर को साहित्य के प्राकृत क्षेत्र से बाहर नहीं करते। कबीर की वाणी की सत्यता को अनुभव करते हुए वे लिखते हैं कि "सत्य के प्रकाश का साधन बनकर जिसकी प्रगाढ़ अनुभूति उनको हुई थी, कविता स्वयमेव उनकी जिह्वा पर आ बैठी है।"[57]

बाबू श्यामसुन्दरदास के अनुयायी समीक्षक : बाबू जी के अनुयायियों में पदुमलाल पुन्नालाल बख़्शी जी शुक्ल-युग की वस्तून्मुख सैद्धान्तिक समीक्षा और छायावादी-युग की कलात्मक समीक्षा के बीच की कड़ी हैं। उनकी समीक्षा में चिन्तन और भावना का सामंजस्य है। वस्तून्मुख सैद्धान्तिक दृष्टि से भिन्न भावोन्मुख दृष्टि

के द्वारा रचना की आन्तरिक अनुभूति का प्रयत्न करते हुए वे आगामी कलात्मक समीक्षा के भूमिकाकार हुए हैं। बाबू जी ने सैद्धान्तिक उदारता का आदर्श सामने रखा है तो बख़्शी जी ने विश्व-साहित्य के विस्तृत अध्ययन से विकसित साहित्यिक उदारता का आदर्श। इससे हिन्दी साहित्य-समीक्षा में अभीष्ट नई साहित्यिक दृष्टि को बल मिला है। नवीन यथार्थवादी दृष्टि के प्रति द्विवेदी युग का संकोच उनमें भी था लेकिन नवीन काव्य-कल्पना का उन्होंने समर्थन किया है। यह सही है कि उनकी समीक्षा परिचयात्मक है, उसमें रसज्ञता की गहराई नहीं है, लेकिन उनका साहित्यिक दृष्टिकोण और अभिरुचि व्यापक एवं कलात्मक अवश्य हैं।

लक्ष्मीनारायण सुधांशु जी का कार्य-क्षेत्र सैद्धान्तिक है। भारतीय साहित्यिक सिद्धान्तों के आधार पर उन्होंने नवीन स्वच्छन्द चिन्तन का प्रयत्न किया है। सैद्धान्तिक विचार की प्रेरणा उन्हें शुक्ल जी से मिली है, लेकिन उसमें साहित्यिक दृष्टिकोण की व्यापकता एवं उदारता बाबू साहब की है। उसका सैद्धान्तिक चिन्तन, व्यावहारिक प्रवृत्ति निरूपण की दृष्टि से है। छायावाद को दृष्टि में रखकर अभिव्यंजनावाद एवं कलावाद की सैद्धान्तिक स्थापना में शुक्ल-युग के साहित्यिक सिद्धान्तों के छूटे हुए पहलू सामने आए हैं, इससे एक नई साहित्यिक अभिरुचि का विकास हो सका है और साहित्य में नए काव्य की प्रतिष्ठा हुई है। उनका अभिव्यंजनावाद का निरूपण, साहित्य का व्यापक विवेचन नहीं था। लेकिन 'जीवन के तत्त्व और साहित्य के सिद्धान्त' में साहित्यिक अनुभूति और अभिव्यक्ति को जीवन के तत्त्वों से निष्पन्न करते हुए साहित्य का व्यापक और गहरा अध्ययन हुआ है। सुधांशु जी का दृष्टिकोण शुक्ल-युग की नैतिक परिधि से ऊपर उठकर कलात्मक दृष्टि का प्रतिपादक है। उन्होंने कलावाद एवं अभिव्यंजनावाद के निरूपण में साहित्य-समीक्षा के सिद्धान्तों को ही नहीं, साहित्यिक अभिरुचि को भी नई दिशा दिखाई है।

बाबू गुलाबराय श्यामसुन्दरदास जी की तरह सिद्धान्त और व्यवहार दोनों में उदार समन्वयवादी हैं। पुरानी पीढ़ी के समीक्षकों में आपने नए साहित्य के साथ सर्वाधिक न्याय किया है और नवीनतम रचना के भी साथी रहे हैं। उनकी दृष्टि पुरानी पीढ़ी की नीतिवादी ही है लेकिन उसमें दुराग्रह की संकीर्णता नहीं है। साहित्यिक सिद्धान्तों का उनका अध्ययन 'साहित्यालोचन' से प्रौढ़ होते हुए भी उसमें साहित्यिक अनुभूति के आधार पर मौलिक चिन्तन कम हुआ है और इसलिए उससे पाठक की साहित्यिक चेतना का विकास कम हो पाता है। उन्होंने अपने अध्ययन में भारतीय एवं पाश्चात्य सिद्धान्तों का समन्वय, कलात्मक प्रेरणाओं की गहराई में कम किया है। सिद्धान्तों का स्थूल समन्वय समझौते की मनोवृत्ति है, तात्विक अनुसन्धान की नहीं। "एक अध्यापक में यह वृत्ति सराहनीय कही जा सकती है। किन्तु चिन्तन के क्षेत्र में समन्वय तभी सफल एवं सार्थक होता है जब विभिन्न मतवाद चिन्तक की अनुभूति में पिघलकर रसायनिक ऐक्य प्राप्त करें।"[58] व्यावहारिक समीक्षा के

मूल्यांकन में भी बाबू गुलाबराय विशेष उदार हैं। रचना को सभी दृष्टियों से देखकर विश्लेषण एवं व्याख्या करते हैं और किसी न किसी पहलू में रचना का मूल्य मानते हैं। लेकिन इस तरह सामाजिक, भावात्मक एवं कलात्मक मूल्यों का अलगाव होकर कलात्मक चेतना का मूल्यांकन नहीं होता। किसी पहलू को पकड़कर नई प्रवृत्ति का मूल्य स्वीकार करना, साहित्य में नई संवेदना की मूल्य-स्वीकृति नहीं है। सामाजिक जीवन के साथ संपर्क स्थापित करने के लिए वे प्रगतिवाद का मूल्य मानते हैं लेकिन उसमें प्रगतिशील चेतना के मूल्य की स्वीकृति नहीं है। विरोधी मूल्यांकन में सत्यता स्वीकार करते हुए लेखक के एकाध नए पहलुओं को लेकर न्याय करने बैठना साहित्य-समीक्षा में हास्यास्पद प्रयत्न है। यह अपनी अनुभूति के प्रति सच्चाई प्रकट नहीं करता जो समीक्षा की पहली शर्त है। बाबू गुलाबराय की सहृदयता और साहित्यिक पैठ के सम्बन्ध में दो मत नहीं हो सकते जैसे उनके अनेक लेख स्पष्ट करते हैं, लेकिन उनका उपयोग समीक्षा से अधिक परीक्षोपयोगी अध्ययन के लिए हुआ है। इस परिधि में नवीन उद्भावना और मार्मिक विवेचन दब जाता है। वे साहित्य के अध्ययन के लिए सामग्री देते हैं लेकिन पाठक की साहित्यिक अभिरुचि को प्रभावित नहीं करते। बहुत करके बाबू गुलाबराय की सैद्धान्तिक और व्यावहारिक समन्वयशीलता तथा उदारता, साहित्य के आरम्भिक विद्यार्थी को मानसिक संकीर्णता से बचाने का कार्य करती है।

ऐतिहासिक-सांस्कृतिक समीक्षक : ऐतिहासिक-सांस्कृतिक समीक्षकों में डॉ. हजारी प्रसाद द्विवेदी जी का प्रमुख स्थान है। द्विवेदी जी गवेषणात्मक इतिहास-लेखक और साहित्य-समीक्षक दोनों हैं। ऐतिहासिक-सांस्कृतिक दृष्टि से कम, आप में साहित्यिक-कलात्मक सहृदयता और मनोनिवेश है। साहित्य-समीक्षा में उनकी कलात्मक अभिरुचि की स्पष्ट झलक मिलती है। पर उन्होंने साहित्य का शुद्ध कलात्मक मूल्यांकन कम किया है। इसलिए वे साहित्य-समीक्षक नहीं, सांस्कृतिक इतिहासकार समझे जाते हैं। इतना अवश्य है कि साहित्य के सांस्कृतिक स्रोतों का अनुसन्धान द्विवेदी जी का प्रधान कार्य-क्षेत्र है लेकिन इस गवेषणा के साथ वे साहित्यिक मूल्यांकन भी करते हैं। यों कहना चाहिए कि नई गवेषणा के आधार पर नया साहित्यिक मूल्यांकन उनका लक्ष्य है। उनका सांस्कृतिक अनुसन्धान कवियों के साहित्यिक मूल्यांकन की भूमिका है। साहित्य के आन्तरिक सौन्दर्य का, सांस्कृतिक एवं मानवीय रमणीयता से अलग करके मूल्यांकन नहीं हो सकता। द्विवेदी जी के सांस्कृतिक मूल्यांकन में साहित्यिक मूल्यांकन का समाहार हो जाता है। वे सांस्कृतिक विकास के साथ साहित्यिक प्रवृत्ति का सामंजस्य दिखाते हैं और उस भूमिका में साहित्यकार की प्रतिभा, मानवीय संवेदना, सांस्कृतिक प्रगतिशीलता, भावात्मक एवं वैचारिक सौन्दर्य और कलात्मक अभिव्यक्ति का विश्लेषण एवं मूल्यांकन करते हैं। कबीर और सूर की समीक्षा में सांस्कृतिक अनुसन्धान और साहित्यिक मूल्यांकन का

यह क्रम स्पष्ट दीखता है।

इतिहासकार के रूप में हिन्दी साहित्य के अध्ययन के लिए नवीन सांस्कृतिक सामग्री का अनुसन्धान आपकी महत्त्वपूर्ण देन है। इस सिलसिले में उन्होंने संस्कृत, प्राकृत एवं अपभ्रंश की काव्य-पद्धतियों और प्रवृत्तियों के साथ हिन्दी साहित्य के विकास के सूत्रों को भी मिलाया है। उन्होंने सामाजिक, धार्मिक एवं सांस्कृतिक परिस्थितियों और परम्पराओं का विवेचन करते हुए हिन्दी साहित्य में लोक-चेतना का क्रम विकास दिखाया है। उनकी सांस्कृतिक दृष्टि व्यापक मानवतावादी है। उसमें रूढ़ परम्परा और पुनरुत्थानवादी संकीर्णता के लिए स्थान नहीं है। द्विवेदी जी सामाजिक एवं मानवीय पहलुओं को लेकर साहित्य का सांस्कृतिक मूल्यांकन करते हैं। साहित्य का उत्कर्ष मानवीय एकता और समवेदना की अनुभूति में मानते हैं। नए युग की इस उच्च सांस्कृतिक और मानवतावादी दृष्टि की भी अपनी सीमाएँ हैं। जीवन की यथार्थता में सांस्कृतिक एवं मानवीय चेतना एक पहलू से अधिक नहीं है। द्विवेदी जी की सांस्कृतिक दृष्टि यथार्थवादी न होने के कारण सच्चे अर्थ में सामाजिक नहीं है।

द्विवेदी जी ने साहित्य-समीक्षा के सिद्धान्तों पर और भाषा तथा साहित्य की समस्याओं पर भी विचार किया है। द्विवेदी जी की साहित्यिक चेतना सांस्कृतिक चेतना से कम तलस्पर्शी नहीं है। साहित्य की समस्याओं का, द्विवेदी जी ने अपनी सांस्कृतिक एवं मानवीय दृष्टि के अनुसार समाधान दिया है। पुरानी पीढ़ी के समीक्षकों में द्विवेदी जी नई रचना के प्रति उदार और सहानुभूतिपूर्ण समीक्षक हैं। नई रचना में भी मानवतावादी सांस्कृतिक प्रवृत्ति की ओर आपका झुकाव है। स्वच्छन्दतावाद के प्रवर्तक रवीन्द्र से प्रभावित होने के कारण आरम्भ में उन्होंने छायावाद के प्रति कुछ सहानुभूति दिखाई है। लेकिन रवीन्द्र की तरह छायावादी कवियों ने जीवन का तात्विक चिन्तन कम किया है, उनकी सांस्कृतिक एवं मानवीय दृष्टि उतनी व्यापक और पुष्ट नहीं थी। इसलिए वे नए साहित्य की समीक्षा की ओर अधिक प्रवृत्त ही नहीं हुए। अपनी अभिरुचि के अनुरूप वे प्राचीन साहित्य और संस्कृत के अध्ययन में ही अधिक संलग्न रहे। नई यथार्थवादी दृष्टि के साथ उनकी सांस्कृतिक एवं मानवीय दृष्टि का पूरा सामंजस्य हो सकना कठिन भी है। इसीलिए प्राचीन साहित्य के साथ उनका जैसा मनोयोग हुआ है, वैसा आधुनिक के साथ नहीं। शुक्ल जी ने प्राचीन साहित्य के अध्ययन की जो परम्परा की नींव डाली है, द्विवेदी जी की समीक्षा उसे अधिक पुष्ट, व्यापक और उदार बनाने में संलग्न रही है।

व्यावहारिकं समीक्षा में द्विवेदी जी का संवेदनशील भावक रूप मिलता है। वे आचार्य परम्परा के गम्भीर समीक्षक हैं लेकिन उनकी क्लासिकल अभिरुचि रवीन्द्र साहित्य के साहचर्य में संवेदनशील हुई है। शुक्ल जी की क्लासिकल रसज्ञता पर स्वच्छन्दतावादी भाव-तरलता का कम प्रभाव पड़ा है। इसलिए उनकी समीक्षा में

कहीं-कहीं शास्त्रीय रुक्षता भी मिलती है। शुक्ल जी साहित्यिक रमणीयता के समीक्षक हैं जबकि द्विवेदी जी साहित्य में जीवन के तात्विक सौन्दर्य के समीक्षक हैं। वे साहित्यिक सौन्दर्य से अलग उसके सांस्कृतिक एवं मानवीय मूल्यों का प्रतिपादन करनेवाले साहित्येतर दृष्टि के समीक्षक नहीं हैं। यदि रस-संवेदना के द्वारा शुक्ल जी काव्य-सौन्दर्य के मर्म तक पहुँचते हैं, तो द्विवेदी जी मानवीय संवेदना के द्वारा काव्य के अन्तःसौन्दर्य का उद्घाटन करते हैं। इसीलिए उनकी व्यावहारिक समीक्षा में सांस्कृतिक एवं साहित्यिक मूल्यों का सामंजस्य हो जाता है। शुक्ल जी की चर्चा में हम देख चुके हैं कि जहाँ उनकी नैतिक दृष्टि उभर आती है, मूल्यांकन साहित्यिक नहीं रहता। द्विवेदी जी रसज्ञ ही नहीं तात्विक समीक्षक भी हैं। शुक्ल जी की दृष्टि विश्लेषणात्मक होने से कभी-कभी वे कवि की आत्मा को पहचानने में चूक जाते हैं। मानव-मन की चेतना का भी निवृत्ति-प्रवृत्ति, अच्छे-बुरे में विश्लेषण करके उन्होंने बहुत से साहित्य को साहित्येतर वाङ्मय कहा है और भावों की उदात्त एवं नैतिक प्रवृत्ति में ही गहरी रसानुभूति स्वीकार की है। द्विवेदी जी की तात्विक दृष्टि कबीर के साथ ही नहीं, सूर के साथ भी अधिक न्याय करने में सफल हुई है। वे लिखते हैं कि सगुण भक्तिकाव्य में भी लीला का वर्णन शुद्ध मानवीय अनुभूति की अभिव्यक्ति नहीं है।[59] इसलिए निवृत्ति मार्ग को आध्यात्मिक कहकर साहित्य के क्षेत्र से बाहर करने पर पूरे भक्तिकाव्य का ही बहिष्कार हो जाएगा।[60] द्विवेदी जी की तात्विक दृष्टि भक्तिकाव्य की अनुभूति का लौकिक अनुभूति से अन्तर करके काव्य की आत्मा को पहचानने में सफल हुई है।

द्विवेदी जी ने हिन्दी के पाठकों में नई साहित्यिक अभिरुचि का निर्माण किया है। शुक्ल जी ने प्राचीन साहित्य की रस-संवेदना को बढ़ाया है तो द्विवेदी जी ने उसी क्षेत्र में सांस्कृतिक प्रेम और मानवीय संवेदना का विकास करके साहित्यिक रस-संवेदना को पुष्ट किया है। उनकी समीक्षाओं में भक्तिकाव्य की एक नई अनुभूति मिलती है। द्विवेदी जी सन्त साहित्य के मर्मज्ञ समझे जाते हैं। लेकिन उनका साहित्यिक एवं सांस्कृतिक कार्य इससे कहीं अधिक व्यापक है। मध्यकालीन साहित्य के सम्बन्ध में एक सर्वथा नवीन कार्य करने का श्रेय उनको मिलना चाहिए। वे प्राचीन साहित्य की सांस्कृतिक एवं मानवीय संवेदना बढ़ानेवाले साहित्य-समीक्षक हैं।

पं. परशुराम चतुर्वेदी जी का अध्ययन-क्षेत्र भी मध्ययुगीन साहित्य और संस्कृति है। संतवाणी, सूफी काव्य और सगुण भक्तिसाहित्य की आपने विस्तृत आलोचनाएँ की हैं। युग की सामाजिक एवं सांस्कृतिक परिस्थितियों का अनुसन्धान, साहित्यिक प्रवृत्तियों का विश्लेषण, साहित्यकारों के व्यक्तित्व और प्रतिभा का आकलन और साहित्यिक अभिव्यक्ति का मूल्यांकन—आपके अध्ययन की समग्रता को प्रकट करते हैं। द्विवेदी जी की तरह आप प्रधानतः साहित्य के सांस्कृतिक अध्येता हैं, लेकिन मीरा और कबीर का साहित्यिक अध्ययन, साहित्य-समीक्षक के रूप में भी आपको

प्रतिष्ठित करता है। दार्शनिक और सैद्धान्तिक पूर्वग्रहों से मुक्त आपका साहित्यिक दृष्टिकोण और मूल्यांकन व्यापक एवं उदार है। समीक्षा के स्थायी प्रतिमानों को लेकर नहीं, मानवता की व्यापक दृष्टि से आप साहित्यकारों का मूल्यांकन करते हैं। चतुर्वेदी जी सामाजिक एवं सांस्कृतिक परिस्थितियों में मानवीय मूल्यों की अभिव्यक्ति का अध्ययन करते हैं। द्विवेदी जी की जीवन-दृष्टि अन्तर्मुखी है तो चतुर्वेदी जी की बहिर्मुखी। इसलिए एक मानवीय मूल्यों को जीवन के आन्तरिक सामंजस्य में ढूँढ़ते हैं तो दूसरे उन्हें प्रत्यक्ष जीवन की व्यावहारिक साधना में। यदि द्विवेदी जी की दृष्टि रवीन्द्र की स्वच्छन्दतावादी मानवीय दृष्टि है तो चतुर्वेदी जी की दृष्टि महात्मा गाँधी की व्यावहारिक मानवीय दृष्टि है। इस दृष्टि से संतवाणी की आलोचना करते हुए वे चरित्र-बल, स्वावलम्बन, समाजगत साम्य, विश्व-प्रेम आदि भावनाओं का विकास करने के कारण उसे मूल्यवान मानते हैं। उनकी समीक्षा-पद्धति सैद्धान्तिक एवं शास्त्रीय नहीं, रचना की सांस्कृतिक सामाजिक और साहित्यिक व्याख्या करनेवाली और अनुसन्धानात्मक है। लेकिन वे मूल्यांकन से निरपेक्ष वैज्ञानिक अनुसन्धान नहीं करते, उनकी समीक्षा में साहित्य का सामाजिक-सांस्कृतिक एवं कलात्मक मूल्यांकन भी होता है। आपकी समीक्षा में द्विवेदी जी की सी आत्मीयता नहीं है, इसलिए विचार-विश्लेषण और मूल्यांकन अधिक तटस्थ एवं वैज्ञानिक लगता है। गम्भीर अध्ययन में चतुर्वेदी जी की आत्मीयता और रसज्ञता अधिक नहीं खुलती। लेकिन उनकी समीक्षा, साहित्य के व्यापक अध्ययन के लिए विचारोत्तेजक सामग्री अवश्य जुटाती है। प्राचीन साहित्य के सम्बन्ध में, विशेषकर संत काव्य के सम्बन्ध में नवीन दृष्टि का विकास करने में आपका महत्त्वपूर्ण योगदान है।

डॉ. रामकुमार वर्मा की समीक्षाओं में सांस्कृतिक, कलात्मक और वैज्ञानिक तीनों प्रवृत्तियाँ मिलती हैं। कबीर की व्यावहारिक समीक्षा में आपकी रसज्ञता का सच्चा परिचय मिलता है। यहाँ कबीर के सांस्कृतिक एवं साहित्यिक मूल्यांकनों का सामंजस्य हुआ है। इस समीक्षा में सर्वत्र आलोचक की रसज्ञता, आलोच्य के प्रति रागाकर्षण और भाषा-शैली में काव्यात्मक सरसता मिलती है। उनके साहित्य के आलोचनात्मक इतिहास में वैज्ञानिक प्रवृत्ति-निरूपण और मूल्यांकन का प्रयत्न हुआ है। लेकिन रस, अलंकार, गुण आदि का शास्त्रीय निरूपण करना काव्योत्कर्ष की समीक्षा और मूल्यांकन नहीं है। इसे लेखकों की कलात्मक चेतना की तात्विक समीक्षा नहीं कह सकते।

डॉ. पीताम्बर दत्त बडथ्वाल जी हिन्दी के प्रथम ऐतिहासिक-सांस्कृतिक समीक्षक हैं। द्विवेदी जी की तरह मानवीय दृष्टि से साहित्य का मूल्यांकन न करके वे ऐतिहासिक पहलू की ओर अधिक झुके हैं। उनकी समीक्षा में साहित्यिक रसग्राहिता से बौद्धिक विचार-विवेचन की प्रधानता है। इसलिए उनकी समीक्षा ठोस लगती है। वे अपनी रसज्ञता से पाठकों की साहित्यिक अभिरुचि को प्रभावित नहीं करते, पर उनका

सहानुभूतिपूर्ण मार्मिक चिन्तन और मूल्यांकन विचारोत्तेजक होकर पाठकों के साहित्यिक दृष्टिकोण पर अभीष्ट प्रभाव डालता है। उन्होंने बहुत पहले ही साहित्य के व्यापक, तात्विक चिन्तन की जो परिपाटी चलाई है वह शुक्ल-पद्धति के विस्तृत प्रसार के कारण हिन्दी समीक्षा में युगान्तरकारी नहीं हो सकी है। निर्गुण सम्प्रदाय पर उनका अनुसन्धान अंग्रेजी में होना भी इसका एक कारण है। इसलिए आगे चलकर द्विवेदी जी की समीक्षाओं के साथ ही व्यापक ऐतिहासिक-सांस्कृतिक दृष्टि का विकास हो सका है। बडथ्वाल जी का समीक्षा-क्षेत्र प्रधानतः निर्गुण सम्प्रदाय है—योगमार्ग, नाथ-सम्प्रदाय और संतवाणी। उनका साहित्यिक दृष्टिकोण व्यापक एवं उदार है, मूल्यांकन तलस्पर्शी है। यह निर्गुण सम्प्रदाय की ही बात नहीं है, हिन्दी साहित्य के सम्बन्ध में उनके स्फुट विचार भी इसके साक्षी हैं। उनका दार्शनिक एवं साहित्यिक अध्ययन बहुत ही उच्च कोटि का है, जैसा कि शुक्ल जी, द्विवेदी जी आदि इने-गिने समीक्षकों का है। उनकी तात्विक दृष्टि में रचना का मूल विचार ग्रहण करने की अद्भुत क्षमता है जिससे वे सन्तवाणी के साथ पूरा न्याय कर सके। जैसा कि डॉ. प्रभाकर माचवे लिखते हैं—बडथ्वाल जी की समीक्षा में अनुसंधान की विद्वत्ता के साथ रसज्ञता का पार्थक्य नहीं हुआ।[61]

.4.6 *छायावादी युग की स्वच्छन्दतावादी समीक्षा*

शुक्ल-युग के बाद समीक्षा के नए विकास का मुख्य कारण नई साहित्यिक प्रवृत्तियाँ हैं। पिछले युग की साहित्यिक मान्यताएँ और अभिरुचि, नए साहित्य के मूल्यांकन के अनुकूल नहीं थीं। नए साहित्य के प्रसार के लिए पाठकों में नई साहित्यिक अभिरुचि की आवश्यकता प्रतीत हुई है। इस कार्य में नई समीक्षा का विकास हो चला है। नई रचना की प्रेरणा के साथ-साथ समीक्षा के नए आदर्श भी विदेशी स्रोतों से आए हैं। गद्य-साहित्य की प्राचीन परम्परा भारतीय भाषाओं में न होने के कारण, गद्य की विदेशी नवीनता साहित्य-समाज को ज्यादा नहीं अखरी है। पर भारत की पुष्ट काव्य-परम्परा में छायावादी नवीनता का तीव्र विरोध हुआ है। इसलिए समीक्षा का यह नया विकास छायावादी काव्य के समर्थन के लिए, उसके मूल्यांकन के लिए हुआ है। छायावाद में रोमांटिक प्रवृत्ति के साथ-साथ उसकी समीक्षा में रोमांटिक समीक्षा-पद्धति का भी ग्रहण हुआ है।

प्रत्येक युग के सामयिक जीवन-दृष्टि और साहित्यिक प्रवृत्ति के अनुरूप नई समीक्षा का भी विकास होता रहता है। इस नई समीक्षा का कार्य, युगानुरूप साहित्यिक प्रवृत्ति का सामान्य समर्थन और उस प्रवृत्ति की रचनाओं में उत्कर्ष-अपकर्ष का मूल्यांकन करना है। तभी समीक्षा साहित्यिक प्रगति और उत्कर्ष में सहायक एवं सर्जक कहलाती है। युग के सामाजिक संस्कारों के कारण सामयिक साहित्य की ओर सहज ही आकृष्ट पाठक की साहित्यिक अभिरुचि को, समीक्षा तभी प्रभावित कर पाती

है जब वह युग की रचना का साथी होकर उसका मूल्यांकन करती है। नए साहित्य से विमुख समीक्षक अपनी रसज्ञता के बावजूद पाठक का श्रद्धास्पद नहीं बनता। साधारण पाठक के लिए प्राचीन साहित्य का भी युगानुरूप मूल्यांकन ही ग्राह्य होता है। स्वच्छन्दतावादी समीक्षा ने नए साहित्य का, विशेषकर छायावाद का साथी होकर अपनी साहित्यिक प्रगतिशीलता को सिद्ध कर लिया है। नए साहित्य की यह शिकायत दूर हुई है कि पुराने आदर्शों को लेकर सैद्धान्तिक समीक्षा साहित्यिक नई प्रगति में बाधक हो रही है।

नए काव्य की अनुरूपता में नई समीक्षा के साहित्यिक प्रतिमानों का विकास हुआ है। युग के अनुरूप साहित्यिक चेतना में रूढ़िवादी परम्परागत मर्यादाओं के प्रति विद्रोह हुआ है। जीवन-दृष्टि के बदलने के साथ-साथ साहित्य के सभी रूढ़ बन्धन भी टूट गए हैं। साहित्य और समीक्षा दोनों में स्वच्छन्दता, भाव-प्रवणता, कल्पना और कलात्मक चेतना का अधिक मूल्य माना गया है। वस्तुनिष्ठ से आत्मनिष्ठ साहित्य में कला का उत्कर्ष स्वीकार किया गया है। नए काव्य में वस्तु-जगत और भाव-जगत के आन्तरिक सौन्दर्य की अनुभूति से एक नई स्फूर्ति और चेतना आई है। समीक्षा ने इसी स्फूर्ति और चेतना में काव्य का उत्कर्ष देखा है। कल्पना कवि की अनुभूति को मूर्त रूप देती है। इसलिए साहित्य और समीक्षा में उसी का अधिक मान रहा है। स्वच्छन्दतावादी कला कृत्रिम प्रयास का परिणाम नहीं है, सहज प्रेरणा की अभिव्यक्ति है। इसलिए समीक्षा ने कलाकृति के स्वरूप का विश्लेषण न करके उसकी रचनात्मक प्रक्रिया की छानबीन से उसके मर्म तक पहुँचने का प्रयत्न किया है। काव्य-प्रेरणा और प्रक्रिया पर अधिक दृष्टि रहने से स्वच्छन्दतावादी समीक्षा रचना की व्यावहारिक समीक्षा कम कर सकी है। छायावादी कवियों की व्यावहारिक समीक्षाएँ स्वच्छन्दतावादी नहीं, शुक्ल पद्धति की ही हैं जैसे डॉ. नगेन्द्र की 'सुमित्रानन्दन पन्त' की समीक्षा। छायावाद की तरह स्वच्छन्दतावादी समीक्षा की भी दृष्टि वस्तून्मुख नहीं है। उसका साहित्यिक आदर्श भी छायावादी प्रवृत्ति के अनुरूप शुद्ध कलात्मक है, कला की व्यावहारिक उपयोगिता उसे मान्य नहीं है। इसलिए उसकी दृष्टि में व्यावहारिक एवं नैतिक मान्यताओं को लेकर कला की उत्कृष्टता का मूल्यांकन नहीं हो सकता। "काव्य का महत्त्व तो उसके अन्तर्गत ही है, किसी भी बाहरी वस्तु में नहीं। सभी बाहरी वस्तुएँ काव्य निर्माण के अनुकूल या प्रतिकूल परिस्थितियों का निर्माण कर सकती हैं, वे रचयिता के व्यक्तित्व पर विभिन्न प्रकार के प्रभाव डाल सकती हैं और डालती भी हैं, पर इन स्वीकृतियों के साथ हम यह अस्वीकार नहीं कर सकते कि काव्य और साहित्य की स्वतन्त्र सत्ता है, उसकी स्वतन्त्र प्रक्रिया है और उसकी परीक्षा के स्वतन्त्र साधन हैं। काव्य तो मानव की उद्‌भावनात्मक या सर्जनात्मक शक्ति का परिणाम है। उसके उत्कर्ष-अपकर्ष का नियन्त्रण बाह्य, स्थूल व्यापार या बाह्य बौद्धिक संस्कार और आदर्श थोड़ी ही मात्रा में कर सकते हैं।"[62]

नई समीक्षा की साहित्यिक दृष्टि और उसके सिद्धान्त, पिछले युग की तुलना में नई कलात्मक चेतना का विकास करने का दावा कर सकते हैं। नई दृष्टि में साहित्य के स्वरूप से साहित्य की प्रकृति को महत्त्व मिला है और इस तरह साहित्यिक चेतना की गहरी मर्मज्ञता व्यक्त हुई है। उसमें जीवन और साहित्य का व्यावहारिक एवं नैतिक सम्बन्ध नहीं, व्यापक मनोवैज्ञानिक एवं सांस्कृतिक सम्बन्ध स्वीकृत हुआ है। उसकी साहित्यिक अभिरुचि शुद्ध भावात्मक है। इसलिए समीक्षा में पिछले युग की वस्तून्मुख साहित्यिक दृष्टिकोण के स्थान पर भावात्मक एवं कलात्मक दृष्टिकोण की प्रतिष्ठा हुई है। कविता में बहिर्मुखी जीवन की योजना की अपेक्षा मनःस्थितियों और भावनाओं की व्यंजना के कारण आनेवाली अधिक मार्मिकता की ओर समीक्षा का ध्यान आकृष्ट हुआ है। नई समीक्षा का मनोवैज्ञानिक मूल्यांकन पिछले युग के सामाजिक एवं नैतिक मूल्यांकन से अधिक कलात्मक है। वह रचना की प्रेरणाओं को देखते हुए अनुभूति के उत्कर्ष-अपकर्ष का निर्णय करती है। उसकी साहित्यिक दृष्टि स्वीकार नहीं करती कि काव्य के बाहृय स्वरूप पर आदर्शों का प्रत्यक्ष प्रभाव, उदात्त कलात्मक अनुभूति दे पाता है। उसके अनुसार आदर्शवादिता कवि-मानस की स्वाभाविक प्रेरणा होकर ही रचना की अनुभूति को उदात्त बना सकती है। छायावादी युग की नई साहित्यिक चेतना पर आधारित समीक्षा ने प्राचीन साहित्य का भी नया कलात्मक एवं मनोवैज्ञानिक मूल्यांकन किया है। इससे प्राचीन साहित्य के नए पहलुओं का उद्‌घाटन हुआ है और उसके मूल्य क्रम में अन्तर आया है। नए समीक्षक अपने कलात्मक आदर्शों के अनुरूप भक्ति साहित्य की ओर अधिक आकृष्ट हुए हैं। व्यावहारिक नैतिकता से मुक्त साहित्यिक दृष्टि के कारण सूर का महत्त्व पहले से बहुत बढ़ गया है। कर्म-सौन्दर्य और व्यावहारिक सामंजस्य के कारण नहीं, बल्कि अनुभूति की आत्मीयता एवं उदात्तता के कारण तुलसी का महत्त्व माना गया है। भक्तिकाव्य के आत्म-निवेदन को उचित सम्मान मिला है।

नई कलात्मक चेतना और अभिरुचि के विकास में छायावाद ने ऐतिहासिक कार्य किया है। एक विशिष्ट काव्यधारा मात्र न होकर एक नवीन और व्यापक कलात्मक आन्दोलन होने के कारण उसने नए साहित्य और समीक्षा को विशेष प्रभावित किया है। नाटक तथा कथा-साहित्य में भी रोमांटिक प्रवृत्तियाँ चल पड़ी हैं। छायावादी कलात्मक आदर्शों की उत्कृष्टता सिद्ध करने के लिए काव्य-कला पर नया सैद्धान्तिक विचार हुआ है। छायावादी काव्य की श्रेष्ठता के समर्थन में नई समीक्षा का विकास हुआ है। प्रभाववादी भावुक समीक्षा के विकास में भी छायावाद का हाथ रहा है। नई गद्य-समीक्षा के दृष्टिकोण को भी उसने प्रभावित किया है। उसके प्रबल विरोधी शुक्ल जी भी उसके साहित्यिक आदर्शों से प्रभावित हुए बिना न रह सके। शुक्ल जी कविता की परिभाषा में जीवन के वस्तून्मुख प्रत्यक्षीकरण से अधिक आत्मनिष्ठ रागात्मकता और भावयोग की चर्चा करते हैं, रचनात्मक प्रक्रिया में कल्पना का महत्त्व

स्वीकार करते हैं, रसानुभूति की व्याख्या में सौन्दर्यानुभूति और कल्पना के प्रभाव को मानते हैं और ये सब बातें छायावादी आदर्शों से मिलती हैं। छायावाद के साथ हिन्दी में नई साहित्यिक चेतना और अभिरुचि का प्रवेश हुआ है। इससे साहित्यिक सौन्दर्य की नई दिशाएँ खुल गई हैं। छायावादी कविता में सौन्दर्यबोध का नया विकास था। उसने जीवन और साहित्य में सहज-स्वाभाविक सौन्दर्य का एक नया आदर्श सामने रखा है। उसके द्वारा प्रकृति के क्षेत्र में, भाव-जगत में और साहित्यिक कल्पना में नई अभिरुचि की सृष्टि हुई है। छायावाद के इस नए सौन्दर्यबोध के कारण हिन्दी समीक्षा का स्तर बहुत ऊँचा उठ गया है। "रचना की महानता से ही आलोचना महान होती है। यह छायावादी रचना का वैभव ही था जिसने हिन्दी में आलोचना के मान को ऊँचे उठा दिया, अन्यथा द्विवेदी युग में आलोचना का मान क्या था? परोक्ष रूप से छायावाद ने साहित्य के सामान्य पाठकों की रुचि इतनी परिष्कृत कर दी और काव्य सम्बन्धी सूझ-बूझ इतनी गहरी कर दी कि आलोचना का सामान्य स्तर भी बहुत ऊपर उठ गया।"[63]

नई समीक्षा के विकास में सैद्धान्तिक शास्त्रीय दृष्टि की प्रतिक्रिया का योग भी कम नहीं था। सिद्धान्त, साहित्य के स्वरूप सम्बन्धी होते हैं। प्रतिभा सिद्धान्तों से नियन्त्रित रहनेवाली नहीं है। युग की नई अनुभूति के साथ साहित्य की प्रवृत्ति और अभिव्यक्ति भी बदलती रहती है। शास्त्रीय दृष्टि ने परम्परा के प्रतिमानों से नई छायावादी प्रतिभा के मूल्यांकन का प्रयत्न किया है। परम्परा बदलने पर पुरानी परम्परा में बने हुए सिद्धान्त नए का आकलन नहीं कर सकते। शास्त्रीय समीक्षा ने छायावादी विशिष्टता की उपेक्षा करके भावाभिव्यक्ति और रसानुभूति की शास्त्रीय परम्परा में उसे फिट करने का असफल प्रयत्न किया है। वह नए काव्य के भावपक्ष और कलापक्ष के वर्गीकरण एवं विश्लेषण में लगी रही है, उसने नई सांस्कृतिक एवं मानवीय अनुभूति को पहचानने का प्रयत्न नहीं किया है। शास्त्रीय दृष्टि के कारण नई प्रतिभा, साहित्यिक मौलिकता और नई अनुभूति की मार्मिकता पहचानने में बाधा हुई है। प्राचीन से नए को मापने के विरोध में नए के अनुकूल पाश्चात्य समीक्षा के विचार सामने रखे गए हैं। इससे समीक्षा की गति बदली है। नियमों से परीक्षा के बदले रचना को समझने तथा आवश्यकता के अनुसार नई रचना से नियम एवं सिद्धान्त बनाने का काम आरम्भ हुआ है। शास्त्रीय विरोध के बावजूद नई रचना की मार्मिकता से पाठक और समीक्षक प्रभावित होते रहे हैं। नई कविता की इस प्रभावोत्पादकता के कारण कलात्मक सौन्दर्य और अभिव्यंजना के मूल सिद्धान्तों तक जाने का प्रयत्न हुआ है। काव्य-शास्त्र-विरुद्ध होकर भी नई रचना मार्मिक होने के कारण नई समीक्षा ने साहित्य में सौन्दर्य को ही महत्त्व दिया है। रचना के नियम-सिद्धान्त आनुषंगिक समझे गए हैं। परम्परागत आलंकारिक नियमों से विमुख नई समीक्षा की दृष्टि सौन्दर्य के उन तत्त्वों पर गई जो प्राचीन एवं नवीन साहित्य

के सामान्य धर्म हैं। शास्त्रीय मूल्यांकन की दुर्बलता के अनुभव ने समीक्षा को कलावाद-अभिव्यंजनावाद की ओर झुका दिया है। शुक्ल जी के द्वारा छायावाद के विरोध के लिए जिन विदेशी वादों की चर्चा आरम्भ हुई है, उनके स्वस्थ पहलुओं को लेकर नई समीक्षा ने साहित्यिक उत्कर्ष के आदर्शों की स्थापना की है। छायावाद के समर्थन में अनुभूति, कल्पना और अभिव्यंजना के कलात्मक मूल्यों की चर्चा होने लगी है। शास्त्रीय समीक्षा साहित्यिक स्वरूप मात्र का अध्ययन करती थी, स्वच्छन्दतावादी समीक्षा ने रचनागत कलात्मक अनुभूति की ओर ध्यान आकृष्ट किया है। सैद्धान्तिक समीक्षा यदि काव्य के रसात्मक प्रसंगों का उल्लेख करती थी, तो नई समीक्षा काव्य की रस-संवेदना का मनोवैज्ञानिक आधार स्पष्ट करने लगी है।

स्वच्छन्दतावादी समीक्षा के विकास में उक्त परिस्थितियों के अतिरिक्त और भी अनेक प्रतिकूल प्रतिक्रियाओं और अनुकूल प्रेरणाओं का हाथ है। इनके अध्ययन से नई समीक्षा के विकास की सीढ़ियाँ स्पष्ट होती हैं। पहले नई समीक्षा का विकास शुक्ल जी के विचारों की प्रतिक्रिया में आरम्भ हुआ है। उनके दार्शनिक विचारों के विरोध में प्राचीन और नवीन साहित्य का सांस्कृतिक एवं मानवीय मूल्यांकन हुआ है और उनके साहित्यिक विचारों की प्रतिक्रिया में कलात्मक चेतना का विकास हुआ है। शुक्ल-पद्धति का दृष्टिकोण विश्लेषणात्मक था। इससे वस्तुपक्ष, भावपक्ष और कलापक्ष का अलगाव हो गया है। नई समीक्षा ने वस्तु की अनुभूति एवं अभिव्यक्ति को संश्लिष्ट रूप में देखने का प्रयत्न किया है। शुक्ल-समीक्षा के अभावों की पूर्ति में नए जीवन की प्रेरणाओं और नई कलात्मक अभिव्यंजना-प्रणालियों का आकलन हुआ है और शुक्ल जी की नैतिक एवं बौद्धिक दृष्टि के स्थान पर मनोवैज्ञानिक और कलात्मक दृष्टि का विकास हुआ है।

पाश्चात्य सिद्धान्तों और साहित्य के परिचय ने भी नई समीक्षात्मक चेतना के विकास में अप्रत्यक्ष रूप से सहायता की है। 'साहित्यालोचन' और 'विश्व साहित्य' ने यह ऐतिहासिक कार्य किया है। उसी समय इलाचन्द्र जोशी जी ने रोमांटिक दृष्टि से विश्व-साहित्य का अध्ययन आरम्भ किया। जोशी जी की समीक्षा में स्वच्छन्दतावादी कलात्मक आदर्श और समीक्षात्मक प्रवृत्ति के आरम्भिक सूत्र मिलते हैं। (बाद को उनकी रचना और समीक्षा मनोवैज्ञानिक हो गई है।)

अपनी कविता का विरोध होने पर छायावादी कवियों ने भी अपने समर्थन के रूप में नई समीक्षा का पथ प्रशस्त किया है। शृंगार कालीन काव्यरीति को कृत्रिम कहकर उसकी धज्जियाँ उड़ाई गई हैं। द्विवेदीयुग की नैतिकता एवं आदर्शवादिता में कलात्मक चेतना का अभाव माना गया है। इन दोनों अतिवादों के बीच छायावादी कलात्मक चेतना की स्वाभाविकता सिद्ध करने का प्रयत्न हुआ है। पाठकों में अपनी रचना के अनुकूल, नई साहित्यिक अभिरुचि के विकास का भी प्रयत्न हुआ है। छायावादी कवियों ने काव्यकला की अभिज्ञता बढ़ाकर समीक्षा के स्तर को ऊँचा

उठाया है। उन्होंने शास्त्रीय समीक्षा का विरोध किया है कि समीक्षा का काम रस-अलंकार निरूपण और गुण-दोषों का निर्णय करना नहीं, बल्कि काव्यानुभूति और काव्य-सौन्दर्य का उद्घाटन करना है। शुक्ल जी ने समीक्षा में काव्यशास्त्र के रूढ़ प्रतिमानों को अपनी व्याख्या के द्वारा काव्य-मर्मज्ञ बनाने की चेष्टा की है, काव्यकला की उस मर्मज्ञता को आगे बढ़ाते हुए छायावादी कवियों ने समीक्षा को रूढ़ शास्त्रीय-संकीर्णता से मुक्त किया है।

नए काव्य और नए सिद्धान्तों ने नए समीक्षात्मक मूल्यांकन की आकांक्षा को बढ़ाया है। समृद्ध साहित्यिक परम्परा का प्रेम जितना स्वाभाविक है, नई प्रगति के आकलन की आकांक्षा भी उतनी ही सहज है। प्राचीन साहित्य से नवीन साहित्य की ओर समीक्षात्मक प्रगति में शुक्ल-युग बीच की कड़ी है। शुक्ल जी का झुकाव प्राचीन की ओर है। पर उनके द्वारा प्राचीन भारतीय सिद्धान्तों की सीमाओं को व्यापक बनाने का प्रयत्न नए की ओर प्रगति का सूचक है। लेकिन नई समीक्षा, प्राचीन सिद्धान्तों के आधार पर नए के मूल्यांकन से असन्तुष्ट होकर व्यापक साहित्यिक आदर्शों के अन्वेषण में लगी है जिनसे प्राचीन और नवीन का समान रूप से आकलन एवं मूल्यांकन हो सके। प्राचीन सिद्धान्तों के कारण नई साहित्यिक प्रगति का गत्यवरोध अनुचित लगा है। नए के सम्बन्ध में समीक्षा का संयम जितना आवश्यक है उससे कम आवश्यक नहीं है, समीक्षा का नए का साथ देना। नई अतिवादिता का विरोध समीक्षा का एक कर्तव्य है तो नई स्वच्छन्दता के लिए द्वार खुला रखना भी उसका एक लक्ष्य है। नए युग की नई साहित्यिक प्रवृत्तियों के लिए नई समीक्षात्मक दृष्टि और नए साहित्यिक सिद्धान्त आवश्यक समझे गए हैं। नई जागृति से परिचित हुए बिना परम्परागत सामाजिक एवं साहित्यिक संस्कार नए की समीक्षा नहीं कर सकते। नई समीक्षा ने साहित्य के सिद्धान्तों को व्यापक एवं सार्वभौमिक बनाते हुए नए साहित्य का अध्ययन बढ़ाने का प्रयत्न किया है। लेकिन परिस्थितियाँ कम प्रतिकूल नहीं थीं। मौके पर वाजपेयी जी ने पिछले युग की नीतिवादी एवं आदर्शवादी साहित्यिक दृष्टि का खंडन किया है, छायावादी भावना की कलात्मक श्रेष्ठता को घोषित किया है और साहित्यिक स्वच्छन्दता के आदर्श का प्रतिपादन करते हुए नए काव्य की मानसिक प्रेरणाओं का अध्ययन किया है। वाजपेयी जी के समीक्षा कार्य ने नए काव्य के अनुकूल समीक्षा का सूत्रपात्र किया है। नए काव्य की व्याख्या और समर्थन, नई समीक्षा के विकास की अन्तिम सीढ़ी है। वह कलात्मक एवं मनोवैज्ञानिक है, साथ ही उसने नए काव्य के समर्थन में सामाजिक प्रेरणा सूत्रों का अनुसन्धान करते हुए ऐतिहासिक अध्ययन भी किया है।

स्वच्छन्दतावादी समीक्षा, लेखक की प्रेरणा, अनुभूति और अभिव्यक्ति को दृष्टि में रखकर साहित्य का मूल्यांकन करती है। इस तरह वह साहित्यिक अध्ययन की भूमिका नहीं है। सैद्धान्तिक मूल्यांकन से भिन्न रचना के आधार पर मनोवैज्ञानिक

मूल्यांकन उसकी विशेषता है।[64] काव्य-सौन्दर्य का अनुसन्धान और उसके प्रभाव का मूल्यांकन उसका लक्ष्य है। हिन्दी में स्वच्छन्दतावादी समीक्षा के तीन रूप मिलते हैं। पहला काव्य का मनोवैज्ञानिक अध्ययन है। स्वच्छन्दतावादी समीक्षक कला को आत्माभिव्यक्ति मानकर कलाकार के व्यक्तित्व का विश्लेषण करता है। उसमें साहित्य को सामयिक सामाजिक अभिव्यक्ति न मानने से देशकाल का ऐतिहासिक अध्ययन, कलाकार के व्यक्तित्व को प्रभावित करनेवाले आनुषंगिक तत्त्व के रूप में ही होता है। स्वच्छन्दतावादी समीक्षा रचना की प्रेरणा, अनुभूति और दृष्टिकोण पर ध्यान केन्द्रित करती है। इस तरह कवि-मानस का अध्ययन और रचनागत जीवन-दर्शन का आकलन करने का प्रयत्न किया जाता है। रचना में कवि के मानसिक उत्कर्ष-अपकर्ष का निर्णय वाजपेयी जी का प्रधान ध्येय है। स्वच्छन्दतावादी समीक्षक कलाकार के व्यक्तित्व, दृष्टिकोण और अनुभूति का विश्लेषण करते हुए रचनात्मक प्रवृत्ति का निर्णय करता है। इस तरह कवि और काव्य में आन्तरिक सम्बन्ध स्थापित किया जाता है। रचनात्मक प्रक्रिया के विश्लेषण से काव्य का आन्तरिक स्वरूप स्पष्ट होता है। काव्य के स्वरूप का विश्लेषण करने वाली सैद्धान्तिक समीक्षा से स्वच्छन्दतावादी समीक्षा का प्रधान अन्तर यही अन्तर्वृत्ति निरूपण है। उसमें मनोवैज्ञानिक मानस-विश्लेषण से आगे बढ़कर कवियों के जीवन-दर्शन का विवेचन और उसका सांस्कृतिक मूल्यांकन भी हुआ है। स्वच्छन्दतावादी समीक्षा की दूसरी प्रवृत्ति भावमूलक व्याख्या है। इसमें समीक्षक रचना के कलात्मक विकास का संश्लिष्ट चित्र खींचता है। वह पाठक के हृदय को स्पंदित करनेवाली रचना की हार्दिकता और स्फूर्ति का उद्घाटन करता है। इस समीक्षा में समीक्षक की अनुभूति एवं अभिरुचि प्रबल होती है। स्वच्छन्दतावादी समीक्षक कलाकृति की रस-संवेदना को अनुभूति के द्वारा ग्रहण करना चाहता है, उस रस-संवेदना का बौद्धिक विश्लेषण नहीं करता। भावमूलक व्याख्या में प्रभावाभिव्यंजक शैली एक तरह से अनिवार्य होती है जैसा कि रामनाथ सुमन, गंगाप्रसाद पांडे आदि की व्याख्याओं में हुआ है। लेकिन वाजपेयी जी ने रचना की भावधारा का बौद्धिक निरूपण ही किया है। इस प्रकार काव्यानुभूति की व्याख्या करने के लिए तात्विक अन्तर्दृष्टि चाहिए, तभी समीक्षक कलाकृति के मर्म तक पहुँच पाता है। भावमूलक व्याख्या प्रायः कवि के जीवन-दर्शन के गम्भीर चिन्तन में पर्यवसित होती है। इस अनुभूतिमूलक समीक्षा का लक्ष्य, रचना की अनुभूति को पाठक तक पहुँचाना और उसमें रचना के प्रति उचित दृष्टिकोण का विकास करना है। स्वच्छन्दतावादी समीक्षा का तीसरा पहलू कलात्मक अध्ययन है। समीक्षक कलात्मक अभिव्यंजना का विश्लेषण करते हुए उसके स्वरूप के मूल में सौन्दर्यानुभूति का उद्घाटन करता है। वह रस-अलंकार के व्यक्त स्वरूप को छोड़कर उनके मूल में अनुभूति के सौन्दर्य को देखता है। इस तरह रचना के आन्तरिक सौन्दर्य की अनुभूति के साथ समीक्षक विश्लेषण के द्वारा उसे पाठक के लिए अनुभवगम्य बनाता है।

स्वच्छन्दतावादी समीक्षा की भी अपनी सीमाएँ और दुर्बलताएँ हैं। पहले, छायावादी काव्य के आधार पर बने हुए साहित्यिक आदर्श यथार्थवादी गद्य की समीक्षा में प्रत्यक्ष उपयोगी नहीं हो सकते। कविता के क्षेत्र में भी आत्माभिव्यंजक काव्य-कला की मार्मिकता पहचानने में स्वच्छन्दतावादी मानों को जो सफलता मिल सकती है, वस्तून्मुख या नाटकीय शैली की रचनाओं में नहीं। किसी युग की प्रवृत्ति के आधार पर समीक्षा की मान्यताएँ भिन्न प्रवृत्ति की छानबीन में प्रायः असफल हो जाती हैं। छायावादी युग के सांस्कृतिक एवं साहित्यिक आदर्शों से अनुप्राणित समीक्षक, अपने आदर्शों सार्वकालीन और सार्वभौमिक मानते हुए परवर्ती प्रगतिवादी और प्रयोगवादी रचना में संकीर्णता ही देख रहे हैं। ऐतिहासिक दृष्टि से छायावाद के विकास का समर्थन करनेवाले स्वच्छन्दतावादी समीक्षक, युग-सापेक्ष इन नई प्रवृत्तियों के विकास की अनिवार्यता को नहीं समझ सके हैं। दूसरे स्वच्छन्तावादी समीक्षा प्रायः कलाकार के व्यक्तित्व और कलात्मक प्रवृत्ति का विकास करनेवाली है पर उसने व्यावहारिक समीक्षा की उपेक्षा की है। छायावादी प्रधान कवित्रय के काव्यों की भी अच्छी व्यावहारिक समीक्षा नहीं हुई है। तीसरे, स्वच्छन्दतावादी साहित्यिक मान्यताओं की यह आन्तरिक दुर्बलता है कि समीक्षा, काव्य पर सामाजिक परिस्थितियों के प्रभाव की उपेक्षा कर कलाकार के व्यक्तित्व के निर्धारण में ही उसका योग स्वीकार करती है। रचना प्रतिभा का फल अवश्य है, पर सामाजिक आवश्यकता की पूर्ति के लिए रचना की प्रेरणा कम बलवती नहीं होती। सामाजिक यथार्थता के पहलू की उपेक्षा करके साहित्य का सच्चा मूल्यांकन नहीं हो सकता। इसीलिए स्वच्छन्दतावादी समीक्षा में भावुक प्रतिक्रिया की दुर्बलता आ गई है।

सैद्धान्तिक समीक्षा की प्रतिक्रिया में स्वच्छन्दतावादी समीक्षा से सम्बद्ध और उससे प्रभावित चरित-मूलक, कलावादी और प्रभावाभिव्यंजक शैलियों के भी प्रयोग हुए हैं। चरित-मूलक समीक्षा कलाकार के जीवन की परिस्थितियों, घटनाओं और मनःस्थितियों से रचना का सम्बन्ध स्थापित करती है। रचना की प्रेरणा और उद्देश्य को लेखक के व्यक्तित्व और उसको मोड़नेवाली महत्त्वपूर्ण घटनाओं से सम्बद्ध रूप में देखती है। यदि स्वच्छन्दतावादी समीक्षा साहित्यिक व्यक्तित्व का विश्लेषण करती है तो चरित्रमूलक समीक्षा उसके मूल में व्यावहारिक व्यक्तित्व और चरित्र के प्रभाव का अनुसंधान करती है। च्वच्छन्दतावादी आन्दोलन में रचना को कवि-जीवन की सापेक्षता में देखने का प्रथम प्रयास किया गया है। गंगाप्रसाद पांडे जी ने 'महाप्राण निराला' में कवि के जीवन और व्यक्तित्व का विश्लेषण करते हुए रचनाओं के साथ उनका सम्बन्ध स्थापित किया है। साहित्यिक मूल्यांकन में स्वच्छन्दतावादी कलात्मक आदर्श ही उनको मान्य है।

इलाचन्द्र जोशी जी 'साहित्य-सर्जना' की आरम्भिक समीक्षाओं में शुद्ध कलावादी आदर्शों से प्रभावित हैं। वे आन्तरिक सौन्दर्य का चित्रण, कला का लक्ष्य

और आनन्दानुभूति, कला का प्रयोजन मानते हैं। स्वच्छन्दतावादी समीक्षा में कला का मनोवैज्ञानिक अध्ययन और सांस्कृतिक मूल्यांकन होता है, जबकि कलावादी समीक्षा में कलात्मक सौन्दर्य का अनुसन्धान, उसका विश्लेषण और उससे प्राप्त आनन्दानुभूति की अभिव्यक्ति प्रधान हो जाती है। जोशी जी ने कलात्मक आदर्शों का सैद्धान्तिक प्रतिपादन करते हुए प्राचीन और नवीन साहित्यों के सौन्दर्य का मार्मिक विवेचन किया है।

स्वच्छन्दतावादी समीक्षा में सैद्धान्तिक दृष्टि की प्रतिक्रिया की चरम स्थिति प्रभाववादी समीक्षा है। स्वच्छन्दतावादी, कलावादी और प्रभाववादी समान कलात्मक आदर्शों से अनुप्राणित होकर भी, समीक्षा में भिन्न शैलियों का प्रयोग करते हैं। ये क्रमशः मनोविज्ञान का, सौन्दर्यशास्त्र का और संवेदनात्मक प्रतिक्रिया का आधार लेकर समीक्षा करते हैं। स्वच्छन्दतावादी की तरह प्रभाववादी भी समीक्षा के लिए रचना का ही आधार मानकर काव्य-संवेदना का महत्त्व स्वीकार करता है। लेकिन पहला यदि कलाकृति की स्फूर्ति और सौन्दर्य का वस्तुनिष्ठ अनुसन्धान करता है तो दूसरा ग्राहक मन की प्रतिक्रिया से रचना की मार्मिकता का मूल्यांकन करता है। प्रभाववादी समीक्षा इतिहास, मनोविज्ञान, सौन्दर्यशास्त्र, काव्यशास्त्र आदि किसी के आधार पर नहीं, समीक्षक की अपनी अनुभूति एवं अभिरुचि के आधार पर होती है। शुक्ल जी ने प्रभाववादी समीक्षा का जो उग्र विरोध किया है वह अनुभूति एवं अभिरुचि की प्रधानता के कारण उतना नहीं है, जितना प्रभाववादी समीक्षा के नाम पर भावुक प्रलाप के कारण। वे समीक्षा में शास्त्रीयता के साथ रुचि का भी योग आवश्यक समझते हैं। भारतीय अलंकारशास्त्र में रसानुभूति के लिए सहृदयता को जो महत्त्व मिला है वह प्रभाववादी दृष्टि से बहुत कुछ मिलता है, इसलिए कुप्पुस्वामी शास्त्री जी प्रभाववादी समीक्षक को ही साहित्य का सच्चा समीक्षक कहते हैं। रचना के आधार पर सौन्दर्यानुसन्धान की उपेक्षा करने पर ही प्रभावावादी समीक्षा व्यक्तिगत भावुकता का शिकार हो जाती है। सुसंस्कृत रुचि के साथ अन्तर्वृति निरूपण करनेवाली भावात्मक प्रतिक्रिया ही समीक्षा की संज्ञा पा सकती है। अनुभूति की सच्चाई अन्य पद्धतियों से अलग, इस समीक्षा की विशेषता है। इसीलिए वह सैद्धान्तिक, मनोवैज्ञानिक या सामाजिक गहरे अध्ययन के अभाव में भी पाठकों की कलात्मक अभिरुचि को प्रभावित करती है। अभिरुचि का परिष्कार उससे नहीं हो पाता, रचना की रसानुभूति की ओर पाठक को उन्मुख करना ही उसका लक्ष्य है। गहरे अध्ययन से साहित्यिक चेतना के विकास का प्रयत्न न करने के कारण वह हल्की लगती है। हिन्दी में सैद्धान्तिक शास्त्रीय-समीक्षा के आतंक से प्रभाववादी समीक्षा का विकास नहीं हो सका है। स्वच्छन्दतावादी दृष्टि के प्रसार के साथ-साथ उसे थोड़ा-सा प्रश्रय मिला है। प्रभाववादी आधार को छोड़ देने के कारण की सैद्धान्तिक-शास्त्रीय समीक्षा, पाठक की रसानुभूति और अभिरुचि को प्रभावित करने में असफल रही है। आगे

चलकर स्वच्छन्दतावादी भावमूलक व्याख्या का आधार प्रभाववादी अनुभूति हुई है। रस-सिद्धान्त को अपनाकर भी शुक्ल-जी की-सी रसज्ञता दूसरे समीक्षकों की शास्त्रीय व्याख्या में नहीं मिलती तो उसका कारण यही है कि वे रचना की अनुभूति को समझने का प्रयत्न नहीं करते, सिद्धान्त और आदर्श से मुक्त होकर रचना के प्रभाव का स्वच्छन्द ग्रहण नहीं करते। हिन्दी में प्रभाववादी समीक्षा भगवतशरण उपाध्याय जी के द्वारा 'नूरजहाँ' की है जो भावुक प्रतिक्रिया का ही उदाहरण है। हिन्दी के अन्य प्रभाववादी समीक्षक सिद्धान्ततः रसवादी, स्वच्छन्दतावादी या प्रगतिवादी हैं, पर रचना की व्याख्या और मूल्यांकन में प्रभाववादी हैं। स्वच्छन्दतावादी कलात्मक आदर्शों के समर्थक शान्तिप्रिय द्विवेदीजी ही रचना की भावमूलक व्याख्या में प्रभाववादी भावुक समीक्षक हैं। प्रकाशचन्द्र गुप्त प्रगतिवादी समीक्षक होते हुए भी उनका साहित्यिक मूल्यांकन बहुधा प्रभाववादी ही है।

छायावादी युग में स्वच्छन्दतावादी समीक्षा से भिन्न यथार्थवादी गद्य साहित्य की समीक्षा का भी विकास हुआ है। द्विवेदी-युग के बाद छायावादी आन्दोलन में काव्य का जैसा उत्कर्ष हुआ है, गद्य का वैसा नहीं। उसकी विधाएँ और रूप कलात्मक उत्कृष्टता में कविता के टक्कर के नहीं हो सके हैं। गद्य साहित्य नई जागृति के अनुसार सामयिक एवं उपयोगी दृष्टि से विकास कर रहा था जबकि कविता, प्रत्यक्ष सामाजिक यथार्थता की अभिव्यक्ति न होकर शुद्ध कला होने के नाते, साहित्यिक उत्कर्ष पर आसानी से पहुँच गई है। गद्य के ग्राहक सामान्य संस्कारों के नए पाठक थे जो कलात्मक चेतना से कम अभिज्ञ थे। छायावादी काव्य को अंग्रेजी साहित्य में उच्च शिक्षित पाठक मिले हैं। द्विवेदी-युग के बाद साहित्य में भावात्मक, राष्ट्रीय और सामाजिक तीन प्रवृत्तियों का विकास होने पर भी छायावादी भावात्मक प्रवृति की ही अधिक समीक्षा हुई है। बाकी दोनों प्रवृत्तियों के लिए समर्थ-समीक्षक नहीं मिले हैं और अपने समर्थन के लिए वे स्वच्छन्दतावादी समीक्षा पर ही निर्भर रही हैं। फलतः कविता में माखनलाल, दिनकर, नवीन जैसे श्रेष्ठ राष्ट्रीय कवियों की ओर उतना ध्यान नहीं दिया गया है। गद्य में रोमांटिक प्रवृत्ति के अतिरिक्त प्रधान यथार्थोन्मुख सामाजिक प्रवृत्ति का उचित मूल्यांकन नहीं हो सका है। उदाहरण के लिए प्रेमचन्द जी के कथा-साहित्य की अपेक्षा प्रसाद जी के स्वच्छन्दतावादी नाटकों और कथा साहित्य की अधिक चर्चा हुई है।

रस-अलंकार की परिपाटी को गद्य-समीक्षा के लिए अनुपयुक्त होने के कारण शुक्ल-पद्धति की सैद्धान्तिक समीक्षा ने साहित्य के विविध रूपों की रचना-प्रणालियों का ही अध्ययन किया है। स्वच्छन्दतावादी समीक्षा के प्रभाव में गद्य रचनाओं के स्वरूप से प्रवृत्तियों का मनोवैज्ञानिक एवं कलात्मक अध्ययन आरम्भ हो गया है और गद्य लेखकों के मानसिक धरातल की परीक्षा होने लगी है। इस परीक्षा के कारण सामाजिक प्रचार की अपेक्षा जीवन की मार्मिक अनुभूतियों के शक्तिशाली-आयोजन

का अधिक कलात्मक मूल्य स्वीकार हुआ है। इस दृष्टि से प्रेमचन्द-साहित्य की दुर्बलता की ओर ध्यान गया है। गद्य की समीक्षा में सैद्धान्तिक समीक्षक बाह्यार्थ-निरूपण और स्वच्छन्दतावादी अन्तर्वृत्ति-निरूपण करने लगे हैं। गद्य साहित्य पर देशकाल का प्रभाव, कविता की तरह अप्रत्यक्ष कवि-मानस के माध्यम से न होकर, प्रत्यक्ष पड़ता है और वह उसके स्वरूप का निर्धारक भी होता है। इसलिए यथार्थवादी गद्य-रचना में सामाजिक विचार एवं दृष्टिकोण का ज्यादा महत्त्व होता है। साहित्य का प्रभावोत्कर्ष, लेखक की सामाजिक दृष्टि की यथार्थता की गहराई पर निर्भर है। अतः स्वरूप और प्रवृत्ति के साथ उद्देश्य की चर्चा, गद्य की समीक्षा का अनिवार्य अंग हो गया है। इस तरह गद्य समीक्षा तन्त्रात्मक, मनोवैज्ञानिक और सामाजिक दृष्टियों से होने लगी है।

यह सही है कि यूरोपीय साहित्यों के कलात्मक उत्कर्ष पर अभी हिन्दी का गद्य-साहित्य नहीं पहुँचा है। लेकिन नई सामाजिक एवं साहित्यिक जागृति में गद्य-साहित्य काफी समृद्ध हुआ है और समीक्षा नए विकास और उसकी उत्कृष्टता के मूल्यांकन की ओर प्रवृत्त हुई है। पाश्चात्य साहित्य-समीक्षा के सम्पर्क में गद्य-समीक्षा के नए प्रतिमान बने हैं। द्विवेदी युग के बाद प्राचीन से नवीन की ओर पूरा झुकाव हो गया है और नवीन साहित्य की प्रमुख विशेषता, गद्य साहित्य के विकास पर अधिक ध्यान दिया जाने लगा है। प्राचीन से भिन्न नवीन साहित्यिक उत्थान, गद्य का समझा गया है। आज नए गद्य की समीक्षा का कलेवर काव्य की समीक्षा से कम नहीं है। किन्तु इस दिशा में अधिकतर परिचयात्मक प्रयास ही हुए हैं, उसमें काव्य-समीक्षा का सा तात्विक विचार और साहित्यिक मर्मज्ञता कम मिलती है। गद्य की समीक्षा में विषय-वस्तु का वर्गीकरण एवं विश्लेषण और रचना-कौशल का स्थूल निरूपण, पाठक को रचना की मार्मिक अनुभूति और साहित्यिक उत्कृष्टता की पहचान देने में असफल रहा है। स्वच्छन्दतावादी समीक्षा-पद्धति से प्रभावित कुछ ही समीक्षक रचना की गहराई में जाकर मानसिक अन्तर्वृत्तियों और प्रवृत्तियों की छानबीन कर सके हैं। इस सन्दर्भ में वाजपेयी जी और नगेन्द्रजी के नाम लिए जा सकते हैं जिन्होंने गद्य की समीक्षा के स्तर को परीक्षोपयोगी अध्ययन से ऊपर उठाने का प्रयास किया है। फिर भी इतना अवश्य मानना पड़ेगा कि गद्य की समीक्षा ने साहित्यिक उत्कृष्टता की वह पहचान नहीं दी है जो काव्य-समीक्षा ने दी है। शुक्ल-युग से लेकर नवीनतम युग तक काव्य-समीक्षा का जैसा प्रौढ़ उत्कर्ष और विकास हुआ है, वैसा गद्य समीक्षा का नहीं हो पाया है।

छायावादी युग के कवि-समीक्षक : नई साहित्यिक चेतना का विकास करनेवाले छायावादी युग के समीक्षकों में पहले कवि-समीक्षकों की ओर ध्यान जाता है। अपनी काव्य-प्रवृत्ति के समर्थन में छायावादी कवियों ने काव्य-कला के सम्बन्ध में मौलिक गम्भीर विचार किया है। पर सच्चे अर्थ में वे साहित्य के समीक्षक नहीं थे क्योंकि

निराला जी को छोड़कर व्यावहारिक समीक्षा का प्रयत्न किसी ने नहीं किया है। उनकी समीक्षा का लक्ष्य सामान्य साहित्यिक विचार-विमर्श के द्वारा साहित्यिक चेतना और कलात्मक मर्मज्ञता को बढ़ाना था। इस तरह वे नए काव्योत्कर्ष के अनुकूल वातावरण बनाना चाहते थे। हिन्दी-साहित्य-समीक्षा के इतिहास में नई साहित्यिक अभिरुचि उत्पन्न करने और साहित्यिक उत्कृष्टता की पहचान तथा रसज्ञता बढ़ाने में छायावादी कवियों का योगदान सदा स्मरणीय रहेगा। शुक्ल जी ने द्विवेदी युग की शास्त्रीय एवं निर्णायक समीक्षा को नया आलोक दिया है, रसज्ञता और मूल्यांकन की नई दृष्टि दी है। लेकिन नए साहित्य की समीक्षा का काम उससे नहीं बन सका है। छायावादी कवियों ने शास्त्रीय सिद्धान्तों की सीमाओं को पहचानकर समीक्षा को व्यापक कलात्मक दृष्टि दी है। यदि शुक्ल जी ने हिन्दी समीक्षा को रसज्ञता दी तो छायावादी कवियों ने कलात्मक सौन्दर्य की चेतना। यहीं से "समीक्षा के नए मान बनते हैं," "भावों की व्यवच्छेदात्मक व्याख्या" की ओर ध्यान जाता है, सुसंस्कृत सौन्दर्य दृष्टि का आभास मिलता है, शिल्प सौन्दर्य की सूक्ष्म परख आरम्भ होती है। संक्षेप में पहली बार हिन्दी समीक्षा में सूक्ष्म अन्वीक्षण बुद्धि और "मर्मग्राहिणी प्रज्ञा के दर्शन हुए। छायावादी कवियों के प्रयत्न शुक्ल जी की समीक्षा के पूरक बने।"[65] इन कवियों के सैद्धान्तिक विचार की प्रधान दुर्बलता, भावात्मक छायावादी कविता की परिभाषाओं को कविता की सामान्य परिभाषा के रूप में प्रस्तुत करने और छायावादी काव्यकला को कविता का सर्वोत्कृष्ट और सार्वभौमिक रूप सिद्ध करने का प्रयत्न है। एकांगी होते हुए भी, कवियों की निजी अनुभूति से प्राप्त साहित्यिक विचार होने के नाते उनकी समीक्षाएँ मौलिक और मार्मिक हैं। असमग्र एवं खण्डित सत्य होने पर भी उनके साहित्यिक विचारों से छायावादी कविता की विशेषताओं का बोध ही नहीं हुआ है, उससे काव्य कला की मर्मज्ञता भी बढ़ी है। उनके समीक्षा-कार्य के द्वारा युग की साहित्यिक चेतना और अभिरुचि का परिष्कार होकर उच्चकोटि की काव्य-समीक्षा का पथ प्रशस्त हुआ है।

इन कवि-समीक्षकों में प्रसाद जी का दृष्टिकोण दार्शनिक और ऐतिहासिक है, शुद्ध साहित्यिक नहीं है। यह प्रसाद जी के जीवन-दर्शन और उनकी साहित्यिक अभिरुचि के अनुरूप ही है। अपने निबन्धों में उन्होंने साहित्य की ऐतिहासिक एवं दार्शनिक भूमिका का अनुसन्धान करके सांस्कृतिक दृष्टि से छायावादी साहित्यिक एवं दार्शनिक भाव-धाराओं का सम्बन्ध स्थापित किया है। उनके विचार सर्वथा मौलिक होते हुए भी दार्शनिक हैं। उससे भारतीयता के नाम पर शुक्ल जी के साहित्यिक दृष्टिकोण की संकीर्णता का विरोध हुआ है। प्रसाद जी ने प्राचीन वैदिक दृष्टि की पृष्ठभूमि पर मध्यकालीन धार्मिक एवं साहित्यिक दृष्टि की संकीर्णता को स्पष्ट किया है। प्राचीन दृष्टि आनन्दवादी या रसवादी है और मध्यकालीन दृष्टि दुःखवादी या बुद्धिवादी। इस तरह शुक्ल जी ने साहित्य और संस्कृति के सम्बन्ध में जिन मध्ययुगीन

आदर्शों को ग्रहण किया है, उनकी सीमाएँ स्पष्ट हुई हैं। प्रसाद जी ने अपनी दार्शनिक पृष्ठभूमि के आधार पर नई साहित्यिक प्रवृत्तियों और उनके काव्योत्कर्ष की मार्मिक व्याख्याएँ भी की हैं। शुक्ल जी ने छायावाद की चर्चा में उस पर कलावाद एवं अभिव्यंजनावाद के विदेशी प्रभाव का विरोध किया है। प्रसाद जी ने भारतीय परम्परा में काव्य और कला का अन्तर तो स्वीकार किया है, किन्तु उन्होंने उसी परम्परा से सिद्ध किया है कि छायावादी अनुभूति और व्यंजना भारतीय आध्यात्मिक काव्य परम्परा का ही विकास है। उनके मतानुसार व्यंजना वस्तुतः अनुभूतिमयी प्रतिभा का स्वयं परिणाम है। इसी अनुभूतिमयी व्यंजना के कारण वात्सल्य में सूर तुलसी से श्रेष्ठ हैं। प्रसाद जी की इस व्याख्या में आत्मानुभूति से काव्योत्कर्ष होने का प्रतिपादन हुआ है और इस तरह वे अप्रत्यक्ष रूप से प्रगीतात्मक कला की श्रेष्ठता को सिद्ध कर रहे हैं। प्रसाद जी द्वारा छायावाद-यथार्थवाद की व्याख्याएँ भी बहुत ही सारगर्भित हुई हैं और वे आधुनिक साहित्य की दो प्रधान व्यापक प्रवृत्तियों पर सूक्ष्म विचार करतीं हैं। यदि छायावादी कवियों में पन्त और निराला ने कलात्मक उत्कृष्टता की परख दी है तो प्रसाद और महादेवी ने छायावाद एवं रहस्यवाद को भारतीय परम्परा से जोड़ते हुए साहित्यिक अभिरुचि और दृष्टिकोण को व्यापक एवं उदार बनाया है।

पन्त जी की समीक्षात्मक दृष्टि प्रधानतः कलात्मक है। वे अपनी रचनात्मक प्रवृत्ति के अनुरूप कविता में कल्पना और सौन्दर्य को अधिक महत्त्व देते हैं। जबकि दूसरे छायावादी कवि अपने साहित्यिक आदर्शों पर सांस्कृतिक एवं दार्शनिक रंग चढ़ा देते हैं, पन्त जी शुद्ध साहित्यिक दृष्टि से कविता में सहज सौन्दर्य का आग्रह करते हुए कल्पना के सत्य को सबसे बड़ा सत्य मानते हैं। भाव और अनुभूति से कल्पना को अधिक महत्त्व देने के कारण पन्त जी शुद्ध सौन्दर्यवादी या कलावादी लगते हैं। पल्लव की भूमिका इसका प्रमाण है। काव्य की कलात्मक अभिव्यक्ति की मर्मज्ञता प्रकट करने में इसके टक्कर के लेख हिन्दी में कम निकले हैं। अर्थ की रमणीयता से ही परिचित हिन्दी साहित्य-संसार को पहली बार स्वर-व्यंजना का सौन्दर्य-बोध हुआ है। यह कलात्मक अभिव्यक्ति की उत्कृष्टता की एक नई पहचान थी। पन्त जी ने कविता में भाव और भाषा के सामंजस्य, चित्रभाषा की आवश्यकता, अलंकार-योजना, ध्वनि-व्यंजना, नाद-सौन्दर्य और छन्द के लय पर मौलिक विचार किया है। रीतिकाव्य का विरोध करते हुए अलंकार-योजना में उन्होंने सहज सौन्दर्य पर जोर दिया है। उन्होंने सोदाहरण स्पष्ट किया है कि अलंकारों के पीछे कवि की कल्पना और सौन्दर्यबोध, कविता के उत्कर्ष-अपकर्ष के कारण बनते हैं। पन्त जी ने काव्यकला की उत्कृष्टता की परीक्षा करते हुए अप्रत्यक्ष छायावादी कलात्मक अभिव्यंजना की विशेषताओं का पहली बार उद्‌घाटन किया है। पल्लव की भूमिका ने नई काव्यकला को समझने में महत्त्वपूर्ण योग दिया है। यह सही है कि पल्लव

के 'प्रवेश' में छायावादी भावभूमि का विवेचन नहीं हुआ है और इससे छायावाद को केवल कलात्मक आन्दोलन समझने की गलतफहमी होना सम्भव था, लेकिन उससे कलात्मक उत्कृष्टता की एक नई पहचान अवश्य मिली है। कविता का बाह्यार्थ-निरूपक होते हुए भी यह समीक्षा सैद्धान्तिक न होकर मनोवैज्ञानिक है। इससे काव्य-रीति में उलझी हुई तुलनात्मक समीक्षा को एक नया आलोक मिला है। पन्त जी ने सिद्ध किया है कि भाषा-शैली, अलंकार-छन्द काव्य सौन्दर्य के बाह्य उपकरण न होकर भावानुभूति के अभिन्न अंग हैं। यह काव्य के उपकरणों को काव्य की अनुभूति से सम्बद्ध देखनेवाली मनोवैज्ञानिक दृष्टि है। भावानुभूति से प्रेरित और भावप्रेषण में सहयोगी रूप में काव्यांगों के इस अन्तर-दर्शन ने कलात्मक विवेचन को कल्पना और सौन्दर्य के नए प्रतिमान दिए हैं। हिन्दी में सत्समालोचना का अभाव महसूस करते हुए पन्त जी ने नई कलात्मक चेतना की पहचान दी है।[66] पल्लव की भूमिका का दूसरा कार्य नई साहित्यिक अभिरुचि का विकास है। रीतिकालीन कविता की कृत्रिमता पर निर्मम व्यंग्य करते हुए पन्त जी ने नवीन काव्य-कल्पना और काव्य-सौन्दर्य की स्वाभाविकता की ओर ध्यान आकृष्ट किया है। उनकी आक्रामक दृष्टि में असन्तुलन अवश्य है लेकिन उसमें तथ्यांश भी कम नहीं है। रीतिकाल का विरोध करते हुए भक्तिकाल की सहज प्रेरणा एवं अनुभूति को सम्मुख रखा गया है। नवीन साहित्यिक अभिरुचि के विकास के कार्य में प्राचीन साहित्यिक भाषा, ब्रज पर भी तीव्र आघात के साथ नूतन काव्य भाषा का आवाहन हुआ है। 'आधुनिक कवि' के पर्यालोचन और 'उत्तरा' की प्रस्तावनाओं में पन्त जी काव्य के बहिरंग विचार की ओर अधिक प्रवृत्त हुए हैं। वहाँ कवि की भावभूमि की अपेक्षा जीवन-दर्शन और दृष्टिकोण का साहित्येतर विवेचन ही प्रधान हो गया है।

निराला जी भी पन्त जी की तरह शुद्ध साहित्य-समीक्षक हैं। पन्त जी ने कला का सूक्ष्म बाह्यार्थ निरूपण किया है। बाद को वे कविता के अन्तर-दर्शन की अपेक्षा जीवन-दृष्टि के बहिरंग दर्शन में उलझे रहे हैं। निराला जी काव्यकला की बारीकियों के कम पारखी नहीं हैं, साथ ही कलात्मक सौन्दर्य और औचित्य के अन्तर-दर्शन के कारण वे सच्चे अर्थ में साहित्य-समीक्षक ठहरते हैं। व्यावहारिक समीक्षा में शुक्ल जी से उनकी तुलना की जा सकती है। शुक्ल जी की दृष्टि भावानुभूति की आर्द्रता की ओर है तो निराला जी भावानुभूति में कवि-कल्पना की सूक्ष्म परीक्षा करते हैं। शुक्ल जी की तरह उनकी दृष्टि नैतिक एवं व्यावहारिक न होकर शुद्ध भावात्मक है। उन्होंने और छायावादी कवियों की तरह साहित्य का व्यवस्थित विचार कम किया है, लेकिन उनके स्फुट विचारों में एक महान कलाकार की अन्तर्दृष्टि का परिचय मिल जाता है। निराला जी मूर्त्त चित्रण को कला कहते हैं। वे कला की मार्मिकता को अभिव्यंजना की निपुणता में नहीं, भावना के आन्तरिक सौन्दर्य में मानते हैं। इस कारण जहाँ पन्त जी केवल अभिव्यंजना के सूक्ष्म पारखी हैं वहाँ निराला जी

अभिव्यंजना के मूल में आन्तरिक सौन्दर्य का उद्घाटन कर पाते हैं। उन्होंने ओजस्वी शब्दों में नवीन साहित्यिक दृष्टि का समर्थन किया है। साहित्य अपने दायरे से छूटकर ही सार्वजनीन साहित्य होता है। काव्य-भाषा, शिल्प-रचना और छन्दोविधान के सम्बन्ध में भी निराला जी के विचार तलस्पर्शी हैं। एक क्रान्तिकारी कवि होते हुए भी उनके साहित्यिक विचार व्यापक और सन्तुलित हैं। उनके विस्तृत साहित्यिक एवं दार्शनिक अध्ययन और व्यापक चिन्तन ने जिस तरह उनकी कविता को छायावादी भावुकता और कलात्मक अतिरेक का शिकार नहीं होने दिया है, उसी तरह उनकी साहित्यिक दृष्टि को भी सन्तुलित बनाए रखा है। छायावादी कवि-समीक्षकों में संक्षेप में ही सही, व्यावहारिक समीक्षा केवल निराला जी ने की। उनकी पैनी दृष्टि भावना की बारीकियों और उनके औचित्य की सूक्ष्म परीक्षा करती है। उनकी साहित्यिक उत्कृष्टता की पहचान शुक्ल जी के टक्कर की है, 'पल्लव' की समीक्षा के अन्तिम पृष्ठ इसके निदर्शन हैं। वे पन्त जी की कविता के माधुर्य को पहचानते हैं, लेकिन ओज के बिना कविता शक्तिशाली नहीं हो सकती। इस दृष्टि से पल्लव की कविताओं में वे 'परिवर्तन' को सर्वश्रेष्ठ मानते हैं। उनका कहना है कि भावों की मधुर साज-सज्जा में प्रायः पन्त जी की कविता की शक्तिमत्ता दुर्बल हो गई है। पल्लव की समीक्षा में निराला जी ने पहले पन्त जी की कविता के अभावों और दुर्बलताओं की विस्तृत चर्चा की है। चिन्तन के अभाव में कविता ओजस्विनी नहीं होती। कविता की दुर्बलता, भावात्मक सन्तुलन का अभाव और काव्य-निर्वाह की शिथिलता है। पन्त जी की कविता में कल्पना की भावुकता और रचना की शिथिलता छायावादी अतिरेक का परिणाम है। दुर्बलता की कड़ी आलोचना के बाद निराला जी ने पल्लव की उत्कृष्ट रचनाओं की ओर भी ध्यान आकृष्ट किया है। निराला जी की तरह कविता की श्रेष्ठ पंक्तियों को पहचानने की शक्ति हिन्दी के कितने समीक्षकों में है यह कहना कठिन है। जबकि हिन्दी के समीक्षक प्रायः उत्कृष्ट काव्यों और काव्य प्रसंगों की चर्चा के बाद मौन रह जाते हैं, निराला जी ने उत्कृष्ट छन्दों को पहचानकर उनकी मार्मिक व्याख्या भी की है। कविता की सूक्ष्मातिसूक्ष्म विशेषताओं को पकड़ने में उनकी विदग्ध प्रतिभा कम साहित्य-समीक्षकों को मिली है। उनकी कलात्मक अभिरुचि एक भावज्ञ महाकवि के अनुरूप सुसंस्कृत और उच्चकोटि की है। 'प्रबन्ध प्रतिमा' में अनेक ऐसे प्रसंग आए हैं जहाँ काव्य-सौन्दर्य के सूक्ष्म तत्त्वों का यथेष्ट प्रकाशन हुआ है, जैसे विद्यापति और चण्डीदास की तुलना में। निराला जी एक-एक शब्द को लेकर काव्यकला की परख और तुलनात्मक उत्कृष्टता का अध्ययन करते हैं। व्याख्या में उनकी भावज्ञता और कलात्मक सौन्दर्य-बोध का सजीव परिचय मिलता है। मूल्यांकन निर्भीक और सन्तुलित है। उनकी साहित्य-समीक्षा पाठक में काव्यानुभूति और कलात्मक अभिरुचि उत्पन्न करनेवाली है। छायावादी प्रवृत्ति की सार्वजनीन भावना और कलात्मक सौन्दर्य-चेतना की स्पष्ट एवं तलस्पर्शी व्याख्या करते हुए निराला

जी ने साहित्यिक दृष्टिकोण और मूल्यांकन में सूक्ष्म-विचार की नई दिशाएँ आलोकित की हैं, भले ही स्फुट विचार के कारण अन्य छायावादी कवियों के समीक्षात्मक कार्य से भी उनके कार्य का कम मूल्यांकन हुआ हो।

महादेवी वर्मा ने काव्य-साहित्य का विस्तृत अध्ययन और छायावाद का साग्रह समर्थन किया है। काव्य-कला के सम्बन्ध में उनका दृष्टिकोण प्रसाद जी की तरह आध्यात्मिक है। इन दोनों कवियों के दृष्टिकोण पर स्वच्छन्दतावादी आन्दोलन के आध्यात्मिक पहलू का अधिक प्रभाव है। इनकी तुलना में आध्यात्मिक सत्य की अपेक्षा कलात्मक सौन्दर्य पर जोर देते हुए पन्त और निराला स्वच्छन्दतावादी दृष्टि के अधिक समीप लगते हैं। महादेवी के अनुसार साहित्य का सौन्दर्य, खण्डित जीवन की विषमता में सामंजस्य स्थापित करना है। इस सामंजस्य के द्वारा सत्य की प्राप्ति होती है। देशकाल के अनुसार संस्कृति के बाह्य उपादान अवश्य बदलते लेकिन जीवन के सत्य और सौन्दर्य सनातन हैं। छायावादी आध्यात्मिक दृष्टि में जीवन के व्यापक सत्य को मानते हुए उन्होंने यथार्थवाद और प्रगतिवाद की एकांगी जीवन-दृष्टियों की आलोचना की है। सत्य और सौन्दर्य की आध्यात्मिक दृष्टि से उन्होंने साहित्य के सामाजिक एवं नैतिक प्रश्नों का समाधान देने का प्रयत्न किया है। लेकिन जीवन की सामाजिक यथार्थता की उपेक्षा करके साहित्य की इन समस्याओं का समाधान काल्पनिक आत्मतोष ही कहलाएगा। महादेवी वर्माजी के साहित्यिक विचार रहस्यवादी और स्वच्छन्दतावादी आध्यात्मिक एवं कलात्मक आदर्शों से प्रभावित हैं। इसलिए उनके विचारों में यथार्थवादी दृष्टि के लिए महत्त्वपूर्ण स्थान नहीं रहा है और इससे उनके द्वारा छायावादोत्तर काव्य-प्रवृत्तियों का आकलन एवं मूल्यांकन कठिन हो गया। कविता में दार्शनिक एवं भावात्मक सूक्ष्म सौन्दर्यानुभूति के मान वस्तून्मुख प्रबन्धों और यथार्थवादी रचनाओं पर लागू नहीं हो सकते। किसी एक प्रवृत्ति के आधार पर साहित्य का गहरा चिन्तन भी साहित्य के समग्र सिद्धान्त का प्रतिपादन नहीं कर सकता। महादेवी जी ने साहित्यिक प्रवृत्तियों का व्यापक विचार करते हुए काव्य-कला के तात्विक चिन्तन का प्रयत्न तो अवश्य किया है, लेकिन उनका दृष्टिकोण मूलतः रहस्यवादी-छायावादी दर्शन से ही प्रभावित रहा है। उन्होंने अपने समीक्षाओं में जीवन की यथार्थता से विमुख छायावादी कल्पना की त्रुटि को पहचाना है, वस्तून्मुख काव्य की श्रेष्ठता को स्वीकार किया है और विविध वादों के सत्यांश को लेकर साहित्य में जीवन-दृष्टि की व्यापकता की आवश्यकता को भी महसूस किया है।[67] इस दृष्टि से उनका साहित्यिक दृष्टिकोण और मूल्यांकन व्यापक एवं सन्तुलित लगता है। लेकिन यह समन्वयवादी व्यापक उदारता छायावाद के पतन और प्रगतिवाद के प्रचलन के बाद बदली हुई परिस्थितियों में छायावादी समीक्षक का समझौता मात्र है, स्वयं महादेवी जी के विचार आध्यात्मिक स्वच्छन्दतावादी मान्यताओं की ओर ही झुके हुए हैं।

महादेवी जी का प्रधान समीक्षा कार्य, छायावादी जीवन-दृष्टि और काव्यकला

की व्याख्या सम्बन्धी है। प्रसंगवश गीतिकाव्य का भी मार्मिक विवेचन हुआ है जो छायावादी कविता का प्रधान कलात्मक रूप था। उन्होंने छायावादी प्रवृत्ति के अन्तर-दर्शन का सफल प्रयत्न किया है। उनकी समीक्षाओं में छायावाद की दार्शनिक, सांस्कृतिक, भावात्मक और कलात्मक सभी विशेषताओं का विस्तृत अध्ययन हुआ है। उनकी स्पष्ट और समर्थ व्याख्या ने छायावाद के विरोध को शान्त किया है। बाद के छायावादी समीक्षक उनके विचारों से बहुत प्रभावित हुए हैं। उनके विवेचन ने छायावाद की प्रतिष्ठा में महत्त्वपूर्ण योग दिया है। इस दृष्टि से छायावादी कवि-समीक्षकों में महादेवी जी का सबसे अधिक महत्त्वपूर्ण समीक्षा-कार्य हुआ है। छायावाद का पथ-प्रशस्त करने में महादेवी जी को पूर्ववर्ती और परवर्ती युगों की कटु आलोचनाओं का समाधान देना पड़ा है। इस कार्य में उन्होंने एक ओर द्विवेदीयुग की स्थूल साहित्यिक दृष्टि की संकीर्णता को स्पष्ट किया है तो दूसरी ओर प्रगतिवादी दृष्टि की दार्शनिक-संकीर्णता तथा पूर्व युग की गतिविधि को सहानुभूति के साथ न देख सकने की उसकी असहिष्णुता का खंडन किया है। शुक्ल-पद्धति की सैद्धान्तिक समीक्षा की संकीर्णता का विरोध करते हुए उन्होंने नए कलात्मक आदर्शों के अनुरूप साहित्यिक सिद्धान्तों का प्रतिपादन किया है। महादेवी जी ने कवि की अनुभूति और अभिव्यक्ति की स्वतन्त्रता की ओर ध्यान आकृष्ट कर समीक्षा के लिए जीवन-दृष्टि और साहित्यिक सौन्दर्य के व्यापक प्रतिमानों की आवश्यकता को स्पष्ट किया है। जीवन के सत्य और कला के सौन्दर्य को निश्चित सिद्धान्तों के घेरे में बाँधा नहीं जा सकता। उनके द्वारा काव्यकला की व्याख्याएँ आत्माभिव्यक्ति के रूप में एकांगी होकर भी समीक्षक और समीक्षा से ऊपर कलाकार और कला के महत्त्व की स्वीकृति के साथ नई समीक्षात्मक दृष्टि का प्रतिपादन करती हैं। उनकी व्याख्याओं के आलोक में नई स्वच्छन्दतावादी समीक्षा के आदर्श बने हैं। प्रगतिवादी आक्रमणों के उत्तर में उन्होंने वस्तुवादी और भाववादी दोनों दृष्टियों को अपने में एकांगी और एक-दूसरे के पूरक कहा है। उन्होंने छायावादी दुर्बलता को स्वीकार करते हुए ऐतिहासिक दृष्टि से छायावादी भावात्मक दृष्टिकोण का समर्थन किया कि—"छायावाद के जन्मकाल में मध्यवर्ग की ऐसी क्रान्ति नहीं थी। आर्थिक प्रश्न इतना उग्र नहीं था, सामाजिक विषमताओं के प्रति हम सम्पूर्ण क्षोभ के साथ आज के समान जाग्रत भी नहीं हुए थे और हमारे सांस्कृतिक दृष्टिकोण पर असन्तोष का इतना स्याह रंग भी नहीं चढ़ा था।"[68]

नन्ददुलारे वाजपेयी : नन्ददुलारे वाजपेयी जी स्वच्छन्दतावादी समीक्षा के प्रवर्तक और साहित्य के मर्मज्ञ समीक्षक हैं। शुक्ल जी ने यदि हिन्दी समीक्षा को गम्भीर रसज्ञता दी है तो वाजपेयी जी ने उसका तलस्पर्शी मनोवैज्ञानिक विकास किया है। शुक्ल जी के नैतिक मर्यादावाद और प्रबन्ध काव्य के आग्रह से कविता को मुक्त करते हुए वाजपेयी जी ने उसके भावात्मक एवं प्रगीतात्मक सौन्दर्य की प्रतिष्ठा की

है, रूढ़ शास्त्रीय दृष्टि का परिहार करते हुए रचना के आधार पर वस्तुनिष्ठ आकलन की आवश्यकता स्पष्ट की है और नए साहित्य की गतिविधि को समझने के लिए आवश्यक एवं अनुकूल व्यापक प्रतिमानों को सामने रखा है।

स्वच्छन्दतावादी साहित्य-समीक्षा के आदर्शों को पहले पहल स्पष्ट करते हुए वाजपेयी जी ने हिन्दी साहित्य-संसार की संकीर्ण अभिरुचि और साहित्यिक चेतना को व्यापक बनाया है। साहित्य की अपनी स्वतन्त्र सत्ता और प्रक्रिया है। ऐतिहासिक, सामाजिक और वैज्ञानिक दृष्टिकोणों से भिन्न अपना कलात्मक दृष्टिकोण है।[69] किसी पूर्व निश्चित दार्शनिक अथवा साहित्यिक सिद्धान्त के आधार पर कला की सच्ची परख नहीं हो सकती।[70] क्योंकि समीक्षक रचना का अनुसरण करते हुए उसका मूल्यांकन करता है, साहित्यकार की तरह अपने मूल्यों को पाठक के सामने नहीं रखता। रचनाकार की तरह वह अपनी वैयक्तिक रुचि को प्रकट नहीं कर सकता।[71] सभी सिद्धान्त सीमित हैं किन्तु कला के लिए कोई भी सीमा नहीं है।[72] पूर्व युग के आधार पर बने हुए सिद्धान्तों से नए युग की नई प्रवृत्तियों का आकलन नहीं हो सकता। समीक्षा को साहित्यिक प्रगति का साथ देने के लिए साहित्यिक मान्यताओं का सार्वजनीन बनाना आवश्यक है।[73] समीक्षक का पहला और प्रमुख कार्य कला का अध्ययन और उसका सौन्दर्यानुसन्धान है।[74] इसके लिए कवि के मस्तिष्क एवं कला का क्रमबद्ध विकास जानने की, उसके व्यक्तित्व एवं परिस्थितियों से परिचित होने की आवश्यकता है।[75] समीक्षक का युग की संवेदनाओं से घनिष्ठ परिचय होना चाहिए। तभी वह युग के साहित्य का आकलन सम्यक रूप से कर सकेगा।[76] किन्तु घनिष्ठ से घनिष्ठ परिचय में भी तटस्थता समीक्षक के लिए आवश्यक है।[77] ऐतिहासिक पृष्ठभूमि पर रचना के मनोवैज्ञानिक अध्ययन के लिए काव्य के उत्कर्ष-अपकर्ष में रचनाकार के संस्कारों का योग देखना चाहिए।[78] कलात्मक समीक्षा का लक्ष्य रचना के स्वरूप का अध्ययन नहीं, काव्य-कल्पना या उसके साहित्यिक सौन्दर्य का अनुसन्धान है।[79] वाजपेयी जी ने साहित्यिक और दार्शनिक वादों की संकीर्णता का भी विरोध किया है जिसकी विस्तृत चर्चा पहले हो चुकी है।

समीक्षा के इन व्यापक आदर्शों के साथ वाजपेयी जी ने रचना की साहित्यिक चेतना का अध्ययन किया है। सुविधा के लिए हम इस अध्ययन को मनोवैज्ञानिक, सांस्कृतिक, सामाजिक, भावात्मक और कलात्मक वर्गों में बाँटेंगे। समीक्षा का मनोवैज्ञानिक पहलू कला की अन्तर्वृत्तियों का, मानसिक उत्कर्ष-अपकर्ष का अध्ययन है।[80] कवि-मानस-विश्लेषण के द्वारा वे कलाकार और कलाकृति में सम्बन्ध स्थापित करते हैं। इस प्रकार कवि की मानसिक प्रेरणाओं के अध्ययन से पाठक को रचना की अनुभूति पहचानने की अन्तर्दृष्टि मिलती है। इस अनुभूति के मानसिक उत्कर्ष-अपकर्ष के अध्ययन से वे साहित्य का स्थायी और सांस्कृतिक मूल्य आँकते हैं।[81] कविता का लक्ष्य मानसिक चेतना का विकास है। सौन्दर्य ही चेतना है और

चेतना ही जीवन है, इसलिए काव्य-कला का लक्ष्य सौन्दर्य का उन्मेष करना है।[82] शुक्ल जी की पौराणिक दृष्टि का खंडन करते हुए वे नवीन व्यक्तिवादी सांस्कृतिक चेतना का समर्थन करते हैं। साहित्य के सम्बन्ध में स्थूल नीतिवादी एवं आदर्शवादी दृष्टि का विरोध करते हुए वे कहते हैं कि उच्च आदर्शों के प्रति आसक्ति दिखाना ही उच्च साहित्य की सृष्टि करना नहीं है।[83] साहित्य में जीवन का शक्तिशाली नियोजन होना चाहिए, विचारात्मक प्रचार प्रभावोत्पादक नहीं होता।[84] वाजपेयी जी संकीर्ण नैतिक दृष्टि और प्रचार का ही विरोध करते हैं, उनकी सांस्कृतिक दृष्टि साहित्य में स्वस्थ और सबल भावनाओं का समर्थन करती है।[85] रचना की सामाजिक प्रेरणाओं की ओर भी वाजपेयी जी का ध्यान गया है। किन्तु वे कवि के काव्य पर नहीं, उसके व्यक्तित्व पर सामाजिक प्रवृत्ति का प्रभाव मानते हैं। उन्होंने कविता का यथार्थवादी सामाजिक मूल्यांकन कम किया है। नई छायावादी प्रवृत्ति के समर्थन के लिए वे नए युग की सांस्कृतिक आकांक्षाओं का हवाला देते हैं और युग जीवन-सापेक्ष ऐतिहासिक दृष्टि का आग्रह करते हैं। लेकिन युग-जीवन की सामाजिक यथार्थता का समर्थन वे कम करते हैं। उनकी व्यक्तिवादी सांस्कृतिक दृष्टि से यथार्थवादी गद्य रचनाओं की समीक्षा में भी भावात्मक एवं सांस्कृतिक चेतना की ही परख हुई है, सामाजिक प्रेरणा एवं अनुभूति की सजीवता या शक्तिमत्ता की नहीं। इसलिए उन्हें समाजवादी समीक्षक नहीं कह सकते। प्रगतिवाद के प्रचार के साथ उन्होंने सामाजिक मूल्यों को भी स्वीकार किया है लेकिन वहाँ भी उनकी सांस्कृतिक दृष्टि प्रगतिवाद से प्रगतिशीलता का अन्तर करती है।[86] वाजपेयी जी का साहित्यिक अध्ययन भावानुभूति की प्रकृति का अन्तरंग विचार है। वे कवि की अन्तर्दृष्टि का विवेचन और मूल्यांकन करते हैं। वे रस-अलंकार के स्थूल स्वरूपात्मक अध्ययन द्वारा काव्योत्कर्ष का मूल्यांकन सम्भव नहीं मानते। भाव की शक्तिमत्ता एवं दुर्बलता, सौम्यता और उथलापन का निरूपण रस-सिद्धान्त नहीं कर सकता और न वह रचना की रसानुभूति को निर्धारित करनेवाली रचनाकार की मनःस्थिति और जीवन की प्रेरणा का आकलन कर सकता है।[87] रचना में कवि की मौलिकता-शक्तिमत्ता और सृजन की लघुता-विशालता के आधार पर वाजपेयी जी साहित्य का भावात्मक मूल्यांकन करते हैं।[88] वे काव्य की अभिव्यंजना में रीतियों, शैलियों और रचना के बाह्यांगों का अध्ययन कम करते हैं। बाह्यार्थ निरूपण सैद्धान्तिक समीक्षा का काम है। वाजपेयी जी अभिव्यंजना के मूल में कलात्मक चेतना को देखते हैं। शुक्ल जी से भिन्न वे क्रोचे के अभिव्यंजनावाद तथा ब्राडले के कलावाद में कलात्मक एवं मानसिक चेतना का अध्याहार मानते हैं।[89] कलात्मक दृष्टि से वे प्रगीत को कविता का श्रेष्ठतम रूप कहते हैं। प्रगीत रचना में कविता इतिवृत्त के समस्त उपचारों से विरत होकर केवल कविता या भाव-प्रतिभा बनकर आती है।[90] कला के ऐश्वर्य-अलंकरण में वाजपेयी जी की रुचि नहीं है।[91] वे कल्पना का मूल्य स्वीकार करते हैं, ऊहापोह या कोरी

भावना का नहीं।[92] रचना की प्रेरणा, अनुभूति और अभिव्यक्ति के आधार पर वाजपेयी जी का मूल्यांकन हिन्दी समीक्षा का प्रौढ़ विकास है ही, साथ ही वह कलाकृति के मर्म तक पहुँचते हुए पाठक की साहित्यिक अन्तर्दृष्टि और अभिरुचि का विकास करनेवाला भी है।

कालक्रम में वाजपेयी जी के स्वच्छन्दतावादी कलात्मक आदर्शों और समीक्षा-पद्धति में परिवर्तन हुआ है जो उनकी तलस्पर्शी साहित्यिक चेतना और सूक्ष्म समीक्षात्मक पैठ का परिचायक नहीं है। 'आधुनिक साहित्य' के साथ वे कलात्मक स्वच्छन्दता से सैद्धान्तिकता की ओर, मनोवैज्ञानिकता से सामाजिक नीतिवादिता की ओर, व्यक्तिवादी सांस्कृतिक चेतना से स्थूल आदर्शवादिता की ओर अधिकाधिक उन्मुख होते गए हैं। 'बीसवीं शताब्दी' में, जैसा कि 'नया साहित्य : नए प्रश्न' के आत्मावलोकन में वे स्वयं मानते हैं, उनकी साहित्यिक दृष्टि और अभिरुचि स्वच्छन्दतावादी थी। इसीलिए द्विवेदीयुग के इतिवृत्तात्मक साहित्य और वस्तून्मुख समीक्षा में उन्हें साहित्यिक उत्कृष्टता और साहित्यिक चेतना का अभाव दिखाई पड़ा है। छायावाद की परवर्ती साहित्य की कलात्मक श्रेष्ठता में भी उदात्त मानसिक एवं सांस्कृतिक चेतना की कमी दिखाई दी है। उनके इस खंडन-मंडन में आवेश था, शायद थोड़ा-सा असन्तुलन भी, लेकिन साहित्यिक उत्कृष्टता की गहरी पहचान थी। यह रचना-विधान की दुर्बलताओं की उपेक्षा करके नवीन भावोन्मेष और साहित्यिक चेतना को प्रोत्साहन देनेवाली रचनात्मक या प्रगतिशील समीक्षा थी। शुक्ल जी का विरोध करते हुए वाजपेयी जी ने स्थान-स्थान पर युग की स्वच्छन्दतावादी नई सांस्कृतिक एवं साहित्यिक अभिरुचि का उल्लेख किया है। 'बीसवीं शताब्दी' को स्वच्छन्दतावादी साहित्यिक आदर्शों और समीक्षात्मक दृष्टि का सिद्धान्त ग्रन्थ कह सकते हैं। इसके बाद स्वच्छन्दतावादी दृष्टि से सूर और प्रसाद की समीक्षा हुई है। प्राचीन और नवीन कवियों पर यह समान दृष्टिपात नई समीक्षा की व्यापक दृष्टि का प्रमाण है। प्रेमचन्द जी का विवेचन स्वच्छन्दतावादी दृष्टि में परिवर्तन का पहला कदम है। वैसे उसके पहले 'कंकाल' का समर्थन हुआ है लेकिन वह सामाजिक रूढ़ियों के विरुद्ध स्वच्छन्दतावादी विद्रोह को प्रकट करनेवाली रचना है। प्रेमचन्द जी की समीक्षा में ग्रामीण जीवन दर्शन की गहराई और व्यापकता का उचित मूल्यांकन नहीं हुआ है, उनकी स्थूल सामाजिक आदर्शवादिता को भी स्वीकृति मिली है और इस कारण समीक्षा में लेखक की कलात्मक चेतना की सही पहचान नहीं हुई है। 'आधुनिक साहित्य' में नए युग की सभी साहित्यिक प्रवृत्तियों का विस्तृत अध्ययन हुआ है। 'बीसवीं शताब्दी' के मूल्यांकन में परिवर्तन होकर द्विवेदी युग की साहित्यिक साधना को मान्यता मिली है और छायावाद की परवर्ती प्रवृत्तियों का विरोध बढ़ा है। कलात्मक श्रेष्ठता, दूसरे में अधिक मानते हुए भी उसकी जीवन-दृष्टि की एकांगिकता और अस्वस्थता की अपेक्षा पहले की स्थूल नीतिवादी आदर्शवादिता पसन्द की गई है।

'आधुनिक साहित्य' में आकार सैद्धान्तिक समीक्षा के विरोध का स्वर मन्द पड़ा है और भारतीय अलंकार शास्त्र की ओर झुकाव हो गया है। इस ग्रन्थ में जो स्थूल वस्तून्मुख वर्गीकरण एवं विश्लेषण हुआ है, वह उसी का अनिवार्य परिणाम है। 'जयशंकर प्रसाद' में कामायनी-समीक्षा के साथ 'आधुनिक साहित्य' में उसकी समीक्षा की तुलना करते हैं तो दूसरे में अन्तर्वृत्ति निरूपण के स्थान पर वस्तु, विचार, भाव और शैली का वर्गीकृत स्वरूप निरूपण मिलता है। पहले के विचारों का सारांश दूसरे में आ गया है, लेकिन इस दूसरे अध्ययन का प्रधान लक्ष्य विषय-बोध और ज्ञान-वर्धन है, कलात्मक विवेचन नहीं। यह स्पष्टतः शुक्ल-पद्धति की समीक्षा है। पहले वाजपेयी जी स्वच्छन्दतावादी दृष्टि से रचना के स्वरूप की उपेक्षा करके उसकी साहित्यिक चेतना और कलात्मक सौन्दर्य-भावना का उद्‌घाटन करते थे, रस के स्वरूप का नहीं, रस-संवेदना की उत्कृष्टता एवं उत्कर्ष का विवेचन करते थे। नई समीक्षा की स्थूलता का मुख्य कारण है, पाश्चात्य समीक्षात्मक दृष्टि से भारतीय आलंकारिक विवेचन एवं वर्गीकरण की ओर प्रवृत्त होना है। पहले पाश्चात्य साहित्यिक एवं समीक्षात्मक चेतना की ओर उनका झुकाव, एपिक के रूप में 'साकेत' की समीक्षा स्पष्ट करती है। स्वच्छन्दतावादी वाजपेयी जी रचना में निबद्ध अनुभूति के मानसिक उत्कर्ष-अपकर्ष का मनोवैज्ञानिक निरूपण करते थे। उनकी इस मनोवैज्ञानिक दृष्टि में व्यावहारिक नैतिकता का प्रतिबन्ध नहीं था। कला के सम्बन्ध में व्यावहारिक नैतिक दृष्टि मानसिक निरोध का सूचक है, मानसिक चेतना की परीक्षा न करके रचना के मूल्यांकन में बाहरी नैतिक प्रतिमानों का प्रयोग है। प्रेमचन्दोत्तर कथा-साहित्य का मूल्यांकन वाजपेयी जी ने नैतिक दृष्टि से ही किया है। उनका मूल्यांकन मनोवैज्ञानिक दृष्टि से भी सही हो सकता है लेकिन अनुभूति का नैतिक नहीं, मनोवैज्ञानिक मूल्यांकन ही साहित्य-समीक्षा में मान्य होगा। पहले वाजपेयी जी का सांस्कृतिक मूल्यांकन व्यापक था। 'आधुनिक साहित्य' में आकर स्थूल आदर्शवादी दृष्टि की स्वीकृति के साथ द्विवेदीयुग के साहित्यकारों का मान बढ़ा है। 'बीसवीं शताब्दी' के मूल्यांकन के साथ इस नवीन मूल्यांकन की संगति नहीं बैठती। वाजपेयी जी इस असंगति को स्वच्छन्दतावादी एकांगी भावावेश कम होने पर मूल्यांकन का दूसरा पहलू कहते हैं।[93] विशेष धारा में अभिरुचि की एकांगिकता को व्यापक बनाने का उनका प्रयत्न स्तुत्य है, लेकिन उसके लिए कलात्मक अभिरुचि और साहित्यिक उत्कृष्टता के प्रतिमानों के साथ समझौता उचित नहीं है। नए संयम में विरोध का स्वर ही मन्द नहीं पड़ा है, कलात्मक मूल्यांकन का धरातल भी गिरा है। सांस्कृतिक स्तर पर द्विवेदीयुग की आदर्शवादिता को मूल्य देना नई सांस्कृतिक दृष्टि से पौराणिक दृष्टि की ओर प्रस्थान करना है। इस प्राचीनतावादी पौराणिक दृष्टि अपनाने के बाद उनके द्वारा नवीनतम प्रवृत्तियों का जो विरोध हुआ है उसे आसानी से समझा जा सकता है। 'नया साहित्य : नए प्रश्न' में कुछ साहित्यिक प्रवृत्तियों और समीक्षात्मक

दृष्टियों के सैद्धान्तिक विरोध का स्वर प्रधान हो गया है। ऐतिहासिक दृष्टि से नवीन छायावाद का समर्थन करते समय, यथार्थवादी प्रवृत्तियों में अभिरुचि न होने पर भी, नवीन प्रगतिवादी मूल्यांकन का विरोध करते हुए भी, नवीन साहित्यिक उत्थान के प्रति उनका यथेष्ट सम्मान था और नए साहित्य के सामने आई हुई समस्याओं से उनकी पूरी सहानुभूति थी।[94] लेकिन दृष्टि-परिवर्तन के बाद वे प्रगतिवाद और प्रयोगवाद को युग की सामाजिक पृष्ठभूमि पर ऐतिहासिक दृष्टि से नहीं देख सके हैं। वास्तव में उन्होंने छायावाद के समर्थन के लिए ऐतिहासिक दृष्टि को अपनाया है। नए वाद अपनी साहित्यिक एवं सामाजिक दृष्टि की संकीर्णता के बावजूद साहित्य में युग-जीवन की यथार्थता को ले आने का प्रयत्न कर रहे हैं। वाजपेयी जी की दृष्टि यथार्थ को व्यापक अर्थ में स्वीकार नहीं करती। वह साहित्य में सांस्कृतिक एवं आदर्शवादी सीमित यथार्थ का ही समर्थन करती है। यह सही है कि वाजपेयी जी ने वाद-विरोध के द्वारा शुक्ल जी की ही तरह साहित्यिक अभिरुचि का परिष्कार करके उसे व्यापक बनाने का प्रयत्न किया है। लेकिन समीक्षा का रचनात्मक कार्य, युग और साहित्य की गति को पहचानते हुए साहित्यिक जीवन-दृष्टि को युगानुरूप बनाना और कलात्मक स्तर को ऊँचा उठाना है। युग की प्रवृत्ति के अनुसार स्वस्थ नई अभिरुचि उत्पन्न करना ही समीक्षा का लक्ष्य है। युग जीवन की यथार्थता को स्वीकार किये बिना, चाहे नई रचना में उसका अभाव ही क्यों न हो, वाजपेयी जी की समीक्षा स्थितिशील, शुक्ल जी की समीक्षा की तरह गत्यवरोध उत्पन्न करनेवाली मानी जाएगी। छायावाद के उग्र विरोध के बाद शुक्ल जी आगे बढ़े हैं और उन्होंने एक हद तक नए को स्वीकार किया है। वाजपेयी जी जैसे समर्थ समीक्षक नई प्रवृत्तियों की दुर्बलताओं को दिखाते हुए भी अधिक सहानुभूति के साथ उनका साथ देते तो इसी में साहित्य-समीक्षा का कल्याण है।

वाजपेयी जी उत्थानोन्मुख मध्यवर्गीय व्यक्तिक चेतना के वातावरण में पले हुए साहित्य-समीक्षक हैं। छायावाद उसी चेतना की अभिव्यक्ति थी। उसकी कलात्मक एवं सांस्कृतिक चेतना को केन्द्र बनाकर उन्होंने आधुनिक साहित्य का मूल्यांकन किया है। वे मध्यवर्ग की आरम्भिक साधना, उत्कर्ष और विघटन के साथ नए साहित्य के अनुरूप उत्कर्ष-अपकर्ष के द्रष्टा रहे हैं। उनकी जीवन-दृष्टि और साहित्यिक अभिरुचि, आधुनिक साहित्य की साधना में विकसित हुई है। इसलिए वह उसके प्रति अधिक उदार भी थी। शुक्ल जी के साथ तुलना में उनकी साहित्यिक अभिरुचि की जो विशेषताएँ और दुर्बलताएँ दिखाई देती हैं, उसका कारण यही है कि उनकी अभिरुचि आधुनिक साहित्य के अध्ययन से बनी है जबकि शुक्ल जी की प्राचीन साहित्य के अध्ययन से। आधुनिक साहित्य में भी वाजपेयी जी की अभिरुचि छायावाद की ओर है। इस कारण अन्य प्रवृत्तियों और रचनाओं के सम्बन्ध में मूल्यांकन एकांगी और कहीं-कहीं असहिष्णु हो गया है। भगवती प्रसाद वाजपेयी जी की समीक्षा में

उन्होंने स्पष्ट स्वीकार किया है कि नई यथार्थवादी रचना में उनकी अभिरुचि नहीं है। उनकी स्वच्छन्दतावादी सांस्कृतिक दृष्टि को वह मान्य नहीं हो सकी।[95]

अनुभूति की सूक्ष्म परख वाजपेयी जी के मूल्यांकन की विशेषता है। कलाकार और कला के मनोवैज्ञानिक अध्ययन के द्वारा साहित्यिक उत्कृष्टता का अनुशीलन करते हुए उन्होंने साहित्य-समीक्षा को सूक्ष्म अन्तर्दृष्टि दी है। उन्होंने स्वच्छन्दतावादी दृष्टि के साथ नए मूल्यांकन का प्रयत्न किया है, इसलिए उनकी आरम्भिक समीक्षा में स्वाभाविक उत्साह और आवेश मिलता है। उच्च कलात्मक अभिरुचि के विशेष आग्रह के साथ वे छायावादोत्तर प्रवृत्तियों के साहित्यिक स्तर का समर्थन नहीं कर सके। स्वच्छन्दतावादी दृष्टि उनकी अभिरुचि की सीमा है तो उनकी उत्कृष्ट साहित्यिक मर्मज्ञता का कारण भी उनका मूल्यांकन शुद्ध साहित्यिक है। वे साहित्य का लक्ष्य मानसिक चेतना का विकास मानते हैं और वह चेतना साहित्यिक सौन्दर्यानुभूति का ही सहज उन्मेष है। उनकी दृष्टि में कला का सौन्दर्य न कोरी रूप-कल्पना में है और न सामाजिक वस्तु में ही। वे रूप-कल्पना द्वारा भावों के सहज उन्मेष में ही कला का सच्चा सौन्दर्य मानते हैं। इसीलिए उन्होंने एक ओर प्रयोगवादी रूप-कल्पना का विरोध किया है तो दूसरी ओर प्रगतिवादी विचारात्मक प्रचार का।

वाजपेयी जी कलात्मक अलंकरण की कृत्रिमता से मुक्त सच्ची अनुभूति को मान्यता देनेवाले रसज्ञ समीक्षक हैं। प्राचीन भक्तिकाव्य और नवीन छायावादी कला में वे उसी का मूल्य स्वीकार करते हैं।[96] उनकी रसज्ञता, साहित्यिक उत्कृष्टता को पहचानती है, उनकी अन्तर्दृष्टि रस-संवेदना के नियामक तत्त्वों का तलस्पर्शी विश्लेषण और निरूपण करती है। उनकी साहित्यिक मर्मज्ञता, अनुभूति के स्वर को पहचानकर कलात्मक उत्कृष्टता के तारतम्य को निर्धारित करती है। वाजपेयी जी कविता-अकविता का निरूपण जिस सफलता के साथ करते हैं, उसी सफलता के साथ काव्य के उत्कर्ष-अपकर्ष के तारतम्य का भी। इस तरह वे राष्ट्रीय गीतों में गुप्त जी और प्रसाद जी की रचनाओं की अनुभूति का अन्तर करते हुए दूसरे के उत्कर्ष का निर्णय करते हैं।[97] वे रसानुभूति की प्रकृति और उसके स्वरूप को स्पष्ट पहचानते हैं—गुप्तजी की "आदर्शवादिता में औदात्य उतना नहीं है जितनी एक भावुकतामय नैतिकता।"[98] साहित्यकारों की लोकप्रियता के बावजूद वाजपेयी जी का मूल्यांकन निर्भीक एवं निष्पक्ष होता है। उन्होंने शुक्ल जी की नैतिक दृष्टि और सैद्धान्तिक आग्रहों का जैसा स्पष्ट खंडन किया है वैसा हिन्दी-समीक्षा में शायद ही किसी और ने किया है। प्रेमचन्द जी की कलात्मक दुर्बलताओं को दिखाने में भी वे पीछे न रहे हैं और उन्होंने स्पष्ट स्वीकार किया है कि "प्रेमचन्द जी प्रथम श्रेणी के यूरोपीय औपन्यासिकों की ऊँचाई पर नहीं पहुँचते।"[99]

वाजपेयी जी ने व्यावहारिक समीक्षा के अतिरिक्त प्रवृत्ति-निरूपण और सिद्धान्त-निरूपण का भी प्रयत्न किया है। सिद्धान्त-निरूपण व्यावहारिक समीक्षा की

भूमिका के रूप में हुआ है। 'बीसवीं शताब्दी' में नए काव्य के मूल्यांकन के अनुकूल पाश्चात्य समीक्षा के सिद्धान्तों के आधार पर उन्होंने स्वच्छन्दतावादी साहित्य-समीक्षा के आदर्शों का निरूपण किया है। लेकिन इस क्षेत्र में उनकी मौलिक देन का अभाव तो है ही, सूक्ष्म तलस्पर्शी-विवेचन भी कम हुआ है। इसलिए वे शुक्ल जी की तरह सिद्धान्त-निरूपण के द्वारा नई साहित्यिक मान्यताओं की प्रतिष्ठा करने में सफल नहीं हुए हैं। उनकी स्वच्छन्दतावादी समीक्षा के सिद्धान्त नई समीक्षा-पद्धति के विकास में ही सहायक हुए हैं। नए वादों के विरोध में वाजपेयी जी ने उनके जीवन-दर्शन की भी समीक्षा की है। साहित्यिक रस-संवेदना को प्रत्यक्ष प्रभावित करने वाले रूप में जीवन-दर्शन की समीक्षा ही शुद्ध साहित्य-समीक्षक का कर्तव्य है। इसके आगे साहित्य में जीवन-दर्शन का मूल्यांकन समुन्नत मानसिक एवं सांस्कृतिक व्यक्तित्व रखनेवाले चिन्तक ही कर सकते हैं। इस कार्य में न शुक्ल जी सफल हुए हैं और न वाजपेयी जी।

प्रवृत्ति-विश्लेषण प्रधानतः छायावाद-रहस्यवाद का हुआ है। इस सम्बन्ध में शुक्ल जी के मूल्यांकन का विरोध करते हुए वाजपेयी जी ने अपनी समीक्षात्मक प्रतिभा का परिचय दिया है। वे प्रथम समीक्षक हैं जिन्होंने छायावाद का खुला समर्थन किया है, उसका विश्लेषण करते हुए उसकी कलात्मक उत्कृष्टता का निर्भीक प्रतिपादन किया है और साहित्य के इतिहास में उसकी सुदृढ़ प्रतिष्ठा की है। जैसा कि डॉ. देवराज कहते हैं, यह प्रतिभा और साहस का योग शुक्ल जी के टक्कर का है और समीक्षक की रसग्राहिता और आत्मविश्वास का प्रबल निदर्शन है।[100] वाजपेयी जी की समीक्षा छायावाद के दार्शनिक एवं सांस्कृतिक पहलू की ओर अधिक झुके होने पर भी, छायावादी भाव-सौन्दर्य के अन्तर्दर्शन में वे पूर्णतः सफल हुए हैं, इसमें कोई सन्देह नहीं है। जहाँ अन्य समीक्षक छायावादी कल्पना और सौन्दर्यानुभूति में उलझे रहे हैं, वाजपेयी जी ने उसमें भाव-व्यंजना की सूक्ष्मता, अनुभूति की व्यापकता और मानसिक उत्कर्ष की ओर हिन्दी साहित्य-संसार का ध्यान आकृष्ट कर उसकी कलात्मक श्रेष्ठता और महत्त्व को सिद्ध किया है। छायावाद की प्रतिष्ठा में वाजपेयी जी ने उस पर परवर्ती प्रगतिवादी आक्षेपों का भी उचित निवारण किया है। इस सन्दर्भ में उनका कहना है कि छायावाद ने अपनी व्यापक राष्ट्रीय, सांस्कृतिक एवं सार्वजनीन दृष्टि के अनुसार सामयिक चेतना को ग्रहण किया है। जीवन में उसने सुख-दुखात्मक द्वन्द्वों का निरूपण करते हुए एक व्यापक मानवीय दृष्टि का प्रतिपादन किया है।

व्यावहारिक समीक्षा में वाजपेयी जी कवि एवं काव्य का संक्षिप्त अन्तर्वृत्ति निरूपण और मूल्यांकन करते हैं। वे कवि या काव्य को किस दृष्टि से पढ़ना चाहिए, उसे स्पष्ट करते हैं और इस तरह पाठक में नई कलात्मक अभिरुचि का विकास करना चाहते हैं। 'बीसवीं शताब्दी' में उनका लक्ष्य संक्षिप्त समीक्षा के द्वारा नए

मूल्यांकन का रहा है, रचना की विस्तृत व्याख्या के द्वारा रसज्ञता बढ़ाने का नहीं। आगे चलकर उन्होंने प्रसाद, सूर और प्रेमचन्द की विस्तृत व्यावहारिक समीक्षा भी की है। यहाँ उन्होंने कलाकार की मानसिक प्रेरणाओं और अन्तर्वृत्तियों के विश्लेषण के साथ रचना की भावमूलक व्याख्या भी की है। वाजपेयी जी आधुनिक साहित्य के समीक्षक हैं। आधुनिक कविता में उनकी विशेष अभिरुचि है और उनकी समीक्षा की सफलता भी सर्वाधिक उसी क्षेत्र में ही है। वे आधुनिक कवियों में प्रसाद जी को सर्वश्रेष्ठ मानते हैं। जिस तरह प्राचीन काव्य की समीक्षा में शुक्ल जी ने तुलसी का आदर्श ग्रहण किया है, उसी तरह आधुनिक काव्य की समीक्षा में वाजपेयी जी ने प्रसाद जी का। उनके द्वारा प्रेमचन्द जी का विवेचन उतना तलस्पर्शी नहीं हुआ है। कथा-साहित्य में प्रेमचन्द जी के बाद की नई प्रवृत्तियों का जीवन-दर्शन उन्हें एकांगी लगा है। इसलिए उनके विरोध में प्रेमचन्द जी का, कलात्मक उत्कर्ष नहीं तो सामाजिक आदर्शवादिता का उत्कर्ष ही सही, उन्हें स्वीकार करना पड़ा है। यह साहित्य की गति-विधि को देखते हुए वाजपेयी जी का समझौता है, साहित्यिक उत्कर्ष को श्रद्धांजिल नहीं है। स्वच्छन्दतावादी भावात्मक दृष्टि से उनकी सूर की समीक्षा अपने ढंग की अकेली है। शुक्ल जी ने वस्तून्मुख दृष्टि से इस भावनावान् कवि का उचित मूल्यांकन नहीं किया था। वाजपेयी जी ने सूर के शुद्ध भावात्मक उत्कर्ष का अध्ययन किया है। काव्य को कवि के दृष्टिकोण से देखते हुए उन्होंने भक्तिकाव्य के रूप में उसके भाव-सौन्दर्य का मौलिक विश्लेषण और नवीन मूल्यांकन किया है। सूर स्वाभाविकता में अलौकिकता के दर्शन कराते हैं। यह अलौकिकता काव्यानुभूति में बाधक न होकर उसके माधुर्य को बढ़ाती है। वाजपेयी जी ने आध्यात्मिक एवं सांस्कृतिक दृष्टि से भक्तिकाव्य के मूल्यांकन का प्रयत्न नहीं किया है, बल्कि लौकिक अनुभूति से भिन्न भक्तिकाव्य की रसानुभूति और उसके उत्कर्ष की व्याख्या की है। सूर-काव्य के भाव-सौन्दर्य की भव्यता का अन्तर्दर्शन जैसा वाजपेयी जी की समीक्षा में हुआ है, शायद ही सूर की दूसरी समीक्षाओं में।

वाजपेयी जी ने शुक्ल जी के वस्तून्मुख प्रबन्ध काव्य की श्रेष्ठता और व्यावहारिक मर्यादावाद की एकांगिकता का विरोध करके काव्य के भावात्मक एवं कलात्मक स्वरूप की प्रतिष्ठा की है, साहित्यिक दृष्टिकोण को व्यापक और उदार बनाया है, प्राचीन काव्य-वैभव की तुलना में नए साहित्य की उपेक्षा के समय, उसको प्रोत्साहन ही नहीं दिया है। बल्कि उचित मूल्यांकन के द्वारा उसकी श्रेष्ठता को भी सिद्ध किया है। विशेषकर छायावाद की परिधि में उनका यह कार्य हुआ है। छायावाद में पाठकों की अभिरुचि उत्पन्न करने का बहुत-सा श्रेय उन्हीं को है। छायावाद के प्रथम समर्थक के रूप में उनके कार्य का ऐतिहासिक महत्त्व तो है ही, समर्थ समीक्षक के नाते उनका विश्लेषण एवं मूल्यांकन पाठकों पर अभीष्ट प्रभाव डालने वाला भी है। आधुनिक साहित्य के समीक्षक के रूप में उन्होंने उसके अध्ययन एवं

मूल्यांकन का पथ प्रशस्त किया, उसके उत्कर्ष-अपकर्ष का निरूपण करते हुए पाठकों की अभिरुचि का परिष्कार किया। वाजपेयी जी की स्वच्छन्दतावादी साहित्य-समीक्षा ने हिन्दी साहित्य-समीक्षा को नई दृष्टि दी है। उसके बाद स्वच्छन्दतावादी कलात्मक आदर्शों को अपनाकर पूरे हिन्दी साहित्य की समीक्षा के प्रयत्न हुए हैं और हो रहे हैं। उनकी समीक्षा ने एक नई साहित्यिक अभिरुचि और दृष्टि का विकास किया है और इससे समीक्षा में सामाजिक, सांस्कृतिक, मनोवैज्ञानिक और कलात्मक नई दृष्टियों के प्रसार का मार्ग बना है। वाजपेयी जी की समीक्षा ने साहित्य के नए प्रतिमान और समीक्षा की नई दृष्टि सामने रखी है जिनसे साहित्यिक मूल्यों का स्पष्टीकरण और समीक्षात्मक मर्मज्ञता का विकास हुआ है। साहित्य की उत्कृष्टता, स्थूल नैतिक एवं सामाजिक आदर्शों के प्रतिपादन में नहीं, बल्कि अनुभूति की सजीवता, शक्तिमत्ता और व्यापकता के कारण है, इसका बोध हुआ है। इस दृष्टि से साहित्य में सूक्ष्म मानसिक वृत्तियों और सांस्कृतिक प्रेरणाओं के चित्रण को अधिक महत्त्व मिला है। साहित्य के इन नए मानों के आधार पर कवि मानस की अन्तःप्रेरणाओं के अनुशीलन द्वारा साहित्यिक अध्ययन अन्तर्मुखी और तलस्पर्शी बना है। रचना में मानसिक उत्कर्ष-अपकर्ष के आकलन की मनोवैज्ञानिक समीक्षा-पद्धति का विकास हुआ है। साहित्य के वस्तून्मुख अध्ययन के स्थान में सूक्ष्म मानसिक परख से समीक्षा, काव्य सौन्दर्य की सूक्ष्म छायाओं के उद्घाटन में समर्थ हुई है। शुक्ल जी ने साहित्य-समीक्षा को गम्भीर रसज्ञता दी है तो वाजपेयी जी ने उसे सूक्ष्म सौन्दर्य की चेतना। यह क्लासिकल मानों से कलात्मक (ईस्थटिक) मानों की ओर हिन्दी साहित्य-समीक्षा का दूसरा कदम है। आगे चलकर वस्तु-विषय परक सामाजिक मानों के विकास में हिन्दी साहित्य-समीक्षा को समग्र रूप मिला।

अन्य स्वच्छन्दतावादी समीक्षक : स्वच्छन्दतावादी अन्य समीक्षक रामनाथ सुमन, विश्वम्भर मानव, गंगाप्रसाद पांडे और शान्तिप्रिय द्विवेदी हैं। सुमन ने प्रसाद की और मानव ने पन्त और महादेवी की भावमूलक व्याख्याएँ की हैं जिनमें उनकी छायावादी-रहस्यवादी अभिरुचि और पक्षपात स्पष्ट झलकता है। पांडे जी ने 'छायावाद-रहस्यवाद' का प्रथम विस्तृत विश्लेषण किया है। 'महाप्राण निराला' चरितमूलक मनोवैज्ञानिक अध्ययन का प्रौढ़ उदाहरण है। शान्तिप्रिय द्विवेदी स्वच्छन्दतावादी कलात्मक आदर्शों से अनुप्राणित प्रभाववादी शैली के समीक्षक हैं। कलात्मक सौन्दर्य के प्रति संवेदनशील उनका मन रचना की मार्मिकता को पहचानने में सफल हुआ है। प्रभाववादी भावात्मक शैली की शक्ति और दुर्बलता दोनों द्विवेदी जी की समीक्षा में स्पष्ट झलकती हैं। उनकी समीक्षा में भावज्ञ तरलता मिलती है, मर्मज्ञ-तलस्पर्शी विचार नहीं। भावुक कल्पना में कभी-कभी समीक्षात्मक स्वर हलका पड़ गया है। उन्होंने रचनात्मक प्रेरणाओं की शक्तिमत्ता, भावानुभूति की गहराई और व्यापकता का मनोवैज्ञानिक अध्ययन कम किया है। द्विवेदी जी में आत्म-प्रधान

अनुभूति के साथ विश्लेषणात्मक तात्विक दृष्टि भी मिलती है। लेकिन वह पहले के साथ इतनी घुलमिल गई है कि द्विवेदी जी की समीक्षा रचनात्मक आत्माभिव्यक्ति ही लगती है। उनकी साहित्यिक दृष्टि छायावादी युग से विशेषकर पन्त जी के अध्ययन से प्रभावित है। परिस्थितियों के अनुसार उनके व्यक्तित्व और दृष्टिकोण में परिवर्तन हुआ है और उन्होंने गाँधीवाद और प्रगतिशील ऐतिहासिक दृष्टि को भी अपनाया है। लेकिन इनका सामंजस्य कर लेने की चिन्तन शक्ति उनमें बहुत कम है। द्विवेदी जी ने कवियों की भावमूलक व्याख्या के अतिरिक्त 'साहित्यिकी' में साहित्यिक धाराओं के मूल में जीवन की अनुभूतियों का तात्विक विश्लेषण भी किया है। प्रगतिवाद के प्रभाव में ऐतिहासिक समीक्षा का भी द्विवेदी जी ने प्रयत्न किया है। 'युग और साहित्य' में आधुनिक साहित्य की छायावादी, यथार्थवादी और प्रगतिवादी प्रवृत्तियों की ऐतिहासिक पृष्ठभूमि का विचार करते हुए उनका विकास क्रम स्पष्ट किया गया है। भावुकता में द्विवेदी जी ने कभी-कभी विलक्षण व्याख्याएँ की हैं। इस तरह 'युग और साहित्य' में, छायावादी कवियों में सबसे क्रान्तिकारी निराला जी (अतीत के वैभव में सचेत) गाँधी-युग से भी पीछे के व्यक्ति हो गए हैं। लेकिन द्विवेदी जी की समीक्षा ने छायावाद के सम्बन्ध में ऐतिहासिक कार्य किया है जिसे भुलाया नहीं जा सकता। सैद्धान्तिक समीक्षा के द्वारा छायावाद के विरोध के समय उन्होंने उसके, विशेषकर पन्त जी के कलात्मक सौन्दर्य का उद्‌घाटन किया है। उन्होंने छायावाद की स्पष्ट परिभाषा देकर उसकी व्याख्या नहीं की है लेकिन अपनी हार्दिक अनुभूति के बल पर छायावादी अनुभूति, कल्पना और कलात्मक सौन्दर्य की विशेषताओं को स्पष्ट करने का प्रयास किया है। वे संवेदनशील भावुक हैं और साहित्यिक सौन्दर्य की अपनी व्याख्याओं द्वारा पाठकों को शास्त्रीय विधि-निषेधों और पूर्वग्रहों से मुक्त, संवेदनशील बना सके हैं। उनकी समीक्षा में इससे अधिक साहित्य की मर्मज्ञता नहीं मिलती।

छायावादी युग के स्वतन्त्र समीक्षक : स्वच्छन्दतावादी साहित्यिक दृष्टि से न्यूनाधिक प्रभावित, छायावादी युग के स्वतन्त्र समीक्षकों में नगेन्द्र, ललिता प्रसाद सुकुल, कन्हैयालाल सहल, विनय मोहन शर्मा के नाम उल्लेखनीय हैं। सुकुल जी की समीक्षाएँ साहित्य की जिज्ञासा बढ़ानेवाली हैं। स्वच्छन्दतावादी साहित्य-समीक्षा से तटस्थ उन्होंने साहित्य को स्वतन्त्र नई दृष्टि से देखने का प्रयास किया है। सहल जी पर स्वच्छन्दतावादी दृष्टि का अपेक्षाकृत अधिक प्रभाव है। पाश्चात्य एवं भारतीय विचारों का उचित समन्वय करते हुए सहल जी ने साहित्य के सिद्धान्तों का स्पष्ट और सुबोध निरूपण किया है। कामायनी और साकेत की व्यावहारिक समीक्षा में रचना के दृष्टिकोण को समझते हुए उसके काव्य-सौन्दर्य की भावमूलक व्याख्या करने का प्रयत्न हुआ है। सहल जी का दृष्टिकोण उदार एवं व्यापक है, सभी साहित्यिक प्रवृत्तियों और शैलियों का सारग्राही। विनयमोहन शर्मा जी की साहित्य-समीक्षा

विचारात्मक है। स्वतन्त्र दृष्टिकोण, निर्भीक विचार और अनौचित्य के स्पष्ट विरोध के साथ उन्होंने साहित्य की समीक्षा की है। साहित्यिक एवं नैतिक रूढ़िवादिता और उच्छृंखलता के बीच सन्तुलित दृष्टिकोण अपनाकर उन्होंने साहित्य की स्वच्छन्दता और उसके स्वस्थ सामाजिक प्रभाव का विचार किया है। इसी दृष्टि से मनोवैज्ञानिक और प्रगतिवादी नई साहित्यिक प्रवृत्तियों का विरोध किया गया है। उनका निर्भीक मूल्यांकन शुक्ल जी के निबन्धों की भी खामियाँ दिखाता है।

डॉ. नगेन्द्र छायावादी युग के स्वतन्त्र समीक्षक हैं जो शास्त्रीय, कलात्मक और मनोवैज्ञानिक दृष्टियों से साहित्य का अध्ययन कर रहे हैं। वे वस्तु-विवेचन, रस-निरूपण और कलापक्ष के विचार में शास्त्रीय शुक्ल-पद्धति का अनुसरण करते हैं। कर्तृत्व-समीक्षा में प्रेरणाओं और अनुभूति का तात्विक निरूपण स्वच्छन्दतावादी पद्धति के अनुसार है। साकेत का अध्ययन शुक्ल पद्धति में हुआ है, परवर्ती पन्त जी की समीक्षा में दोनों का समन्वय किया गया है। पन्त जी के व्यक्तित्व और उनके मानस-विकास का विश्लेषण करते हुए उन्होंने रचना के साथ उसका सम्बन्ध स्थापित किया है। आगे चलकर अपनी समीक्षा में नगेन्द्र जी ने फ्रायड का अनुसरण करते हुए साहित्य की मूल प्रेरणाओं की भी व्याख्या की है।

नगेन्द्र जी ने शुक्ल जी की तरह सैद्धान्तिक और व्यावहारिक दोनों क्षेत्रों में विस्तृत कार्य किया है। उन्होंने भारतीय एवं पाश्चात्य साहित्य शास्त्रों का व्यापक अनुसन्धान और तुलनात्मक अध्ययन किया है। पाश्चात्य दृष्टि से कवि की रचनात्मक प्रक्रिया और भारतीय दृष्टि से ग्राहक की रसानुभूति का प्रतिपादन करते हुए उन्होंने दोनों के समन्वय द्वारा साहित्य के समग्र चिन्तन का पथ प्रशस्त किया है। लेकिन नगेन्द्र जी का सैद्धान्तिक विवेचन शुक्ल जी के विवेचन की तरह तात्विक नहीं है। अपनी अनुभूति के आधार पर सिद्धान्तीकरण न होने के कारण उनके द्वारा सैद्धान्तिक क्षेत्र में मौलिक चिन्तन नहीं हो सका है। व्यापक साहित्य को दृष्टि में रखकर उन्होंने साधारणीकरण का जो अध्ययन किया है केवल उसी में वे शुक्ल जी से भिन्न नए विचार प्रकट कर सके हैं। अनुभूतिमूलक चिन्तन न होने के कारण भारतीय एवं पाश्चात्य सिद्धान्तों के समन्वय में नगेन्द्र जी को शुक्ल जी की सी सफलता नहीं मिली है। उन्होंने सिद्धान्तों के समन्वय का केवल बौद्धिक प्रयत्न किया है। उनका सैद्धान्तिक दृष्टिकोण शुक्ल जी से अधिक उदार है, अधिक गहरा नहीं। शुद्ध कलावादी दृष्टि से उन्होंने रसानुभूति के मूल में कल्पना को अधिक महत्त्व दिया है, शुक्ल जी की तरह रस के मूल में जीवन की गहरी संवेदना का निरूपण नहीं किया है। नगेन्द्र जी के द्वारा साहित्य के सिद्धान्तों का विस्तृत अध्ययन साहित्यिक ज्ञान को अवश्य बढ़ाता है, किन्तु शुक्ल जी की तरह साहित्यिक चेतना का विकास कम करता है।

व्यावहारिक समीक्षा में नगेन्द्र जी का मूल्यांकन कलात्मक है। रस-सिद्धान्त

के अनुसार वे शुद्ध साहित्यिक मूल्यांकन करते हैं। दार्शनिक एवं नैतिक दृष्टि से रचना के उत्कर्ष-अपकर्ष का निर्णय उनको मान्य नहीं है। उनकी मनोवैज्ञानिक दृष्टि इन सामाजिक मान्यताओं को ज्यादा महत्त्व नहीं देती। इसलिए उनकी समीक्षा में जीवन-दर्शन को लेकर किसी लेखक को महत्त्व नहीं मिला है और न अनैतिकता के कारण किसी को निंद्य ठहराया गया है। नगेन्द्र जी साहित्यिक आनन्द की व्यापक परिधि में हित की भावना को अन्तर्भूत मानते हैं। रीतिकाव्य के विवेचन में उनका शुद्ध रसात्मक दृष्टिकोण स्पष्ट हो जाता है। द्विवेदी युग ने रीतिभ्रष्ट कहकर, छायावादी युग ने स्थूल-ऐन्द्रिय कहकर और प्रगतिवाद ने सामन्त युग की कला कहकर रीतिकाव्य की उपेक्षा की है। नगेन्द्र जी अन्य काव्यकला से अन्य मूल्यों को प्रयत्नपूर्वक बचाकर शुद्ध रस दृष्टि से उस काव्य को न हेय समझते हैं और न उपेक्षणीय। इस रसात्मक काव्य का अपना महत्त्व है।[101] "हिन्दी साहित्य के प्राचीन इतिहास में यही युग ऐसा था जब कला को शुद्ध कला के रूप में ग्रहण किया गया।"[102] लेकिन जीवन-निरपेक्ष काव्य-सौन्दर्य का तारतम्य-निर्णय नहीं हो सकता। शुद्ध कलात्मक दृष्टि से नगेन्द्र जी ने विद्यापति और घनानन्द की भी अपेक्षा देव का अधिक मूल्य आँका है तो कोई आश्चर्य नहीं है।[103]

साहित्यिक विश्लेषण में नगेन्द्र जी फ्रायड के मनोविश्लेषण से प्रभावित हैं। मनोविश्लेषण के द्वारा वे साहित्य की मूल प्रेरणा को ही स्पष्ट नहीं करते, काव्य-कल्पना के सूक्ष्म स्तरों का उद्घाटन भी करते हैं। मनोविश्लेषण को केन्द्र-बिन्दु बनाकर वे स्वच्छन्दतावादी समीक्षा-पद्धति में काव्य की मानसिक प्रेरणा, अनुभूति की प्रकृति और कलात्मक चेतना को स्पष्ट करते हैं।

नगेन्द्र जी का विश्लेषण एवं मूल्यांकन वाजपेयी जी से अधिक वस्तुनिष्ठ और तटस्थ है। वाजपेयी जी की अन्तर्मुखी स्वच्छन्दतावादी दृष्टि मानसिक एवं कलात्मक चेतना का उद्घाटन करती है तो नगेन्द्र जी की बौद्धिक दृष्टि साहित्य का सन्तुलित विवेचनात्मक अध्ययन करती है। इसीलिए छायावाद की दुर्बलताओं की ओर भी उनका ध्यान गया है। उनकी बौद्धिक पकड़ "काव्यानुभूति के सूक्ष्म संवेदनों का ग्रहण और विश्लेषण" कर सकती है।[104] वे साहित्यकारों की विशिष्टता के मर्मज्ञ समीक्षक हैं। सियारामशरण गुप्त जी की कविता की मार्मिकता का निरूपण इसका उदाहरण है। कलाकार के व्यक्तित्व और रचना के प्रेरणा-सूत्रों को पकड़कर वे रचना की रसानुभूति की विशिष्टता को पहचानते हैं। वे लिखते हैं कि राष्ट्रीयता के इस युग में लोग गुप्त जी की "राष्ट्रीयता को ले उड़े किन्तु उनकी प्रधान विशेषता गृहस्थ जीवन के सुख-दुख की व्यंजना ही है।"[105] रचना की विशिष्टता की मर्मज्ञ पहचान के साथ नगेन्द्र जी में बौद्धिक विश्लेषण की भी अद्भुत क्षमता है। पन्त जी के भावों की सूक्ष्म अन्तर्वृत्तियों का निरूपण इसका प्रमाण है। समीक्षा में उनकी सूक्ष्म रसग्राहिता सर्वत्र मिलती है, लेकिन रसानुभूति की तरलता क्रमशः कम होती गई है—साकेत

और पन्त के अध्ययन के बाद की समीक्षा में विचारों की घनता मिलती है। वाद-निरपेक्ष रसग्राहिता के कारण नगेन्द्र जी का मूल्यांकन निर्भीक और यथार्थवादी है। युगवाणी की समीक्षा में वे कहते हैं कि अभी प्रगतिवाद में साम्यवाद की अभिव्यक्ति सैद्धान्तिक निरूपण से आगे नहीं बढ़ी है।[106] नगेन्द्र जी का साहित्यिक विवेक साहित्यिक-असाहित्यिक प्रवृत्ति को और साहित्य के उत्कर्ष को स्पष्ट पहचानकर मूल्य निर्धारण करता है।

रसग्राही होते हुए भी नगेन्द्र जी भावक से आलोचक अधिक हैं। पाठक की रसज्ञता और साहित्यिक अभिरुचि के विकास से अधिक साहित्यिक बोध और मानसिक विकास, उनकी समीक्षा का लक्ष्य है। नगेन्द्र जी क्रमशः रस ग्रहण से तटस्थ होकर गम्भीर विवेचन की ओर बढ़ रहे हैं। उनकी समीक्षा में 'विचार' तो सामान्य रहा लेकिन 'अनुभूति' से 'विवेचन' और 'विवेचन' से 'विश्लेषण' की ओर उनकी प्रवृत्ति हो गई है जिससे उनकी समीक्षा अधिक प्रौढ़ और गम्भीर हुई है। इस परिवर्तन में समीक्षक की संवेदनात्मक सजीवता तो सूख नहीं गई है, लेकिन अनुभूति की आर्द्रता एवं तरलता कम होती गई है और समीक्षा में मान्यताओं की दृढ़ता, गहरी साहित्यिक पैठ एवं रचना की आत्मा की सूक्ष्म पकड़ का विकास हुआ है।

5.4.7 नवीनतम युग की समीक्षात्मक प्रवृत्तियाँ :

(1) वैज्ञानिक समीक्षा : आज का युग वैज्ञानिक उन्नति का युग है, अतः साहित्य और समीक्षा पर उसका प्रभाव पड़ना अनिवार्य है। साहित्य अधिकाधिक वस्तून्मुख एवं बौद्धिक बन रहा है तो समीक्षा वस्तुसत्य का उद्घाटन करते हुए साहित्य का विज्ञान बनने का प्रयत्न कर रही है। पहले साहित्य का शास्त्र बनाने का प्रयत्न हुआ था और आजकल उससे बढ़कर विज्ञान बनाने का प्रयत्न हो रहा है। वैज्ञानिक-पद्धति साहित्य के तथ्य परक वर्गीकरण और विश्लेषण के द्वारा लेखक और रचना को सही, क्रमबद्ध रूप में देखने का प्रयत्न करती है। उसमें अन्तरंग और बाह्य साक्ष्यों द्वारा पुष्ट तथ्य संग्रह से निष्कर्ष निकाले जाते हैं। इस तरह विषयवस्तु का अवलोकन, विश्लेषण एवं वर्गीकरण और व्यवस्थापन, वैज्ञानिक पद्धति का क्रम है। इस पद्धति में समीक्षक अपनी अनुभूति से तटस्थ होकर साहित्य के पीछे-पीछे चलते हुए रचना के नियमों का निगमन शैली में अनुसन्धान और व्यवस्थीकरण करता है। हिन्दी की वैज्ञानिक समीक्षा में निगमन शैली के साहित्यिक अध्ययन की अपेक्षा रचना का ऐतिहासिक अध्ययन की ओर अधिक झुकाव मिलता है। शुक्ल युग में ऐतिहासिक समीक्षा सांस्कृतिक और मानवीय थी, किन्तु आजकल मूल्य-निरपेक्ष होकर ऐतिहासिक गतिविधि में रचना की प्रवृति को समझने का प्रयत्न हो रहा है।

वैज्ञानिक समीक्षा न रचना के सत्य-सौन्दर्य का प्रत्यक्षीकरण करती है और न कलात्मक अनुभूति और अभिव्यक्ति की विशिष्टता को ही देखती है। इस रूप

में रचना का सामान्य अर्थ ही स्पष्ट होता है, उसकी अनुभूति का स्वर नहीं। वैज्ञानिक वर्गीकरण एवं विश्लेषण रचना के स्वरूप का, उसके आकार-प्रकार का होता है। साहित्यिक प्रवृत्तियों की व्याख्या रचनात्मक अनुभूति के आधार पर न होकर रूप-प्रकार के आधार पर ही होती है। इस तरह समीक्षा में मतभेद की सम्भावना नहीं रहती। लेकिन काव्य शरीर के विश्लेषण से उसकी शक्तिमत्ता का पता नहीं चलता। पहले भी निगमन शैली में काव्यशास्त्र का निर्माण हुआ था। रसानुभूति और साधारणीकरण के व्यापक सार्वकालीन सिद्धान्त बनाने के प्रयत्न हुए थे। लेकिन कलाकार और कलाकृति की विशिष्टता को भुलाकर काव्यशास्त्र ने साहित्य के रस को उसके स्थूल स्वरूप में ही देखा है। वैज्ञानिक समीक्षा भी कलाकार के व्यक्ति-मन में कल्पना की विशिष्टता को भुलाकर रचना के स्वरूप में, उसके उपादानों की व्यवस्था में 'कला' देख रही है। पर रचना के तथ्य उसके विषय के तथ्य हैं। कवि कल्पना में तथ्य के कलात्मक मूर्तिकरण से ही उसका भाव निर्णीत होता है। रचना का यह भाव भी अपने में निश्चित तथ्य नहीं है। पाठक की भावना में ही उसका रूप निश्चित होता है।

समीक्षा के रूप में वैज्ञानिक पद्धति की सबसे बड़ी दुर्बलता मूल्य सम्बन्धी निरपेक्षता है। साहित्यिक उत्कर्ष-अपकर्ष और साहित्यिक विकास एवं प्रगति के निर्णय को छोड़कर समीक्षा का कार्य समग्र नहीं हो सकता। साहित्य विज्ञान न होने से उसकी जीवन-दृष्टि में अच्छे-बुरे का और उसकी कला में सुन्दर-असुन्दर का प्रश्न अवश्य उठता है। मानवीय अनुभूति और साहित्यिक सौन्दर्य के मूल्य-निर्धारण से समीक्षक अपने को नहीं बचा सकता। वैज्ञानिक समीक्षा में इस बात का आभास नहीं मिलता कि रचना की कलात्मक श्रेष्ठता किस कोटि की है, और उसकी अनुभूति में मानसिक उत्कर्ष का क्या कलात्मक मूल्य है? इसलिए पाठक की कलात्मक अभिरुचि का परिष्कार करना और उसे साहित्यिक उत्कृष्टता की पहचान देकर उसके साहित्यिक विवेक की चेतना बढ़ाना, वैज्ञानिक समीक्षा का लक्ष्य नहीं है। वह ग्राहक-मन की अनुभूति को वैयक्तिक मानकर उससे बचने का प्रयत्न करती है, इसलिए उससे रचना सम्बन्धी पाठक की रसज्ञता बढ़ने की सम्भावना कम रहती है। उसकी उपादेयता साहित्यिक ज्ञानवर्धन और रचना-बोध मात्र होकर वह साहित्य-समीक्षा की भूमिका मात्र रह जाती है।

साहित्य के सम्बन्ध में वैज्ञानिक कार्य प्रधानतः कृतिमूलक है और एक हद तक टेकनिकल या तन्त्रात्मक अध्ययन है। समीक्षा के पहले रचना के वास्तविक रूप को समझने की आवश्यकता की पूर्ति, कृतिमूलक समीक्षा और पाठ-निर्णय से होती है। इस क्षेत्र में डॉ. माताप्रसाद गुप्त और पं. विश्वनाथ प्रसाद मिश्र का कार्य प्रशंसनीय है। पहले शुक्ल-पद्धति में टेकनिक का अध्ययन शास्त्रीय विधि से होता था। अर्थात् शास्त्रीय व्यवस्था में रचना-विधान की परीक्षा करते हुए उसका मूल्यांकन

होता था। नवीन उद्‌भावना के साथ न्याय करने के लिए आजकल शास्त्रीय दृष्टि को छोड़कर रचना का अनुसन्धान करते हुए उसकी पद्धति या व्यवस्था का निर्देश हो रहा है। उसमें किसी पद्धति का आग्रह या विभिन्न रचना-विधानों के तरतम मूल्यांकन का प्रयत्न नहीं होता। इस तरह डॉ. श्रीकृष्णलाल और डॉ. लक्ष्मीनारायण लाल ने हिन्दी कहानियों की शिल्प-विधि का व्यवस्थित अध्ययन किया है। पर रचना-विधान साहित्यिक उत्कर्ष का निर्णायक नहीं है। रचना की अनुभूति की सापेक्षता में ही शिल्प विधि का विवेचन साहित्यिक मूल्यांकन होता है।

हिन्दी में साहित्य की वैज्ञानिक समीक्षा विश्वविद्यालयों में रिसर्च सम्बन्धी भी है। देशकाल की ऐतिहासिक पृष्ठभूमि पर साहित्य के विश्लेषण को अनुसन्धान कहने की अपेक्षा वैज्ञानिक समीक्षा कहना अधिक उचित होगा। रिसर्च का काम नवीन तथ्यों का अनुसन्धान, उनको सम्बद्ध करते हुए निहित अर्थ का स्पष्टीकरण और मौलिक दृष्टिकोण से विचार-विवेचन है।[107] साहित्य के सम्बन्ध में परम्परा के नए स्रोतों के अन्वेषण, नए प्रभावों के आकलन, नई दृष्टि से व्यवस्था या नए मूल्यांकन के बिना सच्चे अर्थ में रिसर्च नहीं होता। लेकिन हिन्दी में अधिकांश रिसर्च कृति-निर्णय, कवि-जीवन, धार्मिक-विश्वास, सामयिक-सामाजिक परिस्थितियों और भाव-भाषा सम्बन्धी विश्लेषण के रूप में हो रहा है। इनमें बहुत से पहलू रिसर्च के नहीं विद्वत्तापूर्ण अध्ययन (एकेडमिक स्कालरशिप) के विषय हैं। इस तरह के कार्य को साहित्यिक प्रवृत्तियों और लेखकों का विश्लेषण, नई दृष्टि, नई व्यवस्था और नए निष्कर्षों के अभाव में रिसर्च नहीं कहा जा सकता। रिसर्च का लक्ष्य साहित्यिक ज्ञान को बढ़ाना है, साहित्य का अध्ययन करना नहीं है। जब साहित्य का अध्ययन किया जाता है तो उसके लिए साहित्यिक विवेक और संस्कार आवश्यक हैं। अन्यथा साहित्यिक अध्ययन का कोई मूल्य नहीं रह जाता। किन्तु शुद्ध अनुसन्धानकर्ता के लिए साहित्यिक चेतना उतनी आवश्यक नहीं है। हिन्दी में जब रिसर्च के नाम पर साहित्य के अध्ययन की परिपाटी चल पड़ी है तो उससे आशा की जाती है कि साहित्य का विवेचनात्मक तात्विक चिन्तन हो। पर हिन्दी के शोध-प्रबन्धों में इस प्रकार का साहित्यिक विवेक कम मिलता है। हिन्दी में साहित्य का वैज्ञानिक अध्ययन तथ्यपरक हुआ है, तत्त्वपरक नहीं। "इसमें सन्देह नहीं कि तथ्य-शोध अनुसन्धान का प्रथम सोपान है, किन्तु उसको इसी रूप में ग्रहण भी करना चाहिए वह सोपान ही है लक्ष्य नहीं है।"[108] हिन्दी के शोध-प्रबन्धों को रिसर्च की दृष्टि से देखें तो उनमें नवीनता और मौलिकता की कमी बहुत खटकती है और समीक्षा की दृष्टि से देखें तो प्रवृत्तियों का अन्तर्दर्शन, लेखक के कलात्मक व्यक्तित्व का विश्लेषण और रचना की अनुभूति का स्पष्टीकरण नहीं मिलता। उनमें प्रायः आलोच्य विषय के उपकरणों का विश्लेषण और अवयवों का विश्लेषण हुआ है जिससे न अध्येता के साहित्यिक विवेक का पता चलता है और न वह पाठक के साहित्यिक

विवेक को बढ़ाता है।

आजकल वैज्ञानिक समीक्षा का प्रसार इतिहास-लेखन के क्षेत्र में भी हो रहा है। साहित्य का वस्तून्मुख तटस्थ विकासक्रम दिखाना वैज्ञानिक इतिहास का लक्ष्य है। साहित्यिक एवं सामाजिक मूल्यांकन से निरपेक्ष होकर साहित्य के इतिहास को भी वैज्ञानिक इतिहास बनाने का प्रयत्न हो रहा है। मूल्यांकन में इतिहासकार की संकीर्णता कुछ साहित्यिक प्रवृत्तियों के साथ अन्याय कर सकती है जैसा कि शुक्ल जी के इतिहास में हुआ है। इसलिए आजकल तटस्थता बरती जा रही है। इस तरह साहित्य का विकास एवं परिवर्तन दिखाया जा सकता है, पर साहित्य की प्रगति का, उसके उत्कर्ष-अपकर्ष का निरूपण नहीं हो सकता। साहित्य के इतिहास का यह वैज्ञानिक अध्ययन विचारोत्तेजक नहीं होता। संकीर्ण साहित्यिक एवं सामाजिक दृष्टि की प्रतिक्रिया में आज वैज्ञानिक इतिहास लिखने के जो प्रयत्न हो रहे हैं वे केवल इस बात को स्पष्ट करते हैं कि व्यापक दृष्टि से साहित्य के विकास का आकलन करते हुए उसकी प्रगति का मूल्यांकन करना चाहिए। लेकिन साहित्यिक-असाहित्यिक विवेक से निरपेक्ष साहित्य का इतिहास अपनी साहित्यिकता को खो बैठता है। साहित्य का सत्य इतिहास के तथ्य से भिन्न होता है। वैज्ञानिक इतिहास में इतिहासकार साहित्य के भावात्मक सत्य को छोड़कर उसके तथ्यों का निरूपण करने का प्रयत्न करता है। इसलिए उसमें साहित्यिक प्रवृत्ति का अन्तर्दर्शन नहीं होता। साहित्य की कलात्मक चेतना को भुलाकर उसके स्वरूप के विश्लेषण में वैज्ञानिक इतिहास वही गलती कर रहा है जो साहित्य को युग के सामाजिक एवं सांस्कृतिक जीवन का प्रतिबिम्ब मानकर साहित्य के विकास को स्पष्ट करने वाले इतिहास कर चुके हैं। साहित्य में कलात्मक प्रकृति के अनुसार युग की मानवीय संवेदना का विशिष्ट ग्रहण होता है। कलात्मक चेतना युग की चेतना से कहीं अधिक संवेदनशील होती है। साहित्य के स्वरूप का परिवर्तन या साहित्य की सामाजिक प्रवृत्ति का विकास दिखाना साहित्य के इतिहास का लक्ष्य नहीं है। उसमें कलात्मक संवेदना की प्रगति भी दिखानी चाहिए।

वैज्ञानिक दृष्टि इतिहास और समीक्षा में अन्तर करके पहले में मूल्यांकन से निरपेक्ष प्रवृत्ति निरूपण का आग्रह करती है। इतिहास का काम तथ्य संकलन एवं सम्पादन और समीक्षा का मूल्यांकन माना जाता है। दूसरी की रुचि प्रवृत्ति निरूपक मात्र निम्न कोटि की रचनाओं में कम होती है। लेकिन साहित्यिक प्रगति के आकलन के लिए, आलोचनात्मक शक्ति चाहिए। कलात्मक संवेदना के विकास को देखने या परखने के लिए समीक्षक की कलात्मक चेतना भी चाहिए। इतिहास और समीक्षा का अन्तर इतना ही है कि समीक्षा साहित्य में जीवन की कलात्मक अनुभूति का मूल्यांकन करती है, इतिहास उस अनुभूति की ऐतिहासिक प्रगति का मूल्यांकन करता है। वास्तव में दोनों के काम एक-दूसरे के सहयोगी हैं। इतिहास ऐतिहासिक प्रगति को स्पष्ट करते हुए समीक्षा का पथ प्रशस्त करता है। समीक्षा साहित्य के आकलन

के लिए इतिहास को नई दृष्टि देती है, विशेषकर आधुनिक साहित्य के सम्बन्ध में।

नवीन राष्ट्रीय जागृति में साहित्य का इतिहास लिखने की प्रेरणा मिली है। शुक्ल जी ने अपने इतिहास में देशकाल की भूमिका पर साहित्यिक प्रवृत्तियों का विकास अवश्य दिखाया है, किन्तु साहित्य को देशकाल का प्रतिबिम्ब मानते हुए वे कलात्मक संवेदना का क्रमबद्ध विकास नहीं दिखा सके। हजारी प्रसाद द्विवेदी जी युग की सांस्कृतिक चेतना में साहित्यिक संवेदनशीलता की प्रगति का तो आकलन कर सके हैं लेकिन उनकी दृष्टि साहित्य में कलात्मक संवेदना की अपेक्षा मानसिक चेतना पर ही अधिक रही है। प्रगतिवादी इतिहासकार सांस्कृतिक चेतना के बदले सामाजिक चेतना के आधार पर साहित्य की प्रगति का आकलन करना चाहते हैं। यह साहित्यिक संवेदना के मूल में उनकी अधिक गहरी पैठ को अवश्य प्रकट करता है लेकिन वे भी कभी-कभी कलात्मक प्रकृति की परिधि में साहित्यिक संवेदनशीलता के विकास को देखने की बात भुला देते हैं। रिसर्च सम्बन्धी नवीन वैज्ञानिक इतिहास, कलात्मक चेतना का नहीं, साहित्यिक स्वरूप के विकास का अध्ययन कर रहे हैं।

(2) **मनोविश्लेषणात्मक समीक्षा :** साहित्य की समीक्षा में मनोविज्ञान का प्रयोग नया नहीं है। शुक्ल जी ने रस-सिद्धान्त को मनोवैज्ञानिक आलोक में ग्रहण किया है। वाजपेयी जी कलाकार के व्यक्तित्व और काव्यानुभूति का मनोवैज्ञानिक विश्लेषण करते हैं। लेकिन यहाँ मनोविज्ञान साहित्यिक दृष्टि का साधन है। नगेन्द्र जी साहित्य के पीछे मानसिक कुंठाओं का विश्लेषण करने में मनोविज्ञान को अपेक्षाकृत अधिक महत्त्व देते हैं। लेकिन वे भी साहित्यिक दृष्टि को नहीं भुलाते, मानसिक कुंठाओं के सुन्दर उदात्त साहित्यिक रूपान्तर के मूल्य को स्वीकार करते हैं। आगे चलकर मनोविज्ञान, साहित्यिक मूल्यांकन का साधन न रहकर मूल्यांकन का प्रतिमान हो गया है। इलाचन्द्र जोशी जी की समीक्षा में 'मनोवैज्ञानिकता' साहित्यिक उत्कृष्टता की कसौटी हुई है और साहित्य का मूल्य जीवन के मनोवैज्ञानिक विश्लेषण में माना गया है। साहित्य-रचना में, विशेषकर कथा-साहित्य में मनोवैज्ञानिक रचनाओं के प्रणयन से, उनके समर्थकों के द्वारा समीक्षा में मनोवैज्ञानिक मूल्यों की श्रेष्ठता का प्रतिपादन होना स्वाभाविक ही है। नए जीवन के साथ अग्रसर होने में नवीन साहित्य मनोविश्लेषणात्मक, प्रयोगवादी, प्रगतिवादी विभिन्न दिशाओं में विकास कर रहा है। बढ़ती विशेषज्ञता के युग में जीवन-मूल्यों का संश्लेषण कुछ कठिन हो गया है। फलस्वरूप नवीनतम साहित्य समीक्षा एकांगी जीवन-मूल्यों को लेकर अतिवादी दिशाओं में भटक रही है।

मनोविश्लेषण प्रधानतः साहित्यिक प्रेरणाओं का अध्ययन करता है। अवचेतन मन की कुंठाओं के साथ साहित्य का सम्बन्ध स्थापन, बहुत से साहित्यिक सहृदयों को मान्य भले ही न हो, लेकिन कलाकार और कला का मनोविश्लेषण सूक्ष्म साहित्यिक चेतना का विकास कर सकता है। मनोविश्लेषणात्मक प्रक्रिया द्वारा रचना में लेखक

के अवचेतन के भाव-विचार, सूक्ष्म मानसिक अनुभूतियाँ और कल्पना के स्तर, बुद्धि के आलोक में आकर साहित्यिक प्रवृत्ति की स्पष्ट पहचान हो सकती है। लेकिन हिन्दी में इस प्रकार का विश्लेषणात्मक अध्ययन अभी कम हुआ है। उसमें विश्लेषण की अपेक्षा मूल्यांकन के लिए मनोविश्लेषण की सहायता ली जा रही है जैसा कि नगेन्द्र, इलाचन्द्र जोशी और अज्ञेय की समीक्षाओं में देखते हैं। यदि मनोविश्लेषण को साहित्य के विश्लेषण से उसके मूल्यांकन के क्षेत्र से ले आवें तो कलात्मक मूल्यों के साथ मनोविश्लेषण के मूल्यों का समन्वय नहीं हो पाता। साहित्य में अवचेतन मन का विश्लेषण हो सकता है लेकिन उसी से साहित्य का कलात्मक हो जाना अनिवार्य नहीं है। रचना में लेखक के अवचेतन मन की प्रेरणाओं का अनुसन्धान करना रचना की रस-संवेदना का विश्लेषण नहीं है। रचनात्मक प्रेरणाओं के मूल उद्देश्यों का विचार, रचना में लेखक के अभिप्रेत लक्ष्य से, रचना की अनुभूति से प्रत्यक्ष सम्बन्ध नहीं रखता। यौन इच्छा या न्यूनताग्रंथि की क्षतिपूर्ति की प्रेरणाएँ, साहित्यिक उदात्तीकरण के बाद अभिव्यक्ति रूप में काव्यानुभूति के उत्कर्ष-अपकर्ष की निर्णायक नहीं हैं। साहित्य की मूल प्रेरणा कामहीनता ग्रंथि आदि भावनाओं से ही है, मनोविज्ञान की यह धारणा भी पूर्ण सत्य नहीं है। यह सिद्धान्त ह्रासोन्मुख साहित्य की व्याख्या कर सकता है, उदात्त सांस्कृतिक एवं सामाजिक रचनाओं की नहीं। अन्तश्चेतनावादी वैयक्तिक एवं एकान्तिक जीवन दृष्टि, साहित्य में सामाजिक जीवन और सांस्कृतिक चेतना के पहलुओं को भुला देती है।

इलाचन्द्र जोशी जी मनोविश्लेषण-शैली के प्रधान समीक्षक हैं। 'साहित्य-सर्जना' में पहले स्वच्छन्दतावादी जोशी जी साहित्य और समीक्षा दोनों में अन्तश्चेतनावादी हुए हैं। इस रूप में वे कलाकार की कलाकृति के आधार पर उसके मन के भीतर के द्वन्द्व, उसकी अन्तश्चेतना में निहित पाशविक वृत्तियों के ताडन अथवा स्वस्थकर मानवीय भावनाओं के आलोड़न-विलोड़न का पता लगाना चाहते हैं। इस दृष्टि से वे कहते हैं कि छायावाद में जीवन की वास्तविकता से दूर काल्पनिक छायाचित्रों की सृष्टि हुई है और प्रगतिवाद में भी स्वस्थ सामाजिक भावना के बदले व्यक्तिगत आक्रोश के कारण उत्पन्न सामाजिक विद्रोह ही झलक रहा है। स्पष्ट ही वे छायावाद और प्रगतिवाद के दूसरे पहलू को देखना नहीं चाहते। मनोविश्लेषणात्मक दृष्टि अपनाने के बाद 'साहित्य-सर्जना' में पहले भावात्मक एवं मानवीय कलाकारों को जो मान्यता दी गई है उनका विपरीत मूल्यांकन विवेचन हुआ है। शरत् की बहुत कड़ी आलोचना करते हुए वे कहते हैं कि उनके उपन्यासों में चारित्रिक दुर्बलता के प्रति मोह उत्पन्न होता है क्योंकि वे दुर्बलता के निर्मम चीर-फाड़ के द्वारा स्वस्थ सामाजिक प्रभाव सृष्टि का प्रयत्न नहीं करते। चीर-फाड़ की यह स्वस्थता उन्हें हिन्दी के मनोवैज्ञानिक उपन्यासों में मिली है जिन्हें वे देशी-विदेशी सब मनोवैज्ञानिक रचनाओं से श्रेष्ठ मानते हैं।[109] इससे मालूम होता है कि उनका मनोविश्लेषण, रचना की अनुभूति की स्वस्थता

पहचानने में समर्थ नहीं है।

मनोविज्ञान ने साहित्य-समीक्षा को एक नई दृष्टि दी है। संकीर्ण अर्थ में उसके ग्रहण से अनर्थ हो सकता है। जोशी जी की समीक्षा इसे स्पष्ट करती है। साहित्यिक अभिरुचि के विकास में मनोवैज्ञानिक समीक्षा का प्रत्यक्ष हाथ न होने पर भी साहित्यिक चेतना पर उसका अप्रत्यक्ष प्रभाव, रूढ़ संस्कारों और मान्यताओं के विरोध के रूप में पड़ा है। यह निषेधात्मक कार्य भी कुछ कम महत्त्वपूर्ण नहीं है।

हिन्दी में अधिकांश मनोवैज्ञानिक समीक्षा फ्रायड, एडलर आदि के आधार पर मनोविश्लेषणात्मक सैकोएनलटिकल है जो अहं (इगो), काम (लिबिडो) और अन्तश्चेतना को जीवन और कला या साहित्य के मूल प्रेरक मानता है। मनोविश्लेषण के अतिरिक्त मनोविज्ञान की कई शाखाएँ हैं जो साहित्य के अनेक पहलुओं के विश्लेषण में सहायक हो सकती हैं। अभी इन दिशाओं में काम करना है। कुछ साहित्यकारों के मनोवैज्ञानिक अध्ययन जो शोधकार्य के रूप में हुआ है, वह प्रायः सामान्य मनोविज्ञान या वैयक्तिक मनोविज्ञान के आधार पर हुआ है जिनमें मनोवैज्ञानिक दृष्टि अधिक गहरी नहीं है। पाश्चात्य देशों में छात्रों और पाठकों की साहित्यिक अभिरुचि का प्रायोगिक मनोविज्ञान द्वारा विश्लेषण के अनेक प्रयत्न हुए हैं जिनकी ओर पहले संकेत किया गया है।

(3) **प्रयोगवादी साहित्य-समीक्षा :** आज की नई जीवन-परिस्थितियों के कारण परम्परागत मूल्यों में परिवर्तन हो गया है, किन्तु संस्कारों के कारण लोग नई चेतना को अपनाने में संकोच अनुभव कर रहे हैं। यह संघर्ष आज की मानसिक अशान्ति का कारण है। प्रयोगवाद नए जीवन की विषमता को दूर करने के लिए नवीन वैज्ञानिक दृष्टि के अनुरूप बौद्धिक चेतना का विकास चाहता है। लेकिन व्यक्तिवादी दृष्टि के कारण वह नए जीवन की सामाजिक समस्याओं को सुलझाने में असफल हो रहा है और जीवन की विषमता में उलझकर नवीन मार्गान्वेषण और प्रयोगों में लगा है। स्वच्छन्दतावादी समीक्षक प्रयोगवादी इस मानसिक उलझन से चिढ़े हैं तो प्रगतिवादी उसकी व्यक्तिवादी सांस्कृतिक दृष्टि से। उनके आक्षेपों के कारण अपने समर्थन में प्रयोगवादी लेखक स्वयं समीक्षक बने हैं और प्रतिनिधि लेखक के रूप में अज्ञेय जी प्रयोगवाद की गतिविधि को स्पष्ट करने में लगे हैं। उन्होंने प्रयोगवादी दृष्टि से साहित्य की व्याख्या की है। यह सही है कि वादीय दृष्टि से प्रस्तुत सिद्धान्त, साहित्य की सर्वमान्य व्याख्या नहीं कर सकते, फिर भी वे नई प्रवृत्ति की व्याख्या द्वारा पाठक और समीक्षक का पथ-प्रदर्शन कर सकते हैं। छायावादी कवियों की तरह प्रगतिवादी लेखकों को भी समीक्षा के द्वारा अनुकूल नई साहित्यिक अभिरुचि उत्पन्न करने की जरूरत पड़ी है। क्योंकि यह प्रवृत्ति भी परम्परा से भिन्न और नई थी। काव्य परम्परा से भिन्न एक नवीन बौद्धिक दृष्टि और वस्तून्मुख कला का जब साहित्य में, विशेषकर कविता में प्रवेश हुआ है, उसकी नवीन सत्ता और मार्मिकता की ओर ध्यान आकृष्ट

करना आवश्यक हो गया है।

नवीन बौद्धिक चिन्तन में प्रयोगवादी समीक्षा ने विज्ञान, मनोविज्ञान और समाजशास्त्र के नए ज्ञान-प्रसार को स्वेच्छा से अपनाया है। अज्ञेय जी अपनी समीक्षा में नई बौद्धिक चेतना के अनुसार साहित्यिक दृष्टि का विकास चाहते हैं। नई चेतना की विविध विचार-सरणियों के प्रभाव में वे एक ओर मनोवैज्ञानिक समीक्षक समझे जाते हैं तो दूसरी ओर व्यक्तिवादी सांस्कृतिक समीक्षक भी। एक ओर उन्होंने मनोविज्ञान के अनुसार कला की प्रकृति और सार्थकता को स्पष्ट किया है तो दूसरी ओर इलियट का अनुसरण करते हुए साहित्यिक एवं सांस्कृतिक परम्परा और नवीन प्रयोग एवं चिन्तन की व्याख्या भी की है। लेकिन इलियट से भिन्न वे व्यक्तिवादी सांस्कृतिक समीक्षक लगते हैं। व्यक्तिवादी बौद्धिक एवं सांस्कृतिक दृष्टि के कारण ही वे उच्च साहित्य को प्रबुद्ध सामाजिक वर्ग की अभिव्यक्ति मानते हैं। वे साहित्य की वस्तु को उच्चवर्गीय जीवन तक सीमित करना नहीं चाहते। आज का प्रबुद्ध मध्यवर्गीय कलाकार व्यापक सामाजिक जीवन के सम्बन्ध में अपनी आन्तरिक अनुभूति की सच्चाई को ही प्रकट करेगा—उस पर समाजवादी या जनवादी दृष्टि से लिखने का नियन्त्रण नहीं हो सकता। अज्ञेयजी का व्यक्तिवाद छायावाद के व्यक्तिवाद की तरह भावात्मक और समाज-निरपेक्ष नहीं है। उसमें सामाजिक रूढ़ि के प्रति विद्रोह की प्रगतिशीलता है। अनैतिकता को मनोवैज्ञानिक दृष्टि से देखते हुए वे नैतिक रूढ़ि का विरोध करते हैं। लेकिन अज्ञेयजी का दृष्टिकोण प्रजातन्त्रात्मक सामाजिक व्यक्तिवाद नहीं लगता, उसमें व्यक्तिवादी अहं का सामाजिक विद्रोह ही अधिक दीखता है।

व्यक्तिवादी दृष्टि से अज्ञेय कहते हैं कि सामयिक परिस्थितियों में नई चेतना का विकास करनेवाला साहित्य ही श्रेष्ठ साहित्य होता है। अग्निगर्भ साहित्यकार विद्रोही होकर सामाजिक प्रगतिशीलता में सहायक होता है। सामाजिक स्थितिशीलता को तोड़कर, युयुत्स्या की भावना जगाकर नई सामाजिक एवं मानसिक चेतना का विकास करना ही संक्रान्तिकाल में साहित्यकार का आदर्श है। इसे साहित्य का प्रतिमान बनाकर अज्ञेय जी ने नए साहित्य का मूल्यांकन किया है। इस दृष्टि से वे कहते हैं कि आधुनिक हिन्दी साहित्य अतृप्ति का, लालसा का, इच्छित विश्वास का साहित्य है। समाज की यथार्थ परिस्थितियों से लड़ने में असफल आज के कलाकार अनुकूलता की, सन्तोषजनक सामाजिक परिवृत्ति की माँग कर रहे हैं—एक अनुकूल कल्पनालोक की सृष्टि कर लेने में लगे हैं। आधुनिक साहित्य के सम्बन्ध में अज्ञेय जी का यह विश्लेषण बहुत तलस्पर्शी हुआ है। उन्होंने एक ओर छायावादी कल्पना का और दूसरी ओर गद्य साहित्य की आदर्शवादिता का भंडाफोड़ करके उनमें साहित्यिक चेतना के निचले स्तर को स्पष्ट किया है।

नई साहित्यिक अनुभूति और अभिरुचि के विकास में अज्ञेय जी का योगदान

भुलाया नहीं जा सकता। संक्रान्तिकालीन साहित्यिक समस्याओं को अपने ढंग से सुलझाते हुए उन्होंने नई सांस्कृतिक एवं साहित्यिक चेतना के विकास पर ज़ोर दिया है। हिन्दी साहित्य की गतिविधि को देखते हुए उन्होंने स्पष्ट अनुभव किया है कि आज साहित्य के लिए चिन्ताग्रस्त, चाहे वे कलावादी हों चाहे समाजवादी, सभी साहित्यकारों का कर्तव्य "जनरुचि का परिष्कार, उसमें आलोचक बुद्धि और जागरूकता उत्पन्न करना और बनाए रखना" है।[110] एकांगी होते हुए भी उनकी व्यक्तिवादी दृष्टि ने युग की अतिवादी सामाजिक दृष्टि में आवश्यक ब्रेक लगाया है। उनकी साहित्यिक दृष्टि ने असाहित्यिकता का तीव्र विरोध किया है और कलात्मक अभिव्यक्ति में वैयक्तिक एवं मनोवैज्ञानिक चेतना का तलस्पर्शी विश्लेषण किया है। उनकी व्याख्याओं से नई प्रयोगवादी साहित्यिक प्रवृत्ति की विशेषताएँ प्रकाश में आई हैं। उनकी समीक्षा द्वारा नई यूरोपीय समीक्षा के सूक्ष्म अनुशीलन का हिन्दी में प्रवेश हुआ। लेकिन अज्ञेय जी के इस कार्य का हिन्दी में स्वागत कम हुआ है। क्योंकि समीक्षा में सूक्ष्म बौद्धिक एवं मानसिक संवेदनों की चर्चा रसवादी दायरे में नहीं समाती। रसवादी परम्परा में पले हुए हिन्दी साहित्य-संसार ने तीव्र विरोध के बाद छायावादी कल्पना को किसी प्रकार रसानुभूति की परिधि में स्वीकार किया है। लेकिन इससे आगे बढ़कर वह बौद्धिक संवेदनों की रसानुभूति को मानने के लिए तैयार नहीं है। इसलिए प्रयोगवादी समीक्षा को विदेशी नकल कहकर उसकी उपेक्षा हुई है। इसका कारण यह है कि ये रसवादी नई समीक्षा को पहले की साहित्यिक परम्परा में देख रहे हैं, हिन्दी साहित्य के नवीनतम विकास की भूमि पर नहीं। प्रयोगवादी समीक्षा नवीनतम साहित्य की समीक्षा है। इस नवीनतम साहित्यिक चेतना और प्रवृति का अज्ञेय जी का-सा सूक्ष्म विचार कम समीक्षकों में मिलता है। उनकी मान्यताएँ व्यापक भले ही न हों, फिर भी साहित्य की वर्तमान स्थिति की व्याख्या में उनकी उपादेयता को अस्वीकार नहीं किया जा सकता।

अज्ञेय जी के अतिरिक्त अन्य प्रयोगवादी कवियों ने भी 'सप्तक संकलनों' में अपने व्यक्तिवादी दृष्टिकोण और रचनाधर्मिता को स्पष्ट किया है। व्यक्तिवाद और नए रूपात्मक प्रयोगों के अलावा इस नई प्रवृत्ति का कथ्य उपेक्षित, लघु और कुरूप वस्तु-समुदाय और अकिंचन व्यक्तियों की प्रतीकात्मक अभिव्यक्ति है। इस प्रतीक-शैली में कवियों ने मानव-मूल्यों की व्यंजना की है। यह कथ्य जीवन के निषेधात्मक पहलू का चित्रण है। प्रसाद जी ने भारतीय आध्यात्मिक एवं धार्मिक दृष्टि से अनुप्राणित शाश्वततावादी भावात्मक आदर्शवाद के विरोध में 'काव्य और कला तथा अन्य निबन्ध' में यथार्थवाद को 'लघुता की ओर दृष्टिपात' कहा है। वास्तव में जीवन के बहिर्मुखी अनेक पहलुओं में लघुता अल्पता का एक पहलू मात्र है। वह पाठक अभिरुचि को लघुता से महानता की ओर ले जानेवाले जीवन-मूल्यों की भूमिका है।

प्रयोगवाद की परवर्ती रचनाओं को कुछ कवियों ने 'नई कविता' की संज्ञा दी है। प्रगतिवादियों ने दोनों में अनास्था, निराशा, विषमता तथा समाज-निरपेक्ष व्यक्तिवादी विशृंखलता को समान रूप से अभिव्यक्त माना है। लेकिन 'नई कविता' की अनेक कविताओं में आशा, आस्था और नवमानववाद की झलक मिलती है। यह नवमानववाद व्यक्ति की स्वतन्त्रता को स्वीकार करता है, लेकिन व्यक्ति को समाज के अंग के रूप में ही देखता है। पहले का मानवतावाद पीड़ित-शोषित और दीन-दुखी के प्रति दया-करुणा पर आधारित धार्मिक दृष्टिकोण है। 'नई कविता' के अनेक समीक्षक हुए हैं जिनमें प्रसिद्ध 'नई कविता के प्रतिमान' के लेखक लक्ष्मीकांत वर्मा 'नई कविता की सीमाएँ और सम्भावनाएँ' के रचयिता गिरिजा कुमार माथुर और 'नई कविता : स्वरूप और समस्याएँ' के साहित्यकार जगदीश गुप्त हैं। गुप्त जी के शब्दों में प्रयोगवादी कवि आधुनिक युग के नए सत्य के अन्वेषण में ही लगे रहे, जब कि नई कविता आर्थिक विषमता, युद्ध की विभीषिका, विज्ञान-मनोविज्ञान के द्वारा सांस्कृतिक मूल्यों के विघटन और औद्योगीकरण के परिपार्श्व में एक नवमानववाद की प्रतिष्ठा करना चाहती है।[111] नई कविता ने निश्चित ही पाठक की अभिरुचि को एक लघुता और सेक्स से एक नवीन मानवीय दिशा में ले जाने का प्रयत्न किया है।

(4) **प्रगतिवादी समीक्षा :** नए युग में मार्क्सवादी विचारधारा ने मानवीय जीवन-दृष्टि को आमूल बदलते हुए साहित्य को भी प्रभावित किया है। इससे साहित्य में सामाजिक अनुभूति की अभिव्यक्ति का महत्त्व बढ़ा है। साहित्य की रसानुभूति की व्याख्या सामाजिक अनुभूति के रूप में हुई है। आधुनिक हिन्दी साहित्य में यथार्थवादी दृष्टि का क्रमशः विकास हो रहा था। प्रगतिवादी आन्दोलन से उसे अपूर्व बल मिला, साहित्य के भाव से वस्तु का, उसमें भी विचार और दृष्टिकोण का मूल्य अधिक हुआ है। साहित्य में प्रेय से श्रेय पर ज्यादा ध्यान गया है और भावानुभूति के साथ विचारोत्तेजन भी साहित्य का लक्ष्य हुआ है। स्वच्छन्दतावाद के साथ साहित्य में भावात्मक एवं सांस्कृतिक स्वच्छन्दता अवश्य आई है। लेकिन उससे नए युग की यथार्थवादी दृष्टि को सन्तोष नहीं हुआ है। प्रगतिवाद के साथ व्यापक सामाजिक यथार्थता के ग्रहण में ही साहित्य सच्चे अर्थ में रूढ़ परम्पराओं से मुक्त होकर स्वच्छन्द हुआ है। नए युग की वैज्ञानिक, बौद्धिक और सांस्कृतिक जटिलता में मार्क्सवादी सामाजिक दृष्टि ने भौतिक एवं सांस्कृतिक विकास की एक निश्चित योजना सामने रखी है। एक नवीन सामाजिक आदर्श को सामने रखकर जीवन में आशा और आस्था की नई प्रतिष्ठा की है। जब साहित्य में प्रगतिशील स्वस्थ सामाजिक दृष्टि का ग्रहण हुआ है, युग की साहित्यिक प्रवृत्ति के अनुरूप नई समीक्षा का भी विकास हुआ है। मार्क्सवादी विचारधारा बौद्धिक एवं विचारात्मक होने से साहित्य की अपेक्षा समीक्षा में उसका अधिक प्रसार हुआ है और मार्क्सवादी सामाजिक दृष्टि से कल्पना प्रधान,

व्यक्तिवादी और प्रकृतिवादी साहित्यिक प्रवृत्तियों पर आक्षेप होने लगे हैं।

प्रगतिवाद के कारण साहित्य का सामाजिक दृष्टि से विचार-विवेचन आरम्भ हुआ है। उसके पूर्व साहित्य-समीक्षा में सामाजिक दृष्टि का प्रथम आग्रह शुक्ल जी का था। लेकिन उनकी सामाजिक दृष्टि नैतिक सीमाओं में बँधी थी। डॉ. हजारी प्रसाद द्विवेदी जी की सामाजिक भावना व्यापक अवश्य थी पर उनकी दृष्टि साहित्य के सांस्कृतिक एवं मानवीय पहलुओं पर ही अधिक रही है। आदर्शवादी सामाजिक दृष्टि की संकीर्णताओं की प्रतिक्रिया व्यक्तिवादी सांस्कृतिक समीक्षा में हुई है। लेकिन व्यक्तिवादी दृष्टि स्वच्छन्दतावादी आदर्शों को दूर तक खींचकर अन्तश्चेतनावादी और प्रकृतिवादी जीवन-दृष्टियों में ह्रासोन्मुखी हुई है। प्रगतिवाद ने साहित्य-समीक्षा में यथार्थ सामाजिक दृष्टि की प्रतिष्ठा की है। इसके पहले ही साहित्य के सम्बन्ध में सामाजिक दृष्टि का ज़ोरदार आग्रह करते हुए प्रेमचन्द जी इस नई दृष्टि के अग्रणी हुए हैं। लेकिन उनकी सामाजिक दृष्टि आदर्शवादी थी, इसलिए यथार्थवादी सामाजिक दृष्टि का ग्रहण मार्क्सवादी प्रगतिवाद के साथ ही मानना चाहिए।

प्रगतिवादी नई समीक्षा ने साहित्य में विषय-वस्तु के मूल्यों को स्पष्ट किया है। उसके पहले भावात्मक एवं कलात्मक मूल्यों के आधार पर ही चाहे वे शास्त्रीय हों या स्वच्छन्दतावादी—साहित्य का मूल्यांकन होता था। शुक्ल जी ने रसानुभूति के लिए सामाजिक वस्तु पर ज़ोर दिया है। स्वच्छन्दतावादियों ने भी छायावादी कलात्मक संवेदना के समर्थन में नई वस्तु और वस्तुगत भाव के अधिक मूल्य का आग्रह किया है। लेकिन प्रगतिवादी आन्दोलन के पहले समीक्षकों ने प्रधानतः काव्य की रसानुभूति या कलात्मक संवेदना का ही मूल्य आँका है। प्रगतिवादी समीक्षा ने साहित्य की सामाजिक प्रेरणा और अनुभूति का अनुसन्धान करते हुए उसके प्रभाव में वस्तु के महत्त्व की ओर विशेष ध्यान आकृष्ट किया है। सैद्धान्तिक समीक्षा-पद्धति ने हिन्दी समीक्षा को रसज्ञता दी है और स्वच्छन्दतावादी समीक्षा-पद्धति ने कलात्मक सौन्दर्य की चेतना दी है तो प्रगतिवादी समीक्षा-पद्धति ने उसे वस्तु के औचित्य का बोध दिया। इस प्रकार अनुभूति और अभिव्यंजना के साथ-साथ वस्तु की ओर ध्यान जाने से हिन्दी साहित्य-समीक्षा को समग्र रूप मिला है।

प्रगतिवादी समीक्षा द्वन्द्वात्मक भौतिकवाद के आधार पर साहित्य का विश्लेषण एवं मूल्यांकन करती है। वह सामाजिक चेतना, वर्ग-संघर्ष और ऐतिहासिक प्रगतिशीलता की दृष्टि से साहित्यिक अनुभूति एवं अभिव्यक्ति की व्याख्या करती है और साहित्य में युग की वास्तविकता, सामाजिक स्वस्थता और स्वाभाविक सौन्दर्य को परखते हुए उसका मूल्यांकन करती है। साहित्य में मार्क्सवादी जीवन-दृष्टि की एकांगिकता पर अनेक आक्षेप हुए हैं। पहले आक्षेप के अनुसार मार्क्सवाद भौतिक विकास को ही सच्चा विकास मानता है और उस विकास में आर्थिक एवं राजनीतिक पहलुओं को अधिक महत्त्व देता है। लेकिन जैसा कि बहुत से समीक्षक आरोप करते

हैं, मार्क्सवाद सांस्कृतिक एवं मानवीय पहलुओं की उपेक्षा नहीं करता बल्कि वह उन्हें प्रत्यक्ष, अप्रत्यक्ष रूप से आर्थिक एवं राजनीतिक पहलुओं पर निर्भर मानता है। ऐंजल्स ने भौतिक विकास को अपनी सम्पूर्णता में मानव जीवन का विकास माना है। दूसरा आक्षेप यह है कि वह मानव जीवन के चिरंतन भावों के सौन्दर्य की उपेक्षा करके सामयिक वास्तविकता पर जोर देती है। लेकिन ऐतिहासिक दृष्टि स्पष्ट करती है कि वस्तु या जीवन में परिवर्तन के साथ प्रेम आदि की भावानुभूति भी न्यूनाधिक बदलती है। प्राचीन काव्यों में हमारी रसानुभूति भावों की अपरिवर्तनशीलता से अधिक उस युग की मानवीय संवेदना के प्रति हमारी सहानुभूति के कारण है। तीसरा आक्षेप यह होता है कि मार्क्सवादी दृष्टि कलाकारों को अपने वर्गीय संस्कारों में बँधा हुआ मानकर उनकी संवेदनशील मानवीय महानता की अवहेलना करती है। पर प्रगतिवाद स्वीकार करता है कि वर्ग-संघर्ष से उत्पन्न सामाजिक विषमता में लेखक की जीवन-दृष्टि अपने वर्गीय संस्कारों से बँधी ही नहीं रहती, बल्कि उसकी मानवता अपने वर्ग की सीमाओं में युग की प्रगतिशील मानवीय संवेदना को प्रकट करने का प्रयत्न भी करती है। इस सिलसिले में हमें नहीं भूलना चाहिए कि वर्गीय दृष्टि से परे होकर मानवीय भूमि पर रचना करनेवाले रवीन्द्र जैसे कवि एकाध ही होते हैं और उनकी रचना में भी वर्गीय संस्कारों की न्यूनाधिक सीमाएँ अवश्य रहती हैं। वर्ग-दृष्टि से परे होने में नहीं, बल्कि प्रगतिशील दृष्टि अपनाने में कलाकार की कला की महानता प्रकट होती है। वास्तव में प्रगतिवादी समीक्षा ने साहित्य-समीक्षा को नया दृष्टिकोण और नए प्रतिमान दिये हैं। जिनसे साहित्य की धारणाओं का आमूल परिवर्तन हो गया है। इस सन्दर्भ में उसकी ये मान्यताएँ उल्लेखनीय हैं। साहित्य सामाजिक यथार्थता से प्रत्यक्ष-अप्रत्यक्ष रूप से प्रभावित रहता है। कलाकार के व्यक्तित्व-विकास में सामाजिक परिस्थितियों का प्रबल हाथ होता है। व्यक्ति की प्रतिभा को अनुप्राणित करनेवाली उसकी सामाजिक अनुभूति ही है। साहित्य की प्रेषणीयता सामाजिक अनुभूति की अभिव्यक्ति के कारण ही है। साहित्य की रसानुभूति शुद्ध भावानुभूति नहीं, सामाजिक अनुभूति है। उससे अलग साहित्य की भावात्मक एवं कलात्मक सत्ता नहीं होती। सामाजिक अनुभूति की अभिव्यक्ति में ही साहित्य प्रगतिशील होता है।

अभी प्रगतिवादी समीक्षा मार्क्सवाद के अनुसार साहित्यिक दृष्टिकोण और मान्यताओं के सैद्धान्तिक विचार में ही अधिक लगी है। वह साहित्य की कलात्मक प्रकृति के साथ नवीन सामाजिक दृष्टि का सामंजस्य स्थापित करने की साधना कर रही है। इसलिए उसकी व्यावहारिक समीक्षाएँ भी सैद्धान्तिक चर्चाओं से भरी हैं। साहित्य की समीक्षा में प्राचीन से नवीन पर उसकी दृष्टि टिकी हुई है। साहित्यिक प्रवृत्ति और ग्राहक अभिरुचि को स्वस्थ सामाजिक बनाने के प्रयत्न में उसका वर्तमान स्थिति पर अधिक ध्यान देना स्वाभाविक ही है। प्रगतिवादी अभिरुचि न कलावादी

है और न वह उच्चवर्गीय सुकुमार सौन्दर्य का आग्रह करनेवाली। वह स्वस्थ सामाजिक अनुभूति में ही कला का सौन्दर्य मानती है और प्रगतिवादी समीक्षा, लेखक और पाठक की अभिरुचि को इसी ओर उन्मुख करना चाहती है।

नवीन मार्क्सवादी सामाजिक दृष्टि के आवेश में प्रगतिवादी समीक्षा ने पहले पहल समस्त प्राचीन साहित्य को प्रतिक्रियावादी घोषित किया है। इस मूल्यांकन की संकीर्णता पर अनेक आक्षेप हुए हैं। धीरे-धीरे साहित्य का ऐतिहासिक और सामाजिक सूक्ष्म विश्लेषण आरम्भ हुआ है। साहित्यिक धाराओं में सामाजिक एवं वैयक्तिक अन्तर्विरोधों को पहचाना गया है, स्वस्थ आदर्शवादिता और काल्पनिकता का अन्तर किया गया है और परम्परा एवं रूढ़ि का भेद किया गया है। इस तरह भक्तिकाव्य के अन्तर्विरोधों में जनवादी प्रगतिशील परम्परा का उद्‌घाटन हुआ है। छायावाद को पलायनवादी कहकर घोर विरोध के बाद द्विवेदी युग की पौराणिक दृष्टि के साथ तुलना में उसकी नवीन चेतना का ऐतिहासिक मूल्यांकन हुआ है। प्रगतिवादी पन्त जी की कविता से छायावादी निराला जी की कविता श्रेष्ठ मानी गई है। यह प्रगतिवादी समीक्षा में व्यापक एवं उदार दृष्टि के विकास का प्रमाण है। यह मूल्यांकन व्यक्त करता है कि प्रगतिवादी समीक्षा सामाजिक विचारों के प्रचार से भुलावे में न आकर साहित्य में सामाजिक अनुभूति की सजीवता एवं शक्तिमत्ता को पहचान सकती है।

हिन्दी में प्रगतिवादी समीक्षा पर अनेक आक्षेप हुए हैं। उनमें कुछ ऐसे हैं जिनको दृष्टि में रखकर प्रगतिवादियों को आत्मावलोकन कर लेना आवश्यक प्रतीत होता है। पहला आक्षेप मूल्यांकन सम्बन्धी है। केवल प्रगतिवादी विचारों के प्रतिपादन के लिए प्रगतिवादी समीक्षा के द्वारा रचना की प्रशंसा अनुचित लगती है। पन्त जी की 'ग्राम्या' की समीक्षाओं ने प्रगतिवादी समीक्षा की कलात्मक अभिरुचि पर लोगों के मन में सन्देह उत्पन्न किया है। कलात्मक स्तर की उपेक्षा करके प्रेमचन्द जी को गोर्की आदि रूसी कलाकारों से श्रेष्ठ सिद्ध करने के प्रयत्नों से ऐसा लगता है कि प्रगतिवादी समीक्षा, कला के मूल्यांकन में असमर्थ है। सन्देह होता है कि प्रगतिवादी दल के होने पर प्रगतिवादी समीक्षा, कला की त्रुटियों को नहीं देखती। नवीन प्रगतिवादी लेखकों में कलात्मक चेतना का अभाव ही नहीं, घोर प्रतिक्रियावादी दुर्बलताएँ भी उनमें कम नहीं हैं, फिर भी वे प्रगतिवादी कलाकार घोषित किए जा रहे हैं। प्रगतिवाद के सामाजिक सिद्धान्त व्यापक हो सकते हैं लेकिन व्यवहार में प्रगतिवादी समीक्षकों की संकीर्णता बहुत खटकती है, विशेषतः प्रगतिवाद से भिन्न नवीन प्रवृत्तियों की प्रगतिशीलता को वे देख ही नहीं पाते। प्रगतिवादी मूल्यांकन में अनुदारता ही नहीं, अत्युदारता भी है जो प्रेमचन्द जी की सामाजिक आदर्शवादिता को ही नहीं, नारी जीवन के प्रति महादेवी जी के काव्य में भारतीय आदर्शवादिता को भी मार्क्सवादी दृष्टि से प्रगतिशील मानती है। प्रगतिवादी अब नए मूल्यांकनों में अपनी इन त्रुटियों को सुधारने में लगे हैं।

हिन्दी प्रगतिवादी समीक्षा पर दूसरा आक्षेप यह है कि वह साहित्य की कलात्मक प्रकृति को भूलकर, रचना में युग की वास्तविकता और प्रगतिशील विचारों के प्रत्यक्ष प्रतिपादन का आग्रह करती है। साहित्य में जीवन की यथार्थता कलात्मक प्रकृति के अनुसार आंशिक और सांकेतिक रूप में ही आ सकती है और वास्तविकता के इस ग्रहण में भी साहित्य के विविध रूपों की अपनी-अपनी सीमाएँ हैं। कविता में युग की वास्तविकता का वैसा प्रत्यक्षीकरण नहीं हो सकता जैसा कथा-साहित्य में। प्रगतिवादी समीक्षा, साहित्य में दृष्टिकोण और विचारधारा को अधिक महत्त्व देती है तो साहित्य को उससे आपत्ति नहीं हो सकती, लेकिन आपत्ति उस समय उठती है जब वह कलात्मक प्रकृति में उसका जो रूपान्तर होता है, उसे नहीं पहचानती।

प्रगतिवादी समीक्षा पर तीसरा आक्षेप होता है कि साहित्य के सम्बन्ध में उसकी सामाजिक दृष्टि असमग्र है। शुद्ध सामाजिक दृष्टि से वैयक्तिक सुख-दुख के प्रगीतों का कोई मूल्य नहीं रह जाता। क्योंकि वैयक्तिक प्रेम-स्नेह के प्रसंग सच्चे अर्थ में सामाजिक नहीं हैं। इसलिए सामाजिकता साहित्य के उत्कर्ष का एक पहलू ही है। उसके मानवीय एवं दार्शनिक दूसरे पहलू भी हो सकते हैं। व्यक्ति-मन के सूक्ष्म संवेदनों के मनोवैज्ञानिक एवं दार्शनिक चित्रण में भी साहित्य सजीव होता है। प्रगतिवाद की सामाजिकता को मानव-जीवन की बहिर्मुखी प्रवृत्ति के संकीर्ण अर्थ में लें तो उपर्युक्त कथन की सत्यता को स्वीकार करना ही पड़ता है। हिन्दी के कुछ प्रगतिवादी समीक्षकों की सामाजिक दृष्टि बहिर्मुखी प्रवृत्ति के अर्थ में संकीर्ण हो भी सकती है, लेकिन सिद्धान्ततः उसका दृष्टिकोण इससे कहीं अधिक व्यापक है। इस व्यापक दृष्टि से साहित्य में आत्माभिव्यक्ति का प्रगतिशील मूल्यांकन हो सकता है। वैयक्तिक सुख-दुःख और मानवीय भावनाएँ सामाजिक परिपार्श्व में ही सजीव साहित्यिक अभिव्यक्ति पाती हैं, अन्यथा उनमें काल्पनिकता की दुर्बलता आ जाती है। प्रगतिवादी सामाजिक दृष्टि, सामाजिक यथार्थता से निरपेक्ष भावानुभूति का कलात्मक मूल्य स्वीकार नहीं करती। भारतीय साहित्यिक परम्परा में ऐसी काल्पनिक शृंगारी रचनाओं की कमी नहीं है। इसमें सन्देह नहीं है कि प्रगतिवाद बहिर्मुखी यथार्थता को अधिक महत्त्व देता है, फिर भी समाज-सापेक्ष सच्ची अन्तर्मुखी यथार्थता की सत्यता को वह अस्वीकार नहीं करता।

मार्क्सवादी जीवन-दृष्टि और साहित्यिक मान्यताओं को संकीर्ण कहनेवालों ने भी प्रगतिवादी समीक्षा के ऐतिहासिक कार्य को स्वीकार किया है। उसने साहित्यिक अनुभूति और अभिरुचि को नए रूप में ढाला है। उसने सामाजिक विषयों में अभिरुचि ही उत्पन्न नहीं की है, साहित्य में स्वस्थ सामाजिक अभिरुचि का विकास भी किया है। उसने युग के परिपार्श्व में सामाजिक दृष्टि से साहित्य के उत्कर्ष-अपकर्ष को पहचानने की शक्ति दी है। साहित्यिक सौन्दर्य और सजीवता का सामाजिक अनुभूति के साथ सम्बन्ध स्थापित करते हुए उसने साहित्य के मूल्यांकन की नई दृष्टि दी

है। उसने सिद्ध किया है कि सामाजिक यथार्थता के ग्रहण से ही कवि की कल्पना में सजीवता आती है। वाजपेयी जी के शब्दों में प्रगतिवादी समीक्षा ने "दो वस्तुएँ मुख्य रूप से दी हैं। प्रथम यह कि काव्य-साहित्य का सम्बन्ध सामाजिक वास्तविकता से है, और वही साहित्य मूल्यवान है जो उक्त वास्तविकता के प्रति सजग और संवेदनशील है। द्वितीय यह कि जो साहित्य सामाजिक वास्तविकता से जितना ही दूर होगा, वह उतना ही काल्पनिक और प्रतिक्रियावादी कहा जाएगा। न केवल सामाजिक दृष्टि से वह अनुपयोगी होगा, साहित्यिक दृष्टि से भी हीन और ह्रासोन्मुख होगा। इस प्रकार साहित्य के सौष्ठव सम्बन्धी एक नई मापरेखा और एक नया दृष्टिकोण इस पद्धति ने हमें दिया है।"[112] इस नए दृष्टिकोण से पूरे हिन्दी साहित्य को नए सिरे से समझने के प्रयत्न हो रहे हैं तथा इस नई मापरेखा से साहित्य का नया मूल्यांकन हो रहा है। प्रगतिवादी समीक्षा में साहित्य की सामाजिक प्रेरणाओं और समाजोपयोगी स्वरूप की चर्चा ने एक नई साहित्यिक चेतना का विकास किया है। "समाजशास्त्रीय आलोचना ने साहित्य के मौलिक प्रश्नों के सम्बन्ध में नवीन जिज्ञासा को जन्म दिया और वस्तुवादी दृष्टिकोण से सामाजिक यथार्थता को सम्मुख रखकर जो समाधान प्रस्तुत किए उनके द्वारा सामान्य विचार-स्तर उन्नत एवं समृद्ध हुआ।"[113] प्रगतिवादी मान्यताओं और धारणाओं से युग के सभी लेखक एवं समीक्षक न्यूनाधिक प्रभावित हुए हैं। अपने-अपने ढंग पर सभी ने सामाजिक यथार्थता और प्रगतिशीलता की भावनाओं को ग्रहण किया है। यहाँ तक कि रसवादी और कलावादी समीक्षक भी सामाजिक दृष्टि से भावात्मक एवं कलात्मक अनुभूतियों की सार्थकता पर विचार कर रहे हैं।

प्रगतिवादी समीक्षा, साहित्य और समीक्षा के क्षेत्र में महत्त्वपूर्ण दृष्टि-परिवर्तन ला सकी, लेकिन उसने साहित्य के सम्बन्ध में अभी ठोस कार्य कम किया है। सैद्धान्तिक क्षेत्र में उसकी मान्यताएँ व्यवस्थित रूप में सामने रखना अभी बाकी है। व्यावहारिक क्षेत्र में समीक्षा की अपेक्षा पारस्परिक खंडन-मंडन ही अधिक हो रहा है। सैद्धान्तिक और व्यावहारिक दोनों क्षेत्रों में हिन्दी के प्रगतिवादी समीक्षकों की संकीर्णता भी बहुत खटकनेवाली है। जैसा कि डॉ. देवराज कहते हैं, "समाज-शास्त्रीय आलोचना के साथ मुख्यतः दो खतरे हैं। एक खतरा यह है कि ऐसा आलोचक जीवन के स्थूल सामाजिक रूपों को ही देखें और उसके सूक्ष्मतर स्पंदनों की उपेक्षा कर डालें। दूसरा खतरा यह है कि वह प्रवृत्तियों के विश्लेषण में इतनी फँस जाए कि आलोच्य कृति में विशिष्ट जीवन को कितनी सफलता एवं मार्मिकता से अभिव्यक्त किया गया है, इस मूल प्रश्न को भूल जाए। यह खतरा और भी बढ़ जाता है जब समाजशास्त्रीय आलोचक कलाकार से एक विशिष्ट सिद्धान्त या मतवाद की पुष्टि या प्रचार की माँग करने लगता है।[114] प्रत्येक वाद का जन्म एक ऐतिहासिक आवश्यकता की पूर्ति के लिए होता है। उससे जिस पहलू पर बल

पड़ता है उसके अतिरिक्त और पहलू भी होते हैं। ऐतिहासिक कार्य समाप्त होने पर एकपक्षीय संकीर्णता को छोड़कर व्यापक दृष्टि अपनानी चाहिए। जिस सामाजिकता पर जोर देने के लिए प्रगतिवाद का जन्म हुआ है वह पूरा हो गया है। और अब आवश्यकता इस बात की है कि वह, साहित्य के अन्य पहलुओं के साथ सामाजिक दृष्टि का समन्वय करते हुए व्यापक दृष्टि को ग्रहण करे। बाद की नई दृष्टि के साथ नई साहित्य-समीक्षा का विकास अस्वाभाविक नहीं है। लेकिन दृष्टि को व्यापक बनाकर ही साहित्य-समीक्षा के द्वारा स्वतन्त्र चिन्तन और गहरी अनुभूति का विकास हो सकेगा। प्रगतिवादी समीक्षा को अपनी नई दृष्टि के अनुसार साहित्य का व्यापक सैद्धान्तिक एवं व्यावहारिक अध्ययन करना चाहिए।

प्रगतिवादी समीक्षकों में शिवदान सिंह चौहान, अमृतराय, रांगेय राघव, प्रकाशचन्द्र गुप्त, रामविलास शर्मा, नामवर सिंह आदि के नाम उल्लेखनीय हैं। शिवदान सिंह चौहान जी का दृष्टिकोण काफी उदार एवं व्यापक है। प्रचारात्मक रचनाओं को वे साहित्य के क्षेत्र से बाहर समझते हैं। प्रगतिवादी समीक्षकों की संकीर्णता का भी उन्होंने विरोध किया है—रामविलास शर्मा जी के द्वारा शरत् के मूल्यांकन से वे सहमत नहीं हैं। उनका कहना है कि साहित्य में वास्तविकता को व्यापक अर्थ में ग्रहण करना चाहिए। साहित्य यदि सामाजिक यथार्थता की नींव पर हो तो उसकी भावात्मक और आदर्शवादी शैलियों से उनका कोई विरोध नहीं है। प्रगतिवादी मान्यताओं के सम्बन्ध में उन्होंने गहरा चिन्तन-मनन भी किया है। लेकिन व्यावहारिक समीक्षा में वे उतने सफल नहीं हुए हैं। उसके लिए आवश्यक रसग्राहिता उनमें कम है। इसीलिए उनके मूल्यांकनों पर आक्षेप किए गए हैं। अमृतराय की समीक्षाओं में साहित्यिक अध्ययन से मार्क्सवादी राजनीतिक चिन्तन का पक्ष अधिक प्रबल हो गया है। डॉ. रांगेय राघव का साहित्यिक दृष्टिकोण समन्वयवादी है। साहित्य के द्वारा पार्टी प्रचार की संकीर्णता का विरोध करते हुए वे कहते हैं कि सच्ची प्रगति मानव जीवन के बहिर्मुखी और अन्तर्मुखी समग्र विकास द्वारा ही सम्भव है। साहित्य में सामाजिक अभिव्यक्ति के साथ सांस्कृतिक चेतना पर भी उनका ध्यान रहता है। मार्क्सवादी ऐतिहासिक दृष्टि के साथ साहित्य की सांस्कृतिक एवं रसात्मक दृष्टि की उन्होंने सफलतापूर्वक संगति बिठायी है। युगानुरूप परिवर्तनशील संवेदना के रूप में उन्होंने रस-सिद्धान्त की मार्क्सवादी नई व्याख्या की है और साहित्य के व्यापक प्रगतिशील प्रतिमानों को सामने रखा है। प्रकाशचन्द्र गुप्त जी सिद्धान्ततः प्रगतिवादी होते हुए भी साहित्यिक मूल्यांकन में प्रभाववादी हैं। वे अनावश्यक वाद-विवाद में न पड़कर अपनी अनुभूति और विचारों को प्रकट करते हैं। उन्होंने नवीन साहित्यिक विकास का विस्तृत अध्ययन किया है। यद्यपि उनका विचार-विश्लेषण स्थान-स्थान पर सतही लगता है, फिर भी उनके सरल एवं सुबोध अध्ययन ने अनेक पाठकों को नवीन साहित्य की ओर आकृष्ट किया है। डॉ. रामविलास शर्मा जी प्रगतिवादी

सिद्धान्त-निरूपण और व्यावहारिक समीक्षा में नई उद्भावनाओं के कारण महत्त्वपूर्ण स्थान के अधिकारी हैं। लेकिन उनकी अधिकांश समीक्षात्मक प्रतिभा वाद-विवाद में व्यर्थ हो रही है। वे अपनी समीक्षा में जनवादी परम्परा के तत्त्वों का अनुसन्धान करते हुए साहित्य का मूल्यांकन करते हैं। इस दृष्टि से वे कबीर, तुलसी, हरिश्चन्द्र और प्रेमचन्द को हिन्दी साहित्य में जनवादी परम्परा के श्रेष्ठ लेखक मानते हैं। जनवादी आदर्शों के अनुसार उनकी रचनाओं का रामविलास जी ने महत्त्वपूर्ण अनुसन्धान भी किया है। तुलसी को प्रतिक्रियावादी होने के लांछन से मुक्त करते हुए वे उन्हें जनवादी परम्परा के सबसे अधिक मानवीय कवि कहते हैं। लेकिन सामाजिक यथार्थता के एक जनवादी पहलू को लेकर उनके मूल्यांकन एकांगी हो गए हैं। इस जनवादी दृष्टि से प्रेमचन्द जी को दोस्तोवस्की और गोर्की से अधिक जनवादी और इसलिए अधिक श्रेष्ठ कलाकार कहते हैं तो साहित्य-संसार इस मूल्यांकन को शायद ही मानेगा। प्राचीन साहित्य का उन्होंने जैसा वस्तून्मुख एवं तटस्थ विश्लेषण किया है, वैसा आधुनिक साहित्य का नहीं। शुक्ल जी की आलोचना शर्मा जी की एकांगी दृष्टि, पक्षपात और अनुचित व्यक्तिगत आग्रह का उदाहरण है। इस समीक्षा में रामविलास शर्मा जी की संकीर्णता की ही नहीं, उनकी समीक्षात्मक प्रतिभा की भी झलक मिल जाती है। शुक्ल जी को सामाजिक एवं जनवादी समीक्षक सिद्ध करने में उन्होंने कुछ उठा नहीं रखा है। कबीर, सूर और तुलसी के मूल्यांकन में शुक्ल जी की खामियाँ दिखाकर भी उन्होंने उनकी संकीर्णता का विरोध नहीं किया है। दूसरी ओर उन्होंने कुछ विशिष्ट सामाजिक एवं साहित्यिक प्रवृत्तियों के अध्ययन में शुक्ल जी की सहृदयता और साहित्यिक मर्मज्ञता का तलस्पर्शी विश्लेषण भी किया है।

मार्क्सवादी समीक्षकों में डॉ. नामवर सिंह का दृष्टिकोण सबसे अधिक साहित्यिक और तलस्पर्शी है। हिन्दी की काव्य-परम्परा से भिन्न छायावाद के साथ आरम्भ होनेवाली काव्य-प्रवृत्तियों के नए प्रयोगों के नवीन मूल्यांकन में वे सफल हुए हैं। मार्क्सवाद के विरुद्ध रचनात्मक दृष्टिकोण का खण्डन उन्होंने अवश्य किया है। साथ ही नए प्रयोगों की विशिष्टता और अभिव्यंजना-शिल्प का सूक्ष्म विश्लेषण भी किया गया है। डॉ. नामवर सिंह के पूर्व छायावाद की दार्शनिक, सांस्कृतिक, भावात्मक तथा अभिव्यंजना-पद्धति पर विस्तृत विचार है। डॉ. नामवर सिंह ने छायावादी भावात्मक आदर्शवादिता और कल्पनाशीलता का विरोध करते हुए भी अनुभूति और अभिव्यंजना की नई पहचान दी है। रहस्यवाद के सम्बन्ध में यह ध्यान देने योग्य बात है कि आधुनिक ज्ञान-विज्ञान ने सृष्टि के अनेक रहस्यों को स्पष्ट कर दिया है। इसलिए मध्ययुगीन रहस्यवाद से महादेवी वर्मा का रहस्यवाद व्यापक और कुछ भिन्न लगता है। प्रयोगवाद और नई कविता की व्यक्तिवादी स्वतन्त्रता के आग्रह को सामाजिकता-निरपेक्ष विच्छृंखलता कहते हुए भी नवीन प्रवृत्ति की

उपलब्धि की सही व्याख्या करते हैं। "मनःस्थिति चित्रण में प्रयोगवादी कवियों ने पहले से बारीकी दिखाई है। वह छायावाद युग के बहुप्रचलित शब्द "अनुभूति और प्रयोगवाद के 'संवेदना' के अन्दर से ही समझा जा सकता है।"[115] प्रगतिवाद में अनुभूति के स्थान पर बौद्धिक चिन्तन के प्रति प्रगतिवादी समीक्षक की सहानुभूति स्वाभाविक है। 'दूसरी परम्परा की खोज' में समीक्षा का शुक्ल जी की शाश्वतावादी धार्मिक रस दृष्टि से आचार्य हजारी प्रसाद जी की विकासशील सांस्कृतिक चेतना तथा अन्ततः प्रगतिवादी वस्तुनिष्ठ यथार्थवादी अभिव्यक्ति की ओर प्रस्थान का निरूपण है।

(5) **प्रगतिशील समीक्षक :** प्रगतिवाद की सामाजिक दृष्टि ने युग के सभी समीक्षकों को न्यूनाधिक प्रभावित किया है। पन्त जी के दृष्टिकोण में पूरा परिवर्तन हो गया है। महादेवी वर्मा, नन्ददुलारे वाजपेयी आदि ने भी अपने-अपने ढंग से प्रगतिशील दृष्टि को अपनाया है। उन्होंने अपनी स्वच्छन्दतावादी कलात्मक अभिरुचि की परिधि में ही प्रगतिशीलता को अपनाया है। इसलिए वे सच्चे अर्थ में सामाजिक यथार्थवादी दृष्टि के प्रगतिशील समीक्षक नहीं हो सकते। इनके अतिरिक्त प्रगतिवाद के आरम्भकाल से ही कुछ ऐसे साहित्यकार और समीक्षक मिलते हैं जो मार्क्सवादी विचारधारा को संकीर्ण मानकर राष्ट्रीय एवं सामाजिक प्रगतिशीलता के समर्थक रहे हैं। इनके साहित्यिक आदर्श मार्क्सवादी प्रगतिवाद से भिन्न होने के कारण उनका अलग उल्लेख किया जा रहा है। यद्यपि इस प्रवृत्ति की समीक्षा प्रचुर परिमाण में नहीं हुई है फिर भी नए साहित्य की राष्ट्रीय एवं सामाजिक धाराओं पर इस दृष्टि का विशेष प्रभाव पड़ा है। ये प्रगतिशील समीक्षक भी प्रगतिवादियों की तरह साहित्य में सामाजिक चेतना के विकास का आग्रह करते हैं। इनमें दिनकर जी का नाम विशेष उल्लेखनीय है। वे प्रगति को व्यापक अर्थ में लेते हैं। 'मिट्टी की ओर' में उन्होंने ऐतिहासिक एवं सामाजिक दृष्टि से नवीन साहित्य की प्रवृत्तियों का उल्लेख करते हुए व्यक्तिवादी छायावाद से सामाजिक यथार्थवाद की ओर हिन्दी साहित्य की प्रगति का विश्लेषण किया है। लेखक की व्यक्तिगत अनुभूति और सामाजिक दायित्व के सम्बन्ध में उनके सूक्ष्म विचार, प्रगतिशील साहित्यिक दृष्टिकोण को स्पष्ट करते हैं। व्यापक प्रगतिशील दृष्टि अपनाकर समीक्षा करनेवालों में शिवनाथ जी का नाम भी लिया जा सकता है। पहले वे साहित्यिक दृष्टि के समीक्षक थे। क्रमशः सामाजिक दृष्टि की ओर उनका झुकाव हो गया है। वे लिखते हैं कि "आज समीक्षा के लिए यह अत्यन्त आवश्यक हो गया है कि साहित्य को संस्कृति के सब अंगों की विवेचना की परिप्रेक्षिता में देखा जाए। आज साहित्य के क्षेत्र में कोई 'विशुद्धवाद' और 'शाश्वतवाद' को लेकर नहीं चलना चाहता।"[116] इस सामाजिक दृष्टि को लेकर शुक्ल जी के मूल्यांकन में पहले के मूल्यांकन से कुछ परिवर्तन हो गया है। जन-जीवन की प्रेरणा में रचना को ही साहित्य मानकर वे साहित्य का व्यापक सामाजिक मूल्यांकन

कर रहे हैं।

(6) **नए युग के स्वतन्त्र साहित्य-समीक्षक :** साहित्यिक वादों की अतिवादिता में उस संकीर्णता से मुक्त कुछ स्वतन्त्र साहित्य-समीक्षक भी हिन्दी के क्षेत्र में कार्य कर रहे हैं जिनसे हिन्दी साहित्य-समीक्षा के स्वच्छन्द विकास की आशाएँ बँधी हैं। ये साहित्य और समाज के सम्बन्धों को व्यापक दृष्टि से देखते हैं। सांस्कृतिक दृष्टि से व्यक्तिवादी होते हुए भी उनकी जीवन-दृष्टि सामयिक सामाजिक यथार्थता से विमुख नहीं है। उनके साहित्यिक दृष्टिकोण में छायावादी कल्पना का मोह नहीं है और जीवन-दृष्टि में प्रयोगवाद की अहंवादी दुर्बलता, अन्तश्चेतना वाद की मानसिक अस्वस्थता या प्रगतिवाद की व्यक्ति-निरपेक्ष संकीर्ण सामाजिकता भी नहीं है। साहित्य आत्माभिव्यक्ति है और ये समीक्षक उसी परिधि में जीवन की यथार्थता और सामाजिक प्रगतिशीलता को ग्रहण करते हैं। इस तरह उनका दृष्टिकोण साहित्यिक है—साहित्यिक परिधि से बाहर छायावादी आध्यात्मिकता या प्रगतिवादी सामाजिकता उनको मान्य नहीं है। ये शुक्ल जी की साहित्यिक दृष्टि को नवीन सामाजिक, सांस्कृतिक एवं कलात्मक चेतना के आधार पर आगे बढ़ा रहे हैं। इस कोटि के समीक्षकों में लब्धप्रतिष्ठ डॉ. देवराज, प्रभाकर माचवे और जैनेन्द्र कुमार हैं। प्रथम दोनों शुद्ध साहित्य-समीक्षक हैं, अन्तिम साहित्यिक एवं सामाजिक तत्त्व चिन्तक हैं। डॉ. देवराज ने दार्शनिक आचार्य के रूप में संस्कृति आदि विषयों पर भी स्वतन्त्र ग्रन्थ-रचना की है।

समाज और साहित्य की आलोचना में जैनेन्द्र दार्शनिक चिन्तक हैं। समाज और साहित्य के सिद्धान्तों का अन्तर्दर्शन उनका लक्ष्य है—स्वरूप निरूपण की ओर उनकी दृष्टि नहीं है। व्यावहारिक समीक्षा और मूल्यांकन के प्रयत्नों में भी तत्त्वचिन्तन ही अधिक हुआ है। लेखक की मनोभूमि में पैठना उनकी समीक्षा का लक्ष्य है जैसा 'शुक्ल जी की मनोभूमिका' में हुआ है। तात्विक दृष्टि के कारण जैनेन्द्र के विचार जहाँ उच्च स्तर पर मनन योग्य होते हैं, साधारण पाठक के लिए दुर्बोध भी हैं। जैनेन्द्र ने साहित्य के श्रेय और प्रेय का सूक्ष्म तात्विक विचार करते हुए समीक्षात्मक दृष्टिकोण की मार्मिक व्याख्या की है तथा हिन्दी समीक्षा की दुर्बलता को दिखाते हुए रचनात्मक समीक्षा का आग्रह किया है। उनका कहना है कि आलोचक को ठीक निगाह (पर्सपेक्टिव) में रचना को देखते हुए उसकी विशेषता का रसग्राही होना चाहिए। उसे जज की ऊँचाई से उतरकर रचना के साथ आत्मीयता का सम्बन्ध स्थापित कर लेना चाहिए। जज की तरह फैसले का उस पर दायित्व नहीं है। आत्मीय अनुभूति की अन्तर्मुखता में ही समीक्षक साहित्य की मार्मिक आलोचना कर सकता है। समीक्षक का शास्त्रीय पांडित्य नहीं, उसके हृदय की संस्कारिता ही साहित्य के रस को धारण करती है। आत्मानुभव के द्वारा ही साहित्य में धर्माधर्म की भी परीक्षा होती है। कला और नीति की शास्त्रीय पदावली को लेकर आज साहित्यालोचन कृत्रिम, क्लिष्ट और

हृदयशून्य हो गया है। इसलिए समीक्षा के मानों को बदलकर उन्हें जीवन के अन्तःस्पर्श में लाना है। शास्त्रीय वर्गीकरण से आगे बढ़कर गहराई में जाकर साहित्य में जीवन की सत्यता को देखना है। लेखक की तरह समीक्षक को भी जीवन की चेतना एवं स्फूर्ति की अनुभूति चाहिए। रूप-विधान भिन्न होने पर भी साहित्य तत्त्वतः जीवन की अनुभूति है। इसलिए वस्तु के आकार-प्रकार में उलझकर, अन्तर्गत रस के बदले, वस्तु के स्वरूप का मूल्यांकन करनेवाली समीक्षा, ग्राहक मन को तृप्त नहीं कर सकती।[117]

माचवे जी का सैद्धान्तिक ज्ञान विस्तृत और व्यापक है। साहित्य के कलात्मक, मनोवैज्ञानिक और सामाजिक पहलुओं के सम्बन्ध में विविध विद्वानों की विभिन्न विचारधाराओं को पाठक के सामने रखकर वे पाठक को संकुचित सैद्धान्तिक दृष्टि के खतरे से सावधान करते हैं। लेकिन उन सिद्धान्तों का समन्वय करने का प्रयत्न न होने के कारण उनसे साधारण पाठक की साहित्यिक चेतना का विकास शायद ही हो पाता है। पर शिक्षित पाठक के लिए, सैद्धान्तिक और व्यावहारिक क्षेत्रों में उनकी जुटायी सामग्री विचारोत्तेजक होती है। समीक्षा की समीक्षा करते हुए माचवे जी ने हिन्दी समीक्षा की शक्ति और दुर्बलता दोनों को स्पष्ट किया है। समीक्षकों की साहित्यिक अभिरुचि की सीमाएँ और संकीर्णताएँ प्रकाश में लाकर उन्होंने उनके समीक्षा-कार्य का नया मूल्यांकन करने का प्रयत्न किया है। उनके मूल्यांकन से मतभेद हो सकता है, जैसे वाजपेयी जी की समीक्षा के मूल्यांकन के सम्बन्ध में। लेकिन उन्होंने हिन्दी समीक्षा को नई दृष्टि से देखने के लिए बहुत सामग्री दी है। समीक्षा का लक्ष्य विश्लेषण एवं मूल्यांकन के द्वारा साहित्यिक अभिरुचि का परिष्कार करना है। साहित्य का उचित मूल्यांकन ही पाठक की साहित्यिक चेतना का विकास कर सकता है। उसकी खामियाँ साहित्य के नए मूल्यांकन की आवश्यकता को प्रकट करती हैं। 'समीक्षा की समीक्षा' इन खामियों को दिखाकर साहित्य के नए मूल्यांकन का पथ प्रशस्त करती है।

डॉ. देवराज साहित्य के मर्मज्ञ समीक्षक हैं। आपको शुक्ल परम्परा का प्रौढ़ साहित्यिक दृष्टिकोण मिला है। साहित्य के उत्कर्ष-अपकर्ष की परीक्षा में वे पूरे सफल हुए हैं। लेकिन शुक्ल जी की तरह डॉ. देवराज की कलात्मक दृष्टि नवीन सांस्कृतिक चेतना से असंपृक्त नहीं है। नए साहित्यिक रूपों की प्रौढ़ता के मूल्यांकन के लिए कालक्रम में रस-संवेदना के विकास को समझनेवाली जो ऐतिहासिक दृष्टि चाहिए वह आपकी समीक्षा में वर्तमान है। इसलिए उनकी रसग्राहिता परम्परा के घेरे में संकुचित न होकर प्राचीन एवं नवीन विभिन्न साहित्यिक रूपों का मूल्यांकन कर पाती है। वे साहित्य में सामाजिक एवं सांस्कृतिक चेतना को निश्चित दार्शनिकता के घेरे में न बाँधकर, उसमें जीवन की व्यापक यथार्थता का आग्रह करते हैं और युग-सापेक्ष ऐतिहासिक दृष्टि से साहित्य की प्रगति का मूल्यांकन करते हैं।

डॉ. देवराज का साहित्यिक अध्ययन-चिन्तन गम्भीर है, दृष्टिकोण में व्यापकता और सन्तुलन है। उनके निबन्धों में साहित्य सम्बन्धी समस्याओं का मौलिक अध्ययन सर्वत्र दिखाई देता है। उनका साहित्य-चिन्तन वादों की संकीर्णता से ऊपर उठकर साहित्यिक प्रश्नों के मूल में पैठते हुए तत्त्व-निरूपक होता है। नए सिरे से साहित्यिक मूल्यांकन करते हुए उन्होंने साहित्य-समीक्षा सम्बन्धी नई विचारोत्तेजक सामग्री दी है। उन्होंने 'साहित्य-चिन्ता' और 'आधुनिक समीक्षा' और 'छायावाद का पतन' में साहित्य और समीक्षा सम्बन्धी मान्यताओं का व्यापक निरूपण किया है। आज समीक्षा में वादों की संकीर्णता ही नहीं, नवीन मौलिक चिन्तन का अभाव भी बहुत खटकता है। सैद्धान्तिक और व्यावहारिक दोनों क्षेत्रों में शुक्ल जी की मान्यताओं और मूल्यांकनों का पिष्ट-पोषण चल रहा है। इससे भिन्न डॉ. देवराज के निबन्धों में नवीन चिन्तन और मूल्यांकन का प्रयत्न मिलता है। वे परम्परा और प्रगति को व्यापक अर्थ में ग्रहण करते हैं। साहित्य के व्यापक स्वरूप को स्पष्ट करते हुए वे वादों की संकीर्णता का विरोध करते हैं कि ये वाद साहित्य के सामाजिक, मनोवैज्ञानिक एवं दार्शनिक पहलुओं में से किसी एक पर जोर देते हुए साहित्य के क्षेत्र को संकुचित कर रहे हैं। वे चाहते हैं कि साहित्यिक कृति में अनुभूति की सच्चाई, संवेद्यता एवं जीवन-स्पंदन, अभिव्यक्ति अनुभूति के धरातल की प्रौढ़ता और उस अनुभूति में परम्परा एवं निजी प्रतिभा का योग देखकर समीक्षात्मक मूल्यांकन हो। इसके लिए समीक्षक में आलोच्य कृति के कलात्मक सौष्ठव अथवा उसकी प्रौढ़ता के परीक्षण की योग्यता और कृति में निबद्ध अनुभूति के युग-सापेक्ष मूल्य या महत्त्व को परखने की शक्ति चाहिए। साहित्य और समीक्षा में गहरी पैठ के साथ डॉ. देवराज ने नवीन हिन्दी साहित्य और समीक्षा की परीक्षा की है और उन्होंने अनुभव किया है कि दोनों की स्थिति सन्तोषजनक नहीं है। "अंग्रेजी के प्रौढ़ विद्वानों की तुलना में हमारे लेखकों तथा समीक्षकों की रस-संवेदना अभी भी कम विकसित या कच्ची ही कही जाएगी। ...हिन्दी समीक्षक की रुचि एवं समीक्षा-बुद्धि का विकास प्रायः वर्तमान हिन्दी साहित्य के विकास का समानान्तर रहा है। काव्य-क्षेत्र में 'प्रियप्रवास', 'साकेत' और 'कामायनी' क्रमशः हमारी साहित्यिक लब्धि एवं समीक्षात्मक अभिरुचि दोनों का प्रतिमान रहे हैं। कथा-क्षेत्र में 'गबन', 'सेवा सदन', 'रंगभूमि', 'गोदान', 'सुनीता' और 'शेखर' उसी प्रकार हमारी उपलब्धि एवं रुचि के धरातल को प्रतिफलित करते रहे हैं। ...यह कहना अत्युक्ति न होगी कि अब तक हिन्दी के लेखक और समीक्षक दोनों ही अन्तरराष्ट्रीय साहित्य के विकसित धरातल से सुपरिचित नहीं हो सके हैं।"[118] भारतीय साहित्य-समीक्षा में आत्मप्रशंसा के साथ कलात्मक उत्कर्ष पर से ध्यान हटता जा रहा है। डॉ. देवराज कलात्मक प्रतिमानों का ऊँचा धरातल चाहते हैं। हमारे साहित्य और समीक्षा की दुर्बलता का इतना निष्पक्ष निरूपण अन्यत्र कम हुआ है।

डॉ. देवराज ने कलात्मक उत्कर्ष के ऊँचे स्तर को दृष्टि में रखकर हिन्दी साहित्य

का मूल्यांकन किया और प्रचलित सम्मतियों से भिन्न, नवीन एवं निष्पक्ष विचार प्रकट किए हैं। नए मूल्यांकन के प्रयत्न में जहाँ समीक्षक को लगा कि प्रचलित मान्यता के विरोध में वह रचना या प्रवृत्ति की एक ही तरफ देख रहा है, तो सन्तुलित मूल्यांकन के लिए अतिरिक्त टिप्पणियों का सहारा लिया गया है। इस प्रकार लेखक ने रचना या प्रवृत्ति के अभावों के साथ उनकी विशेषताओं का भी उल्लेख किया है। मूल्यांकन के बाद आत्मालोचन का यह प्रयत्न, समीक्षक की सच्चाई का प्रमाण है। डॉ. देवराज ने नए मूल्यांकन में सूर के साथ न्याय ही नहीं किया है धार्मिक दृष्टि के कारण 'मानस' की साहित्यिक दुर्बलता को स्पष्ट स्वीकार भी किया है। आधुनिक साहित्य में उनको कलात्मक प्रौढ़ता कम मिली है। वे कहते हैं कि हिन्दी उपन्यास साहित्य में, जीवन की यथार्थता में गहरे पैठ से उत्पन्न होनेवाला वह कलात्मक उत्कर्ष नहीं है जो विश्व के श्रेष्ठ उपन्यासों की विभूति है। उन्होंने प्रगतिवाद की जीवन-दृष्टि की एकांगिकता का तीव्र प्रतिवाद किया है। छायावादी कविता का मूल्यांकन करते हुए कहते हैं कि सुन्दर कलात्मक अभिव्यक्ति के बावजूद उसकी मानसिक चेतना दुर्बल है और इसीलिए छायावादी कवि रवीन्द्र की कविता के उत्कर्ष पर कम पहुँच पाते हैं। डॉ. देवराज 'छायावाद का पतन' साहित्यिक दुर्बलताओं के कारण मानते हैं। जो दुर्बलताएँ उन्होंने दिखाई हैं, उन्हें स्वीकार करना ही पड़ता है, लेकिन यह छायावाद का एक ही पहलू है। छायावाद, काव्य के पूर्ण उत्कर्ष पर न पहुँचने पर भी जैसा कि समीक्षक ने स्वयं माना है, उसने नवीन कलात्मक सौन्दर्य की सृष्टि ही नहीं की है बल्कि उसमें अभिरुचि भी जगाई है। छायावाद और प्रगतिवाद की अपेक्षा प्रयोगवाद के प्रति समीक्षक की अधिक सहानुभूति दिखाई पड़ती है। प्रयोगवादी नई बौद्धिक एवं कलात्मक चेतना का मार्मिक विश्लेषण करके समीक्षक ने रचनात्मक सुझाव दिए हैं। समीक्षा के क्षेत्र में शुक्ल जी पर उनकी विशेष श्रद्धा है। उनकी अचूक क्लासिकल रसग्राहिता की प्रशंसा करते हुए भी डॉ. देवराज उनकी सामाजिक एवं सांस्कृतिक चेतना की दुर्बलता को अस्वीकार नहीं करते, जिस कारण शुक्ल जी का ऐतिहासिक मूल्यांकन त्रुटिपूर्ण हुआ है।

डॉ. देवराज का साहित्यिक दृष्टिकोण शुद्ध कलावादी नहीं है। वे कला का महत्त्व यथार्थ की पकड़ से—उसके विस्तार और गहराई के पैमाने से मापते हैं। उनकी अभिरुचि, जीवन की यथार्थता से सम्पृक्त क्लासिकल कलात्मक उत्कर्ष का आग्रह करनेवाली है। उनकी समीक्षा पाठक में प्रौढ़ कलात्मक अभिरुचि उत्पन्न करके नए मूल्यांकन की विचारोत्तेजक प्रेरणा देने में सफल हुई है।

5.4.8 अन्य समीक्षात्मक पद्धतियाँ

छायावादोत्तर काल में कुछ अन्य समीक्षा-पद्धतियों की चर्चा हिन्दी में हुई है जो केवल सैद्धान्तिक विवेचन या स्फुट लेखों के रूप में है। वे पद्धतियाँ शैलीतात्विक

(स्टैलिस्टिक), संरचनात्मक (स्ट्रकच्युरल) और सौन्दर्यशास्त्रीय (ईस्थटिक) हैं। प्रथम दो पद्धतियाँ मूल्यांकन-निरपेक्ष वैज्ञानिक शैली में काव्य-रचना की भाषा-शैली तथा भाषिक संरचना-विधान के स्वरूप का विश्लेषण करती हैं। काव्यानुभूति का आख्यान न कर केवल काव्य के बाह्य या व्यक्त रूप का बोध करनेवाली ये पद्धतियाँ रचना के ज्ञानवर्धन में सहायक अवश्य हैं, लेकिन पाठकों की अभिरुचि पर कम प्रभाव डालती हैं। पाश्चात्य सौन्दर्यशास्त्र पर विचार-विमर्श मराठी भाषा में विस्तृत हुआ है। हिन्दी में सौन्दर्यशास्त्र पर कुछ ग्रन्थों के अतिरिक्त भारतीय रसानुभूति और पाश्चात्य सौन्दर्यशास्त्र की तुलना करते हुए साम्य-वैषम्य का निरूपण करने वाली कई सैद्धान्तिक पुस्तकों का प्रणयन हुआ है। इस दिशा में उल्लेखनीय लेखक हैं—श्री हरद्वारी लाल शर्मा, डॉ. आनन्दप्रकाश दीक्षित, डॉ. नगेन्द्र, डॉ. निर्मला जैन, डॉ. राममूर्ति त्रिपाठी आदि। हिन्दी में सौन्दर्य-तत्त्व के सैद्धान्तिक आधार पर व्यावहारिक आलोचना के प्रयत्न कम हुए हैं। किसी कवि की सौन्दर्य दृष्टि पर जो समीक्षा हुई है या शोध-प्रबन्ध लिखे गए हैं, उनमें प्रायः भारतीय काव्यशास्त्र के रस-अलंकार सम्बन्धी लाक्षणिक शब्दों का आधार लिया गया है। इस अकिंचन लेखक ने 'सूर की सौन्दर्य चेतना' और 'सौन्दर्यशास्त्रीय समीक्षा' शीर्षक दो पुस्तकें लिखी हैं, लेकिन उसे स्वयं सन्देह है कि उनमें सौन्दर्य दृष्टि का पूर्ण निर्वाह कर पाया है।

सौन्दर्यशास्त्र के सम्बन्ध में प्रयुक्त होनेवाले हिन्दी के शब्दों का अर्थ अभी रूढ़ नहीं हुआ है जिसके कारण गलतफ़हमियाँ होने की गुंजाइश है। इस सम्बन्ध में मेरी दृष्टि इस तरह है—(अ) सौन्दर्य बोध (ईस्थटिक सेक्स) जीवन-जगत और कला या काव्य में भान या प्रतीति की बौद्धिक प्रक्रिया है। (आ) सौन्दर्य भावना (ईस्थटिक फ़ीलिंग) जीवन-जगत और काव्य के प्रति आकर्षण में संवेगात्मक अनुभूति है। (इ) सौन्दर्य-भावन (ईस्थटिक कान्ट्मप्लेशन) सौन्दर्य की अनुभूति पर बार-बार चिन्तन का प्रकार्य है जिसमें भावना और बुद्धि दोनों की एक साथ क्रियाशीलता होती है। (ई) सौन्दर्य चेतना (ईस्थटिक कान्शसनेस) सौन्दर्य का अवगाहन होने पर उसी स्थिति में रहने या तन्मय होने की स्थिति है। (उ) सौन्दर्य की अवधारणा या धारणा (ईस्थटिक थियरी ऑर कान्सेप्ट) अवधारणा सौन्दर्य का सामान्य और सार्वभौमिक सिद्धान्त है। किसी कवि के सौन्दर्य-निरूपण के आधार पर उसका सौन्दर्यात्मक अभिमत या विचार सौन्दर्य धारणा है।

5.5 हिन्दी साहित्य-समीक्षा की गतिविधि का पर्यालोचन

आधुनिक युग आलोचना प्रधान है। आज की साहित्य-रचना पर भी आलोचनात्मक बौद्धिक दृष्टि का गहरा प्रभाव पड़ा है। साहित्य की विधा के रूप में हिन्दी-साहित्य-समीक्षा की समृद्धि की समता केवल कविता और कहानी ही कर सकती हैं। शुक्ल जी के प्रौढ़ सैद्धान्तिक विचार और व्यावहारिक समीक्षा ने हिन्दी साहित्य-समीक्षा की प्रगति

का मार्ग प्रशस्त किया है। उनके बाद "सैद्धान्तिक पक्ष में पूर्व और पश्चिम के समीक्षामानों को एक समन्वित स्तर पर लाने की चेष्टा की जा रही है। इसी प्रकार साहित्य के विविध रूपों और साहित्य स्रष्टाओं तथा उनकी कृतियों को उचित सामाजिक और सांस्कृतिक पृष्ठभूमि पर परखने का प्रयत्न किया गया है। विशुद्ध साहित्य-समीक्षा के स्तर से बाहर जाकर कवियों और रचनाकारों के ऐतिहासिक कार्यों और तत्कालीन देशकाल पर उनके प्रभावों का विवेचन भी किया जा रहा है। सामयिक साहित्य की समीक्षा में समाज की परिवर्तित परिस्थितियों के आकलन के साथ कवि और उसकी रचना के मनोवैज्ञानिक स्वरूप और प्रभाव को परखने की चेष्टा की जाने लगी है। सारांश यह है कि ऐतिहासिक वस्तुस्थिति, सामाजिक विकासक्रम, रचयिता के व्यक्तित्व और विचारधारा के साथ रचना के मनोवैज्ञानिक और साहित्यिक उपकरणों का अध्ययन नवयुग के समीक्षकों द्वारा किया जा रहा है।"[119] इस प्रौढ़ विकास के बावजूद समीक्षा के नाम पर भरती की इतनी फालतू चीजें दिखाई पड़ रही हैं कि समीक्षा की समीक्षा भी आवश्यक हो गई है।

यदि हिन्दी-समीक्षा पर ध्यान दें तो ऐतिहासिक दृष्टि से और प्रचार एवं प्रसार की दृष्टि से भी पहले सैद्धान्तिक समीक्षा की ओर ध्यान आकृष्ट होता है। सैद्धान्तिक समीक्षा की श्रेष्ठता से कहीं अधिक शुक्ल जी की प्रतिभा के कारण उसका इतना प्रचार हो गया है। हिन्दी में पहले भारतीय सिद्धान्तों से प्राचीन एवं नवीन साहित्यों के मूल्यांकन का प्रयत्न हुआ है। नए के मूल्यांकन में भारतीय मान्यताओं से काम नहीं चला तो भारतीय एवं पाश्चात्य सिद्धान्तों के समन्वय के प्रयत्न होने लगे हैं। लेकिन यह समन्वय सतही ही रहा है। इसका प्रमाण यही है कि कविता में भारतीय परम्परा के अनुसार रस और अलंकार की चर्चा होती है, लेकिन नवीन गद्य-साहित्य में यूरोपीय सिद्धान्तों का प्रयोग होता है। कविता में भी इने-गिने आचार्यों को छोड़कर रस-अलंकार की चर्चा केवल प्राचीन साहित्य की समीक्षा में ही होती है। सिद्धान्तों के समन्वय की इस असफलता का कारण यही है कि समीक्षक अपनी अभिरुचि एवं अनुभूति के आधार पर साहित्य के सामान्य तथा व्यापक सिद्धान्तों का प्रतिपादन नहीं कर रहे हैं, बल्कि पूर्व प्रचलित भारतीय एवं पाश्चात्य सिद्धान्तों का समन्वय करने का प्रयत्न कर रहे हैं। इस कारण व्यवहार में प्राचीन एवं नवीन साहित्यों के लिए अलग सिद्धान्तों और मान्यताओं का प्रयोग हो रहा है। इससे स्पष्ट होता है कि समीक्षक को साहित्यिक मूल्यों की पहचान नहीं है, उसकी साहित्यिक दृष्टि अपनी साहित्यिक अनुभूति एवं अभिरुचि से विकसित और पुष्ट नहीं है। सैद्धान्तिक समीक्षक विस्तृत अध्ययन और अनुभव के आधार पर समीक्षात्मक पैमानों को नहीं अपनाता तो वह न आलोच्य रचना के साथ न्याय कर सकता है और न पाठक का साहित्यिक विवेक बढ़ा सकता है। व्यावहारिक समीक्षा में उसे रचना की रससंवेदना का विचार करना है, रस सिद्धान्त की व्यवस्था का निरूपण नहीं करना है। वैधानिक विचार

में सैद्धान्तिक समीक्षा ने समीक्षा के लक्ष्य को भुलाकर 'अध्ययनों' का पथ प्रशस्त किया है। इससे पाठक का साहित्यिक विवेक कुंठित हो गया है और उनकी आलोचनाशक्ति के विकास में बाधा उपस्थित हुई है।

सैद्धान्तिक समीक्षा की प्रतिक्रिया में नवीन समीक्षा-पद्धतियों का विकास हुआ है। प्राचीन साहित्य की सांस्कृतिक समीक्षा को छोड़कर बाकी समीक्षाएँ नवीन साहित्यिक वादों के समर्थन में लगी हैं। इनमें स्वच्छन्दतावादी समीक्षा का दृष्टिकोण और मूल्यांकन काफी व्यापक एवं उदार रहा है। स्वच्छन्दतावादी छायावाद की सीमाएँ और दुर्बलताएँ कम नहीं थीं, फिर भी एक व्यापक कलात्मक आन्दोलन के रूप में उसकी मान्यताएँ, साहित्यिक अन्तर्दृष्टि का विकास करनेवाली थीं। स्वच्छन्दतावादी समीक्षा छायावाद की इन व्यापक मान्यताओं से अनुप्राणित थी। स्वच्छन्दतावादी छायावाद ने परम्परागत सामाजिक एवं साहित्यिक बन्धनों को तोड़कर साहित्य में नई जीवन दृष्टि और कलात्मक प्रवृत्ति के लिए द्वार खोल दिया है और कालक्रम में सामाजिक परिस्थितियों के कारण परस्पर विरोधी विभिन्न वादों का विकास हुआ है। इन वादों से सम्बद्ध समीक्षाएँ अपनी-अपनी दृष्टि से साहित्य में जीवन-दर्शन, अनुभूति और अभिव्यक्ति की व्याख्या कर रही हैं। उनकी साहित्यिक मान्यताओं और आदर्शों में पूरे साहित्य का विश्लेषण एवं मूल्यांकन करने की शक्ति बहुत कम दिखाई देती है। जिस पहलू पर जोर देने के लिए साहित्य में वाद का जन्म हुआ है, उसी पर वादीय समीक्षा ध्यान दे रही है। इतना ही नहीं वह अपनी दृष्टि के अनुरूप प्राचीन एवं नवीन-साहित्य का नया अर्थ भी कर रही है। उसमें रचनागत अनुभूति को छोड़कर लेखक के दृष्टिकोण और विचारों का ही विवेचन दिखाई देता है। जब कलाकार की अनुभूति में गहराई नहीं है और उसकी सफल अभिव्यक्ति नहीं हुई है तो रचना में विचार एवं दृष्टिकोण का क्या मूल्य रह जाता है? पन्त जी की रचनाओं में नए-नए परिवर्तनों के समर्थक और विरोधी दोनों उनके विचारों को प्रगतिवादी या अरविन्दवादी होने के लिए ही प्रशंसा या निन्दा करने में लगे हैं, कलात्मक अनुभूति को एक प्रकार से उन्होंने भुला ही दिया है।

नवीन हिन्दी समीक्षा, वादों के वाद-विवाद में बुरी तरह फँस गई है। समीक्षक रचना का मूल्यांकन न करके वादों के समर्थन एवं विरोध में लगे हैं। वे रचना की मार्मिकता का अनुसन्धान न करके पहले वह किस वाद की रचना है, इसी को देखते हैं। मानों रचना किस वाद की है, इसके निर्णय से ही रचना का मूल्य-निर्धारण हो जाता है। वाद, साहित्य की सामान्य प्रवृत्ति का द्योतक है, उसके निरूपण से ही रचना का मूल्यांकन नहीं हो जाता। समीक्षा का काम रचना की सामान्य प्रवृत्ति का नहीं, उसकी विशिष्ट अनुभूति का विश्लेषण एवं मूल्यांकन है। साहित्य की कुछ सामान्य प्रवृत्तियों के निर्देश के लिए ही समीक्षा में वादों की चर्चा हो सकती है। लेकिन आज की समीक्षा में किसी वाद के समर्थक अपने दल की रचनाओं का

समर्थन और भिन्न वादीय रचनाओं की निन्दा कर रहे हैं। जो किसी वाद का नहीं है, उसकी उपेक्षा होती है। आजकल वादों का ऐसा फैशन चल पड़ा है कि किसी वाद से प्रत्यक्ष सम्बन्ध न रखनेवाले समीक्षक भी रचनाओं को विविध वादों में बाँट कर वर्गीकरण करना चाहते हैं। जहाँ रचना किसी वाद की परिधि में नहीं आती तो नए वादों की कल्पना की जा रही है।

विभिन्न वादों के मताग्रहों में नई समीक्षा असन्तुलित हो गई है, उसमें साहित्येतर मूल्यों का महत्त्व हो गया है। आज के समीक्षक समाजशास्त्र, मनोविज्ञान आदि के मूल्यों से साहित्य का मूल्यांकन करना चाहते हैं। वे ज्ञान-विज्ञान का जो विस्तृत विवेचन कर रहे हैं, उनसे रचना में उनकी गहरी पैठ कहीं भी प्रकट नहीं हो रही है। गहराई में साहित्य के अध्ययन के लिए नहीं, अपने मतवाद के प्रचार के लिए ही ये सारी चर्चाएँ हो रही हैं। इस प्रकार उनकी समीक्षा, रचना की रसज्ञता को बढ़ाने के बदले अनावश्यक ज्ञान-विज्ञान के प्रतिपादन के द्वारा पाठक को उससे विमुख कर रही है। वह रचना में निहित अनुभूति का नहीं, वर्ण्य-विषय का मूल्यांकन करते हुए साहित्यिक दृष्टि की उपेक्षा कर रही है, रचना की श्रेष्ठता का मूल्यांकन न करके रचना में जीवन के कुछ आदर्शों का आग्रह कर रही है। रचना की अनुभूति की व्याख्या में लेखक के जीवन-दर्शन, विचारों और आदर्शों का विश्लेषण आवश्यक है, लेकिन वे रचना के मूल्य को प्रत्यक्ष निर्धारित नहीं करते। रचना का मूल्य उसकी अनुभूति का स्तर ही प्रकट करता है।

वादों से प्रभावित समीक्षकों को साहित्य की समग्रता और वाद की एकांगिकता का बोध नहीं रहता। वैयक्तिक, सामाजिक, सांस्कृतिक किसी एक दृष्टि को अपनाकर वे साहित्य में जीवन की अनुभूति का उचित मूल्यांकन नहीं कर सकते। साहित्य में जीवन के बहुमुखी मूल्यों का प्रत्यक्षीकरण होता है। समीक्षक को रचना के लक्ष्य के अनुरूप समीक्षात्मक दृष्टिकोण अपनाना चाहिए। अन्यथा वह जीवन के एक पहलू की रचना को दूसरे पहलू से देखकर उसके साथ न्याय नहीं कर सकता। प्रयोगवादी और प्रगतिवादी समीक्षक एक-दूसरे पर जो आक्षेप कर रहे हैं, वह जीवन की यथार्थता के विविध पहलुओं को भुला देने के कारण ही है। वास्तव में जीवन की परिस्थितियों के अनुसार भिन्न साहित्यिक प्रवृत्तियाँ चलती हैं जिनमें जीवन के कुछ ही पहलुओं का ग्रहण होता है। लेखक अपनी अनुभूति और अभिरुचि के अनुरूप जीवन के सीमित क्षेत्र में ही काम करता है। लेकिन समीक्षक की जीवन दृष्टि और साहित्यिक अभिरुचि, जीवन के कुछ पहलुओं और अभिव्यक्ति की कुछ पद्धतियों तक ही सीमित नहीं रहनी चाहिए। ऐसी सीमित दृष्टि से वह व्यापक साहित्य का मूल्यांकन नहीं कर पाएगा।

वाद दृष्टि से निरपेक्ष जो समीक्षा हिन्दी में हो रही है, वह वैज्ञानिक समीक्षा है जो प्रायः अनुसन्धानात्मक प्रबन्धों के रूप में है। नई सामग्री के सच्चे ऐतिहासिक

अनुसन्धान में साहित्यिक मूल्यों का प्रश्न कम उठता है। लेकिन जब अनुसन्धान साहित्य के अध्ययन के रूप में होता है, तो उसमें साहित्यिक मूल्यों से निरपेक्षता का कोई मतलब ही नहीं रह जाता। प्रत्येक रूप में साहित्य का अध्ययन उसके मूल्यों से अभिज्ञ होने के लिए ही है।

आज सैद्धान्तिक और व्यावहारिक दोनों क्षेत्रों में अध्ययन की बहुत सामग्री जुटने पर भी हिन्दी में साहित्य-समीक्षा का स्तर उतना उन्नत नहीं हुआ है जितना होना चाहिए था। हिन्दी समीक्षा में साहित्य के गम्भीर अध्ययन की कमी नहीं है, लेकिन कलात्मक मूल्यांकन उतना सन्तोषजनक नहीं है। आजकल हम अपने साहित्य की समृद्धि की बहुत चर्चा कर रहे हैं।[120] लेकिन इस कलेवर वृद्धि में सच्चे कलात्मक उत्कर्ष का ज्ञान हमको नहीं है। वास्तव में यह हमारी साहित्यिक अभिरुचि की दुर्बलता है। यही दुर्बलता हमारी साहित्य-समीक्षा में भी है। हिन्दी समीक्षकों का साहित्यिक अध्ययन व्यापक और गहरा नहीं है, इसलिए उनकी साहित्यिक चेतना भी सतही ही है। "कोई लेखक गहरे अर्थ में नैतिक परिष्कार करने की क्षमता रखता है, अथवा एक छिछले अर्थ में शिक्षाप्रद है, उसकी दृष्टि गम्भीर मनोवैज्ञानिक एवं सामाजिक सचाइयों को पकड़ती है या समाज के सतही यथार्थ को छूती है, इसका विवेक हिन्दी का औसत समीक्षक नहीं करता। ...आलोच्य कृति को उदात्त विश्व-साहित्य के सम्पर्क में विकसित संवेदना की कसौटी पर कम जाँचता है...वह प्रायः अधसोचे या अधपचाये वादों का प्रयोग करता है।"[121]

हिन्दी समीक्षा समृद्ध-विकास कर चुकी है। शुक्ल जी, हजारी प्रसाद द्विवेदी जी, वाजपेयी जी, नगेन्द्र जी जैसे समर्थ समीक्षकों के हाथ में समीक्षात्मक चेतना का प्रौढ़ विकास हुआ है। लेकिन हिन्दी समीक्षा की नई गतिविधि को देखते हुए यह कहना आवश्यक हो जाता है कि समीक्षा को वादों का आग्रह छोड़कर रचना को देखना चाहिए, कवियों की प्रतिष्ठा को भूलकर रचना की मार्मिकता का अनुशीलन करना चाहिए, रचना के स्वरूप को छोड़कर उसकी अनुभूति को परखना चाहिए, रचना की मूल सामग्री, उसके अंग और विधान के विश्लेषण से अधिक रचना में जीवन के मार्मिक प्रत्यक्षीकरण का विवेचन करना चाहिए, समीक्षा को वैधानिक दृष्टि छोड़कर जीवन की अनुभूति के आलोक में रचना को समझने का प्रयत्न करना चाहिए और इस तरह साहित्य के अन्तर्दर्शन के बाद ही उसका मूल्यांकन करना चाहिए। आज हिन्दी समीक्षा की पहली आवश्यकता कलात्मक मर्मज्ञता बढ़ा लेने की है। शुक्ल जी साहित्यिक रसज्ञता का विकास करके उसे जहाँ छोड़ गए हैं, वहीं से फिर काम शुरू करना है। उस रसज्ञता को सर्वांगीण बनाना है। आचार्य हजारी प्रसाद द्विवेदी जी ने काव्य की रससंवेदना के सांस्कृतिक और मानवीय पहलुओं की ओर ध्यान आकृष्ट किया है। वाजपेयी जी के निर्देश में अनेक समीक्षकों द्वारा छायावाद-रहस्यवाद की स्वच्छन्दतावादी समीक्षा में काव्य भावनाशील एवं कल्पनाशील

रसज्ञता बढ़ाने का काम कुछ अवश्य हुआ है, लेकिन वह पूरा सन्तोषजनक नहीं है।

डॉ. नगेन्द्र ने पाश्चात्य सौन्दर्यशास्त्र और काव्य चिन्तन को हिन्दी समीक्षा में ले आकर, भारतीय मान्यताओं के साथ तुलनात्मक अध्ययन करते हुए काव्यानुभूति की परिधि को व्यापक बनाने का प्रयत्न किया है।

छायावादी युग के बाद वाद-विवाद में साहित्यिक रसज्ञता पर से ध्यान कुछ हट-सा गया है। नए वादों के कारण जो मनोवैज्ञानिक एवं सामाजिक दृष्टि का आग्रह हो रहा है, समीक्षा को उसकी गहराई में जाना चाहिए, व्यक्ति और समाज के सम्बन्धों को, अन्तर्मुखी एवं बहिर्मुखी प्रवृत्तियों को साहित्यिक दृष्टि से परखना चाहिए और इन नए पहलुओं के आलोक में रसानुभूति के विचार को आगे बढ़ाना चाहिए। आज नए वाद रसानुभूति की परिधि को व्यापक बनानेवाले नए पहलुओं को प्रस्तुत कर रहे हैं। इस दिशा में चिन्तन करना है, पर वादों का असन्तुलन छोड़कर। इस तरह विकसित रस-संवेदना के साथ नवीनतम साहित्य को देखना है, पहले के साहित्य का नया मूल्यांकन करना है। हिन्दी समीक्षा में साहित्यिक चेतना और रसज्ञता के व्यापक विकास के साथ-साथ व्यावहारिक समीक्षा की ओर भी ध्यान देना है। शुक्ल जी ने कवित्रय की काव्यानुभूति की जैसी मार्मिक व्याख्या की है, वैसी अन्य कवियों के सम्बन्ध में कम हुई है। स्वच्छन्दतावादी समीक्षा में छायावादी कवियों की रचनाओं के कुछ पहलुओं का विश्लेषण अवश्य हुआ है, पर रचना की पूरी रस संवेदना का स्वरूप स्पष्ट करना अभी भी बाकी है। काव्य-साहित्य की सभी प्रकार की प्रवृत्तियों में पाठक को रस, सौन्दर्य या रमणीयता की अनुभूति देना ही समीक्षा का लक्ष्य है। नवीनतम समीक्षा में रचना की अनुभूति का विश्लेषण छोड़कर बाकी सब प्रकार की चर्चाएँ हो रही हैं। नवीनतम साहित्य के सम्बन्ध में विरोध और समर्थन ही समीक्षकों का लक्ष्य हो गया है। उपर्युक्त सुझावों के अनुसार समीक्षात्मक चेतना और रसज्ञता के प्रौढ़ विकास के साथ रचना की अनुभूति के विश्लेषण एवं मूल्यांकन के द्वारा ही पाठकों की साहित्यिक चेतना, अभिरुचि और रसज्ञता का विकास सम्भव है।

सन्दर्भ-संकेत

1. राजशेखर : काव्य-मीमांसा, पृ. 11
2. Abercrombe : Principles of literary criticism, p. 158
3. रवीन्द्रनाथ ठाकुर : प्राचीन साहित्य, अनुवादक : पं. वंशीधर विद्यालंकार, पृ.1
4. डॉ. नगेन्द्र : विचार और अनुभूति, पृ. 18
5. T. S. Eliot : The use of poetry and the use of criticism, p. 36
6. Hudson : Introduction to literature, p. 420

7. T. S. Eliot : The use of poetry and the use of criticism, ref. p. 16 to 18
8. I. A. Richards : Practical criticism, Ref. p. 13 to 17
9. Abercrombe : Principles of literary criticism, p. 12
10. T. S. Eliot : Selected Prose, p. 18
11. आचार्य रामचन्द्र शुक्ल : चिन्तामणि-II, पृ. 102
12. आचार्य रामचन्द्र शुक्ल : हिन्दी साहित्य का इतिहास, पृ. 636
13. Basil Worsfold : Judgement in Literature, p. 62
14. Abercrombe : Principles of literarary critcism, Refer p. 12 to 15
15. Ibid, p. 150
16. I. A. Richards : Principles of literary criticism, p. 223
17. आचार्य नन्ददुलारे वाजपेयी : आधुनिक साहित्य, पृ. 293
18. गोस्वामी तुलसीदास : रामचरितमानस, बालकाण्ड, श्लोक-7 "भाषानिबन्धमतिमंजुलमातनोति ।"
19. पं. महावीरप्रसाद द्विवेदी : रसज्ञ-रंजन, पृ. 45
20. आचार्य नन्ददुलारे वाजपेयी : आधुनिक साहित्य, पृ. 294
21. डॉ. नगेन्द्र : रीतिकाव्य की भूमिका, पृ. 89 पर उद्धृत पं. द्विवेदी जी के विचार
22. पं. महावीरप्रसाद द्विवेदी : रसज्ञ-रंजन, पृ. 26
23. वही, पृ. 46
24. वही, पृ. 64
25. आचार्य नन्ददुलारे वाजपेयी : नया साहित्य : नए प्रश्न, पृ. 24
26. वही, पृ. 34
27. मिश्रबन्धु : संक्षिप्त हिन्दी नवरत्न, पृ. 151-152
28. वही, भूमिका, पृ. 10
29. डॉ. भगवत्स्वरूप मिश्र : हिन्दी आलोचना : उद्भव और विकास, पृ. 192
30. बाबू गुलाबराय : हिन्दी साहित्य का सुबोध इतिहास, पृ. 225
31. पं. पद्मसिंह शर्मा : देव और बिहारी, पृ. 34
32. पं. लाला भगवान दीन : बिहारी और देव, पृ. 41
33. आचार्य नन्ददुलारे वाजपेयी : नया साहित्य : नए प्रश्न, पृ. 32
34. डॉ. भगवत्स्वरूप मिश्र : हिन्दी आलोचना : उद्भव और विकास, पृ. 406
35. जनार्दनप्रसाद झा 'द्विज' : प्रेमचन्द की उपन्यास कला, पृ. 165-166
36. आचार्य नन्ददुलारे वाजपेयी : नया साहित्य : नए प्रश्न, पृ. 39
37. वही, पृ. 39
38. आचार्य रामचन्द्र शुक्ल : हिन्दी साहित्य का इतिहास, पृ. 588
39. आचार्य नन्ददुलारे वाजपेयी : आधुनिक साहित्य, पृ. 279
40. डॉ. देवराज : आधुनिक समीक्षा, पृ. 121

41. डॉ. भगवत्स्वरूप मिश्र : हिन्दी आलोचना : उद्भव और विकास, पृ. 411
42. द्रष्टव्य, बाबू गुलाबराय और विजयेन्द्र स्नातक द्वारा सम्पादित : 'आचार्य रामचन्द्र शुक्ल' में डॉ. देवराज का लेख 'आचार्य रामचन्द्र शुक्ल : एक मूल्यांकन', पृ. 147
43. वही, पृ. 143-144
44. विश्वनाथ : आचार्य शुक्ल का काव्य सिद्धान्त, साहित्य-सन्देश, भाग-8, अंक 9-10, पृ. 366
45. आचार्य नन्ददुलारे वाजपेयी : नया साहित्य : नए प्रश्न, पृ. 40
46. आचार्य नन्ददुलारे वाजपेयी : आधुनिक साहित्य, पृ. 277
47. आचार्य रामचन्द्र शुक्ल : चिन्तामणि-II, पृ. 165
48. आचार्य नन्ददुलारे वाजपेयी : हिन्दी साहित्य : बीसवीं शताब्दी, पृ. 61
49. डॉ. देवराज : आधुनिक समीक्षा, पृ. 144
50. वही, पृ. 149
51. डॉ. नगेन्द्र : विचार और अनुभूति, पृ. 99
52. डॉ. देवराज : छायावाद का पतन, पृ. 123
53. आचार्य नन्ददुलारे वाजपेयी : हिन्दी साहित्य : बीसवीं शताब्दी, पृ. 63
54. डॉ. नगेन्द्र : विचार और अनुभूति, पृ. 93
55. आचार्य नन्ददुलारे वाजपेयी : हिन्दी साहित्य : बीसवीं शताब्दी, पृ. 54
56. आचार्य विश्वनाथप्रसाद मिश्र : घनानन्द कवित्त की भूमिका, पृ. 2
57. बाबू श्यामसुन्दरदास : कबीर ग्रन्थावली की प्रस्तावना, पृ. 64
58. डॉ. देवराज : आधुनिक समीक्षा, पृ. 121
59. आचार्य हजारी प्रसाद द्विवेदी : हिन्दी साहित्य, पृ. 178
60. आचार्य हजारी प्रसाद द्विवेदी : हिन्दी साहित्य का आदिकाल, पृ. 11
61. सम्पादिका, शचीरानी गुर्टू : हिन्दी के आलोचक, प्रभाकर माचवे का लेख–पीताम्बरदत्त बडथ्वाल, पृ. 140
62. आचार्य नन्ददुलारे वाजपेयी : हिन्दी साहित्य : बीसवीं शताब्दी, विज्ञप्ति, पृ. 6
63. डॉ. नामवर सिंह : छायावाद, पृ. 144
64. आचार्य नन्ददुलारे वाजपेयी : हिन्दी साहित्य : बीसवीं शताब्दी, पृ. 83
65. सम्पादिका, शचीरानी गुर्टू : हिन्दी के आलोचक, डॉ. नामवर सिंह का लेख–छायावादी कवियों की आलोचनात्मक उपलब्धि, पृ. 265
66. सुमित्रानन्दन पन्त : पल्लव का 'प्रवेश', पृ. 39
67. महादेवी वर्मा : आधुनिक कवि की भूमिका 'अपने दृष्टिकोण से' पृ. 13, 19 और 22
68. सं. गंगाप्रसाद पांडे : महादेवी वर्मा का विवेचनात्मक गद्य, पृ. 75
69. आचार्य नन्ददुलारे वाजपेयी : हिन्दी साहित्य : बीसवीं शताब्दी की 'विज्ञप्ति', पृ. 8
70. वही, पृ. 83

71. वही, पृ. 60
72. वही, पृ. 83
73. वही, पृ. 83-84
74. वही, पृ. 83
75. वही, पृ. 72
76. वही, पृ. 61
77. वही, पृ. 61
78. वही, पृ. 61
79. वही, पृ. 62
80. वही, पृ. 29
81. वही, पृ. 29
82. वही, पृ. 146
83. वही, पृ. 8
84. वही, पृ. 92
85. वही, पृ. 24
86. आचार्य नन्ददुलारे वाजपेयी : आधुनिक साहित्य, पृ. 335
87. आचार्य नन्ददुलारे वाजपेयी : हिन्दी साहित्य : बीसवीं शताब्दी, पृ. 57
88. वही, विज्ञप्ति, पृ. 29
89. वही, पृ. 72
90. आचार्य नन्ददुलारे वाजपेयी : आधुनिक साहित्य, भूमिका, पृ. 24
91. आचार्य नन्ददुलारे वाजपेयी : हिन्दी साहित्य : बीसवीं शताब्दी, विज्ञप्ति, पृ.17
92. वही, पृ. 152
93. आचार्य नन्ददुलारे वाजपेयी : नया साहित्य : नए प्रश्न, निष्कर्ष, पृ. 8
94. आचार्य नन्ददुलारे वाजपेयी : हिन्दी साहित्य : बीसवीं शताब्दी, विज्ञप्ति, पृ. 27
95. वही, पृ. 183-184
96. वही, पृ. 68-69
97. वही, पृ. 131
98. वही, पृ. 32
99. वही, पृ. 96
100. डॉ. देवराज : आधुनिक समीक्षा, पृ. 115
101. डॉ. नगेन्द्र : रीतिकाव्य की भूमिका, पृ. 4
102. वही, पृ. 133
103. डॉ. नगेन्द्र : देव और उनकी कविता, पृ. 299
104. डॉ. देवराज : आधुनिक समीक्षा, पृ. 119

105. डॉ. नगेन्द्र : साकेत : एक अध्ययन, पृ. 25
106. डॉ. नगेन्द्र : सुमित्रानन्दन पन्त, पृ. 106
107. डॉ. नगेन्द्र : विचार और विश्लेषण, पृ. 14
108. डॉ. प्रेमशंकर : 'प्रसाद का काव्य' की प्रस्तावना के रूप में डॉ. नगेन्द्र के 'दो शब्द'
109. इलाचन्द्र जोशी : विवेचना, पृ. 145
110. अज्ञेय : त्रिशंकु, पृ. 72
111. डॉ. जगदीश गुप्त : नई कविता : स्वरूप और समस्याएँ, पृ. 391-392
112. आचार्य नन्ददुलारे वाजपेयी : नया साहित्य : नए प्रश्न, पृ. 47
113. डॉ. जगदीश गुप्त का लेख शुक्लोत्तर समीक्षा, आलोचना : आलोचना विशेषांक, पृ. 99
114. डॉ. देवराज : आधुनिक समीक्षा, पृ. 21-22
115. डॉ. नामवर सिंह : आधुनिक साहित्य की प्रवृत्तियाँ, पृ. 123
116. हिन्दी आलोचना की अर्वाचीन प्रवृत्तियाँ, राजकमल प्रकाशन; शिवनाथ का लेख : आधुनिक आलोचना का उदय और आचार्य रामचन्द्र शुक्ल, पृ. 9
117. जैनेन्द्रकुमार : साहित्य का श्रेय और प्रेय, द्रष्टव्य पृ. 136 से 140 तक और पृ. 147-148
118. डॉ. देवराज : आधुनिक समीक्षा, पृ. 131-132
119. आचार्य नन्ददुलारे वाजपेयी : महाकवि सूरदास, प्राक्कथन, पृ. 9
120. द्रष्टव्य, ललिता प्रसाद शुक्ल का लेख : आधुनिक हिन्दी साहित्य में आलोचना, साहित्य-सन्देश, वर्ष 23, अंक 4-5, आलोचना विशेषांक, पृ. 207
121. डॉ. देवराज : आधुनिक समीक्षा, पृ. 234-235

6. उपसंहार

साहित्यिक अभिरुचि, व्यक्ति के सामाजिक एवं साहित्यिक अनुभवों के आधार पर बने हुए संस्कारों की वह व्यवस्था है जो साहित्य सम्बन्धी उसकी वरीयता (Preference) और रसानुभूति (Relish) दोनों को निर्धारित करती है। पाश्चात्य समीक्षा के इतिहास में पहले पहल वह आनन्दानुभूति या रसानुभूति का द्योतक शब्द था। धीरे-धीरे उसका प्रयोग, कलात्मक सौन्दर्य को पहचाननेवाली एक विशेष प्रकार की मानसिक शक्ति (faculty) के अर्थ में होने लगा। एडिसन कहते हैं कि अभिरुचि मानव मन की वह शक्ति है जो किसी लेखक की रचना के सौन्दर्य का आनन्द के साथ अनुसन्धान करती है और उसकी न्यूनताओं से विमुख रहती है।[1] पाश्चात्य देशों में इस शब्द का सबसे व्यापक प्रयोग सौन्दर्य शास्त्र में हुआ है। वहाँ वह सौन्दर्य की भावना या उसके प्रति हार्दिक आकर्षण को व्यक्त करता है। कांट के अनुसार, जिन्होंने उसके सौन्दर्य-शास्त्रीय प्रयोग को एक निश्चित रूप दिया है, वह कलात्मक सौन्दर्य का निरपेक्ष मूल्यांकन (Disinterested judgement) है।[2] लेकिन आधुनिक काल में उसका अर्थ बहुत कुछ बदल गया है। आज अभिरुचि का सम्बन्ध सौन्दर्य की भावना से नहीं, मनुष्य के मानसिक संस्कारों के साथ माना जाता है। वह मनुष्य के अनुभवों के आधार पर विकसित और उसके व्यक्तित्व के अनुसार निर्धारित संस्कारों की मानसिक व्यवस्था का द्योतक समझी जाती है।

साहित्यिक अभिरुचि के बिना साहित्य की रसानुभूति सम्भव नहीं है। उसी के द्वारा रचना की अनुभूति में उसके कलात्मक मूल्य का बोध होता है। अभिरुचि-सम्पन्न पाठक अपनी अनुभूति के स्वरूप को पहचानते हुए रचना के मूल्य को तत्क्षण अनुभव करता है। रसानुभूति के साथ-साथ बौद्धिक विचार-विमर्श के बिना ही रचना की मूल्यानुभूति हो जाने के कारण उसे निराधार या भ्रामक नहीं कहा जा सकता। क्योंकि इस रसानुभूति और मूल्यानुभूति पर पाठक की अच्छी अभिरुचि का, अर्थात् उसके संस्कारों का, अज्ञात नियन्त्रण रहता है। साधारण पाठक रचना की अनुभूति से अभिभूत हो जाता है जबकि अभिरुचि सम्पन्न रचना के प्रति उचित भावात्मक प्रतिक्रिया दिखा सकता है। इसीलिए रचना की उचित अनुभूति और मूल्यांकन के लिए अच्छी अभिरुचि आवश्यक मानी जाती है। अच्छी अभिरुचि पाठक

का साहित्यिक विवेक है जिसके आधार पर वह साहित्यिक रचनाओं को उचित महत्त्व देता है, अच्छी रचनाओं से प्रभावित होता है, असफल कृतियों को पहचानता है और बाह्य आडम्बर एवं अलंकार से बचकर किसी रचना के सच्चे मूल्य से अभिज्ञ होता है। रचना के विचारात्मक मूल्यांकन में और अच्छी अभिरुचि होने पर उसकी मूल्यानुभूति में अन्तर नहीं होता। पहले में हम रचना का पूर्ण ज्ञान प्राप्त करने का प्रयत्न करते हुए तार्किक एवं सैद्धान्तिक विचार-विमर्श के द्वारा निर्णय पर पहुँचते हैं। दूसरे में पढ़ते समय ही रचना की रसानुभूति के साथ-साथ उसकी मूल्यानुभूति भी हो जाती है। लेकिन विचारात्मक मूल्यांकन पाठक के लिए तब तक मान्य नहीं होता जब तक वह अपनी अनुभूति के आधार पर पुष्ट न हो। साहित्य के अध्ययन का लक्ष्य रचना के मूल्य का ज्ञान प्राप्त करना नहीं, उसकी अनुभूति पाना है। अच्छी अभिरुचि के बिना पाठक को रचना की मूल्यानुभूति नहीं हो सकती। इतना ही नहीं, अच्छी अभिरुचि के आधार पर मूल्यानुभूति अपने आप स्वाभाविक रूप में हो जाने के कारण पाठक का मन उसी पर अधिक विश्वास करता है। इसलिए हम कह सकते हैं कि अच्छी अभिरुचि उचित निर्णय पर पहुँचने की वह सहज वृत्ति है जो विचार-विमर्श या हेतु वाद से अधिक शीघ्र और अधिक आत्मविश्वास के साथ अपनी सम्मति बना लेने में सहयोग देती है। वह रसानुभूति में रचना की प्रकृति और उसके मूल्य से अभिज्ञ करनेवाली शक्ति है।

यद्यपि रचना की उचित रसानुभूति और मूल्यानुभूति के लिए अच्छी साहित्यिक अभिरुचि की आवश्यकता होती है, फिर भी बहुत कम साहित्य-समीक्षकों ने उसके महत्त्व को स्वीकार किया है। उन्होंने व्यक्ति की अभिरुचि के आधार पर रचना के मूल्यांकन को शायद ही मान्यता दी है। इतना ही नहीं, समीक्षा के इतिहास में उसकी वैयक्तिकता पर अनेक आक्षेप भी हुए हैं। पहला आक्षेप यह है कि अभिरुचि के आधार पर भिन्न-भिन्न सम्मतियाँ प्रकट की जाती हैं। लेकिन अच्छी अभिरुचि के आधार पर जो सम्मतियाँ बनती हैं उनमें जितना मतभेद दिखाई देता है, उससे कहीं अधिक समानता ही दिखाई देती है। उदाहरणों के लिए पाठकों की सम्मतियाँ पूछने की कोई जरूरत नहीं, वे स्वयं समीक्षा से दिए जा सकते हैं। यद्यपि समीक्षा का कार्य, रचना का बौद्धिक विश्लेषण एवं मूल्यांकन समझा जाता है फिर भी समीक्षकों की अभिरुचि और अनुभूति उनकी समीक्षा में कहीं न कहीं सक्रिय अवश्य रहती है। सब जानते हैं कि तुलसी में शुक्ल जी की विशेष अभिरुचि थी और इसलिए सूर के साथ कुछ अन्याय भी हो गया है। लेकिन उनकी रसज्ञता स्वीकार करती है कि सूर की मनोवैज्ञानिक पहुँच तुलसी में नहीं है—"इतना अन्तर्दृष्टि विस्तार और किसी कवि का नहीं।"[3] ऐसी स्थिति में सूर और तुलसी को लेकर जो मतभेद होता है वह साहित्यिक अभिरुचि की वैयक्तिकता के कारण नहीं बल्कि साहित्य में अभिव्यक्त जीवन-मूल्यों को लेकर है। इसी प्रकार कबीर-जायसी, देव-बिहारी आदि

के पारस्परिक महत्त्व के सम्बन्ध में मतभेद लोगों की साहित्यिक अभिरुचि की विलक्षणता के कारण उतना नहीं जितना जीवन सम्बन्धी और कलात्मक मूल्यों के प्रति भिन्न-भिन्न दृष्टिकोणों के कारण है। तुलनात्मक दृष्टि से ही नहीं, किसी लेखक के सम्बन्ध में भी मतभेद का यही कारण है। ग्राहक की अच्छी साहित्यिक अभिरुचि किसी कवि की मार्मिकता को कभी अस्वीकार नहीं करती, लेकिन जीवन-मूल्यों को लेकर या कलात्मक अभिव्यक्ति की विभिन्न पद्धतियों के पारस्परिक महत्त्व की भावनाओं को लेकर यदि भिन्न-भिन्न मत प्रकट किए जाते हैं तो वह दूसरी बात है। इस प्रकार के मतभेद, विचारात्मक मूल्यांकन में भी हो सकते हैं। साहित्य की रचनाओं के सम्बन्ध में समीक्षा के विभिन्न बौद्धिक मूल्यांकन इसके प्रमाण हैं।

अभिरुचि की अप्रमाणिकता पर दूसरा आक्षेप यह होता है कि सामयिक अभिरुचि के द्वारा अनेक महान् लेखकों की उनके जीवन-काल में उपेक्षा हुई है। महाकवि भवभूति और शेक्सपियर भी इसके अपवाद नहीं हैं। लेकिन इस तरह उपेक्षितों से समादृत कवियों की संख्या सैकड़ों गुना अधिक है। आरम्भ में नई प्रवृत्ति के लेखकों का आदर न होना स्वाभाविक ही है, पर अन्त में उनको भी साहित्य के इतिहास में स्थान मिलता रहा है। प्रसाद, पन्त, निराला आदि छायावाद के प्रसिद्ध कवि पहले उपेक्षित अवश्य हुए हैं पर बाद को उन्हें अपने जीवन काल में ही उचित सम्मान मिला है। जब तक लेखक समाज की कड़ी आलोचना नहीं करता, उसकी अवहेलना नहीं होती। समाज में परिवर्तन लाने के लिए उसकी आलोचना करने का अधिकार लेखक को अवश्य है, किन्तु उसमें लेखक की प्रवृत्ति अपमानजनक और चिढ़ानेवाली होने पर समाज द्वारा उसे मान्यता मिलने में देर लगती है। समाज इतना उदार है कि ऐसे लेखकों का भी आदर करता है। जिस समाज के विश्वासों का कबीर ने उपहास किया था, उसी ने उसकी भक्ति और सच्चाई की प्रशंसा की और उसे सहृदयतापूर्वक अपनाया।

अभिरुचि के सम्बन्ध में अन्तिम आक्षेप यह है कि उसका कोई स्थिर मानदंड नहीं है। इस सन्दर्भ में पूछा जाता है कि किसकी अभिरुचि को प्रामाणिक माना जाए और उस पर विश्वास ही क्यों कर किया जाए? यह सही है कि जीवन के प्रत्येक क्षेत्र में मूल्यांकन के लिए प्रतिमान होते हैं और अभिरुचि के समर्थन में अपनी अनुभूति को छोड़कर कोई दूसरा प्रतिमान नहीं है। वस्तून्मुख (Objective) प्रतिमान न होने पर भी अपनी रसज्ञता पर आत्मविश्वास, अभिरुचि का कम प्रबल प्रतिमान नहीं है। यदि पाठक को अपनी रसज्ञता पर पूरा आत्मविश्वास है तो उसकी अभिरुचि के द्वारा जो मूल्यांकन होता है वह कभी भ्रामक नहीं हो सकता। इस सिलसिले में जो प्रश्न किया जाता है कि किसकी अभिरुचि को प्रामाणिक माना जाए, उसके उत्तर में साहित्य के सहृदयों का कहना है कि जिसे साहित्य के अनुशीलन की लगन है, जो अच्छी रचना को पहचानता है और उससे प्रभावित होता है, उसी

की साहित्यिक अभिरुचि प्रामाणिक है और वही किसी रचना के सम्बन्ध में अपनी सम्मति देने का अधिकारी भी है। दूसरे उसकी अभिरुचि और सम्मतियों पर इसलिए विश्वास रखते हैं कि उसके द्वारा वे अपनी अभिरुचि का परिष्कार और रचना सम्बन्धी अपनी रसज्ञता का विकास कर ले सकते हैं। जिस तरह प्राथमिक शिक्षा में हम सिद्धान्त की प्रामाणिकता पर प्रश्न न कर अध्यापक की बात पर विश्वास करते हैं, उसी तरह साहित्य की शिक्षा में भी पहले अनुभवी लोगों की अभिरुचि पर विश्वास रखना चाहिए। तभी हम अच्छी अभिरुचि का विकास कर लेने में सफल होते हैं। ज्ञान-विज्ञान के क्षेत्र में पहले सीखे हुए सिद्धान्तों की सत्यता की परीक्षा करने का अवसर आगे चलकर उच्च अध्ययन के समय मिल जाता है। साहित्य के क्षेत्र में भी श्रेष्ठ रचनाओं के अनुशीलन के द्वारा जब हमारी अभिरुचि परिणत होती है, हम अपनी अनुभूति और अभिरुचि के आधार पर निजी सम्मति प्रकट करने के अधिकारी होते हैं। वास्तव में साहित्य के क्षेत्र में सम्मतियों या अभिप्रायों का उतना महत्त्व नहीं है जितना उचित रसानुभूति का है जो पाठक की अच्छी साहित्यिक अभिरुचि पर निर्भर रहती है।

साहित्य के क्षेत्र में अभिरुचि के द्वारा मूल्यांकन करने पर जो आक्षेप हुए हैं और आज भी होते हैं, वह प्रधानतः अच्छी साहित्यिक अभिरुचि और वैयक्तिक रुचि के अन्तर पर ध्यान न देने के कारण है। अच्छी साहित्यिक अभिरुचि के आधार पर किसी उत्कृष्ट रचना के प्रति आकर्षण अनुभव करना और अधिक तत्परता के साथ उसका रस ग्रहण करना वैयक्तिक रुचि का प्रकाशन नहीं है। जब विशेष जीवन दृष्टि और कलात्मक अभिव्यक्ति का साहित्य में आग्रह किया जाता है तभी वह जीवन और साहित्य सम्बन्धी वैयक्तिक रुचि कहलाती है। जीवन और साहित्य के क्षेत्र में पाठक या समीक्षक की कुछ अनुभूतियों की प्रबलता, इस तरह की वैयक्तिक रुचि का कारण होती है। प्रायः हम जीवन में अपने कुछ अनुभवों के कारण साहित्य के क्षेत्र में भी अनुरूप सामाजिक मान्यताओं का आग्रह करने लगते हैं। साहित्य के क्षेत्र में भी कुछ प्रवृत्तियों या रूपों की गहरी अनुभूति के कारण हम उन्हें विशेष महत्त्व देने लगते हैं। ऐसी स्थिति में साहित्य का मूल्यांकन खंडन-मंडन की लम्बी परम्परा को जन्म देता है। क्योंकि हम वैयक्तिक रुचि के आधार पर अपने आदर्शों और सिद्धान्त के प्रतिकूल साहित्य के साथ न्याय नहीं कर सकते। इस सन्दर्भ में हमें स्पष्ट समझना चाहिए कि जीवन और साहित्य का क्षेत्र इतना व्यापक है कि वे किसी एक सिद्धान्त के घेरे में नहीं समाते। हिन्दी साहित्य-समीक्षा के क्षेत्र में शुक्ल जी का लोक प्रवृत्तिवाद और प्रबन्धवाद, वैयक्तिक रुचि के सुन्दर उदाहरण हैं। आजकल विविध वादों के समर्थकों द्वारा अपने-अपने वादों के जीवन दर्शन और उनकी कलात्मक अभिव्यक्ति के जो आग्रह व्यक्त किए जा रहे हैं वे सब वैयक्तिक रुचि के ही द्योतक हैं। इन उदाहरणों के आधार पर साहित्यिक अभिरुचि को वैयक्तिक

सिद्ध नहीं किया जा सकता। वैयक्तिक रुचि के आधार पर जो आग्रह प्रकट किए जाते हैं, उनके साथ अच्छी साहित्यिक अभिरुचि का कोई सम्बन्ध नहीं है। वह पाठक या समीक्षक के साहित्यिक विवेक और रसज्ञता का अभिव्यंजक है। इन दोनों को गड़बड़ाने से वैयक्तिक रुचि के नाम पर साहित्यिक अभिरुचि और रसज्ञता पर ही आक्षेप होने लगते हैं। वैयक्तिक रुचि के अनुसार बीच-बीच में लोक प्रवृत्तिवाद और प्रबन्धवाद का आग्रह करने पर भी शुक्ल जी की साहित्यिक अभिरुचि उच्च कोटि की क्लासिकल अभिरुचि है जिसका प्रमाण उनकी प्रत्येक समीक्षा में मिल जाता है। साहित्यिक अभिरुचि को वैयक्तिक रुचि समझने के कारण उस पर जो अनुचित आरोप किए जाते हैं उसका अच्छा उदाहरण, सैद्धान्तिक एवं वैज्ञानिक समीक्षकों के द्वारा पं. पद्मसिंह शर्मा के समीक्षा कार्य का मूल्यांकन है। बिहारी के कला कौशल के प्रति विशेष आग्रह और प्रशंसात्मक शब्दावली के कारण उनकी समीक्षा में वैयक्तिक रुचि प्रबल होने का आक्षेप किया गया है। हम स्वीकार करते हैं कि गाथा सप्तशती और आर्या सप्तशती के साथ बिहारी के दोहों की तुलना करते हुए जहाँ उन्होंने दूसरे के प्रति अनुचित पक्षपात दिखाया है, वहाँ बिहारी के प्रति उनकी वैयक्तिक रुचि की प्रबलता स्पष्ट झलकती है। लेकिन साधारणतः तुलनात्मक दृष्टि से बिहारी की कलात्मक उत्कृष्टता का उन्होंने जो उद्‌घाटन किया है वह वैयक्तिक रुचि का नहीं, प्रौढ़ साहित्यिक अभिरुचि का ही द्योतक है। उनके प्रशंसात्मक वाग्जाल और असन्तुलित अभिशंसन को आप समीक्षा की दृष्टि से अनुचित कह सकते हैं, बिहारी की भावज्ञता को छोड़कर केवल कलात्मक अभिव्यक्ति पर ध्यान देने के कारण उनकी अभिरुचि को एकांगी भी कह सकते हैं लेकिन कलात्मक अभिव्यक्ति की एक विशेष परम्परा में बिहारी की प्रौढ़ व्यंजना के प्रति उनके आग्रह को वैयक्तिक रुचि का प्रदर्शन-मात्र नहीं कह सकते।

वास्तव में समीक्षा को व्यक्ति की अनुभूति और अभिरुचि से तटस्थ रचना के बौद्धिक विश्लेषण और मूल्यांकन का क्षेत्र समझने के कारण इस प्रकार की गलतफहमियाँ होती हैं। यदि समीक्षक साहित्य का निर्णायक न्यायाधीश नहीं, उसका शिक्षित और योग्य ग्राहक ही है तो वह अपनी अनुभूति और अभिरुचि से तटस्थ नहीं रह सकता। रचना के विश्लेषण में वह भले ही तटस्थ रहे, उसके मूल्यांकन में वह सम्भव नहीं। समीक्षा का काम अपनी अनुभूति और अभिरुचि से तटस्थ रहकर साहित्य पर सम्मतियाँ प्रकट करने का नहीं, अपनी अनुभूति और अभिरुचि के आधार पर रचना का विश्लेषण और मूल्यांकन करते हुए पाठकों की अनुभूति और अभिरुचि का विकास करने का है।

साहित्य के क्षेत्र में प्रत्येक पाठक को अच्छी अभिरुचि बना लेने का प्रयत्न करना चाहिए जिससे उसकी साहित्यिक रसज्ञता बढ़े। अच्छी अभिरुचि का विकास कर लेने का यह तात्पर्य नहीं है कि हम दूसरों की अभिरुचि का अनुकरण करें

और तोते की तरह उनकी सम्मतियों को दोहराते रहें। आजकल साहित्य के विद्यार्थियों की बहुत कुछ यही दशा है। समीक्षकों के विचारों को रटते हुए वे अपने को साहित्य के योग्य पाठक समझ रहे हैं। यदि अपनी अनुभूति और अभिरुचि के आधार पर किसी नई रचना के सम्बन्ध में उनकी सम्मति ली जाए तो उनके विस्तृत साहित्यिक ज्ञान का भंडाफोड़ हो जाता है। साहित्य के क्षेत्र में अपनी अनुभूति के आधार पर जो मूल्यांकन नहीं होता उसका कोई मूल्य ही नहीं है। अच्छी अभिरुचि बना लेने के नाम पर इस तरह दूसरों के विचारों को अपनाने की अपेक्षा यही अच्छा है कि हम अपने पसन्द की निकृष्ट रचनाओं को ही सावधान होकर पढ़ें। कालक्रम में वे ही रचनाएँ स्वयं अच्छे-बुरे का विवेक देंगी और उस आधार पर उनका निराकरण भी हो जाएगा। यदि हम अपनी सारी शक्ति लगाकर सावधानीपूर्वक किसी निकृष्ट रचना को पढ़ते हैं तो अपने आप उसे छोड़कर अच्छी रचना का आग्रह करने लगते हैं। हमारी निकृष्ट अभिरुचि का एक प्रधान कारण हमारी उपेक्षा, उदासीनता या असावधानी होता है।

अच्छी अभिरुचि की पहचान, रचना की उचित और गहरी रस-संवेदना है। ऐसी अच्छी अभिरुचि रखनेवाले साहित्य के पाठक कम ही होते हैं। व्यापक पाठक-समाज की अभिरुचि निकृष्ट या साधारण कोटि की ही होती है, इसलिए समीक्षा आदि अनेक साधनों के द्वारा उनकी अभिरुचि को शिक्षित करने का प्रयत्न किया जाता है। लेकिन जैसा कि ऊपर कहा गया है, इस शिक्षा का तात्पर्य दूसरों की अभिरुचि या उनके विचारों को अपना लेने से नहीं, बल्कि अपनी रसग्राहिता का विकास कर लेने से है। अन्यथा अच्छी अभिरुचि का विकास करने के नाम पर लोगों की अभिरुचि को कृत्रिम बना देने की आशंका बनी रहती है।

अच्छी अभिरुचि का सम्बन्ध साहित्य की सजीव रूप कल्पना से ही नहीं, उसमें अभिव्यक्त जीवन-मूल्यों के साथ भी है। रचना के सौन्दर्य से ही सामाजिक पाठक का मन सन्तुष्ट नहीं होता, बल्कि वह यह देखना भी चाहता है कि इस सौन्दर्यानुभूति का क्या मूल्य है? ऐसी बात नहीं है तो साहित्य के सहृदय रीति काव्य की अपेक्षा भक्ति काव्य की ओर उन्मुख रहने का कोई कारण ही नहीं हो सकता। साहित्यिक अनुभूति का मूल्य, शुद्ध सौन्दर्यानुभूति का नहीं, जीवन के सजीव या सुन्दर प्रत्यक्षीकरण की अनुभूति का है। इसीलिए साहित्य की रूप-कल्पना में जीवन का जितना व्यापक और गम्भीर प्रत्यक्षीकरण होता है, पाठक की रसानुभूति उतनी ही व्यापक और गहरी होती है। क्लासिकल साहित्य से ही इस प्रकार की व्यापक और गहरी रसानुभूति सम्भव है। इस दृष्टि से हम कह सकते हैं कि क्लासिकल साहित्य की रसज्ञता, अच्छी साहित्यिक अभिरुचि की कसौटी है। आजकल हिन्दी के प्राचीन साहित्य की जो भूरि-भूरि प्रशंसाएँ हो रही हैं, उन्हें हिन्दी के पाठकों और समीक्षकों की क्लासिकल रसज्ञता और अच्छी अभिरुचि का प्रमाण नहीं समझना

चाहिए। शुक्ल जी के बाद रीति काव्य के नए-नए मूल्यांकनों को देखते हुए यह विश्वास ही नहीं होता कि हिन्दी के पाठकों और समीक्षकों की अभिरुचि सचमुच इतनी प्रशस्त हो गई है। आधुनिक साहित्य के सम्बन्ध में उनकी सम्मतियों से तो इस रसज्ञता और अभिरुचि की कलई पूरी खुल जाती है।

अच्छी साहित्यिक अभिरुचि एक निरपेक्ष (Absolute) आदर्श है। उसमें पाठकों के सामाजिक एवं साहित्यिक संस्कारों के अनुसार कुछ न कुछ भिन्नता अवश्य रहती है। शुद्ध साहित्यिक दृष्टि से जब हम साहित्यिक अभिरुचि की उदारता और सहृदयता का विकास कर लेना पाठक का लक्ष्य स्वीकार करते हैं तो हमें यह नहीं भूलना चाहिए कि यह उदारता और सहृदयता ग्राहक के संस्कारों पर निर्भर रहने के कारण कुछ दिशाओं में सीमित भी होती है।

सन्दर्भ-संकेत

1. Shipley : Dictionary of World Literary terms–tests, p. 413
2. Runes, D.D. and Schrickel, H.G. Encyclopaedia of the Arts — Taste and its education, p. 996
3. सूरदास, पृ. 139

❑❑❑